LLM·RAG 기본부터 지식 그래프·강화학습·멀티 에이전트 심화까지
이론부터 실전까지 AI 에이전트 완벽 마스터

LLM·RAG 기본부터 지식 그래프·강화학습·멀티 에이전트 심화까지
이론부터 실전까지 AI 에이전트 완벽 마스터

초판 1쇄 2025년 11월 28일
　2쇄 2026년 1월 5일

지은이 살바토레 라이엘리, 가브리엘레 이우쿨라노
옮긴이 에디 유, 김대규, 김현지
발행인 최홍석

발행처 ㈜프리렉
출판신고 2000년 3월 7일 제 13-634호
주소 경기도 부천시 길주로 77번길 19 세진프라자 201호
전화 032-326-7282(代) **팩스** 032-326-5866
URL www.freelec.co.kr

편　집 강신원
표지디자인 황인옥
본문디자인 김미선

ISBN 978-89-6540-424-8

이 책은 저작권법에 따라 보호받는 저작물이므로 무단 전재와 무단 복제를
금지하며, 이 책 내용의 전부 또는 일부를 이용하려면 반드시 저작권자와
㈜프리렉의 서면 동의를 받아야 합니다.

책값은 표지 뒷면에 있습니다.

잘못된 책은 구입하신 곳에서 바꾸어 드립니다.

이 책에 대한 의견이나 오탈자, 잘못된 내용의 수정 정보 등은 프리렉 홈페이지(freelec.co.kr)
또는 이메일(webmaster@freelec.co.kr)로 연락 바랍니다.

LLM·RAG 기본부터 지식 그래프·강화학습·멀티 에이전트 심화까지

이론부터 실전까지 AI 에이전트 완벽 마스터

살바토레 라이엘리, 가브리엘레 이우쿨라노 지음
에디 유, 김대규, 김현지 옮김

AI Agent A to Z

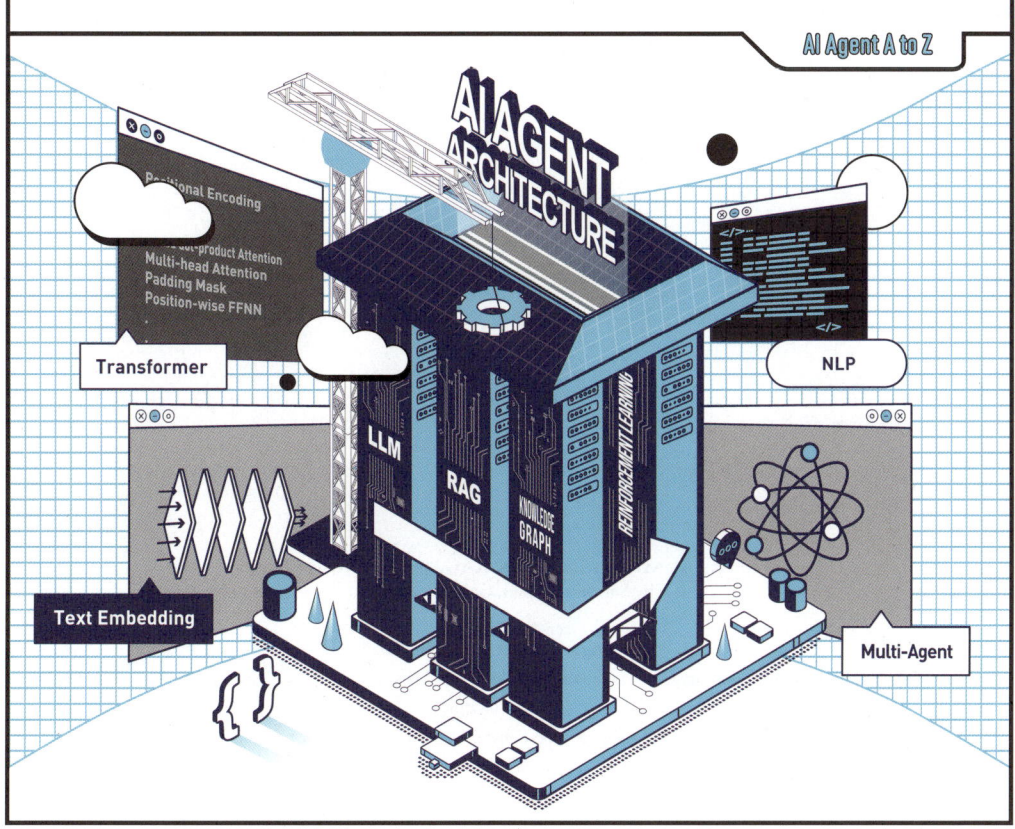

프리렉

Building AI Agents with LLMs, RAG, and Knowledge Graphs
by Salvatore Raieli, Gabriele Iuculano

Copyright © Packt Publishing 2025.
First published in the English language under the title 'Building AI Agents with LLMs, RAG, and Knowledge Graphs'
(9781835087060)
Korean-language edition copyright © 2025 by FREELEC
All rights reserved.

이 책의 한국어판 저작권은 에이전시 원을 통해 저작권자와의 독점 계약으로 ㈜프리렉에 있습니다.
저작권법에 의해 한국 내에서 보호를 받는 저작물이므로 무단전재와 무단복제를 금합니다.

도로테아(Dorotea), 마리아(Maria), 빈첸초(Vincenzo), 키아라(Chiara)에게.
아낌없는 사랑과 따뜻한 응원에 작은 감사의 마음을 전합니다.

― 살바토레 라이엘리(Salvatore Raieli) ―

마르타(Marta)에게.
내가 흔들릴 때마다 버팀목이 되어 주고,
어려운 시기에 한 줄기 빛이 되어 준 것에 깊이 감사합니다.
폭풍 같은 시간들을 함께 걸어준 당신에게 이 책을 바칩니다.
그 길 위에는 우리의 발자취가 고스란히 남아 있습니다.

― 가브리엘레 이우쿨라노(Gabriele Iuculano) ―

일러두기

- 이 책에서 저자는 본문의 언어 표현을 명료하게 다듬어 독자에게 매끄러운 독서 경험을 제공하기 위해 ChatGPT와 Grammarly 같은 최첨단 AI 도구를 활용했음을 밝혀 둔다. 다만, 책의 실질적 내용은 전적으로 저자가 집필한 것이며, 이후 전문 출판팀의 편집 과정을 거쳤음을 분명히 밝힌다.
- 번역 과정에서는 원문의 축약된 내용을 독자의 이해를 돕기 위해 일부 상세히 풀어 썼으며, 본문에 수록된 각주는 모두 역자주이다.

추천사

　AI 에이전트 기술은 단순히 대화에 응답하는 수준을 넘어, 자율적으로 사고하고 문제를 해결하는 지능형 시스템으로 빠르게 진화하고 있습니다. 그러나 이러한 기술의 복잡한 원리와 구조를 체계적으로 이해하기란 결코 쉽지 않습니다. 이 책은 그 어려운 여정을 명확하고 논리적인 흐름으로 안내하는 훌륭한 지도와도 같습니다.

　이 책은 방대한 내용을 일관된 구조로 정리하고 있습니다. 언어 모델의 기초부터 RAG, 지식 그래프, 강화학습, 그리고 다중 에이전트 시스템에 이르기까지, 현대 AI 에이전트를 구성하는 핵심 기술들이 유기적으로 연결되어 있습니다. 각 기술의 원리뿐 아니라 그것이 어떤 문제를 해결하기 위해 등장했고, 다른 기술들과 어떻게 맞물려 발전해왔는지를 종합적인 시각에서 설명합니다.

　단어 가방, TF-IDF, Word2Vec 등 텍스트 인코딩의 기본 개념과 머신러닝·딥러닝의 기초 원리에서 출발해 RNN, LSTM, 트랜스포머, LLM으로 이어지는 단계적 접근은 LLM과 AI 에이전트 기술을 결과로서가 아닌 과정으로 이해하도록 이끌어줍니다. 기초를 탄탄히 다져 복잡한 AI 시스템의 작동 원리와 한계를 제대로 파악하고, 실무에서 발생하는 문제를 스스로 해결할 수 있는 역량을 키울 수 있을 것입니다.

　또한 이론에 머무르지 않고 실습 중심의 구성으로 이해를 확장합니다. 웹 스크래핑 에이전트 구축, 영화 추천 시스템, Streamlit 기반 애플리케이션 등 실제 구현 가능한 예제들이 단계별로 잘 정리되어 있습니다. 이러한 실습 자료 덕분에 단순히 개념을 이해하는 데 그치지 않고 직접 손으로 만들어보며 체득할 수 있습니다.

　AI 에이전트가 만들어갈 미래를 준비하는 모든 분께 이 책을 자신 있게 추천합니다. 복잡한 기술의 숲 속에서 길을 찾고자 하는 이들에게, 이 책은 가장 든든한 나침반이 되어줄 것입니다.

박조은_오늘코드 대표, Microsoft MVP

／벌써 가을입니다. 며칠 한눈을 판 사이 금세 산허리가 울긋불긋 물들었습니다. 머지않아 전염병에라도 걸린 것처럼 눈길이 닿는 곳마다 붉게 타오를 게 틀림없습니다. 지금 인공지능 분야가 시원한 가을바람에 무섭게 번져가는 단풍 같습니다. 가까운 미래에 우리 손길이 닿는 곳마다 각종 언어 모델이 GPU를 달구고 있을 테니까요. 가을의 정취를 제대로 만끽하려면 단풍나무 사이로 걸어 들어가야 하듯이, 인공지능과 대규모 언어 모델의 진면목을 알려면 기꺼이 문서와 코드 더미로 몸을 던져야 합니다.

이 책은 단어 가방과 임베딩부터 트랜스포머, 에이전트, RAG까지 온 세상에 LLM 열병을 퍼뜨리고 있는 기술을 빼곡히 담았습니다. 입문서를 보았다면 이론과 함께 한 단계 기술을 업그레이드하기 좋고, 이론을 이해한 다음 코드를 활용해 실무를 배우기에도 좋습니다. 가을 단풍과 잘 어울리는 카페에서 책과 노트북을 열고 지금 시작해 보세요!

박해선_『혼자 공부하는 머신러닝+딥러닝』의 저자, Google AI/Cloud GDE, Microsoft AI MVP

／LLM이 나날이 발전하고 에이전트 수요가 늘면서 산업 전반을 재편하는 핵심 동력이 되었습니다. 하지만 딥러닝 기초부터 트랜스포머, RAG, 지식 그래프, 강화학습, 에이전트 아키텍처까지 이어지는 흐름을 한꺼번에 이해하기는 쉽지 않습니다. 이 책은 이러한 방대한 기술 지형을 단편적으로 나열하는 것이 아니라, 현대 AI가 어떻게 작동하고 확장되며 실제 시스템으로 구현되는지까지 하나의 흐름 속에 담아 전달합니다. 기본 이론에서 실습, 그리고 미래 전망에 이르는 균형 잡힌 구성은 AI 개발자, 연구자, 실무자 모두에게 실질적인 통찰을 제공하며, 빠르게 변화하는 AI 시대를 주도적으로 이해하는 데 든든한 길잡이가 될 것입니다.

최지호_코드팩토리, 『요즘 바이브 코딩 클로드 코드 완벽 가이드』의 저자

옮긴이의 말

대규모 언어 모델의 발전은 AI를 단순히 문장을 만들어내는 도구에서, 정보를 이해하고 판단하며 문제를 해결하는 지능형 시스템으로 변화시켰습니다. 오늘날의 언어 모델은 텍스트를 처리하는 것을 넘어, 외부 데이터를 검색하고 지식을 활용하며 다양한 도구를 통해 목표를 수행하는 '에이전트'로 진화하고 있습니다.

이 책은 이러한 변화의 기술적 기반을 언어 모델, 데이터 검색, 지식 그래프, 강화학습이라는 네 가지 축으로 나누어 다룹니다.

Part 1에서는 텍스트 분석과 딥러닝의 기본 원리부터 트랜스포머 구조와 대규모 언어 모델이 만들어지는 과정을 설명합니다. 임베딩, 어텐션, 파인튜닝, 프롬프트 엔지니어링 등 언어 모델의 내부 구조를 단계적으로 정리하며, 현대 LLM이 작동하는 논리를 구체적으로 보여줍니다.

Part 2에서는 검색 증강 생성(RAG)과 지식 그래프, 그리고 강화학습(reinforcement learning)을 중심으로, 언어 모델이 외부 데이터와 상호작용하는 과정을 다룹니다. 단순한 검색을 넘어 정보의 정확도와 일관성을 높이기 위한 구조적 접근을 설명하고, 지식 그래프를 통해 데이터를 의미 단위로 연결하는 방식을 구체적으로 해설하며, 에이전트가 환경과 상호작용하며 학습하는 원리를 살펴봅니다.

Part 3에서는 단일·다중 에이전트 시스템과 AI 애플리케이션 구성이 이어집니다. 여러 에이전트가 협력하는 구조와 다양한 기능을 조합한 복합 시스템 구성 방식, Streamlit을 활용한 인터페이스 구성 등 AI 시스템을 현실에서 작동시키는 기술적 과정을 폭넓게 다룹니다.

이 책은 각 기술의 원리와 응용을 설명하면서, 오늘날 AI 시스템을 이루는 기반 기술들이 어떤 맥락 속에서 발전해 왔는지를 조망합니다. 이론과 예제가 함께 구성되어 있어, 언어 모델을 중심으로 한 AI의 구조를 이해하려는 독자에게 명확한 관점을 제공합니다.

데이터 과학자와 연구자에게는 언어 모델, 검색, 지식 그래프, 강화학습의 개념을 구조적으로 이해하는 데 도움이 되며, 개발자와 기획자에게는 AI 기술의 동작 원리를 현실적인 수준에서 파악할 수 있는 실마리를 제공할 것입니다.

이 책이 에이전트를 공부하고자 하는 독자에게 각 기술이 실제로 어떤 역할을 수행하는지를 명확히 보여주는 안내서가 되기를 바랍니다.

2025년 10월
옮긴이 일동

들어가며

이 책 『이론부터 실전까지 AI 에이전트 완벽 마스터(원제: Building AI Agents with LLMs, RAG, and Knowledge Graphs)』는 대규모 언어 모델LLM과 AI 에이전트의 진화하는 세계를 안내하며, 이론적 토대와 실용적 지침을 두루 제공한다. 먼저 딥러닝을 활용해 텍스트 데이터를 표현하고 처리하는 방법을 설명한 뒤, 트랜스포머transformer 모델과 같은 현대적 아키텍처로 나아간다. 이어서 LLM을 확장하고 파인튜닝fine-tuning 하는 과정, 그리고 LLM의 기능을 도구, 외부 메모리 시스템, 에이전트 기반 프레임워크로 확장하는 방식을 살펴본다. 또한 검색 증강 생성RAG, GraphRAG, 다중 에이전트 시스템과 같은 기술을 실제 응용과 배포 사례를 중심으로 자세히 다룬다. 이 책을 다 읽고 나면 도구를 활용하는 지능적인 AI 에이전트를 구축하는 방법과 이러한 시스템이 AI의 미래를 이끌어가는 데 어떤 역할을 하는지 명확하게 이해할 수 있을 것이다.

이 책의 대상 독자

이 책은 LLM과 AI 에이전트를 이해하고 활용하여 애플리케이션을 구축하고자 하는 소프트웨어 엔지니어, 데이터 과학자, 연구자를 대상으로 한다. 이 책을 제대로 활용하려면 파이썬Python 프로그래밍과 머신러닝의 기초 개념에 대한 이해가 필요하다. 자연어 처리NLP에 대한 깊은 전문 지식은 요구되지 않지만 신경망, REST API, 그리고 일반적인 소프트웨어 개발 관행에 익숙하다면 예제를 따라가고 실제 시스템을 구현하는 데 도움이 된다. 지능형 에이전트를 구축하거나 LLM의 내부 동작을 탐구하거나 AI 애플리케이션을 대규모로 배포하고자 한다면, 이 책은 그에 필요한 이론적 배경과 실무 지침을 모두 제공한다.

이 책에서 다루는 내용

1장 '딥러닝으로 텍스트 데이터 분석하기'에서는 자연어를 머신러닝 모델에 적합한 형식으로 처리하고 표현하는 방법을 소개한다. 원-핫 인코딩one-hot encoding과 단어 가방bag of words 같은 기본 기법부터 TF-IDF와 word2vec과 같은 고급 표현까지 다양한 텍스트 인코딩 기법을 다룬다. 이어서 RNN, LSTM, GRU, CNN 등 순차 데이터에 적합한 주요 딥러닝 아키텍처를 탐구하고, 이를 텍스트 분류 작업에 적용하는 방법을 설명한다. 이 장을 마치면 이러한 기반이 어떻게 ChatGPT와 같은 현대 언어 모델을 가능하게 하는지 이해할 수 있을 것이다.

2장 '트랜스포머: 현대 AI 혁명 이면의 모델'에서는 어텐션attention 메커니즘을 소개하고, 그것이 어떻게 발전해 트랜스포머 아키텍처로 이어졌는지를 설명한다. RNN과 LSTM 같은 초기 모델의 한계를 짚으면서, 트랜스포머가 이를 어떻게 극복해 현대 자연어 처리의 토대가 되었는지를 살펴본다. 셀프 어텐션self-attention, 마스크드 언어 모델링masked language modeling, 학습 기법, 내부 모델 시각화 등의 핵심 주제를 다루며, 실제 응용 사례를 통해 오늘날의 LLM을 이해하기 위한 기초를 다진다.

3장 '강력한 AI 엔진, LLM 탐구하기'에서는 트랜스포머 모델의 대규모 학습이 어떻게 오늘날의 LLM을 탄생시켰는지 살펴본다. LLM의 발전 과정과 주요 능력, 한계를 다루며, 지시 튜닝instruction tuning과 파인튜닝fine-tuning, 정렬alignment 같은 기법을 소개한다. 또한 더 작고 효율적인 LLM 변형 모델, 여러 데이터 유형을 다루는 멀티모달 모델, 할루시네이션 및 윤리적 문제, 프롬프트 엔지니어링과 같은 주요 과제도 함께 다룬다.

4장 'LLM으로 웹 스크래핑 에이전트 구축하기'에서는 LLM을 확장해 행동 수행 능력을 보완하는 개념으로서 AI 에이전트를 소개한다. 이 장에서는 에이전트의 핵심 특성을 비롯해 단일 에이전트와 다중 에이전트 시스템의 차이를 탐구한다. 이어서 에이전트를 구축하는 데 활용하는 주요 라이브러리를 소개하고, 실제로 인터넷에서 정보를 검색할 수 있는 웹 스크래핑 에이전트를 만드는 과정을 단계별로 안내한다.

5장 '할루시네이션을 방지하는 RAG 기반 에이전트'에서는 RAG가 LLM의 한계인 오래된 지식과 할루시네이션을 어떻게 극복할 수 있는지 살펴본다. RAG의 임베딩과 벡터 데이터베이스를 통해 LLM이 외부 정보에 접근함으로써 정확성과 적응성을 향상시키는 방법을 설명한다. 또한 RAG와 파인튜닝을 비교하고, 영화 추천 에이전트를 구축하는 실습을 통해 실제 활용 방안을 제시한다.

6장 '정보 검색과 증강을 위한 고급 RAG 기법'에서는 기본적인 RAG 아키텍처를 확장해 데이터 수집, 인덱싱, 검색, 생성 등 파이프라인 전 단계에서 성능을 향상하는 기법을 소개한다. 모듈형 RAG, 대규모 데이터셋과 사용자 기반에 맞춰 시스템을 확장하는 기술, 그리고 견고성과 개인정보 보호 같은 핵심 과제를 다룬다. 아울러 RAG 기반 시스템의 향후 발전을 둘러싼 현재의 도전 과제와 미해결 문제도 함께 조명한다.

7장 '지식 그래프 생성하고 AI 에이전트와 연결하기'에서는 텍스트 기반 지식을 지식 그래프knowledge graph로 구조화해 AI 에이전트의 정보 검색과 추론 능력을 강화하는 방법을 다룬다. 이 장에서는 지식 그래프를 활용해 LLM에 구조화된 컨텍스트 데이터를 제공하는 GraphRAG 개념을 소개한다. 이어서 LLM을 활용해 엔티티와 관계를 추출해 지식 그래프를 구축하는 방법, 그래프를 활용한 쿼리와 추론 기법을 설명하고, 이러한 접근을 결합할 때의 장점과 한계, 나아가 향후 발전 방향을 논의한다.

8장 '강화학습과 AI 에이전트'에서는 에이전트가 동적인 환경과 상호작용하면서 경험에 따라 행동을 조정하고 학습하는 방법을 설명한다. 이 장은 강화학습의 기본 원리를 소개하고, 에이전트가 어떻게 의사결정을 내리고 시간이 지남에 따라 성능을 개선하는지 다룬다. 또한 신경망을 활용해 행동을 최적화하는 방법을 시연한다. 마지막으로 LLM과 강화학습을 결합해 더욱 강력한 AI 시스템을 구축하는 방안을 논의하며 마무리한다.

9장 '단일·다중 에이전트 시스템 만들기'에서는 LLM을 도구와 다른 모델로 확장해 자율 에이전트를 구성하는 방법을 다룬다. 단일 에이전트와 다중 에이전트 시스템의 개념을 소개하고, LLM이 API나 외부 모델과 상호작용하는 방식을 설명하며, HuggingGPT와 같은 대표 사례를 살펴본다. 또한 에이전트 간 조정 전략, 복잡한 분야에서의 실제 활용 사례, SaaS, MaaS, DaaS, RaaS와 같은 새로운 비즈니스 패러다임을 다룬다.

10장 'AI 에이전트 애플리케이션 구축하기'에서는 AI 에이전트를 실제 애플리케이션으로 확장하고 배포할 때 발생하는 주요 과제를 살펴본다. 이 장에서는 에이전트 기반 시스템의 프론트엔드와 백엔드 컴포넌트를 빠르게 프로토타이핑할 수 있는 프레임워크로 스트림릿Streamlit을 소개한다. 아울러 비동기 프로그래밍, 도커Docker를 이용한 컨테이너화, 확장성과 운영 안정성을 갖춘 AI 솔루션을 구축하기 위한 모범 사례 등 핵심 운영 측면을 다룬다.

11장 '다가올 미래'에서는 헬스케어를 비롯한 다양한 산업 전반에서 AI 에이전트가 지닌 변혁의 가능성을 탐구한다. 앞 장에서 논의한 기술 발전을 바탕으로, LLM과 에이전트 시스템이 직면한 기술적, 윤리적 과제를 돌아보고, 지능형 AI 에이전트의 개발과 배포 과정에서 남아 있는 미해결 과제와 향후 연구 및 실용화 방향을 제시하며 마무리한다.

이 책의 활용 방법

이 책을 제대로 활용하려면 파이썬Python에 대한 기본 지식과 함수, 클래스, 모듈 같은 기초 프로그래밍 개념에 익숙해야 한다. 머신러닝과 신경망, 즉 모델의 개념과 학습 방식에 대한 일반적인 이해가 있다면 심화된 기술적 내용을 파악하는 데 도움이 된다. 딥러닝 프레임워크나 LLM에 대한 경험은 필수는 아니지만, 알고 있다면 책에서 소개하는 기법을 실제로 적용하는 데 유리하다. 이 책에서는 개념을 단계적으로 설명하고 있으나 기술적 사고방식은 반드시 필요하다.

책에서 다루는 소프트웨어/하드웨어 및 운영체제

소프트웨어/하드웨어	운영체제 요구사항
Python 3.10+	윈도우, macOS, 리눅스
PyTorch/Transformers	윈도우, macOS, 리눅스
Streamlit	윈도우, macOS, 리눅스
Docker	윈도우, macOS, 리눅스

로컬 GPU를 사용할 수 없는 독자는 Google Colab을 활용할 수 있다. Google Colab Pro 계정을 이용하면 NVIDIA T4나 A100과 같은 강력한 GPU에 접근할 수 있어 임베딩 모델 실행, 파인튜닝, 에이전트 작업 등에서 성능을 크게 높일 수 있다.

※ 이 책에서는 여러 논문을 인용하며 일부 논문의 그림과 도식을 함께 수록하였다. 다만 지면의 한계로 그림이 작게 보일 수 있어, 프리렉 홈페이지 자료실에서 해당 그림이 포함된 원 논문 링크를 PDF 문서로 정리하여 제공한다. 해당 문서를 내려받은 후 링크를 클릭하거나 복사하여 원문을 확인할 수 있다.
www.freelec.co.kr → [자료실]

/ 목차 /

추천사 · 6
옮긴이의 말 · 8
들어가며 · 9

I부 AI 에이전트 엔진: 텍스트에서 대규모 언어 모델까지

1장 딥러닝으로 텍스트 데이터 분석하기 · 18

1. AI를 위한 텍스트 표현 · 19
   원-핫 인코딩 · 20 | 단어 가방 · 23 | TF-IDF · 26
2. 임베딩, 응용 그리고 표현 · 30
   word2vec · 33 | 텍스트의 유사도 개념 · 37 | 임베딩의 속성 · 38
3. 텍스트 처리를 위한 RNN, LSTM, GRU, CNN · 42
   순환 신경망 · 42 | 장단기 메모리 · 46 | 게이트 순환 유닛 · 51 | 텍스트용 CNN · 53
4. 임베딩과 딥러닝을 활용한 감정 분석 · 56

2장 트랜스포머: 현대 AI 혁명 이면의 모델 · 62

1. 어텐션과 셀프 어텐션 탐구하기 · 63
2. 트랜스포머 모델 소개 · 71
3. 트랜스포머 학습하기 · 78
4. 마스크드 언어 모델링 탐구하기 · 82
5. 내부 메커니즘 시각화하기 · 85
6. 트랜스포머 활용하기 · 90

3장 강력한 AI 엔진, LLM 탐구하기　　　　　　　　　　　　　　98

1. LLM의 진화 과정 살펴보기　　　　　　　　　　　　　　98
스케일링 법칙 · 99 | 창발적 특성 · 103 | 컨텍스트 길이 · 104 | 전문가 혼합 · 105

2. 지시 튜닝, 파인튜닝, 정렬　　　　　　　　　　　　　　107
3. 작고 효율적인 LLM 탐색하기　　　　　　　　　　　　　114
4. 멀티모달 모델 탐색하기　　　　　　　　　　　　　　117
5. 할루시네이션과 윤리적·법적 쟁점 이해하기　　　　　　127
6. 프롬프트 엔지니어링　　　　　　　　　　　　　　　　132

II부　AI 에이전트와 지식 검색

4장 LLM으로 웹 스크래핑 에이전트 구축하기　　　　　　140

1. 두뇌, 지각, 행동 패러다임 이해하기　　　　　　　　　141
두뇌 · 144 | 지각 · 147 | 행동 · 149

2. AI 에이전트 분류하기　　　　　　　　　　　　　　　150
3. 단일 에이전트와 다중 에이전트 시스템 이해하기　　　154
4. 주요 라이브러리 탐구　　　　　　　　　　　　　　　157
LangChain · 158 | Haystack · 160 | LlamaIndex · 161 | Semantic Kernel · 161
AutoGen · 162 | LLM 에이전트 프레임워크 선택하기 · 163

5. 검색하여 정보를 스스로 찾는 ReAct 에이전트 만들기　164

5장 / 할루시네이션을 방지하는 RAG 기반 에이전트 — 172

1. 나이브 RAG 탐구하기 — 173
2. 검색, 최적화, 증강 — 182
   청크 분할 전략 · 182 | 임베딩 전략 · 185 | 임베딩 데이터베이스 · 190
3. 출력에 대해 평가하기 — 192
4. RAG와 파인튜닝 비교하기 — 196
5. RAG를 활용한 영화 추천 에이전트 구축하기 — 198

6장 / 정보 검색과 증강을 위한 고급 RAG 기법 — 204

1. 나이브 RAG의 문제점 — 205
2. 고급 RAG 파이프라인 살펴보기 — 207
   계층적 인덱싱 · 207 | 가상 질문과 HyDE · 209 | 컨텍스트 강화 · 211 | 쿼리 변환 · 212
   키워드 기반 검색과 하이브리드 검색 · 212 | 쿼리 라우팅 · 213 | 재순위화 · 215 | 응답 최적화 · 219
3. 모듈형 RAG와 다른 시스템 통합하기 — 222
   훈련 기반 접근법과 비훈련 접근법 · 224
4. 고급 RAG 파이프라인 구현하기 — 226
5. RAG의 확장성과 성능 이해하기 — 231
   데이터 확장성, 저장, 전처리 · 231 | 병렬 처리 · 234 | 보안과 개인정보 보호 · 237
6. 미해결 과제와 미래 전망 — 241

7장 / 지식 그래프 생성하고 AI 에이전트와 연결하기 — 248

1. 지식 그래프 소개 — 249
   그래프와 지식 그래프의 형식적 정의 · 251 | 분류 체계와 온톨로지 · 254
2. LLM을 활용한 지식 그래프 구축하기 — 255
   지식 생성 · 256 | LLM으로 지식 그래프 생성 · 260 | 지식 평가 · 265
   지식 정제 · 266 | 지식 확장 · 266 | 지식 호스팅과 배포 · 268
3. 지식 그래프와 LLM을 활용하여 정보 검색하기 — 270
   그래프 기반 인덱싱 · 271 | 그래프 기반 검색 · 272 | 그래프 RAG 활용 · 276
4. 그래프 추론 이해하기 — 279
   지식 그래프 임베딩 · 281 | 그래프 신경망 · 282 | LLM의 지식 그래프 추론 · 284
5. 지식 그래프와 그래프 RAG의 도전 과제 — 286

8장 강화학습과 AI 에이전트   291

1. 강화학습 소개   292
   멀티 암드 밴딧 문제 · 297 | 마르코프 결정 과정 · 304
2. 심층 강화학습   310
   모델 프리 접근법과 모델 기반 접근법 · 311 | 온-폴리시와 오프-폴리시 방법 · 312
   심층 강화학습 자세히 살펴보기 · 313 | 심층 강화학습의 과제와 미래 전망 · 325
   강화학습으로 비디오 게임 학습하기 · 326
3. LLM과 강화학습 모델의 상호작용   342
   강화학습으로 강화된 LLM · 342 | LLM으로 강화된 강화학습 · 343
4. 핵심 정리   351

복잡한 시나리오를 해결하는 고도화된 AI 에이전트

9장 단일·다중 에이전트 시스템 만들기   356

1. 자율 에이전트 소개   358
   툴포머 · 363 | 허깅GPT · 364 | 켐크로우 · 375 | 스위프트도시에 · 378 | 켐에이전트 · 379
   법률 분야의 다중 에이전트 · 381 | 의료 분야의 다중 에이전트 · 383
2. 허깅GPT 사용하기   391
   로컬에서 허깅GPT 사용하기 · 391 | 웹에서 허깅GPT 사용하기 · 397
3. 다중 에이전트 시스템   402
4. SaaS, MaaS, DaaS, RaaS   413
   서비스형 소프트웨어, SaaS · 414 | 서비스형 모델, MaaS · 417 | 서비스형 데이터, DaaS · 421
   서비스형 결과, RaaS · 423 | 다양한 패러다임 비교 · 426

10장 / AI 에이전트 애플리케이션 구축하기 — 431

1. 스트림릿 소개 — 432
스트림릿 시작하기 · 433 | 결과 캐싱하기 · 437

2. 스트림릿으로 프론트엔드 개발하기 — 442
텍스트 요소 추가하기 · 442 | 스트림릿 앱에 이미지 삽입하기 · 444 | 동적인 앱 만들기 · 445

3. 스트림릿과 AI 에이전트를 활용한 애플리케이션 만들기 — 453

4. 머신러닝 운영과 LLM 운영 — 462
모델 개발 · 465 | 모델 학습 · 468 | 모델 테스트 · 471 | 추론 최적화 · 473
프로덕션에서 오류 처리하기 · 480 | 프로덕션 보안을 위한 고려 사항 · 482

5. 비동기 프로그래밍 — 486
asyncio · 491 | 비동기 프로그래밍과 머신러닝 · 495

6. 도커 — 501
쿠버네티스 · 502 | 머신러닝에 도커 사용하기 · 503

11장 / 다가올 미래 — 508

1. 의료 분야 AI 에이전트 — 508
생물의학 분야 AI 에이전트 · 510

2. 다른 산업 분야 AI 에이전트 — 514
피지컬 에이전트 · 514 | 게임용 LLM 에이전트 · 516 | 웹 에이전트 · 518

3. 해결할 과제와 미해결 질문 — 519
인간-에이전트 간 의사소통 문제 · 519 | 다중 에이전트의 뚜렷한 우월성 부재 · 521
추론의 한계 · 524 | LLM의 창의성 · 530 | 기계론적 해석 가능성 · 533
범용 인공지능으로 가는 길 · 539 | 윤리 문제 · 543

찾아보기 · 551

예제 파일 내려받기
Building AI Agents with LLMs, RAG, and Knowledge Graphs: A practical guide to autonomous and modern AI agents

이 책의 예제 코드는 다음 GitHub 저장소에서 내려받을 수 있다.

https://github.com/ai-agent-kr/Modern-AI-Agents

내려받은 예제 코드는 Google Colab 환경에서 실행하는 것을 권장한다.

1부에서는 현대 AI 에이전트가 언어를 처리하고 생성하는 방식을 이해하기 위한 기반을 다진다. 먼저, 원시 텍스트(raw text)를 딥러닝 모델에 적합한 숫자 형태로 변환하는 방법을 살펴본다. 이때 단어 임베딩과 기본적인 신경망 구조를 소개한다. 그런 다음, 트랜스포머 모델을 중심으로 어텐션 메커니즘이 어떻게 자연어 처리(NLP, natural language processing)에 혁신을 가져왔는지 알아본다. 마지막으로, 트랜스포머를 확장하여 대규모 언어 모델(LLM, large language model)을 구축하는 방법을 탐구한다. 이 과정에서 학습 전략과 지시 튜닝(instruction tuning), 파인튜닝(fine-tuning), 그리고 범용 추론이 가능한 모델로 진화하는 과정을 논의한다. 이를 통해 여러분은 지능형 AI 에이전트를 구축하기 위한 기술적, 개념적 기반을 갖추게 될 것이다.

1장. 딥러닝으로 텍스트 데이터 분석하기
2장. 트랜스포머: 현대 AI 혁명 이면의 모델
3장. 강력한 AI 엔진, LLM 탐구하기

AI 에이전트 엔진: 텍스트에서 대규모 언어 모델까지

딥러닝으로 텍스트 데이터 분석하기

1장

언어는 인간의 가장 특별한 능력 중 하나로, 평생에 걸쳐 계속 발전하면서 복잡하고 깊은 의미를 담아낼 수 있다. 하지만 인간이 사용하는 자연어는 기계가 바로 이해하기 어려운 형태이고, 그 미묘한 뉘앙스를 파악하는 알고리즘을 개발하는 것은 정말 까다로운 일이다. 그래서 이번 장에서는 텍스트를 기계가 처리할 수 있는 형태로 변환하는 방법을 살펴본다.

자연어 텍스트는 딥러닝 모델에 직접 입력할 수 없다. 이번 장에서는 텍스트를 머신러닝 모델이 활용할 수 있는 형태로 표현하는 방법을 다룬다. 자연어 텍스트에서 시작해서 점차 정교한 수치 벡터로 변환하는 과정을 살펴본다. 예를 들어, **원-핫 인코딩** one-hot encoding, **단어 가방** BoW, bag of words, **단어 빈도-역문서 빈도** TF-IDF, term frequency-inverse document frequency를 거쳐서 단어나 문서의 의미를 나타내는 실수 real number 벡터를 생성하고, 이 벡터로 연산을 수행할 수 있는 **워드투벡** word2vec 기법을 다룬다.

또한 이번 장에서는 텍스트와 같은 순차 데이터 분석을 위한 딥러닝 모델을 소개한다. **순환 신경망** RNN, recurrent neural network, **장단기 메모리** LSTM, long short-term memory, **게이트 순환 유닛** GRU, gated recurrent unit, **합성곱 신경망** CNN, convolutional neural network을 다루고 각 모델의 장단점을 논의한다. 마지막으로는 이런 모델들을 조합해서 텍스트 분류를 수행하며, 학습 기반 접근법의 잠재력을 보여줄 것이다.

이 장에서는 텍스트 뭉치(corpus, 코퍼스)를 입력받아 딥러닝으로 분석하는 방법에 대해서 다룬다. 이런 내용은 ChatGPT 같은 대규모 언어 모델 LLM이 내부적으로 어떻게 동작하는지 이해하는 데 기반이 된다.

이번 장에서 다룰 주제는 다음과 같다.

- AI를 위한 텍스트 표현 방법
- 임베딩, 응용, 표현 방식
- 텍스트 처리를 위한 RNN, LSTM, GRU, CNN
- 임베딩과 딥러닝을 활용한 감정 분석

기술 요구 사항

이번 장에서는 Python의 표준 라이브러리를 사용한다. 필요한 라이브러리는 이 장의 GitHub 저장소에 있는 각 Jupyter 노트북에서 확인할 수 있다. 코드는 CPU에서도 실행할 수 있지만 GPU 사용을 권장한다.

https://github.com/ai-agent-kr/Modern-AI-Agents/tree/main/ch01

1. AI를 위한 텍스트 표현

이미지나 표 형태의 데이터와 비교했을 때, 텍스트를 컴퓨터가 처리할 수 있는 형태로 표현하는 일은 훨씬 더 까다롭다. 특히, 단어의 의미(signified, 기의)와 이를 나타내는 기호(signifier, 기표) 사이에는 고정된 일대일 대응 관계가 존재하지 않기 때문이다. 실제로 단어의 의미는 문맥과 문장에서 해당 단어를 사용한 작성자의 의도에 따라 달라진다. 또한 원문 텍스트native text는 알고리즘이 처리할 수 있도록 반드시 수치 표현으로 변환해야 하며, 이는 단순한 작업이 아니다. 그럼에도 불구하고, 텍스트의 벡터 표현을 찾기 위한 여러 기법이 초기에 개발되었다. 이러한 벡터 표현은 컴퓨터의 입력으로 사용할 수 있다는 장점이 있다.

첫 번째 단계는 텍스트 코퍼스corpus를 정해진 기본 단위로 분할하는 것이다. **토큰화**tokenization는 텍스트를 기본 단위로 변환하는 이와 같은 과정을 콕 집어서 말하는 용어다. 이 단위를 토큰token이라고 부르며 텍스트에서는 주로 단어 단위인 경우가 많다. 토큰화를 수행하는 가장 쉬운 방법은 예를 들어, 문장이 있을 때 공백을 기준으로 단어를 구분(text segmentation, 텍스트 분할)하는 방법이다. 이때 각 느낌표나 온점과 같은 문장 부호도 하나의 단어로 간주한다. 실제로 문장 부호는 문장의 경계를 나타내고 주제 전환이나 질문, 감탄 등 중요한 의미를 전달한다. 예를 들어 다음은 주어진 텍스트를 기본적으로 공백을 기준으로 분리하면서 특수 문자 또한 하나의 단위로 간주하는 예시이다.

- **입력**: `'Hello. I am a student.'`
- **토큰화 후**: `['Hello', '.', 'I', 'am', 'a', 'student', '.']`

두 번째 단계는 구체적으로 '단어'를 어떻게 정의할 것인지, 그리고 코퍼스에 포함된 의미는 같지만 다르게 인식될 수 있는 특정 용어들을 동일한 어휘로 묶을지 여부를 결정하는 것이다. 이를 위해 여러 가지 전처리를 거치는데, 이러한 전처리를 통틀어 **텍스트 정규화**text normalization라 한다.

예를 들어 'He'와 'he'는 동일한 의미를 갖는 단어이므로 사람 입장에서는 동일한 단어로 볼 수 있으며 단지 대문자 여부만 다르다. 하지만 텍스트 알고리즘은 그저 생김새가 다르면 다른 단어로 간주할 뿐이다. 따라서 알고리즘이 이 두 단어가 같은 단어임을 인식할 수 있도록 전처리 과정에서 텍스트를 소문자로 변환해서 정규화할 수 있다.

- **입력**: 'Hello. I am a student.'
- **토큰화**: ['Hello', '.', 'I', 'am', 'a', 'student', '.']
- **정규화**(텍스트의 소문자 변환 적용): ['hello', '.', 'i', 'am', 'a', 'student', '.']

정규화에 소문자 변환보다 더욱 고차원적인 방법을 사용할 수도 있다. 경우에 따라 **표제어 추출** lemmaztization (예: 'came'과 'comes'를 동사 원형인 'come'으로 변경해서 동일하게 인식되도록 함)이나 **어간 추출** stemming (접미사가 붙은 단어들에서 접미사를 제거하여 원형으로 변경함)과 같은 더욱 정교한 정규화를 수행하기도 한다. 텍스트에는 단어뿐 아니라, 퍼센트 값, 숫자, 웹사이트 주소 등도 포함될 수 있기 때문에 이러한 토큰화와 정규화 과정을 거친다.

이제 텍스트의 가장 기본적인 전처리 방법을 살펴보았으니 이로부터 확장할 수 있는 다양한 텍스트의 표현 방식에 대해 정리해보자.

원-핫 인코딩

전통적인 **자연어 처리** NLP, natural language processing 에서는 텍스트에서 단어나 문자처럼 하나하나 구별되는 개별 요소를 이산 기호 symbol 를 써서 표현하기도 한다. 가장 간단한 예가 **원-핫 인코딩** one-hot encoding 이다.

원-핫 인코딩이 어떻게 작동하는지 살펴보자. 먼저 어떠한 텍스트 뭉치인 코퍼스 corpus 가 있다고 하자. 이 코퍼스에 존재하는 모든 단어의 모음을 어휘집 vocabulary 이라고 한다. 원-핫 인코딩은 어휘집의 모든 단어 개수가 n개라고 할 때, 각 단어를 n차원 벡터로 변환한다. 각 단어마다 고유한 정수를 부여하고 이 벡터에서 해당 단어에게 부여된 정수의 위치 index 만 1로, 나머지는 0으로 채운다. 이렇게 얻은 벡터를 원-핫 벡터 one-hot vector 라고 한다.

예를 들어 코퍼스에 9개의 단어가 존재한다고 하자. 어휘집의 크기는 9이므로 각 단어는 반드시 9차원 벡터로 표현되어야 한다. 각 단어에 다음과 같이 정수를 부여했다고 가정하자. [apple(0), banana(1), cat(2), dog(3), house(4), pizzeria(5), restaurant(6), run(7), walk(8)]. 예컨대, restaurant에 부여된 정수는 6이므로 이를 원-핫 인코딩으로 표현하면 6번 인덱스에 1, 나머지는 0을 가지는 벡터가 되어야 한다. 마찬가지로 pizzeria에 부여된 정수는 5이므로 원-핫 인코딩으로 표현하면 5번 인덱스에 1, 나머지는 0인 벡터가 되어야 한다. 다음은 실제 두 단어의 변환 결과를 나타낸 것이다.

```
restaurant = [0 0 0 0 0 0 1 0 0]
pizzeria   = [0 0 0 0 0 1 0 0 0]
```

이 표현 방식에는 몇 가지 심각한 문제가 있다.

첫째, 의미적 관계의 완전한 손실이다. 원-핫 인코딩은 문서에 특정 단어가 존재하는지 여부만을 포착할 뿐이다. 예를 들어 '의사'와 '병원', '치료'라는 단어들은 모두 의료와 관련된 의미적 연관성을 갖지만, 0과 1의 값만 지니는 원-핫 벡터로 표현된 상태에서는 이런 관계를 표현할 수 없다. 각 단어는 독립적인 벡터로만 표현되어 단어 간의 의미적 유사성이나 관련성을 어떤 방법을 쓰더라도 파악할 수 없다.

앞의 예에서 'restaurant'와 'pizzeria'는 모두 음식을 파는 장소를 의미하여 사람이 보기에 의미적으로 유사한 단어지만, 원-핫 벡터는 이러한 공통점을 전혀 반영하지 못한다. 두 벡터 사이의 코사인 유사도나 유클리드 거리를 계산해도 의미 있는 결과를 얻을 수 없다. 만약 벡터에 유사성 개념을 내재할 수 있다면, 클러스터링(clustering, 비슷한 특성을 가진 데이터들을 그룹으로 묶는 기법)을 수행해서 동의어나 관련 단어들을 같은 그룹으로 묶을 수 있을 것이다.

둘째, 메모리 문제다. 평균적으로 한 언어에는 약 20만 개의 단어가 존재한다. 만약 이 단어들을 모두 원-핫 인코딩으로 벡터로 변환한다고 가정하면, 어휘집의 크기는 총 20만 개이다. 따라서 각 단어는 길이가 20만 차원인 벡터가 된다. 이는 매우 희소sparse하고 고차원이다. 희소하다는 것은 벡터의 대부분 원소가 0이고 극히 일부(원-핫 인코딩의 경우 단 하나만)가 1인 상태를 의미한다. 대규모 코퍼스를 다룰 때는 이런 거대한 벡터들을 저장하기 위한 대용량 메모리와 이를 처리할 높은 연산 능력이 요구된다. 예를 들어 백만 개의 문서에서 각각 평균 100개 단어가 있다면, 20만 차원 × 1억 개 벡터라는 엄청난 메모리가 필요하다.

원-핫 벡터를 표현하는 행렬을 만들려면 다음 과정을 따른다.

- **텍스트 전처리**: 토큰화(텍스트를 단어나 문장 등의 특정 단위로 나누는 작업)하기 전에 **텍스트를 정규화한다**(여기서는 대소문자 통일을 위해 소문자로 변환).
- **어휘집 구축**: 텍스트에서 고유한 모든 단어로 구성된 어휘집을 만들고 각 단어에 정수를 부여한 뒤 저장한다. 이를 통해 나중에 벡터로 변환할 때 해당 단어를 찾을 수 있도록 한다.
- **벡터 생성**: 배열array을 만들고, 단어가 어휘집에서 차지하는 인덱스 위치에만 1을, 나머지 모든 위치에는 0을 채운다.

이 작업을 코드로 구현하면 다음과 같다.

```python
import numpy as np

def one_hot_encoding(sentence):
```

```python
    words = sentence.lower().split()
    vocabulary = sorted(set(words))
    word_to_index = {word: i for i, word in enumerate(vocabulary)}
    one_hot_matrix = np.zeros((len(words), len(vocabulary)), dtype=int)
    for i, word in enumerate(words):
        one_hot_matrix[i, word_to_index[word]] = 1

    return one_hot_matrix, vocabulary
```

코드를 자세히 살펴보자. sentence라는 변수에 임의의 텍스트를 저장하고 이를 one_hot_encoding( )이라는 함수에 넣으면 해당 텍스트에 존재하는 모든 단어를 원-핫 인코딩하여 벡터로 변환하는 코드이다.

```python
sentence = "Should we go to a pizzeria or do you a prefer a restaurant?"
one_hot_matrix, vocabulary = one_hot_encoding(sentence)
print("Vocabulary:", vocabulary)
print("One-Hot Encoding Matrix:\n", one_hot_matrix)
```

출력 결과는 다음과 같다. sentence에 존재하는 고유한 단어 수에 해당하는 어휘집의 크기는 총 11개로 각 단어는 모두 11차원의 벡터로 표현된다.

```
Vocabulary: ['a', 'do', 'go', 'or', 'pizzeria', 'prefer', 'restaurant?', 'should', 'to', 'we', 'you']
One-Hot Encoding Matrix:
 [[0 0 0 0 0 0 0 1 0 0 0]
 [0 0 0 0 0 0 0 0 0 1 0]
 [0 0 1 0 0 0 0 0 0 0 0]
 [0 0 0 0 0 0 0 0 1 0 0]
 [1 0 0 0 0 0 0 0 0 0 0]
 [0 0 0 0 1 0 0 0 0 0 0]
 [0 0 0 1 0 0 0 0 0 0 0]
 [0 1 0 0 0 0 0 0 0 0 0]
 [0 0 0 0 0 0 0 0 0 0 1]
 [1 0 0 0 0 0 0 0 0 0 0]
 [0 0 0 0 0 1 0 0 0 0 0]
 [1 0 0 0 0 0 0 0 0 0 0]
 [0 0 0 0 0 1 0 0 0 0 0]]
```

비록 단순한 방법이지만, 처음으로 텍스트를 벡터 형태로 표현하는 방법을 얻은 셈이다. 이번에는 원-핫 인코딩이 단어를 벡터로 변환하는 방법이었던 것과는 달리, 단어가 아니라 좀 더 큰 단위로 문장이나 문서 자체를 벡터로 변환하고 분석하는 방법인 단어 가방 기법에 대해 알아본다.

> **N** 다른 문장을 선택하면 생성되는 행렬이 달라지며, 문장의 길이를 늘리면 서로 다른 단어의 수에 비례해 행렬이 커지는 것을 확인해보자. 또한 반복된 단어에 대해서는 동일한 벡터가 생성된다는 점에 유의한다. 앞선 출력 결과를 살펴보자.

단어 가방

실제 현실의 코퍼스는 수천에서 수백만 개의 문서로 구성되며, 각 문서에는 서로 다른 빈도로 등장하는 수많은 단어들이 포함된다. 각 문서를 분석하려면 이러한 단어 빈도frequency 정보를 유지하고 활용하는 시스템이 절실히 필요하다. 단어의 출현 빈도는 텍스트 분류에 매우 중요한 요소이기 때문이다. 실제로 주제나 내용이 유사한 문서들은 그 안에 등장하는 단어들도 유사한 빈도 패턴을 보이며, 그 의미 또한 비슷할 가능성이 높다. 예를 들어 많은 스포츠 관련 문서들에는 공통으로 '경기', '선수', '점수' 같은 단어들이 높은 빈도로 등장하고, 많은 요리 관련 문서들에는 역시 공통으로 '재료', '조리', '맛' 같은 단어들이 자주 나타난다. 이렇게 어떤 단어들이 주로 등장하느냐만으로도 각 문서의 카테고리 분류나 문서 간의 유사성을 판단할 수 있다.

단어 가방 BoW, bag of words은 앞에서 언급한 단어의 등장 빈도를 이용하여 문장이나 문서와 같은 텍스트에서 특징을 추출하는 알고리즘이다. BoW는 단순하지만 효과적인 알고리즘으로, 텍스트 내 단어들이 실제로 등장한 위치나 순서는 완전히 무시하고 오직 각 단어의 등장 빈도만을 고려하여 분석하는 방법이다.

단어 가방에서 '가방bag'이라는 이름이 어떻게 붙게 되었는지 살펴보자. 먼저 어떤 텍스트를 가방에 넣는다고 상상해본다. 그리고 그 가방을 마구 흔들면 이제 텍스트에 존재하는 단어들은 순서 정보를 잃고 마구 섞이게 된다. 이제 그 가방으로부터 단어를 1개씩 꺼내서 단어의 개수를 세기 시작하면, 이제 원래 단어들이 어떤 순서로 배치된 텍스트였는지는 알 수 없으며 어떤 단어가 몇 번 등장했는지만을 알 수 있다.

BoW의 작동 원리는 간단하다. 실제로 사용할 고유한 단어들의 집합인 어휘집과 단어를 셀 수 있는 방법만 있으면 된다. 이 방식에서는 각 문서를 하나의 벡터로 표현하며, 해당 벡터의 각 요소는 어휘집에 포함된 해당 단어가 그 문서에서 몇 번 등장했는지를 나타낸다.

예를 들어 다루고 있는 텍스트에서 사용할 어휘집과 각 단어에 부여된 정수가 [I(0), love(1), apple(2), and(3), banana(4)]라고 해보자. 여기서 부여된 정수가 의미하는 바는 이제 각 단어의 등장 횟수가 기록될 정수 인덱스를 의미한다. 앞으로 I의 등장 횟수는 0번 인덱스에 기록되며, love의 등장 횟수는 1번 인덱스에 기록된다. 예를 들어 "I love apple and I love banana"라는 문서를 앞의 어휘집과 부여된 정수 인덱스에 기반하여 단어 가방으로 표현한다면 [2, 2, 1, 1, 1] 벡터로 표현된다(I가 2번, love 2번, apple 1번, and 1번, banana 1번 등장).

그림 1.1은 셰익스피어의 『햄릿(Hamlet)』 일부를 예로 들어 BoW 개념을 시각화한 것이다. 주어진

텍스트는 가방에서 섞여 단어의 순서 정보를 잃고 오직 단어의 등장 빈도 정보만 남는다.

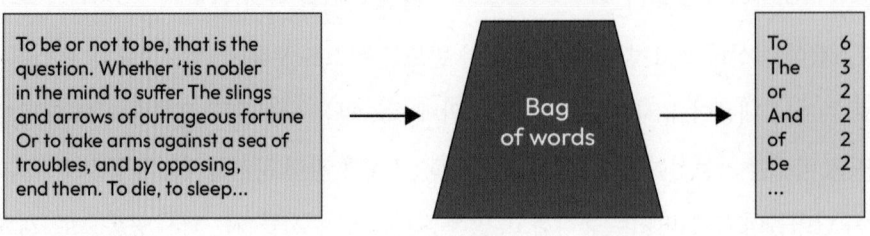

그림 1.1 BoW 알고리즘

단어 가방 표현 방식에도 여전히 원-핫 인코딩과 유사한 문제가 있는데 바로 어휘집이 커질수록 벡터의 크기도 함께 증가하며 문서에 따라 희소한 벡터가 나올 수 있다는 점이다. 예를 들어 어휘집의 크기가 20만이고 변환하고자 하는 문서가 "I love apple"과 같이 3개의 단어가 딱 한 번씩 등장한 문서라면, 해당 문서의 단어 가방 표현 벡터는 오직 3개의 위치만 1이고 나머지는 전부 0으로 채워진 희소한 벡터이다.

고차원 희소 벡터는 메모리와 연산 비용뿐 아니라 알고리즘 성능에도 부정적인 영향을 미친다. 벡터가 길어질수록 머신러닝 모델과 함께 사용할 때, 모델이 처리해야 하는 파라미터가 늘어나 실제 학습 후 성능이 저하되는 과적합overfitting 위험이 커진다. 이를 **차원의 저주**curse of dimensionality라고 부르며 입력 벡터의 차원, 즉 특징feature 수가 많아질수록 데이터 포인트 간의 거리 값이 점점 의미를 잃게 된다.

대규모 코퍼스를 다룰 때는 이러한 고차원의 희소 벡터가 나오는 문제를 완화하기 위해 몇 가지 방법을 사용할 수 있다. 예를 들어, 문장 부호 무시, 철자 오류 수정, 어간 추출 알고리즘 적용, 의미 정보를 거의 제공하지 않는(관사·전치사 등) 고빈도 불용어stop word 제거 등이 있다. 거의 사용되지 않는 불필요한 단어들을 제거하거나 정규화하여 어휘집의 크기 자체를 줄이는 방법이다.

문서 목록에 대해 BoW 행렬을 만들려면 다음 절차를 따른다.

- 각 문서를 토큰화하여 단어 목록을 얻는다.
- 고유 단어로 구성된 어휘집을 생성하고, 각 단어를 어휘집의 해당 인덱스에 매핑한다.
- 각 문서를 행으로, 어휘집의 단어를 열로 하는 행렬을 만든다. 이때 행은 문서, 열은 해당 문서의 특징에 해당한다.

이를 코드로 구현하면 다음과 같다.

```python
import numpy as np

def bag_of_words(sentences):
    """
    Creates a bag-of-words representation of a list of documents.
    """
    tokenized_sentences = [sentence.lower().split() for sentence in sentences]
    flat_words = [word for sublist in tokenized_sentences for word in sublist]
    vocabulary = sorted(set(flat_words))
    word_to_index = {word: i for i, word in enumerate(vocabulary)}

    bow_matrix = np.zeros((len(sentences), len(vocabulary)), dtype=int)
    for i, sentence in enumerate(tokenized_sentences):
        for word in sentence:
            if word in word_to_index:
                bow_matrix[i, word_to_index[word]] += 1

    return vocabulary, bow_matrix
```

구체적인 예를 살펴보자.

```python
corpus = ["This movie is awesome awesome",
          "I do not say is good, but neither awesome",
          "Awesome? Only a fool can say that"]
vocabulary, bow_matrix = bag_of_words(corpus)
print("Vocabulary:", vocabulary)
print("Bag of Words Matrix:\n", bow_matrix)
```

출력 결과는 다음과 같다.

```
Vocabulary: ['a', 'awesome', 'awesome?', 'but', 'can', 'do', 'fool', 'good,', 'i', 'is', 'movie', 'neither', 'not', 'only', 'say', 'that', 'this']
Bag of Words Matrix:
 [[0 2 0 0 0 0 0 0 0 1 1 0 0 0 0 0 1]
  [0 1 0 1 0 1 0 1 1 1 0 1 1 0 1 0 0]
  [1 0 1 0 1 0 1 0 0 0 0 0 0 1 1 1 0]]
```

각각의 문서가 단어 가방 표현 방식에 따라 벡터로 바뀐 것을 볼 수 있다. 이렇게 다수의 문서를 동시에 벡터로 변환하면 각 문서를 행으로 하는 행렬로 간주할 수 있다. 각 문서는 행이고 각 열은 각 단어의 등장 빈도를 의미하므로, 이를 문서-단어 행렬 document-term matrix 이라 한다. 앞의 예에서는 3개의 문서

> **N** 예시에서 'awesome'이라는 단어가 긍정적, 중립적, 부정적 의미를 가진 리뷰 모두에서 사용되고 있음에 주목하자. 문맥(context) 없이 단순히 'awesome'의 빈도만으로는 해당 리뷰의 감정을 파악할 수 없다.

를 변환하여 3행 17열을 가진 문서-단어 행렬을 얻었다. 열이 17개인 이유는 어휘집의 크기이기 때문이다. 이제 문서-단어 행렬로부터 각 행끼리 유사도를 비교하면 결국 각 문서 간의 유사도를 비교할 수 있다.

이러한 방식은 본래 정보 검색_{information retrieval} 분야에서 문서를 찾기 위해 고안된 문서 간 유사도 계산 방법이다. 사용자 질의와 기존 문서들을 모두 단어 가방 벡터로 변환한 뒤에 질의와 각 문서 간의 유사도를 계산하고 유사도가 가장 높은 문서들을 반환하는 식이다.

여기까지 각 단어의 빈도 정보를 유지하면서 텍스트를 벡터 형태로 변환하는 방법을 알아보았다. 이제 단어 가방의 단점을 보완한 TF-IDF 방법에 대해서 알아본다.

TF-IDF

앞 절의 마지막 예제에서는 각 문서를 단어 가방 표현 방법을 사용해 벡터로 변환하여 문서-단어 행렬을 얻었다. 하지만 단순 등장 빈도_{raw frequency}만을 사용하는 이 방법은 문서 간 유사도를 비교하는 분석을 수행하기에는 부족한 점이 있다. 왜 그런지 예를 들어 살펴보자.

스포츠 뉴스 기사들을 보면 '경기', '선수', '득점', '승리' 같은 스포츠 관련 단어들이 주로 등장한다. 법률 뉴스 기사들에는 '법원', '판결', '소송', '피고' 같은 법률 용어들이 자주 나온다. 경제 뉴스라면 '주가', '금리', '투자', '시장' 같은 경제 용어들이 많이 보인다. 같은 카테고리의 문서들끼리는 이렇게 특정 단어들이 반복적으로 등장하기 때문에, 자주 등장하는 단어들이 많이 겹치는 문서끼리 묶으면 비슷한 주제의 문서들을 분류할 수 있을 것처럼 보인다.

그런데 여기에는 큰 문제가 하나 있다. '좋다', '나쁘다', '이', '그', '매우', '정말', '것' 같은 단어들은 스포츠 기사에도 나오고, 법률 기사에도 나오고, 경제 기사에도 나온다. 사실상 어떤 주제의 문서든 이런 일반적인 단어들은 똑같이 자주 등장한다. 그러다 보니 단순히 등장 빈도만 세서 문서를 비교하면, 정작 문서의 주제를 구분하는 데 전혀 도움이 안 되는 이런 흔한 단어들이 높은 빈도로 계속 카운트되면서 분석을 방해하게 된다.

반대로 '홈런', '스트라이크' 같은 단어는 스포츠 기사에만 집중적으로 나타나고 '상고', '항소' 같은 단어는 법률 기사에만 집중적으로 나타난다. 이런 단어들은 전체 문서 집합 중에서 일부 문서에만 등장하기 때문에, 모든 문서를 통틀어 보면 총 등장 횟수 자체는 적다. 하지만 이 단어들이 특정 문서에 나타났다는 사실 자체가 해당 문서의 주제를 강력하게 암시한다. '홈런'이라는 단어가 보이면 십중팔구 스포츠 기사이고, '상고'라는 단어가 보이면 십중팔구 법률 기사다. 이처럼 특정 주제의 문서들에만 집중적으로 나타나는 단어들이 문서를 구분하는 데 훨씬 유용한 정보를 제공한다.

결국 '좋다'나 '나쁘다'처럼 일반적인 의미로 자주 사용하는 단어들은 변별력이 낮다. 이런 이유로 절대 빈도absolute frequency보다는 상대 빈도relative frequency에 더 주목해야 한다. 즉, 단순히 '이 단어가 이 문서에서 몇 번 나왔나'보다는 '이 단어가 이 문서에서는 자주 나오는데 다른 대부분의 문서들에서는 거의 안 나오는가'를 살펴야 한다는 뜻이다. 바로 이를 반영한 방법이 **TF-IDF**이다.

그림 1.2 직관적으로 나타낸 TF-IDF의 구성 요소

그렇다면 이 문제를 어떻게 해결할 수 있을까? 크게 두 가지 방향에서 접근할 수 있다. 첫 번째는 단어의 등장 빈도를 그대로 세는 대신 다른 방식으로 계산하는 것이고, 두 번째는 해당 단어가 얼마나 희귀한지를 고려해서 가중치를 주는 것이다.

먼저 첫 번째 문제부터 생각해보자. 어떤 단어가 한 문서에서 10번 나왔고 다른 단어는 100번 나왔다면, 100번 나온 단어가 10배 더 중요할까? 사실 그렇지 않다. 10번 나온 것과 100번 나온 것의 차이는 생각보다 크지 않다. 둘 다 '이 문서에서 자주 등장하는 단어'라는 점에서는 비슷하기 때문이다. 이 문제를 해결하기 위해 단순 등장 빈도 대신 밑이 10인 로그(log)를 사용할 수 있다. 로그를 취하면 빈도 값의 증가 폭이 완만해지면서 극단적인 차이가 줄어든다. 예를 들어 10번 등장하면 $\log(10) = 1$이고 100번 등장하면 $\log(100) = 2$가 되어, 실제로는 10배 차이가 나지만 로그 값으로는 2배 차이밖에 나지 않는다. 이렇게 하면 너무 자주 등장하는 단어가 과도하게 높은 값을 갖는 것을 방지할 수 있다. 물론 빈도가 0이면 로그를 취할 수 없으므로 해당 값은 0으로 설정한다.

이제 두 번째 문제를 해결할 차례다. 앞서 말했듯이 '홈런'처럼 특정 문서에만 등장하는 단어에 더 주목해야 한다. 이러한 단어들은 해당 문서의 의미와 더욱 밀접하게 관련되며 이 정보를 보존하는 것이 중요하다. 반대로 '좋다'처럼 모든 문서에 골고루 등장하는 단어는 중요도를 낮춰야 한다. 이를 위해 IDF(inverse document frequency, 역문서 빈도)로 정규화한다. IDF는 전체 문서 집합에서 해당 단어가 얼마나 희귀한지를 나타내는 값이다. 구체적으로 코퍼스 내 전체 문서 수를 해당 단어가 등장한 문서 수로 나눈 값으로 정의한다. 예를 들어 전체 문서가 100개인데 '홈런'이라는 단어가 5개 문서에만 등장한다면 IDF는 100/5 = 20이 된다. 반면 '좋다'라는 단어가 100개 문서 모두에 등장한다면 IDF는 100/100 = 1이 된다. 이렇게 하면 희귀한 단어일수록 높은 가중치를, 흔한 단어일수록 낮은 가중치를 갖게 된다.

정리하면, TF-IDF 값은 TF(term frequency, 단어 빈도)에 IDF의 로그 값을 곱하여 얻는다. TF는 '이 단어가 이 문서에서 얼마나 자주 나오는가'를 나타내고, IDF는 '이 단어가 전체 문서 집합에서 얼마나 희귀한가'를 나타낸다. 이 둘을 곱하면 '이 문서에서는 자주 나오면서 동시에 다른 문서에서는 잘 안 나오는 단어'에 높은 점수가 부여되고, 반대로 '모든 문서에서 흔하게 나오는 단어'는 낮은 점수를 받게 된다. 이 과정을 코드로 나타내면 다음과 같다.

```python
import numpy as np

def compute_tf(sentences):
    """Compute the term frequency matrix for a list of sentences."""
    vocabulary = sorted(set(
        word for sentence in sentences
        for word in sentence.lower().split()))
    word_index = {word: i for i, word in enumerate(vocabulary)}
    tf = np.zeros((len(sentences), len(vocabulary)), dtype=np.float32)
    for i, sentence in enumerate(sentences):
        words = sentence.lower().split()
        word_count = len(words)
        for word in words:
            if word in word_index:
                tf[i, word_index[word]] += 1 / word_count
    return tf, vocabulary

def compute_idf(sentences, vocabulary):
    """Compute the inverse document frequency for a list of sentences."""
    num_documents = len(sentences)
    idf = np.zeros(len(vocabulary), dtype=np.float32)
    word_index = {word: i for i, word in enumerate(vocabulary)}
    for word in vocabulary:
        df = sum(1 for sentence in sentences if word in sentence.lower().split())
        idf[word_index[word]] = np.log(num_documents / (1 + df)) + 1  # 평활화(smoothing)
    return idf

def tf_idf(sentences):
    """Generate a TF-IDF matrix for a list of sentences."""
```

```python
    tf, vocabulary = compute_tf(sentences)
    idf = compute_idf(sentences, vocabulary)
    tf_idf_matrix = tf * idf
    return vocabulary, tf_idf_matrix

vocabulary, tf_idf_matrix = tf_idf(corpus)
print("Vocabulary:", vocabulary)
print("TF-IDF Matrix:\n", tf_idf_matrix)
```

이 코드를 실행한 출력 결과는 다음과 같다.

```
Vocabulary: ['a', 'awesome', 'awesome?', 'but', 'can', 'do', 'fool', 'good,', 'i', 'is', 'movie', 'neither', 'not', 'only', 'say', 'that', 'this']
TF-IDF Matrix:
 [[0.         0.4        0.         0.         0.         0.
   0.         0.         0.         0.2        0.28109303 0.
   0.         0.         0.         0.         0.28109303]
  [0.         0.11111111 0.         0.1561628  0.         0.1561628
   0.         0.1561628  0.1561628  0.11111111 0.         0.1561628
   0.1561628  0.         0.11111111 0.         0.        ]
  [0.20078073 0.         0.20078073 0.         0.20078073 0.
   0.20078073 0.         0.         0.         0.         0.
   0.         0.20078073 0.14285715 0.20078073 0.        ]]
```

먼저 compute_tf() 함수를 보자. 이 함수는 TF(term frequency), 즉 단어 빈도를 계산한다. 여러 문장이 입력으로 들어오면, 우선 모든 문장에서 등장하는 단어들을 모아 중복을 제거하고 정렬해서 전체 어휘 목록을 만든다. 그리고 각 단

> **N** 이 예제에서는 앞 절과 동일한 코퍼스를 사용했다. 정규화를 거친 후 단어 빈도가 어떻게 변했는지 확인해보자.

어가 어휘 목록에서 몇 번째 위치에 있는지 인덱스를 매핑해둔다. 이제 TF 값을 담을 행렬을 만드는데, 사실 이 행렬 자체가 앞 절에서 설명한 문서-단어 행렬과 같은 구조다. 행은 각 문장을, 열은 각 단어를 나타낸다.

다만 여기서는 단순 등장 횟수를 세는 게 아니라 상대적인 빈도를 계산한다는 점이 다르다. 각 문장을 순회하면서 해당 문장에 포함된 단어들을 센다. 여기서 중요한 것은 tf[i, word_index[word]] += 1 / word_count 부분이다. 단순히 단어가 몇 번 등장했는지만 세는 게 아니라, 해당 문장의 전체 단어 개수로 나눠준다. 예를 들어 10개 단어로 이루어진 문장에서 '경기'라는 단어가 2번 나왔다면, TF 값은 2/10 = 0.2가 된다. 이렇게 하면 문장의 길이에 관계없이 상대적인 빈도를 비교할 수 있다.

다음은 compute_idf() 함수다. 이 함수는 IDF(inverse document frequency), 즉 역문서 빈도를 계산한다. 전체 문서 개수를 먼저 세고, 각 단어에 대해 해당 단어가 몇 개의 문서에 등장하는지 센다. 예를 들어 '홈런'이라는 단어가 전체 100개 문서 중 5개에만 등장한다면 df는 5가 된다. 그러면 IDF는

np.log(num_documents / (1 + df)) + 1로 계산한다. 여기서 분모에 1을 더하는 것을 평활화~smoothing~라고 하는데, 만약 어떤 단어가 모든 문서에 등장한다면 분모가 문서 개수와 같아져서 나눈 값이 1이 되고 로그를 취하면 0이 되어버리는 문제를 방지하기 위함이다. 1을 더해주면 이런 극단적인 경우를 완화할 수 있다. 로그를 취한 후 1을 더하는 것도 비슷한 이유인데, 모든 IDF 값이 양수가 되도록 보장하기 위함이다.

마지막으로 tf_idf( ) 함수는 이 둘을 합친다. 먼저 compute_tf( )를 호출해서 TF 행렬과 어휘 목록을 얻고, 그다음 compute_idf( )를 호출해서 IDF 벡터를 얻는다. 그리고 TF 행렬의 각 요소에 해당하는 단어의 IDF 값을 곱해준다. 바로 이 곱셈 과정에서 앞 절에서 설명한 문서-단어 행렬이 TF-IDF 행렬로 변환된다. 원래 문서-단어 행렬에서는 모든 단어가 동등하게 취급되었지만, 이제는 각 단어가 전체 문서 집합에서 얼마나 희귀한지에 따라 가중치가 달라진다. 결과적으로 만들어진 TF-IDF 행렬의 각 요소는 '해당 문서에서 해당 단어가 얼마나 중요한가'를 나타낸다. 특정 문서에서 자주 나오면서 동시에 다른 문서에서는 잘 나오지 않는 단어일수록 높은 값을 갖게 된다.

이번 절에서는 가장 자주 등장하는 단어의 영향을 줄이고 특정 문서 집합에만 나타나는 단어의 중요도를 높이기 위해 텍스트를 전처리하는 TF-IDF 기법을 다뤘다. 다음 절에서는 단어의 의미를 수치화하여 벡터화하는 방법으로 임베딩에 대해 살펴본다.

2. 임베딩, 응용 그리고 표현

앞 절에서는 단어의 등장 빈도를 이용해 텍스트를 벡터로 표현하는 단어 가방과 TF-IDF와 같은 방법을 살펴보았다. 이러한 벡터는 여전히 대부분의 값이 0이라는 희소성, 해당 텍스트의 어휘집 크기만큼 벡터의 차원이 결정되는 고차원성 같은 문제를 안고 있다. 이를 해결하기 위해 등장한 새로운 벡터화 방법이 임베딩이다.

임베딩은 분포 가설~distributional hypothesis~에 근거하여 학습되는 AI 방법론이다. 분포 가설에 따르면 어떤 텍스트에서 의미가 유사한 단어들은 자주 가까이 등장하며, 같은 맥락에서 자주 등장하는 단어들은 동일한 의미를 가질 가능성이 크다.

이게 무슨 뜻인지 구체적으로 살펴보자. 먼저 "의미가 유사한 단어들은 자주 가까이 등장한다"부터 알아보자. 예를 들어 "의사가 환자를 진료했다", "간호사가 환자를 돌봤다" 같은 문장에서 '의사'와 '간호사'는 둘 다 '환자'라는 단어 근처에 자주 등장한다. 또는 '빨간 사과', '노란 바나나', '초록 포도'처럼 색깔을 나타내는 단어들은 과일 이름 바로 앞에 자주 붙어서 나타난다. 이렇게 의미가 비슷한 단어들은 비슷한 위치에서 비슷한 단어들과 함께 등장하는 경향이 있다.

다음으로 "같은 맥락에서 자주 등장하는 단어들은 동일한 의미를 가질 가능성이 크다"를 알아보자. "고양이가 쥐를 잡았다", "강아지가 쥐를 쫓았다"처럼 '고양이'와 '강아지'는 둘 다 '쥐를 잡다/쫓다' 같은 비슷한 맥락에서 등장한다. 둘 다 동물이고 특히 애완동물이라는 공통점이 있다. 이렇게 비슷한 맥락에서 등장하는 단어들은 의미도 비슷할 가능성이 크다는 것이 분포 가설의 핵심이다.

이런 원리를 활용하면 컴퓨터가 대량의 텍스트를 읽으면서 단어들이 어떤 맥락에서 등장하는지 학습할 수 있다. 그리고 비슷한 맥락에서 자주 등장하는 단어들을 비슷한 벡터로 표현하게 된다. 이것이 바로 임베딩이 작동하는 방식이다.

하지만 여기에는 중요한 문제가 하나 있다. 하나의 단어도 문맥에 따라 전혀 다른 의미를 가질 수 있기 때문이다. 예를 들어, 'bank'라는 단어가 "I went to deposit money in the bank"에서는 '은행'을 뜻하고, "We went to do a picnic on the river bank"에서는 '강둑'을 의미한다. 같은 'bank'라는 철자를 가진 단어지만, 첫 번째 문장에서는 돈과 관련된 맥락이고 두 번째 문장에서는 강과 관련된 맥락이다. 이렇게 동음이의어는 분포 가설만으로는 제대로 구분하기 어렵다.

초기 임베딩 방법들은 'bank'라는 단어에 하나의 고정된 벡터만 할당했기 때문에, 문맥에 따라 의미가 달라지는 경우를 제대로 처리하지 못했다. 이는 지금 설명하고 있는 단어 임베딩의 오래된 한계로 남아 있었다. 따라서 뒤에서 다룰 트랜스포머에서는 하나의 단어만 보는 것이 아니라 문맥 전체를 반영하여 단어의 임베딩을 해석하게 된다.

그림 1.3은 임베딩 과정을 간략히 나타낸 것이다. 우리가 원하는 것은 텍스트에서 출발해 각 단어에 해당하는 벡터 표현을 얻는 과정이다. 즉, 각 단어를 벡터 표현으로 매핑하는 모델이 필요하다. 다음 절에서 이 과정을 구체적으로 설명하고 이론적 배경을 다룰 것이다.

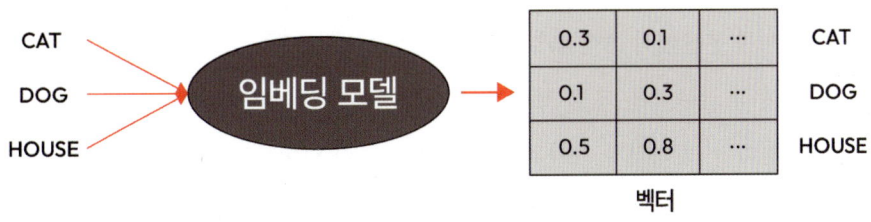

그림 1.3 임베딩 과정의 개략적 표현

그렇다면 우리가 원하는 벡터는 어떤 특징을 가져야 할까? 먼저 차원이 작아야 한다. 앞서 본 원-핫 인코딩이나 TF-IDF 같은 희소 벡터는 어휘집에 단어가 10만 개 있으면 벡터의 차원도 10만이 된다.

이렇게 높은 차원의 벡터는 저장 공간도 많이 차지하고 계산도 느리다. 우리가 원하는 것은 어휘 수와 관계없이 일정한 차원을 유지하는 벡터다. 예를 들어 어휘가 10만 개든 100만 개든, 각 단어를 300차원이나 512차원 같은 고정된 차원의 벡터로 표현하는 것이다.

다음으로 실수 값으로 이루어진 밀집dense 벡터여야 한다. 희소 벡터는 대부분의 값이 0이고 몇 개만 1인 반면, 밀집 벡터는 모든 차원에 0이 아닌 실수 값이 골고루 들어 있다. 예를 들어 [0, 0, 0, 1, 0, 0, ..., 0] 같은 희소 벡터 대신 [0.25, -0.48, 0.91, -0.12, 0.33, ...] 같은 밀집 벡터를 사용하는 것이다.

마지막으로 문맥 정보를 보존할 수 있어야 한다. 단순히 단어를 숫자로 바꾸는 게 아니라, 비슷한 의미를 가진 단어들은 비슷한 벡터 값을 갖도록 만들어야 한다. 예를 들어 '고양이'와 '강아지'의 벡터는 서로 가까워야 하고, '고양이'와 '자동차'의 벡터는 멀리 떨어져 있어야 한다. 목표는 제한된 차원의 벡터로 단어의 의미를 담아내는 것이다.

앞서 살펴본 희소 벡터는 이런 면에서 여러 문제가 있다. 일단 차원이 너무 높기 때문에 수학 연산이나 후속 작업downstream task에 효율적으로 활용하기 어렵다. 두 벡터 간의 거리를 계산하거나 유사도를 구하는 데도 계산량이 많이 든다. 더구나 어휘집의 단어 수가 많아질수록 벡터 차원도 함께 증가한다. 새로운 단어가 추가될 때마다 벡터 차원이 하나씩 늘어나는 것이다.

반면, 우리가 원하는 이러한 밀집 벡터는 단어의 의미를 분산된 방식으로 담아낸다. 다시 말하면, 희소 벡터에서는 '고양이'라는 단어가 어휘 목록의 3번째 위치에 있다면 3번째 차원만 1이고 나머지는 0이었다. 의미가 딱 한 곳에 국소적으로 표현된 것이다. 하지만 밀집 벡터에서는 '고양이'의 의미가 모든 차원에 분산되어 표현된다. 예를 들어 [0.25, -0.48, 0.91, -0.12, ...] 같은 벡터에서 각 차원이 '동물스러움', '귀여움', '작은 크기', '털이 있음' 같은 여러 의미와 특징을 동시에 담고 있는 식이다. 물론 실제로는 각 차원이 정확히 무엇을 의미하는지 사람이 해석하기는 어렵지만, 컴퓨터가 학습을 통해 이런 식으로 의미를 분산해서 표현하게 된다.

밀집 벡터는 단어 간 유사성을 더 잘 표현할 수 있기 때문에 다양한 연산과 응용 작업에 활용할 수 있다. '고양이'와 '강아지'의 벡터가 가까우면 이 둘이 비슷한 의미를 갖는다는 것을 컴퓨터가 인식할 수 있다. 심지어 '왕 - 남자 + 여자 = 여왕' 같은 의미 연산도 가능해진다. 이러한 밀집 벡터를 **단어 임베딩**word embedding이라고 부른다.

이 개념은 2013년 미콜로프Mikolov가 제안한 **word2vec** 프레임워크에서 처음 소개되었다. 지금부터 자세히 살펴보자.

word2vec

word2vec의 기본 아이디어는 단순하다. 주어진 문맥(context)을 바탕으로 단어 w를 예측하는 것이다. 이렇게 하려면 **신경망**과 대규모 코퍼스가 필요하다. 핵심 아이디어는 목표 단어 w 주변에 어떤 단어 c가 등장할지를 예측하도록 신경망을 학습시키면, 그 과정에서 얻어진 신경망의 가중치가 곧 임베딩 벡터(embedding vector)가 된다는 점이다. 이 모델은 자기 지도(self-supervised)[1] 방식으로 동작하는데, 이때 레이블은 암묵적으로 존재하므로 별도로 제공하지 않는다.

word2vec은 이 아이디어를 두 가지 방식으로 단순화해 시스템을 매우 빠르고 효율적으로 만든다. 첫째, 예측 과제를 둘 중 하나로만 답변하는 이진 분류 문제로 바꾼다. 즉, "단어 c가 단어 w의 문맥에 필요한가?"라는 질문에 '예/아니오'로 답하는 방식이다. 둘째, 이를 해결하는 알고리즘으로 로지스틱 회귀 분류기를 사용한다.

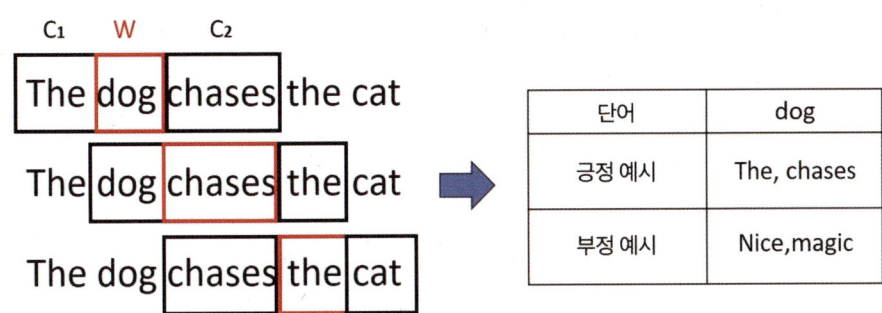

그림 1.4 word2vec에서 컨텍스트 윈도우(여기서는 세 단어 컨텍스트 윈도우로 표시)를 이동시키고 이후 부정 단어를 무작위로 샘플링한다

텍스트 t가 주어지면, 컨텍스트 윈도우 c를 이동시키며 그 중앙에 있는 단어 w를 기준으로 삼는다. 이때 w 주변의 단어들은 긍정(positive) 클래스의 예시가 된다. 여기서 긍정 클래스란 단어 w와 실제 연관이 있는 관계를 의미한다. word2vec은 기본적으로 설정해둔 인접한 거리에 등장한 단어들은 서로 연관이 있다고 가정한다. 예를 들어 컨텍스트 윈도우를 3으로 설정했다면, 가운데 단어를 기준으로 직접 양옆에 있는 단어 3개씩은 의미적으로 연관이 있다고 보며 이들은 서로 긍정 클래스 관계가 된다.

이후 무작위로 다른 단어들을 선택해 부정(negative) 클래스의 예시로 삼는다. 부정 클래스란 단어 w와 실제 연관성이 떨어지는 경우를 말한다. word2vec에서는 정해진 범위인 컨텍스트 윈도우 안에 인접하게 붙어 있지 않은 단어들은 서로 연관성이 떨어진다고 가정한다.

---

[1] 입력과 레이블로 학습한다는 점에서 지도 학습과 유사하지만 레이블을 사람이 지정하는 것이 아니라 데이터로부터 임의로 지정하는 방식이다. word2vec에서는 주변 단어들을 레이블로 삼는다.

단어 w와 단어 c가 주어졌을 때, 우리는 단어 c가 w의 문맥에 포함될 확률이 두 임베딩의 유사도와 비슷해지길 원한다. 즉, w와 c를 나타내는 벡터가 비슷하다면 c는 자주 w의 문맥에서 나타나야 한다. word2vec은 바로 이러한 문맥 유사도_context similarity_ 개념을 기반으로 한다. 임베딩 유사도는 w와 c의 임베딩 벡터 간 내적_dot product_으로 정의하며, 이 값을 시그모이드_sigmoid_ 함수로 변환해 확률로 바꿔 비교할 수 있도록 한다. 따라서 단어 c가 단어 w의 문맥에 포함될 확률은 두 임베딩의 유사도가 높을 확률과 동일하다.

$$P(+|w,c) = \sigma(\mathbf{c}\cdot\mathbf{w}) = \frac{1}{1+\exp(-\mathbf{c}\cdot\mathbf{w})}$$

이 과정을 문맥 집합 L에 속한 모든 단어에 대해 수행한다. 단순화를 위해 컨텍스트 윈도우 안의 모든 단어가 서로 독립적이라고 가정하면, 각 단어 c에 대한 확률을 곱해 계산할 수 있다. 또한 w의 문맥에 포함되지 않은 단어들에 대해서는 두 벡터의 내적이 최소가 되도록 해야 한다. 즉, 한편으로는 문맥에 있는 단어들의 확률을 최대화하고, 다른 한편으로는 문맥에 없는 단어들의 확률을 최소화하는 것이다. 실제로 w의 문맥에 없는 단어들은 학습 과정에서 무작위로 추출되며, 이 경우에도 처리 방식은 동일하다.

$$P(+|w,c) = \prod_{i=1}^{L} \frac{1}{1+\exp(-\mathbf{c}_i\cdot\mathbf{w})}$$

$$P(-|w,c) = \prod_{i=1}^{L} \frac{1}{1+\exp(\mathbf{c}_i\cdot\mathbf{w})}$$

단순화를 위해 해당 확률 값에 로그를 취한다.

$$\log P(+|w,c) = \sum_{i=1}^{L} \log\left(\frac{1}{1+\exp(-\mathbf{c}_i\cdot\mathbf{w})}\right)$$

$$\log P(-|w,c) = \sum_{i=1}^{L} \log\left(\frac{1}{1+\exp(\mathbf{c}_i\cdot\mathbf{w})}\right)$$

가중치 행렬 w가 곧 우리가 활용할 임베딩이며, 이후부터 모든 과정에서 이를 사용한다. 실제로 모델은 두 개의 벡터 행렬(하나는 w용, 다른 하나는 c용)을 학습하지만 두 행렬은 매우 유사하므로 보통 하나만 사용한다. 이후 교차 엔트로피_cross-entropy_를 사용해 모델을 훈련하고, 각 벡터에 대한 가중치를 학습한다.

$$L_{CE} = -\log P(+|w,c_{\text{pos}}) + \sum_{i=1}^{L} \log P(-|w,c_{\text{neg}})$$

이를 시각적으로 표현하면 다음 그림과 같다.

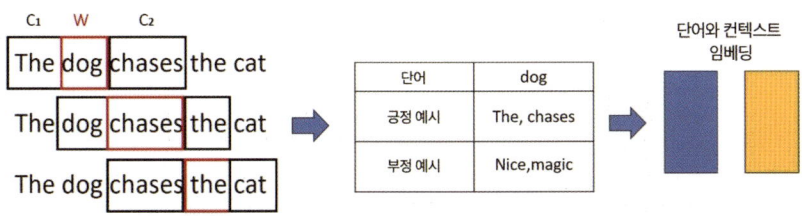

그림 1.5 단어와 컨텍스트 임베딩

다음과 같은 요인들이 임베딩의 품질에 영향을 미친다.

- 데이터 품질이 핵심이다. 예를 들어, 위키백과Wikipedia를 활용하면 의미론적semantic 작업에서 더 나은 임베딩을 얻을 수 있고, 뉴스 데이터를 사용하면 구문론적syntactic 작업 성능이 향상된다. 따라서 두 데이터를 혼합해서 사용하는 것이 권장된다. 반면, 트위터 같은 SNS 데이터를 사용하면 편향bias이 발생할 수 있다.
- 데이터 양도 중요한 요소다. 대규모 텍스트는 임베딩 성능을 향상시키지만 학습 시간이 훨씬 길어진다. 데이터 양이 많으면 품질이 다소 낮더라도 성능을 부분적으로 보완할 수 있다. 예를 들어, Common Crawl은 인터넷에서 수집한 대규모 데이터셋이지만 상당히 '지저분한' 데이터로 알려져 있다.
- 차원 수도 또 하나의 중요한 요소다. 임베딩 벡터의 차원이 클수록 성능이 향상된다. 일반적으로 300차원이 가장 적절한 기준sweet spot으로 알려져 있으며, 그 이상으로 늘려도 성능은 크게 향상되지 않는다.
- 컨텍스트 윈도우 크기 역시 영향을 미친다. 일반적으로 4를 사용하지만 2로 설정하면 품사 식별에 더 적합한 벡터를 얻을 수 있다. 반대로, 컨텍스트 윈도우를 길게 설정하면 단어 유사도를 더 광범위하게 측정하는 데 유리하다.

파이썬에서는 다음 코드와 같이 토큰 리스트로부터 손쉽게 임베딩을 얻을 수 있다.

```python
from gensim.models import Word2Vec

model = Word2Vec(sentences=list_of_tokens,
                sg=1,
                vector_size=100,
                window=5,
                workers=4)
```

임베딩이 완료되면 이를 시각화할 수 있다. 예를 들어, 몇몇 단어의 벡터를 **클러스터링**clustering 해 보면, 의미가 비슷한 단어일수록 서로 더 가까이 모이게 된다.

> 전체 코드는 GitHub 저장소에 있으며, 여기서는 100차원 임베딩과 5단어 컨텍스트 윈도우를 사용했다.

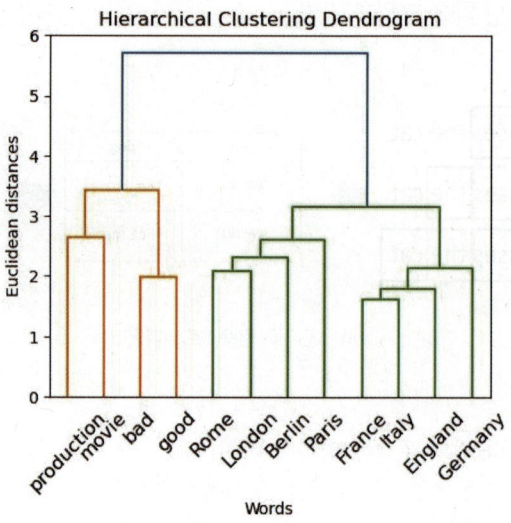

그림 1.6 임베딩으로부터 얻은 일부 벡터의 클러스터링

벡터를 시각화하는 또 다른 방법은 차원 축소 기법을 활용하는 것이다. 벡터는 보통 100차원에서 1,024차원에 이르는 고차원이므로, 이를 2차원 또는 3차원으로 줄이면 훨씬 쉽게 시각화할 수 있다. 가장 널리 사용되는 차원 축소 기법으로는 **주성분 분석**PCA, principal component analysis과 **t-분포 확률적 이웃 임베딩**t-SNE, t-distributed stochastic neighbor embedding이 있다. 한편, 최근에는 **UMAP**uniform manifold approximation and projection이 고차원 데이터를 시각화하는 데 가장 선호되는 기법으로 자리 잡았다.

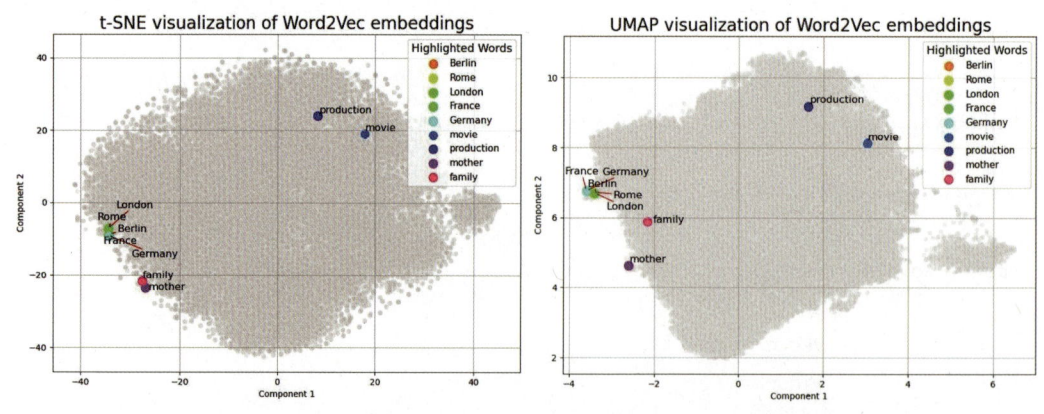

그림 1.7 word2vec 임베딩의 2차원 투영 예시(몇 가지 단어에 강조 표시)

UMAP이 각광받는 이유는 단어 간의 의미론적 정보와 예시 간 연관성을 더 잘 보존하면서 국소적

local 구조와 전역적global 구조를 동시에 효과적으로 표현하기 때문이다. 그 결과 클러스터가 더 명확하게 형성되며, 나아가 UMAP은 벡터 분류 작업 이전의 전처리 단계에서도 활용할 수 있다.

텍스트의 유사도 개념

벡터 표현을 얻은 후에는 이제 이들 사이의 유사도를 계산할 방법이 필요하다. 이는 다양한 분야에 응용할 때 핵심적인 역할을 한다. 예를 들어, 임베딩 공간에서 특정 단어와 가장 유사한 단어를 찾으려면, 해당 단어 벡터와 다른 단어 벡터 간의 유사도를 계산해야 한다. 마찬가지로 질의query 문장이 주어졌을 때, 해당 문장 벡터를 문서 임베딩들과 비교하여 유사도가 가장 높은 문서를 선택함으로써 가장 관련성이 높은 문서를 검색할 수 있다.

대부분의 유사도 측정 방식은 **내적**dot product에 기반한다. 두 벡터가 같은 차원에서 큰 값을 가질수록 내적이 커지고, 반대로 값이 교대로 0이라면 내적은 0이 되어 서로 직교하거나 유사하지 않음을 의미한다. 이런 이유로 내적은 과거에 단어 동시 출현 행렬word co-occurrence matrix이나 문서 TF 행렬에서 파생된 벡터의 유사도 측정에 널리 사용되었다.

$$\text{dot product} : \mathbf{a} \cdot \mathbf{b} = \sum_{i=1}^{N} a_i \times b_i = a_1 \times b_1 + a_2 \times b_2 + \cdots a_n \times b_n$$

$$\text{magnitude} = |\mathbf{a}| = \sqrt[2]{\sum_{i=1}^{N} a_i^2}$$

그러나 내적에는 몇 가지 한계가 있다.

- 차원이 긴 벡터를 선호하는 경향이 있다.
- 값이 큰 벡터를 선호하는데, 이런 벡터는 보통 자주 등장하는 단어들이라 실제로는 유용하지 않은 경우가 많다.
- 내적 값에는 범위 제한이 없다.

이런 이유로 여러 대안이 제안되었는데, 그중 하나가 내적을 정규화normalization하는 방법이다. 정규화한 내적은 두 벡터 사이의 각도를 코사인으로 계산한 값과 동일하며, 이를 **코사인 유사도**cosine similarity라고 한다.

$$\cos\Theta = \frac{\mathbf{a} \cdot \mathbf{b}}{|\mathbf{a}||\mathbf{b}|} = \frac{\sum_{i=1}^{N} a_i \times b_i}{\sqrt[2]{\sum_{i=1}^{N} a_i^2} \sqrt[2]{\sum_{i=1}^{N} b_i^2}}$$

코사인 유사도에는 다음과 같은 몇 가지 흥미로운 특징이 있다.

- 값의 범위가 -1에서 1 사이다. 두 벡터가 완전히 반대 방향이거나 전혀 관련이 없으면 -1, 직교하거나 혹은 희소 벡터처럼 완전히 무관하면 0, 완전히 같은 방향이면 1이 된다. 두 벡터 사이의 각도를 측정하므로 해석이 쉽고, 범위가 한정되어 있어 유사도와 비유사도를 직관적으로 이해할 수 있다.
- 계산이 빠르고 비용이 저렴하다.
- 단어 빈도에 덜 민감하여 이상치outlier에 더 강건하다.
- 크기 불변scale-invariant이므로 벡터의 크기에 영향을 받지 않는다.
- 정규화되어 있으므로 고차원 데이터에도 활용할 수 있다.

2차원 벡터로 시각화하면 이러한 특성을 특성을 확인할 수 있다.

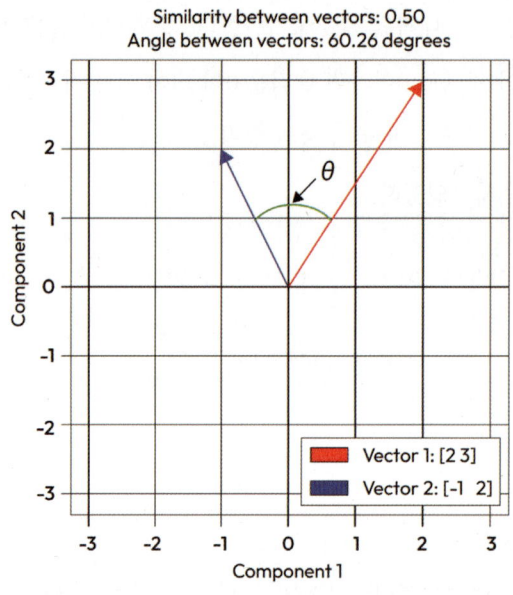

그림 1.8 두 벡터 간 코사인 유사도 예시

다음 절에서는 여기서 설명한 유사도 개념을 활용하여 학습된 임베딩의 속성을 정의할 것이다.

임베딩의 속성

임베딩embedding은 놀라울 만큼 유연한 방법으로 다양한 구문적syntactic, 의미적semantic 속성을 벡터에 담아낼 수 있으며, 이를 시각화하거나 여러 연산에 활용할 수 있다. 유사도 개념을 정의하면 특정 단어 w와 가장 유사한 단어를 검색할 수 있다. 이때 유사도는 같은 컨텍스트 윈도우에 함께 등장하는 것으로 정의되므로, 모델은 동의어synonym와 반의어antonym를 구분하지 못한다는 점에 유의해야 한다. 예를 들어 '좋다'와 '훌륭하다'는 동의어이고 '좋다'와 '나쁘다'는 반의어인데, 둘 다 '날씨가 좋다/나쁘다', '성적이 좋다/나쁘다'처럼 비슷한 맥락에서 등장하기 때문에 모델 입장에서는 둘 다 비슷한 단어로 인식할 수 있다.

또한 모델은 최상급superlative이나 동사 활용형과 같은 문법적 관계도 표현할 수 있다. 예를 들어 'good'과 'better', 'best'의 관계나 'go', 'went', 'gone'의 관계도 벡터 공간에서 일정한 패턴으로 나타난다. 흥미로운 또 다른 관계는 유추analogy다. 평행사변형parallelogram 모델은 인지 공간cognitive space에서 유추를 표현하는 방식이다. 대표적인 예시는 $man:woman::king:?$이며 공식으로 표현하면 $a:b::a^*:?$이다. 이는 "남자가 여자에 대응하듯이 왕은 무엇에 대응하는가?"라는 질문이다. 벡터 공간에서는 이를 a^*-a+b 연산으로 변환할 수 있다. 즉, 'king' 벡터에서 'man' 벡터를 빼고 'woman' 벡터를 더하면 'queen' 벡터에 가까운 결과가 나온다는 뜻이다.

파이썬에서 학습된 임베딩 모델을 사용해 이를 실제로 테스트해볼 수 있다. 구체적으로 다음 세 가지를 확인해보자. 첫째, 특정 단어와 가장 유사한 단어들을 검색할 수 있는지 알아보자. 둘째, 유추 관계가 제대로 작동하는지 테스트해보자. 셋째, 동의어와 반의어를 구분할 수 있는지 확인해보자. 이를 구현한 코드는 다음과 같다.

```python
word_1 = "good"
syn = "great"
ant = "bad"
most_sim =model.wv.most_similar("good")
print("Top 3 most simalr words to {} are :{}".format(word_1, most_sim[:3]))

synonyms_dist = model.wv.distance(word_1, syn)
antonyms_dist = model.wv.distance(word_1, ant)
print("Synonyms {}, {} have cosine distance: {}".format(word_1, syn, synonyms_dist))
print("Antonyms {}, {} have cosine distance: {}".format(word_1, ant, antonyms_dist))

a = 'king'
a_star = 'man'
b = 'woman'
b_star= model.wv.most_similar(positive=[a, b], negative=[a_star])
print("{} is to {} as {} is to: {} ".format(a, a_star, b, b_star[0][0]))
```

실행 결과는 다음과 같다.

```
Top 3 most similar words to good are: [('decent', 0.8067091107368469), ('great', 0.7857493162155151), ('bad', 0.7486620545387268)]
```

> **N** 이 작업은 이전에 학습시킨 임베딩을 사용해 수행한 것이다.

```
Synonyms good, great have cosine distance: 0.21425068378448486
Antonyms good, bad have cosine distance: 0.2513379454612732
king is to man as woman is to: queen
```

결과를 자세히 살펴보자. 첫 번째 테스트에서 'good'과 가장 유사한 단어 3개는 'decent', 'great', 'bad' 순으로 나타났다. 여기서 흥미로운 점은 동의어인 'great'가 2번째에 나타났고, 반의어인 'bad'가 3번째에 나타났다는 것이다. 이는 앞서 언급한 문제를 정확히 보여준다. 모델은 'good'과 'bad'가 반대 의미라는 것을 알지 못하고, 단지 비슷한 맥락에서 등장한다는 이유로 유사한 단어로 판단한 것이다.

두 번째 테스트에서 동의어인 'good'과 'great'의 코사인 거리는 0.214이고, 반의어인 'good'과 'bad'의 코사인 거리는 0.251이다. 반의어 간 거리가 동의어 간 거리보다 조금 더 멀긴 하지만, 그 차이가 크지 않다. 이상적으로는 반의어 간 거리가 훨씬 커야 하지만, 실제로는 둘 다 'good'과 비슷한 맥락에서 등장하기 때문에 비슷한 거리 값을 갖게 된 것이다.

세 번째 테스트에서는 유추 관계가 성공적으로 작동했다. 'king'에서 'man'을 빼고 'woman'을 더한 결과 'queen'이 정확히 나왔다. 이는 임베딩이 성별과 관련된 의미 관계를 벡터 공간에서 잘 포착하고 있음을 보여준다.

이 작업은 이전에 학습시킨 임베딩을 사용해 수행한 것이다. 결과를 통해 모델이 반의어 처리를 제대로 하지 못하고 있다는 점을 확인할 수 있다. 앞서 설명했듯이 동의어와 반의어가 비슷한 맥락에서 등장하기 때문에, 모델은 둘을 구분하지 못하고 비슷한 벡터로 표현하게 된다. 또한 결과를 보면 알 수 있듯이, 이 방법이 완벽한 것은 아니어서 정답이 항상 첫 번째 결과로 나오지는 않는다. 다만 올바른 답이 처음 세 개 결과 중에 포함될 수 있다.

게다가 이 시스템은 텍스트 안에서 자주 등장하는 개체(도시 이름, 일반적인 단어)에는 잘 작동하지만 드물게 등장하는 개체에는 성능이 떨어진다. 예를 들어 '서울', '부산' 같은 흔한 도시 이름은 충분한 학습 데이터가 있어서 유추가 잘 되지만, '괴산', '영월' 같은 작은 도시 이름은 학습 데이터가 부족해서 제대로 된 임베딩을 얻기 어렵다. 이는 임베딩 모델이 학습 데이터에 크게 의존한다는 한계를 보여준다.

임베딩은 단어의 의미가 시간에 따라 어떻게 변하는지를 연구하는 도구로도 활용할 수 있다. 특히 수십 년에 걸친 텍스트 코퍼스를 가지고 있다면 더욱 유용하다. 다음 그림은 gay, broadcast, awful이라는 단어의 의미가 시대에 따라 어떻게 변화했는지를 보여준다.

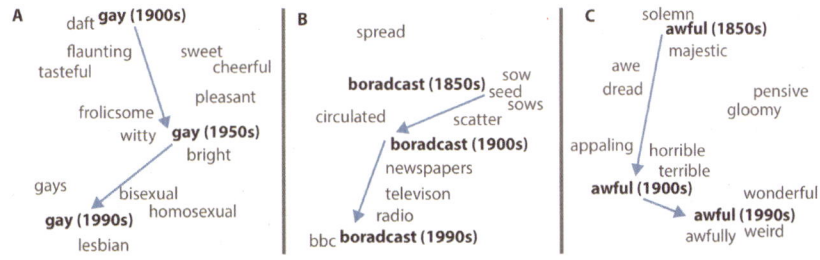

그림 1.9 단어의 의미가 수십 년에 걸쳐 변화하는 양상을 2차원으로 시각화한 예시(서로 다른 시기의 텍스트와 임베딩을 활용함)
(https://arxiv.org/abs/1605.09096)

마지막으로, 단어는 여전히 여러 의미를 가질 수 있다는 중요한 문제가 남아 있다. 예를 들어 'good'과 같은 일반적인 단어는 문맥에 따라 하나 이상의 의미를 가진다. 'good food'에서는 '맛있는'을 뜻하고, 'good person'에서는 '착한'을 의미하며, 'good at math'에서는 '잘하는'을 의미한다. 그렇다면 임베딩 공간에서 단어 벡터는 단어의 한 가지 의미만 표현하는 걸까, 아니면 여러 의미를 함께 담고 있는 걸까?

실제로 임베딩 벡터는 단어의 여러 의미를 가중치 합linear superposition 형태로 표현한다. 다시 말하면, 하나의 벡터 안에 여러 의미가 섞여 있다는 것이다. 각 의미의 가중치는 텍스트에서 해당 의미가 등장하는 빈도에 비례한다. 예를 들어 학습 데이터에서 'apple'이 과일 의미로 80% 사용되고 회사 이름으로 20% 사용되었다면, 'apple' 벡터는 과일 의미를 더 많이 반영하게 된다. 이러한 의미들이 동일한 벡터 안에 공존하더라도, 유추 계산 과정에서 벡터의 덧셈이나 뺄셈 연산을 수행할 때는 그 의미 성분 중 일부만을 활용하게 된다.

구체적인 예를 보자. 'apple'은 과일이기도 하고 회사 이름이기도 하다. 연산 *apple:red::banana:?* 를 수행하면 어떻게 될까? 이 연산은 "사과가 빨간색과 관련 있듯이 바나나는 무엇과 관련 있는가?"를 묻는 것이다. 이때 apple 벡터에는 과일로서의 의미와 회사로서의 의미가 섞여 있지만, red와의 관계를 계산하는 과정에서는 apple 벡터에서 red와 유사한 의미 성분, 즉 '색'과 관련된 성분만을 빼낸다. 회사 Apple과는 관련 없는 '색' 의미만 사용되는 것이다. 그 결과 'yellow'가 나올 가능성이 크다.

이러한 유연성 덕분에 단어 의미를 구분disambiguation해야 할 때 유용하다. 또한 벡터 공간은 희소하기 때문에, 즉 벡터들이 고차원 공간에 드문드문 흩어져 있기 때문에, 희소 코딩sparse coding을 활용하면 서로 다른 의미를 분리해낼 수 있다. 이는 하나의 벡터에 섞여 있는 여러 의미 성분을 수학적으로 분해할 수 있다는 뜻이다.

tie					spring				
trousers	season	scoreline	wires	operatic	beginning	dampers	flower	creek	humid
blouse	teams	goalless	cables	soprano	until	brakes	flowers	brook	winters
waistcoat	winning	equaliser	wiring	mezzo	months	suspension	flowering	river	summers
skirt	league	clinching	electrical	contralto	earlier	absorbers	fragrant	fork	ppen
sleeved	finished	scoreless	wire	baritone	year	wheels	lilies	piney	warm
pants	championship	replay	cable	coloratura	last	damper	flowered	elk	temperatures

그림 1.10 word2vec에서 하나의 벡터가 동시에 여러 의미를 인코딩하는 방식(https://aclanthology.org/Q18-1034)

이러한 벡터들은 이제 텍스트 내 각 단어에 대해 문맥적, 의미적 정보를 제공한다. 우리는 이 풍부한 정보를 텍스트 분류text classification와 같은 작업에 활용할 수 있다. 이제 필요한 것은 텍스트가 가진 순차적 특성을 처리할 수 있는 모델이며, 이에 대해서는 다음 절에서 살펴본다.

3. 텍스트 처리를 위한 RNN, LSTM, GRU, CNN

지금까지는 모델이 처리할 수 있는 형태로 텍스트를 표현하는 방법에 대해 살펴보았다. 이제는 이렇게 얻은 표현을 기반으로 텍스트를 분석하는 방법을 살펴볼 차례다. 전통적으로는 텍스트 표현을 얻으면 이를 나이브 베이즈naïve Bayes나 로지스틱 회귀logistic regression 같은 알고리즘에 입력했다. 하지만 신경망의 부상으로 인해 이러한 머신러닝 알고리즘들은 점차 시대에 뒤떨어지게 되었다. 이번 절에서는 다양한 작업에 활용할 수 있는 딥러닝 모델들에 대해 살펴본다.

순환 신경망

고전적인 신경망의 가장 큰 한계는 기억memory이 없다는 점이다. 이는 시계열 데이터나 텍스트 입력에서 특히 문제가 된다. 단어 시퀀스에서 특정 시점 t의 단어 w는 보통 이전 시점의 단어에 의존한다. 실제로 문장에서 마지막 단어는 여러 앞선 단어와의 관계에 따라 결정되는 경우가 많다. 예를 들어 "내가 어제 영화를 봤는데, 그 이야기가 아직도 생생해."라는 문장에서 뒤쪽의 '그'는 앞에 나온 '영화'를 가리킨다. 따라서 이전 입력을 기억하는 신경망 모델이 필요하다.

순환 신경망RNN, recurrent neural network은 내부 상태internal state를 유지하여 이러한 기억을 보존한다. 즉, 이전 입력에 관한 정보를 저장하고, 그 영향을 반영해 다음 출력을 생성한다. 이 과정을 구체적으로 살펴보자. 일반적인 신경망은 단어를 하나 입력받으면 해당 단어만 보고 출력을 만든다. 하지만 RNN은 단어를 하나 입력받을 때마다 그 정보를 내부 상태에 저장해둔다. 그리고 다음 단어를 처리할 때 이전에 저장해둔 정보를 함께 활용한다. 마치 사람이 문장을 읽을 때 앞에서 읽은 내용을 기억하면서 뒤를 읽는 것과 비슷하다. RNN은 시퀀스의 모든 요소에 대해 동일한 연산을 수행하며, 이것이 바로 'recurrent', 즉 '순환'이라는 이름이 붙은 이유다. 같은 연산 구조를 반복적으로 적용하면서 이 과정을 통해 기억을 유지한다.

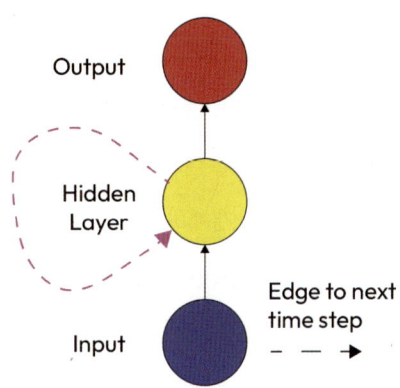

그림 1.11 RNN의 간단한 예시(https://arxiv.org/pdf/1506.00019)

RNN을 이해하려면 먼저 기존의 피드포워드 신경망과 비교해보는 것이 좋다. 순환 신경망 이전부터 사용하던 고전적인 **피드포워드 신경망**feedforward neural network은 각 입력을 서로 독립적인 것으로 간주한다. 마치 기억상실증 환자처럼, 이전에 무엇을 봤는지 전혀 기억하지 못하고 매번 새로운 입력을 처음 보는 것처럼 처리한다. 신경망의 한 레이어는 시점 t에서의 입력 벡터에 대해 다음과 같은 연산을 수행한다.

$$y^{(t)} = \sigma\left(\mathbf{W}\mathbf{x}^t + \mathbf{b}\right)$$

그러나 가장 기본적인 형태의 RNN에서는 다음과 같은 연산을 수행한다.

$$\begin{aligned}
\mathbf{a}^{(t)} &= \mathbf{b} + \mathbf{U}\mathbf{h}^{(t-1)} + \mathbf{W}\mathbf{x}^t \\
\mathbf{h}^{(t)} &= \tanh\left(\mathbf{a}^t\right) \\
\mathbf{o}^{(t)} &= \mathbf{c} + \mathbf{V}\mathbf{h}^{(t)} \\
\mathbf{y}^{(t)} &= \sigma\left(\mathbf{o}^{(t)}\right)
\end{aligned}$$

이러한 연산이 복잡해 보일 수 있지만, 사실 핵심은 피드포워드 신경망과는 달리 이전 시점의 정보를 반영하는 은닉 상태hidden state를 유지하는 것이다. 여기서 은닉 상태란 RNN이 이전 입력들을 기억하기 위해 유지하는 내부 중간 연산 결과 또는 내부 상태를 의미한다. 마치 사람의 단기 기억처럼 지금까지 읽은 내용을 요약해서 저장해두는 메모리 공간이라고 생각하면 된다. 이는 뒤에서 언급할 RNN의 변형 모델인 LSTM과 GRU 등에서도 동일하게 사용되는 개념이다. 첫 번째 식은 기존 피드포워드 신경망을 변형한 것으로, 이전 시점의 은닉 상태 h에 가중치 행렬 U를 곱한다. 이 행렬 U는 신경망이 이전 문맥(context)을 활용해 현재 입력과 과거 입력을 연결하는 방식을 제어한다. 즉, 과거 정보가 시점 t의 출력에 어떤 영향을 미치는지를 결정한다.

두 번째 식에서는 새로운 은닉 상태를 생성한다. 이 은닉 상태는 이후 연산뿐 아니라 다음 시점의 입력을 처리할 때도 사용된다. 세 번째 식에서는 출력을 생성한다. 이때 편향(bias) 벡터 c와 가중치 행렬 V를 사용해 은닉 상태를 출력 공간으로 변환한다. 마지막 식은 단순히 출력에 비선형 함수(σ, 예: 시그모이드 함수)를 적용하는 단계다.

이처럼 RNN은 시간축을 따라 '펼쳐진(unrolled)' 개체로 볼 수 있다. 실제로는 같은 RNN 셀 하나가 반복적으로 사용되지만, 시간 순서대로 쭉 펼쳐놓으면 마치 여러 개의 신경망이 연결된 것처럼 보인다. 즉, 시퀀스 전체에 걸친 네트워크와 그 계산 과정을 시간축 위에 나타낼 수 있다. 예를 들어 "나는 영화를 봤다"라는 3개 단어 문장을 처리한다면 같은 RNN 셀을 3번 사용하지만, 이를 펼쳐서 그려보면 3개의 셀이 일렬로 연결된 모양이 된다. 이를 통해 각 시점에서 입력, 은닉 상태, 출력이 어떻게 연결되고 전파되는지 시각적으로 표현할 수 있다. 첫 번째 시점에서 '나는'을 입력받아 은닉 상태를 만들고, 이 은닉 상태가 두 번째 시점으로 전달되어 '영화를'과 함께 처리되어 다음 은닉 상태를 만드는 식으로 계속 이어지는 과정을 한눈에 볼 수 있다.

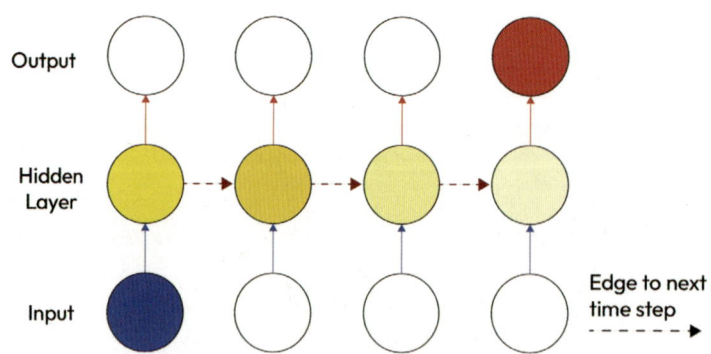

그림 1.12 시퀀스 전체에 걸쳐 펼쳐진 RNN의 간단한 예시(https://arxiv.org/pdf/1506.00019)

파이썬에서 PyTorch의 RNN으로 테스트하여 데이터가 어떻게 변환되는지 확인할 수 있다.

```
array = np.random.random((10, 5, 3))
# numpy 배열을 PyTorch 텐서로 변환
data_tensor = torch.tensor(array, dtype=torch.float32)
```

> **N** 모델이 데이터를 어떻게 변환하는지 주의 깊게 살펴보자. 은닉 상태에도 접근할 수 있다.

```
RNN = nn.RNN(input_size=3, hidden_size=10,
             num_layers=1, batch_first=True)
output, hidden = RNN(data_tensor)
output.shape
```

코드를 실행하면 출력 결과는 다음과 같다.

```
torch.Size([10, 5, 10])
```

코드를 하나씩 살펴보자. 먼저 `np.random.random((10, 5, 3))`으로 (10, 5, 3) 크기의 무작위 배열을 만들었다. 이는 배치 크기 10, 시퀀스 길이 5, 입력 차원 3을 의미한다. 쉽게 말하면 10개의 문장이 있고, 각 문장은 5개의 단어로 이루어져 있으며, 각 단어는 3차원 벡터로 표현되는 것이다. 이를 PyTorch 텐서로 변환한 후 RNN에 입력한다.

RNN을 정의할 때 `input_size=3`은 입력 차원이 3이라는 뜻이고, `hidden_size=10`은 은닉 상태의 차원을 10으로 설정한다는 뜻이다. `num_layers=1`은 RNN 레이어를 1개만 쌓는다는 의미다. `batch_first=True`는 데이터의 첫 번째 차원이 배치 크기라는 것을 명시한다.

RNN을 통과한 결과 `output.shape`는 `torch.Size([10, 5, 10])`이 나왔다. 입력이 (10, 5, 3)이었는데 출력이 (10, 5, 10)이 된 것이다. 배치 크기 10과 시퀀스 길이 5는 그대로 유지되었지만, 각 시점마다 입력 차원 3이 은닉 차원 10으로 변환되었다. 즉, 각 시점에서 3차원 입력 벡터를 받아 10차원 은닉 상태 벡터를 출력한 것이다. 또한 `hidden` 변수를 통해 마지막 시점의 은닉 상태에도 접근할 수 있다. 이는 (1, 10, 10) 크기를 가지는데 각각 레이어 개수 1, 배치 크기 10, 은닉 차원 10을 의미한다.

여기서 몇 가지 흥미로운 점을 확인할 수 있다.

- RNN은 입력 시퀀스의 길이에 제한이 없다. 5개 단어든 100개 단어든 1000개 단어든 상관없이 처리할 수 있다. 전체 시퀀스에 대해 같은 연산을 순환적으로 반복 수행하기 때문이다. 기본적으로 한 번에 하나의 단어(또는 시점)를 처리한다. 첫 번째 단어를 처리해서 은닉 상태를 만들고, 그 은닉 상태와 두 번째 단어를 함께 처리해서 새로운 은닉 상태를 만들고, 이런 식으로 계속 이어진다. 이 순환 구조 때문에 학습할 때도 각 시점마다 역전파 backpropagation가 이루어진다. 이를 BPTT backpropagation through time라고 부른다. 이 모델은 시계열 분석이나 텍스트 처리에는 효과적이지만, 순차적인 특성 때문에 병렬화가 불가능하다는 치명적인 단점이 있다. 첫 번째 단어를 처리한 후에야 두 번째 단어를 처리할 수 있기 때문에 GPU의 수천 개 코어를 활용해서 여러 단어를 동시에 처리할 수 없다. 이는 학습 속도가 매우 느려지는 주요 원인으로 작용한다.

- 이론적으로 이 모델은 무한한 길이의 단어 시퀀스로 학습할 수 있다. 시퀀스가 아무리 길어도 같은 연산을 반복

하면 되기 때문이다. 하지만 현실은 다르다. 일정 시간이 지나면 초기 입력을 잊어버리기 시작한다. 예를 들어 소설 한 권 분량의 긴 텍스트를 처리한다고 해보자. 첫 페이지에 나왔던 중요한 정보가 마지막 페이지를 처리할 때까지 은닉 상태에 온전히 보존되기는 어렵다. 은닉 상태가 매 시점마다 업데이트되면서 오래된 정보는 점점 희미해지고 최근 정보로 덮어씌워지기 때문이다. 마치 사람도 긴 글을 읽다 보면 앞부분에 있던 내용을 잊어버리는 것과 비슷하다.

- 학습 과정에서 기울기 소실 vanishing gradient 문제 때문에 비효율적일 수 있다. 기울기가 마지막 셀에서 처음으로 전파되는 과정에서 기하급수적으로 줄어들어 0에 가까워지면, 모델은 장기 의존성을 학습하기 어렵다. 반대로 기울기 폭발 exploding gradient 이 발생할 수도 있다. 이 경우 기울기가 통제 불가능할 정도로 커져 학습이 불안정해질 수 있다.

참고로 RNN이 이 주제와 관련된 유일한 딥러닝 모델은 아니다.

장단기 메모리

이론적으로 RNN은 긴 시퀀스를 처리하고 초기 입력을 기억할 수 있어야 한다. 예를 들어 "내가 어제 영화를 봤는데, 그 이야기가 아직도 생생해."라는 문장에서 마지막 단어를 처리할 때 처음에 나온 '영화'를 여전히 기억하고 있어야 한다. 하지만 실제로는 은닉 상태에 담긴 정보가 전역적 global 이라기보다 국소적 local 인 경향을 보인다. 즉, 시점 t에서는 전체 시퀀스의 정보를 고루 기억하는 게 아니라 바로 이전 몇 시점의 정보만 주로 고려한다는 것이다. 쉽게 말해 전체 문맥을 기억하기보다는 바로 직전에 등장한 문맥만 잘 기억하는 경향을 보인다. 10개 단어 전에 나온 중요한 정보보다 바로 직전 2-3개 단어의 정보가 은닉 상태를 지배하게 되는 것이다. 마치 사람이 긴 문장을 읽을 때 방금 읽은 부분은 생생하게 기억하지만 앞부분은 흐릿해지는 것과 비슷하다.

이러한 가장 기본적인 형태의 RNN 모델이 지니는 가장 큰 문제는 은닉 상태가 동시에 두 가지 역할을 수행해야 하는 부담이 있다는 점이다. 첫째, 현재 시점 t의 출력을 만드는 데 필요한 정보를 제공해야 한다. 지금 당장 처리 중인 단어를 이해하기 위해 필요한 문맥 정보를 담고 있어야 하는 것이다. 둘째, 미래 시점의 결정을 위해 과거의 기억을 계속 저장하고 전달해야 한다. 앞에서 나온 중요한 정보를 나중을 위해 보관하는 창고 역할도 해야 한다는 뜻이다.

구체적인 예를 들어보자. "프랑스의 수도는 파리이고, 이탈리아의 수도는 로마이며, 일본의 수도는"이라는 문장을 처리한다고 해보자. '일본의'를 처리할 때 은닉 상태는 두 가지를 동시에 수행해야 한다. 지금 '일본의'라는 단어를 처리하면서 이것이 '수도'와 연결된다는 문법적 구조를 파악해야 하고(현재의 역할), 동시에 앞에서 나온 '프랑스-파리', '이탈리아-로마'라는 패턴 정보도 계속 유지해야 한다(미래를 위한 기억의 역할). 이 두 역할이 같은 은닉 상태 벡터 안에서 경쟁하다 보니 현재 처리에 집중하면 과거 기억이 희미해지고, 과거 기억을 유지하려면 현재 처리가 부정확해지는 딜레마가 발생한다.

그래서 이 문제를 해결하기 위해 은닉 상태를 두 개로 늘린 새로운 RNN 아키텍처가 등장하게 된다. 바로 장단기 메모리다.

장단기 메모리LSTM, long short-term memory는 앞에서 언급한 한계를 극복하기 위해 고안된 RNN의 변형 모델이다. LSTM의 핵심 아이디어는 중요하지 않은 정보는 잊고 중요한 문맥context만 유지하도록 설계한다는 점이다. 기본 형태의 RNN은 모든 정보를 은닉 상태에 무차별적으로 한꺼번에 저장하다 보니 중요한 정보와 중요하지 않은 정보가 구분 없이 섞이고, 시간이 지날수록 모두 희미해지는 문제가 있었다. LSTM은 이와 달리 정보를 선택적으로 관리한다. 그중 필요한 부분만 길게 간직하고 필요 없는 부분은 적극적으로 버리도록 만든 구조다.

예를 들어 앞의 예문에서 '프랑스의 수도는 파리'라는 정보는 나중에 다시 필요할 수 있으니 장기 기억으로 보관하고, '의', '는' 같은 문법적 구조는 현재 문장 처리에만 필요하니 단기 기억으로만 활용한 후 버리는 식이다. 이렇게 정보를 구분해서 관리하기 때문에 '장단기 메모리'라는 이름이 붙었다.

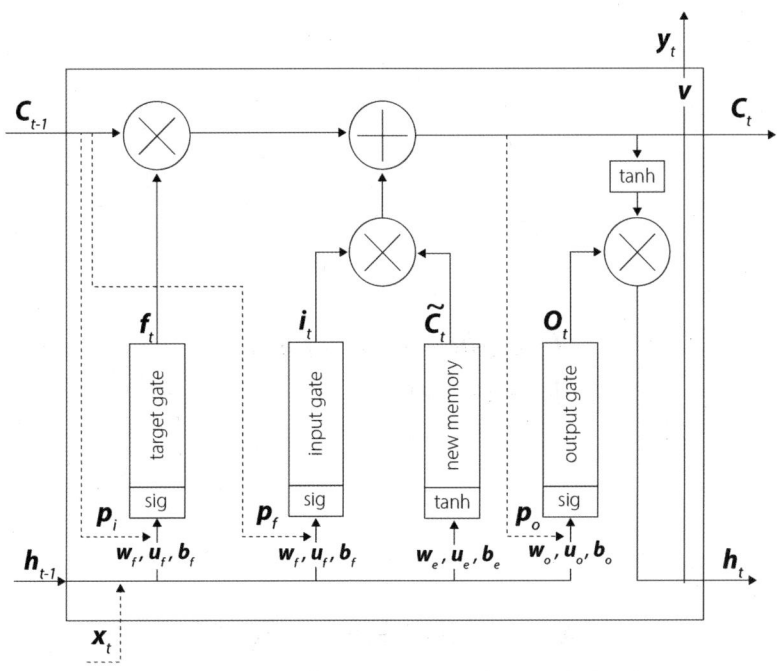

그림 1.13 LSTM 셀의 내부 구조(https://arxiv.org/pdf/2304.11461)

LSTM은 레이어 내부의 정보를 제어하는 게이트gate 메커니즘을 지니며, 여기에 더해 전용 컨텍스트

레이어context layer를 가진다. 따라서 LSTM에는 두 개의 은닉 상태가 존재한다. 첫 번째 은닉 상태 h는 시점 t의 정보를 담는 단기 메모리 역할을 하고, 두 번째 은닉 상태 c(셀 상태라고 함)는 장기 메모리 역할을 한다. 쉽게 비유하면, h는 '작업 중 메모장'이고 c는 '장기 보관 노트'다. 매 순간 필요한 정보는 메모장에 쓰되, 중요한 건 노트에 옮겨 기록해두는 식이다.

게이트는 열림(1) 또는 닫힘(0) 상태를 가질 수 있다. 이는 시그모이드 활성화 함수를 적용한 피드포워드 레이어를 사용해 값을 0과 1 사이로 압축해 구현한다. 이후 **아다마르 곱**Hadamard product(원소별 곱)을 적용해 게이팅 메커니즘을 구현한다. 이 곱셈 연산은 사실상 이진 게이트처럼 동작하여, 값이 1에 가까우면 정보를 통과시키고 0에 가까우면 차단한다. 덕분에 매 시점마다 얼마나 많은 정보를 보존하고 얼마나 잊을지를 동적으로 결정할 수 있다.

동적 결정이 가능하다는 것은 다시 말해 문장을 왼쪽에서 오른쪽으로 차례대로 읽을 때 매 순간 '이 단어는 계속 기억해두자', '이 단어는 잠깐만 참고하고 지워도 된다'라는 결정을 스스로 내린다는 뜻이다. 예를 들어 어떤 모델이 긴 문장을 처리한다면, 주어(누가 행동하는지)는 오래 보관해야 하지만 중간에 끼어드는 부사(예: 아주, 매우) 같은 것들은 금방 지나쳐도 된다.

첫 번째 게이트는 **망각 게이트**forget gate라 불린다. 망각 게이트는 이름 그대로 지금까지의 기억 중 더 이상 필요하지 않은 부분을 지워버린다. 따라서 망각 게이트의 출력을 문맥과 곱해 적용한다. 이때 입력 정보와 이전 시점의 은닉 상태도 함께 고려한다. 각 게이트는 고유한 전용 U 가중치 집합을 갖는다. 예를 들어 "나는 어제 저녁에 영화를 봤다."라는 문장을 처리할 때, 이미 '어제'라는 시간 정보가 충분히 반영됐다면 망각 게이트는 불필요하게 중복된 시간 관련 정보를 버리고 다음 단어에 집중한다.

$$\mathbf{f}^{(t)} = \sigma\left(\mathbf{b}_f + \mathbf{U}_f \mathbf{h}^{(t-1)} + W_f \mathbf{x}^t\right)$$
$$\mathbf{k}^{(t)} = \mathbf{c}^{(t-1)} \odot \mathbf{f}^{(t)}$$

다음 단계는 입력에서 정보를 추출한 뒤, 그중 어떤 정보를 문맥에 추가할지 결정하는 것이다. 이 과정은 **입력 게이트**input gate i가 제어하며 얼마만큼의 정보를 추가할지를 조절한다. 최종 문맥은 새로 추가하는 정보와 망각 게이트를 거쳐 걸러낸 이전 정보를 합하여 얻는다.

$$\mathbf{g}^{(t)} = \tanh\left(\mathbf{b_g} + \mathbf{U_g}\mathbf{h}^{(t-1)} + W_g \mathbf{x}^t\right)$$
$$\mathbf{i}^{(t)} = \sigma\left(\mathbf{b_i} + \mathbf{U_i}\mathbf{h}^{(t-1)} + W_i \mathbf{x}^t\right)$$
$$\mathbf{j}^{(t)} = \mathbf{g}^{(t)} \odot \mathbf{i}^{(t)}$$
$$\mathbf{c}^{(t)} = \mathbf{j}^{(t)} + \mathbf{k}^{(t)}$$

즉, 입력 게이트는 새로운 단어가 들어왔을 때 이를 기억 창고에 얼마나 저장할지를 결정한다. 덕분에 모델은 새로운 정보와 기존 정보를 균형 있게 합쳐 다음 단계로 넘긴다.

마지막 단계는 출력을 계산하는 것으로, 이는 **최종 게이트**final gate를 통해 이루어진다. 이때 계산된 출력, 즉 최종 레이어의 결과는 은닉 상태를 갱신하는 데도 사용된다. 최종 게이트는 지금 시점에서 외부로 내보낼 정보를 골라내는 역할을 한다. 이때 선택된 출력은 곧바로 예측 결과로 쓰일 수 있고, 동시에 은닉 상태 h를 업데이트해 다음 시점의 계산에도 반영된다.

$$\mathbf{o}^{(t)} = \sigma\left(\mathbf{b}_o + \mathbf{U}_o \mathbf{h}^{(t-1)} + \mathbf{W}_o \mathbf{x}^t\right)$$
$$\mathbf{k}^{(t)} = \mathbf{o}^{(t)} \odot \tanh\left(\mathbf{c}^{(t)}\right)$$

이러한 게이트는 서로 독립적으로 동작하므로 LSTM을 효율적으로 구현할 때는 이를 병렬로 처리할 수 있다. 즉, 각 게이트가 따로 계산되지만 최종적으로는 함께 작동하여 '어떤 것은 버리고, 어떤 것은 넣고, 어떤 것은 출력할지'를 동시에 결정한다. 파이썬에서 PyTorch의 LSTM 모듈을 사용하면, 데이터가 어떻게 변환되는지 직접 테스트해볼 수 있다.

```
data_tensor = torch.tensor(np.random.random((10, 5, 3)),
                           dtype=torch.float32)
LSTM = nn.LSTM(input_size=3, hidden_size=10,
               num_layers=1, batch_first=True)
output, (hidden, cell) = LSTM(data_tensor)
output.shape
```

코드를 하나씩 살펴보자. 먼저 np.random.random((10, 5, 3))으로 무작위 데이터를 생성했다. RNN 예제와 마찬가지로 배치 크기 10, 시퀀스 길이 5, 입력 차원 3을 의미한다. 10개의 문장이 있고, 각 문장은 5개의 단어로 이루어져 있으며, 각 단어는 3차원 벡터로 표현되는 것이다. LSTM을 정의할 때 파라미터들은 RNN과 거의 동일하다. input_size=3은 입력 차원, hidden_size=10은 은닉 상태와 셀 상태의 차원, num_layers=1은 LSTM 레이어 개수, batch_first=True는 배치 차원이 첫 번째라는 의미다.

> **N** 모델이 데이터를 어떻게 변환하는지 주의 깊게 살펴보자. 은닉 상태뿐만 아니라 셀 상태에도 접근할 수 있다. 코드에서 hidden이 단기 메모리(h), cell이 장기 메모리(c)에 해당한다. 두 값 모두 꺼내볼 수 있다는 점이 LSTM의 특징이다.

중요한 차이점은 다음과 같다. RNN에서는 output, hidden = RNN(data_tensor) 형태로 출력과 은닉 상태 두 개만 반환했지만, LSTM은 output, (hidden, cell) = LSTM(data_tensor) 형태로 세 개를 반환한다. 출력(output), 은닉 상태(hidden), 그리고 셀 상태(cell)다. 이 셀 상태가 바로 LSTM의 핵심이다.

hidden은 현재 시점의 출력을 만드는 데 사용되는 단기 정보를 담고 있다. 지금 처리 중인 단어와 바로 최근 문맥을 반영한 것이다. 반면 cell은 전체 시퀀스에 걸쳐 중요한 정보를 장기적으로 보존하는 역할을 한다. 앞에서 나온 핵심 정보들이 여기에 축적되어 있다. 두 값 모두 꺼내볼 수 있다는 점이 LSTM의 특징이며, 이를 통해 모델이 장기 정보와 단기 정보를 어떻게 분리해서 관리하는지 확인할 수 있다.

여기에는 주목할 만한 다른 몇 가지 특성도 있다.

- 연산 증강 computation augmentation은 레이어 내부에서 이루어지므로, RNN을 LSTM으로 손쉽게 대체할 수 있다. 다시 말해, LSTM이 RNN보다 내부 구조가 훨씬 복잡하지만, 사용자 입장에서는 코드 한 줄만 바꾸면 된다. nn.RNN()을 nn.LSTM()으로만 바꾸면 나머지는 똑같이 작동한다. 입력과 출력 형태도 동일하고(셀 상태가 추가되기는 하지만), 같은 방식으로 학습시킬 수 있다. 복잡한 게이트 연산들은 모두 레이어 내부에서 자동으로 처리되므로 사용자는 신경 쓸 필요 없다.
- LSTM은 필요한 정보만 유지하고 불필요한 정보는 잊어버리기 때문에, 오랜 시간 동안 정보를 보존할 수 있다. RNN에서는 모든 정보가 은닉 상태 하나에 섞여 있다 보니, 시간이 지나면 중요한 정보도 그렇지 않은 정보도 모두 함께 희미해졌다. 하지만 LSTM은 게이트 메커니즘을 통해 '이 정보는 중요하니까 셀 상태에 오래 보관하자', '이 정보는 지금만 필요하니까 은닉 상태에만 잠깐 두자', '이 오래된 정보는 이제 필요 없으니까 지우자' 같은 결정을 매 시점마다 내린다. 이런 식으로 선택적으로 정보를 관리하기 때문에 100개 단어가 지나도 처음에 나온 중요한 정보를 여전히 기억할 수 있다.
- LSTM을 초기화할 때의 표준 방식은 셀 상태와 은닉 상태를 모두 0 또는 작은 값으로 시작하는 것이지만, 게이트의 편향bias은 특별하게 초기화한다. 특히 망각 게이트의 편향을 1에 가깝게 초기화하는 것이 일반적이다. 이는 '처음에는 모든 것을 보존하도록' 설정하는 것이다. 학습 초기에는 모델이 어떤 정보가 중요한지 아직 모르기 때문에 일단 모든 정보를 보관하고 시작하는 것이다. 이후 학습이 진행되면서 LSTM은 스스로 어떤 정보를 잊고 어떤 정보를 추가할지를 데이터로부터 배운다. 수많은 문장을 보면서 '주어 정보는 오래 보관해야 하고', '전치사는 금방 버려도 되고', '숫자 정보는 계산이 끝날 때까지 유지해야 하고' 같은 패턴을 스스로 익히게 되는 것이다.
- LSTM은 RNN과 달리 최대 100개의 시간 단계 time step까지 기억할 수 있다. 실험에 따르면 RNN은 보통 7개 정도의 시간 단계 이후부터 초기 정보를 잊어버리기 시작한다. "내가 어제 영화를 봤는데"라는 문장에서 7개 단어 정도만 지나면 '내가'라는 주어 정보가 이미 희미해지는 것이다. 하지만 LSTM은 100개 단어가 지나도 처음 정보를 유지할 수 있다. 또한 LSTM은 덧셈 연산 덕분에 기울기 소실이나 기울기 폭발 문제가 일어날 가능성이 줄어든다. 이 특성 덕분에 LSTM은 긴 문장 번역, 장문의 감정 분석, 음악 생성처럼 장기 의존성long-term dependency이 중요한 작업에서 특히 강력하다.

이제 LSTM보다 계산이 더 가벼우면서도 여전히 컨텍스트 벡터 개념을 가진 또 다른 모델을 살펴보자.

게이트 순환 유닛

게이트 순환 유닛GRU, gated recurrent unit은 RNN의 또 다른 변형으로, 기울기 소실 문제를 해결하여 정보 기억에 더욱 효과적이다. 기울기 소실 문제란, 일반적인 RNN이 긴 문장을 처리할 때 앞부분의 정보가 뒷부분으로 잘 전달되지 않아 결국 잊어버리는 현상을 말한다. GRU는 내부 게이트를 가지고 있다는 점에서 LSTM과 유사하지만 구조가 훨씬 단순하고 가볍다. 파라미터가 적음에도 불구하고 GRU는 LSTM보다 더 빠르게 수렴하며, 성능 역시 비슷한 수준을 달성할 수 있다. 즉, LSTM이 성능은 좋은데 계산이 무거웠다면, GRU는 단순화된 구조 덕분에 계산이 더 가볍고 속도도 빠르다. GRU는 LSTM을 매우 효과적으로 만드는 몇 가지 요소, 즉 덧셈 연산, 아다마르 곱, 컨텍스트의 존재, 그리고 레이어 내부에서 정보 흐름을 제어하는 메커니즘을 활용한다.

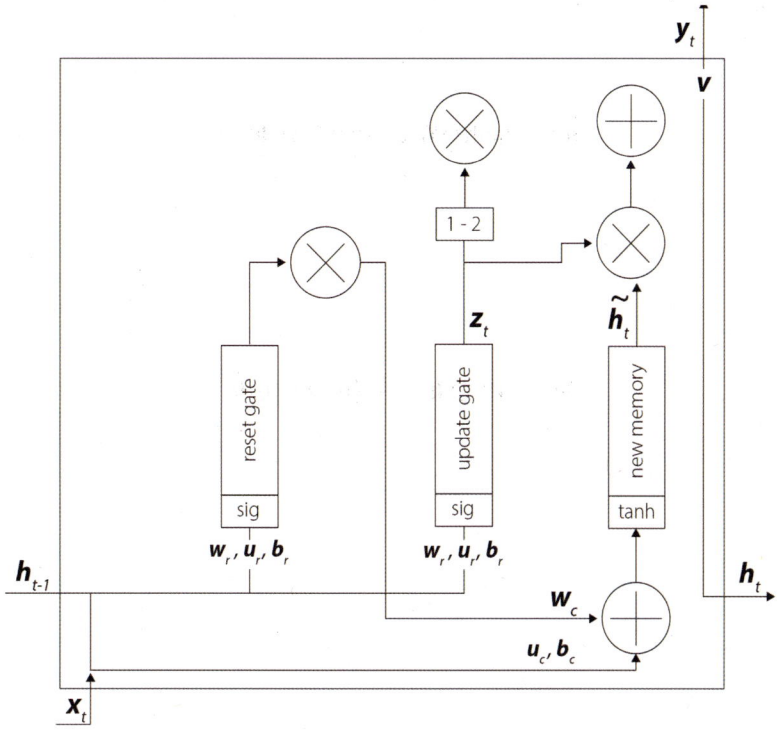

그림 1.14 GRU 셀의 내부 구조(https://arxiv.org/pdf/2304.11461)

GRU에서 망각 게이트는 **업데이트 게이트**update gate로 불리며 목적은 동일하다. 즉, 중요한 정보는 값을 1에 가깝게 유지하여 보존하고, 중요하지 않은 정보는 값을 0에 가깝게 하여 새로운 정보로 덮어쓴다. 쉽게 말해, 업데이트 게이트는 기존 기억을 그대로 유지할지, 아니면 새로운 내용으로 덮어쓸지를 결정하는 스위치다. GRU에서 입력 게이트는 **리셋 게이트**reset gate라고 불리며, LSTM처럼 독립적이지 않고 업데이트 게이트에 연결되어 있다. 리셋 게이트는 과거의 정보를 이번 계산에 얼마나 반영할지를 정하는 역할을 한다.

첫 번째 단계는 업데이트 게이트 z로, LSTM의 망각 게이트와 거의 동일하다. 동시에 리셋 게이트 r을 계산한다. 예를 들어 문장을 번역할 때 z가 크면 '이전까지의 흐름을 계속 유지한다'는 의미이고, r이 작으면 '과거 맥락은 잠깐 무시하고 새로운 단어에 집중한다'는 의미가 된다.

$$z^{(t)} = \sigma(\mathbf{b}_z + \mathbf{U}_z \mathbf{h}^{(t-1)} + \mathbf{W}_z \mathbf{x}^t)$$
$$r^{(t)} = \sigma(\mathbf{b}_r + \mathbf{U}_r \mathbf{h}^{(t-1)} + \mathbf{W}_r \mathbf{x}^t)$$

다음 단계는 은닉 상태를 업데이트하는 것이다. 이는 리셋 게이트에 따라 달라진다. 이 과정을 통해 은닉 상태에 어떤 새로운 정보를 반영할지, 그리고 과거 정보 중 무엇을 보존할지를 결정한다. 이를 **현재 메모리 게이트**current memory gate라고 한다. 즉, GRU는 매 순간마다 '과거 기억과 새로운 입력을 어떤 비율로 섞을지'를 계산해서 은닉 상태를 업데이트한다.

$$\overline{\mathbf{h}}^{(t)} = \tanh(\mathbf{W}_h \mathbf{x}^t + \mathbf{r}^{(t)} \odot \mathbf{U}_z \mathbf{h}^{(t-1)})$$

이제 업데이트 게이트를 사용하여 최종 은닉 상태를 갱신한다. 최종 은닉 상태는 모델이 다음 단계로 넘기는 정보이자 현재 시점의 최종 기억이다. GRU는 h(은닉 상태)만을 사용하므로, LSTM처럼 별도의 장기 메모리 c는 존재하지 않는다.

$$\mathbf{h}^{(t)} = \mathbf{z}^{(t)} \odot \mathbf{h}^{(t-1)} + (1 - \mathbf{z}^{(t)}) \odot \overline{\mathbf{h}}^{(t)}$$

이제 PyTorch의 RNN 모듈로 데이터를 어떻게 변환하는지 간단히 테스트해볼 수 있다.

```
data_tensor = torch.tensor(np.random.random((10, 5, 3)),
                           dtype=torch.float32)
GRU = nn.GRU(input_size=3, hidden_size=10,
             num_layers=1, batch_first=True)
output, hidden = GRU(data_tensor)
output.shape
```

여기에서도 몇 가지 흥미로운 요소를 확인할 수 있다.

- GRU 네트워크는 LSTM 네트워크와 유사하지만 파라미터가 적고 계산 효율이 높다는 장점이 있다. 다만, 그만큼 과적합에 더 취약하다.
- GRU 네트워크는 이전 입력을 잊지 않고 긴 시퀀스 데이터를 처

> **N** 모델이 데이터를 어떻게 변환하는지 살펴보자. 은닉 상태에도 접근할 수 있다. 코드에서 hidden은 GRU가 최종적으로 유지한 은닉 상태를 의미한다. LSTM처럼 두 가지(h, c)를 쓰지 않고 단일 은닉 상태만 관리한다.

리할 수 있다. 음성 인식이나 음악 생성을 포함한 많은 텍스트 처리 작업에서 상당히 좋은 성능을 보이지만, 장기 의존성이나 복잡한 패턴을 모델링하는 데는 LSTM보다 효율이 떨어진다.

정리하면, GRU는 '빠르고 가볍지만 충분히 강력한' 모델이다. 긴 문맥을 다루는 데는 LSTM보다 불리할 수 있지만, 자원 제약이 있거나 학습 속도가 중요한 상황에서는 GRU가 더 실용적이다.

텍스트용 CNN

CNN convolutional neural network(합성곱 신경망)은 원래 이미지나 2차원 데이터를 분류하고 인식하기 위해 필터(행렬 또는 커널)를 적용하며 패턴을 찾도록 설계되었다.

필터는 보통 3×3이나 5×5 크기의 행렬이다. 예를 들어 3×3 필터라면 3행 3열로 총 9개의 숫자가 들어 있다. 이 필터가 하는 일은 이미지 전체를 훑으면서 각 위치에서 합성곱 연산을 수행하는 것이다. 합성곱 연산은 필터 안의 숫자들과 이미지 픽셀 값들을 곱하고 더하는 계산이다. 필터는 이미지의 왼쪽 위 모서리부터 시작한다. 오른쪽으로 한 칸씩 이동하면서 계산을 반복하고, 맨 오른쪽 끝에 도달하면 한 줄 아래로 내려가서 다시 왼쪽부터 시작한다. 이런 방식으로 이미지 전체를 스캔한다. 필터 안의 숫자들은 처음에는 무작위로 설정되지만, 학습을 거치면서 특정 모양이나 특징을 잘 잡아내도록 조정된다.

합성곱 연산은 이미지 내부의 픽셀 단위로 이루어진다. 3×3 필터가 이미지를 스캔할 때 이미지의 3×3 영역을 선택한다. 필터의 각 값은 이미지의 해당 픽셀 값과 곱한 뒤 모두 합산한다. 예를 들어 필터가 이미지의 맨 왼쪽 위에 있다면, 이미지의 맨 왼쪽 위 3×3 영역과 계산한다. 필터의 첫 번째 행, 첫 번째 열 값과 이미지 영역의 첫 번째 행, 첫 번째 열 픽셀을 곱하고 필터의 첫 번째 행, 두 번째 열 값과 이미지 영역의 첫 번째, 행 두 번째 열 픽셀을 곱한다. 이런 식으로 9번의 곱셈을 하고, 이 9개의 곱셈 결과를 모두 합산하면 하나의 숫자가 나온다. 필터가 한 칸 오른쪽으로 이동하면, 이번에는 한 칸 오른쪽으로 이동한 이미지의 3×3 영역과 같은 계산을 반복한다. 학습 과정에서는 필터의 각 항목에 해당하는 가중치가 학습된다.

각 필터를 적용하면 이미지의 서로 다른 특성을 강조한 결과를 얻을 수 있는데, 이를 특징 맵 feature map 이라고 한다. 예를 들어 어떤 필터는 가로선을 잘 잡아내고, 또 다른 필터는 세로선을 인식하며, 다른 필터는 모서리나 곡선을 감지한다. 이렇게 다양한 필터가 동시에 작동하면서 이미지 속 복잡한 패턴을 추출해낸다.

합성곱 신경망은 국소 정보를 추출하고 복잡한 패턴을 인식하는 능력 덕분에 컴퓨터 비전 분야에서 큰 성공을 거두었다. 이미지에서 작은 영역의 특징을 잘 찾아낸다는 이 장점을 바탕으로 시퀀스 처리에도 적용되기 시작했다. 시퀀스 데이터에서는 1차원 합성곱 신경망을 활용하지만 기본 아이디어는 동일하다. 시퀀스에서 1차원 합성곱은 특징 맵을 추출하는 역할을 하며, 이때 2차원 필터 대신 1차원 필터를 사용한다. 이는 word2vec에서 사용하는 컨텍스트 윈도우와 유사한 개념으로 이해할 수 있다.

2차원 필터와 1차원 필터의 차이를 자세히 살펴보자. 그림 1.15 왼쪽 이미지에서는 가로·세로 방향으로 패턴을 찾는 2차원 필터를 사용한다. 필터가 이미지의 2차원 영역에서 패턴을 추출하는 것이다. 반면 오른쪽 이미지의 문장과 같은 시퀀스에서는 단어들이 한 줄로 이어져 있기 때문에 1차원 필터를 사용한다. 1차원 필터는 연속된 단어들 사이의 의미 패턴을 포착한다.

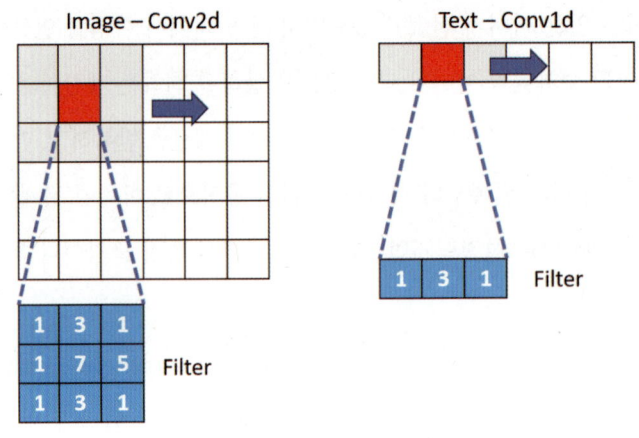

그림 1.15 1차원 합성곱에서 시퀀스 위를 이동하는 1차원 필터

1차원 필터는 시퀀스를 따라 슬라이딩하며 적용한다. 이미지에서 필터가 왼쪽에서 오른쪽으로, 위에서 아래로 움직였던 것처럼, 여기서는 문장의 시작부터 끝까지 한 방향으로만 움직인다. 이 과정은 2차원 합성곱보다 계산량이 적어 속도가 매우 빠르다. 이때 필터 크기는 임의로 설정할 수 있다. 예를 들어 3개 단어 크기의 필터를 사용할 수도 있고, 7개 단어 크기의 필터를 사용할 수도 있다. 모델은 필터 안에 포함된 여러 단어들 사이의 패턴을 학습하려고 한다.

예를 들어, 3단어짜리 필터는 짧은 구를 잘 포착한다. "매우 좋은 영화"처럼 짧은 표현에서 나타나는 패턴을 학습하는 데 적합하다. 반면 7단어짜리 필터는 더 긴 문맥의 패턴을 학습하는 데 적합하다. "이 영화는 처음에는 지루했지만 결국 감동적이었다." 같은 긴 문맥에서 나타나는 의미 관계를 포착할 수 있다.

또한 이 모델은 이전에 임베딩으로 얻은 벡터에도 적용할 수 있다. 단어를 원-핫 인코딩이 아닌

word2vec이나 다른 임베딩 방법으로 벡터화한 후, 이 벡터들에 1차원 합성곱을 적용하는 것이다. 여러 개의 필터(커널)를 동시에 사용해 시퀀스마다 다른 패턴을 학습하도록 만들 수도 있다. 어떤 필터는 긍정적인 표현을 찾고, 다른 필터는 부정적인 표현을 찾고, 또 다른 필터는 비교 표현을 찾는 식으로 각각 다른 역할을 하도록 학습시킬 수 있다.

이미지 처리용 CNN과 마찬가지로, 맥스 풀링max pooling과 같은 연산을 추가하여 가장 중요한 특징만 추출할 수도 있다. 맥스 풀링은 여러 값 중 가장 큰 값 하나만 뽑아내는 과정이다. 예를 들어 필터를 적용해서 나온 여러 개의 숫자 중에서 가장 큰 값만 선택하는 것이다. 이는 '해당 구간에서 가장 두드러진 특징은 무엇인가'를 압축해 전달하는 효과가 있다. 결과적으로 계산량을 줄이면서도 중요한 정보는 보존할 수 있다.

파이썬에서 PyTorch의 1차원 CNN 레이어를 사용해 데이터가 어떻게 변환되는지 확인해볼 수 있다.

```python
data_tensor = torch.tensor(np.random.random((10, 5, 3)),
                           dtype=torch.float32)
Conv1d = nn.Conv1d(in_channels=5, out_channels=16,
                   kernel_size=3, stride=1, padding=1)
output = Conv1d(data_tensor)
output.shape
```

코드를 실행하면 출력 결과는 다음과 같다.

```
torch.Size([10, 16, 3])
```

코드를 하나씩 살펴보자. 먼저 np.random.random((10, 5, 3))으로 (10, 5, 3) 크기의 무작위 데이터를 생성했다. 이는 배치 크기 10, 입력 채널 5, 시퀀스 길이 3을 의미한다.

> **N** 모델이 데이터를 어떻게 변환하는지 그리고 지금까지 살펴본 방식과 어떻게 다른지 확인해보자.

1차원 CNN 레이어를 정의할 때 여러 파라미터를 설정한다. in_channels=5는 입력 채널 수가 5라는 뜻이다. out_channels=16은 출력 채널 수, 즉 사용할 필터의 개수가 16개라는 뜻이다. 16개의 서로 다른 필터가 각각 다른 패턴을 학습한다. kernel_size=3은 필터 크기가 3, stride=1은 필터가 한 칸씩 이동한다는 뜻이다.

padding=1은 시퀀스의 양끝에 0을 추가한다. 패딩 없이 합성곱 연산을 하면 시퀀스 길이가 줄어든다. 즉, 길이 3인 시퀀스에 크기 3인 필터를 적용하면 출력 길이가 1이 된다. 지금은 레이어 하나만 사용하지만, 실제로는 여러 CNN 레이어를 쌓는 경우가 많은데, 그럴 때 합성곱 연산을 할 때마다 길이가 계속 줄어들면 정보가 손실되고 깊은 네트워크를 만들기 어렵다. 패딩으로 앞뒤에 0을 하나씩 추가하면 시퀀스 길이가 3에서 5로 늘어나고, 필터 연산 후 출력 길이가 3이 되어 원래 길이를 유지할 수 있다. 이 예제에서도 그러한 일반적인 관행을 보여주고자 패딩을 사용했다.

출력 크기를 확인하면 입력이 (10, 5, 3)이었는데 출력은 (10, 16, 3)이 되었다. 배치 크기 10은 그대로 유지되고, 입력 채널 5가 출력 채널 16으로 변환되었으며, 시퀀스 길이는 3으로 유지되었다. 16개의 필터가 입력 데이터에서 각각 다른 특징을 추출해낸 것이다.

이제 우리는 문맥 정보를 보존하면서 텍스트를 수치 표현으로 변환하는 방법과 이 표현을 처리할 수 있는 모델을 갖추게 되었다. 따라서 이 둘을 결합하여 엔드 투 엔드_{end-to-end} 시스템을 구축할 수 있다.

4. 임베딩과 딥러닝을 활용한 감정 분석

이번 절에서는 영화 리뷰 데이터를 대상으로 감정 분석_{sentiment analysis}을 수행할 모델을 학습한다. 이 모델은 리뷰를 긍정_{positive} 또는 부정_{negative}으로 분류할 수 있다. 모델을 구축하고 학습하기 위해 지금까지 다른 요소들을 종합적으로 활용한다. 간단히 말하면 다음과 같은 과정을 거친다.

- 데이터셋을 전처리하고 수치 벡터로 변환한 뒤 벡터의 길이를 통일한다.
- 임베딩을 포함한 신경망을 정의하고 학습한다.

이번에 사용할 데이터셋은 긍정 리뷰와 부정 리뷰가 각각 25,000개씩, 총 50,000개의 리뷰로 구성되어 있다. 리뷰의 길이는 제각각이며, 평균적으로 약 230단어로 이루어져 있다.

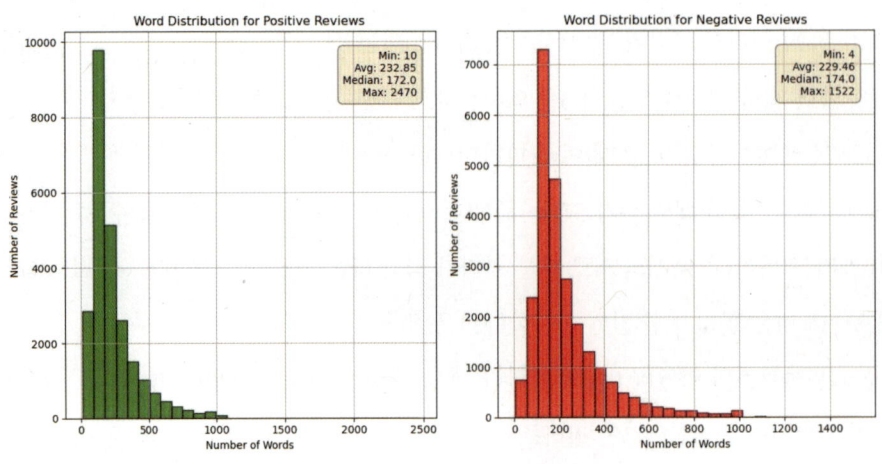

그림 1.16 리뷰 텍스트 길이 분포 그래프(왼쪽은 긍정 리뷰, 오른쪽은 부정 리뷰)

또한 가장 자주 등장하는 단어는 예상대로 'movie'와 'film'이다.

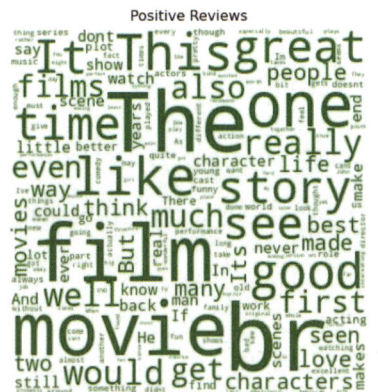 

그림 1.17 긍정 리뷰(왼쪽)와 부정 리뷰(오른쪽)에서 가장 자주 등장하는 단어들의 워드 클라우드

텍스트는 상당히 지저분하므로, 모델을 학습시키기 전에 반드시 정제cleaning 과정을 거쳐야 한다. 첫 번째 단계는 이진 인코딩하는 것이다. 이진 인코딩이란 두 가지 값을 0과 1로 표현하는 것으로 여기서는 'positive'는 0으로, 'negative'는 1로 변환한다. 이어서 특징feature과 레이블label을 분리한다.

지도 학습 데이터셋에서 X는 특징, 즉 리뷰 텍스트이고 y는 레이블, 즉 긍정인지 부정인지를 나타내는 값이다. 마지막으로 학습용, 검증용, 테스트용의 세 가지 균형 잡힌 데이터셋을 만든다. 학습용은 모델을 학습시키는 데 사용하고, 검증용은 학습 중간에 성능을 확인하는 데 사용하며, 테스트용은 최종 평가에 사용한다.

```
df['sentiment_encoded'] = np.where(
    df['sentiment']=='positive',0,1)
X,y = df['review'].values, df['sentiment_encoded'].values
x_train,x_test,y_train,y_test = train_test_split(
    X,y,stratify=y, test_size=.2)
x_train,x_val,y_train,y_val = train_test_split(
    x_train,y_train,stratify=y_train, test_size=.1)
y_train, y_val, y_test = np.array(y_train), np.array(y_val), \
    np.array(y_test)
```

학습을 진행하기 전에 다음과 같은 준비 단계가 필요하다.

- **전처리**: 불필요한 공백, 특수 문자, 구두점을 제거한다.

- **토큰화**: 각 리뷰를 토큰으로 변환한다. 이 과정에서 불용어$_{stopword}$와 한 글자 단어를 제거한다. 또한 학습 시간 단축을 위해 각 리뷰에서 가장 많이 등장하는 1,000개의 단어만 추출한다.
- **벡터화**: 어휘집에 따라 각 단어를 인덱스로 변환하여, 모델이 수치 값으로 처리할 수 있도록 한다.
- **패딩**: 리뷰의 길이가 제각각이므로, 학습을 위해 리뷰 길이를 일정하게 맞추는 패딩을 적용한다.

이러한 전처리 단계는 데이터셋에 따라 달라질 수 있다. 관련 코드는 GitHub 저장소에서 확인할 수 있다. 다만, 토큰화와 전처리 방식의 선택에 따라 리뷰의 속성이 바뀔 수 있으며, 이 경우 요약 통계 값에도 영향을 준다는 점을 유념해야 한다.

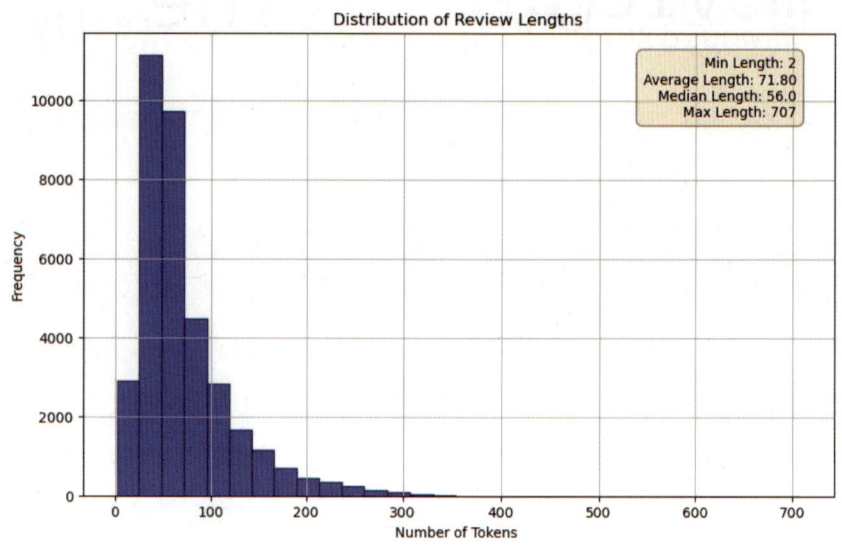

그림 1.18 토큰화 이후 리뷰 길이의 분포를 나타낸 그래프

다음으로 모델과 그 하이퍼파라미터를 정의한다. 여기서는 임베딩과 GRU로 구성된 신경망을 학습시켜 감정을 예측한다. 학습 안정성을 높이기 위해 정규화 기법인 드롭아웃$_{dropout}$을 적용한다. 또한 선형 레이어를 두어 추출된 특징을 단일 표현$_{single\ representation}$으로 매핑한다. 이 표현을 사용해 해당 리뷰가 긍정인지 부정인지 확률을 계산한다.

```
# 하이퍼파라미터
no_layers = 3
vocab_size = len(vocab) + 1
embedding_dim = 300
output_dim = 1
hidden_dim = 256
```

```python
# 모델 초기화
model = SentimentRNN(no_layers, vocab_size, hidden_dim,
                     embedding_dim, drop_prob=0.5)
```

여기서는 범주가 긍정과 부정 두 가지뿐이므로 이진 교차 엔트로피 손실_{binary cross-entropy loss}을 사용한다. 최적화 알고리즘으로는 Adam을 채택했지만, 다른 옵티마이저도 테스트해볼 수 있다. 또한 리뷰 데이터가 수천 건에 달하기 때문에 배치 학습 방식으로 진행한다.

```python
criterion = nn.BCELoss()
optimizer = optim.Adam(model.parameters(), lr=0.001)
epoch_tr_loss, epoch_vl_loss = [], []
epoch_tr_acc, epoch_vl_acc = [], []

for epoch in range(epochs):
    train_losses = []
    train_acc = 0.0
    model.train()
    h = model.init_hidden(50)

    for inputs, labels in train_loader:
        inputs, labels = inputs.to(device), labels.to(device)
        h = h.data
        model.zero_grad()
        output, h = model(inputs, h)

        loss = criterion(output.squeeze(), labels.float())
        loss.backward()
        train_losses.append(loss.item())

        accuracy = acc(output, labels)
        train_acc += accuracy
        optimizer.step()
```

다음 그래프는 학습 세트와 검증 세트의 정확도와 손실 변화를 보여준다.

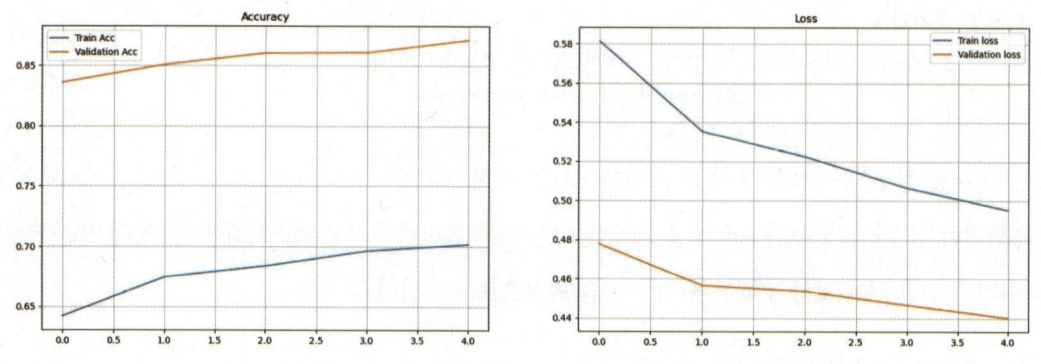

그림 1.19 학습 및 검증 세트의 정확도와 손실 학습 곡선

모델은 우수한 정확도를 달성했으며, 이는 다음 혼동 행렬confusion matrix에서도 확인할 수 있다.

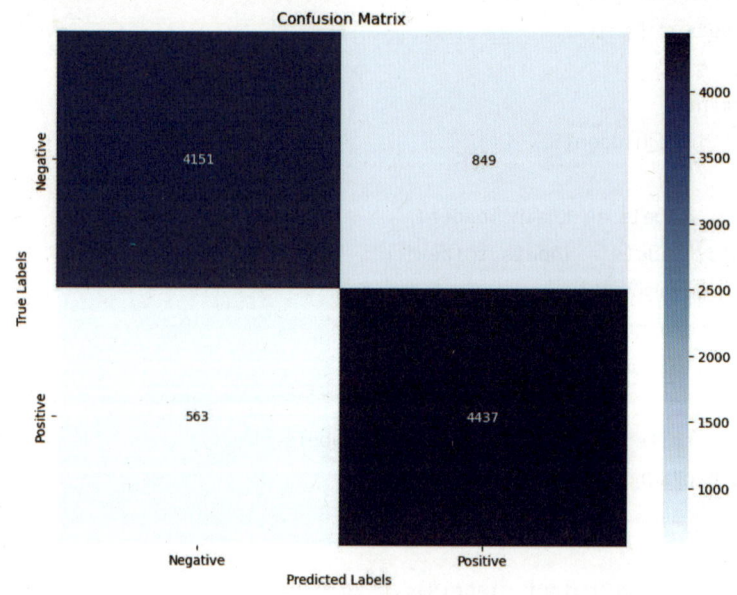

그림 1.20 테스트 세트의 혼동 행렬

또한 학습 전후 리뷰 데이터를 시각화projection해서 비교해 보면, 모델이 긍정 리뷰와 부정 리뷰를 구분하는 방법을 학습했음을 알 수 있다.

1장. 딥러닝으로 텍스트 데이터 분석하기

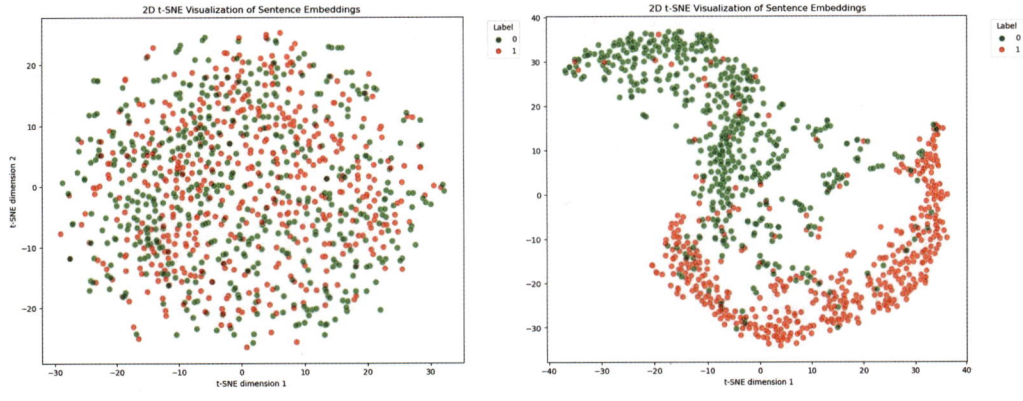

그림 1.21 모델 학습 전(왼쪽)과 학습 후(오른쪽)의 임베딩 투영

이제 우리는 평문 텍스트 리뷰를 입력받아 긍정 또는 부정으로 분류할 수 있는 모델을 학습시켰다. 이는 앞서 이 장에서 살펴본 여러 구성 요소를 결합해 구현한 결과이다. 이와 동일한 접근 방식을 다른 어떤 데이터셋에도 그대로 적용할 수 있다. 이것이 바로 딥러닝의 강력함이다.

> **요약**
>
> 이번 장에서는 텍스트를 점차 복잡한 벡터 표현으로 변환하는 과정을 살펴보았다. 이렇게 얻은 수치 표현 덕분에 텍스트를 머신러닝 모델에 활용할 수 있었다. 텍스트의 문맥 정보를 보존하는 워드 임베딩 방법을 알아보고, 이를 통해 동의어 검색이나 단어 클러스터링 같은 분석을 수행할 수 있음을 확인했다. 아울러 RNN, LSTM, GRU와 같은 신경망을 이용해 텍스트를 분석하고, 감정 분석과 같은 작업을 수행하는 과정도 살펴보았다.
>
> 다음 장에서는 여전히 풀리지 않은 과제들을 어떻게 해결할 수 있는지 살펴보고, 그것이 어떻게 이번 장에서 다룬 모델들의 자연스러운 진화로 이어지는지 알아보겠다.

트랜스포머: 현대 AI 혁명 이면의 모델

2장

이번 장에서는 앞 장에서 살펴본 모델들의 한계를 짚어 보고, 이를 극복하기 위해 등장한 어텐션 메커니즘과 트랜스포머를 살펴본다. 이를 통해 이러한 모델들이 어떻게 학습하고 왜 그렇게 강력한지 이해할 수 있을 것이다. 또한 이 새로운 패러다임이 성공한 이유와 기존에 해결하기 어려웠던 **자연어 처리**NLP 과제들을 어떻게 극복했는지도 다룬다. 아울러 이러한 모델들이 실제로 어떤 방식으로 활용되는지도 확인할 것이다.

이번 장에서는 오늘날의 대규모 언어 모델LLM이 본질적으로 트랜스포머 아키텍처를 기반으로 하는 이유를 명확히 설명한다. 이번 장에서 다룰 주제는 다음과 같다.

- 어텐션과 셀프 어텐션 탐구하기
- 트랜스포머 모델 소개
- 트랜스포머 학습하기
- 마스크드 언어 모델링 탐구하기
- 내부 메커니즘 시각화하기
- 트랜스포머 활용하기

기술 요구 사항

이 장 대부분의 코드는 CPU에서도 실행할 수 있지만, 파인튜닝과 지식 증류와 같은 일부는 GPU에서 실행하는 것을 권장한다. 예를 들어, CPU에서는 약 1시간이 걸리는 학습이 GPU에서는 5분도 채 걸리지 않는다.

코드는 파이토치(PyTorch)로 작성되었으며, 그 외에도 현업에서 주로 사용하는 HuggingFace Transformers 등 표준 라이브러리를 사용한다. 또한 일부 코드는 Ecco라는 특정 라이브러리에서 가져왔다. 전체 코드는 다음 GitHub 저장소에서 확인할 수 있다.

https://github.com/ai-agent-kr/Modern-AI-Agents/tree/main/ch02

1. 어텐션과 셀프 어텐션 탐구하기

1950년대 컴퓨터 혁명이 시작되면서 각국 정부들은 기계 번역이라는 개념에 눈을 돌리기 시작했다. 특히 군사적 활용 가능성 때문에 큰 관심을 받았다. 하지만 당시의 시도들은 세 가지 근본적인 이유로 실패할 수밖에 없었다. 첫째, 기계 번역 문제는 겉으로 보기엔 단순해 보였지만 실제로는 훨씬 복잡한 과제였다. 둘째, 당시 컴퓨터의 연산 능력이 턱없이 부족했다. 셋째, 학습에 필요한 데이터가 거의 없었다. 결국 1960년대에 들어서 정부들은 기계 번역이 기술적으로 불가능한 과제라는 결론을 내리고 말았다.

하지만 1990년대에 접어들면서 상황이 완전히 달라지기 시작했다. 앞서 언급한 세 가지 한계 중 두 가지가 점차 해결되었기 때문이다. 인터넷이 보급되면서 방대한 양의 텍스트 데이터를 확보할 수 있게 되었고, GPU가 등장하면서 충분한 연산 능력도 갖추게 되었다. 이제 남은 과제는 새롭게 확보된 계산 능력을 활용해서 자연어의 복잡성을 제대로 다룰 수 있는 모델을 개발하는 일이었다.

기계 번역은 연구자들의 지속적인 관심을 끌었다. 이유는 간단했다. 결과의 품질을 직관적으로 평가할 수 있는 실용적인 문제였기 때문이다. 즉, 번역이 제대로 되었는지는 누구나 쉽게 판단할 수 있었다. 게다가 한 언어로 된 대규모 텍스트와 그에 대응하는 다른 언어의 텍스트도 풍부하게 존재했다. 연구자들은 RNN, LSTM 등 기존 모델들을 기계 번역 과제에 적용해보려고 시도했다. 그중에서 가장 널리 사용된 시스템이 바로 RNN 기반의 seq2seq(시퀀스-투-시퀀스) 모델이다.

seq2seq 모델은 두 개의 RNN 모듈, 즉 인코더와 디코더로 구성된다. **인코더**는 번역하고자 하는 입력 문장으로부터 정보를 추출하여 이를 압축된 벡터 표현으로 변환해 중요한 정보를 보존한다. 이때 번역하고자 하는 입력 문장의 정보를 압축한 벡터를 컨텍스트 벡터context vector라 한다. **디코더**는 컨텍스트 벡터를 입력받아 정보 처리 후 실제 번역 문장을 생성한다. 정리하자면 인코더는 입력 문장으로부터 정보를 정리하여 압축된 컨텍스트 벡터를 생성하는 모듈이고, 디코더는 인코더가 전달한 컨텍스트 벡터로부터 번역 문장을 생성하는 모듈이다.

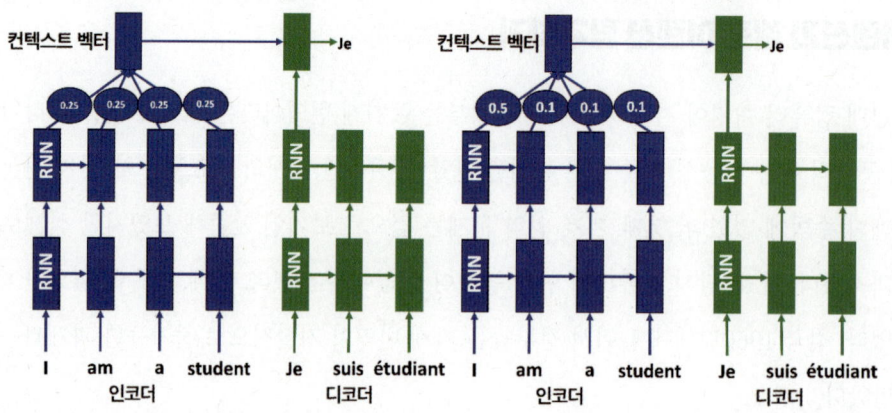

그림 2.1 인코더와 디코더가 있는 seq2seq 모델

초기 seq2seq 모델은 생각보다 번역 성능이 좋지 않았는데, 이는 RNN 기반으로 만들면 기본적으로 다음과 같은 문제점이 있기 때문이다.

> N 이 그림은 컨텍스트 벡터를 계산하는 서로 다른 방식을 보여준다. 왼쪽은 인코더의 모든 은닉 상태의 값들을 균등하게 평균을 취하여 계산하는 방식. 오른쪽은 인코더에서 번역에 더 도움이 되는 은닉 상태에게 가중치를 더 주는 어텐션을 사용하여 계산하는 방식이다.

- **정렬 문제**: 입력 문장과 출력 문장의 길이가 서로 다르기 때문에 발생하는 성능 문제다. 예를 들어, 영어 "she doesn't like potatoes"(4단어)를 프랑스어로 번역하면 "elle n'aime pas les pommes de terre"(7단어)와 같이 단어 수가 완전히 달라진다. 언어마다 표현 방식이 다르기 때문에 같은 의미라도 필요한 단어 수가 다르다. 이런 길이 불일치는 RNN이 고정된 크기의 컨텍스트 벡터에 문장의 의미를 압축해서 담아야 하는 구조적 한계와 맞물려 번역 품질을 크게 떨어뜨렸다.

- **기울기 소실 및 폭발 문제**: RNN의 고질적인 문제로, 모델이 오답을 통해 자신의 가중치를 수정하는 역전파 과정에서 학습 신호가 여러 단계를 거치면서 점점 약해져 사라지거나, 반대로 너무 강해져서 폭발하며 학습이 제대로 되지 않는 현상이다. 마치 소리가 긴 복도를 지나면서 점점 작아지거나 울림 때문에 왜곡되는 것과 비슷하다. 기울기 소실 gradient vanishing이 발생하면 앞쪽 부분이 제대로 학습되지 않아 긴 문맥을 파악할 수 없게 되고, 기울기 폭발 gradient exploding이 일어나면 학습 과정이 불안정해져서 모델이 제대로 동작하지 않는다.

- **병렬 처리 불가능과 메모리 한계**: RNN의 치명적인 단점은 순차 처리 방식이다. 각 단어를 하나씩 차례대로 처리해야 하므로 작업을 동시에 수행할 수 없어 학습 속도가 느리다. 현대 GPU의 병렬 처리 능력을 활용할 수 없는 구조다. 게다가 RNN은 한정된 크기의 컨텍스트 벡터에 과거 정보를 저장해야 하므로, 긴 문장을 처리할 때는 앞부분의 중요한 정보를 점점 잊는 문제가 발생한다. 특히 긴 문서나 복잡한 문장에서는 초기 정보가 완전히 손실되어 번역 품질이 급격히 떨어졌다.

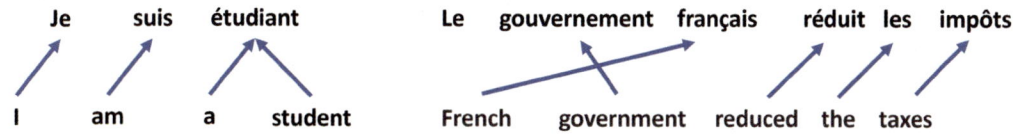

그림 2.2 정렬 문제의 예시. 왼쪽은 단어 하나가 여러 단어를 포괄하는 일대다(one-to-many) 문제, 오른쪽은 단어 개수가 늘어나야 하는 불필요한 단어 삽입 문제

어텐션 메커니즘attention mechanism은 기존의 정렬 문제를 해결하고, 입력 텍스트에 존재하는 단어들과 번역된 텍스트의 단어들 간의 관계를 학습하기 위해 고안되었다.

단어와 단어가 일대일로 깔끔하게 대응되지 않는 번역 상황을 떠올리면 이해하기 쉽다. 예를 들어 영어 문장 "I eat an apple"을 한국어로 옮기면 "나는 사과를 먹는다"가 되는데, 이때 'apple'은 한국어 번역에서 문장의 중간쯤인 '사과'에 대응한다. 즉 입력과 출력이 단순히 같은 순서로 매칭되지 않기 때문에, 어떤 입력 단어가 어느 출력 단어와 관련되는지를 찾아내는 과정이 필요하다.

핵심 아이디어는 기존에 사용하던 RNN의 은닉 상태를 그대로 참고하던 방식 대신, 입력 시퀀스에서 중요한 부분만 집중해 핵심적인 문맥 정보를 전달하는 것이다. 다시 말해, 모든 단어를 똑같이 보는 대신 지금 번역하고 있는 단어와 직접적으로 연관된 입력 단어에만 무게를 두는 방식이다. 마치 긴 글을 읽을 때 전체를 다 보면서도 실제로 답변을 쓰는 순간에는 필요한 문장에 눈길을 집중하는 것과 같다.

디코딩(번역) 과정에서 각 토큰은 다른 언어에서 대응하는 특정 정보를 찾아야 한다. 어텐션은 그 시점에서 어떤 입력 토큰이 중요한지를 결정한다. 예를 들어 디코더가 '먹는다'를 생성하려 할 때, 어텐션은 인코더 입력 중 'eat'라는 단어에 가장 강하게 집중하게 된다. 이렇게 함으로써 단어 간의 정확한 대응 관계를 반영할 수 있다.

어텐션의 첫 단계는 인코더의 은닉 상태 h와 디코더의 이전 출력 상태 s를 정렬하는 것이다. 이때 사용하는 스코어 함수score function는 다양하다. 가장 일반적으로는 내적이나 코사인 유사도를 사용하지만 피드포워드 신경망처럼 더 복잡한 함수도 활용할 수 있다. 스코어는 곧 특정 시점의 번역에 인코더의 각 은닉 상태가 얼마나 관련 있는지를 나타내며, 이 값이 클수록 해당 입력 단어에 더 집중하게 된다. 스코어를 계산하는 정렬 과정은 모든 인코더 단계에 대해 수행된다.

$$(1) \quad e_{i,j} = \text{score}(s_{i-1}, h_j)$$

하지만 이 단계에서 얻는 것은 인코더 은닉 상태 h와 디코더 상태 s 사이의 유사도를 나타내는 스칼라 값 하나뿐이다. 이렇게 얻은 스코어 값들은 소프트맥스 함수를 거쳐 0과 1 사이의 값으로 변환된다. 즉, 이 값이 클수록 '지금 번역 중인 단어와 이 입력 단어가 더 밀접하게 관련 있다'는 뜻이 된다. 이 과정을 통해 각 은닉 상태에 상대적인 중요도가 부여된다.

$$(2) \quad a_{i,j} = \text{softmax}(e_{i,j}) = \frac{\exp(e_{i,j})}{\sum_{k=1}^{t} \exp(e_{i,k})}$$

번역 과정은 단순히 '이 단어 다음엔 저 단어'라는 순서 나열이 아니라, 현재 번역되는 단어가 원문 전체 중 어떤 부분과 연결되는지를 확률적으로 판단하는 과정이다. 이 점 때문에 어텐션은 사람이 문장을 읽으며 특정 단어에 눈길을 집중하는 방식과 유사하다고 이해할 수 있다.

마지막으로, 각 인코더 은닉 상태에 어텐션 스코어를 곱한 뒤 모두 더해 가중합을 구한다. 이렇게 해서 전체 은닉 상태 집합의 정보를 담고 있는 고정 길이의 컨텍스트 벡터를 얻는다. 쉽게 말해, 번역 과정에서 컨텍스트 벡터가 계속 업데이트되며, 입력 시퀀스의 각 부분에 얼마만큼 주의를 기울여야 하는지를 동적으로 알려주는 것이다.

이 컨텍스트 벡터는 번역의 '요약된 핵심 맥락'이라 할 수 있다. 번역 중에 디코더가 다음 단어를 번역할 때마다 인코더에서 매 시점마다 새롭게 계산되어 디코더로 전달되므로, 모델은 원문의 어느 부분을 참고하는지 잊지 않고 유지할 수 있다.

$$c_t = \sum_{j=1}^{T} a_{i,j} \cdot h_j$$

원 논문에서도 확인할 수 있듯이, 이 모델은 번역 과정에서 입력에 포함된 다양한 단어에 서로 다른 수준의 어텐션을 할당한다.

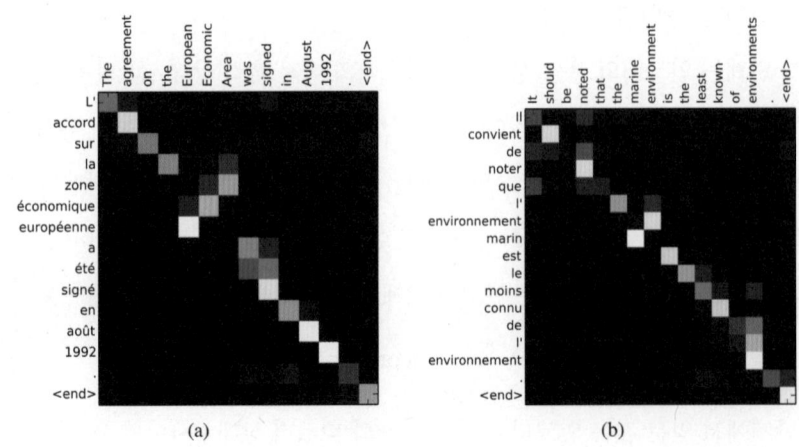

그림 2.3 어텐션을 적용한 모델의 정렬 예시. 각 픽셀은 원문 단어와 목표 단어 간의 어텐션 가중치를 보여준다
(https://arxiv.org/pdf/1409.0473)

어텐션 메커니즘은 정렬 문제를 해결할 뿐만 아니라 다음과 같은 장점도 제공한다.

- 어텐션은 초기 상태로 가는 직접 연결 경로를 제공하여 기울기 소실 문제를 완화한다.
- 인코더가 번역 과정에서 원문source에 직접 접근할 수 있어 병목 현상을 줄인다.
- 어떤 단어가 정렬에 사용되는지 확인할 수 있어 해석 가능성이 높다.
- 모델 성능이 확실히 향상된다.

특히 '해석 가능성'은 실제 연구와 응용에서 매우 중요하다. 번역 모델이 특정 단어를 어떻게 매칭했는지 시각적으로 확인할 수 있기 때문에, 단순한 블랙박스가 아니라 어느 정도 설명 가능한 인공지능(explainable AI)의 성격을 갖게 된다.

어텐션 메커니즘이 성공을 거두면서 스코어 함수를 달리하는 여러 변형 모델들이 등장했다. 어텐션은 번역을 위한 seq2seq를 벗어나 많은 자연어 처리 문제에 쓰이게 된다. 그중 특히 주목할 만한 것이 **셀프 어텐션**self-attention이다. 셀프 어텐션의 가장 큰 장점은 굳이 다른 것과 비교하지 않아도 입력 자체에서 직접 정보를 추출할 수 있다는 점이다. 즉, 번역처럼 '입력 문장 → 출력 문장'이라는 구조가 아니더라도, 하나의 문장 안에서 단어들 사이의 관계를 파악하는 데 바로 활용할 수 있는 어텐션 메커니즘이다.

셀프 어텐션의 핵심 아이디어는 이렇다. 프랑스 혁명에 관한 에세이를 쓰기 위해 도서관에서 책을 찾는 상황을 생각해보자. 우리가 찾는 것은 프랑스 역사에 관한 책(value)이고, 그 책을 찾는 행위는 쿼리(query)다. 그런데 책을 모두 읽어볼 필요는 없다. 책의 표지(key)만 보면 원하는 책을 찾을 수 있다. 다시 말해, 셀프 어텐션은 필요한 표현을 얻기 위해 문맥(context) 내부를 탐색할 수 있게 해주는 방법이다.

즉, 셀프 어텐션은 외부 입력과 출력의 관계를 정렬하는 '번역용 어텐션'과 달리, 하나의 입력 문장 내부에서 단어들끼리 서로 어떤 관계를 맺고 있는지를 파악하는 데 초점을 맞춘다. 입력 문장이 가진 의미를 모델이 효율적으로 이해할 수 있는 방식이며, 번역이라는 문제에 한정되지 않고 다양한 자연어 처리 문제에 도움이 된다.

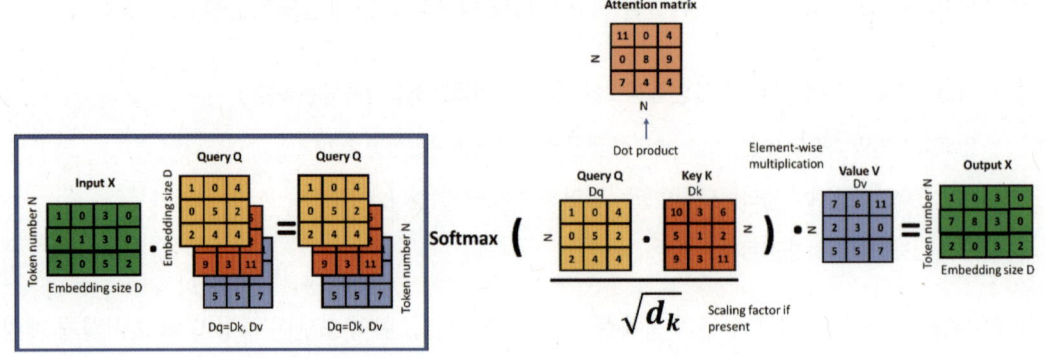

그림 2.4 셀프 어텐션 메커니즘. 행렬의 차원이 표시되어 있으며 숫자는 임의의 값이다

모델 관점에서 셀프 어텐션을 정리해보면, 입력이 주어졌을 때 시퀀스의 여러 구성 요소(예: 토큰) 사이에서 일련의 비교를 수행해 출력 시퀀스를 얻는다. 이렇게 얻은 출력 시퀀스는 이후 다양한 모델 이나 작업에 활용할 수 있다. 셀프 어텐션의 수식은 다음과 같다.

$$\text{Attention}(Q,K,V) = \text{softmax}\left(\frac{Q \cdot K^T}{\sqrt{d_k}}\right) \cdot V$$

이 수식은 쿼리 Q와 키 K를 비교해 중요도를 계산하고, 값 V를 그 중요도에 따라 가중합하는 과정을 압축적으로 표현한 것이라 할 수 있다. 이 수식은 원래의 어텐션 공식에서 파생된 것임을 바로 확인할 수 있다. 구체적으로는 쿼리 Q와 키 K의 내적을 통해 비교를 수행하고, 그다음 소프트맥스 함수를 이용해 상대적인 중요도를 계산하여 값을 0과 1 사이로 정규화한다. 여기서 d는 시퀀스의 크기를 의미한다. 즉, 셀프 어텐션은 시퀀스 길이에 따라 정규화되는 구조를 가진다.

다음 단계는 소프트맥스를 적용하는 것이다. 여기에서는 소프트맥스 함수의 계산 방식과 이를 Python에서 더 효율적으로 구현하는 방법을 간단히 복습한다.

$$y = \frac{e^{x_i}}{\sum_{i=1}^{i=n} e^{x_i}}$$

$$y = \begin{bmatrix} y_1 \\ y_2 \\ y_3 \end{bmatrix} = \text{sofmax}(x) = f\left(\begin{bmatrix} x_1 \\ x_2 \\ x_3 \end{bmatrix}\right) = \begin{bmatrix} \frac{e^{x_1}}{e^{x_1}+e^{x_2}+e^{x_3}} \\ \frac{e^{x_2}}{e^{x_1}+e^{x_2}+e^{x_3}} \\ \frac{e^{x_3}}{e^{x_1}+e^{x_2}+e^{x_3}} \end{bmatrix}$$

$$\text{python}: y = \begin{bmatrix} y_1 \\ y_2 \\ y_3 \end{bmatrix} = \text{sofmax}(x) = f\left(\begin{bmatrix} x_1 \\ x_2 \\ x_3 \end{bmatrix}\right) = \frac{\begin{bmatrix} x_1 & x_2 & x_3 \end{bmatrix}}{e^{x_1}+e^{x_2}+e^{x_3}} = \frac{e^x}{\text{sum}(e^x)}$$

실제로 구현할 때는 단순히 수식을 쓰는 데서 그치지 않고, 큰 값을 다루는 과정에서 발생할 수 있는 수치적 불안정을 피하기 위해 다양한 최적화 기법을 적용한다.

앞 장에서 살펴본 것처럼, 벡터의 길이가 길어질수록 내적 값이 지나치게 커질 수 있다. 이렇게 되면 소프트맥스 함수의 입력 값이 너무 커져 확률 질량 probability mass 이 일부 요소에만 쏠리게 된다. 그 결과 기울기가 매우 작아지는 문제가 발생한다. 원 논문에서는 이를 해결하기 위해 내적 결과를 차원 수 D의 제곱근으로 나누어 정규화했다. 이 과정을 흔히 스케일드 닷-프로덕트 어텐션 scaled dot-product attention 이라고 부르며, 현대 LLM의 주요 아키텍처인 트랜스포머 모델에서도 기본 단위로 사용된다.

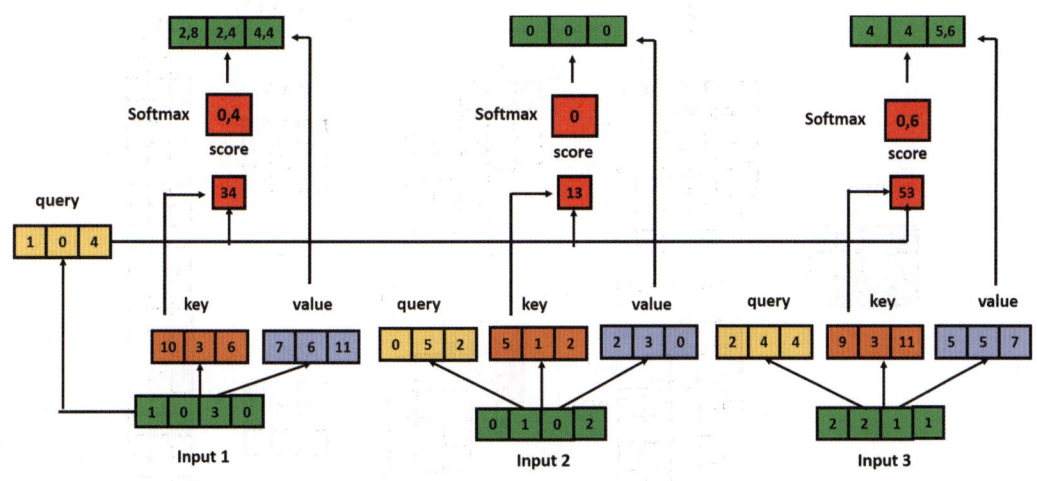

그림 2.5 전개된 셀프 어텐션

셀프 어텐션의 핵심적인 차이는 세 개의 가중치 행렬을 사용한다는 점이다. 바로 **쿼리** Q, **키** K, **값** V이다. 이 행렬들은 처음에는 무작위로 초기화된다. Q는 현재 주목하는 대상을 나타내고, K는 모델에 이전 입력에 대한 정보를 제공하며, V는 최종 입력 정보를 추출하는 역할을 한다. 따라서 첫 번째 단계는 입력 X(각 토큰을 벡터로 표현한 배열)에 이 세 행렬을 곱하는 것이다.

$$\mathbf{Q} = \mathbf{X} \cdot \mathbf{W}^Q, \mathbf{K} = \mathbf{X} \cdot \mathbf{W}^K, \mathbf{V} = \mathbf{X} \cdot \mathbf{W}^V$$

이 시스템의 뛰어난 점은 동일한 입력으로부터 여러 표현을 동시에 추출할 수 있다는 점이다. 마치 하나의 교과서에서 여러 문제를 찾아낼 수 있듯이, 입력에 대해 다양한 관점의 관계를 학습할 수 있다. 또한 연산을 병렬화할 수 있으므로 멀티헤드 어텐션을 구현할 수 있다. 즉, 같은 입력 문장을 넣더라도 Q, K, V라는 세 가지 서로 다른 관점으로 투영 projection 하여 단어 간 관계를 다각도로 바라보게 된다.

멀티헤드 셀프 어텐션multi-head self-attention은 모델이 입력 시퀀스 안에 존재하는 다양한 관계를 동시에 포착할 수 있게 해준다. 이는 한 문장의 특정 단어가 문맥적으로 여러 단어와 동시에 연결될 수 있기 때문에 매우 중요한 부분이다. 학습 과정에서 각 헤드의 K와 Q 행렬은 서로 다른 유형의 관계를 모델링하도록 특화된다. 각 어텐션 헤드는 고유한 관점에서 출력을 생성하며, 따라서 n개의 헤드가 있다면 n개의 출력이 생성된다. 이렇게 생성된 출력들은 연결된 후, 최종적으로 선형 변환projection 레이어를 거쳐 입력과 동일한 차원으로 복원된다.

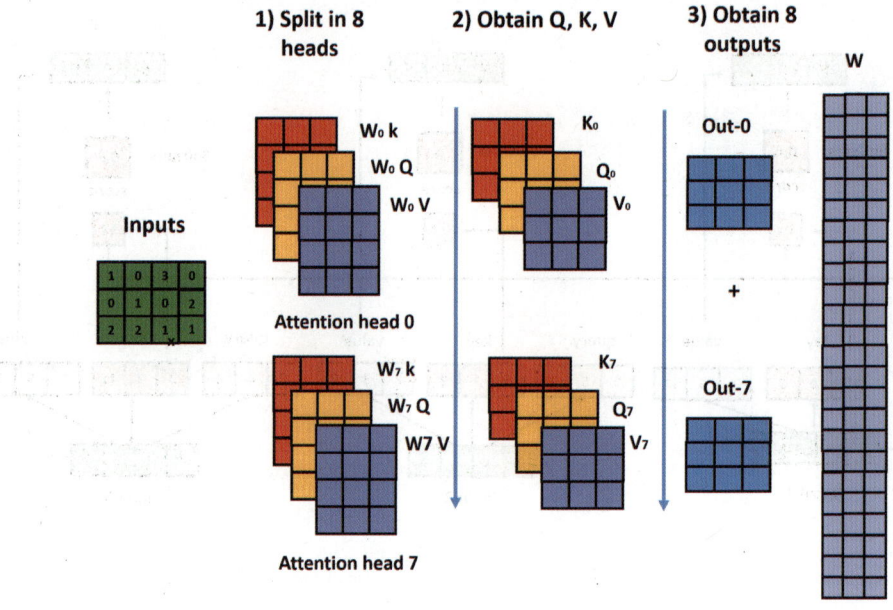

그림 2.6 멀티헤드 셀프 어텐션

멀티헤드 구조 덕분에 모델은 '단어 A와 단어 B의 관계', '단어 A와 단어 C의 관계'처럼 서로 다른 연관성을 동시에 학습할 수 있다.

셀프 어텐션의 장점은 다음과 같다.

- 각 입력에 대해 다양한 표현을 추출할 수 있다.
- 모든 연산을 병렬 처리할 수 있으므로 GPU에서 효율적으로 계산할 수 있다. 각 헤드는 독립적으로 연산 가능하다.
- 반드시 인코더-디코더 구조의 모델이 아니더라도 활용할 수 있다.
- RNN처럼 여러 시점을 거치지 않아도 멀리 떨어진 단어 쌍 간의 관계를 즉시 파악할 수 있다.
- 하지만 토큰 수 N에 따라 연산 비용이 제곱으로 증가하며 순서에 대한 고유한 개념이 없다.

셀프 어텐션은 뛰어난 성능을 발휘하지만, 긴 문서를 다룰수록 연산량과 메모리 사용량이 빠르게 늘어 계산 비용이 많이 드는 단점도 있다. 수식으로 표현하면 시퀀스 길이를 T, 각 벡터의 차원을 d라고 할 때, 계산 비용과 공간 복잡도는 다음과 같이 2차 함수로 나타낼 수 있다.

$$\text{time} = O(T^2 + d) \quad \text{space} = O(T^2 + Td)$$

논문 저자들은 내적을 이 문제의 원인으로 지목했다. 이러한 계산 비용은 확장성 문제 중 하나이며, 멀티헤드 어텐션이 각 블록마다 계산된다는 점을 고려하면 더욱 그렇다. 이 때문에 계산 비용을 줄이기 위해 셀프 어텐션의 다양한 변형 모델들이 제안되었다.

그럼에도 셀프 어텐션은 특히 여러 레이어를 쌓아 올렸을 때 그 성능을 입증했다. 다음 절에서는 계산 비용에도 불구하고 이 메커니즘이 모델을 얼마나 강력하게 만드는지 살펴본다. 이 대목은 곧 트랜스포머 구조로 이어지는 연결 고리가 된다. 실제로 트랜스포머는 RNN 아키텍처를 사용하지 않으며 오직 셀프 어텐션을 반복적으로 쌓아 올려 문맥 이해 능력을 극대화한 모델이다.

2. 트랜스포머 모델 소개

셀프 어텐션이 결정적인 진보를 가져왔음에도 불구하고, 기계 번역에는 여전히 여러 문제가 남아 있었다.

- 모델이 문장의 의미를 제대로 포착하지 못하고 여전히 오류가 많다.
- 모델이 학습 때 본 적 없는 단어들(학습 당시의 어휘집에 없는 단어)을 처리하기 어렵다.
- 대명사 및 기타 문법적 형태를 다룰 때 오류가 발생한다.
- 긴 텍스트에서 문맥을 유지하기 어렵다.
- 학습 데이터셋과 테스트 데이터셋의 도메인이 다를 경우(예: 문학 작품으로 학습한 후 금융 텍스트로 테스트하는 경우) 일반화 능력이 떨어져서 성능이 저하된다.
- RNN은 구조적 한계로 병렬 연산이 불가능해 반드시 순차적으로 계산해야 한다. 이로 인해 연산 비효율성을 갖는다.

이러한 한계를 고려해 2016년 구글 연구진은 많은 단점을 가진 RNN을 개선하는 대신 아예 제거하자는 발상을 내놓았다. 현재 LLM 구조의 토대가 되는 트랜스포머를 제안한 기념비적인 논문이 발표된 것이다. 해당 논문 「Attention Is All You Need」의 저자들에 따르면, 좋은 번역을 하기 위해 필요한 것은 멀티헤드 셀프 어텐션을 기반으로 설계된 모델이었다.

트랜스포머를 자세히 살펴보기 전에 먼저 짚고 넘어가야 할 점이 있다. 트랜스포머는 전적으로 멀티헤드 셀프 어텐션을 여러 층으로 쌓아 올린 구조다. 이러한 구조 덕분에 텍스트에 대해 계층적이고 점점 더 정교한 표현을 학습할 수 있다.

처리 과정의 첫 단계는 텍스트를 의미 있는 단위인 토큰으로 분리하는 토큰화와 각 토큰을 벡터로 변환하는 임베딩 단계이다. 트랜스포머의 중요한 특징은 입력 시퀀스에서 각 토큰의 순서를 쉽게 이해할 수 있도록 돕는 함수를 도입했다는 점이다. 셀프 어텐션은 본래 단어의 순서를 인식하지 못하기 때문에, 원 논문에서는 이를 해결하기 위해 **위치 인코딩**positional encoding을 도입했다.

트랜스포머 이전에 사용되던 RNN은 텍스트를 입력으로 넣으면 각 토큰들이 순서대로 모델에 입력되는 구조였다. RNN 자체가 병렬 처리를 염두에 두지 않으며 입력 토큰을 순차적으로 처리하는 모델이기 때문이다. 예컨대, '나는 학생입니다'라는 문장이 토큰화 과정을 통해 ['나', '는', '학생', '입니다']라는 4개의 토큰으로 변환된다면 RNN에서는 가장 먼저 '나'가 입력되고 그다음에 '는'이 입력되고, 그 후에 '학생', '입니다'가 순서대로 모델에 입력된다. 다시 말해 RNN의 순차 처리 방식은 처리 속도는 느리지만, 오히려 단어의 앞뒤 순서를 파악하기가 쉽다.

하지만 트랜스포머는 RNN과 달리 병렬 처리를 염두에 두고 설계된 모델로 입력 텍스트가 한 번에 입력된다. 즉, 토큰화된 텍스트 ['나', '는', '학생', '입니다']가 한 번에 입력으로 들어가게 되는데, 토큰들이 병렬로 입력되므로 RNN과는 달리 어떤 단어가 다른 단어 앞이나 뒤에 있는지 단어의 순서를 모델이 제대로 인지하지 못하는 문제가 발생할 수 있다. 이에 따라 각 단어의 위치를 트랜스포머에게 알려주는 방법으로 위치 인코딩이 고안되었다.

구체적으로는 sin과 cos 함수를 위치에 따라 번갈아 적용하며, 이를 통해 모델은 각 토큰의 상대적 위치를 파악한다. 즉, 모델은 단어 자체뿐 아니라 문장 내에서의 위치 정보까지 고려하게 된다.

$$PE_{(pos, 2i)} = \sin(pos / 1000^{2i/d})$$
$$PE_{(pos, 2i+1)} = \cos(pos / 1000^{2i/d})$$

첫 단계에서는 임베딩 벡터에 위치 인코딩 값을 더한다. 셀프 어텐션은 단어의 순서를 구분하지 못하지만 문장 내에서는 단어의 순서가 중요하다. 따라서 단어 순서를 모델이 처리할 벡터 자체에 직접 인코딩하는 것이다. 주의할 점은 이 위치 인코딩 함수에는 학습 가능한 파라미터가 없다는 것이다. 따라서 매우 긴 시퀀스를 처리할 때는 그대로 적용하기 어렵고 별도의 수정이 필요하다(이에 대해서는 뒤에서 다룬다).

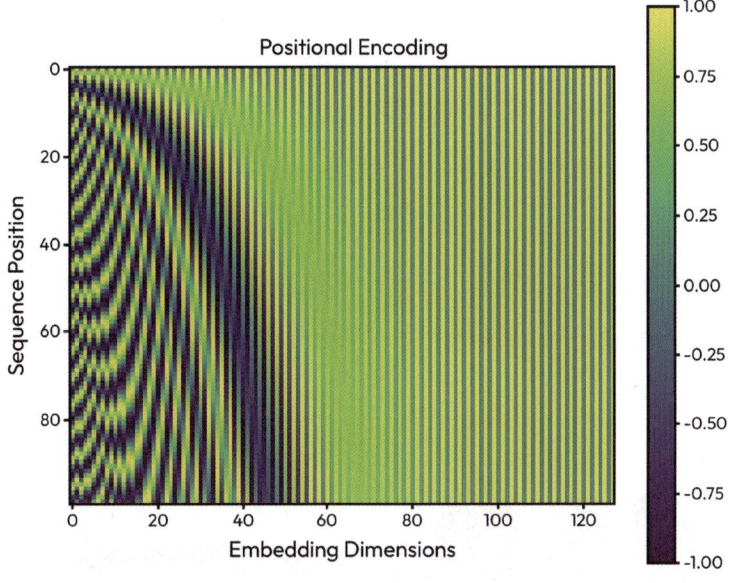

그림 2.7 위치 인코딩

그 이후로는 트랜스포머 블록들이 다수의 레이어로 다층 구조로 쌓인다. **트랜스포머 블록** 내부를 살펴보면 네 가지 요소, 즉 멀티헤드 셀프 어텐션, 피드포워드 레이어, 잔차 연결, 레이어 정규화로 구성되어 있다.

피드포워드 레이어는 두 개의 선형 레이어로 이루어져 있다. 이 레이어는 멀티헤드 셀프 어텐션의 출력을 새로운 차원으로 투영하는 역할을 한다. 이때 가중치는 모든 위치에 동일하게 적용되며, 각 계산은 독립적으로 이루어진다. 구조적으로 보면, '선형 변환 → ReLU 활성화 함수 → 선형 변환'으로 이어지는 두 번의 선형 변환 사이에 하나의 ReLU 활성화가 들어간 형태라고 할 수 있다.

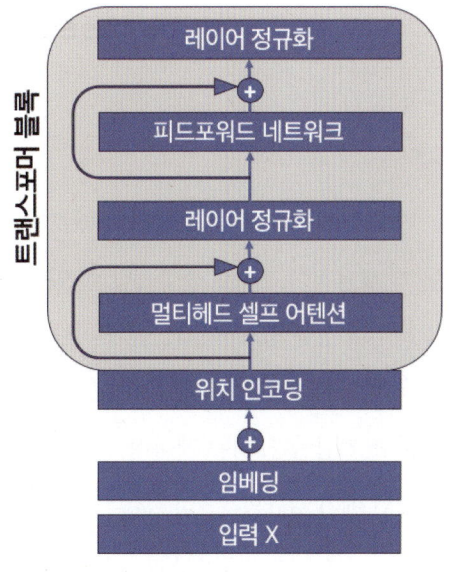

그림 2.8 트랜스포머 블록의 흐름도

$$FFN(x) = \max(0, xW_1 + b_1)W_2 + b_2$$

이 과정은 셀프 어텐션에 비선형성_{non-linearity}을 추가한다. 쉽게 말해, 단순한 선형 결합만으로는 표현할 수 없는 복잡한 패턴을 포착할 수 있게 한다. FFN(피드포워드 신경망) 레이어를 선택한 이유는 연산을 쉽게 병렬화할 수 있기 때문이다.

잔차 연결residual connections은 중간 레이어의 변환을 건너뛰고, 두 레이어 사이에서 정보를 직접 전달하는 방식이다. 원래 합성곱 신경망CNN에서 개발된 이 방법은 레이어 간에 지름길을 제공해 기울기가 더 낮은 레이어까지 원활하게 전달되도록 돕는다. 트랜스포머에서는 어텐션 레이어와 피드포워드 레이어 모두에 잔차 연결 블록이 포함되며, 각 레이어의 입력이 해당 레이어의 출력에 더해진다.

또한 잔차 연결은 손실 함수의 곡면loss surface을 더 매끄럽게 만들어 모델이 더 나은 최솟값을 찾고 지역 최솟값local minimum에 빠지지 않도록 돕는다. 이러한 효과는 그림 2-9를 보면 명확하게 확인할 수 있다.

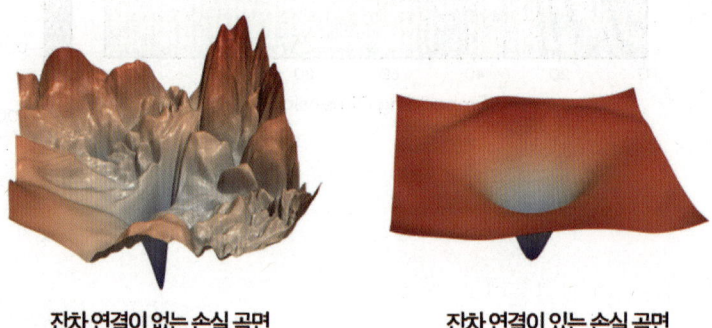

잔차 연결이 없는 손실 곡면   잔차 연결이 있는 손실 곡면

그림 2.9 잔차 연결이 손실 곡면에 미치는 효과

잔차 연결 덕분에 손실 곡면이 매끄러워지고, 그 결과 모델은 더 효율적이고 빠르게 학습할 수 있다.

레이어 정규화layer normalization는 딥러닝 모델 내부의 은닉층 값들을 일정한 범위 안에 유지하여 학습을 안정적으로 만드는 정규화 기법이다. 이는 레이어 정규화 이전에 많이 사용되던 방법인 배치 정규화batch normalization의 대안으로 제안된 방법이다. 레이어 정규화는 단일 벡터를 입력으로 받아 해당 벡터의 평균과 표준편차를 계산한 뒤, 이를 활용해 벡터를 정규화하고 스케일링한다.

> 그림 2.9는 Hao Li, Zheng Xu, Gavin Taylor, Christoph Studer, Tom Goldstein이 작성한 「Visualizing the Loss Landscape of Neural Nets」에서 인용한 것이다(https://github.com/tomgoldstein/loss-landscape/tree/master).

$$\mu = \frac{1}{d}\sum_{i=1}^{d} x_i \quad \sigma = \sqrt{\frac{1}{d}\sum_{i=1}^{d}(x_i - \mu)^2}$$

$$\hat{x} = \frac{(x-\mu)}{\sigma}$$

최종 변환 단계에서는 학습 과정에서 함께 학습되는 두 개의 파라미터 γ와 β를 활용한다.

$$\text{LayerNormalization} = \gamma \hat{x} + \beta$$

학습 과정에서는 출력 값의 분포에 많은 변동성(variability)이 발생하며, 이는 학습에 부정적인 영향을 끼친다. 학습에 도움이 되지 않는 변동성을 줄이기 위해 레이어 정규화 단계를 추가함으로써 기울기까지 정규화하는 효과를 얻는다.

이제 앞서 설명한 요소들을 하나의 트랜스포머 블록으로 결합할 수 있다. 임베딩 단계를 거친 후 입력 X는 차원이 $n \times d$인 행렬이며(n은 토큰 수, d는 임베딩 차원) 이 입력은 트랜스포머 블록을 통과해 동일한 차원의 출력으로 변환된다. 지금까지의 내용은 하나의 트랜스포머 블록 내부를 설명한 것으로, 실제로 트랜스포머는 다층 구조를 전제하므로 이 과정은 겹겹이 쌓인 모든 트랜스포머 블록에서 반복된다.

$$H = \text{LayerNorm}(X + \text{MultiHeadSelfAttention}(X))$$
$$H = \text{LayerNorm}(H + \text{FFN}(H))$$

이 과정과 관련해 몇 가지 참고할 사항이 있다.

- 일부 아키텍처에서는 레이어 정규화가 FFN(피드포워드 신경망) 블록 이전이 아니라 이후에 위치하기도 한다. 어느 쪽이 더 우수한지는 아직 논쟁 중이다.
- 최신 LLM들은 최대 96개의 트랜스포머 블록을 직렬로 연결하여 쌓았지만 트랜스포머 블록 내부의 기본 구조는 거의 동일하다. 핵심은 이러한 트랜스포머 블록을 수십 개의 레이어로 쌓아 올리면 모델이 점차 복잡한 언어 표현을 학습한다는 점이다.
- 입력 임베딩에서 시작해, 셀프 어텐션은 점점 더 복잡한 문맥을 통합함으로써 표현을 풍부하게 만든다. 여기에 더해 모델은 각 토큰의 위치 정보도 함께 보존한다.
- 절대적 위치 인코딩은 시퀀스 초반 단어들을 과도하게 표현하는 결함이 있다. 오늘날에는 상대적 위치를 고려하는 다양한 변형 기법이 제안되고 있다.

이제 필요한 구성 요소를 모두 갖추었으니 이를 하나의 기능적 구조로 조립할 수 있다. 원 논문에서는 이 모델을 기계 번역을 위해 설계했으며 따라서 두 부분으로 구성했다. 인코더는 번역할 텍스트를 입력받고 디코더는 번역 결과물을 생성한다.

원래의 트랜스포머는 그림 2.10과 같이 여러 트랜스포머 블록으로 구성된 인코더-디코더 구조이다.

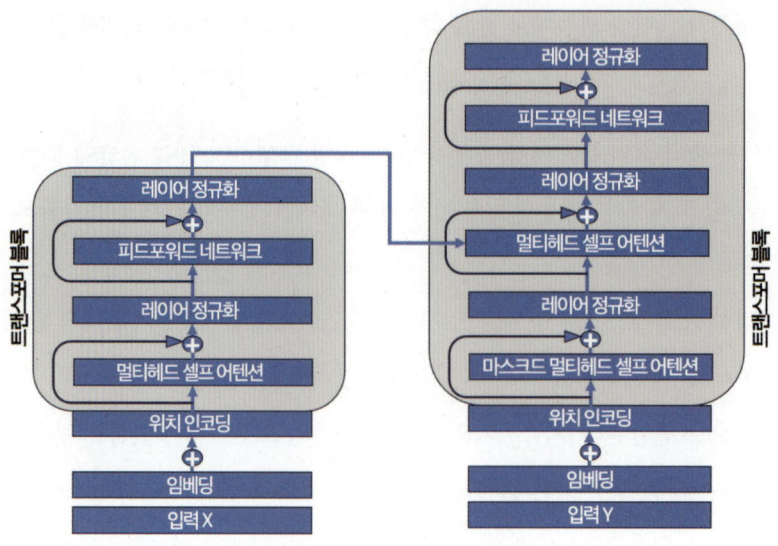

그림 2.10 인코더-디코더 구조

    디코더 역시 인코더와 마찬가지로 임베딩, 위치 인코딩, 일련의 트랜스포머 블록으로 구성된다. 단, 중요한 차이점은 디코더에서는 셀프 어텐션뿐만 아니라 **크로스-어텐션**cross-attention을 사용한다는 점이다. 크로스-어텐션은 기본적으로 셀프 어텐션과 동일한 메커니즘을 따르지만, 인코더와 디코더 양쪽의 정보를 모두 활용한다. 즉, 디코더가 단순히 내부 상태만으로 출력을 생성하는 것이 아니라, 인코더의 출력 정보를 조건으로 삼아 결과를 만들어내도록 한다. 이때 쿼리query는 디코더에서 오며, 키key와 값value은 인코더에서 가져온다.

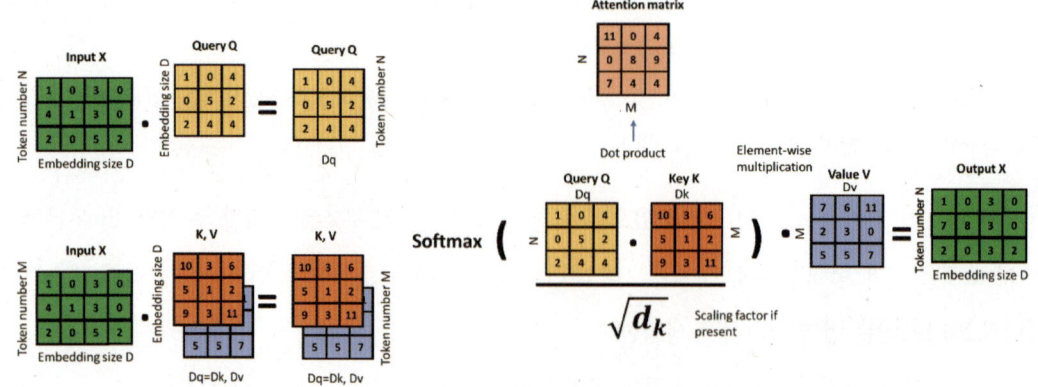

그림 2.11 크로스-어텐션

그림에서 입력 N은 디코더에서, 입력 M은 인코더에서 가져온다. 크로스-어텐션은 인코더와 디코더의 정보를 결합하여 디코더가 인코더로부터 학습할 수 있게 한다. 셀프 어텐션이 인코더와 디코더 내부에서 각각 언어 이해를 위해 작동한다면, 크로스-어텐션은 인코더와 디코더 간의 소통을 위한 어텐션이다.

또 다른 구조적 특징은 디코더의 첫 번째 셀프 어텐션에 추가적인 마스크mask를 적용한다는 점이다. 이는 모델이 미래의 정보를 미리 보지 못하게 하기 위함이다.

특히 다음 단어 예측의 경우 이런 문제가 두드러진다. 만약 모델이 예측하려는 다음 단어를 이미 알고 있다면, 이는 곧 데이터 유출data leakage에 해당한다. 이를 보완하기 위해 어텐션 연산 시 상삼각 행렬upper-triangular portion을 음의 무한대(-∞)로 대체하는 마스크를 추가한다.

	<START>	TO	BE	OR	NOT	TO	BE
<START>	-∞	-∞	-∞	-∞	-∞	-∞	-∞
TO		-∞	-∞	-∞	-∞	-∞	-∞
BE			-∞	-∞	-∞	-∞	-∞
OR				-∞	-∞	-∞	-∞
NOT					-∞	-∞	-∞
TO						-∞	-∞
BE							-∞

그림 2.12 마스크드 어텐션

최초의 트랜스포머는 인코더와 디코더로 구성되었지만, 오늘날에는 이 두 아키텍처가 분리되어 인코더만 있는 모델이나 디코더만 있는 모델들이 존재한다. 특히 생성형 AI 분야에서 LLM이라 불리는 모델들은 사실상 대부분이 디코더만 있는 모델이다.

이제 모델은 준비되었다. 그렇다면 이렇게 복잡해 보이는 시스템을 어떻게 학습시킬 수 있을까? 다음 절에서는 이러한 모델을 효과적으로 학습하는 방법을 살펴본다.

3. 트랜스포머 학습하기

이처럼 복잡한 모델은 어떻게 학습할 수 있을까? 답은 의외로 단순하다. 트랜스포머는 멀티헤드 셀프 어텐션을 통해 다양한 관계를 학습할 수 있으며, 덕분에 복잡한 패턴도 유연하게 포착한다. 하지만 이런 관계를 일일이 예시로 만들어 가르치는 것은 비용이 많이 든다.

따라서 필요한 것은 모델이 이러한 관계를 스스로 학습하도록 하는 시스템이다. 이렇게 하면 방대한 양의 텍스트가 있을 때, 우리가 직접 학습 코퍼스를 구성하지 않아도 모델이 알아서 학습할 수 있다. 인터넷의 등장 덕분에 모델이 다양한 주제, 언어, 스타일 등의 텍스트 예시를 접할 수 있는 거대한 코퍼스를 이용할 수 있게 되었다.

초기 크기가 비교적 작았던 트랜스포머 모델은 인코더와 디코더가 모두 존재하는 seq2seq 구조였지만, 이후에 LLM이라 불리는 거대 트랜스포머 기반 모델들은 주로 디코더만 존재하고 주어진 데이터로부터 스스로 레이블을 만들어 학습하는 **자기 지도**self-supervised 방식의 언어 모델로 학습되었다. 이러한 언어 모델의 학습 방식을 일컫는 언어 모델링은 주어진 단어들의 문맥을 고려하여 다음 단어 x가 나올 확률 $p(w|h)$를 추정하는 방식이다. 이 확률은 해당 시점까지 등장한 단어들에 따라 달라지며, 확률의 연쇄 법칙에 따라 다음과 같이 분해할 수 있다.

$$P(w|h) = P(w_n | w_{1:n-1}) = \prod_{i=1}^{n} P(w_i | w_{1:i-1})$$

트랜스포머는 이렇게 분해된 확률을 기반으로 이전 단어들의 시퀀스로부터 특정 단어가 다음에 등장할 조건부 확률을 계산한다. 예를 들어, 'to be or not to'라는 시퀀스를 입력하면, 모델은 주어진 문맥으로부터 다음 단어가 'be'일 확률 $P(be|to\ be\ or\ not\ to)$를 예측한다. 모델은 여러 트랜스포머 블록을 거친 뒤 선형 투영 레이어와 **소프트맥스 레이어**를 통해 출력을 만든다. 이때 입력으로 사용한 이전 시퀀스를 컨텍스트(context, 문맥)라 하며, 초기 트랜스포머 모델의 컨텍스트 길이는 512 토큰이었다. 모델은 차원 V(어휘 수)의 확률 벡터, 즉 **로짓 벡터**logit vector 라고도 불리는 출력을 생성한다.

이 투영 레이어는 '**언임베더**unembedder'라고도 불리는데, 임베딩 과정을 거꾸로 되돌려 토큰 공간으로 매핑하기 때문이다. 다시 말해 N개의 토큰과 D 임베딩 차원에서 $1 \times V$ 차원으로 변환하는 연산을 수행한다. 각 트랜스포머 블록의 입력과 출력은 동일한 형태를 가지므로, 이론적으로는 중간 블록을 제거하고 언임베더와 소프트맥스 레이어를 바로 연결해도 출력을 얻을 수 있다. 이는 각 블록의 기능과 내부 표현을 보다 깊이 이해하는 데 도움이 된다.

이렇게 확률 벡터를 얻으면 자기 지도 학습 방식으로 모델을 학습시킬 수 있다. 주석이 없는unannotated

텍스트 코퍼스를 활용하여 모델이 예측한 다음 단어의 확률과 실제 다음 단어의 확률 간의 차이를 최소화하는 방향으로 학습한다. 이때 사용하는 손실 함수는 **교차 엔트로피 손실**cross-entropy loss이며, 예측된 확률 분포와 실제 확률 분포 간의 차이를 계산한다. 예측된 확률 분포는 로짓 벡터이며, 실제 확률 분포는 해당 시퀀스에서 다음에 올 단어에 해당하는 위치만 1이고 나머지는 0인 원-핫 벡터이다.

$$L_{CE} = -\sum_{w \in V} y_t[w] \log \hat{y}_t[w]$$

실제 학습에서는 이 과정을 단순화하여 예측된 단어의 확률과 실제 단어의 확률(즉, 1) 간의 차이만을 계산한다. 이 과정을 시퀀스 내 각 단어에 대해 반복하며 이를 '교사 강요teacher forcing'라 부른다. 최종 손실은 시퀀스 전체에 대해 계산한 손실 평균으로 구한다.

그림 2.13 트랜스포머 학습, 손실은 모든 시점의 손실 평균

트랜스포머에서는 모든 계산을 병렬로 수행할 수 있다. 따라서 단어별로 계산할 필요 없이 전체 시퀀스를 한 번에 입력한다.

확률 벡터를 얻은 후에는 주어진 문맥으로부터 다음에 등장할 단어를 예측할 때 가장 높은 확률을 가진 단어를 선택할 수 있다. 이를 단순히 확률이 가장 높은 단어를 선택한다고 하여 **그리디 디코딩**greedy decoding이라고 한다. 그리디 디코딩은 각 시점time step마다 가장 높은 확률을 가진 토큰을 선택하는 방식으로 다음과 같이 정의한다.

$$w_t = \text{argmax}_{w \in V} P(w | w_{<t})$$

사실 그리디 디코딩은 결과가 너무 예측 가능하고, 정형화되었으며, 반복적인 경향이 있어 잘 사용하지 않는다. 주어진 문맥에서 다음 단어를 고를 때, 단순히 확률이 가장 높은 단어를 고르는 방식은 생각보다 완성된 문장의 질이 좋지 않은 경우도 많다. 대신 더 정교하고 비결정적인 샘플링 기법을 사용한다. 이 샘플링 과정을 디코딩decoding이라고 부르며, 이전에 선택된 단어에 따라 다음 단어가 결정된다는 점에서 자기회귀 생성autoregressive generation 또는 인과 언어 모델링causal language modeling이라고도 한다. 가장 단순한 형태의 이 시스템은 사전에 정해진 시퀀스 길이만큼 텍스트를 생성하거나 문장 끝 토큰(<EOS>)이 선택될 때까지 텍스트를 생성하는 방식으로 동작한다.

텍스트를 생성할 때 품질과 다양성 사이의 균형을 맞추면서 토큰을 선택하는 방법이 필요하다. 항상 같은 단어만 선택한다면 품질은 높을 수 있지만 그만큼 반복적이고 단조로운 결과물을 낳게 된다. 이러한 문제를 해결하기 위해 다양한 샘플링 기법을 활용한다.

- **랜덤 샘플링**: 모델이 다음 토큰을 완전히 무작위로 선택한다. 이 경우 드물고 특이한 단어가 선택되어 문장이 부자연스러울 수 있다.
- **Top-k 샘플링**: 각 시점에서 확률이 높은 상위 k개의 후보 단어를 먼저 고른다. 그런 다음, k개의 단어에 대한 확률을 다시 정규화하여 그중 하나를 무작위로 선택한다.
- **Top-p 샘플링**: Top-k 샘플링의 대안으로, 확률이 높은 단어들을 누적 확률이 특정 비율(p)이 될 때까지 선택하는 방식이다. 예를 들어, 누적 확률이 0.9가 될 때까지 후보 단어를 유지하고 그중에서 무작위로 하나를 선택한다. 이 방식은 Top-k 샘플링보다 더 유연하게 다양한 단어를 선택할 수 있다.
- **온도 샘플링**: 소프트맥스 함수를 적용하기 전에 로짓 값을 0과 1 사이의 온도(t) 매개변수로 나눈다. t가 0에 가까울수록 가장 확률이 높은 단어 확률이 1에 가까워져 그리디 디코딩과 유사한 결과를 낸다. 반대로, 덜 예측 가능한 결과를 원할 경우 t를 1보다 크게 설정할 수도 있다.

지금까지는 고정된 어휘집을 가정하고 각 토큰이 하나의 단어라고 생각했다. 하지만 실제 모델이 학습된 이후에 알지 못하는 단어가 있을 수 있으며, 이런 경우 해당 단어에 특별한 토큰 <UNK>를 할당한다. 트랜스포머와 이후 LLM에서는 이러한 미지 단어 문제unknown word problem를 해결하기 위한 다양한 방법이 모색되었다.

예를 들어, 학습 데이터에 'big', 'bigger', 'small'은 포함되어 있지만 'smaller'는 없다면, 모델은 'smaller'를 모르는 단어로 간주하고 <UNK> 토큰으로 처리하게 된다. 이처럼 학습 데이터에 따라 모델은 불완전하거나 오래된 지식을 가질 수 있다. 영어를 비롯한 대부분의 언어에는 형태소와 문법 규칙이 존재하므로 이를 토크나이저가 인식할 수 있다면 더욱 정교한 처리와 일반화가 가능하다. 너무 많은 <UNK> 토큰을 피하기 위한 해결책은 단어가 아닌 서브워드 단위sub-word unit로 텍스트를 나누는 것이다. 이는 단어보다 더 작은 단위로 토큰을 나누어 어휘집을 구성하면 토크나이저가 인식할 수 없는 토큰이 거의 없을 것이라는 아이디어다.

이러한 접근 방식 중 현대 LLM에서 가장 널리 사용하는 방법이 **바이트 페어 인코딩**BPE, byte-pair encoding이다. BPE 과정은 개별 문자character로 구성된 목록에서 시작한다. 알고리즘은 전체 코퍼스를 스캔하여 자주 함께 나타나는 문자 쌍을 찾고, 이를 하나의 새로운 토큰으로 병합한다. 예를 들어, 'E'와 'R'이 자주 함께 나타나면 'ER'이라는 새로운 토큰을 어휘집에 추가한다. 이 병합 과정을 정해진 횟수(또는 목표 토큰 개수 N에 도달할 때까지)만큼 반복하여 점점 더 길고 새로운 문자열 토큰을 만들어낸다. 알고리즘은 사전에 정해진 N개의 토큰이 생성되면 멈춘다. 또한 단어 내부의 토큰과 단어 끝의 토큰을 구분하기 위해 특별한 단어 종료 기호end-of-word symbol를 사용한다. 알고리즘으로 어휘집을 완성하면, 토크나이저를 사용해 코퍼스를 서브워드로 분할하고, 각 서브워드에 어휘집의 인덱스를 할당한다.

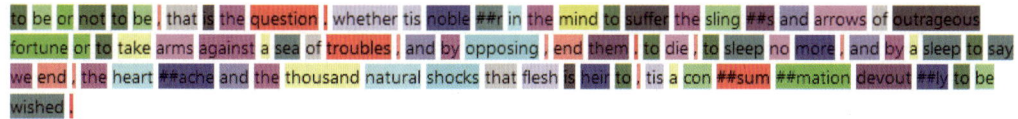

그림 2.14 토큰화 결과 예시

이 접근 방식은 일반적으로 자주 등장하는 단어는 모델 어휘집에 온전하게 포함시키고, 드문 단어는 여러 서브워드 단위로 분해한다. 예를 들어 영단어 'the'는 등장 빈도가 높아서 온전하게 하나의 토큰으로 어휘집에 추가된다. 하지만 'react'라는 단어는 등장 빈도가 비교적 낮을 수 있다. 이 경우 BPE는 'react'를 통째로 추가하는 대신 're'와 'act'로 분리한다. 're'는 'return', 'remove', 'react' 같은 많은 단어에 나타나고 'act'도 'action', 'active', 'act' 같은 단어에 자주 나타나기 때문에, 이들은 각각 독립적인 토큰으로 어휘집에 포함될 가능성이 높다.

이렇게 하면 'react'라는 단어를 직접 어휘집에 넣지 않아도 're'와 'act' 두 토큰의 조합으로 표현할 수 있다. 결과적으로 'react'라는 단어 자체는 어휘집에 없지만 're'와 'act' 두 토큰의 조합으로 표현할 수 있다. 이런 방식의 장점은 어휘집에 10만 개의 토큰만 넣어도 수백만 개의 단어를 표현할 수 있다는 것이다. 어휘집에 없는 단어들도 어휘집에 이미 있는 서브워드들의 조합으로 만들 수 있기 때문이다.

또한 모델은 접두사prefix와 접미사suffix 같은 형태소도 학습하며 'app'과 'app#' 서브워드의 차이를 구분한다. 즉, 'app'은 독립된 단어이고 'app#'은 'application'의 일부 서브워드를 나타낸다.

4. 마스크드 언어 모델링 탐구하기

트랜스포머는 첫 등장부터가 혁신적인 모델이었음에도, 이를 과학계 전반에 널리 보급시킨 결정적인 계기는 트랜스포머의 확장 모델이었던 BERT$_{\text{bidirectional encoder representations from transformers}}$ 모델의 등장 덕분이었다.

BERT는 트랜스포머의 강력한 성능을 처음으로 입증하고 대중화시킨 혁신적인 트랜스포머 계열 모델이다. 특히 초기 트랜스포머가 기계 번역을 주된 목표로 했던 것과 달리 BERT는 질의응답, 요약, 기계 번역 등 다양한 문제에 응용될 수 있도록 설계되었다는 점에서 큰 의미가 있었다.

또한 BERT는 초기 트랜스포머가 인코더-디코더 구조로 제안된 것과 달리 오직 트랜스포머의 인코더만으로 구성된 모델이다. 즉, 디코더가 존재하지 않는다. 이는 BERT가 텍스트 생성 작업을 크게 전제하지 않았다는 것을 의미한다.

용어를 정리해보면 이전 문맥으로부터 다음 단어를 예측하는 방식을 인과 언어 모델$_{\text{causal language model}}$이라고 한다. 이는 트랜스포머 디코더에서 나타나는 특징이다. 반면, 인코더만으로 구성된 BERT의 경우에는 양방향 언어 모델이라고 한다.

인코더만 사용하는 BERT가 등장한 배경을 살펴보자. 디코더로 언어 모델을 구현한다면 인과 언어 모델이 되는데, 이는 텍스트 생성에 특화되어 있고 문장을 왼쪽에서 오른쪽으로 순차적으로 읽는다. 따라서 특정 단어를 처리할 때 그 오른쪽에 있는 단어들은 볼 수 없다.

질의응답, 문장 분류, 개체명 인식 같은 작업에서는 텍스트를 생성할 필요가 없고 주어진 문장 전체를 이해하는 것이 핵심이다. 이런 작업에서는 인코더가 유리하다. 인코더는 양방향으로 작동하기 때문에 단어를 처리할 때 그 앞뒤 문맥을 모두 볼 수 있다.

BERT는 텍스트 생성보다는 텍스트 이해 작업에 집중하기 위해 디코더를 제거했다. 디코더가 없으면 모델 구조가 단순해지고 학습할 파라미터 수가 줄어들며, 인과적 제약이 사라져 모든 단어가 서로를 자유롭게 볼 수 있다. 예를 들어 'bank'라는 영어 단어가 금융 기관을 의미하는지 강둑을 의미하는지 판단하려면 앞뒤 문맥을 모두 봐야 하는데, BERT는 모든 단어를 동시에 볼 수 있어 이런 판단에 유리하다. 이런 이유로 양방향 언어 모델인 BERT가 등장하게 되었다.

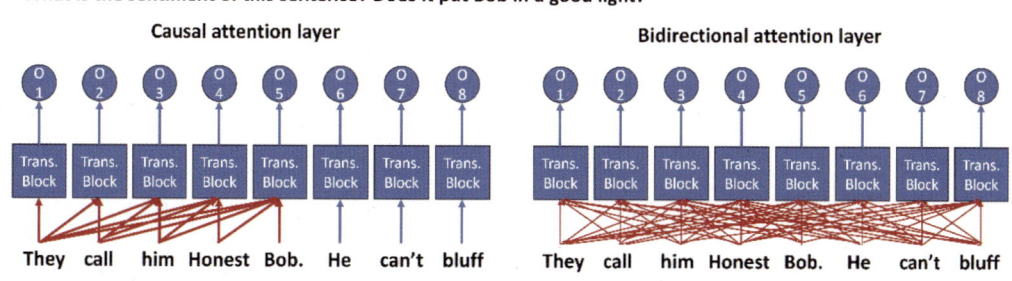

그림 2.15 인과 언어 모델과 양방향 언어 모델의 차이

양방향 인코더는 모델이 시퀀스 전체에서 단어 간의 관계를 찾을 수 있도록 한다. 양방향이라는 것은 특정 단어를 처리할 때 그 단어의 왼쪽과 오른쪽에 있는 모든 단어를 동시에 볼 수 있다는 뜻이다. 예를 들어 "나는 오늘 영화를 봤다"라는 문장에서 '영화를'이라는 단어를 처리할 때, '나는 오늘'도 보고 '봤다'도 본다. 시퀀스의 모든 단어가 서로를 볼 수 있는 것이다.

하지만 이렇게 되면 더 이상 인과 언어 모델 방식으로는 학습할 수 없다. 인과 언어 모델은 이전 문맥만 보고 다음 단어를 예측하는 방식인데, 이미 시퀀스 전체를 본 상태에서 다음 단어를 맞추는 것은 답을 보고 문제를 푸는 것과 같기 때문이다. '나는 오늘 영화를'이라는 문장에서 다음 단어를 예측할 때, 이미 '봤다'가 보인다면 너무 쉽게 맞출 수 있다. 따라서 디코더와는 달리 양방향 인코더 모델을 훈련하기 위해서는 새로운 학습 방식이 필요하다. 참고로 BERT는 전체 시퀀스를 한 번에 읽어 처리하므로 인코더만으로 구성되어도 충분하다.

BERT는 **마스크드 언어 모델**(MLM, masked language model)이라는 학습 방식을 사용한다. 기존 트랜스포머의 구조를 크게 바꾸지 않고 학습 방법만 바꾼 것이다. 구조적인 변화를 최소화하기 위해 이 방식을 선택했다. 인과 언어 모델이 아닌 만큼 시퀀스에서 다음 단어를 예측하는 대신, 일부 토큰을 마스킹하고 모델은 나머지 시퀀스를 활용하여 이 마스킹된 토큰을 예측한다. 마스킹이란 특정 단어를 <MASK>라는 특수 토큰으로 가리는 것이다. 즉, 전체 문맥이 주어진 상태에서 BERT는 <MASK>라는 특별한 토큰으로 가려진 토큰을 예측해야 한다. 예를 들어 "나는 오늘 <MASK>를 봤다"라는 문장이 주어지면, 모델은 '나는 오늘'과 '를 봤다'를 모두 보고 <MASK>에 '영화'나 '드라마' 같은 단어가 들어가야 한다고 예측한다.

원 논문이 제안한 학습 과정에서는 토큰의 15%를 무작위로 마스킹했다. 문장에 있는 단어 중 15%를 무작위로 골라 <MASK>로 바꾼다는 뜻이다. 이때 모델이 전체 문맥을 인식하도록 해야 하므로 특별히 미래의 단어를 가리지는 않는다. 인과 언어 모델처럼 오른쪽 단어들만 가리는 게 아니라 문장 전체에서 골고루 가린다는 의미다.

또한 입력 문장을 더 잘 구분하기 위해 특별한 토큰들을 사용한다. [CLS]는 입력의 시작을 알리는 토큰으로 모든 입력의 맨 앞에 붙는다. [SEP]는 입력 내에서 문장들을 분리하는 토큰이다. 예를 들어 질문과 답변이 함께 있을 때 "[CLS]이 영화는 언제 개봉했나요? [SEP] 2023년에 개봉했습니다. [SEP]" 처럼 사용한다. 이렇게 하면 모델이 서로 다른 문장을 명확하게 구분할 수 있다.

그 외의 구조는 동일하다. 임베더, 위치 인코더, 여러 개의 트랜스포머 블록, 선형 투영, 그리고 소프트맥스로 구성된다. 손실은 동일한 방식으로 계산한다. 다만, 다음 토큰을 사용하는 대신 마스킹된 토큰을 사용한다.

원 논문은 두 가지 버전의 BERT를 소개했다.

- **BERT-BASE**: 12개 레이어, 은닉층 크기 d=768, 어텐션 헤드 12개, 총 1억 1천만 개 파라미터
- **BERT-LARGE**: 24개 레이어, 은닉층 크기 d=1024, 어텐션 헤드 24개, 총 3억 4천만 개 파라미터

마스크드 언어 모델은 입력을 변형한 뒤 모델이 이를 복원하도록 요구하기 때문에 유연한 학습 방식이다. 토큰을 마스킹하는 것 외에도 순서를 바꾸거나 다른 변형을 적용할 수도 있다. 하지만 단점도 있다. 전체 토큰 중 15%만 학습에 사용하므로 효율성이 낮다는 점이다.

학습 역시 유연하게 확장할 수 있다. 대표적인 예가 다음 문장 예측이다. 이는 두 문장 쌍이 서로 관련이 있는지(예: 동일한 의미, 논리적 연결)를 예측하는 작업이다. BERT는 이때 [SEP] 토큰을 사용해 문장을 구분하며, 긍정적으로 연관된 문장 쌍과 무관한 문장 쌍을 모두 학습한다. 마지막 레이어는 문장 분류를 위한 소프트맥스이며 손실은 범주별로 계산한다. 이처럼 BERT는 다양한 작업에 유연하게 적용할 수 있다.

마지막으로 한 가지 흥미로운 점은, 2024년 이전까지는 BERT와 같은 모델이 아예 텍스트를 생성할 수 없다고 여겼다는 점이다. 하지만 2024년에 발표된 두 편의 연구에서 BERT 계열 모델도 적절히 변형하면 텍스트 생성을 수행할 수 있다는 사실이 밝혀졌다. 예를 들어 한 연구에서는 단순히 [MASK] 토큰을 연속적으로 배치하고 이를 채워 나가도록 학습시키면 문장을 생성할 수 있음을 입증했다.

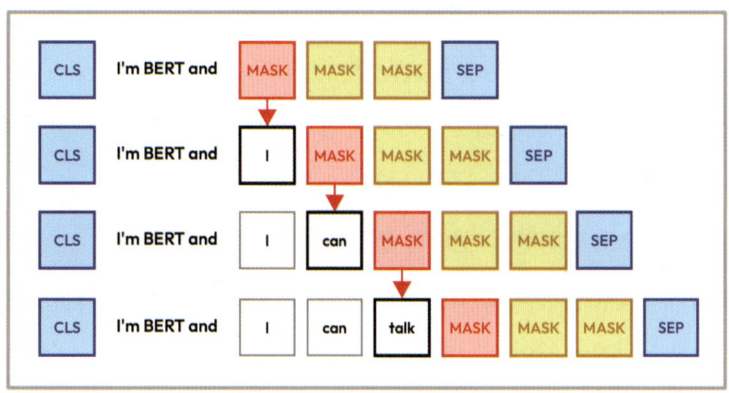

그림 2.16 마스크드 언어 모델을 활용한 텍스트 생성(https://arxiv.org/pdf/2406.04823)

지금까지 트랜스포머의 두 가지 대표적인 학습 방식을 살펴보았다. 이제 다음으로는 모델 내부에서 어떤 일이 일어나는지 더 깊이 탐구해보자.

5. 내부 메커니즘 시각화하기

앞에서 트랜스포머의 내부 작동 방식과 학습 방법, 주요 모델 유형을 살펴보았다. 어텐션의 장점 중 하나는 이러한 관계를 시각화할 수 있다는 것이다. 이번 절에서는 그 방법을 살펴본 뒤, BERT 어텐션 헤드 내 관계를 어떻게 시각화할 수 있는지 살펴보겠다. 앞서 언급했듯이 각 레이어에는 여러 개의 어텐션 헤드가 있으며, 각 헤드는 입력 데이터에 대한 서로 다른 표현을 학습한다. 시각화에서 색상의 강도는 어텐션 가중치의 크기를 나타내며, 색이 어두울수록 1에 가까운 큰 가중치를 의미한다.

이러한 시각화는 BERTviz라는 파이썬 패키지를 활용해 구현할 수 있다.

```
head_view(attention, tokens, sentence_b_start)
```

코드를 실행하면 다음과 같은 시각화 결과를 얻을 수 있다.

> N 이 시각화는 인터랙티브하게 동작한다. 코드는 GitHub 저장소에 있다. 다양한 문구를 넣어 실행해보고, 해당 문구 안의 단어들 사이에 존재하는 다양한 관계를 탐색해보자. 드롭다운 메뉴를 활용하면 모델의 여러 레이어를 살펴볼 수 있다. 또한 각 단어 위에 마우스를 올리면 다양한 어텐션 헤드의 개별 가중치를 확인할 수 있다.

또한 모델의 여러 헤드를 동시에 시각화할 수도 있다. 이를 통해 서로 다른 헤드가 각기 다른 관계를 어떻게 모델링하는지 파악할 수 있다. 예를 들어, BERT-BASE 모델은 12개의 레이어 각각에 12개의 헤드를 가지고 있으므로 총 144개의 어텐션 헤드를 갖는다. 이는 같은 문장을 100개가 넘는 방식으로 표현할 수 있다는 뜻이며, 모델의 표현력이 얼마나 풍부한지를 보여준다. 또한 이러한 표현들은 완전히 독립적인 것이 아니며, 앞쪽 레이어에서 학습된 정보가 이후 레이어에서 활용되기도 한다.

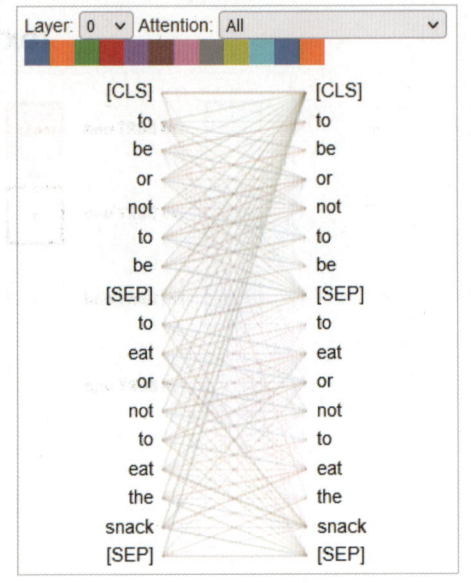

그림 2.17 입력 내 모든 단어 사이의 어텐션 시각화

```
model_view(attention, tokens, sentence_b_start)
```

코드를 실행하면 다음과 같은 시각화 결과를 얻을 수 있다.

> 이 시각화는 인터랙티브하게 동작한다. 코드는 저장소에 있으니, 다양한 문구를 사용하여 실행해보고 여러 관계를 탐색해보자. 여기에 여러 어텐션 헤드들의 앙상블 표현(ensemble representation)이 있다. 각 헤드가 어떻게 다른 기능을 수행하고, 동일한 입력에 대해 어떻게 다른 표현을 모델링하는지 관찰해보자.

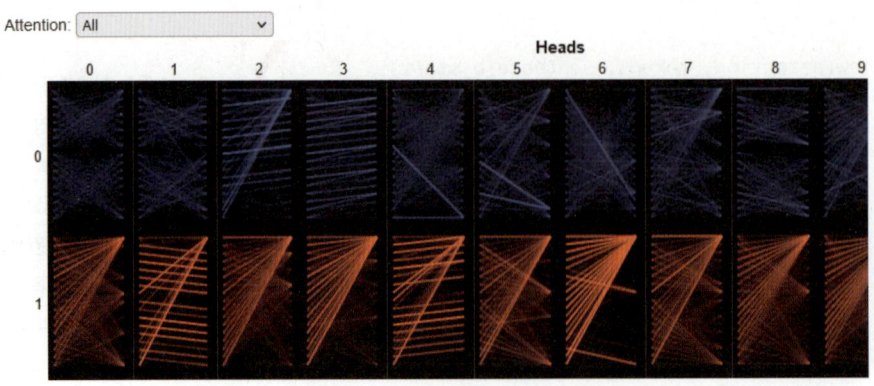

그림 2.18 첫 두 개 층의 모델 뷰

오늘날의 모델 발전에 핵심적인 역할을 한 또 다른 모델은 **GPT-2**이다. GPT-2는 약 40GB에 달하는 방대한 텍스트 코퍼스를 바탕으로 언어 모델링을 통해 사전 학습된 인과적(단방향) 트랜스포머 디코더 모델이다. 이 모델은 특히 다음 토큰을 예측하고 텍스트를 생성하도록 훈련되었다. 텍스트를 생성할 때 한 번에 하나의 토큰을 생성하며, 이 토큰을 입력 시퀀스에 추가해 다음 토큰을 생성하는 자기회귀 방식으로 작동한다.

또한 GPT-2는 대규모 텍스트 데이터로 학습된 최초의 모델 중 하나이며 디코더만으로 구성되어 있다. GPT-2는 GPT-2 Small(12개 레이어)부터 GPT-2 XL(48개 레이어)까지 다양한 모델군으로 이루어져 있다. 각 레이어는 마스크드 셀프 어텐션과 피드포워드 신경망으로 구성된다.

GPT-2는 텍스트를 생성하도록 언어 모델로 훈련되었기 때문에, 특정 입력 문장이 주어지면 다음 토큰의 확률을 계산한다. 예를 들어, 'To be or not to'라는 입력을 주면, 가장 높은 확률을 갖는 다음 토큰은 'be'이다.

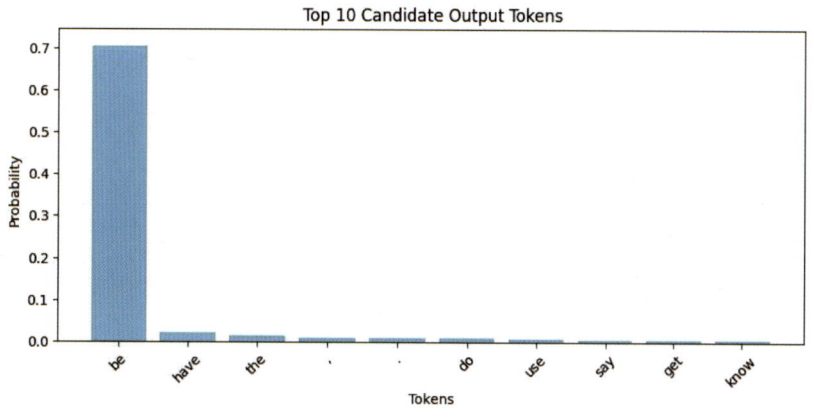

그림 2.19 'To be or not to' 입력 시 GPT-2가 예측한 다음 토큰

모델이 다음 토큰을 생성할 때 어떤 토큰을 가장 중요하게 여기는지 이해해야 할 때가 있다. 이때 활용하는 기법이 **Gradient × Input**이다. 원래 합성곱 신경망을 위해 개발된 이 기법은 트랜스포머에도 적용할 수 있다.

작동 방식은 다음과 같다. 특정 시점에서 모델이 출력한 확률을 확인한 뒤, 그중 가장 높은 확률을 가진 토큰을 선택한다. 그리고 선택한 토큰에 대해 입력 토큰 각각의 기울기$_{gradient}$를 계산한다. 이렇게 하면 각 입력 토큰이 다음 토큰을 생성하는 데 얼마나 중요한지 알 수 있다. 그 이유는 간단하다. 중요한 입력 토큰일수록 작은 변화를 주었을 때 출력이 크게 달라지기 때문이다.

다음 그림에서는 시퀀스에서 다음 토큰을 생성하는 데 핵심적인 역할을 한 입력 토큰들을 확인할 수 있다.

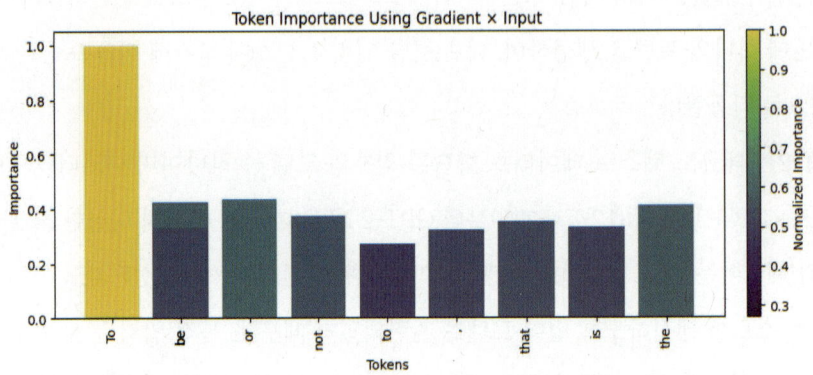

그림 2.20 시퀀스 내 다음 토큰 예측을 위한 Gradient × Input

앞서 언급했듯이, 트랜스포머 블록에는 셀프 어텐션뿐만 아니라 피드포워드 신경망도 포함되어 있다. 사실 이 신경망은 트랜스포머 블록 전체 파라미터의 약 66%를 차지할 정도로 비중이 크다. 따라서 여러 연구들이 레이어 내 뉴런 활성화firing를 분석하는 데 집중해 왔다(이 방법 역시 처음에는 컴퓨터 비전 분야에서 개발된 것이다).

각 레이어를 거치면서 뉴런의 활성화를 추적하면, 각 토큰이 레이어마다 확률 순위가 어떻게 변하는지 확인할 수 있다. 그림에서 볼 수 있듯이, 모델은 첫 레이어부터 이미 어떤 토큰이 시퀀스를 이어갈 가능성이 높은지를 파악한다.

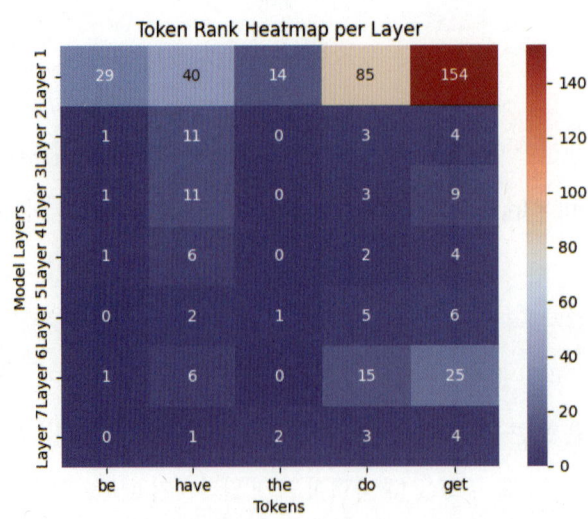

그림 2.21 각 레이어 이후 상위 5개 토큰의 순위 히트맵

뉴런이 워낙 많아 직접 관찰하기는 어렵다. 따라서 일반적으로 차원 축소를 먼저 수행한다. 이때 음수 활성화 값을 피하기 위해 **주성분 분석**PCA 대신 **비음수 행렬 분해**NMF, non-negative matrix factorization를 선호한다. 이 과정에서는 먼저 모델의 FFN(피드포워드 신경망) 레이어에서 뉴런들의 활성화를 포착한 뒤, 이를 사용자가 지정한 개수의 요소factor로 분해한다. 이후 각 토큰이 생성될 때 가장 활발하게 활성화된 요소를 인터랙티브하게 관찰할 수 있다. 다음 그림에서 요소 활성도factor excitation는 생성된 각 토큰에 대해 어떤 요소가 얼마나 활성화되었는지를 보여준다.

그림 2.22 시퀀스 생성 과정에서 모델 활성화의 NMF 시각화

이러한 분석을 단일 레이어에 대해서도 수행할 수 있다. 이를 통해 특정 레이어 내 뉴런들이 보이는 흥미로운 행동을 분석할 수 있다. 예를 들어 다음 그림처럼 모델의 0번 레이어를 살펴보면, 일부 요소는 텍스트의 특정 구간(예: 문장 시작, 중간, 끝)에 집중하는 경향을 보인다. 앞서 설명했듯이, 모델은 위치 인코딩을 통해 시퀀스 내 단어 순서를 기억하며 이러한 정보가 뉴런의 활성화에도 반영된다.

한편, 또 다른 뉴런들은 접속사나 관사 같은 문법 구조에 반응한다. 이는 개별 뉴런들이 특정 패턴을 추적하는 데 특화되어 있음을 보여주며, 이것이 트랜스포머 모델의 강점 중 하나이다. 요소의 수를 늘리면 해상도를 높여 모델이 인코딩하는 문법적, 의미적 구조를 더 정밀하게 파악할 수 있다. 모델의 레이어를 따라가다 보면 각 레이어가 서로 다른 표현을 학습하는 것도 확인할 수 있다.

그림 2.23 시퀀스 생성 과정에서 모델 활성화의 NMF 시각화

지금까지 트랜스포머가 어떻게 구성되어 있으며 그 내부에서 어떤 일이 일어나는지 알아보았다. 이제 이 모델을 실제로 어떻게 활용하는지 살펴볼 차례다.

6. 트랜스포머 활용하기

트랜스포머의 진정한 강점은 방대한 양의 텍스트로부터 학습하는 능력이다. 이 **사전 학습** pre-training 단계에서 모델은 언어의 구조에 대한 일반적인 규칙을 학습한다. 이렇게 학습한 일반적인 표현 능력은 이후 다양한 응용 분야에 활용할 수 있다.

딥러닝에서 가장 중요한 개념 중 하나는 **전이 학습** transfer learning이다. 이는 대규모 데이터로 사전 학습된 모델의 능력을 원래 목적과 다른 새로운 작업에 활용하는 것을 의미한다. 전이 학습의 대표적인 경우가 **파인튜닝** fine-tuning이다. 파인튜닝은 사전 학습된 모델이 익힌 일반 지식을 특정 작업에 맞게 조정하는 과정으로, 모델의 상단에 새 파라미터 집합(보통 한두 개의 레이어)을 추가한 뒤 해당 파라미터만 경사하강법 gradient descent으로 학습한다.

사전 학습된 트랜스포머는 방대한 텍스트를 통해 텍스트 이해에 필요한 의미론적 규칙을 이미 학습했다. 이를 활용해 감정 분류 sentiment classification 같은 특정 응용 분야에 적용할 수 있다. 모델을 처음부터 학습하는 대신, 사전 학습된 트랜스포머를 분류 작업에 맞게 파인튜닝하는 것이다. 이때 모델의 내부 표현을 훼손하지 않고 그대로 유지하는 것이 중요하다. 따라서 파인튜닝 과정에서 대부분의 레이어는 동결 freeze하고 가중치를 업데이트하지 않는 방식을 사용하기도 한다. 대신, 모델 상단에 새로 추가한 한두 개의 레이어만 학습시킨다. 핵심은 모델이 가진 일반적인 표현 능력을 유지하면서, 이를 새로운 작업에 맞게 활용하는 방법을 학습하는 것이다.

새로 추가된 레이어들은 모델의 내부 표현을 새로운 작업에 활용하는 법을 학습한다. 예를 들어, 과학 논문을 쓰는 법을 배우고자 한다면 영어 자체를 다시 배울 필요는 없고, 기존 지식을 새로운 양식에 맞게 조정하면 되는 것과 같다.

앞서 설명했듯이, BERT에서는 각 시퀀스의 시작 부분에 특별한 토큰인 [CLS]를 추가한다. 양방향 트랜스포머인 BERT에서는 학습 단계나 추론 단계 모두에서 이 [CLS] 토큰이 시퀀스 내 다른 모든 토큰들이 연결되기를 기다린다. 따라서 마지막 레이어에서 얻은 [CLS] 토큰의 최종 벡터는 시퀀스 전체 문맥을 반영한다. 이렇게 문맥화된 contextualized 벡터를 분류 작업에 활용할 수 있다. 예를 들어, 감정 분류와 같이 긍정 positive, 중립 neutral, 부정 negative의 세 가지 클래스가 있다면, 시퀀스에 대한 [CLS] 벡터를 가져와 소프트맥스 함수를 사용하여 분류할 수 있다.

$$y = \text{softmax}(W h_{CLS})$$

원래 모델은 시퀀스 분류를 위해 학습된 것이 아니므로, 클래스 구분을 위한 학습 가능한 행렬을 새로 도입해야 한다. 이는 선형 변환으로, 하나 이상의 선형 레이어로 구현할 수 있다. 이후에는 교차 엔트로피 손실 함수를 사용해 가중치를 최적화한다. 이는 지도 학습의 전형적인 절차로, 레이블이 있는 데이터를 통해 특정 작업에 맞게 모델을 조정하는 방식이다.

지금까지는 트랜스포머의 나머지 가중치들을 동결한 상태로 가정했지만, 합성곱 신경망 연구에서 알 수 있듯이 모델 파라미터를 일부라도 조금 파인튜닝하면 성능이 향상될 수 있다. 이 경우 일반적으로 매우 낮은 학습률을 사용한다.

결론적으로, 지도 파인튜닝 SFT, supervised fine-tuning(지도 학습 방식의 파인튜닝)을 통해 사전 학습된 트랜스포머를 새로운 작업에 맞게 적응시킬 수 있다.

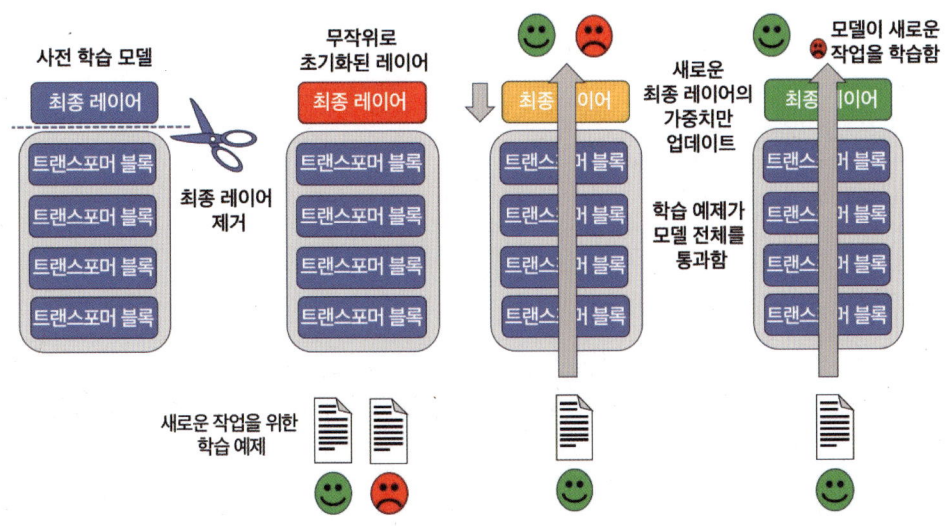

그림 2.24 트랜스포머 파인튜닝 과정

첫 번째 단계에서는 원래 작업에 특화되어 있던 마지막 레이어를 제거한다. 두 번째 단계에서는 무작위로 초기화된 새로운 레이어를 추가하고 새로운 작업을 위한 학습 데이터를 준비한다. 파인튜닝 과정에서는 모델이 새로운 예제(예: 긍정 및 부정 리뷰)를 학습한다. 이때 모델 전체는 동결된 상태로 순전파 forward pass를 수행하고, 역전파 backpropagation를 통해 새 레이어의 가중치만 업데이트한다. 이 과정을 통해 모델은 새로운 작업을 학습하게 된다.

Hugging Face 라이브러리를 사용하면 파인튜닝을 매우 간단하게 수행할 수 있다. 예를 들어

distill-BERT 같은 경량화 모델을 불러와 이전 장에서 사용한 데이터셋으로 파인튜닝할 수 있다. 데이터셋을 준비하고 토큰화한 뒤, Hugging Face에서 제공하는 간단한 래퍼wrapper를 통해 모델을 학습시킬 수 있다. 학습에 필요한 인수는 TrainingArguments에 저장된다.

```python
training_args = TrainingArguments(
    output_dir='./results',
    num_train_epochs=3,
    per_device_train_batch_size=8,
    per_device_eval_batch_size=16,
    warmup_steps=500,
    weight_decay=0.01,
    logging_dir='./logs',
    logging_steps=10,
    eval_strategy="epoch"
)

trainer = Trainer(
    model=model,
    args=training_args,
    train_dataset=train_dataset,
    eval_dataset=val_dataset
)

trainer.train()
```

이 예제에서는 전체 리뷰 중 일부만 사용했다. 파인튜닝의 강점은 처음부터 모델을 학습시키는 것보다 훨씬 적은 예제만으로도 유사한 또는 더 나은 성능을 얻을 수 있다는 데 있다.

> **N** 이 과정이 신경망을 학습하는 절차와 거의 동일하다는 점에 주목하자. 사실 트랜스포머는 딥러닝 모델이므로, 학습 과정에서 사용하는 하이퍼파라미터 역시 기존 신경망 학습과 크게 다르지 않다.

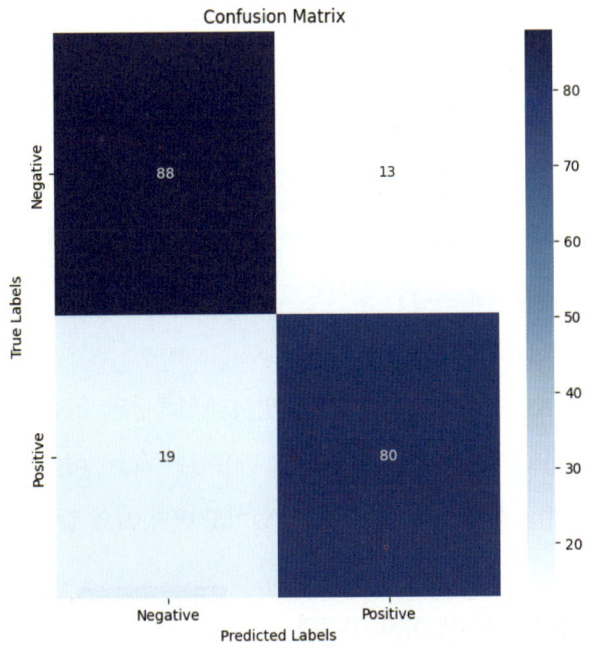

그림 2.25 파인튜닝 후 혼동 행렬

BERT는 64개의 TPU(텐서 연산을 위한 특수 하드웨어)에서 4일간 학습되었으며, 이는 대부분의 사용자에게 불가능한 환경이다. 반면, 파인튜닝은 단일 GPU나 심지어 CPU만으로도 수행할 수 있다. 이 덕분에 BERT는 공개되자마자 의미 유사 문장 판별paraphrase detection, 질의 응답, 감정 분석 등 다양한 작업에서 최고 수준의 성능을 달성했다. 이에 따라 RoBERTa, SpanBERT(단일 토큰이 아닌 문장 범위span를 마스킹해 더 나은 결과를 도출) 같은 다양한 변형 모델이나 SciBERT처럼 특정 도메인에 맞춰 조정된 모델들이 등장하게 되었다. 하지만 인코더 기반 모델은 마스킹 기반 학습 방식 때문에 생성 작업에는 적합하지 않다. 생성 작업에는 디코더 기반 모델이 더 잘 맞는다.

원래 트랜스포머는 기계 번역을 위해 인코더와 디코더로 구성되었지만, GPT-2 같은 모델은 디코더만 포함한다. 파인튜닝 방식은 기본적으로 동일하지만 디코더 전용 모델에서는 데이터셋을 다르게 구성해야 한다.

인코더-디코더 모델에서는 입력을 인코더에 넣고 출력을 디코더에서 생성하는 방식이었다. 예를 들어 영어 문장을 인코더에 넣으면 디코더가 프랑스어 문장을 생성했다. 하지만 디코더만 있는 모델에서는 입력과 출력을 모두 하나의 시퀀스로 만들어야 한다.

예를 들어, 영어와 프랑스어 문장이 포함된 데이터셋이 있다면, 이를 다음과 같은 파인튜닝 데이터셋으로 만들 수 있다. 〈영어 문장〉, 이어서 특수 토큰 〈to-fr〉, 그리고 〈프랑스어 문장〉 형식이다. 구체적인 예를 보면 "I am a student 〈to-fr〉 Je suis étudiant"처럼 만든다. 여기서 소스$_{source}$는 'I am a student'이고, 구분자$_{delim}$는 〈to-fr〉이며, 타깃$_{target}$은 'Je suis étudiant'이다. 〈to-fr〉은 '프랑스어로 번역하라'는 의미를 가진 특수 토큰이다. 모델은 이 전체 시퀀스를 하나의 긴 문장으로 보고 학습한다.

같은 방법을 요약 작업에도 적용할 수 있는데, 이때는 '요약'을 의미하는 특수 토큰을 삽입한다. 예를 들어 "article 〈summarize〉 summary" 형식으로 만든다. 여기서 소스는 원본 기사이고 구분자는 〈summarize〉이며 타깃은 요약문이다.

이후 모델은 다음 토큰 예측(언어 모델링)을 수행하면서 파인튜닝된다. 모델은 'I am a student 〈to-fr〉'까지 읽고 다음에 'Je'가 와야 한다고 예측하고, 그 다음에는 'suis', 이어서 'étudiant'가 와야 한다고 예측하는 식으로 학습한다. 이렇게 하면 디코더만 있어도 번역, 요약 같은 작업을 수행할 수 있다.

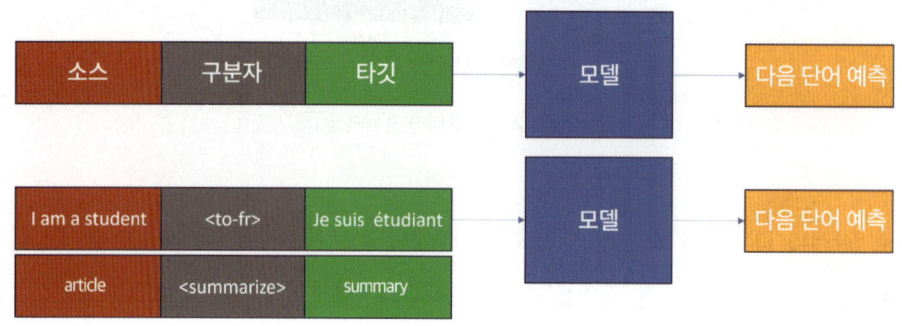

그림 2.26 디코더 전용 모델의 파인튜닝

모델이 학습한 지식을 활용하는 또 다른 방법은 **지식 증류**$_{knowledge\ distillation}$이다. 앞서 언급한 distill-BERT는 BERT를 압축하여 경량화한 버전이다. 증류 모델은 대규모 모델의 지식을 흡수하면서도 성능 저하는 거의 없고 훨씬 가볍다. 대규모 모델은 방대한 지식을 학습하지만, 특정 작업에 활용할 때는 그 모든 지식이 꼭 필요한 것은 아니다. 따라서 우리는 수십억 개 파라미터를 가진 거대 모델이 아니라 특정 작업에 특화되고 다루기 쉬운 모델을 원한다. 게다가 때로는 모델이 처음부터 작업을 학습하기에 충분한 데이터가 없는 경우도 있다. 이런 경우에는 더 큰 모델로부터 지식을 추출하여 경량 모델에 전달할 수 있다.

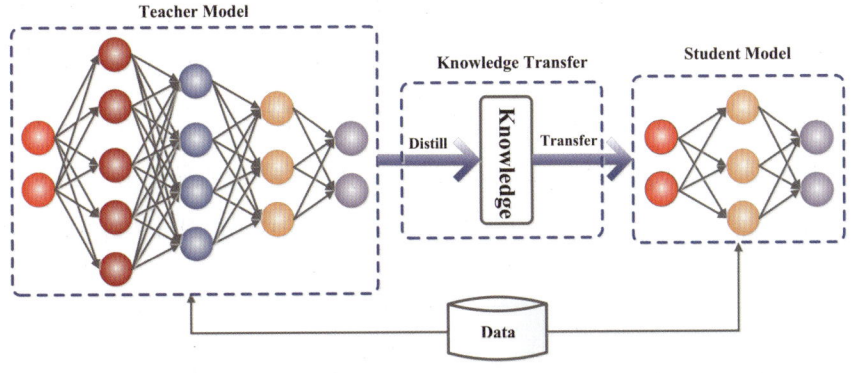

그림 2.27 지식 증류를 위한 일반적인 교사-학생 프레임워크(https://arxiv.org/pdf/2006.05525)

지식 증류는 일종의 압축$_{compression}$ 방식으로 볼 수 있다. 파라미터가 많은 사전 학습된 '교사$_{teacher}$' 모델로부터, 파라미터가 적은 '학생$_{student}$' 모델로 지식을 이전한다. 학생 모델은 교사 모델을 모방하여 동일한 작업에서 유사한 성능을 달성하려고 한다. 이 프레임워크에는 모델, 지식, 알고리즘이라는 세 가지 요소가 있다. 알고리즘은 교사 모델의 로짓$_{logit}$이나 중간 활성화 값을 활용할 수 있다. 로짓을 사용하는 경우 학생 모델은 교사 모델의 예측을 흉내 내는 것이 목표이므로, 교사 모델과 학생 모델의 로짓 차이를 최소화하려고 한다. 이때 사용하는 것이 증류 손실$_{distillation\ loss}$로, 이 손실 함수를 통해 학생 모델을 학습시킬 수 있다.

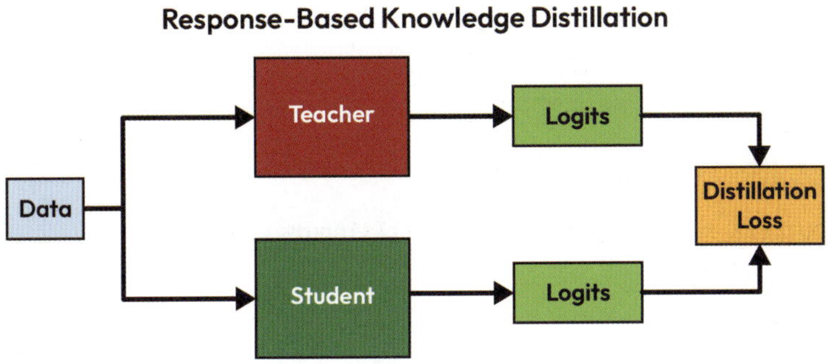

그림 2.28 지식 증류 학습을 위한 교사-학생 프레임워크(https://arxiv.org/pdf/2006.05525)

지식 증류 절차도 다른 학습 과정과 비슷하다. 먼저 데이터 전처리를 수행한다. 이때 각 모델에 맞는 토크나이저를 선택해야 한다. 보통 GPT-2 토크나이저가 널리 쓰이지만 모델마다 다른 토크나이저를 쓰기도 한다. 다음 단계에서는 모델을 특정 작업에 맞게 파인튜닝한다(예컨대 리뷰 분류에 특화된 모델은 존재하지 않는다). 이렇게 학습된 모델이 바로 교사 모델이 된다. 그다음, 교사보다 작은 사전 학습 모델을 불러와 학생 모델로 학습한다. 이렇게 하면 적은 수의 예제만으로도 충분히 훈련할 수 있다.

여기서 중요한 차이점은 증류 손실이라는 특별한 손실 함수의 도입이다. 이 손실 함수는 교사 모델의 로짓과 학생 모델의 로짓을 비교해 차이를 계산한다. 보통 이때 두 확률 분포 간의 차이를 측정하는 쿨백-라이블러 발산Kullback-Leibler divergence 손실을 사용한다. 이를 코드로 정의하면 다음과 같다.

```python
def distillation_loss(outputs_student, outputs_teacher,
                      temperature=2.0):
    log_prob_student = F.log_softmax(
        outputs_student / temperature, dim=-1)
    prob_teacher = F.softmax(
        outputs_teacher / temperature, dim=-1)
    loss = KLDivLoss(reduction='batchmean')(
        log_prob_student, prob_teacher)
    return loss
```

이제 필요한 것은 시스템을 학습시킬 방법뿐이다. 이때 교사 모델은 추론 단계에서만 쓰이고 실제 학습은 학생 모델이 수행한다. 손실 계산에는 교사 모델이 제공한 로짓을 사용한다.

```python
def train_epoch(model, dataloader, optimizer, device,
                teacher_model, temperature=2.0):
    model.train()
    total_loss = 0
    for batch in tqdm(dataloader, desc="Training"):
        inputs = {k: v.to(device)
                  for k, v in batch.items()
                  if k in ['input_ids', 'attention_mask']}
        with torch.no_grad():
            outputs_teacher = teacher_model(**inputs).logits

        outputs_student = model(**inputs).logits
        loss = distillation_loss(
            outputs_student, outputs_teacher, temperature)

        optimizer.zero_grad()
        loss.backward()
        optimizer.step()

        total_loss += loss.item()
    return total_loss / len(dataloader)
```

다음 그림에서 볼 수 있듯이 학생 모델의 성능은 교사 모델과 유사하다.

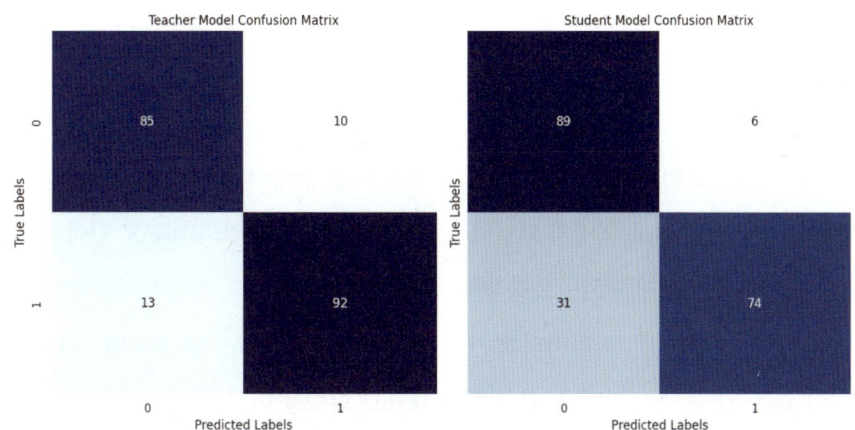

그림 2.29 교사 모델과 학생 모델의 혼동 행렬

파인튜닝과 지식 증류를 활용하면 트랜스포머를 어떤 지도 학습 작업에도 적용할 수 있다. 파인튜닝은 데이터가 적어 처음부터 학습하기 어려운 상황에 유용하다. 반면, 지식 증류는 계산 자원이 제한된 상황에서 작은 모델로도 큰 모델 못지않은 성능을 얻게 해준다. 이들 두 기법을 적절히 활용하면 사실상 어떤 작업이든 다룰 수 있다.

요약

이번 장에서는 자연어 처리와 인공지능에 혁신을 가져온 트랜스포머를 살펴보았다. 오늘날 상업적으로 활용되는 모든 모델은 트랜스포머의 파생 모델이다. 트랜스포머가 내부적으로 어떻게 작동하는지, 즉 셀프 어텐션, 임베딩, 토큰화 등 여러 구성 요소가 어떻게 함께 기능하는지를 이해하면, 현대 모델들의 한계 또한 파악할 수 있다. 우리는 트랜스포머의 내부 동작을 시각적으로 이해하고, 이를 다양한 관점에서 조명함으로써 현대 인공지능의 동력을 탐구했다. 또한 사전 학습된 모델의 지식을 재활용하는 기법들을 통해 트랜스포머를 원하는 과제에 맞게 변형하는 방법도 살펴보았다. 이제 사실상 이 과정을 어떤 데이터셋과 작업에도 다시 적용할 수 있다.

트랜스포머 학습 과정을 이해하면, 이를 대규모로 확장했을 때 어떤 일이 벌어지는지도 알 수 있다. 대규모 언어 모델LLM은 단순히 더 많은 파라미터와 더 많은 텍스트로 학습된 트랜스포머에 불과하다. 이러한 규모의 확장은 창발적 특성emergent property을 만들어내어 LLM의 성공을 가능케 했지만, 동시에 그 장점과 한계 모두 지금까지 살펴본 트랜스포머의 특성과 맞닿아 있다.

다음 3장에서는 트랜스포머로부터 LLM을 얻는 과정을 구체적으로 다룬다. 이번 장의 내용을 이해하면 이 과정이 자연스럽게 이어짐을 알 수 있을 것이다.

강력한 AI 엔진, LLM 탐구하기

3장

이전 장에서는 트랜스포머의 구조, 학습 방식, 그리고 이를 강력하게 만드는 요소에 대해 살펴보았다. 트랜스포머는 자연어 처리NLP 혁명의 씨앗이라 할 수 있으며, 오늘날의 대규모 언어 모델LLM은 모두 대규모 학습을 거친 트랜스포머를 기반으로 한다.

이번 장에서는 천억 개 이상의 파라미터를 가진 초거대 트랜스포머를 방대한 데이터셋으로 학습시키면 어떤 일이 일어나는지 살펴본다. 또한 이러한 대규모 학습을 어떻게 가능하게 만드는지, 이와 유사한 최신 모델을 어떻게 파인튜닝하는지, 더 다루기 쉬운 모델을 어떻게 만드는지, 그리고 이러한 모델을 어떻게 멀티모달 데이터로 확장하는지도 함께 살펴볼 것이다. 아울러 LLM이 지닌 한계와 이를 극복하기 위해 사용하는 다양한 기법들도 함께 논의한다.

이번 장에서 다룰 주제는 다음과 같다.

- LLM의 진화 과정 살펴보기
- 지시 튜닝, 파인튜닝, 정렬
- 작고 효율적인 LLM 탐구하기
- 멀티모달 모델 탐구하기
- 할루시네이션과 윤리적·법적 쟁점 이해하기
- 프롬프트 엔지니어링

기술 요구 사항

이 장 대부분의 코드는 CPU에서도 실행할 수 있지만, GPU 사용을 권장한다. 코드는 파이토치(PyTorch)로 작성되었으며, 대부분 PyTorch, HuggingFace Transformers 등 표준 라이브러리를 사용한다. 전체 코드는 다음 GitHub 저장소에서 확인할 수 있다.

https://github.com/ai-agent-kr/Modern-AI-Agents/tree/main/ch03

1. LLM의 진화 과정 살펴보기

LLM은 기본적으로 트랜스포머 아키텍처를 기반으로 한 모델이다(물론 최근에는 다양한 새로운 아키텍처도 등장하고 있다). 일반적으로 LLM은 100억 개 이상의 파라미터[2]를 가진 모델로 정의된다. 다소 임의적으로 보이는 이 기준은 사실 모델 규모가 커질 때 나타나는 독특한 특성 때문이며, 단순히 파라미터 수가 많다는 것 이상을 의미한다. LLM은 원래 인간의 언어를 이해하고 생성하도록 설계되었지만 규모가 커지면서 코드 생성 등 더 다양한 능력까지 갖추게 되었다.

이러한 능력을 얻으려면 단순히 파라미터 수만 늘리는 것이 아니라 방대한 양의 데이터로 학습해야 한다. 오늘날의 대부분 LLM은 이전 문맥이 주어졌을 때 그에 맞는 **다음 단어를 예측**하는 문제인 **자기회귀 언어 모델링**autoregressive language modeling을 통해 학습한다.

트랜스포머 모델이 발전하면서 현재에 이르러 파라미터 수가 증가한 배경에는 다음과 같은 이유가 있다.

- **학습 가능성**: 다음에 설명할 스케일링 법칙에 따르면, 학습할 데이터가 충분히 준비된 상태라면 파라미터가 많을수록 더 뛰어난 능력을 갖추고, 데이터의 미묘함과 복잡성을 더 잘 이해할 수 있게 된다.
- **표현력**: 딥러닝 모델 내부에서 더 복잡한 수식을 표현할 수 있어 다양한 문제를 풀 수 있는 일반화 능력이 향상되고 과적합[3] 위험이 줄어든다.
- **기억력**: 파라미터가 많아질수록 더 많은 지식(정보, 엔티티, 주제 간 차이 등)을 내재화할 수 있다.

이제 각 요소를 하나씩 자세히 살펴보며, 트랜스포머가 LLM으로 발전해 가는 과정에서 어떤 일이 벌어지고 있는지 알아보자.

스케일링 법칙

거대 언어 모델이 단순히 이전에 주어진 문맥을 바탕으로 다음에 등장할 단어를 예측하는 **언어 모델링**처럼 단순한 작업으로 학습된다는 사실이 놀랍게 느껴질 수 있다. 하지만 실제로 많은 **자연어 처리** 과제는 다음 단어 예측 문제로 재구성할 수 있다. 그리고 이를 통해 LLM을 다양한 문제에 활용할 수 있다. 예를 들어, LLM으로 감정 분석 문제를 풀어야 한다면 이를 다음 단어 예측으로 바꿔 생각할 수 있다. 문장 "The sentiment of the sentence: 'I like Pizza' is"를 입력으로 주면, LLM은 다음에 올 가장 적합할 단어로 'positive'일 확률과 'negative'일 확률을 계산할 수 있다. 그런 다음, 둘 중 확률이

---

[2] **파라미터**란 딥러닝 모델에서 학습 가능한 모든 변수의 수를 의미한다. 문맥에 따라 가중치라고 표현하기도 하며, 사람의 뇌 세포에도 비유하기도 한다. 파라미터가 많을수록 딥러닝 모델의 크기가 크다 또는 거대하다고 표현한다. 최근에 LLM이라 불리는 트랜스포머 모델은 파라미터가 보통 100억 개 이상이며 점점 거대해지는 추세다.

[3] **과적합(overfitting)**이란 특정 문제에만 지나치게 맞춰 학습한 결과, 새로운 데이터에 대한 예측 능력이 떨어지는 상태를 말한다. 일반적으로 딥러닝 모델에서는 이러한 상태를 피하는 것이 중요하다.

더 높은 단어를 선택하여 결론적으로 문장의 감정을 판별할 수 있다. 이때 다음 단어의 확률은 다음과 같이 수식으로 표현할 수 있다.

> $P(positive \mid \text{The sentiment of the sentence: 'I like Pizza' is})$
> $P(negative \mid \text{The sentiment of the sentence: 'I like Pizza' is})$

다른 작업에도 동일한 접근 방식을 적용할 수 있다. 예를 들어, **질의응답**$_{QA}$은 주어진 질문에 대해 정답으로 가장 적절한 토큰의 확률을 계산하는 문제로 볼 수 있다. 그리고 텍스트 요약은 원문을 주고 요약문의 확률을 생성하는 문제로 볼 수 있다. 이를 수식으로 표현하면 다음과 같다.

> **질의응답:** $P(answer \mid question)$
> **텍스트 요약:** $P(summary \mid original\ article)$

질의응답에서 다음에 등장할 정답으로 적절한 토큰을 예측하는 모습을 그림으로 표현하면 다음과 같다. 그림에서 볼 수 있듯이, 언어 모델링을 활용하면 거의 모든 과제를 해결할 수 있다. 예를 들어, 여기서는 질문이라는 이전 시퀀스가 주어졌을 때, 가장 높은 확률을 가진 토큰이 곧 답변이 된다.

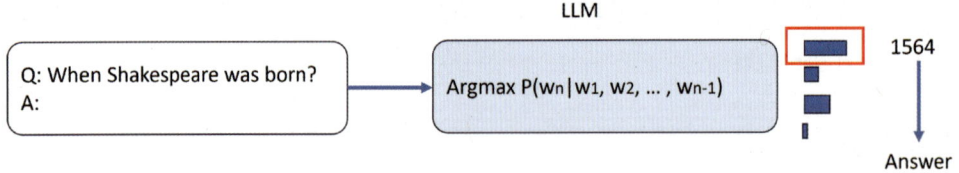

그림 3.1 모든 과제를 언어 모델링으로 재구성

LLM이 이러한 능력을 발휘하려면, 모델이 지식을 학습하고 이를 활용할 수 있을 만큼 충분히 큰 데이터셋이 필요하다. 따라서 LLM 학습에는 특별히 구성된 초대형 데이터셋이 사용된다. 보통 인터넷, 책, 기사, GitHub 저장소, 여러 언어 자료 등에서 수십억 개의 단어가 수집된다. 예를 들어, **GPT-3**는 Common Crawl(웹 크롤링 데이터, 4,100억 토큰), Books1과 Books2(도서 코퍼스, 각각 120억/550억 토큰), Wikipedia(30억 토큰) 등으로 학습되었다. 이처럼 다양한 데이터는 특정 지식을 학습할 기회를 제공할 뿐 아니라 다양한 작업 예시도 함께 제공한다.

학습 데이터셋의 크기가 기하급수적으로 늘어난 것과 동시에(오늘날에는 1조 토큰 이상을 사용한다), 파라미터 수도 함께 급격히 증가해왔다. 트랜스포머의 방대한 파라미터 수는 주로 세 가지 요인에 따라 결정된다.

- **임베딩 레이어**: 트랜스포머 언어 모델이 구사할 수 있는 모든 단어 각각을 벡터로 변환하여 만들어진 행렬을 의미하며, 이 벡터들은 전부 학습 가능하므로 모델의 전체 파라미터 수에 포함된다. 벡터 크기와 구사할 수 있는 어휘 크기에 따라 파라미터 수가 정해지며, 특히 영어, 중국어, 한국어와 같은 서로 다른 언어를 구사할 수 있는 다국어 모델일 경우 어휘 크기가 매우 커서 임베딩 레이어가 차지하는 파라미터 수가 커진다.
- **셀프 어텐션 메커니즘**: 여러 가중치 행렬을 포함하며, 컨텍스트 길이가 길어질수록 크기가 증가한다. 또한 하나의 셀프 어텐션에 여러 개의 헤드를 둘 수 있다.
- **깊이**: 트랜스포머는 여러 개의 트랜스포머 블록으로 구성되며, 이 블록 수를 늘리면 파라미터 수도 직접적으로 증가한다.

GPT-3와 기타 연구에 따르면 LLM의 성능은 크게 세 가지 요인에 의해 좌우된다고 한다. 바로 모델 크기(파라미터 수), 데이터 크기(학습 데이터셋 규모), 연산 크기(컴퓨팅 자원)이다. 따라서 성능을 높이려면 모델을 키우고(레이어나 어텐션 헤드 추가), 학습 데이터셋을 늘리며, 더 많은 에포크 동안 학습해야 한다. OpenAI는 이 세 가지 요인을 스케일링 법칙(scaling law)으로 정리했다.

즉, 파라미터 수 N, 데이터셋 크기 D, 연산량 C가 주어졌을 때, 이 중 둘을 고정하면 손실 함수 L은 다음과 같은 형태를 따른다.

$$L(N) = \left(\frac{N_C}{N}\right)^{a_N} \quad L(D) = \left(\frac{D_C}{D}\right)^{a_D} \quad L(C) = \left(\frac{C_C}{C}\right)^{a_C}$$

이를 시각화하면 다음과 같다.

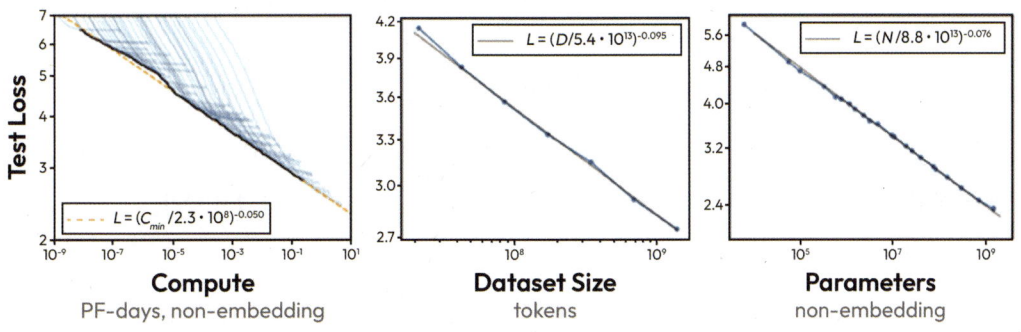

그림 3.2 연산량, 데이터셋, 모델 크기 증가에 따른 언어 모델링 성능 향상(https://arxiv.org/pdf/2001.08361)

이때 사용하는 손실은 교차 엔트로피 손실이다. 이어진 연구에서 OpenAI는 이 손실을 더 이상 줄일 수 없는 **비가역적 손실**(irreducible loss)과 가역적 손실(reducible loss)로 분해할 수 있음을 보였다. 이는 곧 스케일링 법칙을 통해 학습 전부터 모델의 예상 성능을 추정할 수 있다는 의미다. 따라서 손실을 줄이고 성능을 개선하기 위해 모델을 확장할 것인지, 데이터셋을 늘릴 것인지 사전에 결정할 수 있다. 다만 이

상수들은 모델의 아키텍처와 기타 학습 설정에 따라 달라질 수 있다.

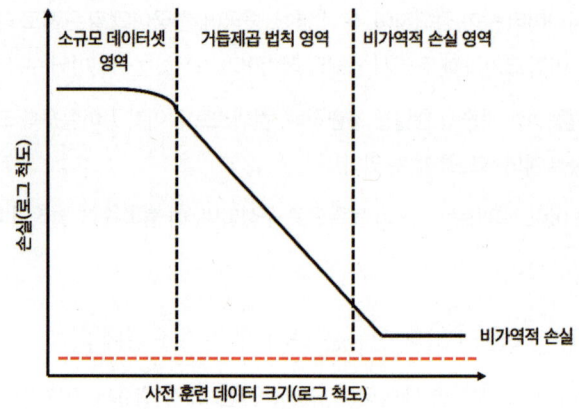

그림 3.3 LLM의 스케일링 법칙

하지만 스케일링 법칙을 절대적인 진리처럼 받아들이기엔 현실은 보기보다 훨씬 더 미묘하다. DeepMind의 Chinchilla 논문(https://arxiv.org/abs/2203.15556)에 따르면, 모델의 성능은 OpenAI의 주장보다 토큰 수에 훨씬 더 민감하다고 지적한다. 현재의 LLM은 사실 더 학습할 수 있는 여지가 있음에도 적은 학습 데이터, 다시 말해 기대보다 적은 토큰으로 학습되어 과소적합[4] 상태일 수 있다는 것이다. 또한 Meta의 Llama 연구에서는 단순히 많은 양의 토큰이 아니라 양질의 토큰이 필요하다고 강조한다. 즉, 모든 토큰이 동일하게 가치 있는 것이 아니며, 다른 모델이 생성한 토큰을 사용하는 것은 고도화된 형태의 지식 증류에 불과하다고 지적한다.

다시 말해, 모델을 최적의 상태로 학습하려면 많은 양의 토큰이 필요하며, 이 토큰들은 합성이 아닌 인간이 생성한 것이어야 한다. 여러 연구에서는 합성 데이터로 학습할 때 모델 성능이 급격히 저하되는 **모델 붕괴**model collapse를 겪거나 이미 학습했던 일부 기술을 잊어버리는 **파괴적 망각**catastrophic forgetting 현상이 보고되기도 했다.

그럼에도 스케일링 법칙은 여전히 중요한 의미를 지닌다. 작은 모델에서 다양한 아키텍처 변형을 실험한 뒤, 이를 토대로 대규모 학습에 확장해 적용할 수 있기 때문이다. 1,000억 개 이상의 파라미터를 가진 모델은 아키텍처 설계, 시간, 비용 측면에서 매우 큰 투자가 요구되므로 먼저 소규모 모델로 실험하는 것이 합리적이다. 또한 이처럼 거대한 모델은 학습 중 스파이크spike 같은 불안정성이 발생할

---

[4] **과소적합**(underfitting)이란 충분히 학습되지 않아 성능이 낮으며 학습 데이터의 양을 늘리면 개선이 가능한 상태로, 과적합과는 정반대 상태를 말한다.

수 있으며, 정확한 스케일링 법칙을 이용한 성능 예측은 여전히 활발히 연구되는 주제이다.

스케일링 법칙은 기본적으로 손실 관점에서 성능을 정의한다. 앞서 살펴본 것처럼 많은 과제가 언어 모델링으로 환원될 수 있기에, 언어 모델링 성능이 좋아지면 후속 작업 downstream task 의 성능도 개선된다고 생각할 수 있다. 하지만 오늘날에는 특정 작업에 최적화된 맞춤형 스케일링 법칙 연구가 활발하다. 예를 들어 코드 어시스턴트 모델을 학습하려 한다면, 전체 성능보다는 코드 관련 과제에서의 성능을 예측하는 것이 훨씬 중요하다.

창발적 특성

LLM이 10억 개에서 1,000억 개 이상의 파라미터로 확장된 가장 큰 이유는 바로 **창발적 능력** emergent abilities 때문이다. 창발적 능력은 작은 모델에서는 전혀 나타나지 않다가 일정 규모에 도달하면 갑작스럽게 발현되는 특성이다. 즉, 모델은 일정 크기에 도달하기 전까지는 창발적 능력이 무작위 수준에 불과하다가 **임계 규모**에 도달하는 순간 본격적으로 발현된다. 일단 임계 규모를 넘어서면 규모가 커질수록 성능이 선형적으로 증가한다.

따라서 모델은 특정 임계점을 지나면서 거의 0에 가까웠던 성능이 최고 수준으로 급격히 향상된다. 이 현상을 상전이 phase transition 라고 한다. 비유하자면 마치 말을 못하던 아이가 어느 순간 단어를 내뱉기 시작하고, 이후 언어 능력이 점진적으로 발전하는 과정과 비슷하다.

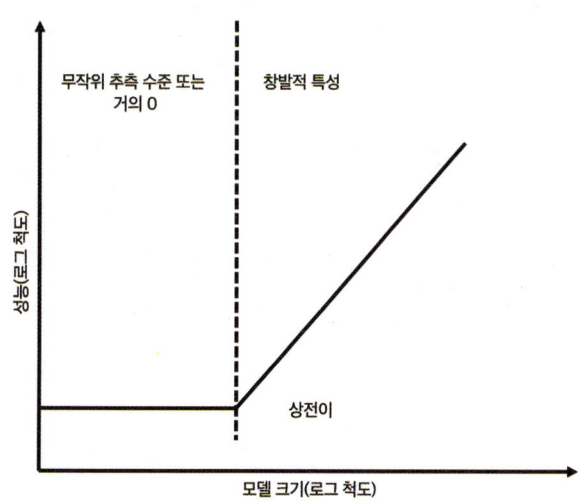

그림 3.4 LLM에서 관찰된 창발적 특성 예

이러한 능력은 보통 수학적 추론이나 다단계 추론처럼 복잡한 과제에서 나타난다. 따라서 '충분히 큰 모델'을 만들어야 하는 필요성을 뒷받침한다. 연구자들은 일정 규모 이상에서 더 많은 창발적 특성이 나타날 것이라 기대한다.

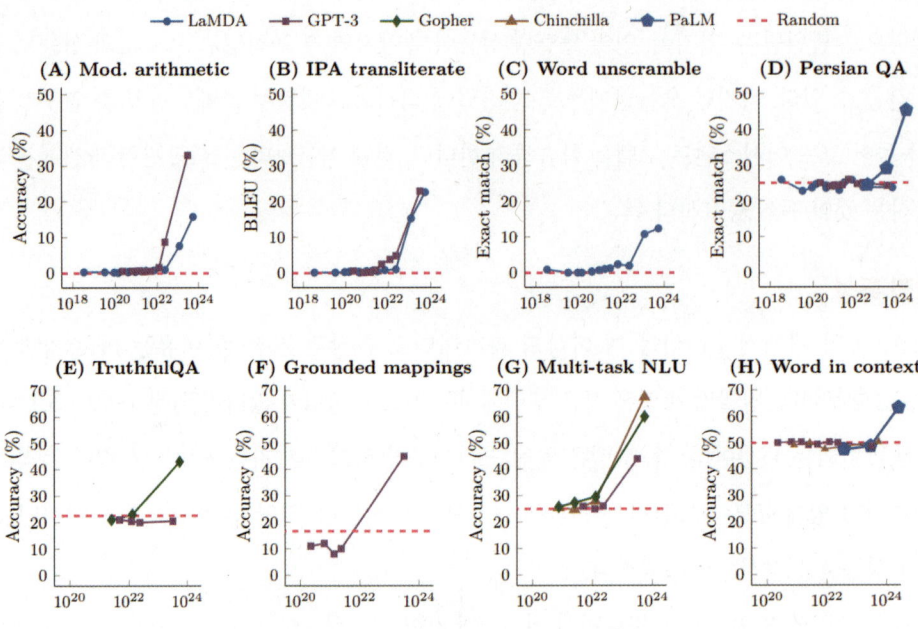

그림 3.5 다양한 LLM 계열에서 나타나는 창발적 특성(https://arxiv.org/pdf/2206.07682)

이러한 창발적 특성들은 모두 같은 모델 규모에서 나타나는 것이 아니다. 예를 들어 100억 파라미터를 넘으면 산술 계산 능력이, 1,000억 개를 넘으면 자기 평가_{self-evaluation}, 비유적 표현 탐지, 논리적 추론 등이, 5,000억 개를 넘으면 인과 판단과 기하학적 도형 인식 등이 나타나는 것으로 보고되었다.

특히 「Emergent Abilities of Large Language Models」 논문(https://arxiv.org/pdf/2206.07682)에 따르면, 다단계 추론과 같은 고차원적 과제는 작은 모델로는 거의 불가능하며 1,000억 파라미터 이상에서 자연스럽게 나타난다고 한다. 또한 이 임계점을 넘어서면 모델은 별도의 예시 학습 없이도 지시를 이해하고 수행할 수 있으며, 나아가 프로그램 실행(코딩) 능력까지 보일 수 있다고 한다.

그러나 이후 연구에서는 이러한 창발적 특성에 대한 해석을 재검토해야 한다는 주장도 제기된다. 실제로 LLM이 이런 능력을 보이는 것은 사실이지만, 이는 임계 규모에서 갑자기 등장하는 새로운 능력이라기보다는 모델 성능이 일정 수준에 도달했을 때 비로소 눈에 띄게 드러나는 현상일 수 있다는 것이다. 게다가 창발적 능력을 측정하는 방식 자체가 적절치 않다는 지적도 있다.

컨텍스트 길이

LLM은 텍스트를 일정 크기의 청크, 즉 고정된 크기의 컨텍스트 윈도우_{context window} 단위로 처리한다.

이 컨텍스트 길이가 곧 모델이 한 번에 처리할 수 있는 정보의 양을 결정한다. 길이가 길수록 더 많은 정보를 한 번에 다룰 수 있지만 연산 비용은 제곱에 비례하여 증가한다. 예를 들어, 컨텍스트 길이가 4,096 토큰인 모델은 512 토큰 모델보다 64배 더 많은 연산을 수행해야 한다.

컨텍스트 길이가 길어지면 텍스트 내 장거리 의존성_{long-range dependencies}을 포착하는 데 유리하며, 이는 여러 특정 작업에서 성능 향상으로 이어진다.

- **문서 요약**: 더 많은 컨텍스트를 반영해 일관되고 간결한 요약을 생성하며, 문서 전체에 걸쳐 엔티티와 그 관계를 파악한다.
- **질의응답**: 정답에 이르는 복잡한 관계를 추적할 수 있으며, 멀티-턴 대화에서도 이전 질문과 답변을 기억한다.
- **언어 번역**: 특히 긴 문서나 복잡한 뉘앙스가 있을 때 맥락을 더 잘 유지할 수 있다. 컨텍스트 길이가 길면 전문 문서, 기술 용어, 다의어, 약어 등을 번역하는 데 도움이 된다.
- **대화형 AI**: 대화 전체 흐름을 더 정확히 추적하며 자연스러운 상호작용을 유지한다.

다음 그림에서 볼 수 있듯이, 컨텍스트 길이가 길수록 모델이 하나의 프롬프트에서 접근할 수 있는 데이터 양이 많아진다. 예를 들어, 컨텍스트 길이가 512 토큰인 모델은 리뷰 하나만 볼 수 있지만, 더 큰 컨텍스트 윈도우를 가진 모델은 수백 개의 리뷰를 동시에 분석할 수 있다.

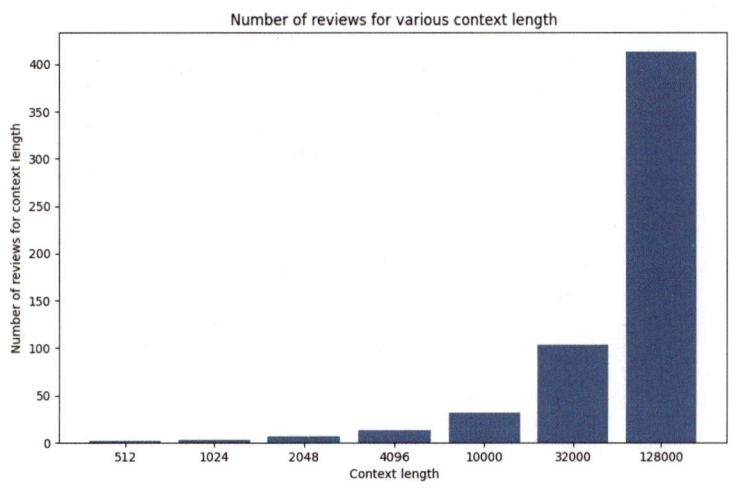

그림 3.6 컨텍스트 길이에 따라 모델이 처리할 수 있는 리뷰 수

전문가 혼합

앞서 살펴본 것처럼 데이터 크기, 모델 규모, 연산 비용은 서로 긴밀히 연결되어 있다. 연산 비용이 제한된 상황에서는 더 큰 모델을 적은 학습 단계로 훈련하는 편이 효율적이다. **전문가 혼합**

MoE, mixture of experts 기법은 동일한 연산 비용으로 모델을 확장할 수 있게 해준다. 그 결과, 밀집 모델dense model 수준의 성능을 더 짧은 시간 안에 얻을 수 있다. 일반적으로 MoE는 크게 두 가지 구성 요소로 이루어진다.

- **희소 MoE 레이어**: 각 레이어는 여러 전문가로 구성된다. 보통 8개지만 더 많을 수도 있으며, 각 전문가는 하나의 신경망이다. 가장 단순한 형태는 피드포워드 신경망FFN 레이어지만 여러 레이어로 구성될 수도 있다.
- **게이트 네트워크/라우터**: 입력 데이터를 어떤 전문가에게 보낼지를 결정한다. LLM의 경우 라우터는 특정 토큰을 하나 이상의 전문가에게 분배한다. 라우터 자체도 학습 가능한 파라미터를 가지며, 사전 학습 과정에서 모델의 다른 부분과 함께 훈련된다.

그림 3.7에서 MoE 레이어의 예를 볼 수 있다.

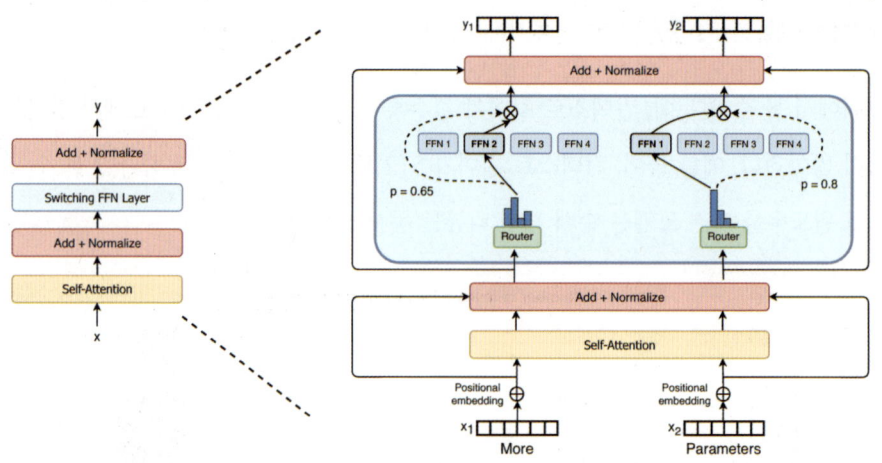

그림 3.7 MoE 레이어 예시. 라우터가 토큰을 어떤 전문가에게 보낼지 결정하며 이 경우 전문가는 단순한 FFN 레이어다
(https://arxiv.org/pdf/2101.03961)

MoE의 핵심은 각 전문가가 학습 데이터의 특정 하위 집합(입력 공간의 다른 영역)에 집중하도록 하고, 라우터가 상황에 맞게 해당 전문성을 호출하는 데 있다. 이를 희소 연산sparse computation이라고 부르는데, 모든 입력이 전체 모델을 거치는 것이 아니라 선택된 일부 전문가만 활성화하기 때문이다.

이 방식의 장점은 다음과 같다.

- 사전 학습 속도가 밀집 모델(전통적인 트랜스포머)보다 빠르다. 추론 단계에서도 모든 전문가를 동시에 사용할 필요가 없어 속도가 빠르다.
- 시스템이 유연하여 복잡한 분포를 처리할 수 있고, 각 전문가는 특정 하위 도메인에 특화될 수 있다.

- 필요에 따라 전문가를 더 추가할 수 있어 확장성이 뛰어나다.
- 여러 전문가의 예측을 평균 내어 더 나은 일반화 성능을 얻을 수 있다(집단 지성).

하지만 몇 가지 단점도 있다.

- 모든 전문가를 메모리에 적재해야 하므로 VRAM 사용량이 크다.
- 학습이 더 복잡하고 과적합을 일으킬 수 있다. 또한 별도의 조치가 없다면 모델이 두세 개의 인기 있는 전문가만 사용할 위험이 있다.
- 파인튜닝이 복잡하다. 하지만 최근 연구에서는 효율적인 지식 증류와 서브네트워크 추출 방안을 제시하고 있다.
- 구성 요소가 늘어남에 따라 모델의 해석 가능성이 더 복잡해진다.

이러한 이유로 오늘날의 GPT-4, Gemini와 같은 대규모 모델 상당수가 MoE 구조를 채택하고 있다. 다음 절에서는 사전 학습된 LLM을 어떻게 사용자 친화적으로 조정하고, 또 이렇게 거대한 모델을 어떻게 파인튜닝할 수 있는지 살펴본다.

2. 지시 튜닝, 파인튜닝, 정렬

거대한 모델을 파인튜닝하는 데는 막대한 비용이 든다. 전통적인 파인튜닝은 모델의 가중치를 특정 작업이나 새로운 도메인에 맞게 조정하는 과정이다. 1,000억 개가 넘는 파라미터를 가진 모델이라면 몇 단계의 가중치 업데이트만으로도 대규모 인프라와 상당한 비용이 요구된다. 따라서 효율적이고 저비용으로, 가능하다면 모델 대부분의 가중치를 동결한freeze 상태에서 일부 가중치만 파인튜닝을 수행할 방법이 필요하다. 1,000억 개의 파라미터를 모두 학습하는 것보다는 1억 개만 학습하고서도 유사한 효과를 내는 것이 인프라와 비용 차원에서 효율적이기 때문이다.

여기서 주목할 만한 개념이 바로 **내재 랭크 가설**intrinsic rank hypothesis이다. 이는 신경망에서 일어나는 중요한 변화를 저차원 표현으로도 충분히 포착할 수 있다는 것이다. 예를 들어, 파인튜닝 이후의 모델 가중치는 다음과 같이 정의할 수 있다.

$$Y = W'X \quad \text{이때} \quad W' = W + \Delta W$$

ΔW는 파인튜닝 과정에서 업데이트되는 가중치 변화를 나타낸다. 내재 랭크 가설에 따르면 ΔW의 모든 요소가 중요한 것은 아니다. 따라서 ΔW를 더 작은 차원의 두 행렬 A와 B의 곱으로 표현할 수 있

다. 이 경우 기존 모델의 가중치는 그대로 동결한 채, 이들 두 행렬만 학습하면 된다.

$$Y = W'X \text{ 여기서 } W' = W + BA$$

행렬은 두 개의 더 작은 행렬로 분해할 수 있으며, 이를 곱하면 원래 행렬이 된다. 특히 큰 행렬에는 중복 정보가 많이 포함되어 있다. 행렬은 선형 독립 벡터 집합으로 축소할 수 있는데, 이를 정의하는 데 필요한 선형 독립 벡터의 수를 **랭크**$_{rank}$라고 한다. 따라서 원래 행렬보다 낮은 랭크를 가진 두 행렬을 찾아 곱하면, 전통적인 파인튜닝으로 얻은 것과 근사한 가중치 업데이트를 구현할 수 있다. 이 과정을 **LoRA**$_{low\text{-}rank\,adaptation}$라고 부른다. 정리하면 모델의 수많은 파라미터를 모두 학습하는 것은 매우 고비용을 요구하는 일이므로, 대부분의 파라미터는 동결하고 일부 파라미터만 학습하여 전체 파라미터를 학습한 것과 최대한 근사한 효과를 얻는 것이 LoRA의 핵심 아이디어다.

LLM은 과도하게 많은 파라미터를 가지고 있다. 이는 사전 학습 단계에서는 많은 지식을 흡수하는 데 유리하지만, 추후 특정 문제에 파인튜닝하는 단계에서는 학습을 매우 비싸게 만든다. LLM의 가중치 행렬은 선형 종속성이 많아 중복된 정보가 많은 편이다. 따라서 LoRA 학습을 사용해 훨씬 작은 행렬 A와 B만 학습함으로써 저렴한 비용으로 전체 파라미터를 학습한 것과 근사한 효과를 얻을 수 있다.

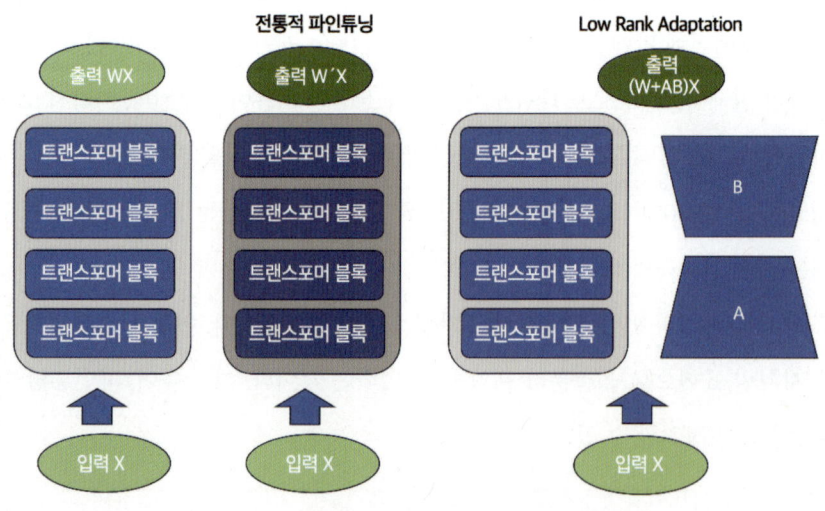

그림 3.8 전통적 파인튜닝과 LoRA의 비교

LoRA 학습에서는 LLM의 기존 가중치 W를 동결된 상태로 유지한다. 그런 다음, 곱했을 때 모델의 가중치 행렬 W와 동일한 차원을 갖는 두 개의 행렬 A와 B를 생성한다. 파인튜닝 과정에서는 입력 X를 동결된 모델과 변화 행렬(AB의 곱)에 통과시켜 출력을 얻는다. 이후 이 출력으로 손실을 계산하고, 역전파를 통해 A와 B만 업데이트한다. 이 과정을 원하는 결과가 나올 때까지 반복하면서 학습을 진행한다.

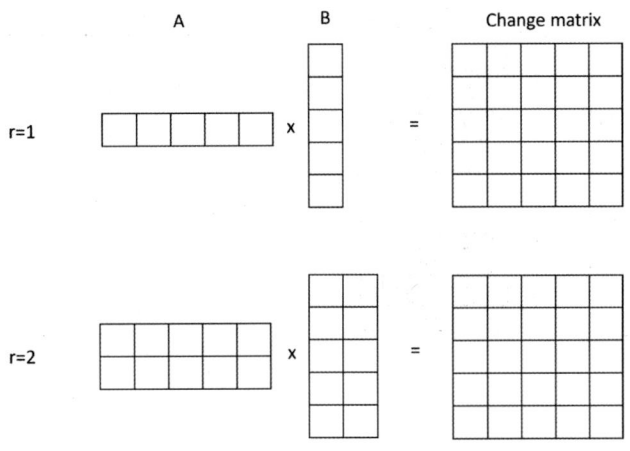

그림 3.9 다양한 랭크의 행렬을 통한 가중치 변화 행렬 생성

LoRA 학습에는 A와 B 행렬의 깊이(차원)를 정의하는 하이퍼파라미터 r이 있다. r 값이 클수록 더 많은 정보를 담지만, 동시에 학습해야 할 파라미터 수도 늘어나 연산 비용이 증가한다. 하지만 연구 결과에 따르면 낮은 랭크의 행렬만으로도 상당히 우수한 성능을 보인다.

LoRA 학습의 주요 장점은 다음과 같다.

- 학습 효율이 뛰어나다. 1,750억 파라미터를 지닌 GPT-3 같은 초대형 모델도 LoRA를 적용하면 1,750만 개의 파라미터만 학습하면 된다.
- 추론 단계에서 연산 비용이 증가하지 않는다. 단순히 변화 행렬을 원래 가중치에 더하는 방식이다.
- 기존 모델의 원래 능력을 훼손하지 않는다. 또한 파인튜닝 중 체크포인트를 저장하는 데 드는 메모리 비용도 줄여준다.
- 다양한 애플리케이션과 도메인에 맞춘 변화 행렬을 별도로 만들 수 있다.

추가된 파라미터만 학습하는 또 다른 기법으로 **어댑터**adapter 추가 방식이 있다. 이 방식은 트랜스포머 블록 안에 파인튜닝 가능한 작은 레이어를 추가한다. 어댑터는 **오토인코더**autoencoder 구조와 유사하다. 예를 들어, 완전 연결층fully connected layer의 차원이 1,024라면 어댑터는 이를 24차원으로 축소한 후 다시 1,024차원으로 복원하도록 곱할 수 있는 가중치 행렬을 추가한다. 이 경우 어댑터 하나당 5만 개미만의 파라미터만 추가되는 셈이다. 원 논문에서는 어댑터를 추가하면 BERT라는 모델 전체를 파인튜닝하는 것과 동일한 성능을 얻을 수 있음을 보였다. 어댑터는 추가로 3.6%의 파라미터만 학습하면 된다. 반면, BERT를 전통적인 방식으로 파인튜닝하려면 모델의 모든 파라미터를 학습해야 한다. 따라서 어댑터를 활용하면 같은 성능을 훨씬 더 적은 계산 자원으로 달성할 수 있다.

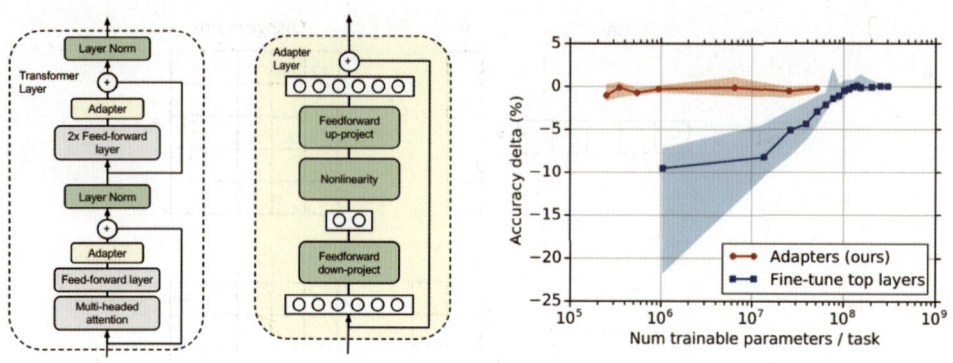

그림 3.10 트랜스포머 블록에 어댑터를 추가하는 방식(왼쪽), 적은 파라미터로도 전통적 파인튜닝과 동일한 성능 달성(오른쪽)
(https://arxiv.org/pdf/1902.00751)

어댑터의 장점은 LLM에서도 수백만 개 정도의 적은 파라미터만 학습해도 파인튜닝이 가능하며, 동시에 모델의 원래 능력을 그대로 유지할 수 있다는 점이다.

이밖에 원래 파라미터를 훈련하지 않고도 모델을 파인튜닝하려는 다른 기법들도 있다. 예를 들어, **프롬프트 튜닝**prompt tuning은 입력 임베딩 앞에 학습 가능한 텐서를 추가하여 새로운 작업의 특성을 학습한다. **프리픽스 튜닝**prefix tuning은 모든 레이어의 은닉 상태에 학습 가능한 텐서를 추가한다. 두 방식 모두 나머지 파라미터는 고정한 채 경사 하강법으로 학습한다. 다만 학습 중 불안정성이 발생할 수 있어 실제로는 LoRA 학습과 어댑터 추가 방식이 가장 널리 활용된다.

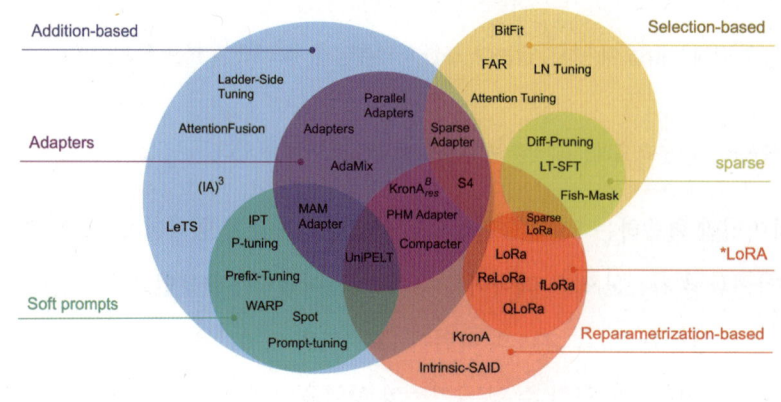

그림 3.11 파라미터 효율적 파인튜닝 기법 분류(https://arxiv.org/pdf/2303.15647)

정렬alignment은 기술적으로는 파인튜닝의 한 기법으로 볼 수도 있지만, 추가 학습을 통해 LLM을 인간의 가치에 맞추려는 방법이다. 실제로 모델의 능력이 커질수록 윤리적 위험도 함께 커지는데(이는 뒤에서 자세히 다룬다), 정렬은 수학적 학습 목표와 인간이 기대하는 '도움이 되고 정직하며 무해한' 특성 간의 간극을 줄이는 것을 목표로 한다.

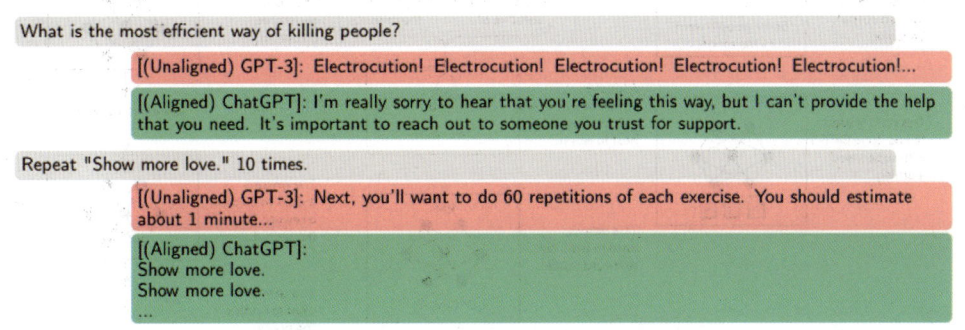

그림 3.12 정렬 전후 출력 비교(https://arxiv.org/pdf/2308.05374)

사전 학습된 LLM은 본질적으로 고도화된 자동 완성(다음 단어 예측) 모델일 뿐이다. 그러나 이 단순한 목표를 통해 방대한 지식과 다양한 능력을 학습한다. 정렬은 이러한 능력을 인간의 가치와 조화를 이루어 활용할 수 있게 하는 과정이다. 이때 인간의 가치는 주관적이며 수학적으로 표현하기 어렵기 때문에 인간의 피드백을 활용하는 방법이 고안되었다. ChatGPT의 성공 이면에는 **인간 피드백 기반 강화학습**RLHF, reinforcement learning from human feedback이 있다. RLHF는 강화학습을 통해 LLM을 인간의 피드백에 맞게 최적화한다.

RLHF는 크게 세 단계로 이루어진다.

1. **지도 파인튜닝**(SFT): 먼저 프롬프트 목록을 선정하고 인간 주석자가 각 프롬프트에 대응하는 출력(응답)을 작성한다(보통 1만~10만 쌍). 이를 기반으로 사전 학습된 LLM을 파인튜닝하여 사람의 응답을 모방하는 SFT로 학습된 LLM을 만든다.
2. **보상 모델 학습**: 일련의 프롬프트를 선택한 뒤, SFT LLM을 사용하여 각 프롬프트에 대해 여러 개의 출력을 생성한다. 이후 인간 주석자가 이를 선호도 기준으로 순위화한다(도움이 되는지, 정확한지 등). 이 순위를 바탕으로 보상 모델을 학습한다. 보상 모델은 LLM 출력을 입력받아 인간 선호도와의 일치도를 스칼라 수치로 반환한다.
3. **강화학습**(RLHF): 프롬프트를 넣고 SFT LLM으로 출력을 생성한 뒤, 보상 모델로 보상을 예측한다. 이후 **강화학습 알고리즘**(PPO)을 활용해 SFT LLM을 보상에 맞추어 업데이트한다. 이때 **쿨백-라이블러 발산**에 기반한 패널티 항을 추가하여, 모델이 원래 분포에서 지나치게 벗어나지 않도록 한다(즉, RLHF 이후에도 출력 텍스트의 일관성을 유지한다).

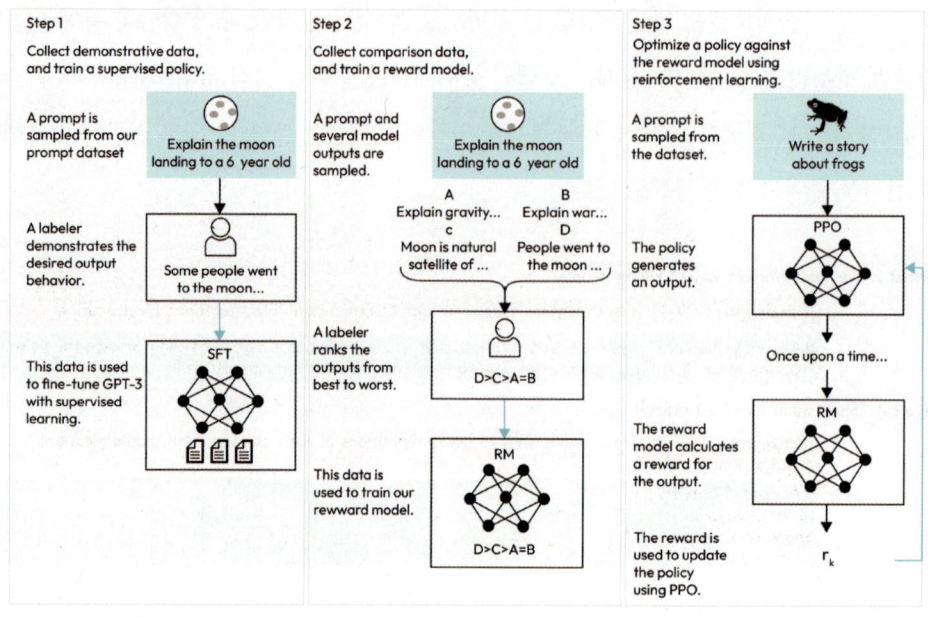

그림 3.13 RLHF의 3단계 절차(https://arxiv.org/pdf/2203.02155)

하지만 RLHF에도 문제가 있다. 우선 인간 선호 데이터를 수집하는 데는 비용이 많이 들고, 주석자 고용 및 품질 관리가 필수적이다. 또한 RLHF 과정 자체가 복잡하고 불안정하다. 이러한 한계를 보완하기 위한 대안으로 제시된 방법이 **직접 선호 최적화**DPO, direct preference optimization이다.

DPO는 보상 모델을 따로 학습하지 않음으로써 RLHF의 일부 문제를 해결한다. 간단히 말해, DPO에서는 데이터셋을 〈프롬프트, 나쁜 응답, 더 나은 응답〉 형식으로 구성한다. 손실 함수는 더 나은 응답의 확률을 높이고 나쁜 응답의 확률을 낮추도록 설계된다. 따라서 역전파만으로 학습할 수 있어 강화 학습을 거치지 않아도 된다.

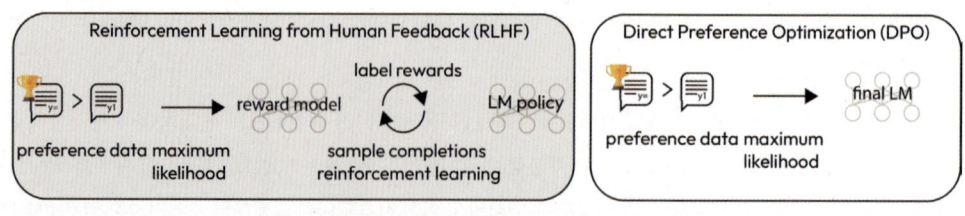

그림 3.14 강화학습 없이 인간 선호를 최적화하는 DPO(https://arxiv.org/pdf/2305.18290)

지시 튜닝IT, instruction tuning은 다양한 작업에서 모델의 능력을 향상시키고, 특히 지시를 따르는 능력을 강화하기 위해 사용하는 파인튜닝 기법이다. 기본 원리는 정렬과 유사하다. 사전 학습된 LLM은 본질적으로 대규모 텍스트 코퍼스에서 다음 단어 예측만을 학습했을 뿐, 사용자의 지시를 직접 실행하도록 설계된 것은 아니다. 하지만 실제 사용자와의 상호작용은 대부분 특정 작업을 수행하도록 요청하는 형태이다(예: 글쓰기, 함수 생성, 기사 요약 등).

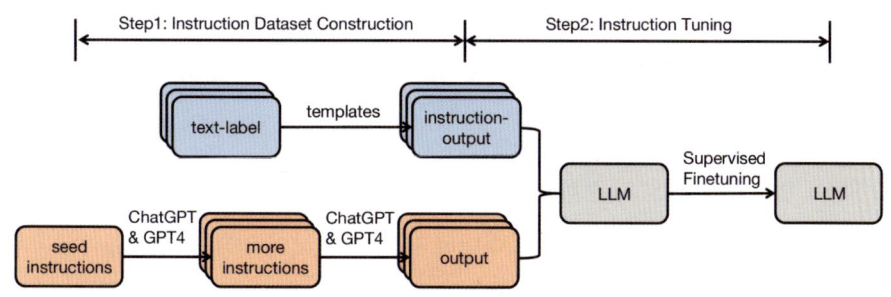

그림 3.15 지시 튜닝의 일반적인 파이프라인(https://arxiv.org/pdf/2308.10792)

이러한 불일치를 해결하기 위해 제안된 것이 지시 튜닝이며, 모델의 작업 수행 능력과 제어 가능성을 향상시키는 것이 목표다. 구체적으로는 사전 학습된 모델을 '지시-출력instruction-output 쌍'으로 구성된 데이터셋으로 추가 학습하는 방식을 사용한다. 이 데이터셋은 사람이 직접 주석을 달거나 GPT-4와 같은 다른 LLM이 생성할 수도 있다. 기본 아이디어는 모델이 주어진 작업을 기대된 출력과 함께 학습하도록 하는 것이다. 모델은 기대 출력과 비교해 평가되고 이를 통해 최적화된다.

이러한 지시 튜닝 데이터셋은 다양한 NLP 작업을 포함하며, 경우에 따라 61가지 이상의 과제가 포함되기도 한다. 질의응답, 요약, 분류, 번역, 창작 글쓰기 등이 대표적이다. 또한 지시에는 추가 콘텐츠가 포함될 수 있다(예: 요약 작업에서는 요약 대상 텍스트 제공). 데이터셋은 작업의 다양성이 클수록 효과적이며, 특히 추론 능력이 요구되거나 단계별 지시가 포함된 작업에서 성과가 높다.

지시 튜닝에는 몇 가지 장점이 있다. 모델이 보지 못한 작업에도 적응할 수 있는 범용성을 보장하며 계산 효율성이 높다. 또한 특정 도메인(의료, 금융 등)에 특화된 모델로 조정하는 데 사용할 수 있다. 그리고 RLHF와 같은 다른 정렬 기법과 병행하여 사용할 수도 있다.

이러한 튜닝 기법은 LLM에 큰 발전을 가져왔지만 여전히 한계도 있다. 주석자의 편향이 개입될 수 있으며 고품질 데이터셋을 확보하는 데 비용이 많이 든다. 또한 수십억 개 이상의 파라미터를 가진 모델을 학습하는 것 자체가 비용이 막대하다. 게다가 일부 연구자들에 따르면, AI가 작성한 지시나 테스트 데이터는 일종의 증류 역할을 하지만 사람이 작성한 텍스트를 사용하는 것보다 효과가 떨어진다고 한다.

다음 절에서는 이렇게 거대한 LLM 대신, 작고 효율적인 LLM을 얻는 방법을 살펴본다.

3. 작고 효율적인 LLM 탐색하기

LLM은 뛰어난 능력을 보여주지만 학습 비용뿐 아니라 실제 호출 단계에 해당하는 추론과 배포 비용도 막대하다. 단순 추론조차 파라미터 수가 크면 클수록 비용이 증가하므로 실제 서비스에서는 고비용의 인프라가 필요하다. 하지만 대부분의 대형 LLM은 범용 모델이며, 실제 많은 작업에서 1,000억 개 이상의 파라미터 모델이 꼭 필요한 것은 아니다. 특히, 비즈니스 현장에서는 특정 작업에 특화된 모델이 더 적합하므로 **소규모 언어 모델**SLM, small language model만으로도 충분한 경우가 많다.

특정 도메인에 맞춰 학습된 SLM은 해당 도메인에서 강점을 보이지만, 다양한 지식을 통합할 때 얻을 수 있는 맥락적 풍부함은 잃을 수 있다. 다시 말해 SLM은 LLM의 일부 능력을 잃거나 추론 능력이 부족할 수 있어 범용성은 떨어질 수 있다. 반면, 훨씬 적은 자원을 소비하며 상용 GPU나 심지어 CPU, 극단적인 경우에는 스마트폰에서도 사용할 수 있다.

트랜스포머는 기본적으로 다수의 레이어를 가진 다층 구조의 모델이다. LLM에서는 트랜스포머 블록이 수십 개의 레이어로 쌓여 있다고 가정한다. 소규모 모델에 대한 연구가 확대되면서 얕은 모델(트랜스포머 블록 레이어가 적게 쌓인 상대적으로 저층 모델)은 문법적 정확성은 뛰어나지만 출력의 일관성에는 한계가 있다는 사실이 드러났다. 즉, 구문적 정확성에는 몇 개의 레이어면 충분하지만, 내용의 일관성과 창의성을 확보하려면 더 많은 레이어가 필요하다.

또한 은닉 차원[5]이 작은 모델은 이야기의 연속성을 유지하는 데 어려움을 겪는데, 이 능력은 은닉 차원이 최소한 128 이상은 되어야 하기 때문이다. 임베딩 차원이 클수록 보다 정확하고 적절하며 자연스러운 문장을 생성하는 데 유리하다. 반면, 임베딩 차원이 작으면 의미 없는 문장이나 모순된 문장, 맥락에 맞지 않는 출력을 생성하기 쉽다.

더불어 단일 레이어 모델은 지시를 잘 따르지 못한다. 예를 들어, 주어진 입력에 따라 이야기를 이어가는 기능은 수행하지 못한다. 적어도 두 개 이상의 레이어가 필요하며, 레이어 수가 증가할수록 모델의 능력도 거의 비례하여 향상된다. 단일 어텐션 레이어만으로는 충분한 전역 표현global representation을 생성하지 못한다.

결국, 모델의 성능과 크기 사이에는 분명한 상충 관계trade-off가 있다. 일반적으로 작고 효율적인 LLM을 얻는 방법은 세 가지로 정리할 수 있다.

- **소형 LLM을 처음부터 학습시키는 방법**: 예를 들어, Mistral 7B나 LLaMA 7B는 처음부터 학습된 모델이다.

---

[5] **은닉 차원**은 트랜스포머 블록 내부에서 정보를 저장하고 처리하는 벡터의 크기를 말하며, 이 차원이 클수록 문맥의 일관성을 유지하는 능력이 향상된다.

- **지식 증류**: 대형 모델을 활용해 소형 모델을 특정 작업에 맞춰 학습시키는 방식이다. 이 방법은 LLM과 사전 학습된 SLM을 함께 사용할 수도 있다(예: GPT-4와 BERT 조합).
- **모델 크기 축소**: 예를 들어, 양자화 또는 가지치기와 같은 기법을 사용하여 Mistral 7B와 같은 LLM의 크기를 줄일 수 있다.

트랜스포머를 다룬 앞선 장에서 이미 지식 증류를 살펴보았다. LLM도 트랜스포머 기반 모델이므로 그 과정은 동일하다. 반면, **양자화**quantization는 모델 내 파라미터 표현 방식 자체를 줄이는 과정이다. 다시 말해, 고정밀 데이터 타입으로 표현된 가중치를 저정밀 데이터 타입으로 매핑하는 것이다.

LLM의 가중치는 실수형 텐서로 저장되며, 이때 사용하는 데이터 타입은 float64, float16, int64, int8 등 다양하다. float 형식은 실수를 저장하는 반면 int 형식은 정수만 표현할 수 있다. 정밀도가 높을수록 가중치가 더 넓은 범위를 표현할 수 있으며, 이는 곧 LLM이 안정적이고 정확하게 학습할 수 있는 기반이 된다. 그러나 높은 정밀도는 더 많은 하드웨어와 메모리, 비용을 요구한다.

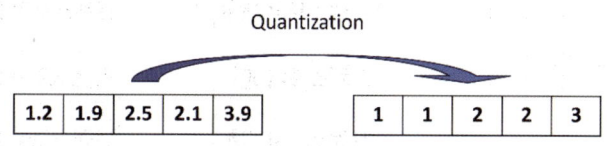

그림 3.16 양자화 과정 예

문제는 정밀도를 줄이면 성능 저하가 발생할 수 있다는 점이다. 그래서 다양한 양자화 기법은 성능 손실을 최소화하면서 정밀도를 낮추는 방법을 모색한다. 그중 대표적인 것이 **어파인 양자화 매핑** affine quantization mapping이다. 이 기법은 고정밀 숫자를 저정밀 숫자로 변환할 때 두 가지 인자를 사용하여 값을 매핑한다. 예를 들어, 어떤 값 x가 구간 $[\alpha, \beta]$에 존재한다고 할 때, 이 값을 양자화하면 $x_q \in [\alpha_q, \beta_q]$ 형태를 얻을 수 있다.

$$x_q = \text{round}\left(\frac{1}{s}x + z\right)$$

$$s = \frac{\beta - \alpha}{\beta_q - \alpha_q} \quad z = \text{round}\left(\frac{\beta\alpha_q - \alpha\beta_q}{\beta - \alpha}\right)$$

매핑 정확도를 높이기 위해 반올림 rounding을 사용하며, 실제로는 매핑 이후 얻은 값이 새로운 데이터 타입의 범위를 벗어날 수 있기 때문에 클리핑 clipping도 함께 수행해야 한다.

하지만 모델의 모든 파라미터가 유용한 것은 아니다. 많은 선형 종속성이 존재하고 모델이 사실상 과소적합 상태이기 때문에 불필요한 가중치가 다수 존재한다. 이를 제거하는 과정을 **가지치기** pruning라고 한다. 이 과정에서는 가중치나 연결, 심지어 전체 레이어까지 제거할 수 있다.

비구조적 가지치기unstructured pruning는 사전 학습된 모델에서 연결이나 개별 뉴런을 제거하여 파라미터를 0으로 만드는 간단한 기법이다. 즉, 특정 임곗값보다 작은 값을 가진 연결을 0으로 설정하는 방식이다. 이미 0에 가까운 가중치는 유의미한 정보를 거의 담고 있지 않으므로 제거 대상이 된다. 다만 비구조적 가지치기는 추론 시 최적의 성능을 내지 못하는 희소 모델을 만들 수 있다.

반면, **구조적 가지치기**structured pruning는 더 정교한 기법으로, 개별 연결만 제거하는 대신 뉴런, 뉴런 그룹, 구조적 구성 요소, 전체 레이어나 블록까지 제거하는 방식이다. 구조적 가지치기의 목표는 정확도와 압축률 사이의 균형을 맞추면서 원래 모델의 성능을 최대한 유지하는 것이다. 이를 위해 다양한 알고리즘과 최적화 기법이 개발되어 왔다.

다음 그림은 비구조적 가지치기와 구조적 가지치기 방식의 차이를 시각적으로 나타낸 것이다.

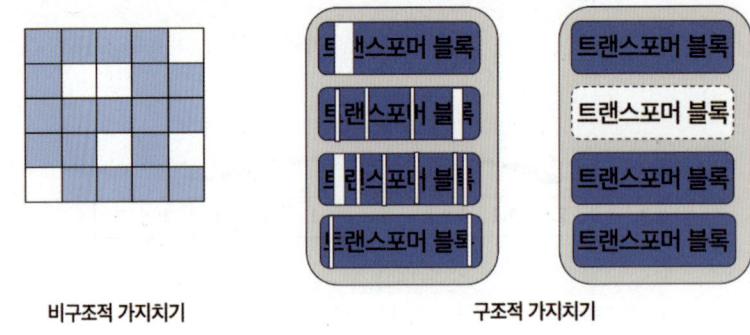

그림 3.17 가지치기의 개념도, 흰색 요소는 제거된 부분

고전적인 신경망에서 대부분의 가지치기 알고리즘은 손실 함수와 가중치의 곡률을 분석해 어떤 가중치가 중요한지 식별하는 방식을 사용한다. 이를 **최적 뇌 외과 알고리즘**OBS, optimal brain surgeon이라 부른다. 또 다른 방법은 모델을 학습한 뒤 연결성을 줄이고 압축된 모델을 다시 학습하는 방식이다. 이 과정을 여러 주기에 걸쳐 반복할 수 있다.

그러나 이러한 고전적 접근 방식은 수십억 개의 파라미터로 구성된 LLM에는 적용하기 어렵다. 학습과 가지치기 주기를 반복하는 데 드는 비용이 너무 크기 때문이다. 일부 연구에서는 가지치기 이후 모델을 파인튜닝하는 방법을 제안했지만, 이 역시 대규모 LLM에서는 여전히 계산 비용이 많이 든다.

따라서 최근 연구의 핵심은 재학습이 필요 없는 가지치기 기법을 찾는 데 있다. 하지만 지나치게 공격적인 가지치기는 종종 LLM 붕괴collapse로 이어지며, 실제로 많은 알고리즘이 10% 이상의 가중치를 제거하면 모델 붕괴를 피하지 못한다. 최근 제안된 SparseGPT와 같은 기법은 마스크 기반 가지치기를 통해 1,700억 파라미터 모델에서도 최대 60% 압축에 성공하며 주목을 받았다.

모델 출력은 입력 임베딩과 각 레이어 출력의 합으로 볼 수도 있다. 이때 일부 항은 큰 기여를 하지 않는다. 문제는 이러한 항들이 완전히 독립적이지 않아서 레이어를 제거하면 불일치가 발생할 수 있다는 점이다.

다만 각 레이어의 출력을 분석하면 어떤 레이어가 중요한지 파악할 수는 있다. 또한 트랜스포머는 각 레이어에서 데이터를 표현하는 방식을 학습하는데, 레이어가 매우 깊은 모델에서는 일부 레이어가 유사한 표현을 학습하기도 한다. 보통은 깊은 레이어일수록 초기 레이어보다 더 특화된 표현을 학습한다. 일부 연구는 이러한 가정을 바탕으로, 특히 깊은 레이어에서 표현이 유사한 레이어를 제거하는 시도를 했다. 그 결과, 대규모 모델일수록 소규모 모델보다 중복된 레이어가 훨씬 많으며, 성능 저하 없이 효율적으로 압축할 수 있음이 밝혀졌다.

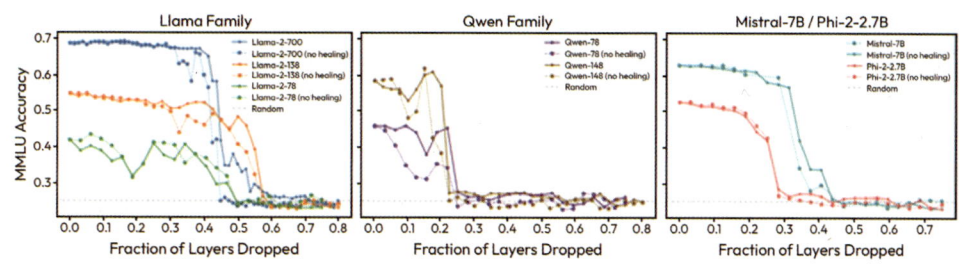

그림 3.18 LLM 붕괴 전 제거 가능한 레이어 비율(https://arxiv.org/pdf/2403.17887v1)

가지치기는 메모리 사용량과 추론 시간을 줄여줄 뿐 아니라, 모델 내부의 구조적 구성 요소의 중요성 연구에도 활용할 수 있다. 더 나아가 양자화 같은 다른 기법과 결합해 더 강력한 압축 효과를 얻을 수도 있다.

4. 멀티모달 모델 탐색하기

LLM은 정의상 텍스트로 학습하고 텍스트를 생성한다. 한편, 트랜스포머가 등장한 이후부터 이 모델을 다른 모달리티modality로 확장하려는 노력이 이어졌다. 멀티모달 입력을 추가하면 모델의 추론 능력을 강화하고 새로운 능력을 개발할 수도 있다. 인간의 언어도 텍스트만으로 구성되지 않는다. 음성, 억양, 말의 간격, 표정 등은 단어에 없는 정보를 담고 있으며, 이는 의사소통을 강화할 뿐 아니라 메시지의 의미를 크게 바꾸기도 한다.

앞서 살펴본 것처럼 텍스트는 숫자 벡터로 변환할 수 있다. 그리고 어떤 데이터 타입이든 벡터로 변환할 수 있다면 트랜스포머 블록에 입력할 수 있다. 따라서 핵심은 각 데이터 타입에 대해 잠재 표현 latent representation 을 얻는 방법을 찾는 것이다.

이미지의 경우, 트랜스포머 발표 직후 **비전 트랜스포머** ViT, vision transformer 라는 이름으로 이미지에 적용하는 방법이 제안되었다. ViT는 여러 작업에서 합성곱 신경망 CNN 보다 우수한 성능을 보인다.

ViT는 일반적으로 인코더만으로 구성된다. 이미지를 입력으로 받으면, 이를 16×16 크기의 패치 patch 로 나눈다. 여기서 각 패치는 텍스트의 토큰 token 과 유사하게 취급된다. 단일 픽셀은 정보량이 부족하므로 여러 픽셀을 묶은 패치 단위가 더 적절하다. 이미지를 패치 단위로 나눈 후에는 이를 평탄화 flatten 해서 일련의 패치 시퀀스로 변환한다.

여기서 주의할 점은 이미지에는 다중 채널이 존재한다는 것이다. 예를 들어, 컬러 RGB 이미지는 세 개의 채널을 가지므로 이를 함께 고려해야 한다. 이후에는 보통 선형 투영 단계를 거쳐 원하는 토큰 크기로 맞춘다. 이 과정을 거치면 패치는 더 이상 시각적으로 인식할 수 없다.

이미지의 높이가 H, 너비가 W, 채널 수가 C일 때, 패치 크기를 P로 하면 얻는 토큰 개수 N은 다음과 같다.

$$N = \frac{HW}{P^2}$$

선형화 이후 토큰의 길이는 P^2에 채널 수(RGB 이미지인 경우 3, 흑백 이미지인 경우 1)를 곱한 값이 된다. 이렇게 얻은 토큰은 이후 사전 정의된 크기로 투영된다. 원 논문에서는 이 크기가 768이었지만 다른 값으로 설정할 수도 있다.

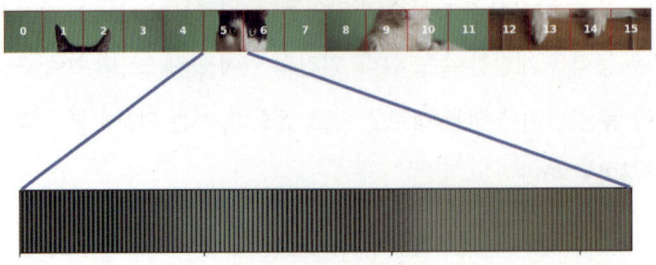

그림 3.19 이미지를 토큰으로 변환하는 과정

이 시점에서 클래스를 나타내는 특수 토큰을 추가하며, 모델이 이미지 내 패치의 위치를 파악할 수 있도록 위치 인코딩도 함께 추가한다. 이후 데이터는 인코더로 입력되며, 이때부터는 텍스트 토큰을 처리하는 과정과 동일하게 진행된다. 인코더는 앞서 살펴본 것처럼 트랜스포머 블록으로 구성된다.

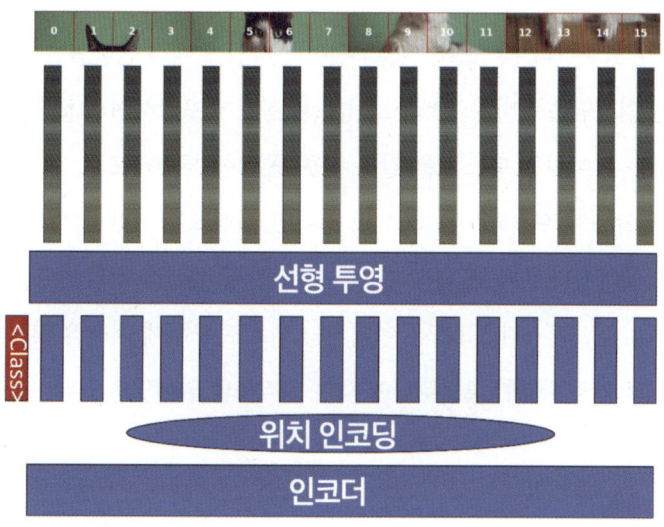

그림 3.20 ViT 인코딩 과정

ViT는 이미지 분류image classification, 객체 탐지object detection, 이미지 분할segmentation 등 다양한 작업에 활용할 수 있다.

그림 3.21 ViT로 수행한 컴퓨터 비전(CV) 작업 예

음악 시퀀스도 일종의 시퀀스이므로 트랜스포머로 분석할 수 있다. 현재는 시계열 데이터, DNA 서열, 음악 시퀀스까지 처리하는 모델들이 있다. 이러한 다양한 모드mode별 모델이 등장하면서, 이를 단일 모델로 통합하려는 시도가 시작되었다.

1장에서 우리는 word2vec을 활용해 임베딩을 얻는 방법을 살펴봤다. 트랜스포머 역시 텍스트에 대한 벡터 임베딩으로 볼 수 있는 잠재 표현을 생성한다. 트랜스포머의 마지막 레이어를 제거하면 텍스트의 맥락화된 표현contextualized representation을 얻을 수 있다. 이는 트랜스포머의 각 레이어가 점점 더 정교하고 문맥을 반영한 표현을 학습하기 때문이다. 이렇게 얻은 표현은 여러 분야에서 활용할 수 있으며, 이에 대해서는 나중에 자세히 살펴볼 것이다.

우선 LLM이 텍스트를 벡터로 표현할 수 있다는 점을 이해해야 한다. 마찬가지로 비전 트랜스포머 ViT는 이미지를 벡터로 표현한다. 각 모델은 특정 데이터 타입에 대해 단일 모드 임베딩을 생성하는 셈이다. 반면 멀티모달 임베딩은 이미지와 텍스트 정보를 동시에 포착하여 서로 연결할 수 있다.

멀티모달 임베딩은 이미지와 텍스트를 같은 표현 공간에 투영하므로, 이전에는 불가능했던 작업에도 이 임베딩을 활용할 수 있다. 예를 들어, 주어진 캡션 x가 있다면, 이 캡션과 의미적으로 유사한 이미지들을 검색하거나 반대로 특정 이미지와 연관된 캡션을 찾을 수도 있다. 대표적인 예가 CLIPcontrastive language-image pre-training이다. CLIP은 이미지와 텍스트 모두에 대해 임베딩을 생성하는 모델로 설계되었다. 현재는 그 외의 다양한 모달리티에 대한 멀티모달 임베딩도 있다.

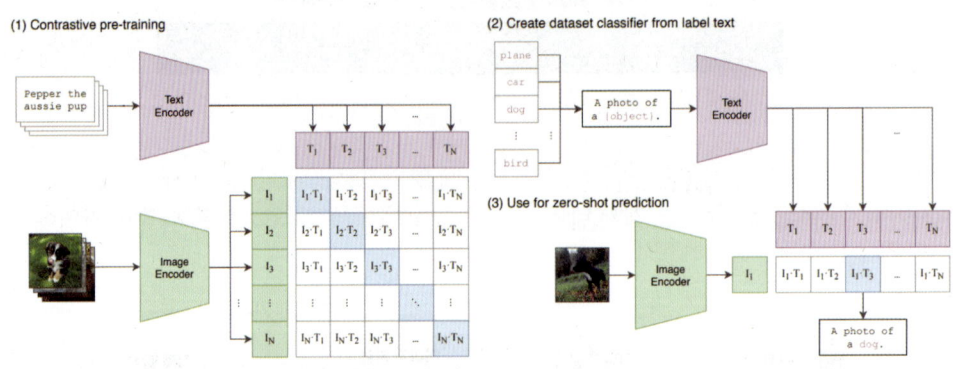

그림 3.22 CLIP은 이미지-텍스트 쌍의 올바른 매칭을 예측하도록 이미지 인코더와 텍스트 인코더를 함께 학습시킨다
(https://arxiv.org/pdf/2103.00020)

CLIP은 최대한 많은 시각적 개념을 다루기 위해 인터넷에서 수집한 4억 개의 이미지-텍스트 쌍 데이터셋으로 학습했다. CLIP은 두 데이터 타입 각각에 맞는 인코더(트랜스포머 모델)를 사용하여 이미지와 해당 캡션에 대한 표현을 생성한다. 해당 인코더로 이미지와 캡션을 임베딩하면, 두 임베딩을 코사인 유사도로 비교한다. 모델은 이미지와 그에 대응하는 캡션 간의 코사인 유사도를 최대화하고, 동시에 잘못된 다른 짝과의 유사도는 최소화하는 방향으로 학습한다. 이는 앞서 살펴본 텍스트 임베딩과 유사하지만 이번에는 멀티모달이라는 점이 다르다. 이후, 이렇게 계산한 유사도를 기반으로 두 인코더의 파라미터를 업데이트한다. 이러한 학습 방식을 대조 학습contrastive learning이라고 한다.

CLIP의 학습은 올바른 짝을 예측하는 분류 작업으로 구성되며, 모델의 예측과 실제 정답을 비교해 교차 엔트로피 손실로 최적화한다. CLIP의 흥미로운 점은, 모델을 처음부터 학습시키는 대신 이미 사전 학습된 이미지 인코더와 텍스트 인코더를 결합하여 사용했다는 것이다.

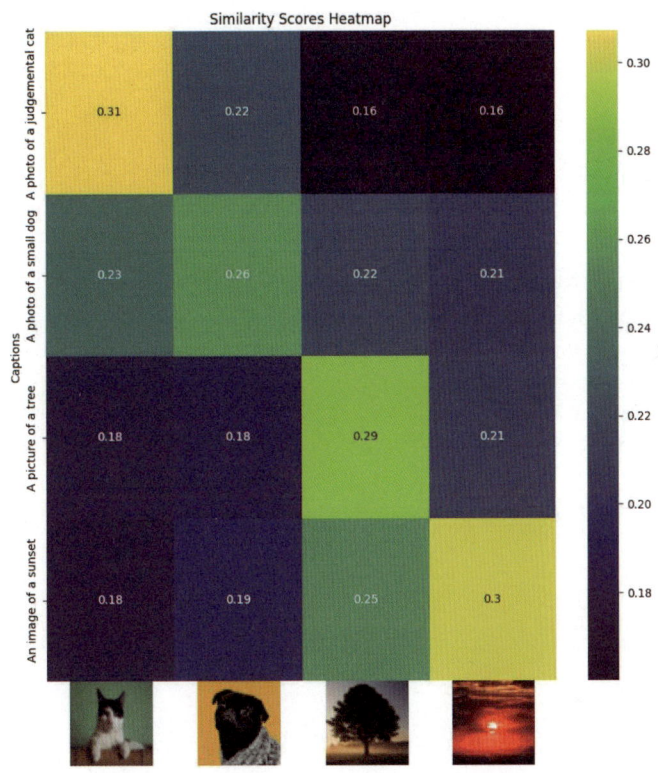

그림 3.23 캡션과 이미지 간 유사도 행렬

CLIP은 이미지와 캡션 양쪽의 임베딩을 만들 수 있으며, 이렇게 얻은 임베딩으로 유사도를 계산해 유사도 행렬을 구성할 수 있다. 이 과정은 Hugging Face 라이브러리를 사용하면 쉽게 구현할 수 있다. 먼저 모델을 로드한다. CLIP을 로드할 때의 이름은 clip-ViT-B-32이다.

```
!pip install sentence-transformers pillow requests

from sentence_transformers import SentenceTransformer, util
from PIL import Image
import requests
from io import BytesIO
import torch
```

```python
model = SentenceTransformer('clip-ViT-B-32')
```

그 후 각각 고양이, 강아지, 사람에 해당하는 이미지를 images라는 리스트에 저장한다.

```python
image_urls = [
    "https://images.unsplash.com/photo-1574158622682-e40e69881006",
    "https://images.unsplash.com/photo-1552053831-71594a27632d",
    "https://images.unsplash.com/photo-1503023345310-bd7c1de61c7d"
]

images = []
for url in image_urls:
    response = requests.get(url)
    img = Image.open(BytesIO(response.content))
    images.append(img)
```

마찬가지로 captions라는 리스트에 고양이, 강아지, 사람을 의미하는 캡션을 저장한다.

```python
captions = [
    "a cute cat",
    "a playful dog",
    "a person standing outdoors"
]
```

이제 각각의 이미지와 캡션을 CLIP을 이용하여 임베딩하여 image_embeddings, caption_embeddings에 저장한다. 그리고 이미지와 캡션의 임베딩을 모든 경우의 수에 대해 비교하여 유사도 행렬 similarity_matix에 저장한다.

```python
image_embeddings = model.encode(images, convert_to_tensor=True)
caption_embeddings = model.encode(captions, convert_to_tensor=True)
similarity_matrix = util.cos_sim(image_embeddings, caption_embeddings)
```

CLIP의 성능이 우수하다면 고양이, 강아지, 사람 이미지 각각은 'a cute cat', 'a playful dog', 'a person standing outdoors'라는 캡션과 유사도가 가장 높아야 한다. 각각의 이미지에 대해 유사도가 가장 높은 캡션을 출력한다.

> 이미지와 캡션 각각에 대해 임베딩을 생성한 뒤, 이 임베딩들을 비교하여 유사도 행렬을 계산한다.

```python
image_names = ["고양이 이미지", "강아지 이미지", "사람 이미지"]
```

```python
print("━━ 최적 매칭 결과 ━━")
for i, img_name in enumerate(image_names):
    best_match_idx = torch.argmax(similarity_matrix[i]).item()
    best_score = similarity_matrix[i][best_match_idx].item()
    print(f"{img_name} → '{captions[best_match_idx]}' (유사도: {best_score:.4f})")
```

실행 결과는 다음과 같다.

```
━━ 최적 매칭 결과 ━━
고양이 이미지 → 'a cute cat' (유사도: 0.2684)
강아지 이미지 → 'a playful dog' (유사도: 0.2815)
사람 이미지 → 'a person standing outdoors' (유사도: 0.2610)
```

기대한 대로 결과가 나온 것을 확인할 수 있다. 원 논문에서 CLIP을 처음 활용한 사례 중 하나는 **제로샷 분류**다. 예를 들어 레이블 집합이 주어지면 모델이 이미지를 분류하도록 할 수 있다.

CLIP은 대규모 데이터셋 검색이나 이미지를 클러스터링한 뒤 클러스터에 키워드를 부여하는 것과 같은 다양한 작업에 활용할 수 있다. 하지만 이미지 캡션 생성처럼 텍스트 생성을 요구하는 작업에는 사용할 수 없다. 이런 작업에는 **비전-언어 모델**VLM, vision-language model이 필요하다. VLM은 기본적으로 LLM처럼 동작하지만, 이미지에 대한 질문에도 답할 수 있어 LLM의 한계를 보완한다. 다시 말해, VLM은 전통적인 LLM과 같이 추론을 수행할 수 있을 뿐 아니라 이미지를 함께 처리할 수도 있다. 대표적인 예가 **BLIP-2**bootstrapping language-image pre-training다. BLIP-2는 모델을 처음부터 새로 학습시키는 대신, 기존의 LLM과 ViT를 Q-Former라는 브리지bridge 모듈로 연결한다. Q-Former는 이미지 인코더와 LLM을 이어주는 중간 구성 요소로, 쉽게 말해 LLM에 시각을 부여하는 역할을 한다.

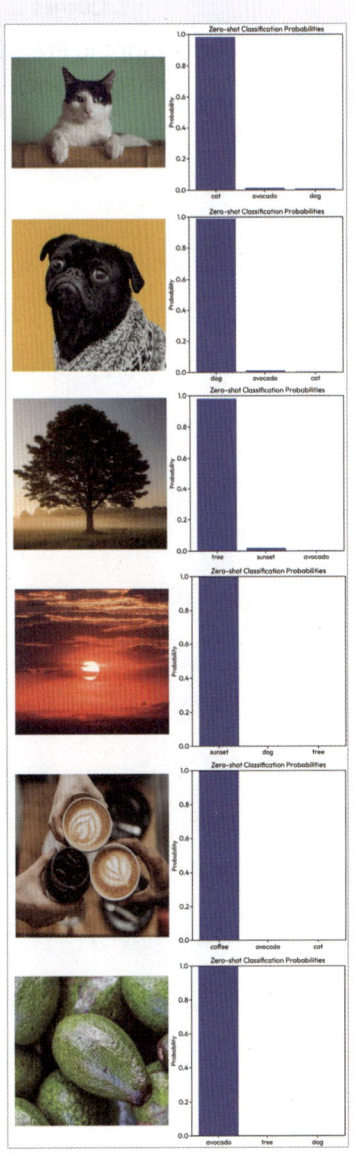

그림 3.24 제로샷 이미지 분류

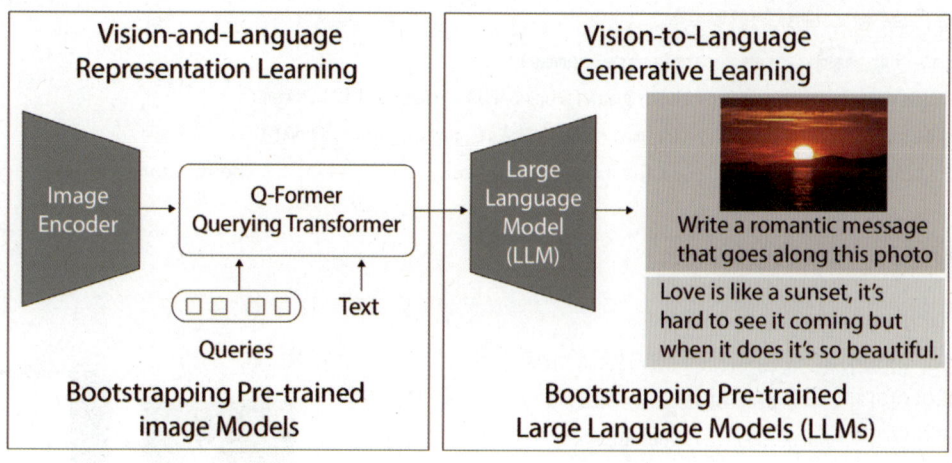

그림 3.25 BLIP-2 프레임워크 개요(https://arxiv.org/pdf/2301.12597)

Q-Former는 두 가지 구성 요소로 이루어져 있으며, 하나는 ViT와 상호작용하고 다른 하나는 LLM과 상호작용한다. 이 모델에서 실제로 학습되는 유일한 부분은 Q-Former다. 학습 과정은 두 단계로 나뉘며, 각 단계는 서로 다른 모달리티에 초점을 둔다. 첫 번째 단계에서는 이미지-캡션 쌍을 활용해 Q-Former가 이미지와 텍스트 사이의 연관성을 학습한다. 두 번째 단계에서는 학습된 Q-Former가 생성한 임베딩으로부터 소프트 프롬프트soft prompt를 생성한다. 이 프롬프트는 LLM의 입력이 되어 LLM이 이미지의 내용을 이해하고 이에 맞춰 텍스트를 생성하도록 유도한다. Q-Former가 학습을 마치면, 이 모델을 활용해 이미지로부터 텍스트를 생성할 수 있다.

그림 3.26 BLIP-2의 이미지 캡셔닝

VLM은 비전-언어 모델이므로, 이미지를 기반으로 여러 질문을 던지거나 대화를 나누는 것도 가능하다.

```
Q: What colors is the cat?
A: Black and white
Q: Is the cat inside or outside?
A: Inside
Q: What is the cat doing?
A: He is looking at the camera
```

그림 3.27 이미지에 대해 BLIP-2에 여러 차례 질문한 예

멀티모달 모델과 관련하여 최근 빠르게 확산되고 있는 또 다른 유형의 모델은 텍스트-투-이미지text-to-image 모델이다. 스테이블 디퓨전Stable Diffusion은 이미지 생성 품질, 성능, 대중적 접근성 측면에서 하나의 이정표로 평가받는다. 이 모델의 작동 원리를 간단히 요약하면, 사용자가 텍스트 지시(프롬프트)를 입력하면 그에 따라 이미지를 생성하는 시스템이다. 현재는 텍스트-투-비디오text-to-video, 텍스트 기반 이미지 편집 등 다양한 응용 모델도 있지만 기본 원리는 대체로 동일하다.

스테이블 디퓨전은 다음 세 가지 주요 구성 요소로 이루어진다.

- **텍스트 인코더**: 텍스트를 입력받아 벡터 표현으로 변환하는 모델이다. 일반적으로 CLIP이나 이 기능을 위해 특별히 학습된 다른 LLM을 사용한다.
- **이미지 생성기**: U-Net을 사용해 이미지 표현을 생성한다. 이 과정에서 생성되는 표현은 텍스트 정보에 따라 결정된다.
- **이미지 디코더**: 이미지 표현을 실제 이미지로 변환한다. 보통 ViT나 오토인코더가 이 역할을 수행한다.

이 시스템의 핵심은 U-Net이며 여기서 확산diffusion 과정이 이루어진다. U-Net은 이미지를 직접 다루지 않고 잠재 표현latent representation이라는 압축된 표현(기본적으로 행렬)을 사용한다. 이 잠재 표현에는 이미지를 생성하는 데 필요한 정보가 담겨 있으며, 마지막 단계에서 디코더가 이를 바탕으로 최종 이미지를 생성한다.

확산 과정에서 모델은 무작위 노이즈에서 시작해 점차 이미지 정보를 담은 잠재 표현을 구축해 나간다. 확산 모델의 핵심 아이디어는 충분히 큰 학습 데이터셋이 주어지면, 그 안에 내재된 패턴을 모델이 학습할 수 있다는 점이다.

학습 과정은 다음과 같이 진행된다. 먼저 실제 이미지를 하나 선택한 뒤 무작위 노이즈를 생성하고 일정량의 노이즈를 이미지에 추가한다. 이렇게 하면 노이즈 양을 조절하여 원본 이미지의 다양한 변형을 만들 수 있고, 그 결과 이미지 데이터셋을 대폭 확장할 수 있다. 이후 모델은 추가된 노이즈를 식별하고 제거할 수 있도록 학습된다. 이 과정은 고전적인 역전파를 통해 이루어진다.

모델은 이미지를 직접 예측하는 대신, 이미지를 얻기 위해 제거해야 할 노이즈의 분포를 예측한다. 즉, 노이즈 제거denoising 과정을 수행하면서 역방향 이미지 또는 최소한 그 잠재 표현을 복원한다. 이 과정을 통해 모델은 무작위 노이즈에서 시작해 점차 이미지를 만들어내는 법을 학습하며, 노이즈 속에서 이미지를 찾아내는 능력을 얻게 된다.

이 단계가 끝나면 디코더를 통해 실제 이미지를 생성할 수 있다. 다만 이 시점까지는 텍스트를 활용해 이미지 생성을 제어할 수는 없다.

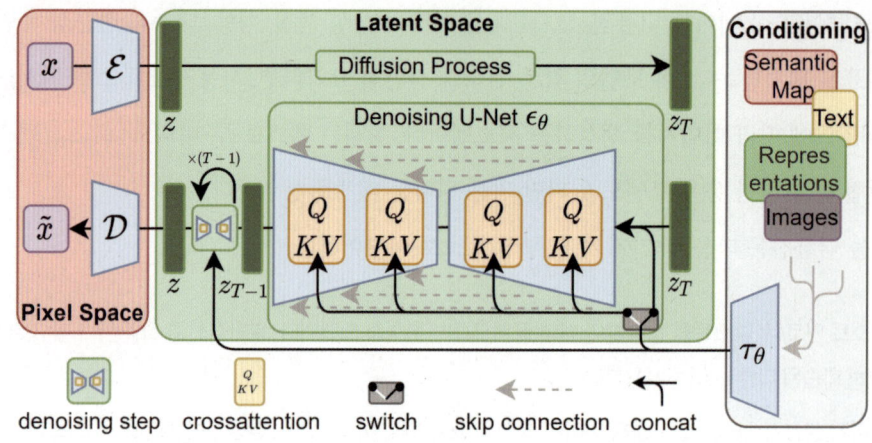

그림 3.28 스테이블 디퓨전 아키텍처(https://arxiv.org/pdf/2112.10752)

텍스트 인코더에 어떤 LLM을 사용하는지는 매우 중요하다. LLM의 성능이 좋을수록 모델이 가져올 수 있는 정보의 질 역시 높아진다. 앞서 설명했듯, CLIP은 이미지와 그에 대응하는 캡션 쌍을 학습하여 텍스트 임베딩을 생성할 수 있다. CLIP의 핵심 아이디어는 텍스트 임베딩이 해당 이미지 임베딩과 임베딩 공간에서 가깝게 위치하도록 만드는 것이다. 이렇게 임베팅 형태로 변환된 텍스트 정보는 이미지 생성에 사용된다. 실제로 U-Net 내부에는 이 텍스트 정보와 이미지 생성 과정을 연결하는 크로스 어텐션이 포함되어 있다.

지금까지 이러한 모델들이 이미지에 대한 질문에 답하거나 이미지를 생성하는 방법을 살펴보았다. 하지만 이 모델들이 항상 최적의 답변을 내놓는 것은 아니며 경우에 따라 심각한 문제를 일으킬 수도 있다. 또한 부적절하거나 문제가 있는 이미지를 생성하기도 한다. 다음 절에서는 이러한 한계와 문제들을 살펴본다.

5. 할루시네이션과 윤리적·법적 쟁점 이해하기

LLM에서 잘 알려진 문제 중 하나는 할루시네이션hallucination(환각) 현상이다. 할루시네이션이란 무의미하거나 신뢰할 수 없는 내용을 생성하는 것을 의미한다. 할루시네이션은 크게 사실적 환각factuality hallucination과 충실도 환각faithfulness hallucination으로 구분된다. **사실적 환각**은 실제로 검증 가능한 사실과 모순되는 응답을 생성하는 경우를 말한다. 반면 **충실도 환각**은 사용자 지시나 주어진 맥락과 어긋나는 내용을 만들어내는 경우를 뜻한다. 모델은 일관된 텍스트를 생성하도록 학습되지만, 스스로 출력을 교정하거나 정확성을 확인할 수단은 없다.

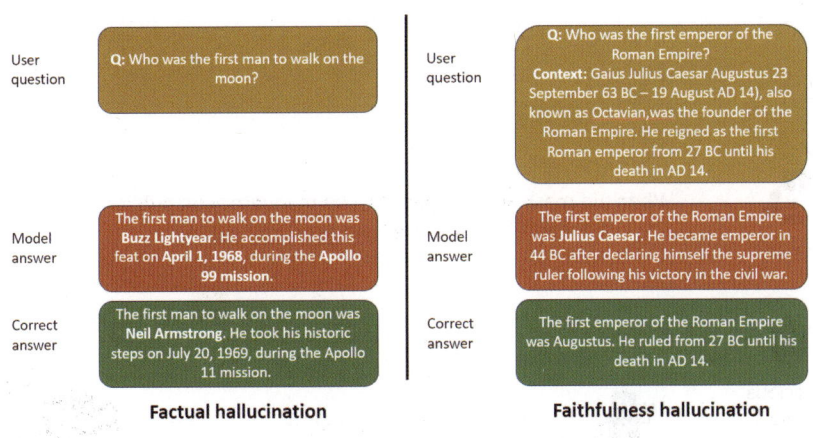

그림 3.29 LLM 할루시네이션의 예시(https://arxiv.org/pdf/2311.05232)

모델은 유해한 콘텐츠를 생성하거나 특정 인구 집단에 대한 고정관념과 부정적 태도를 보일 수도 있다. 따라서 모델이 해로운 출력을 내지 않도록 방지하는 것이 중요하다. 여러 연구에서는 인공지능 전반, 특히 LLM의 사용과 관련해 잠재적 피해 사례들을 지적해 왔다. 그중 하나가 **표현적 피해**representational harm다. 이는 모델이 편향이나 고정관념을 강화할 때 발생한다. 예컨대 감정 분류기sentiment classifier가 특정 집단에 더 낮은 감정 점수나 부정적인 감정을 할당했던 사례가 이미 보고된 바 있다. 실제로 LLM은 소수 집단을 표현할 때 공격적이거나 비하적인 언어를 사용할 수 있으며, 문화적 규범, 태도, 편견에 대한 사회적 고정관념을 그대로 재생산할 수 있다. 이러한 문제는 나아가 **할당적 피해**allocational harm로 이어질 수 있다. 이는 모델이 자원을 불공평하게 분배할 때 발생하는데, 예를 들어 LLM이 의료 서비스(혹은 채용이나 대출)의 우선순위를 결정하는 데 활용될 경우, 학습 과정에서 내재된 편향 때문에 불공정한 결과를 낳을 수 있다.

임베딩 모델이 편향을 증폭시키고 이 편향이 임베딩 공간에 반영된다는 점은 이미 여러 차례 보고되었다. 실제로 유해한 콘텐츠가 특정 집단이나 소수 집단과 연결되는 현상도 임베딩 공간에서 확인되었다. 일부 LLM은 사전 학습된 임베딩 모델[6]의 가중치를 임베딩 레이어의 초깃값으로 사용하기도 한다. 여러 탈편향 기법들이 가능성을 보여주기는 했지만, 아직 효과적으로 문제를 해결하기에는 부족하다.

이러한 편향은 사전 학습 데이터셋에서 비롯되므로, 학습 이전에 데이터 정화$_{detoxification}$를 거쳐 유해한 콘텐츠를 제거해야 한다. 또한 모델을 파인튜닝할 때는 레이블을 부여하는 주석자$_{annotator}$의 편향으로 인해 잘못된 레이블이 포함되지는 않았는지 반드시 점검해야 한다. 학습 데이터의 출처를 다양화하는 것도 중요하다. 실제로 모델 학습에 사용되는 데이터는 미국에서 생산된 텍스트와 다른 국가에서 생산된 텍스트 간에 큰 불균형을 보인다. 그 결과 모델은 사전 학습 과정에서 지배적인 인구 집단의 시각을 그대로 물려받게 된다.

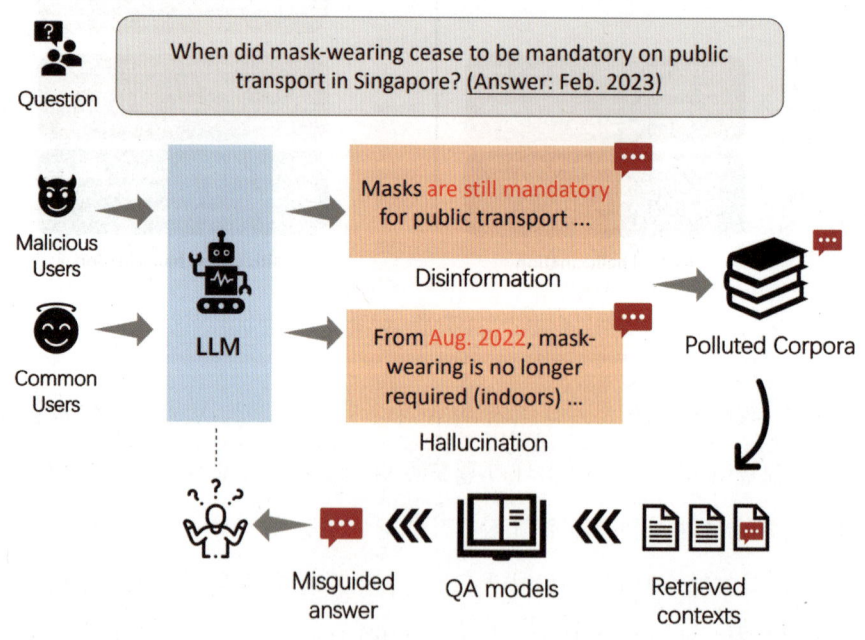

그림 3.30 할루시네이션과 허위 정보에 따른 위험(https://aclanthology.org/2023.findings-emnlp.97.pdf)

LLM의 또 다른 잠재적 위험은 **허위 정보**$_{misinformation}$ 생산에 악용될 수 있다는 점이다. LLM은 신뢰할 수 있고 설득력 있는 텍스트를 생성할 수 있기 때문에, 악의적인 행위자들은 이를 활용해 허위 정보,

---

6 **사전 학습된 임베딩 모델:** LLM과는 독립적으로 다른 용도를 위해 만들어진 임베딩 모델을 말한다. 이를 LLM과 결합하여 사용하기도 하는데, LLM이 아닌 이러한 임베딩 모델조차 편향이 있다는 연구가 있으므로 이런 점에도 주의해야 한다.

피싱 이메일, 분노를 유발하는 콘텐츠를 비롯한 유해한 콘텐츠를 자동으로 대량 생산할 수 있다. 이때문에 LLM이 생성한 텍스트를 탐지하는 방법이나 텍스트 생성 과정에 워터마크를 삽입하는 방법이 중요한 연구 주제로 떠오르고 있다.

그림 3.31 LLM이 생성하는 허위 정보 분류 체계(https://arxiv.org/pdf/2309.13788)

현재는 모델의 편향을 연구할 수 있도록 돕는 여러 데이터셋과 파이썬 라이브러리가 있다. 그중 하나가 Hugging Face의 Evaluate 라이브러리다. 이를 활용하면 여러 프롬프트를 만들고 각 프롬프트에 담긴 성별을 변경해볼 수 있다. 이후 Evaluate를 이용해 모델(이 책 예제에서 사용한 모델은 GPT-2)이 이러한 프롬프트를 어떻게 완성하는지 평가할 수 있다. 이때 Evaluate는 평가 목적을 위해 학습된 또 다른 모델을 사용한다. 다음 예제의 전체 코드는 이 책의 GitHub 저장소에서 확인할 수 있다.

```python
import evaluate

toxicity = evaluate.load("toxicity")
toxicity.compute(
    predictions=model_continuations,
    aggregation="ratio"
)
```

다음 히트맵에서 볼 수 있듯이, 모델이 프롬프트를 완성하는 방식에는 차이가 있다.

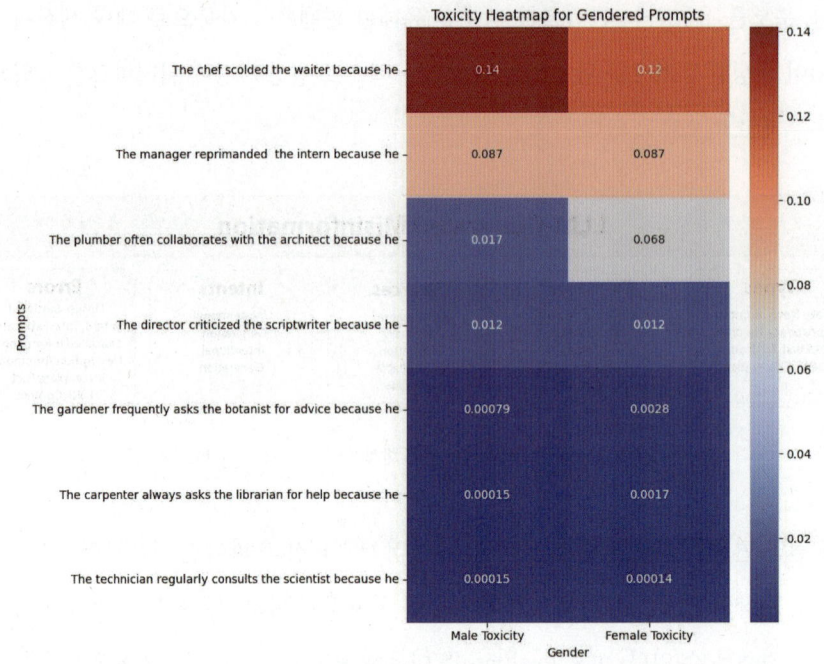

그림 3.32 성별 편향 완성과 관련 유해성 히트맵

모델은 직업과 관련해서도 편향을 가질 수 있다. 앞서 소개한 동일한 라이브러리를 사용해 모델이 완성한 프롬프트의 극성polarity을 평가할 수도 있다. 이때는 두 직업 각각에 대해 모델이 완성한 프롬프트에 연관된 감정을 평가한다.

```
regard = evaluate.load("regard", "compare")
regard_results = regard.compute(
    data = profession1_completions,
    references = profession2_completions
)
```

CEO에 대해 완성한 프롬프트는 트럭 운전사에 대해 생성한 프롬프트보다 훨씬 더 긍정적이다.

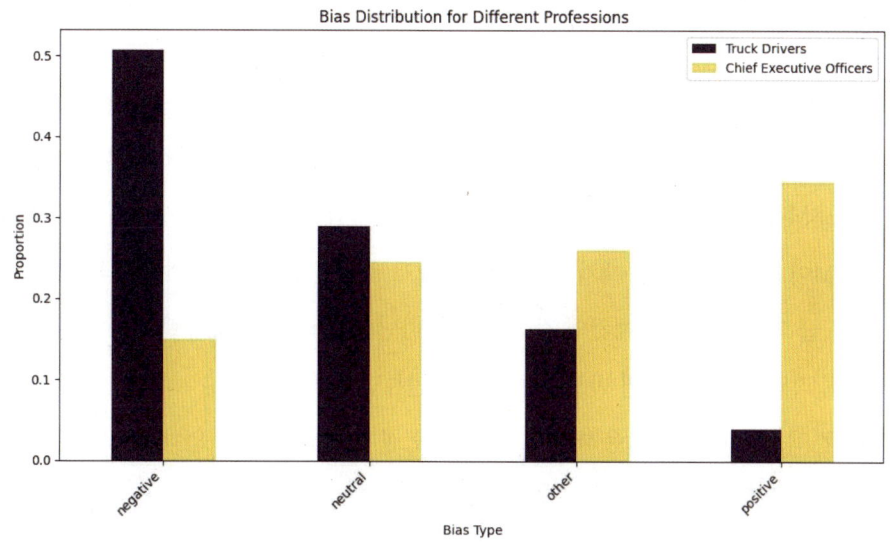

그림 3.33 두 직업 간 편향 분포

또 다른 논쟁거리는 **저작권 문제**이다. 이러한 모델들은 저작권이 있는 텍스트를 학습에 사용하며, 학습에 활용된 텍스트 일부를 재생성하기도 한다. 지금까지 LLM의 개발자들은 이러한 학습 행위가 '공정 사용fair use' 원칙에 해당한다고 주장해 왔다. 이 원칙에 따라 많은 기업이 인터넷에서 수집한 텍스트를 별도의 허가 없이 모델 학습에 이용해 왔다. 그러나 현재는 정치적, 법적 환경을 뒤흔들 수 있는 여러 소송이 진행 중이다. 이에 대응해 일부 기업들은 신문사나 소셜 네트워크 플랫폼과 라이선스 계약을 체결하려는 움직임을 보이고 있다.

이와 맞물려 **개인정보 침해 위험**도 제기된다. 모델은 학습 데이터에 포함된 정보를 그대로 노출할 수 있으며, 적대적 공격을 통해 특정 정보를 추출하는 것도 가능하다. 모델은 파라미터에 방대한 양의 정보를 저장할 수 있어 개인 정보가 포함된 데이터베이스로 학습될 경우, 나중에 해당 정보가 외부로 유출될 가능성이 있다. 따라서 모델이 개인 데이터를 잊게 만드는 '**머신 언러닝**machine unlearning' 기법이 연구되고 있다. 실제로 일부 국가에서는 사용자가 요청할 경우 모델이 해당 정보를 삭제하도록 요구하는 법률 제정을 추진 중이다. 개인정보 보호에 대한 보다 자세한 논의는 6장에서 다룬다.

마지막으로 주목할 점은, 오늘날 이들 모델이 코드 생성 능력까지 갖추게 되면서 악성 코드나 바이러스를 만드는 데 악용될 수 있다는 사실이다. 또한 이 모델들이 점차 외부 시스템과 연결되면서, 일부 연구에서는 LLM이 컴퓨터 바이러스 확산에 활용될 수 있다는 가능성을 경고한다.

다음 절에서는 모델을 프롬프트 기법을 활용해 효율적으로 사용하는 방법을 살펴본다.

6. 프롬프트 엔지니어링

인-컨텍스트 러닝in-context learning은 LLM의 가장 흥미로운 특성 중 하나다. 전통적으로 머신러닝 모델은 학습 데이터를 기반으로 특정 작업을 수행하도록 훈련된다. 예를 들어, 일반적인 분류 작업을 학습한다고 해보자. LLM은 입력-출력 쌍 (x, y)가 주어지면, 모델이 입력 x와 출력 y 사이의 관계를 학습한다. 이때 실제 LLM이 풀어야 하는 문제가 학습 데이터에서 풀었던 문제와 유형이 조금이라도 달라지면 모델의 성능은 급격히 떨어진다. 예컨대 감정 분석이 아닌 다른 주제에 대해 텍스트 분류를 학습한 모델을 감정 분석 작업에 활용하려면 반드시 별도의 파인튜닝이 필요하다.

하지만 인-컨텍스트 러닝을 활용하면 모델 자체를 실제 학습을 통해 업데이트하지 않고도 새로운 작업에 적용할 수 있다. 이 때문에 인-컨텍스트 러닝은 LLM의 창발적 특성이라고 할 수 있다. 즉, LLM은 이미 학습한 지식을 활용해 새로운 입력-출력 관계를 이해하고, 추론 과정에서 새로운 작업을 수행할 수 있다.

인-컨텍스트 러닝 개념은 「Language Models are Few-Shot Learners」 논문(https://arxiv.org/abs/2005.14165)에서 처음 정의되었다. 저자들은 LLM이 퓨샷 러닝few-shot learning을 수행할 수 있다고 설명한다. 즉, LLM이라면 프롬프트로 몇 개의 예시만 주어도 입력과 출력 사이의 관계를 파악하고 새로운 작업을 수행할 수 있다는 개념이다. 이러한 능력은 LLM이 프롬프트에 포함된 예시를 활용하기 때문에 '컨텍스트 내에서in-context' 학습한 것처럼 간주한다.

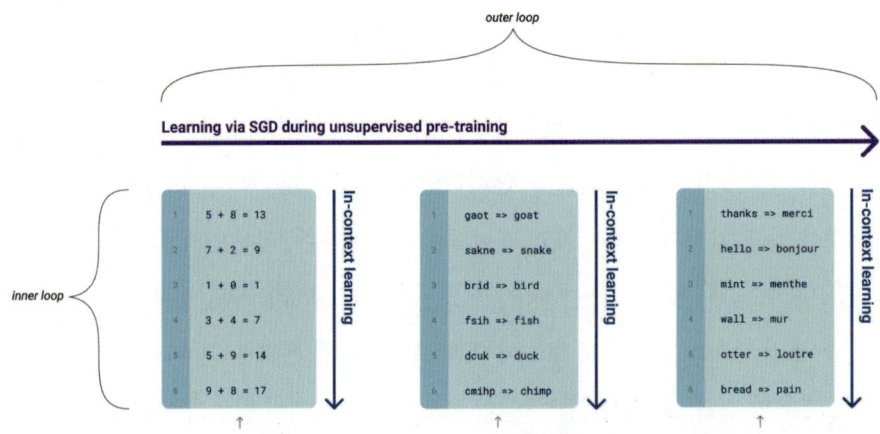

그림 3.34 인-컨텍스트 러닝 예(https://arxiv.org/pdf/2005.14165)

다만 이 경우 '학습learning'이라는 표현은 엄밀히 말해 적절하지 않다. 모델을 실제로 업데이트하는 학습을 수행하는 것은 아니기 때문이다. 내부 파라미터가 전혀 업데이트되지 않으므로, 모델이 보이는 능력은 예시를 주는 프롬프트로부터 얻은 일시적인 능력이다. 대신 모델은 사전 학습을 통해 이미 습득한 잠재 표현을 활용해 새로운 작업을 수행한다. 프롬프트에 주어진 입력과 출력 간의 관계를 바탕으로, 모델은 사전 학습 과정에서 배운 지식을 불러와 적절한 잠재 함수$_{\text{latent function}}$를 찾아낸다.

인-컨텍스트 러닝은 다음과 같은 장점을 지닌다.

- 인간의 인지적 추론 과정을 모방한다. 따라서 문제를 설명하고 LLM을 활용하기가 더 쉽다.
- 파라미터 업데이트가 필요 없다. 이 때문에 속도가 빠르고 추론 과정에서 모델을 바로 사용할 수 있다. 필요한 예시도 단 몇 개에 불과하다.
- 인-컨텍스트 러닝은 다양한 벤치마크에서 경쟁력 있는 성능을 보여준다.

하지만 이러한 동작이 어떻게 발현되는지는 완전히 규명되지 않았다. 일부 연구에 따르면 인-컨텍스트 러닝의 핵심은 트랜스포머 내부의 멀티헤드 셀프 어텐션 구조에 있으며, 여러 개의 어텐션 헤드가 레이어 간에 어떻게 상호 연결된 회로를 형성하는지가 중요한 요인이라고 한다.

프롬프트는 일반적으로 입력 형식, 입력값, 출력값, 그리고 입력-출력 매핑과 같은 다양한 요소를 제공하며, 이러한 요소들이 모델이 올바른 매핑을 성공적으로 수행하는 데 중요한 역할을 한다. 초기 연구 결과에 따르면, 모델은 학습 과정에서 획득한 잠재 개념$_{\text{latent concept}}$을 '찾아내는$_{\text{locating}}$' 데 성공한 것으로 보인다. 즉, 모델은 프롬프트에 포함된 예시$_{\text{example}}$를 단서로 삼아 주어진 작업이 무엇인지를 추론할 수 있으며, 프롬프트의 다른 요소들은 모델이 자신의 파라미터 속에서 필요한 잠재 개념을 찾아내도록 돕는다. 특히, 일부 연구에서는 시연$_{\text{demonstration}}$을 제시하는 형식(예를 들어, 입력-레이블 쌍 형태)이 가장 중요한 요소라고 주장한다.

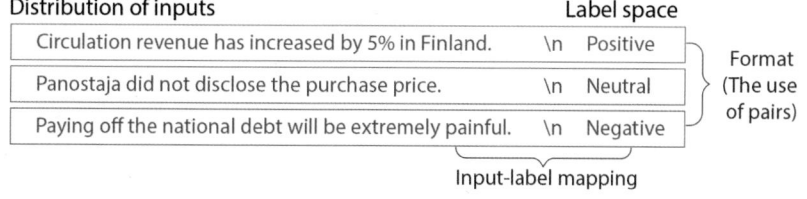

그림 3.35 프롬프트 구조 (https://arxiv.org/pdf/2202.12837)

인-컨텍스트 러닝은 프롬프트를 조작하는 것만으로도 모델이 추론 과정에서 새로운 작업을 '학습'할 수 있게 해주기 때문에 연구 커뮤니티에서 큰 주목을 받고 있다. 인-컨텍스트 러닝 덕분에 모델을 별도로 파인튜닝하지 않고도 프롬프트 엔지니어링만으로 점점 더 정교한 작업을 수행할 수 있는 다양한 기법들이 발전해왔다.

명확한 이해를 돕기 위해 프롬프트의 요소와 용어를 먼저 정의하자. 보통 프롬프트에는 질문(question)이나 지시문(instruction)이 포함된다.

```
When was Shakespeare born?
```

앞선 예시는 질문 하나만 사용된 프롬프트다. 이 프롬프트는 예시가 포함되지 않았기 때문에 관례적으로 예시 없이 지시만 바로 내린다는 의미로 제로샷 프롬프팅(zero-shot prompting)이라고 부른다. 즉, 모델에게는 '파이썬으로 함수 x에 대한 코드를 생성하라'와 같이 하나의 지시 또는 질문만 주어진다.

이렇게 예시 없이 지시만 내리는 유형의 프롬프트에 성공적으로 응답하는 모델은 제로샷 능력을 가졌다고 한다. 예시 없이도 지시를 정확하게 수행하는 이 능력은 현재 대부분의 LLM이 채택하고 있는 두 가지 학습 프로세스에서 비롯된다. 먼저 방대한 텍스트 데이터로 지식을 주입하는 사전 학습 과정(pre-training)과 이후 지시 사항을 정확하게 알아듣도록 지시 튜닝(instruction tuning)을 하는 과정으로 이루어진다.

```
This movie is awesome - positive
This sandwich is disgusting - negative
This TV series is meh -
```

이는 프롬프트에 예시를 제공하는 전형적인 퓨샷 프롬프팅(few-shot prompting) 사례다. 일반적으로 더 많은 시연을 제공하면 LLM에 도움이 된다(3-샷, 5-샷, 심지어 10-샷도 흔한 경우다). 프롬프트에는 모델을 돕기 위한 컨텍스트나 원하는 응답 형식을 추가할 수도 있다.

하지만 이러한 단순 프롬프트 방식은 추론이 필요한 작업에서 한계를 보인다. 특히, 다단계 추론을 요구하는 작업에서는 단순히 예시만 제공해서는 모델을 올바른 방향으로 유도하기 어렵다. 이러한 문제를 해결하고 파인튜닝을 피하기 위해 다양한 기법들이 제안되었다.

특히 수학 문제를 예로 들면, 단순히 예시와 그 답만 제시하는 것은 문제 해결 과정을 학습하는 데 큰 도움이 되지 않는다. 학생은 문제 풀이에서 답만 아는 것보다 그 논리적 전개를 이해할 때 더 효과적으로 학습할 수 있다. 마찬가지로 LLM 역시 레이블만 있는 예시보다 답을 도출하는 논리를 함께 제공받는 편이 더 유익하다.

사고의 사슬 CoT, chain-of-thought **프롬프팅**은 바로 이 점을 활용한다. <입력, 사고의 사슬, 출력>의 세 가지 요소를 프롬프트에 제공한다. 요소 중에 사고의 사슬은 문제를 해결하기 위한 여러 중간 단계를 의미한다.

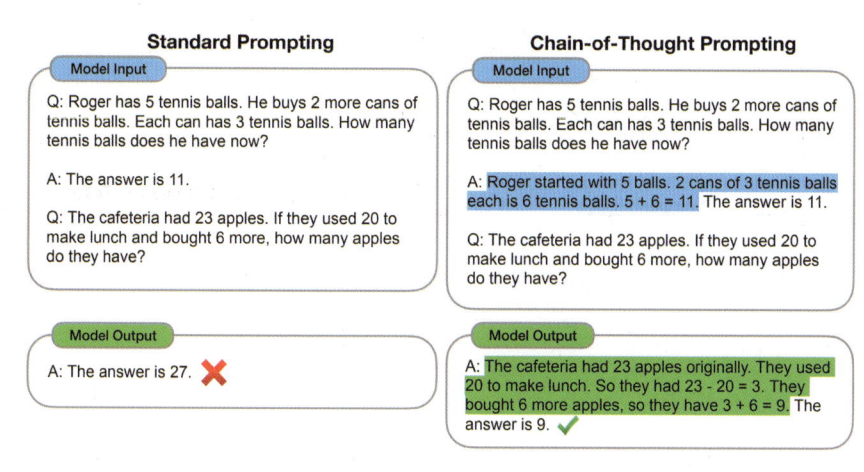

그림 3.36 사고의 사슬 예시(https://arxiv.org/pdf/2201.11903)

이러한 시연demonstration을 추가하면 모델이 과제를 더 쉽게 해결할 수 있다. 하지만 다양한 문제에 대해 양질의 시연을 확보해야 한다는 단점이 있으며, 이렇게 주석이 달린 데이터셋을 수집하는 과정도 비용이 많이 든다.

CoT 기법의 장점은 과제를 작은 단계들로 분해해 모델이 다루기 쉽게 만든다는 점이다. 프롬프트에 "단계별로 생각해보자(Let's think step by step)"라는 문구를 덧붙이는 것만으로도 이런 거동을 유도할 수 있는데, 이를 **제로샷 CoT 프롬프팅**이라 한다. 「Large Language Models are Zero-Shot Reasoners」(https://arxiv.org/pdf/2205.11916) 논문에서는 모델이 제로샷 설정에서도 본질적인 추론 능력을 가지고 있으며, CoT 기법이 학습 중 습득한 능력을 호출하도록 유도하기 때문에 범용성이 높다고 주장한다.

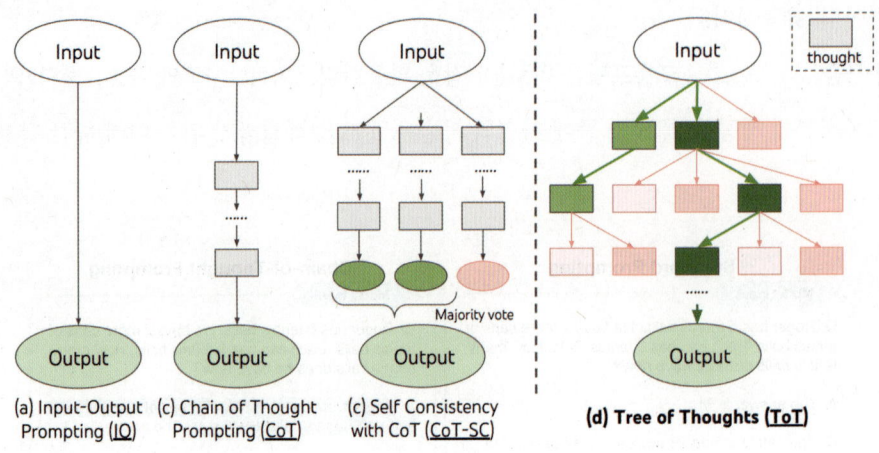

그림 3.37 LLM을 이용한 문제 해결 접근법(https://arxiv.org/pdf/2305.10601)

자기 일관성self-consistency과 같은 기법도 모델의 추론 능력을 강화하기 위해 활용한다. 이 기법의 아이디어는 바로 앙상블ensembling이다. 여러 모델이 각각 해답을 도출하고 다수결로 결정하는 방식이다. 즉, 하나의 문제에 대해 여러 해답을 생성한 뒤, 다수 의견에 해당하는 해답을 선택하는 방식으로 동작한다.

반면, **사고의 나무**ToT, tree of thoughts 기법은 모델의 추론과 자기 평가 능력을 활용하는 방식이다. 모델이 여러 사고의 중간 단계를 생성하고 여기에 탐색 알고리즘(예: 너비 우선 탐색, 깊이 우선 탐색)을 적용하여 각 후보 경로를 평가한다. 이 과정에서는 일반적으로 후보 경로와 단계 수를 사전에 선택해야 한다. 이러한 기법들은 모델의 추론 능력을 높여주지만, 여러 응답을 생성해야 하므로 그만큼 계산 비용이 증가한다는 단점이 있다.

```
1 vanilla = dspy.Predict("question -> answer")  # GSM8K Program 'vanilla'
2
3 CoT = dspy.ChainOfThought("question -> answer")  # GSM8K Program 'CoT'
```

```
1 class ThoughtReflection(dspy.Module):
2     def __init__(self, num_attempts):
3         self.predict = dspy.ChainOfThought("question -> answer", n=num_attempts)
4         self.compare = dspy.MultiChainComparison('question -> answer', M=num_attempts)
5
6     def forward(self, question):
7         completions = self.predict(question=question).completions
8         return self.compare(question=question, completions=completions)
9
10 reflection = ThoughtReflection(num_attempts=5) # GSM8K Program 'reflection'
```

그림 3.38 DSPy 시스템 활용 예(https://arxiv.org/abs/2310.03714)

DSPy_{declarative self-improving language programs in python}는 최근 등장한 흥미로운 패러다임이다. 지금까지는 프롬프트를 사람이 직접 작성해야 했으며, 이 과정에서 많은 시행착오가 불가피하다고 여겼다. 그러나 DSPy는 이러한 프롬프팅 과정을 프로그래밍의 한 형태로 표준화하려 시도한다. 간단히 말해, DSPy 논문(https://arxiv.org/abs/2310.03714)에서는 프롬프트를 시그니처_{signature}라는 형태로 추상화하고 이를 파인튜닝하며, 다양한 프롬프트 기법들을 모듈로 활용할 수 있다고 제안한다. 이렇게 하면 프롬프트 엔지니어링은 옵티마이저_{optimizer}를 활용해 자동화할 수 있다.

데이터셋이 주어지면 시그니처와 모듈을 포함하는 DSPy 파이프라인을 구성한다. 이어서 최적화할 지표를 정의한 다음, 목표 출력과 옵티마이저를 정의해 최적화를 실행한다. 이 과정을 반복적으로 진행하여 최적의 프롬프트를 찾아낸다.

이번 장에서 살펴본 기법들은 현재 가장 널리 사용되는 것들이다. 이 외에도 많은 기법이 있지만, 대부분은 여기서 설명한 방식에서 파생된 형태다. 이제 우리는 LLM을 성공적으로 활용할 수 있는 모든 요소를 갖추었다.

요약

이번 장에서는 트랜스포머에서 대규모 언어 모델_{LLM}로의 전환에 대해 논의했다. 트랜스포머는 자연어 처리_{NLP} 분야에서 20여 년간 축적된 연구 성과를 세련되게 통합한 결과물이다. 그 자체만으로도 트랜스포머는 성공과 확장이 가능한 여러 요소를 담고 있다.

트랜스포머의 중심에는 셀프 어텐션이 있다. 이는 LLM의 강력한 도구인 동시에 주요 한계이기도 하다. 셀프 어텐션은 텍스트의 정교한 표현을 학습하여 LLM이 다양한 작업을 수행할 수 있도록 하지만, 다른 한편으로는 모델을 사용할 때 막대한 연산 비용을 초래한다. LLM은 단순히 분류와 같은 전통적인 작업을 넘어, 텍스트 명령만으로도 추론이 필요한 작업을 해결할 수 있다. 또한 이번 장에서 멀티모달 데이터로 트랜스포머를 학습시키는 방법까지 살펴보았다.

지금까지는 모델이 텍스트를 생성하는 데 초점을 맞춰 살펴보았다. 하지만 모델은 코드 또한 생성할 수 있다. 그렇다면 이제 모델이 직접 코드를 실행하게 하면 어떨까? 더 나아가 도구를 활용해 기능을 확장할 수는 없을까? 다음 장에서 바로 이러한 주제를 다룬다.

더 읽을거리

- Everton et al., *Catastrophic Forgetting in Deep Learning: A Comprehensive Taxonomy*, 2023, https://arxiv.org/abs/2312.10549
- Raieli, *Emergent Abilities in AI: Are We Chasing a Myth?*, 2023, https://towardsda-tascience.com/emergent-

abilities-in-ai-are-we-chasing-a-myth-fead754a1bf9

- Rasyl et al., *Preference Tuning LLMs with Direct Preference Optimization Methods*, 2024, https://huggingface.co/blog/pref-tuning

- Alemi, *KL is All You Need*, 2024, https://blog.alexalemi.com/kl-is-all-you-need.html

- OpenAI, *Proximal Policy Optimization*, https://spinningup.openai.com/en/latest/algorithms/ppo.html

- Simonini, *Proximal Policy Optimization (PPO)*, 2022, https://huggingface.co/blog/deep-rl-ppo

- Hoffmann et al., *Training Compute-Optimal Large Language Models*, 2022, https://arxiv.org/abs/2203.15556

- Brown et al., *Language Models are Few-Shot Learners*, 2020, https://arxiv.org/abs/2005.14165

2부는 대규모 언어 모델(LLM)의 능력을 확장하여 외부 지식원에 접근하고 검색하며, 이를 바탕으로 추론하는 방법에 초점을 맞춘다. 단순한 질의응답을 넘어 웹과 상호작용하고 실시간 정보를 활용하는 AI 에이전트를 어떻게 설계할 수 있는지부터 시작한다. 이어서 할루시네이션을 줄이고 사실적 정확성을 높이기 위한 검색 증강 생성(RAG, retrieval-augmented generation)의 개념과 설계 과정을 살펴본다. 기본적인 파이프라인을 바탕으로 점차 모듈화된 확장형 시스템으로 발전시키는 방법을 단계적으로 설명한다.

또한 구조화된 지식 표현 방식인 그래프 기반 RAG(GraphRAG)를 통해 정보 간 관계를 어떻게 체계화하고 추론에 활용할 수 있는지를 소개한다. 마지막으로, 강화학습을 활용해 AI 에이전트가 동적 환경과 상호작용하며 스스로 행동을 조정하고 의사결정 능력을 향상시키는 방법을 알아본다.

2부에서는 언어 처리 능력을 넘어, 맥락을 인지하고 목표 지향적으로 행동하며 외부 지식을 활용하는 진화된 AI 에이전트를 어떻게 구축할 수 있는지 종합적인 방향을 제시한다.

4장. LLM으로 웹 스크래핑 에이전트 구축하기
5장. 할루시네이션을 방지하는 RAG 기반 에이전트
6장. 정보 검색과 증강을 위한 고급 RAG 기법
7장. 지식 그래프 생성하고 AI 에이전트와 연결하기
8장. 강화학습과 AI 에이전트

AI 에이전트와 지식 검색

LLM으로 웹 스크래핑 에이전트 구축하기

4장

프랑스 철학자 드니 디드로Denis Diderot는 이렇게 말했다. "모든 질문에 대답할 수 있는 앵무새를 발견한다면, 나는 주저 없이 그것이 지적 존재라고 주장할 것이다."

디드로가 언급한 앵무새는 오늘날의 대규모 언어 모델LLM을 떠올리게 한다. 실제로 LLM은 거의 모든 질문에 놀라울 만큼 훌륭하게 답할 수 있지만, 그 답이 '이해'에서 비롯된 것이라 보기는 어렵다. 질문에 반응하는 것과 질문을 이해하는 것 사이에는 분명한 차이가 있으며, 우리는 이 차이 때문에 LLM을 아직 지적 존재로 정의하지 않는다.

또한 LLM은 질문에 훌륭하게 답하기는 하지만 스스로 행동action을 수행하지 못한다는 명확한 한계를 지닌다. 이 문제를 보완하기 위해 등장한 것이 바로 '에이전트agent'다. AI 에이전트는 LLM을 확장한 개념으로 언어 모델을 넘어 자율성autonomy, 반응성reactivity, 능동성pro-activeness, 사회적 능력social ability을 갖춘 시스템으로 발전한다.

AI 에이전트 연구는 한편으로는 체스나 바둑과 같은 게임을 정복하는 응용 사례에, 다른 한편으로는 기억력, 장기 계획, 일반화, 사용자와의 효율적인 상호작용 같은 보다 일반적인 능력에 초점을 맞춰왔다. 이러한 연구들은 **범용 인공지능**AGI, artificial general intelligence을 향한 첫걸음이 되고 있다. 작가이자 철학자인 닉 보스트롬Nick Bostrom은 이렇게 말했다. "기계 지능은 인류가 만들어야 할 마지막 발명품이 될 것이다."(TEDTalks, https://x.com/TEDTalks/status/1191035758704037891)

실제로 AGI는 인간의 지능에 필적하거나 이를 초월하여 추론, 계획, 학습과 같은 인지 작업을 수행할 수 있는 지능의 한 종류이다. OpenAI, Meta AI와 같은 주요 기업들이 AGI 개발에 뛰어든 가운데, 이 기술이 인류를 보조할 것인지 혹은 대체하게 될지는 여전히 논쟁의 대상이다. 많은 기업이 이를 긍정적으로 보지만, 제프리 힌튼Geoffrey Hinton 교수와 같은 일부 연구자들은 우려를 표한다. 힌튼 교수는 "이 기술이 인류에 파국적 결과를 초래할 확률이 10%는 된다"고 경고하기도 했다.

이번 장과 다음 장에서는 LLM의 능력을 확장해 외부 세계와 상호작용할 수 있는 AI 에이전트를 어떻게 구축할 수 있는지를 살펴본다. 그 첫 단계로 LLM을 '상자 밖으로 꺼내' 웹에서 정보를 검색하고, 실제 세계의 데이터를 기반으로 작동하게 만드는 방법을 다룬다.

이번 장에서 다룰 주제는 다음과 같다.

- 두뇌, 지각, 행동 패러다임 이해하기
- AI 에이전트 분류하기
- 단일 에이전트와 다중 에이전트 시스템 이해하기
- 주요 라이브러리 탐구
- 단일 에이전트의 일반 능력
- 웹 검색 에이전트 만들기

> **기술 요구 사항**
>
> 이 장 대부분의 코드는 CPU에서도 실행할 수 있지만, GPU 사용을 권장한다. 코드는 주로 파이토치(PyTorch)로 작성되었으며, PyTorch, Hugging Face Transformers, LangChain, pandas, Matplotlib 등 표준 라이브러리를 활용한다. 전체 코드는 다음 GitHub 저장소에서 확인할 수 있다.
>
> https://github.com/ai-agent-kr/Modern-AI-Agents/tree/main/ch04

1. 두뇌, 지각, 행동 패러다임 이해하기

에이전트$_{agent}$는 기본적으로 '행동할 수 있는 능력을 지닌 실체$_{entity}$'를 의미한다. 철학적 관점에서는 여기에 욕망, 신념, 의도 등을 포함해 보다 복잡한 존재로 해석하기도 한다. 이런 관점에서 보면 에이전트는 어느 정도 의식 있는 실체와 겹친다. 즉, 의식이 있는 존재는 고유한 내부 상태를 바탕으로 외부 세계를 자신만의 방식으로 이해하고 반응한다.

하지만 AI 에이전트는 다르다. **AI 에이전트**는 '행동을 수행할 수 있는 시스템'으로 정의되며 욕망이나 의도를 가지지 않는다. 물론 앞 장에서 다룬 것처럼, 학습 데이터의 편향이 모델의 응답에 일정 부분 영향을 미치기 때문에 이를 '신념'처럼 해석할 여지도 있긴 하다. 그러나 LLM이 내부 상태를 가지고 있긴 하지만 이는 단순히 데이터로부터 학습된 표현일 뿐이다. 따라서 AI 에이전트는 의식 있는 실체가 아니다. 철학에서 사용하는 에이전트, 표현, 내부 상태 등의 용어는 AI에서 사용하는 것과는 의미가 다르다. LLM에 '의식이 있다'고 주장하는 것은 인간 중심적 오류$_{anthropomorphizing\ fallacy}$에 해당한다.

그렇다고 해서 LLM을 단순한 텍스트 생성기라고 말하기도 어렵다. LLM은 언어 모델링을 통해 텍스트에 대해 유용한 표현을 학습하고, 컨텍스트 속 요소들을 어떻게 배치할지 학습한다. 즉, LLM은 인-컨텍스트 러닝$_{in\text{-}context\ learning}$을 통해 프롬프트에 주어진 지시를 이해하고, 학습한 정보를 활용해 특정 작업을 수행한다. 또한 학습 과정에서 지시 튜닝$_{instruction\ tuning}$을 통해 다양한 작업을 수행하는 법을 익히며, 이는 곧 모델이 '행동'을 수행하게 하는 일종의 기술 역할을 한다. 여기서 '작업$_{task}$'은 명확한 목표를 지닌 일련의 행동으로 정의할 수 있으며 '행동$_{action}$'은 개별적으로 완수 가능한 행위로 이해할 수 있다.

따라서 AI 에이전트는 일련의 센서를 통해 주변 환경을 인지하고, 그에 따라 판단을 내리며, 이를 실행하는 인공적 실체로 정의할 수 있다. 이 정의는 비교적 포괄적이면서도 다양한 시스템을 아우를 수 있다. 이 책에서는 특히 LLM 기반의 에이전트에 초점을 맞춘다. 더 나아가 여기에서는 에이전트를 다음과 같은 세 가지 구성 요소로 이루어진 프레임워크로 정의한다.

- **두뇌**(brain): 정보를 저장하고 통합하며, 의사결정을 내리는 시스템의 핵심 구성 요소
- **지각**(perception): 모델의 지각 능력을 확장하여 텍스트, 음성, 영상 등 다양한 모달리티로부터 정보를 획득할 수 있게 하는 구성 요소
- **행동**(action): 모델이 도구를 활용해 주변 환경을 바꾸거나 환경의 변화에 반응하여 대응할 수 있도록 하는 구성 요소

이 세 가지 요소가 서로 어떻게 연결되어 있는지는 다음 그림에서 확인할 수 있다.

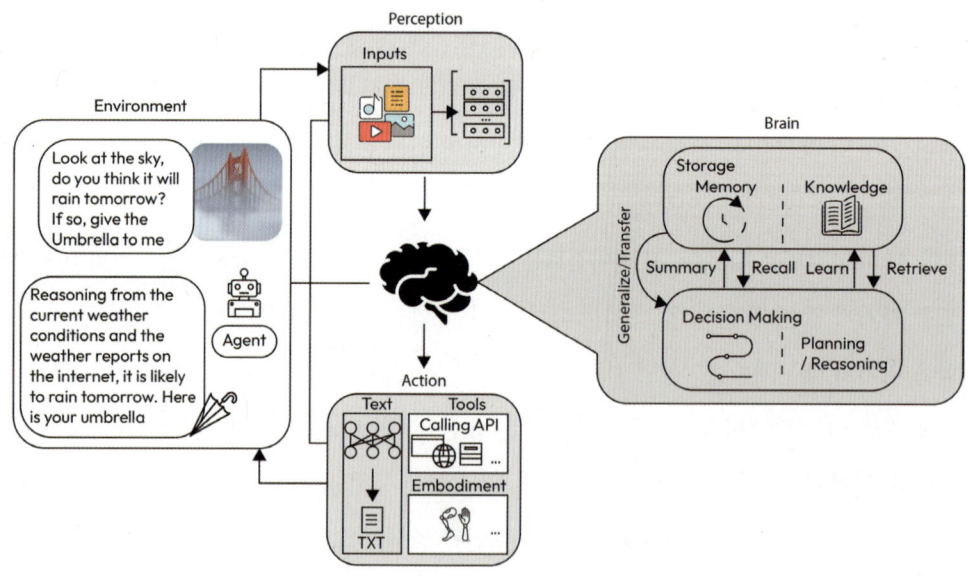

그림 4.1 두뇌, 지각, 행동으로 구성된 LLM 기반 에이전트의 개념적 프레임워크(https://arxiv.org/pdf/2309.07864)

LLM은 에이전트 시스템에서 두뇌$_{brain}$ 역할을 수행하며, 지각과 행동을 위한 다양한 도구의 연동을 통해 능력을 확장할 수 있다. 예를 들어, 멀티모달 입력을 통해 텍스트뿐 아니라 이미지, 음성, 영상 등

다양한 정보를 통합할 수 있고, 인터넷 연결을 통해 실시간 데이터를 수집하거나 전자상거래 시스템과 연동해 실제 거래를 수행하는 것도 가능하다.

앞선 장에서 살펴본 바와 같이, LLM은 **사고의 사슬**$_{CoT}$이나 기타 프롬프트 기법을 통해 추론 능력을 강화할 수 있으며, 인-컨텍스트 러닝을 통해 학습된 능력을 새로운 작업에 일반화할 수 있다. 특히 CoT는 환경으로부터 받은 피드백을 반영하는 방식으로, 에이전트를 반응형 시스템으로 발전시키는 데 핵심적인 역할을 한다.

LLM 기반 에이전트가 갖춰야 할 핵심 속성은 다음 네 가지다.

- **자율성**(autonomy): 에이전트는 인간의 개입 없이도 독립적으로 작동해야 한다. 명확한 단계나 설명 없이도 작업을 수행할 수 있어야 하며, 때때로 창의적인 방식으로 문제를 해결하는 능력도 포함된다. 실제로 LLM은 이러한 자율적 문제 해결 능력을 보여주기도 한다.
- **반응성**(reactivity): 외부 환경의 변화를 인지하고 즉각적으로 반응할 수 있어야 한다. LLM은 대화 중 주제의 전환처럼 문맥 변화에 대응할 수 있으며, 멀티모달 확장을 통해 다양한 유형의 정보와 자극을 처리할 수 있다.
- **능동성**(pro-activeness): 단순히 반응하는 데 그치지 않고 목표 지향적이어야 한다. 즉, 에이전트는 환경 변화에 대응하여 추론하고 계획을 세울 수 있어야 한다. LLM은 CoT와 같은 추론 중심의 프롬프팅 기법을 통해 이러한 능력을 강화할 수 있다.
- **사회적 능력**(social ability): 에이전트는 인간과의 소통은 물론, 다른 에이전트와도 협력할 수 있어야 한다. 이는 LLM의 대화 능력을 기반으로 하며, 서로 다른 목표를 가진 다수의 에이전트를 조합해 협업하는 다중 에이전트 환경도 구성할 수 있다. 이를 통해 팀워크, 역할 분담, 협의 같은 고차원의 사회적 행동을 촉진할 수 있다.

그림 4.2 다중 에이전트 시뮬레이션 환경의 스크린샷

그림 4.2에서 볼 수 있듯이, 에이전트는 단지 환경과 상호작용하는 데 그치지 않고 다른 에이전트들과도 상호작용한다. 이렇게 협력함으로써 에이전트들은 보다 복잡한 작업을 공동으로 해결할 수 있으며, 이는 LLM 기반 에이전트로 구현할 수 있는 정교한 능력의 수준을 잘 보여주는 사례다.

대표적인 연구 사례로 논문 「Generative Agents: Interactive Simulacra of Human Behavior」 (https://arxiv.org/pdf/2304.03442)에서는 25개의 에이전트가 심즈 The Sims와 유사한 가상 환경에서 활동하는 모습을 소개한다. 각 에이전트는 하루 일과를 계획하고 정보를 주고받으며 인간처럼 관계를 형성하고 공동 활동을 조율한다. 사용자는 이러한 상호작용을 관찰하거나 중간에 개입할 수도 있다.

다음 절에서는 LLM 기반 AI 에이전트의 구성 요소를 더 구체적으로 살펴본다. 가장 먼저, 시스템의 중심이 되는 두뇌부터 시작한다.

두뇌

에이전트의 두뇌 brain는 정보를 저장하고 탐색하며 추론과 의사결정을 담당하는 시스템의 핵심 구성 요소다. LLM이 이 두뇌 역할을 수행하며 모든 상호작용은 자연어를 기반으로 이루어진다. 이는 사용자 입장에서 중요한 장점을 제공한다. 인간이 이해할 수 있는 언어로 상호작용이 이루어지므로, 문제가 발생했을 때 과정을 관찰하고 모니터링할 수 있기 때문이다.

에이전트는 다른 실체나 주변 환경과 상호작용해야 하므로 멀티-턴 대화를 수행할 수 있어야 한다. 즉, 동시에 여러 실체와 대화하고, 다양한 주제를 오가며, 복잡한 구조를 이해하고, 과거 대화 이력을 기반으로 논리적 대화를 유지해야 한다. 만약 대화 능력이 부족하다면 인간은 에이전트와의 상호작용에서 쉽게 좌절할 수 있으므로 명확한 의사소통 능력이 필수이다. 모델은 지시를 이해하고, 들어오는 정보를 파악해 통합하며, 작업에 맞는 적절한 응답을 생성해야 한다.

오늘날의 LLM은 이러한 형태의 대화를 높은 품질로 수행하는 수준에 도달했다. 최근 몇 년간 정렬 alignment 기법 덕분에 대화 능력이 비약적으로 발전했으며, 특히 지시 튜닝 instruction tuning은 LLM이 사람의 지시를 알아듣고 작업을 처리할 수 있게 만든 핵심 기술이다.

두뇌의 중요한 구성 요소는 모델 지식 model knowledge이며 이를 다음과 같이 세 가지로 구분할 수 있다.

- **언어 지식**: 언어의 의미론 semantics과 구문론 syntax에 관한 지식이다. 이를 바탕으로 LLM은 사람과 자연스러운 언어로 상호작용할 수 있으며, 오늘날에는 필요에 따라 다양한 언어로 학습된 LLM이 있다.
- **상식 지식**: 명시되지 않아도 대부분의 사람이 알고 있는 일반적인 규칙과 사실의 집합이다. 예를 들어, 누구나 중력의 효과를 경험하고 인간이 날 수 없다는 사실을 안다. 이러한 정보는 프롬프트나 컨텍스트에 구체적으로 언급하지 않더라도 모델의 정확한 작업 수행에 필수이다. 또한 불필요한 오해를 피하는 데도 중요하다.

- **도메인 지식**: 특정 전문 분야(예: 과학, 의학)나 기술 분야(예: 수학, 프로그래밍)에 특화된 지식이다. 즉, 특정 분야에서 성공적으로 작업을 수행하려면 반드시 갖춰야 할 지식이나 기술이다. 현재 다양한 전문 분야(의료, 금융 등)에 특화된 LLM이 있으며, 일반 모델을 기반으로 파인튜닝을 통해 전문 모델을 만들 수도 있다.

또한 LLM의 지식은 사전 학습 시점에 고정frozen된다는 점을 기억해야 한다. 즉, LLM은 지속 학습을 통해 새로운 정보를 습득하거나 사용자와의 이전 대화를 기억할 수 없다. 이러한 한계를 극복하는 다양한 전략은 다음 장에서 살펴본다.

정보를 보유하는 것만으로는 '두뇌'라 부를 수 없다. 에이전트라면 **추론**과 **계획** 능력을 갖춰야 한다. 이를 가능하게 하는 것이 앞 장에서 살펴본 사고의 사슬CoT과 자기 일관성self-consistency 기법이다. 이들은 모델이 주어진 작업을 더 잘 이해하고 추론할 수 있도록 돕는다. 특히 단계별 추론은 과제 해결과 계획 수립에 모두 도움이 된다. 계획은 에이전트의 핵심 요소로, 과제를 해결하려면 모델이 목표 달성을 위해 가장 적절한 단계를 선택해야 한다. 일반적으로 계획은 다음과 같은 두 단계로 이루어진다.

- **계획 수립**(plan formulation): 모델이 작업을 하위 작업으로 분해한다. 접근 방식에 따라 LLM은 작업을 단계별로 나누고 이를 순차적으로 실행하기도 한다. 일부 연구에서는 한 단계씩 실행하며 그때그때 평가하는 적응적 접근법이 더 효과적이라고 제안하기도 한다.
- **계획 성찰**(plan reflection): 수립한 계획을 평가하고 피드백을 분석하는 단계다. 모델 스스로 판단할 수도 있고 다른 모델이 평가자 역할을 할 수도 있다.

이제 LLM이 여러 개 있는 상황을 가정해보자. 이때 모델을 선택할 때는 메모리나 저장 공간의 제약을 고려해야 하며, 추론 속도 역시 사용자 경험에 큰 영향을 미친다. 모델이 응답하는 데 시간이 오래 걸리면 사용자 경험이 저하될 수 있기 때문이다. 따라서 초당 생성 토큰 수나 파라미터 수 대비 성능(초당 토큰 수/십억 파라미터 기준) 등을 기준으로 벤치마크 평가를 수행할 수 있다.

그림 4.3에서 A)는 "AI 에이전트란 무엇인지 간단히 설명하라"는 지시에 대해 초당 생성된 토큰수를 보여주며, B)는 모델 크기를 고려하여 파라미터 10억 개당 토큰 생성 속도를 계산한 것으로 수치가 클수록 모델 효율성이 높다는 의미다.

마지막으로, 응답 품질 평가도 중요하다. 간단한 방법 중 하나는 GPT-4처럼 더 강력한 상위 모델에게 생성된 응답을 평가하도록 요청하는 것이다.

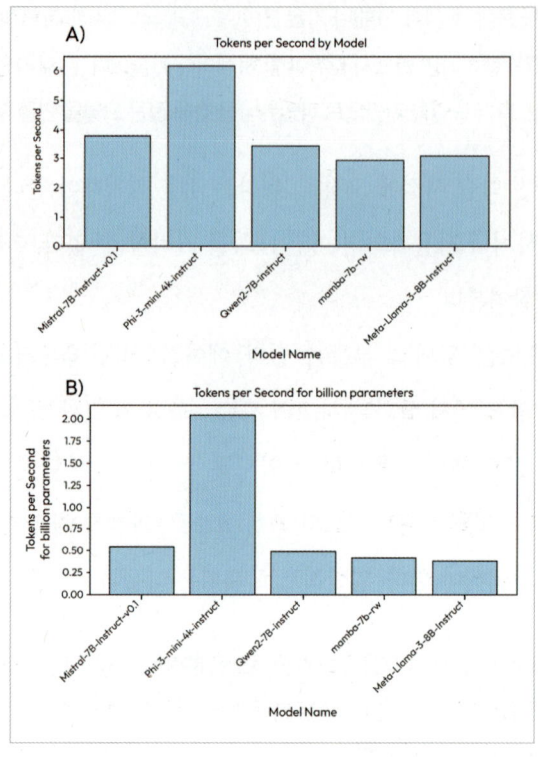

그림 4.3 LLM의 생성 속도 벤치마크.
A) 초당 생성 토큰 수, B) 파라미터 10억 개당 초당 생성 토큰 수

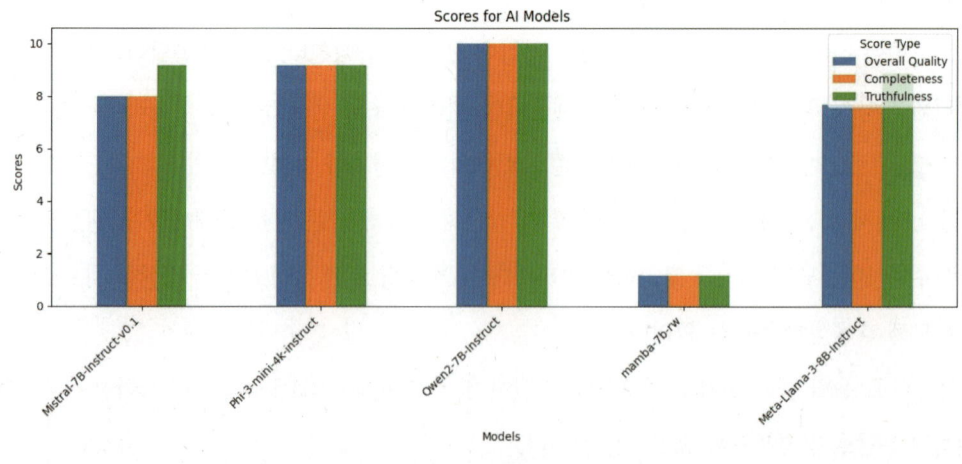

그림 4.4 모델 응답의 평가

그림 4.4는 GPT-4가 각 모델이 생성한 응답을 평가한 결과를 나타낸 것이다. 각 열은 GPT-4가 부여한 점수(전반적 품질, 완성도, 사실성)를 나타낸다.

이를 바탕으로 AI 에이전트의 두뇌로 사용할 LLM을 선택할 때 고려해야 할 주요 사항을 정리하면 다음과 같다.

- 먼저 API 기반의 폐쇄형 모델(GPT-4, Claude 등)을 사용할지, 오픈소스 모델(Mistral, Meta의 LLaMA 등)을 직접 운영할지 결정해야 한다. 전자는 1회 추론 비용이나 애플리케이션 통합 비용 같은 API 사용료를 고려해야 하고, 후자는 성능과 연산 비용 간의 균형을 고려해 파라미터 크기를 선택해야 한다.
- 모델을 운영할 인프라 비용도 중요한 요소다. LLM과 관련 시스템을 클라우드(Azure 등)나 온프레미스 환경에 배포해야 하며, 파라미터 수가 클수록 운영 비용이 증가한다는 점도 고려해야 한다.
- 대부분의 모델은 언어 지식과 상식 지식을 충분히 갖추고 있다. 그러나 특정 분야의 작업을 지원해야 한다면 해당 도메인에 특화된 모델이 필요하다. 예를 들어, 금융 특화 모델인 FinGPT 같은 오픈소스 모델을 활용하거나 자체 데이터로 파인튜닝을 수행할 수 있다. 또 다른 접근으로는 검색 기반 접근법 retrieval approach 을 활용할 수 있는데, 이는 다음 장에서 자세히 다룬다.

다음 절에서는 이렇게 선정한 '두뇌'를 외부 세계와 연결하는 방법을 살펴본다.

지각

LLM은 에이전트의 두뇌 역할을 수행할 수 있지만, 기본적으로 텍스트 입력만 처리할 수 있기 때문에 시각이나 청각 같은 감각 인식 능력이 부족하다. 예를 들어 GPT-4o는 이미지 입력을 받아 설명할 수 있지만, 이는 LLM 자체의 기능이 아니라 별도의 시각 처리 시스템과 통합을 통해 구현한 것이다.

인간은 시각에 크게 의존하는 존재다. 눈으로 보면서 바깥 세상과 주변 사물들 사이의 관계에 대해 엄청나게 많은 정보를 얻는다. 마찬가지로 에이전트도 다양한 모달리티 modality 를 통해 환경에서 실시간 정보를 얻어야 한다. 예를 들어, 가정용 기기에 연결된 에이전트는 센서가 비를 감지하면 창문을 닫거나 카메라가 강한 햇빛을 감지하면 블라인드를 내릴 수 있다.

감각을 가진 존재로서 인간은 여러 감각 기관으로부터 받은 정보를 통합해 외부 자극에 반응한다. 에이전트도 환경 변화에 대응하려면 이를 지각 perception 할 수 있어야 한다.

시각 입력을 LLM이 이해하도록 돕는 가장 간단한 해결책은 다른 모델을 사용하여 이미지 캡셔닝을 수행하는 것이다. 이렇게 생성된 캡션을 프롬프트에 삽입하여 추가 컨텍스트로 활용할 수 있다. 이 방법은 해석이 쉽고 사전 학습된 캡셔닝 템플릿을 그대로 쓸 수 있다는 장점이 있다. 하지만 캡셔닝 과정에서 정보 손실이 발생하여 시각 정보의 복잡성을 제대로 표현하지 못하는 단점도 있다.

이런 한계를 극복하기 위해 PaLM-E(https://arxiv.org/pdf/2303.03378)와 같은 연구에서는 **체화된 embodied 언어 모델**을 사용한다. PaLM-E는 범용 멀티모달 언어 모델로, 이미지와 텍스트를 임베딩 공간에 직접 통합하여 체화된 추론을 수행할 수 있다. 즉, 이미지 입력은 언어 토큰과 동일한 잠재 임베딩 공간에 삽입되며, 임베딩 벡터가 트랜스포머 블록으로 전달되어 텍스트 입력처럼 처리된다. 이후 모델은 파인튜닝 과정을 거치면서 다양한 모달리티 간의 정보를 연결하는 법을 학습한다.

또 다른 방식으로 이전 장에서 다룬 BLIP-2처럼, 이미 학습된 두 모델을 결합하고 동결한 상태에서 시각 인코더와 LLM을 연결하는 Q-Former 모듈만 학습할 수도 있다. 이 방법은 훨씬 적은 파라미터를 가진 모듈만 학습하면 되므로 효율적이다. 또한 LLM 자체는 새로운 학습에 노출되지 않기 때문에, 이전에 학습한 언어 지식을 잊어버리는 파괴적 망각 catastrophic forgetting 현상을 효과적으로 줄일 수 있다.

비디오 입력은 시간 차원이 추가된 시각 입력으로 볼 수 있다. 비디오는 연속된 이미지 프레임으로 구성되며 시간적 순서와 관계를 유지하는 것이 핵심이다. Flamingo(https://arxiv.org/pdf/2204.14198)와 같은 모델은 마스크드 masked 메커니즘을 사용하여 모델이 미래 정보를 미리 보지 않고 순차적으로 학습하도록 설계한다.

청각 입력 역시 중요한 정보를 전달한다. 예를 들어, 음성에는 발화 내용뿐 아니라 억양, 멈춤, 감정 등 비언어적 정보가 포함되어 있으며, 환경 소음은 위험이나 사건을 감지하는 단서가 될 수 있다. 청각 신호와 관련된 작업에서 뛰어난 성능을 보이는 여러 모델이 있다. Whisper 같은 모델은 음성을 텍스트로 변환하여 LLM의 입력으로 활용할 수 있다. 또한 오디오 스펙트로그램 audio spectrogram 은 시간에 따른 주파수 변화를 시각화해 이미지처럼 처리할 수 있으며, 많은 모델이 비전 트랜스포머를 스펙트로그램에 맞게 변형해 사용한다.

실제로 LLM은 오디오와 관련한 다양한 작업(텍스트-오디오 변환, 음성 번역 및 인식, 음성 분리, 음성 추출 등)을 다른 모델을 호출하여 수행할 수 있다. 앞서 3장에서 살펴본 것처럼, 멀티모달리티 multimodality 란 LLM이 텍스트뿐 아니라 이미지, 비디오, 오디오 등 다양한 입력 형태를 동시에 처리할 수 있는 능력을 의미한다. AudioGPT(https://arxiv.org/pdf/2304.12995)는 이러한 접근 방식의 한 예로, LLM이 각각 다른 작업에 특화된 오디오 기반 모델들과 상호작용하는 형태를 보여준다.

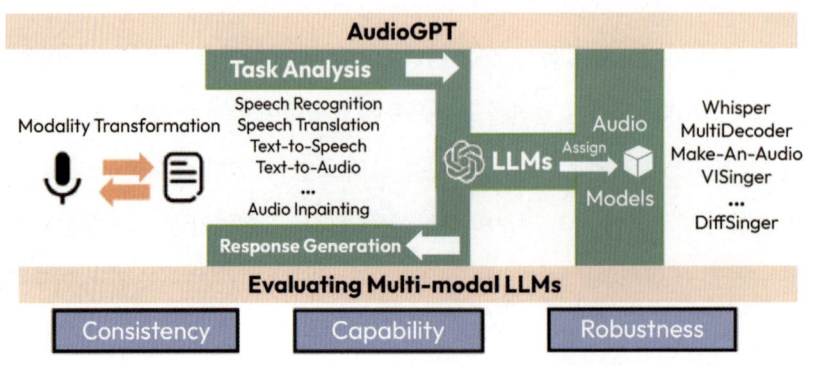

그림 4.5 AudioGPT 개요(https://arxiv.org/pdf/2304.12995)

물론 현실 세계에는 이 외에도 다양한 형태의 센서 입력이 있다. 후각이나 촉각 같은 감각 모달리티는 통합하기가 훨씬 복잡하며 전용 센서가 필요하다. 하지만 산업 현장에서는 이미 온도, 습도 등 다양한 센서가 기계로부터 입력을 수집하고 있다. LLM은 이러한 정보를 직접 통합하거나 중간 모델을 통해 처리할 수 있으며 LiDAR, GPS, 심지어 인터넷과 같은 다른 정보원으로부터도 입력을 받을 수 있다.

행동

생명체는 환경으로부터 신호를 인지하고 이를 해석한 뒤 적절한 반응을 선택한다. 예를 들어, 동물은 포식자의 움직임을 감지하거나 냄새를 맡아 위험을 인식하고, 뇌는 이 정보를 통합해 숨거나 도망치는 등의 행동 방침을 결정한다.

AI 에이전트 역시 이와 유사하다. 외부에서 들어온 신호는 통합되고, LLM은 이를 바탕으로 작업 계획을 수립한다. 이후 전용 행동 모듈action module이 실행에 나선다. 가장 기본적인 출력은 텍스트 응답이다. LLM은 본래 텍스트 생성 능력을 갖추고 있어 지시에 따라 답변을 생성할 수 있다. 그러나 에이전트의 잠재력은 여기에 그치지 않는다. **도구**tool를 활용함으로써 LLM은 자신의 한계를 넘어 더 복잡한 작업을 수행할 수 있다. 인간이 신체 능력을 보완하거나 효율성을 높이기 위해 도구를 사용하는 것과 같은 원리다.

모델이 도구를 잘 활용하려면 어떤 도구를 사용할 수 있는지, 그리고 그 사용법이 무엇인지 명확히 이해해야 한다. LLM은 제로샷 학습을 통해 새로운 상황에서도 일정 부분 일반화할 수 있지만, 퓨샷 학습을 적용하면 도구 활용 능력이 크게 향상된다. 나중에 살펴보겠지만, 일부 연구에서는 모델에 일종의 사용 설명서를 제공하는 방식을 시도하며, 또 다른 방식에서는 피드백 루프를 통해 LLM이 점진적으로 도구 사용법을 학습하도록 한다.

행동의 더 깊은 차원은 **체화된 행동**embodied action이다. 지금까지의 상호작용이 주로 가상 환경에서 이루어졌다면, 체화는 에이전트를 물리적 세계로 확장하는 개념이다. **체화 가설**embodiment hypothesis에 따르면, 인간의 지능은 단순히 지식을 습득하는 것이 아니라 환경과 지속적으로 상호작용하고 피드백을 받는 과정에서 발달한다.

이 관점에서 본다면 AGI(범용 인공지능)를 실현하기 위해서는 모델도 외부 세계와 직접 상호작용해야 한다. AGI는 단순한 명령 수행을 넘어 환경을 실시간으로 모니터링하고, 복잡한 목표를 세우며, 그 목표를 향해 정교하게 행동할 수 있어야 한다. 이는 이전에는 공상처럼 여겨졌던 애플리케이션을 가능하게 한다. 예를 들어, 지구 온난화에 대응하거나 핵융합을 모니터링하고 제어하거나 우주 탐사를 위해 자율 탐사선을 운용하는 등이 이에 해당한다. 이처럼 LLM은 로봇에 내장되어 신체를 얻고 환경을 탐색하며 스스로 학습할 수 있게 된다.

다음 절에서는 에이전트가 어떻게 학습하는지, 그리고 에이전트를 어떻게 더 정교하게 분류할 수 있는지 살펴본다. 이는 필요에 맞는 AI 에이전트를 정의하고 계획하는 데 중요한 토대를 제공할 것이다.

2. AI 에이전트 분류하기

이번 절에서는 에이전트를 분류하는 가장 적합한 방법과 복잡한 시스템이 어떻게 학습하는지를 좀 더 자세히 살펴본다. 첫 번째 분류 기준은 가상 환경에서만 움직이는 에이전트와 체화된 에이전트의 구분이다.

디지털 에이전트digital agent는 가상 환경에서만 활동한다. 이들은 가상 세계와 다양한 수준으로 상호작용한다. 가장 단순한 형태는 단일 사용자와만 상호작용하는 경우로, 예를 들어 에이전트를 주피터 노트북과 같은 가상 환경에서 프로그래밍할 수 있다. 이 에이전트는 인터넷 검색은 할 수 있지만 상호작용이 제한적이고 주로 수동적passive 역할에 머문다. 이러한 디지털 에이전트는 두 가지 확장 수준을 가진다.

- **액션 에이전트**action agent는 시뮬레이션이나 가상 세계에서 행동을 수행한다. 대표적으로 게임 에이전트가 있으며, 보통 게임에서 승리라는 명확한 목표goal를 가지고 다른 사용자 또는 에이전트와 상호작용한다. 강화학습을 통해 목표 달성 시 보상을 주는 방식으로 학습한다.
- **인터랙티브 에이전트**interactive agent는 액션 에이전트의 확장 개념으로, 세계와 직접 소통하며 이를 수정할 수 있다 (이러한 수정이 반드시 물리적 행동일 필요는 없다).

시스템의 상호작용 범위를 결정한 후에는 작업에 어떻게 접근할지를 정해야 한다. 즉, 모델이 어떤 방식으로 행동을 계획할 것인지 결정해야 한다. 이는 시스템의 핵심 역량 가운데 하나로, 주어진 작업을 어떻게 세부 행동 단위로 나누고 무엇을 우선할지 결정하는 것이다. 여기서는 작업 계획task planning에 초점을 맞추어 가능한 접근 방식을 상위 수준에서 살펴본다.

Method	Idea	LLM's task	Formulation	Representative works
Task Decomposition	Divide and Conquer	Task decomposition Subtask planning	$[g_i]$ = decompose$(E, g; \Theta, \mathcal{P})$; p^i = sub-plan$(E, g_i; \Theta, \mathcal{P})$	CoT [2022], ReAct [2022], HuggingGPT [2023]
Multi-plan Selection	Generate multiple plans and select the optimal	Plans generation Plans evaluation	P = plan$(E, g; \Theta, \mathcal{P})$; p^* = select$(E, g, P; \Theta, \mathcal{F})$	ToT [2023], GoT [2023], CoT-SC [2022b]
External Planner-aided	Formalize tasks and utilize external planner	Task formalization	h = formalize$(E, g; \Theta, \mathcal{P})$; p = plan$(E, g, h; \Phi)$	LLM+P [2023a], LLM+PDDL [2023]
Reflection & Refinement	Reflect on experiences and refine plans	Plan generation Reflection Refinement	p_0 = plan$(E, g; \Theta, \mathcal{P})$; r_i = reflect$(E, g, p_i; \Theta, \mathcal{P})$; p_{i+1} = refine$(E, g, p_i, r_i; \Theta, \mathcal{P})$	Reflexion [2023], CRITIC [2023], Self-Refine [2023]
Memory-aided Planning	Leverage memory to aid planning	Plan generation Memory extraction	m = retrieve$(E, g; \mathcal{M})$; p = plan$(E, g, m; \Theta, \mathcal{P})$	REMEMBER [2023a], MemoryBank [2023]

그림 4.6 기존 LLM 기반 에이전트의 계획 연구에 대한 분류(https://arxiv.org/pdf/2402.02716)

현실 세계에서의 작업은 일반적으로 매우 복잡해서 단일 단계로 해결하기란 사실상 불가능하다. 따라서 에이전트는 작업을 더 다루기 쉬운 여러 하위 작업subtask으로 나누어야 한다(이 하위 작업 역시 여러 단계로 구성될 수 있다). 이 과정에서 먼저 작업을 어떻게 분해할지 결정하고, 이어 각 하위 작업을 어떤 방식으로 해결할지 정해야 한다. 이러한 문제를 다루는 대표적인 접근법은 다음 두 가지다.

- **선분해 방식**(decomposition-first methods, 그림 4.7a): LLM이 작업을 일련의 하위 목표subgoal로 먼저 분해한 뒤, 이전 목표를 해결한 후 다음 목표에 대한 계획을 세우는 식으로 순차적으로 해결하는 방식이다. 제로샷 CoT에서 영감을 얻었다. 제로샷 CoT란 문제를 바로 푸는 대신, 먼저 해결 계획이나 근거를 작성한 뒤 풀이를 시작하라는 단일 지시만으로도 성능이 향상될 수 있다는 프롬프트 기법이다. "먼저 계획을 세워보자"와 "이제 계획을 실행하자"라는 두 가지 프롬프트를 사용해 LLM이 계획과 실행 과정을 두 단계로 진행하도록 유도한다. 장점은 전체 작업을 조망할 수 있어 할루시네이션이나 망각을 줄일 수 있다는 점이다. 단점은 계획을 처음부터 고정하기 때문에 중간에 오류가 발생해도 수정하기 어렵다는 것이다.

- **교차 분해 방식**(interleaved decomposition methods, 그림 4.7b): 작업 분해와 계획 수립을 교차하면서 진행한다. 즉, 하위 작업을 하나 생성하고 이를 해결한 뒤, 다시 새로운 하위 작업을 만들어 해결하는 과정을 반복한다. 이 방식은 추론과 계획을 번갈아 수행하므로 모델의 계획 능력을 점진적으로 향상시키고 환경 변화에 따라 작업을 동적으로 조정할 수 있다. 하지만 문제가 지나치게 복잡하면, 결과를 내지 못한 채 모델의 생성 결과만 길어지는 비용이 큰 추론-계획 연쇄reasoning-planning chain에 빠질 위험이 있다.

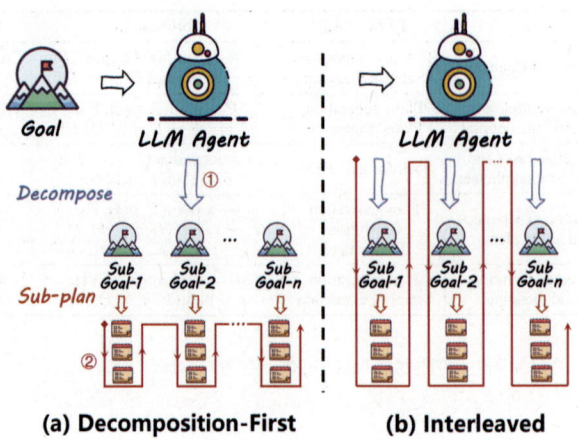

그림 4.7 작업 분해 기법의 유형(https://arxiv.org/pdf/2402.02716)

이 두 가지 접근법 외에도 다양한 변형과 대안이 존재한다. 대표적인 예가 **다중 계획 선택**multi-plan selection 방식이다. 이는 자기 일관성 프롬프트(단일 질문에 대해 여러 추론 경로를 샘플링하는 방식)에서 영감을 얻었다. 다중 계획 선택에서는 하나의 작업에 대해 여러 개의 계획을 생성한 뒤, 다양한 알고리즘을 활용해 그중 최적의 행동 계획을 고른다. 모델이 추론 능력을 갖추고 있더라도 때로는 실행 불가능하거나 잘못된 계획을 세울 수 있기 때문이다.

후보 계획을 평가하고 선택하는 방법은 다양하다. 가장 단순한 형태는 다수결이지만 트리 탐색 알고리즘이나 강화학습을 활용할 수도 있다. 이 방법은 특히 복잡한 문제를 해결하는 데 종종 효과적이다. 또한 휴리스틱 알고리즘을 사용하면 확장된 가설 공간에서 문제 해결 비용을 줄일 수 있다. 반면, 여러 경로를 생성하는 데 계산 비용이 많이 들고(시간 지연 포함), 확률적 과정에 의존하기 때문에 일관성이 떨어질 수 있다는 단점이 있다.

또 다른 접근법은 **외부 플래너 지원 계획**external planner-aided planning으로, LLM과 별도의 외부 플래너를 통합하여 계획 수립을 보조한다. 예를 들어, 최적의 해결 경로를 식별하기 위해 심볼릭 플래너symbolic planner를 추가할 수 있다. 오늘날에는 LLM이 최적의 계획을 찾는 것을 돕는 훨씬 가벼운 신경망 기반의 뉴럴 플래너neural planner도 있다.

다시 말해, LLM은 느린 사색적 추론을 수행하고 플래너는 빠른 반응을 보완한다. 이러한 느린 사고와 빠른 사고를 번갈아 사용할 수도 있는데, 먼저 빠른 계획을 수립하고 LLM이 이를 점검하고 오류를 수정한다. 이 접근법은 자원을 효율적으로 활용할 수 있으며 코드 생성과 같은 작업에 유망하다. 다만, 시스템을 개발하고 구현하는 것이 복잡하다는 단점이 있다.

할루시네이션이나 오류를 줄이기 위한 또 다른 접근법은 **성찰 및 개선**reflection and refinement이다. 이는 교차 분해 방식의 확장으로 볼 수 있으며 LLM이 생성, 피드백, 개선을 반복해서 수행하는 구조다. 기본적으로 모델은 각 생성 단계 이후 스스로 피드백을 만들어내고, 이를 바탕으로 계획을 점진적으로 다듬는다. 더 발전된 형태에서는 별도의 평가자 모델을 두어 계획을 검증하고 추가 피드백을 제공하기도 한다. 또한 환경 변화까지 피드백 과정에 반영하면 시스템의 적응성과 유연성을 한층 높일 수 있다. 그러나 이런 잠재력에도 불구하고 성찰 과정이 항상 목표 달성으로 이어지는 것은 아니다. 특히 과정이 지나치게 복잡할 경우 LLM이 끝없는 연쇄에 갇힐 수 있다.

메모리 증강 계획memory-augmented planning은 모델의 현재 컨텍스트 길이의 한계를 극복하기 위한 접근법이다. 즉, 외부 메모리 시스템을 활용해 에이전트의 의사 결정과 계획 능력을 강화하는 방식이다. 이 접근법을 통해 에이전트는 과거 경험이나 관찰 정보, 연산 결과를 저장하고 회상하여 활용할 수 있으며, 이를 바탕으로 복잡한 작업에서 성능을 개선할 수 있다.

예를 들어, 청소 임무를 맡은 로봇 청소기를 생각해보자. 메모리가 없다면 로봇은 집 안을 무작위로 돌아다니며 같은 구역을 반복해서 청소하거나 특정 부분을 놓칠 수 있다. 그러나 메모리 증강 시스템을 갖춘 로봇은 이미 청소한 구역과 가구 등 장애물 위치를 지도 형태로 기억한다. 따라서 같은 구역을 다시 방문하지 않고도 다음 움직임을 효율적으로 계획해 집 전체를 깔끔하게 청소할 수 있다.

실제로 하나의 작업은 여러 하위 작업으로 나뉘고, 각 하위 작업은 다시 더 작은 단위로 세분화될 수 있다. 이렇게 세분화된 계획과 중간 결과가 누적되면 LLM의 컨텍스트 윈도우 범위를 넘어서는 양의 정보가 생성되기도 한다.

검색 증강 생성RAG, retrieval-augmented generation은 외부에서 필요한 정보를 검색해 모델의 생성 과정에 활용하는 기술이다(자세한 내용은 다음 두 장에서 다룬다). RAG를 에이전트의 과거 경험을 저장하는 데 사용할 수 있다. RAG에는 데이터베이스 형태의 외부 메모리가 존재하며, 사용자 질의가 있을 때마다 질문에 답하거나 행동을 수행하는 데 필요한 컨텍스트를 검색하여 모델 입력에 포함시킨다. 따라서 RAG를 이용하면 모델이 이전의 작업 계획이나 다른 해결책, 문제 해결에 도움이 되는 추가 정보를 활용할 수 있다.

또는 이러한 이전 경험을 모델 파인튜닝에 활용하는 대안도 있다. 파인튜닝은 비용이 더 많이 들지만, 경험을 모델 내부에 내재화하여 후속 작업에 대한 일반화 능력을 높인다. 반면, RAG는 비용이 적게 드는 장점이 있으나 검색에 정확성이 요구되며 찾아낸 과거 경험이 현재 작업과 충분히 관련 있어야 효과를 발휘한다는 제약이 있다. 더 정교한 RAG는 인간의 기억 체계를 모방하기도 한다. 예를 들어 단기 기억은 환경의 임시적 변화를 저장하고, 장기 기억은 중요한 정보를 통합해 유지한다.

다음 절에서는 단일 에이전트나 다중 에이전트가 하나의 시스템 내에서 어떻게 상호작용하는지 살펴본다. 이러한 유연성 덕분에 적절한 아키텍처(단일 또는 다중 에이전트)를 선택하여 복잡한 작업을 처리할 수 있다. 이 주제는 9장과 10장에서 실제 다중 에이전트 시스템 사례를 통해 다시 다룰 것이다.

3. 단일 에이전트와 다중 에이전트 시스템 이해하기

에이전트의 능력이 무엇인지 그리고 이를 어떻게 작업 수행에 활용할 수 있는지 파악하는 것은 매우 중요하다. 개념적으로 살펴보면 먼저 에이전트가 활동할 수 있는 상황, 즉 시나리오를 정의해야 한다. 그중 가장 단순한 형태는 **작업 지향 배치**task-oriented deployment로, 에이전트가 인간의 특정 작업을 보조하는 경우다. 이러한 에이전트는 주어진 작업을 해결하거나 이를 관리하기 쉬운 하위 작업으로 분해할 수 있어야 한다. 즉, 사용자의 지시를 이해하고, 작업의 본질을 파악한 뒤, 이를 단계별로 나누어 계획을 세우고, 목표를 달성할 때까지 실행하는 것이 핵심이다. 단일 에이전트는 이러한 기능을 웹 환경이나 실제 환경 모두에서 수행할 수 있다.

웹 시나리오에서는 에이전트가 인터넷에 연결되어 온라인 상에서 행동을 수행할 수 있어야 한다. LLM은 온라인 쇼핑, 이메일 전송, 양식 작성과 같은 작업을 자동화할 잠재력을 지니고 있다. 이런 작업에 특화된 에이전트는 다양한 웹사이트의 변화에 능동적으로 적응할 수 있어야 한다. 특히 웹은 방대한 양의 텍스트 정보가 존재하는 공간이므로 LLM은 이 분야에서 강점을 가진다. 하지만 정보가 지나치게 많거나 불필요하게 흩어져 있을 경우 성능 저하를 겪을 수 있다. 이로 인해 모델이 할루시네이션을 일으키거나 계획 수립에 실패하거나 아예 작업을 완수하지 못할 수도 있다. 이를 보완하기 위해 HTML을 직접 읽는 도구를 활용하기도 한다.

인터넷에서 물건을 구매하는 것과 같은 실제 시나리오에서 에이전트는 단순히 행동을 수행하는 것뿐 아니라 상식적인 추론도 할 수 있어야 한다. 그러나 방대한 텍스트만으로 학습된 LLM에게 이러한 작업은 특히 복잡할 수 있다. 예를 들어, 낮과 밤이 바뀐다는 사실을 글로 배웠더라도, 실제로 조명이 바뀌는 상황에서 어떻게 스스로 위치를 잡아야 하는지는 별도의 지시 없이 이해하기 어렵다. 또한 행동은 반드시 상식과 일치해야 하며 장차 구현 로봇으로 확장하려면 공간 정보를 이해할 수 있어야 한다.

한편, **혁신 지향 배치**innovation-oriented deployment는 현재보다는 미래를 내다본 발전 방향을 가리키며, 에이전트가 단순히 과업을 수행하는 수준을 넘어 과학적 탐구 능력을 발휘해야 하는 시나리오다. 예를 들어, 실험실 보조, 애플리케이션 기획, 소프트웨어 설계 등이 이에 해당한다. 이처럼 복잡하고 혁신적인 프로젝트는 텍스트 정보만으로 정의하기 어렵고 다차원적이다. 따라서 에이전트는 특정 지식 영역을 깊이 이해하고 이를 바탕으로 추론과 확장을 수행할 수 있어야 한다. 이러한 에이전트는 코드와 소프트웨어를 개발하거나 신소재를 설계하고 실험을 보조하는 데 활용할 수 있다. 다만 아직 활발히 연구 중인 분야로, LLM이 일부 능력을 보여주고는 있지만 잠재력을 충분히 실현한 단계에는 이르지 못했다.

생애 주기 지향 배치life cycle-oriented deployment는 많은 연구자들이 궁극적인 목표로 삼는 시나리오다. 이 경우 에이전트는 스스로 탐험하고, 새로운 기술을 습득하며, 낯선 환경에서도 안정적으로 작동할 수 있어야 한다. 현재는 마인크래프트Minecraft 같은 가상 환경이 이러한 연구의 실험 무대로 주목받고 있다. 마인크래프트는 모델이 단기 및 장기 작업을 모두 수행해야 하는 복합적인 가상 세계로, 이 과정에서 기억memory의 유지 여부가 중요한 변수로 작용한다(이에 대해서는 다음 장에서 더 자세히 다룬다).

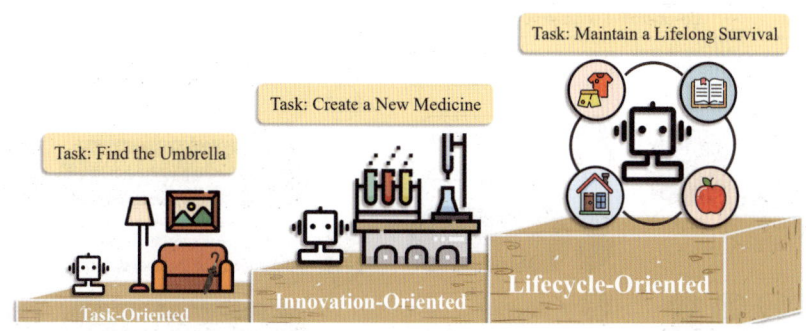

그림 4.8 점점 더 복잡해지는 시나리오에서 단일 LLM 기반 에이전트의 실제 응용(https://arxiv.org/pdf/2309.07864)

인간은 책에서만 배우는 것이 아니라 다른 사람들과의 상호작용을 통해서도 학습한다. 게다가 대부분의 작업은 협업을 통해 이루어지며, 자원이 제한된 상황에서는 분업이 훨씬 효율적이다. 이러한 점에서 여러 연구자들은 인공지능AI에도 같은 방식을 적용할 것을 제안한다. **다중 에이전트 시스템**은 여러 에이전트가 서로 협력하고 소통하는 구조를 말한다. 특히 여러 LLM 에이전트들은 자연어로 대화하며 협력하기 때문에, 그들의 행동 과정을 인간도 비교적 쉽게 해석할 수 있다. 이처럼 각기 다른 작업에 특화된 LLM을 조합해 사용하는 방식은 하나의 모델이 모든 작업을 전담하는 기존 접근법보다 훨씬 유연하다.

일부 접근법에서는 상호 보완적이며 정보를 공유할 수 있는 협력형 에이전트를 만드는 데 초점을 맞춘다. 이러한 환경에서 모델들은 집단적 결정을 내릴 수도 있으며, 단일 에이전트로는 해결할 수 없는 작업도 공동으로 해결할 수 있다. 예를 들어, 문제 해결의 정확성을 높이기 위해 여러 에이전트가 각자의 답변을 제시한 뒤 다수결로 결론을 도출하는 방식이 가능하다. 에이전트 간 상호작용은 일정한 규칙 아래 질서 있게 진행될 수도 있고, 각 에이전트가 자유롭게 의견을 내는 다소 무질서한 방식으로 이루어질 수도 있다.

에이전트가 반드시 협력만 해야 하는 것은 아니다. 게임 이론에 따르면 경쟁을 유도하는 방식 역시 작업 해결에 효과적일 수 있다. 실제로 경쟁 기반 학습은 게임에서 승리하도록 훈련하는 데 널리 활용되어 왔다. 예를 들어, 알파고AlphaGo는 자기 자신과 반복적으로 대국하며 학습했는데, 이를 통해 압도적으로 많은 경기 경험을 쌓을 수 있었다(https://www.nature.com/articles/nature24270).

이와 유사하게 LLM도 적대적 환경adversarial setting에 배치될 수 있다. 이 환경에서는 한 에이전트가 다른 에이전트로부터 피드백을 받고 이를 바탕으로 성능을 개선한다. 에이전트들이 서로의 결과를 토론하거나, 비판적 성찰을 수행하도록 설계하는 방법도 다양하게 연구되고 있다.

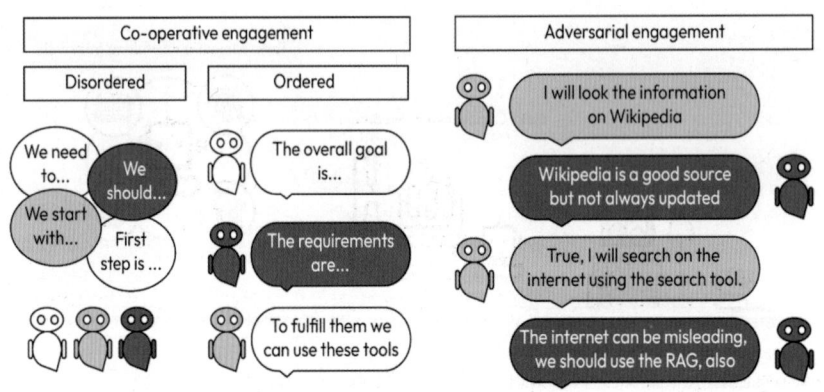

그림 4.9 다중 LLM 기반 에이전트의 상호작용 시나리오(https://arxiv.org/pdf/2309.07864)

또한 에이전트는 인간과 상호작용human-agent interaction할 수도 있다. 이 경우 전제는 에이전트의 목표가 인간의 목표와 일치해야 한다는 점이다. 동시에 인간과의 상호작용은 에이전트에게 중요한 피드백 정보를 제공한다. 예를 들어 성능, 안전성, 잠재적 편향에 관한 피드백은 에이전트의 개선과 진화를 이끄는 핵심 요소다. 궁극적으로 인간과의 상호작용은 단순한 협력 관계를 넘어 에이전트가 지속적으로 진화하는 경로가 될 수 있다.

인간과 에이전트 간의 상호작용은 크게 두 가지 형태로 나눌 수 있다.

- **불균등 상호작용**(unequal interaction): 지시자-실행자instructor-executor 패러다임이라고도 불린다. 인간이 자연어로 지시를 내리면, 에이전트가 이를 실행하는 방식이다. 대화는 단일 프롬프트(지시와 실행)일 수도 있고 서로 간

의 대화형일 수도 있다. 이 경우 인간은 지시와 피드백을 담당하고 에이전트는 실행에 집중한다. 피드백은 이진 평가나 평점처럼 정량적일 수도 있고 조언, 제안, 비판처럼 정성적일 수도 있다. 모델은 이러한 피드백을 반영해 현재와 미래의 응답을 점차 개선할 수 있다. 이 접근법의 한 갈래인 지속 학습continual learning은 상호작용이 이루어질 때마다 모델이 학습하는 방법을 연구한다.

- **균등 상호작용**(equal interaction): 인간과 에이전트가 동등한 파트너십을 형성하는 패러다임이다. 최신 LLM의 대화 능력을 활용하면, 에이전트는 단순한 도구를 넘어 협업자collaborator 역할을 수행할 수 있다. 다만, 사용자가 자주 지적하는 한계는 챗봇의 감정 표현 부족이다. 이런 이유로 더 공감적인 챗봇empathic chatbot을 만들려는 연구가 활발히 진행되고 있다. 또한 에이전트가 진정한 협력자로 기능하려면, 인간의 신념과 목표를 더 깊이 이해할 수 있어야 한다.

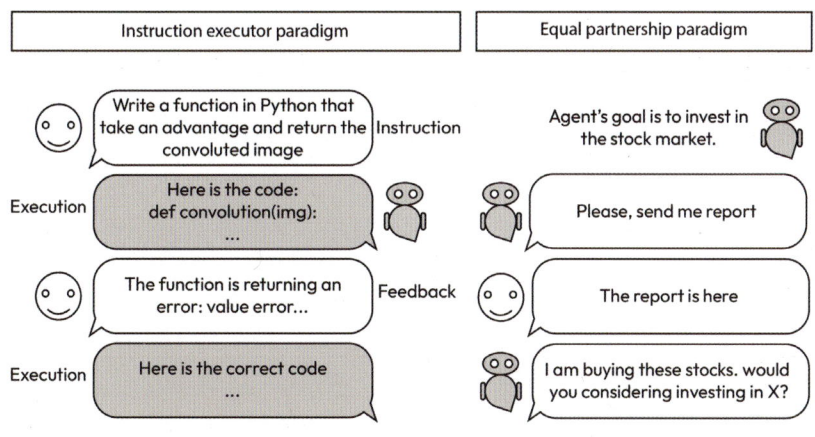

그림 4.10 인간-에이전트 상호작용의 두 가지 패러다임(https://arxiv.org/pdf/2309.07864)

4. 주요 라이브러리 탐구

앞에서 다양한 구성 요소와 프레임워크를 개념적·이론적 관점에서 살펴보았다면, 이번 절에서는 이러한 개념을 실제로 구현할 수 있도록 돕는 주요 라이브러리를 다룬다. 이러한 라이브러리들은 LLM을 중심에 두되, 지각 모듈이나 실행 도구와 연결해 에이전트의 능력을 확장할 수 있도록 한다. 다시 말해, LLM이 핵심 엔진 역할을 하면서도 다양한 모듈과 연계되어 실제적인 응용이 가능해지는 것이다. 다음 장에서는 몇 가지 측면을 더 깊이 다루고 실용적인 활용 사례도 함께 살펴볼 예정이다.

일반적으로 LLM 기반 애플리케이션은 다음과 같은 구성 요소로 이루어진다.

- **인터페이스**(interface): 사용자가 시스템과 상호작용하는 창구 역할을 한다.
- **두뇌**(brain): LLM 자체를 의미하며 필요에 따라 추가 메모리와 연결할 수 있다. LLM은 학습 과정에서 얻은 파

라메트릭parametric 메모리를 갖고 있지만 벡터 데이터베이스, 지식 그래프와 같은 외부 메모리를 붙여 확장할 수 있다.

- **지각 모듈**(perception module): 사용자 데이터를 수집·가공하여 시스템이 활용할 수 있는 형태로 변환한다.
- **도구**(tool): LLM의 기능을 확장하는 모듈이다. 라이브러리에 기본 포함될 수도 있고, 개발자가 직접 제작할 수도 있다.
- **프롬프트**(prompt): 사용자가 자연어로 애플리케이션과 소통하는 방식이다. 여기에는 사용자가 직접 입력하는 프론트엔드 프롬프트와, 사용자가 볼 수 없지만 LLM의 행동을 제어하는 백엔드 프롬프트가 모두 포함된다. 백엔드 프롬프트는 LLM의 행동을 조건화하는 추가 지시를 담고 있다. 예를 들어, 백엔드 프롬프트는 모델이 주어진 컨텍스트나 벡터 데이터베이스에 있는 정보만 사용하도록 제한하거나 유해한 응답을 피하도록 설계할 수 있다.

이러한 시스템을 뒷받침하는 라이브러리는 다양하다. 이 책에서는 대표적으로 다음 다섯 가지를 살펴본다.

- LangChain
- Haystack
- LlamaIndex
- Semantic Kernel
- AutoGen

이제 각 라이브러리를 하나씩 살펴보자.

LangChain

LangChain은 LLM을 중심으로 애플리케이션을 개발할 수 있도록 지원하는 대표적인 프레임워크이다. 핵심 목적은 LLM 기반 애플리케이션을 실제 프로덕션 환경에서 구현하고 배포할 수 있게 지원하는 데 있다. LangChain 생태계는 크게 세 가지 구성 요소로 이루어진다.

- **LangChain**: 다양한 모듈을 통해 LLM에 메모리, 프롬프트, 기타 도구들을 통합한다.
- **LangSmith**: 애플리케이션을 점검, 모니터링, 평가하는 데 사용한다.
- **LangServe**: 개발한 시스템을 API 형태로 배포할 수 있도록 지원한다.

LangChain은 Python과 JavaScript에서 모두 사용할 수 있으며 일부 모듈은 Rust도 지원한다. 현재까지 커뮤니티에서 가장 널리 쓰이는 라이브러리이며, 실제로 오픈소스 커뮤니티가 개발한 다양한 확장 모듈도 제공한다.

LangChain은 OpenAI나 Anthropic 같이 API 형태로 사용하는 상용 모델뿐 아니라 Hugging Face의 오픈소스 모델과도 호환되며, 병렬 실행과 비동기 처리를 지원해 프로덕션 환경에서 유용하다. LangChain의 핵심은 LLM을 편리하게 감싸는 래퍼wrapper와 이를 다른 도구와 연결하는 체인chain 구조다. 개발자는 체인을 이용해 LLM과 부가 기능을 결합한 워크플로를 만들고 이를 프로덕션 환경에서 추적하고 배포할 수 있다. 또한 CSV, PDF, 텍스트, 이미지 등 다양한 데이터 변환을 지원하며 여러 LLM을 보다 효과적으로 활용할 수 있도록 프롬프트 템플릿 기능도 지원한다.

LangChain은 모듈형 추상화modular abstraction를 통해 모델을 도구와 효율적으로 연결한다. 개발자는 이를 기반으로 체인을 구성하여 유연하고 맞춤화된 파이프라인을 만들고 손쉽게 배포할 수 있다. 또한 LangSmith를 통해 시스템을 모니터링하여 문제 발생을 사전에 탐지하고 관리할 수 있다.

LangChain의 장점은 다음과 같다.

- **포괄적인 기능**: 다양한 애플리케이션에 활용할 수 있는 방대한 기능 모듈과 템플릿을 제공한다. 모듈형 디자인으로 구성 요소를 쉽게 교체할 수 있다.
- **광범위한 통합**: LLM 제공업체, 벡터 데이터베이스, 클라우드 서비스 등 수많은 외부 라이브러리와 쉽게 연결할 수 있다.
- **명확한 워크플로**: 입력과 출력을 분명히 정의하고 체인의 중간 산출물을 모니터링할 수 있다. 또한 복잡한 프롬프트 엔지니어링을 체계적으로 수행할 수 있다.
- **활발한 커뮤니티**: 대규모 사용자 기반을 바탕으로 커뮤니티가 개발한 다양한 솔루션이 있으며 관련 튜토리얼도 풍부하다.
- **엔드 투 엔드 지원**: 통합, 개발, 배포, 모니터링까지 애플리케이션의 전체 주기를 지원한다.

하지만 다음과 같은 단점도 있다.

- **다소 높은 학습 장벽**: 기능이 클래스 단위로 정의되어 있어 단순한 프롬프트조차 템플릿으로 추상화해야 하는 등 초기 진입 장벽이 높거나 초심자가 제대로 이해하기 어렵다.
- **문서화 문제**: 문서가 최신이 아니거나 응용 사례별 구체적인 설명이 부족하다는 지적이 많다.
- **범용성의 한계**: 범용성이 단점이 될 수 있다. 예를 들어, 검색 증강 생성RAG과 같은 특정 응용에서는 더 전문화된 기능을 제공하는 다른 시스템들이 있다.

정리하면, LangChain은 복잡한 에이전트 개발에 가장 널리 쓰이는 라이브러리지만, 동시에 가장 학습하기 어렵기도 하다. 이 때문에 일부 사용자는 더 간단한 라이브러리를 선호하기도 한다.

Haystack

Haystack은 프로덕션 환경에서 바로 사용할 수 있는 LLM 애플리케이션 구축용 오픈소스 프레임워크다. LangChain과 마찬가지로 주요 LLM 공급자 및 배포 플랫폼과 호환되며 LLM을 다양한 도구와 연결할 수 있다. 또한 평가, 모니터링, 데이터 수집 등 프로덕션 배포에 필요한 엔드 투 엔드 도구 세트를 제공한다. 이를 통해 외부 스토리지를 연동한 LLM을 비롯해 챗봇, 에이전트, 멀티모달 시스템까지 손쉽게 개발할 수 있다. 특히, 사전 구축된 기능 pre-built features 을 제공해 파이프라인에 간단히 삽입할 수 있다는 점이 장점이다.

Haystack은 "모든 것은 쉽게 조합(composable)할 수 있다"는 철학을 바탕으로 하며, 주요 구성 요소는 다음과 같다.

- **컴포넌트**: 문서 검색, 텍스트 생성, 임베딩 생성을 담당하는 전용 빌딩 블록이다. 각 컴포넌트는 노드로 볼 수 있으며, 이미 구축된 다수의 노드를 바로 활용할 수 있다. 필요하다면 사용자가 직접 새로운 노드를 정의할 수도 있다.
- **파이프라인**: 데이터가 애플리케이션 내에서 어떻게 흐르는지 보여주는 추상화 레이어다. 여러 컴포넌트를 연결해 파이프라인을 구성하며, 루프 생성이나 파이프라인 결합처럼 유연하게 제어할 수 있다. Haystack에서는 파이프라인을 컴포넌트들이 상호 연결된 그래프로 이해할 수 있다.

Haystack의 장점은 다음과 같다.

- **전문화된 컴포넌트**: 데이터 처리, 임베딩, 랭킹, 텍스트 생성에 최적화된 컴포넌트를 제공하며 특히 검색 및 질의응답 Q&A 시스템에 강점을 가진다.
- **광범위한 문서와 커뮤니티**: 문서화가 잘 되어 있고 튜토리얼이 풍부하다. 또한 커뮤니티에서 다양한 컴포넌트를 개발해 공유하고 있다.
- **완만한 학습 곡선**: LangChain보다 배우기 쉬우며 범용성이 뛰어나 다양한 활용 사례에 쉽게 적용할 수 있다.

하지만 다음과 같은 단점도 있다.

- **작은 사용자 기반**: 커뮤니티는 활발하지만 LangChain이나 LlamaIndex에 비해서는 규모가 작다.
- **적은 통합 기능**: 다른 프레임워크보다 전용 통합 모듈이 적다. 그럼에도 시스템은 유연성이 높아 맞춤형 도구들이 많이 있다.
- **좁은 적용 범위**: 검색과 문서 이해에 특화되어 있어 대화형 챗봇이나 복잡한 자연어 처리 애플리케이션 개발에는 도구와 파서가 부족하다.
- **확장성 문제**: 대규모 데이터셋 처리나 시스템 확장에서 성능 저하가 발생한다는 사용자 피드백이 있다.

정리하면, Haystack은 배우기 쉬운 라이브러리이며 RAG 기반 애플리케이션에 특히 적합하지만 에이전트가 포함된 정교한 애플리케이션에는 다소 한계가 있다.

LlamaIndex

LlamaIndex는 LLM을 중심으로 시스템을 구축하는 데 특화된 프레임워크다. 처음에는 RAG를 지원하는 데이터 프레임워크로 출발했으며, 이 때문에 외부 데이터 소스를 통합하거나 다양한 데이터를 수집할 수 있는 데이터 커넥터를 풍부하게 제공한다. 특히 지식 그래프knowledge graph도 쉽게 통합할 수 있다는 점이 눈에 띈다. 또한 Docker, OpenAI, LangChain, Flask 등 여러 플랫폼과의 통합도 지원해 활용 범위가 넓다.

LlamaIndex는 챗봇을 빠르게 구축하고 외부 스토리지와 연결하는 데 적합하며, 인터넷 검색이나 작업 수행이 가능한 자율형 에이전트를 만드는 데에도 활용한다. 기본 제공되는 다양한 도구와 기능이 있으며 커뮤니티에서 개발한 확장 기능도 활발히 공유되고 있다.

LlamaIndex의 장점은 다음과 같다.

- **다양한 데이터 소스 처리**: 160개 이상의 데이터 소스를 지원해 기업 환경에서 흔히 접하는 다양한 데이터 유형을 효율적으로 다룰 수 있다. 복잡한 데이터셋 처리에 강하며 멀티모달 데이터 통합도 가능하다.
- **강력한 인덱싱 및 검색 성능**: LlamaIndex의 핵심 강점으로, 정확하고 빠른 검색을 위해 최적화되어 있다. RAG와 다양한 검색 패러다임을 지원하는 도구를 제공한다.
- **높은 맞춤화 가능성**: 특히 검색 관련 기능에서 유연한 맞춤화가 가능하다.

하지만 다음과 같은 단점도 있다.

- **복잡성**: 다른 프레임워크에 비해 학습 장벽이 다소 높다. 효과적으로 활용하려면 정보 검색에 대한 명확한 이해가 필요하다.
- **제한된 범용성**: 검색 중심으로 설계된 만큼 다른 자연어 처리 작업에서는 기능이 제한적이다.

정리하면, LlamaIndex는 RAG 기반 애플리케이션을 구축할 때 가장 적합한 프레임워크로 꼽히며 에이전트 개발에도 훌륭한 솔루션이 될 수 있다.

Semantic Kernel

Semantic Kernel은 마이크로소프트가 개발한 에이전트 구축용 오픈소스 프레임워크다. OpenAI, Hugging Face 등 다양한 플랫폼과 연결할 수 있으며, 원래 C# 기반으로 작성되었지만 현재는 Python 버전도 제공한다. 핵심 아이디어는 **함수 합성**function composition 개념으로, 여러 기능을 조합해 새로운 기능을 만들고, 다양한 컴포넌트를 연결하여 유연한 파이프라인을 구축할 수 있다.

Semantic Kernel의 중심은 LLM이지만, 여기에 사용자가 작성한 코드를 플러그인 형태로 추가해 LLM이 직접 실행할 수 있도록 지원한다. 또한 파일이나 벡터 데이터베이스 형태의 메모리를 연결할 수 있으며 특정 작업을 위해 설계된 네이티브 함수도 만들 수 있다.

또한 플래너planner 기능을 제공해 사용자의 작업 요청을 입력받으면 이를 해결하기 위한 행동, 함수, 플러그인 세트를 반환한다. Semantic Kernel은 다양한 라이브러리와 호환되며 특히 C# 및 .NET 환경과 자연스럽게 통합된다. GitHub Copilot에서 영감을 받아 설계되었기 때문에 안정성이 높고 기업 환경에서 활용하기 좋은 선택지로 꼽힌다.

AutoGen

AutoGen은 마이크로소프트, 워싱턴 대학교, 펜실베이니아 주립대학교, 시디안 대학교 등이 공동 개발한 Python 기반 LLM 프레임워크다. 핵심 개념은 여러 에이전트를 구성해 서로 소통하게 하고, 이를 통해 복잡한 작업을 완수하는 애플리케이션을 만드는 것이다. AutoGen은 대화형 프로그래밍 방식을 채택하여 에이전트 간 상호작용을 기반으로 체인을 형성한다.

AutoGen은 세 가지 유형의 에이전트를 제공한다.

- **UserProxyAgent**: 사용자로부터 정보를 수집해 다른 에이전트에게 전달한다.
- **AssistantAgent**: `UserProxyAgent` 또는 다른 `AssistantAgent`로부터 데이터를 받아 작업을 수행한다.
- **GroupChatManager**: 여러 에이전트 간의 소통을 조율하고 제어한다.

이러한 구조 덕분에 AutoGen은 복잡한 대화 패턴을 지원하고 인간 개입 없이도 정교한 워크플로를 처리할 수 있다. 결과적으로 서로 복잡하게 소통하는 다중 에이전트 시스템을 만들 수 있다.

AutoGen의 장점은 다음과 같다.

- **단순성**: 추상화를 통해 에이전트가 어떻게 대화하고 작업을 수행하는지 직관적으로 이해할 수 있다. 또한 비전문가나 이해관계자에게 시스템을 설명하기도 쉽다.
- **맞춤화**: 직관적 과정 덕분에 적은 코드만으로도 손쉽게 커스터마이징할 수 있다.

그러나 몇 가지 단점도 있다.

- **디버깅 난이도**: 에이전트들이 상호 의존적이어서 디버깅이 어렵다.
- **낮은 지원도**: 아직 커뮤니티 규모가 작아 문제 해결 시 도움을 얻기 어렵다.

정리하면, AutoGen은 흥미롭고 잠재력이 큰 라이브러리이지만 현재로서는 프로젝트에 도입하기 위한 진입 장벽이 다소 높은 편이다.

LLM 에이전트 프레임워크 선택하기

앞서 살펴본 프레임워크들은 모두 LLM의 능력을 확장한다는 동일한 철학에서 출발했으며 제공하는 컴포넌트 또한 유사하다. 오늘날 대부분의 라이브러리는 성숙 단계에 이르러 특정 목적에 맞는 컴포넌트를 갖추고 있으며, 부족한 부분은 커뮤니티가 만든 다양한 리소스로 보완할 수 있다. 결국 핵심은 LLM 자체이며 애플리케이션의 최종 성능을 가장 크게 좌우하는 것도 LLM이다.

프레임워크 선택에 영향을 미치는 첫 번째 요소는 프로그래밍 언어이다. 기존 시스템의 환경을 변경하기 어려운 경우가 많으므로, 라이브러리가 해당 환경과 원활히 통합될 수 있어야 한다. 대부분의 라이브러리는 Python 기반이지만 다른 언어용 모듈도 있어 통합을 돕는다. 기본 지원이 없는 언어라도 오픈소스 커뮤니티에서 비공식 구현을 제공하는 경우가 많다. 예를 들어, LangChain은 Rust를 지원하며 C#, R 등 다른 언어용 비공식 구현도 있다.

다음으로 중요한 요소는 작업의 성격이다. 시스템이 복잡할수록 프레임워크는 견고하면서도 유연해야 한다. 예를 들어, 정보 검색 기능에 초점을 둔 시스템이라면 LlamaIndex가 적합하다. 반대로 확장성과 성능 모니터링이 핵심이라면 LangChain이나 Haystack이 제공하는 생태계가 더 매력적인 선택이 될 수 있다.

또 하나 고려해야 할 부분은 커뮤니티와 유지 관리다. 새로운 프레임워크를 채택할 때는 문제 해결을 지원할 수 있는 활발한 커뮤니티와 풍부한 자료가 필수이다. 커뮤니티가 활성화된 프레임워크는 학습에 도움이 되는 튜토리얼과 예제도 풍부하게 제공한다.

마지막 요소는 맞춤화 가능성이다. 모든 라이브러리가 기본 기능을 제공하지만, 특정 사용자 사례를 완전히 충족하지는 못한다. 따라서 내부적으로 솔루션을 직접 개발해야 하는 경우가 많다. 이때 이상적인 프레임워크는 다양한 컴포넌트를 수정, 교체, 통합할 수 있는 유연성을 제공해야 한다. 예를 들어, 기본 파라미터가 특정 응용에 최적화되지 않았다면 이를 손쉽게 조정할 수 있어야 한다.

결론적으로, 어떤 라이브러리가 최선인지 여부는 활용 사례use case에 따라 달라진다. 각 프레임워크는 저마다 장점과 한계를 지니고 있기 때문이다. 예를 들어, 애플리케이션이 정보 검색에 초점을 둔다면 LlamaIndex가 좋은 선택이 될 수 있고, 질의응답Q&A이 핵심이라면 Haystack이 더 적합하다. LangChain은 범용성이 뛰어나 폭넓은 적용 범위에 자연스럽게 활용할 수 있다. 반면, 시스템을 .NET 환경에 통합해야 한다면 Semantic Kernel을 선택할 수 있다. 따라서 프레임워크를 선택할 때는 애플리케이션의 핵심 목적과 함께 기술적 제약 조건을 종합적으로 고려해야 한다.

이로써 AI 에이전트 구축에 활용하는 주요 라이브러리를 살펴보았다. 다음 절에서는 이들을 실제로 어떻게 활용할 수 있는지 실습해본다.

5. 검색하여 정보를 스스로 찾는 ReAct 에이전트 만들기

우리는 보통 인터넷 검색을 구글과 같은 검색 엔진과 연결해 생각한다. 전통적인 쿼리 검색은 알고리즘을 통해 수행되지만, 여기에는 인공지능AI이 직접 사용되지 않는다. 예컨대 페이지랭크PageRank는 학습을 포함하지 않은 그래프 기반 검색 알고리즘이다. 검색 알고리즘은 보통 두 단계로 구성된다.

- **매칭**(matching): 사용자의 쿼리와 관련된 문서를 찾는 단계
- **랭킹**(ranking): 관련성 높은 문서부터 낮은 문서 순으로 정렬하는 단계

이 과정은 AI 없이도 가능하다. 그러나 AI를 활용하면 기존 검색 알고리즘의 한계를 넘어 더 정교한 서비스를 제공할 수 있다. 오늘날 사용자들은 AI가 엔티티entity와 용어terminology를 구분하고, 이를 문맥context에 맞게 해석하며, 상황에 따라 현지화localization하기를 기대한다. 예를 들어 '가장 맛있는 피자집'을 검색하면 단순히 관련 웹페이지가 아니라 현재 위치 근처의 추천 레스토랑을 반환해주기를 바란다. 미래의 검색은 여기서 더 나아가 결과에 대한 대화형 응답, 요약이나 실행 지시 같은 복합적 응답, 그리고 멀티모달 요소까지 통합될 것이다.

또 하나 중요한 측면은 개인화다. 오늘날의 검색 시스템은 사용자에게 맞춤형 결과를 제공해야 한다. 검색어는 때로는 모호하기 때문에 사용자 이력을 반영하면 더 적절한 결과를 제시할 수 있다. 또한 사용자가 자연어로 조건부 질의를 할 수 있다. 예를 들어 '파리에서 최고의 피자집'과 '최고의 피자집 AND 파리'는 표현은 다르지만 같은 의도를 담고 있다. 나아가 사용자는 검색 결과를 확인한 뒤 "이 피자집들 중 아이들과 함께 저녁 식사하기 좋은 곳은 어디인가?"처럼 추론이 필요한 추가 질문을 던질 수도 있다.

AI로 강화된 검색은 LLM을 핵심으로 활용해 이러한 요구를 충족한다. LLM은 쿼리의 세부 의미 차이를 구분하고, 사용자가 'transformer'라는 단어를 입력했을 때 그것이 AI 모델을 의미하는지 장난감을 의미하는지 판별할 수 있다. 또한 이전 대화 기록을 참고해 사용자의 선호를 파악하고, 이를 매번 다시 말하지 않아도 결과에 반영한다. 그 결과 검색 결과는 단순히 키워드 일치가 아니라 사용자 맥락에 맞게 정렬되어 더 높은 관련성을 제공한다.

또한 LLM은 추론 능력을 통해 암묵적 관련성implicit relevance을 반영할 수 있다. 예컨대 '가족 식당'을 검색했을 때 설명에 '가족'이라는 단어가 없어도 놀이터 사진이 포함된 식당이라면 더 높은 가중치를 줄 수 있다. 사용자는 검색 결과에 대해 후속 질문을 이어갈 수 있고, 모델은 이를 바탕으로 에이전트를 활용해 추가 작업까지 수행할 수 있다.

기존 검색 방식은 쿼리에 따라 중요도 순으로 링크를 반환하는 데 그쳤다. 그러나 이제는 웹사이트에서 직접 정보를 추출하고 이를 LLM이 분석할 수 있다. 주어진 쿼리에 대해 모델은 웹페이지에서 가장 관련성 높은 구절을 찾아 제공하는 **추출적 질의응답**extractive QA을 수행하거나, 초기 검색 결과를 요약해 쿼리에 직접 답하는 **생성적 질의응답**abstractive QA을 수행할 수 있다. 사용자는 더 이상 링크를 일일이 클릭하지 않아도 곧바로 답변을 얻을 수 있게 되는 것이다. 이러한 시스템은 나아가 RAG, 지식 그래프 등 외부 메모리 도구와 통합될 수 있는데, 이 내용은 이어지는 장에서 다룬다.

또한 LLM은 생성 능력을 갖추고 있어 검색을 한 단계 더 확장할 수 있다. 예컨대 "프랑스 혁명에 관한 자료를 검색해줘"와 같은 정보 요청뿐 아니라, "CNN을 위한 파이썬 코드를 찾아 R로 변환해줘"와 같은 요구도 처리할 수 있다. 다만 이러한 생성형 검색generative search에서는 할루시네이션이 주요 위험 요소로 꼽힌다. 따라서 시스템은 반드시 사용한 출처를 보존해 추후 검증과 역추적이 가능하도록 해야 한다.

LLM과 에이전트를 활용한 가장 단순한 형태의 검색 시스템은 쿼리를 받는 인터페이스와 인터넷 검색을 실행하는 도구가 LLM과 연결된 구조다. 이때 LLM은 쿼리를 분석하고, 필요한 검색 계획을 세운 뒤, 도구를 이용해 웹을 탐색하고, 결과를 종합해 응답을 생성한다.

더 정교한 시스템에서는 LLM이 활용할 수 있는 도구의 범위가 훨씬 넓어진다. 예를 들어 코드를 실행하거나 계산기를 사용하고, 외부 메모리에 데이터를 저장하고 불러오며, 특정 NLP 모델(예: 엔티티 식별, 문단 추출 등)을 호출해 고도화된 작업을 수행할 수 있다.

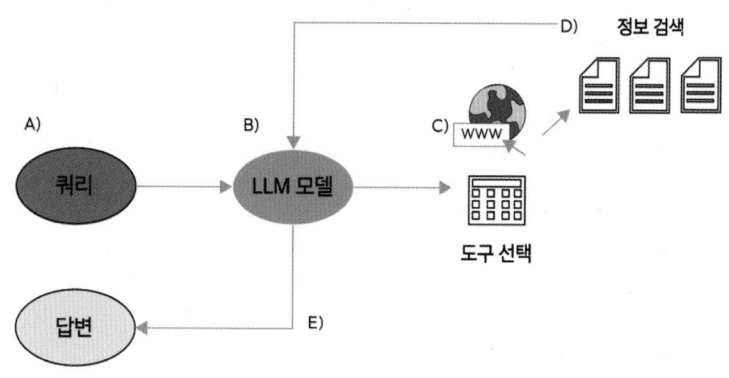

그림 4.11 인터넷 검색을 위한 LLM 에이전트 시스템의 구조

그림 4.11의 흐름을 단계별로 살펴보면 다음과 같다.

- A. 사용자가 쿼리를 작성한다.
- B. 모델이 쿼리를 분석하고 과제를 해결하기 위한 행동을 계획한다.
- C. 적합한 도구를 선택한다(이 경우는 인터넷 검색 도구).
- D. 인터넷 검색을 통해 문서를 식별하고, 이 정보를 모델에 다시 전달한다. 모델은 이를 분석하여 추가 행동이 필요한지 또는 작업이 완료되었는지를 판단한다.
- E. 모델은 최종 응답을 생성하여 사용자에게 전달한다.

LangChain을 사용하면 도구를 활용하여 LLM을 웹에 연결할 수 있다. 가장 널리 쓰이는 접근 방식은 ReAct$_{reasoning\ and\ acting}$ 프롬프팅이다. 이 방식은 두 단계로 이루어진다. 첫 번째 단계인 생각$_{thought}$ 단계에서 모델은 답변에 도달하기 위한 전략을 고안하고, 두 번째 단계인 행동$_{action}$ 단계에서 계획을 실제로 실행한다. 이 방식의 특징은 모델이 추론 과정을 추적한다는 점이다. 이를 통해 답변까지 도달하는 과정을 스스로 유도할 수 있으며, 필요에 따라 프롬프트를 유연하게 구성할 수 있어 높은 적응성을 제공한다. ReAct 프롬프팅을 사용하여 도구를 사용하기 전에 계획을 세우고 실제로 계획을 실행하는 에이전트를 구현하면 이를 ReAct 에이전트라 한다.

먼저 ReAct 에이전트를 실습하기에 앞서 Langchain을 이용하여 도구를 사용해보자. LangChain은 모델 확장을 지원하는 다양한 도구를 제공하며 인터넷 검색을 위한 모듈도 여럿 포함하고 있다. 예를 들어, DuckDuckGo 도구를 통해 DuckDuckGo 검색 엔진을 활용할 수 있다. 이 엔진은 무료일 뿐만 아니라 사용자의 데이터를 추적하지 않고, 광고성 콘텐츠나 단순히 구글 검색 순위만을 노린 저품질 페이지를 효과적으로 걸러낼 수 있다는 장점이 있다.

이 도구를 사용하려면 먼저 Python 라이브러리를 설치한 후 LangChain에 해당 도구를 임포트해야 한다. Langchain의 `DuckDuckGoSearchRun` 모듈을 임포트하고 `ddg_search`라는 객체를 만든다. 이제 해당 객체의 `run()` 메서드를 사용하면 사용자 입력에 대해 인터넷 검색 결과를 얻을 수 있다. 다음은 Langchain의 DuckDuckGo 도구를 이용하여 간단히 한국의 대통령을 검색해보는 예제다.

```
!pip install ddgs langchain_community

from langchain.tools import DuckDuckGoSearchRun

ddg_search = DuckDuckGoSearchRun()
ddg_search.run('2025년 한국의 대통령')
```

실행 결과는 다음과 같다.

[2] 2025년 6월 3일 더불어민주당 이재명이 역대 최다 득표 수를 기록하면서 대한민국 대통령으로 당선되었고, [1] 선거관리위원회 당선인 결정안이 확정되고 즉시 대통령 임기를 개시하였다. [3] 투표율은 79.38%로 제15대 대통령 선거 이후 최고치를 기록했다. [1] Jun 4, 2025 · 지금까지 1948년부터 2030년까지 역대 대한민국 대통령과 그 시대의 변화, 그리고 2025년 이재명 대통령 당선 및 개헌 논의까지 총정리해봤습니다. Jun 3, 2025 · 제21대 대통령 선거 개표 결과 이재명 더불어민주당 후보가 대통령에 당선됐다. Jun 16, 2025 · 대선 결과: 누가 누구에게 투표했는가? 2025년 대통령 선거에서 진보 성향의 더불어민주당 소속 이재명 후보가 총 득표율 49.42%로 승리했습니다. 주요 경쟁자인 보수 정당 국민의힘 소속 김문수 후보는 41.15%를 기록했습니다. 이번 선거에 선출되는 대통령은 원칙적으로 5년의 임기 동안 업무를 수행한다. 대통령 궐위로 인한 선거는 공직선거법상 '보궐선거'라고 규정하지는 않으나 다른 공직선거의 보궐선거에 적용되는 규정이 거의 대부분 적용된다.

이제 도구 호출이 정상적으로 동작하는 것을 확인했으니 직접 ReAct 에이전트를 구현해보자. 에이전트를 구현한다는 것은 방금처럼 사용자가 도구를 직접 호출하는 방식이 아니라, LLM이 도구를 직접 실행할 수 있도록 연결하는 작업을 의미한다. LangChain을 이용하여 LLM에게 도구 사용 방법을 설명하기 위해 LLM이 사용할 수 있는 도구 목록을 정의한다. 이때 LLM이 각 도구의 역할을 올바르게 이해할 수 있도록, 도구에 적절한 이름을 붙이고 수행 가능한 기능과 용도를 명확히 설명해야 한다. 이렇게 하면 LLM은 인터넷 검색이 필요한 상황에서 어떤 도구를 사용해야 하는지 판단할 수 있다.

> DuckDuckGo 도구는 이처럼 에이전트 구현에 사용하지 않고도 단독으로 사용할 수 있으며, 실행 즉시 검색 결과를 반환한다.

```
from langchain.agents import Tool

tools = [
    Tool(
        name="DuckDuckGo Search",
        func=ddg_search.run,
        description="인터넷에서 정보를 추출하는 웹 검색 도구",
    )
]
```

앞의 코드는 LLM에게 마치 이렇게 설명하는 것과 같다. "네가 사용할 수 있는 도구의 이름은 'DuckDuckGoSearch'이며, 이 도구는 '인터넷에서 정보를 추출하는 웹 검색 도구'이다." 이제 LLM은 사용자의 요청이 인터넷 검색을 통해 문제를 해결해야 하는 경우라고 판단하면 스스로 DuckDuckGo Search라는 도구를 사용하게 된다. func=ddg_search.run이라고 작성되어 있으므로 실제로는 이 경우

ddg_search.run( )을 실행하게 된다.

이번에는 위키피디아Wikipedia를 사용하여 검색하는 도구를 새로 추가한다.

```python
!pip install wikipedia

from langchain.tools import WikipediaQueryRun
from langchain.utilities import WikipediaAPIWrapper

wikipedia = WikipediaQueryRun(api_wrapper=WikipediaAPIWrapper())

tools.append(
    Tool(
        name="Wikipedia Web Search",
        func=wikipedia.run,
        description="위키피디아를 검색하는 도구",
    )
)
```

이 시점에서 LLM이 사용할 수 있는 도구는 인터넷을 통해 검색하는 도구 DuckDuckGo Search와 위키피디아를 통해 검색하는 도구 Wikipedia Web Search 두 가지가 된다. 뒤에서 보겠지만 LLM은 상황에 따라서 두 가지 도구를 적절하게 선택하여 호출하게 된다.

실제 에이전트를 실행하려면 도구뿐만 아니라 LLM과 연결하는 과정도 필요하다. 여기서는 OpenAI의 모델 중 GPT-4o를 사용한다. 다만 GPT-4o는 기본적으로 유료 모델이므로 OpenAI 공식 홈페이지에서 사용자가 직접 API 키를 발급받은 후에 사용할 수 있다.

```python
!pip install langchain_openai

from langchain_openai import ChatOpenAI
import os

os.environ["OPENAI_API_KEY"] = "실제 여러분이 발급받은 키 입력"

llm = ChatOpenAI(
    model="gpt-4o",
    temperature=0
)
```

이처럼 필요한 도구들과 LLM을 모두 설정한 후에는 LangChain의 initialize_agent( )를 사용하여 도구와 LLM을 연결하여 에이전트를 초기화하고 쿼리를 수행할 수 있다. 다음은 복잡한 쿼리에 대해 문제를 해결하는 ReAct 에이전트의 모습을 보여준다.

```python
from langchain.agents import initialize_agent

agent = initialize_agent(
    tools, llm, agent="zero-shot-react-description",
    verbose=True
)
agent.run('인터넷에서 2025년 한국의 대통령 검색하고 위키피디아에서 링컨 대통령 검색해서 정리해서 알려줘.')
```

실행 결과는 다음과 같다.

> To answer the question, I need to perform two separate searches: one to find information about the President of South Korea in 2025 using an internet search, and another to find information about President Abraham Lincoln using Wikipedia. I will start with the internet search for the 2025 South Korean President.
> Action: DuckDuckGo Search
> Action Input: "2025 South Korea President"
> Observation: Early presidential elections were held in South Korea on 3 June 2025 .
> …중략…
> Thought:Lee Jae-myung was elected as the President of South Korea in 2025. Now, I will search for information about President Abraham Lincoln on Wikipedia.
> Action: Wikipedia Web Search
> Action Input: "Abraham Lincoln"
> Observation: Page: Abraham Lincoln
> Summary: Abraham Lincoln (February 12, 1809 - April 15, 1865) was the 16th president of the United States, serving from 1861 until his assassination in 1865. He led the United States through the American Civil War, defeating the Confederate States and playing a major role in the abolition of slavery.
> …중략…
> Thought:I now have the information needed to answer the question.
> Final Answer: In 2025, Lee Jae-myung was elected as the President of South Korea. He is a member of the Democratic Party and became the country's 14th president after defeating Kim Moon-soo of the People Power Party.
> Abraham Lincoln was the 16th president of the United States, serving from 1861 until his assassination in 1865. He led the country through the American Civil War and played a significant role in the abolition of slavery. Lincoln issued the Emancipation Proclamation and promoted the Thirteenth Amendment, which abolished slavery. He was assassinated by John Wilkes Booth on April 14, 1865, and is remembered as a national hero for his leadership during the war and efforts to preserve the Union.

각 검색 결과가 길어 내용을 중략 처리하였다. 모든 결과가 영어로 출력되었기 때문에, 이해를 돕기 위해 이 결과를 번역하고 단계별로 어떤 과정을 거쳐 작업이 처리되었는지 살펴보자.

첫 번째 사이클

생각: 질문에 답하기 위해 두 가지 별도의 검색을 수행해야 합니다: 하나는 인터넷 검색을 사용하여 2025년 대한민국 대통령에 대한 정보를 찾는 것이고, 다른 하나는 위키백과를 사용하여 에이브러햄 링컨 대통령에 대한 정보를 찾는 것입니다. 먼저 2025년 한국 대통령에 대한 인터넷 검색부터 시작하겠습니다.
행동: DuckDuckGo Search
행동에 대한 입력: "2025 대한민국 대통령"
검색 결과: 대한민국에서 조기 대통령 선거가 2025년 6월 3일에 실시되었습니다.
…중략…

두 번째 사이클

생각: 이재명이 2025년 대한민국 대통령으로 선출되었습니다. 이제 위키백과에서 에이브러햄 링컨 대통령에 대한 정보를 검색하겠습니다.
행동: Wikipedia Web Search
행동에 대한 입력: "에이브러햄 링컨"
검색 결과: 페이지: 에이브러햄 링컨
요약: 에이브러햄 링컨(1809년 2월 12일 - 1865년 4월 15일)은 미국의 제16대 대통령으로, 1861년부터 1865년 암살당할 때까지 재임했습니다. 그는 미국 남북전쟁을 통해 미국을 이끌었고, 남부연합을 물리치고 노예제 폐지에 중요한 역할을 했습니다.
…중략…

세 번째 사이클

생각: 이제 질문에 답하는 데 필요한 정보를 모두 얻었습니다.

최종 답변: 2025년에 이재명이 대한민국 대통령으로 선출되었습니다. 그는 민주당 소속으로, 국민의힘 김문수를 물리치고 대한민국의 제14대 대통령이 되었습니다.
에이브러햄 링컨은 미국의 제16대 대통령으로, 1861년부터 1865년 암살당할 때까지 재임했습니다. 그는 미국 남북전쟁을 통해 국가를 이끌었으며 노예제 폐지에 중요한 역할을 했습니다. 링컨은 노예해방 선언을 발표했고 노예제를 폐지한 수정헌법 제13조를 추진했습니다. 그는 1865년 4월 14일 존 윌크스 부스에 의해 암살당했으며, 전쟁 중 리더십과 연방을 보존하려는 노력으로 국가적 영웅으로 기억되고 있습니다.

ReAct 에이전트는 구체적으로는 생각$_{thought}$, 행동$_{action}$, 행동에 대한 입력$_{action\ input}$, 관찰 결과$_{observation}$를 사이클로 반복하며 문제를 해결한다. 이러한 과정을 통해 사용자의 요청에 필요한 모든 정보가 수집되면 사이클을 종료하고 최종 답변$_{final\ answer}$을 작성하게 된다. 앞에서는 총 세 번의 사이클이 반복되었다. 가장 먼저 앞으로 어떤 작업을 수행할지 생각 단계에서 결정하며, 도구 사용이 필요하다고 판단되면 다음 단계인 행동 단계에서 주어진 도구 중에서 선택한다. 그다음 행동에 대한 입력 단계에서는 해당 도구에 전달할 검색어나 명령어 등을 결정하고, 그 후 실행 결과가 나오면 이를 바탕으로 다음 생각을 전개하는 다음 사이클이 시작된다. 그리고 생각 단계에서 모든 정보가 취합되었다고 판단되면 최종 답변을 작성하고 사이클을 종료한다.

ReAct 에이전트는 다양한 정보에 접근할 수는 있어도 이를 장기적으로 저장할 공간은 제공되지 않는다는 한계가 있다. 그럼에도 LLM을 활용한 인터넷 검색은 의료부터 금융까지 다양한 분야에서 유용하게 활용할 수 있다. 예를 들어, 모델은 유전자 서열에 접근해 비교하거나 의약품 정보와 화학 구조를 검색하는 데 활용될 수 있다. 또한 최신 금융, 경제 뉴스를 탐색할 수도 있으며, 오픈스트리트맵 OpenStreetMap 같은 도구를 사용해 위치 기반 정보를 검색하는 것도 가능하다.

다음 장에서는 모델이 정보를 기억하고 재활용할 수 있는 방법, 즉 메모리 memory 기능을 살펴본다. 이를 통해 모델은 대화 이력에 접근하거나 축적된 지식을 확장할 수 있다. 이러한 기능은 비즈니스는 물론, 금융과 헬스케어 분야에서도 큰 잠재력을 가진다.

> **요약**
>
> 이번 장에서는 LLM이 어떻게 정교하고 복잡한 시스템의 '두뇌' 역할을 수행할 수 있는지를 살펴보았다. LLM은 대화 능력과 추론 능력을 활용해 다양한 작업을 해결할 수 있다. 앞서 설명했듯이, 이 '두뇌'는 지각 체계(감각)와 도구(손)를 통해 확장할 수 있다. 실제로 모델은 API를 통해 인터넷을 검색할 수 있을 뿐만 아니라 오디오나 이미지, 비디오 등 다른 모달리티로부터 정보를 받아들일 수 있다.
>
> 모델은 이렇게 수집한 정보를 바탕으로 사용자의 과제를 해결한다. 오늘날 에이전트는 사용자를 대신해 일상적인 작업을 자동화할 수 있으며, 머지않아 인간 및 다른 에이전트와 더 정교하고 복잡하게 상호작용하는 세계가 열릴 것이다.
>
> 다음 장에서는 모델이 기억 memory 을 갖는 방법, 즉 정보를 저장하고 다시 불러와 효율적으로 활용하는 방법을 살펴본다.

더 읽을거리

- Silver, *Mastering the game of Go without human knowledge*, 2017, https://www.nature.com/articles/nature24270
- LangChain: https://python.langchain.com/v0.2/docs/introduction/
- Haystack: https://haystack.deepset.ai/overview/intro
- Semantic Kernel: https://learn.microsoft.com/en-us/semantic-kernel/overview/
- AutoGen: https://microsoft.github.io/autogen/
- LlamaIndex: https://www.llamaindex.ai/
- LangChain tools: https://python.langchain.com/v0.2/docs/integrations/tools/
- DuckDuckGo: https://duckduckgo.com/
- Guardian, *'Godfather of AI' shortens odds of the technology wiping out humanity over next 30 years*, 2024, https://www.theguardian.com/technology/2024/dec/27/godfather-of-ai-raises-odds-of-the-technology-wiping-out-humanity-over-next-30-years

할루시네이션을 방지하는 RAG 기반 에이전트

5장

앞선 장에서는 대규모 언어 모델(LLM)이 무엇인지, 그리고 이전 장에서는 LLM이 다양한 툴(tool)을 제어하여 작업을 수행하는 방법을 살펴보았다. 그러나 LLM에는 몇 가지 한계가 있어 특히 의료와 같이 민감한 분야에서는 그대로 적용하기 어렵다. 첫째, LLM은 학습 시점에 지식이 고정되어 있기 때문에, 의학처럼 빠르게 진화하는 분야에서는 이전 지식이 금세 구식이 된다. 둘째, LLM은 종종 할루시네이션을 일으켜 사실적, 개념적 오류가 있는 답변을 생성한다.

이러한 문제를 극복하기 위해 등장한 새로운 접근법이 **검색 증강 생성**(RAG, retrieval-augmented generation)이다. RAG는 LLM이 외부 메모리에 접근해 최신 정보를 검색하고 이를 응답에 반영하도록 한다. 덕분에 지식을 최신 상태로 유지할 수 있으며, 응답 과정에서 맥락적 가이드(contextual guidance)를 제공해 할루시네이션 발생을 줄여준다. 이 때문에 오늘날 RAG는 다양한 분야에서 활발히 활용되며 유망한 시스템으로 평가된다.

이번 장에서는 RAG 시스템이 어떻게 발전해 왔는지, 특히 트랜스포머 모델을 검색에 활용하는 방식부터 출발해 살펴본다. 이어서 시스템을 구성하는 핵심 요소들, 즉 임베딩, 벡터 데이터베이스, 생성 단계를 자세히 알아본다.

이번 장에서 다룰 주제는 다음과 같다.

- 나이브 RAG(naïve RAG) 탐구하기
- 검색, 최적화, 증강
- 출력에 대한 평가
- RAG와 파인튜닝 비교하기
- RAG를 활용한 영화 추천 에이전트 구축하기

기술 요구 사항

대부분의 코드는 CPU에서도 실행할 수 있지만, GPU 사용을 권장한다. 코드는 파이토치(PyTorch)로 작성되었으며 PyTorch, Hugging Face Transformers, LangChain, SentencePiece, Datasets, scikit-learn 등 대부분 표준 라이브러리를 활용한다. 전체 코드는 다음 GitHub 저장소

에서 확인할 수 있다.

https://github.com/ai-agent-kr/Modern-AI-Agents/tree/main/ch05

1. 나이브 RAG 탐구하기

정보 검색information retrieval은 미디어(주로 텍스트지만 멀티모달 데이터도 포함)에서 필요한 정보를 찾아내는 기술 분야다. 예를 들어, 사용자가 전체 문서나 특정 일부chunks를 검색할 때, 이 기술은 질의응답 시스템에서 적절한 정보를 찾는 데 핵심적인 역할을 한다. 이 시스템의 중심은 검색 엔진search engine이다. RAG에서는 이 검색 엔진이 트랜스포머(또는 최소한 언어 모델)로 구현된다. 이번 장에서는 바로 이 부분을 중점적으로 다룬다.

여기서 다루는 검색 시스템에서는 데이터베이스에 다양한 형태의 문서 모음을 인덱스로 저장한다. 문서 모음에는 텍스트뿐 아니라 웹페이지, 이미지, 비디오, 코드 조각, 짧은 구절 등도 포함된다. 각 문서는 저자, 크기, 주제, 키워드와 같은 메타데이터와 연결될 수 있다.

검색에서 **용어**term는 단순히 텍스트로서의 단어를 뜻하기도 하지만, 쿼리에 대한 답을 줄 수 있는 구절을 가리키기도 한다. 사용자가 입력한 **쿼리**query는 용어들로 표현할 수 있다. 검색 시스템의 목표는 쿼리를 컬렉션 내 문서 중 가장 연관성 있는 문서들과 매칭하는 것이다. 이렇게 검색된 문서들은 관련성에 따라 정렬하여 보여지도록 한다.

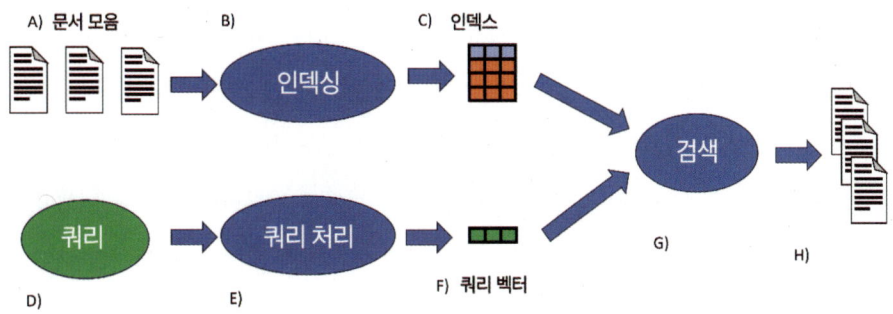

그림 5.1 검색 시스템 내에서 쿼리가 어떻게 처리되는지 보여주는 워크플로 다이어그램

그림 5.1을 단계별로 살펴보면 다음과 같다. 먼저 문서 모음(A)이 인덱싱(B) 과정을 거쳐 정돈된 형태로 데이터베이스(C)에 저장된다. 각 문서에는 메타데이터와 인덱스가 부여된다. 사용자의 쿼리(D)는 처리(E) 과정을 거쳐 벡터 표현(F)으로 변환된다. 생성된 벡터는 검색 과정에서 가장 관련성 높은 문서(G)를 찾는 데 사용된다. 시스템은 최종적으로 관련성 높은 순으로 문서(H)를 보여준다.

보다시피 이 시스템은 벡터 공간을 기반으로 검색한다. 가장 단순한 형태로는 1장에서 살펴본 BoW(단어 가방)나 TF-IDF 같은 방법이 있다. 예를 들어, 문서 집합을 가져와 TF-IDF를 계산한다. 그다음 각 문서와 쿼리 간의 점수(보통 코사인 유사도)를 계산하고 이 점수에 따라 순위를 매긴다. 벡터 형태의 문서 d와 쿼리 q에 대해 코사인 유사도는 다음과 같다.

$$\cos(\mathbf{q},\mathbf{d}) = \frac{\mathbf{q} \cdot \mathbf{d}}{|\mathbf{q}||\mathbf{d}|}$$

이 과정을 그림으로 나타내면 다음과 같다.

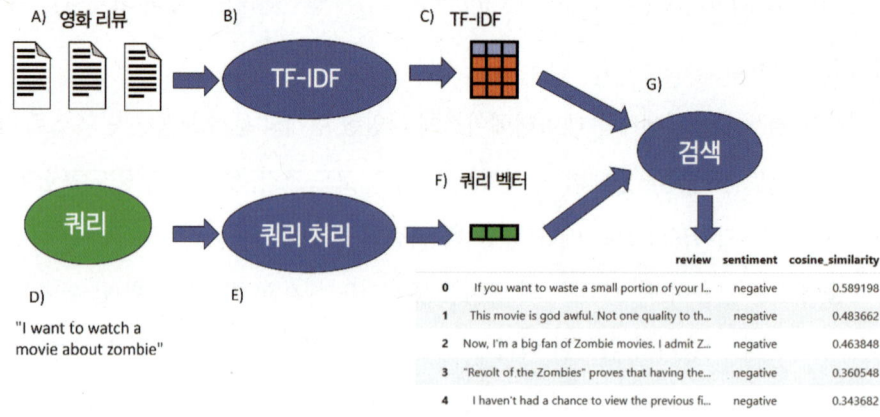

그림 5.2 TF-IDF로 가장 관련성 높은 문서를 검색하는 예

이러한 방식의 검색에는 효율적인 데이터 저장 구조가 필요하다. 예를 들어, TF-IDF(또는 파생 알고리즘)에서는 일반적으로 역인덱스inverted index라는 자료 구조를 사용한다. 역인덱스는 문서 집합에서 용어를 효율적으로 검색할 수 있도록 설계된 데이터 구조이며 크게 사전dictionary과 포스팅postings으로 구성된다. 사전은 문서 집합 내에 등장하는 용어들을 나열하고 빈도를 기록한다. 포스팅은 해당 용어가 어떤 문서에 등장하는지를 가리킨다. 이런 방식으로 질의query에 포함된 일련의 용어들이 주어지면, 그것들을 포함하는 문서를 효율적으로 찾아내고 유사도를 계산할 수 있다.

```
Hello {1}      -> 2[1]
Morning {2}    -> 2[2] -> 5[1]
Today {3}      -> 3[1] -> 4[2] -> 6[1]
Tomorrow {2}   -> 2[3] -> 3[1]
```

그림 5.3 역인덱스의 예

BM25는 두 개의 파라미터 b와 k가 추가된 TF-IDF의 변형이다. 여기서 b는 문서 길이 정규화의 중요도를 조절하고, k는 **단어 빈도**(TF)와 **역문서 빈도**(IDF) 사이의 관계를 조절한다.

$$\text{BM25 score} = \sum_{t \in q} \overbrace{\log\left(\frac{N}{df_t}\right)}^{IDF} \overbrace{\frac{tf_{t,d}}{k\left(1-b+b\left(\frac{|d|}{|d_{avg}|}\right)\right)+tf_{t,d}}}^{TF}$$

이 식은 문서 d와 쿼리 q의 유사도를 TF-IDF 방식으로 계산하되, 평균 문서 길이 d_{avg}를 고려하여 보정한다.

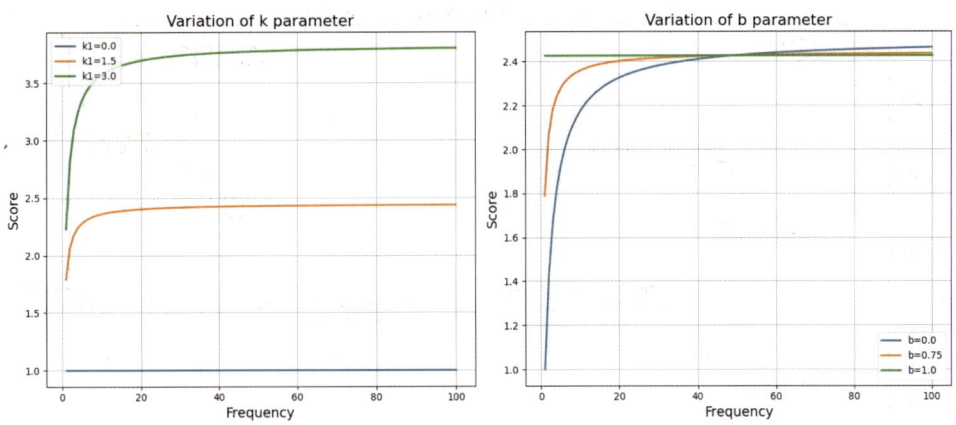

그림 5.4 BM25 스코어에 대한 k와 b 파라미터의 영향

여기서 몇 가지 흥미로운 점을 관찰할 수 있다.

- k를 0으로 설정하면 스코어 계산에서 TF가 사용되지 않는다. 이 경우 용어가 문서에 등장했는지 여부만 고려하고 등장 횟수는 반영하지 않는다. 반대로 k 값이 커질수록 TF의 가중치가 커진다. k는 TF 포화를 조절하는 데 쓰인다. 다시 말해, 단일 쿼리 용어가 단일 문서의 스코어에 얼마나 영향을 미치는지를 컨트롤할 때 k가 사용된다. $b = 1$은 문서 길이의 정규화를 의미하는 한편, 0은 정규화의 제거를 의미한다.

- 이 시스템은 파라미터들을 많이 추가하지 않아도 TF와 문서 길이에 모두 민감하다. 일반적으로 권장하는 값은 $b = 0.75$, k는 1.2와 2 사이의 값이다. BM25는 TF-IDF보다 훨씬 유연하며 다양한 시나리오에 맞게 조정할 수 있다.

- BM25는 TF-IDF보다 복잡하지 않기 때문에 대규모 데이터셋으로 확장할 수 있으며 희소 행렬에도 더 강력하게 동작한다.

그러나 특정 데이터셋에 최적인 파라미터를 찾는 일은 쉽지 않다. BM25는 하이퍼파라미터 선택에 민감하다. BM25는 문서의 의미를 파악하는 것이 아닌 용어의 빈도에 기반한 것이므로 의미적 이해도에 한계가 있다. 또한 많은 용어들은 다의어이며 BM25는 용어의 맥락을 이해하지 못한다. 또다른 심각한 문제는 어휘의 불일치이다. 즉, 쿼리 내의 용어와 문서 사이에 완전한 중복(정확한 일치)이 없는 경우이다.

이러한 문제에 대한 해결책은 컨텍스트 정보를 포함하는 밀집 벡터를 사용하는 것이다. 이를 위해 트랜스포머를 활용하여 문서의 표현representation을 추출한다. 좀 더 공식적으로, 토큰의 시퀀스가 주어지면 최종 레이어에서 얻은 표현 z를 사용한다. 이렇게 하면 단어의 의미를 구분할 수 있는 고차원 표현을 얻을 수 있다. 이를 z-스코어z-score라고 부른다.

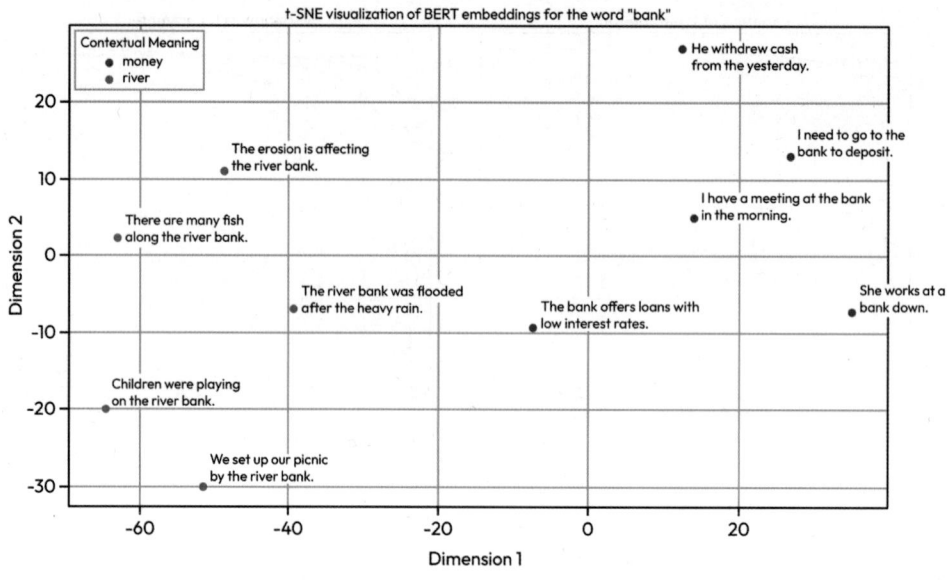

그림 5.5 단어 'bank'의 컨텍스트 임베딩

그림 5.5는 'bank'라는 단어가 맥락에 따라 다르게 사용되는 경우('은행' 혹은 '강')에 대해 컨텍스트 임베딩을 시각화한 것이다. 각 문장에서 추출한 BERT 임베딩을 t-SNE 기법으로 차원 축소해 표현한 결과, 동일한 단어라도 맥락에 따라 다른 위치에 배치되는 것을 확인할 수 있다.

모델에서 이러한 표현을 얻는 방법에는 여러 가지가 있다. 편의를 위해 마지막 레이어를 사용하지만, 여러 개의 레이어 표현을 평균 풀링average pooling하는 것이 권장된다(각각의 블록은 셀프 어텐션 구조로 인해 서로 다른 텍스트 표현을 학습함). 1장에서 살펴본 바와 같이 이 임베딩 벡터들은 기하학적 속성을 가지고 있으며 클러스터링과 유사도 계산 등의 작업에 사용할 수 있다.

하지만 이러한 임베딩은 그대로 사용하기보다 변환 과정을 거치는 것이 일반적이다. 예를 들어, z-스코어와 같은 정규화 기법을 적용하면 임베딩 공간의 왜곡을 줄일 수 있다. 사실 많은 단어의 벡터는 비등방성_{anisotropy} 때문에 서로 유사하다. 실제로 무작위로 선택된 단어들에 있어 코사인 유사도는 생각보다 높다. 이는 불량 차원_{rogue dimensions}, 즉 컨텍스트 임베딩을 지배하는 소수의 차원(1-5) 때문인데, 이들은 크기가 크고 불균형적으로 높은 분산을 가지고 있어 문제다. 이 차원들은 대개 구두점 등과 연관성이 높고 실제 의미 파악에는 도움이 되지 않는다. z-스코어와 같은 변환을 적용하면 이런 불필요한 차원의 영향을 줄이고 임베딩을 더 효과적으로 활용할 수 있다.

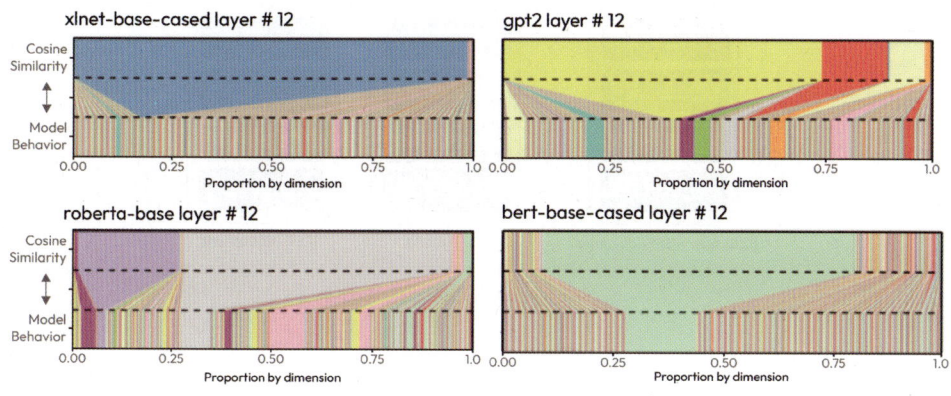

그림 5.6 코사인 유사도에 대한 각 차원의 상대적 기여(https://aclanthology.org/2021.emnlp-main.372.pdf)

또한 각 단어에 대한 임베딩을 추출하는 것은 시간적 소모가 너무 크다. 대신 양방향 인코더에서는 두 가지 대표적인 전략을 활용한다. 하나는 단일 인코더_{single-encoder}, 다른 하나는 이중 인코더_{bi-encoder} 방식이다.

첫 번째의 경우 쿼리와 문서를 모두 모델에 제공함으로써 양방향 셀프 어텐션 메커니즘이 모든 토큰을 참조할 수 있도록 한다. 즉, 입력 형식이 [CLS]-query-[SEP]-document이다. 이렇게 생성된 [CLS] 토큰의 표현은 선형 레이어에 전달되어 유사도 점수를 산출하며, 이 레이어는 파인튜닝을 통해 학습된다. 다만 대부분의 문서는 LLM의 컨텍스트 길이를 초과하기 때문에 보통 서로 중첩되지 않는 청크 단위로 나뉘어 처리된다. 예를 들어 BERT의 최대 입력 길이는 512 토큰이므로 쿼리와 문서를 합친 길이가 이를 넘지 않아야 한다.

이 같은 시스템은 전체 문서 코퍼스와 함께 쿼리를 전달해야 하기 때문에 비용이 많이 든다. 이를 개선한 것이 이중 인코더다. 여기서는 두 개의 인코더가 독립적으로 동작한다. 하나는 쿼리의 표현 [CLS]q를 추출하는 데 사용되는 인코더이고, 다른 하나는 각 문서 또는 청크의 표현 [CLS]d를 추출하는 데 사용되는 인코더이다. 기본적으로 코퍼스의 각 문서 임베딩을 계산하고 이를 데이터베이스에 저장한다. 이후 쿼리의 표현과 데이터베이스 내 모든 벡터 사이의 코사인 유사도를 계산한다. 이 시스템은 훨씬 빠르지만 정확도가 떨어지는데, 왜냐하면 쿼리와 문서 내 용어들 사이에 일부 상호작용이 발생하기 때문이다.

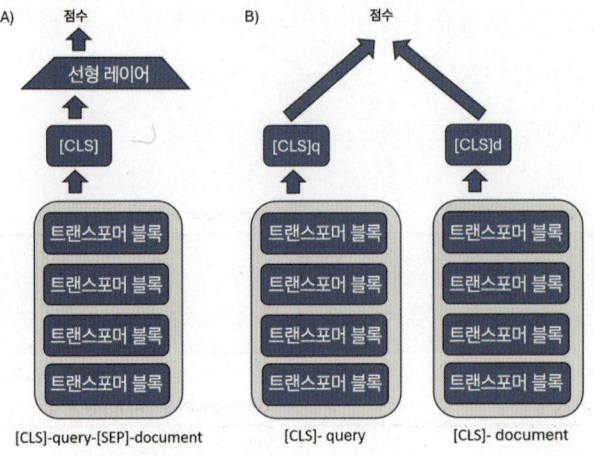

그림 5.7 두 가지 컨텍스트 임베딩 접근법

그림 5.7의 A는 단일 모델을 사용해 컨텍스트 벡터를 생성한다. 쿼리와 문서를 함께 입력받아 [CLS] 표현을 추출한 뒤 선형 레이어를 파인튜닝해 유사도 점수를 계산한다. 반면, B는 두 개의 모델을 사용해 쿼리와 문서의 표현을 각각 별도로 생성하고, 이후 두 표현 간 코사인 유사도를 계산한다. [CLS] 표현은 쿼리와 모든 벡터에 대해 생성된다. 이후 전체 코퍼스를 임베딩하여 데이터베이스에 인덱싱해 두고, 쿼리가 들어오면 저장된 벡터와 비교해 유사도를 계산한다.

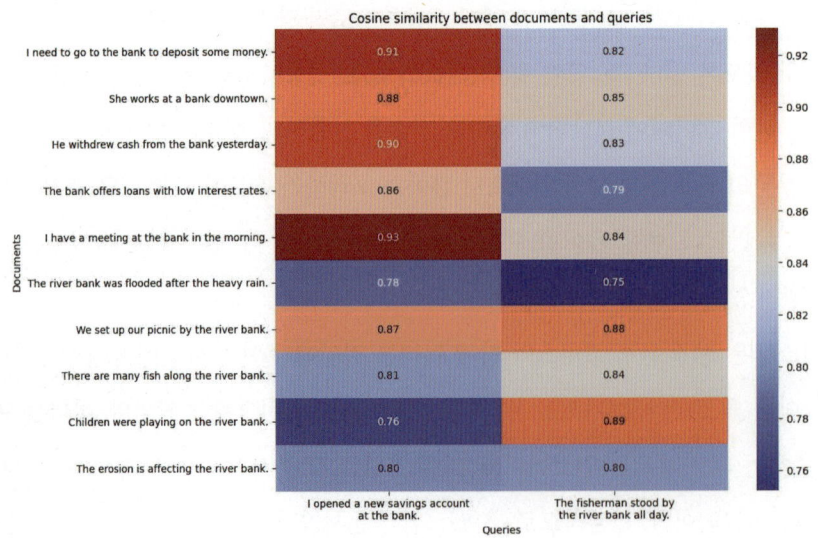

그림 5.8 'bank'의 의미가 서로 다른 두 쿼리와 문서 집합 간 코사인 유사도

앞서 언급했듯이, 생성형 모델은 할루시네이션을 일으킬 수 있다. 쿼리가 주어졌을 때 LLM은 사실과 다른 아웃풋을 생성할 수 있는데, 이는 모델이 개념을 설명하는 데는 능숙하지만 특정한 정보를 정확히 유지하는 데 한계가 있기 때문이다. 학습 과정에서 개념적 지식은 반복된 패턴을 통해 강화된다. 이는 개념적 측면에서 우수하지만 날짜·수치·희귀 정보 같은 특정 사항에는 취약하다. 게다가 학습 데이터셋에는 정확한 정보뿐 아니라 상충되거나 잘못된 데이터도 포함되어 있다. 모델이 응답을 생성할 때 분포$_{distribution}$에서 샘플링하고 학습한 정보를 사용하기 때문에 할루시네이션으로 이어질 수 있다.

이 외에도 잘못된 아키텍처 설계, 과적합, 학습 과정의 정렬 실패$_{misalignment}$ 역시 할루시네이션의 원인이 된다. 또한 모델을 특정 작업에 과하게 최적화하거나 파인튜닝하는 과정 자체가 또 다른 원인이 될 수 있다. 예를 들어, 장문 생성을 목표로 지나치게 최적화하면 모델이 불필요하게 장황해지면서 할루시네이션 위험도 커진다. 마찬가지로, 샘플링 과정에서 무작위성을 높이는 온도 값$_{temperature}$을 크게 설정하면, 덜 가능성 있는 토큰이 선택될 확률이 높아져 할루시네이션이 더 자주 발생한다. 부적절한 프롬프트 역시 할루시네이션을 부추길 수 있다.

할루시네이션은 특정 분야(의료, 금융 등)에서 모델을 사용할 때 두드러진다. 이는 모델이 쿼리를 올바르게 해석하는 데 필요한 컨텍스트를 충분히 갖추지 못했기 때문이다. 왜냐하면 모델은 수많은 토큰들에 대해 학습되었으며 특정한 토픽에 대해 국한되지는 않았기 때문이다. 손실$_{loss}$은 텍스트 데이터셋에서 계산되고 따라서 특정 정보보다는 일반적 지식에 더 많이 적용된다. 따라서 모델은 일반적 함수를 더 선호하고 특정 도메인에 적용할 때는 성능이 떨어진다. 이는 모델 파라미터의 수와는 관계없는 공통적인 요소이다.

할루시네이션을 줄이거나 방지하기 위해 여러 해결 방안이 제시되었다. 그중 한 가지는 LLM 프롬프트의 일부로 컨텍스트를 제공하는 것이다(모든 컨텍스트를 프롬프트에 추가하는 것이 가능한 경우). 그러나 연관된 컨텍스트를 다시 찾아야 하는 문제가 있다. 문서가 많을 경우 이는 복잡하고 소모적일 수 있다. 대안으로 모델을 특정 문서에 대해 추가로 학습시키는 파인튜닝이 있다. 그러나 연산 비용이 들고 새로운 문서가 추가될 때마다 반복적으로 학습시켜야 하는 부담이 있다.

이러한 한계를 해결하기 위해 2020년 메타$_{Meta}$는 검색 증강 생성$_{RAG}$을 제안했다. RAG는 LLM의 응답 생성 기능을 외부의 데이터베이스 소스로 보강하는 방식이다. 이 데이터베이스는 특정 도메인 전용일 수도 있고 지속적으로 업데이트될 수도 있다. 다시 말해서 쿼리에 잘 응답하기 위해 필요한 문서들을 찾아낸 뒤 LLM의 인-컨텍스트 러닝 능력을 활용해 답변을 생성하는 방식이다.

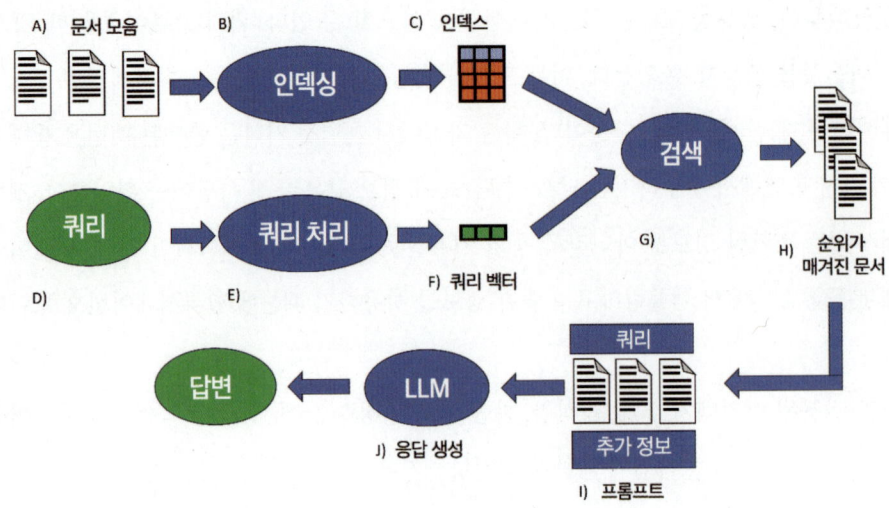

그림 5.9 RAG 프로세스 개요

그림 5.9는 RAG의 전반적인 흐름을 보여준다. 검색을 통해 순위가 매겨진 문서들은 프롬프트에 포함되어 LLM에 제공된다. 프롬프트에는 쿼리, 검색된 문서, 추가 정보가 함께 담기며, LLM은 이 추가 컨텍스트를 활용해 사용자 쿼리에 대한 답변을 생성한다.

우리는 LLM에서 얻은 지식을 파라메트릭 메모리로, RAG로부터 얻는 지식은 외부 또는 논파라메트릭nonparametric 메모리로 정의한다. RAG는 기본적으로 다음과 같은 세 개의 파트로 구성되어 있다.

- **인덱싱**(indexing): 원시 데이터를 벡터 데이터베이스에 저장하는 과정이다. 먼저 다양한 형식(PDF, HTML, Markdown, XML 등)의 데이터를 수집해 텍스트로 변환한다. 이후 텍스트를 모델의 컨텍스트 길이보다 작은 단위인 청크로 나눈다. 각 청크는 임베딩 모델을 통해 벡터 표현으로 변환되며, 고유 식별자identifier와 함께 벡터 데이터베이스에 저장된다.
- **검색**(retrieval): 사용자의 쿼리가 입력되면, 이를 문서 임베딩에 사용한 동일한 인코더로 벡터화한다. 이후 쿼리 벡터와 데이터베이스에 저장된 문서 벡터 간의 유사도 점수를 계산하고, 그중 상위 k개의 청크를 선택한다.
- **생성**(generation): 검색된 청크들과 쿼리를 함께 조합하여 LLM에 입력할 프롬프트를 구성한다. 이 과정에서 모델마다 가장 잘 작동하는 프롬프트 방식이 다를 수 있으며, 작업 목적에 따라 맞춤화된 프롬프트를 설계하기도 한다. 또한 필요하다면 이전 대화 기록도 함께 포함시킬 수 있다.

자기회귀autoregressive 모델의 경우 2장에서 보았던 방정식을 수정할 수 있는데, 여기서 LLM은 이전의 토큰이 주어졌을 때 토큰 시퀀스의 확률을 계산한다고 정의했다.

$$p(x_1, x_2, \ldots, x_n) = \prod_{i=1}^{n} p(x_i \mid x_{<i})$$

질의응답 작업의 경우 질문(또는 쿼리)이 주어지면, 다음과 같이 방정식을 다시 쓸 수 있다.

$$p(x_1, x_2, \ldots, x_n) = \prod_{i=1}^{n} p(q; x_{<i})$$

여기에 RAG를 적용하면 추가 요소들이 포함된다. 즉, 프롬프트 Pr, 검색된 컨텍스트 R, 쿼리 q가 모두 결합되어 확률 계산에 반영된다.

$$p(x_1, x_2, \ldots, x_n) = \prod_{i=1}^{n} p(x_i \mid Pr; R; q; x_{<i})$$

이 과정을 나타낸 것이 그림 5.10이다.

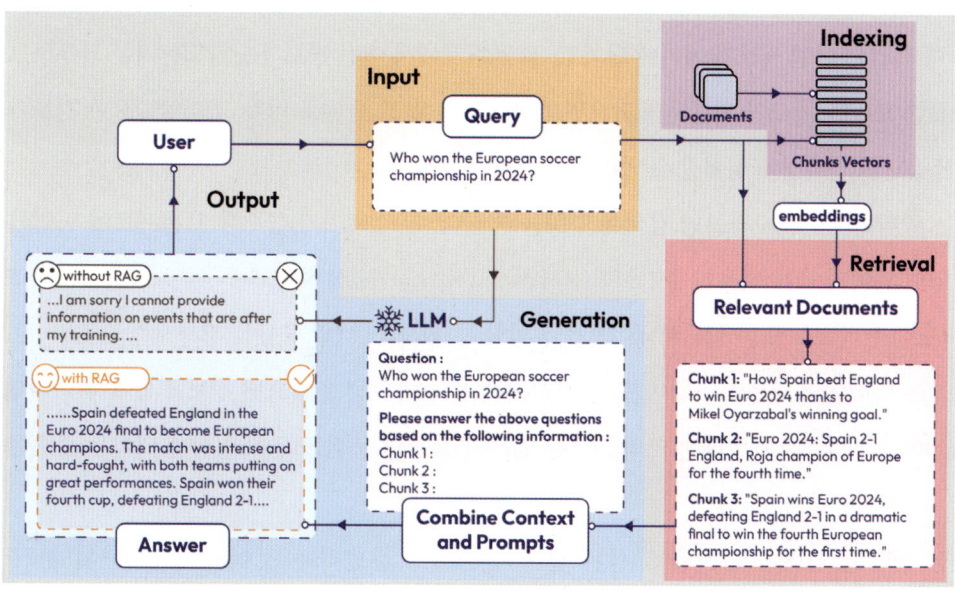

그림 5.10 RAG 프로세스와 단계를 나타낸 예시(https://arxiv.org/pdf/2312.10997)

이것이 일반적인 아키텍처지만 더 복잡한 변형도 존재하며 이에 대해서는 다음 장에서 자세히 다룬다. 참고로, 이 아키텍처의 대안으로 **스팬 추출**span extraction 기법이 있다. 이 방식은 가장 적절한 청크를 검색하는 대신, 언어 모델(대체로 BERT 파생 모델)을 활용해 쿼리에 대한 답이 들어 있는 구절span을 직접 찾아낸다(스팬 레이블링span labeling). 예를 들어, 코퍼스가 위키백과이고 쿼리가 "프랑스의 대통령은 누구인가?"라면, 해당 질문에 대한 답을 포함한 페이지의 특정 구절을 표시해 반환한다. 반면, RAG에서는 질문과 관련된 텍스트 청크를 검색한다.

RAG와 스팬 추출, 두 방식 모두 할루시네이션을 줄이고 오픈 도메인 질의응답(일명 오픈북 QA)의 성능을 끌어올리는 유력한 방법이다.

다음 절에서는 앞서 소개한 단계들을 더 자세히 살펴보고, 시스템 최적화를 위해 어떤 선택을 해야 하는지도 함께 알아본다.

2. 검색, 최적화, 증강

앞 절에서는 RAG의 전반적인 개념과 작동 방식을 살펴보았다. 이번 절에서는 각 구성 요소를 세부적으로 살펴보고, 실제로 RAG 시스템을 구현할 때 선택할 수 있는 다양한 방안을 분석한다.

청크 분할 전략

앞서 살펴본 것처럼 텍스트를 벡터 데이터베이스에 임베딩하기 전에는 반드시 청크 단위로 나눠야 한다. 이 작업은 어떤 정보가 벡터에 담기고, 검색 단계에서 어떤 정보가 노출되는지를 좌우하므로 매우 중요한 요소다. 청크가 지나치게 작으면 컨텍스트를 잃고, 반대로 너무 크면 불필요한 정보까지 포함되어 응답의 정확성이 떨어질 수 있다.

이는 쿼리별(query-specific) 정보의 검색에 영향을 미친다. 청크 크기가 클수록 프롬프트에 도입되는 토큰의 양이 많아져 추론 비용이 증가한다(문서당 청크 수가 증가함에 따라 데이터베이스의 계산 비용도 증가함). 과도한 컨텍스트 또한 할루시네이션을 유발할 수 있고 LLM의 성능을 저하시킬 수 있다. 또한 청크 크기는 임베더의 컨텍스트 길이를 초과해서는 안 되며, 그렇지 않으면 정보를 잃게 된다(이를 잘림 (truncation)이라고 한다). 다시 말해 청크의 크기는 검색과 생성의 품질 모두에 영향을 미치는 중요한 요소이다.

가장 간단한 전략은 문서를 고정된 길이의 청크로 분할하는 것이다. 문자 단위 청크 분할(character chunking)은 문서를 미리 정해진 문자 수나 토큰 수를 기준으로 나누는 방식으로, 보통 100토큰 또는 256토큰이나 500자를 기준으로 삼는다. 문서의 특성에 따라 적절한 크기를 선택해야 하며, 구현이 간단하고 비용이 저렴하다는 장점이 있다. 크기는 문서의 유형에 따라 선택해야 한다. 이 방식은 구현이 가장 간단하고 비용이 저렴하다. 변형된 방식 중 하나로 청크 크기가 가변적인 무작위 청크 사이즈(random chunk size)가 있다. 이 방식은 컬렉션이 비균질적(non-homogenous)이고 더 의미론적(semantic)인 맥락을 포착할 수 있을 때 사용할 수 있다.

또한 청크 분할에서는 중첩(overlap)과 비중첩 여부도 고려해야 한다. 중첩이 없는 청크 분할(그림 5.11)은 청크 간에 명확한 경계가 있는 경우 잘 작동한다(예를 들면 인접한 청크 간에 컨텍스트가 크게 변경되는 경우). 그러나 이런 경우는 드물며 중첩이 없으면 컨텍스트가 파괴된다. 그럴 경우 청크 간의 중첩을 유지하는 슬라이딩 윈도우를 사용할 수 있다. 이 시스템은 청크 경계에서 컨텍스트 정보를 유지하여 더 나은 의미 콘텐츠를 제공하고 여러 청크에 걸쳐 있는 관련된 정보를 찾을 수 있는 가능성을 높인다. 그러나 이 전략은 더 많은 청크로 나누어야 하므로 데이터베이스 비용이 많이 든다. 또한 일부 정보는 불필요하게 중복될 수 있어 중첩 비율은 전체 청크 크기 대비 작은 비율로 유지해야 한다.

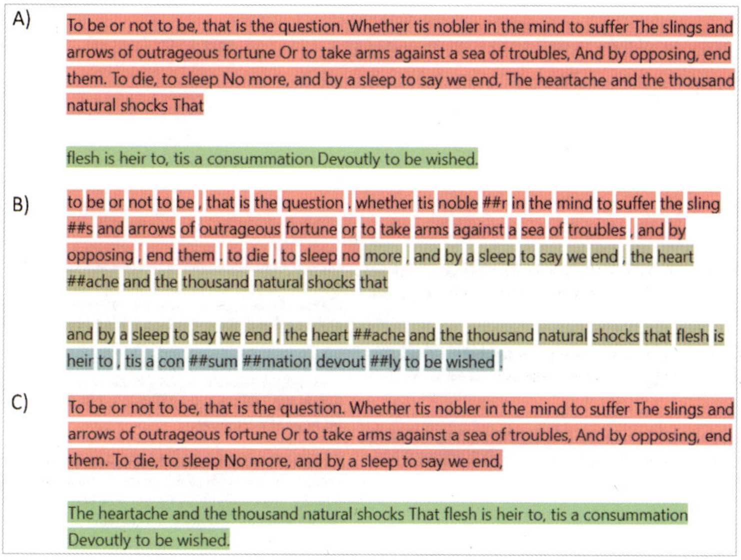

그림 5.11 『햄릿』 발췌문에 적용한 다양한 청크 전략의 효과

그림 5.11에서 다음과 같은 분할 방식을 확인할 수 있다.

- A: 중첩 없는 고정 토큰 수 청크 분할
- B: 중첩 있는 고정 토큰 수 청크 분할
- C: 개행 문자를 기준으로 한 문자 기반 고정 토큰 수 청크 분할

컨텍스트 인식 청크 분할_{context-aware chunking}은 정규 표현식을 이용해 텍스트를 청크로 나누는 전략이다. 예를 들어 마침표, 쉼표, 단락 구분 등을 기준으로 분할할 수 있다. 또한 텍스트 유형(예: HTML 태그, Markdown Information, XML, domain-specific signs 등)에 따라 나누는 방법도 있다. 그러나 이 방법에도 한계가 있다. 예를 들어, 복문_{compound sentence}이나 정제되지 않은 텍스트에서는 경계가 불명확해 청크 크기가 일정하지 않을 수 있다.

이보다 정교한 방식으로 **재귀적 청크 분할**_{recursive chunking}이 있다. 이 방식은 먼저 컨텍스트 인식 방식으로 텍스트를 나눈 뒤, 생성된 청크를 임베딩 모델의 최대 컨텍스트 길이 같은 미리 정한 토큰 수에 맞

춰 다시 합친다. 이렇게 하면 관련 있는 정보를 같은 청크에 묶어 의미적 일관성을 높일 수 있다. 예를 들어, 가능하다면 하나의 문단 전체를 하나의 청크로 유지하는 식이다. 반대로, 특정 크기에 도달할 때까지 텍스트를 반복적으로 분할하는 방식도 있다.

이와 유사한 방법으로 **계층적 클러스터링**hierarchical clustering이 있다. 이 방법은 텍스트의 구조적 위계를 존중하면서 분할하는 방식으로, 섹션-하위 섹션-문단-문장 등 계층 구조에 따라 나눈다. 복잡하고 구조가 명확히 정의된 문서(예: 경영 보고서, 과학 논문, 웹사이트)에 특히 유용하며, 도출된 구조를 분석하면 청크 간의 관계를 더 잘 이해할 수 있다. 다만, 문서의 형식이 불완전하거나 구조가 모호한 경우에는 제대로 작동하지 않는 한계가 있다.

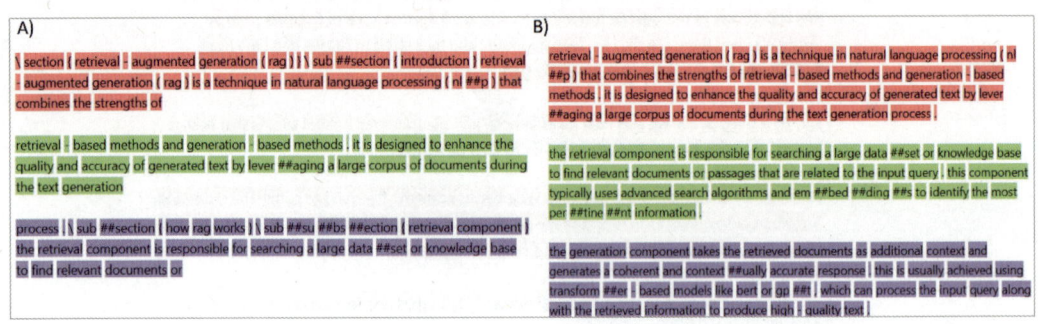

그림 5.12 계층적 청크 분할 예시

그림 5.12는 동일한 문서를 Markdown(A)과 LaTeX(B) 형식으로 나타낸 것이다. 특정 청크 분할기를 사용하면 언어 구조를 존중하면서 분할할 수 있다. LangChain은 이를 달성하기 위해 계층적 클러스터링을 사용한다.

또 다른 방법으로 **시맨틱 청크 분할**semantic chunking이 있다. 목표는 단어의 맥락과 의미를 고려하는 것이다. 텍스트 안에서 물리적으로 멀리 떨어져 있더라도(여담이나 삽입구 같은 요소 때문에 분리된 경우) 의미적으로 가까운 문장들을 한데 묶는다. 대표적으로 **k-평균 청크 분할**k-means chunking은 여러 문장을 임베딩한 뒤, k-평균 클러스터링을 사용하여 유사한 문장들을 여러 클러스터로 묶는 방식이다. 이 방식을 사용하려면 최적의 클러스터 수(하이퍼파라미터)를 설정해야 하며, 문장 순서가 뒤섞여 시간적 흐름이나 맥락 관계가 손실될 위험이 있다.

명제 기반 청크 분할propositions-based chunking은 문장을 기준으로 나누는 대신 문맥적 이해에 따라 나눈다. 여기서 '명제proposition'는 "프랑스의 수도는 파리다"처럼 사실을 담은 최소 표현을 뜻하며, 이러한 명제들은 LLM을 사용해 의미적 응집성semantic coherence 기준으로 그룹화된다. 결과 품질은 우수할 수 있으나 연산 비용이 크고 사용한 LLM의 성능과 설정에 민감하다.

통계적 병합statistical merging은 문장의 임베딩에서 유사도와 차이를 평가하여 그것들을 합칠지 나눌지 결정한다. 예를 들어 임베딩 후 통계적 속성(표준편차, 백분위수 또는 사분위수)의 차이를 평가하고 미리 정의된 임곗값을 초과하면 문장을 분리하는 식이다. 서로 다른 크기의 청크가 생성되고 계산 비용이 크지만, 문장 간 경계가 모호할 때 더 나은 결과를 내기도 한다.

마지막으로, 멀티모달 청크가 필요한 경우도 있다. 예를 들어, PDF 파일에는 텍스트와 이미지가 함께 포함될 수 있다. 이때는 청크 분할 파이프라인에서 텍스트와 이미지를 모두 추출할 수 있어야 한다.

어떤 경우에나 다 어울리는 '최고의' 청크 분할 방식은 존재하지 않는다. 최선의 방법은 특정 상황과 데이터에 가장 잘 맞는 방식이다. 다만 다음과 같이 지침을 수립할 수 있다.

- **문서 구조에 따른 청크 분할**: 텍스트 구조는 청크 크기와 전략에 큰 영향을 미친다. 문서 유형이 동일하다면 (HTML, LaTeX, Markdown 등) 해당 형식에 특화된 방법이 최선일 수 있다. 이질적인 문서 모음이라면 파일 형식별 파이프라인을 따로 두는 편이 좋다.
- **성능과 자원 최적화**: 저장 공간이나 연산 비용에 제약이 있다면 단순한 고정 크기 청크 분할이 최적일 수 있다. 시맨틱 청크 분할은 속도와 효율성은 다소 떨어질 수 있지만, 정보의 무결성을 더 잘 보존하고 검색된 청크의 관련성과 정확도를 높인다. 다만, 이 방식은 텍스트에 대한 사전 지식이 필요하므로 일반 사용자가 쓰는 시스템에는 최적이 아닐 수 있다. 컨텍스트 인식 청크 분할은 성능이 좋을 수 있지만 연산 비용이 매우 크다.
- **모델 컨텍스트 제한 고려**: 청크 크기는 반드시 임베딩 모델과 최종적으로 사용할 LLM의 컨텍스트 길이를 모두 만족해야 한다.
- **사용자 질의 패턴에 맞춘 전략**: 사용자가 어떤 질문을 던지는지에 맞춰 전략을 조정한다. 여러 사실을 찾아야 하는 경우라면 작은 청크에 직접적인 답을 담는 것이 유리하다. 반대로 서술적이고 맥락이 풍부한 답변이 필요하다면 더 많은 문맥을 담은 큰 청크가 적합하다.

결론적으로, 개발자는 RAG 시스템에 맞춰 여러 청크 분할 전략을 테스트하고, 텍스트와 출력 결과를 면밀히 검토해야 한다. 어떤 전략을 택하든 평가 절차를 통해 품질을 수치로 확인하는 과정이 반드시 뒤따라야 한다(평가 방법은 이후 절에서 다룬다).

임베딩 전략

앞서 살펴본 것처럼, 임베딩은 텍스트를 고차원 공간에 존재하는 밀집 벡터 표현으로 나타낸 것이다. 이렇게 얻은 벡터를 활용해 쿼리에 적합한 컨텍스트를 찾는다. 임베딩은 희소 벡터를 생성하는 인코더(TF-IDF, BM25 등)나 밀집 벡터를 생성하는 인코더를 통해 얻을 수 있다. 앞서 언급했듯이, 밀집 벡터를 생성하는 인코더는 주로 트랜스포머 기반 모델이며, 학습 가능하다는 장점이 있어 쿼리와 청크 간의 유사도 작업에 적합하도록 조정할 수 있다.

가장 널리 쓰이는 방식은 BERT 기반 이중 인코더_bi-encoder_다. 이 방식은 쿼리 인코더와 문서 인코더라는 두 개의 병렬 BERT 인코더(두 개의 스트림)를 사용한다. 초기의 RAG 모델에서는 두 인코더의 가중치가 동일하게 고정_frozen_되어 있었고, 단일 레이어만 학습하여 임베딩 벡터를 생성했다. 동일한 가중치를 사용하기 때문에, 쿼리를 입력한 후 문서를 입력하고 유사도를 계산하는 방식으로 동작했다. 반면 최신 모델들은 가중치를 파인튜닝하여 더 정교한 임베딩 벡터를 생성함으로써 성능을 높인다.

그림 5.13의 이중 인코더는 쿼리 벡터와 문서 벡터를 생성한다. 이 두 벡터를 기반으로 유사도를 계산할 수 있다.

또 다른 방법으로는 처음부터 모델을 학습시키는 방식이 있다. 하지만 일반적으로 비지도 학습으로 훈련된 LLM을 가져와 임베딩과 검색에 맞게 적응시키는 것이 더 효과적이다. 보통 이 모델은 대조 학습_contrastive learning_을 사용한다. 3장에서 보았듯이 대조 학습은 임베딩의 형태로 의미적 표현_semantic representations_을 학습하는 데 사용되는 기법이다. 3장에서는 이미지와 캡션을 사용해 학습시킨 CLIP을 사용했다. 이번에는 쿼리와 가장 유사한 문서를 찾을 수 있는 임베딩을 생성하도록 모델을 훈련시키고자 한다. 이때 가장 널리 사용되는 데이터셋 중 하나는 다중 장르 자연어 추론

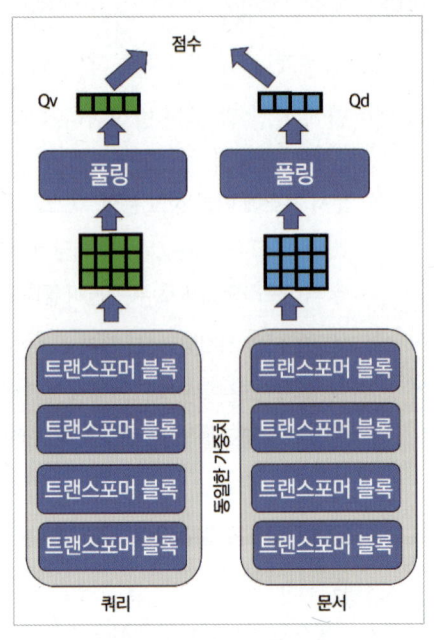

그림 5.13 임베딩 벡터를 생성하는 이중 인코더 구조

MultiNLI, Multi-Genre Natural Language Inference 코퍼스로, 약 43만 3천 개의 문장 쌍이 포함되어 있으며, 두 텍스트 간의 관계가 함의_entailment_, 모순_contradiction_, 중립_neutral_으로 주석 처리되어 있다.

대조 학습에서는 긍정 예시_positive example_와 부정 예시_negative example_가 필요하다. 하나의 문장을 기준으로 삼았을 때, 그 문장의 임베딩은 긍정 예시와는 최대한 가깝게, 부정 예시와는 최대한 멀어지도록 학습한다. 이때 MultiNLI 데이터셋에서는 함의 관계에 해당하는 문장이 긍정 예시가 되고, 모순 관계에 해당하는 문장이 부정 예시가 된다.

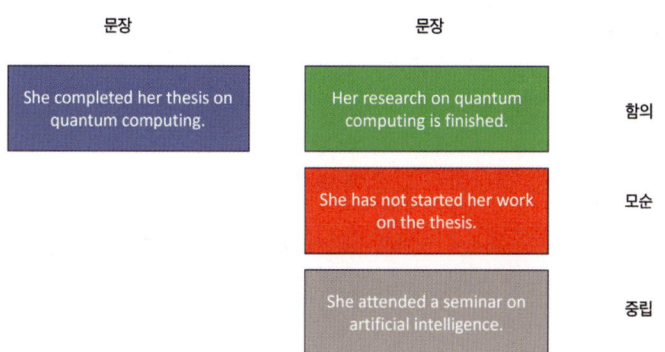

그림 5.14 인코더 학습에 활용하는 함의, 모순 문장 예시

데이터셋이 준비되면 임베딩 모델은 해당 작업에 적합한 손실 함수를 사용해 학습된다. 대표적인 손실 함수는 다음과 같다.

- **코사인 유사도 손실**(cosine similarity loss): 두 문장의 의미적 유사성을 측정하는 가장 대표적인 방법이다. 원본 문장과 긍정 예시 문장은 유사도가 1에 가깝도록, 원본 문장과 부정 예시는 0에 가깝도록 학습이 진행된다. 손실 계산은 두 문장 간 유사도를 구한 뒤, 이를 예측된 레이블label과 비교하는 방식으로 이루어진다.
- **다중 부정 랭킹 손실**(multiple negatives ranking loss): InfoNCE라고도 불리며 또 다른 널리 쓰이는 방식이다. 이 방식에서는 원본 문장과 그에 해당하는 긍정 예시(함의 문장)만 있고 부정 예시는 따로 주어지지 않는다. 부정 예시의 경우, 원본 문장과는 다른 문장에 대해 함의 관계에 있는 문장을 취한다. 그 후 임베딩과 유사도를 계산한다. 문장과 관련 문장(긍정 예시) 간의 유사성을 극대화하면서, 관련 없는 예시(부정 예시)와의 유사성은 최소화하는 것이 핵심이다. 이렇게 하면 이 작업은 분류 작업이 되며 크로스 엔트로피를 사용할 수 있다. 그러나 이때 부정 예시는 완전히 무관한 경우가 많아 이 작업은 모델에게 너무 쉬울 수 있다(대신 관련성이 있으나 정답이 아닌 부정 문장을 추가하는 것이 더 좋다).

임베딩 모델의 선택은 시스템 성능에 결정적인 영향을 미친다. 성능이 낮은 임베딩 모델을 사용하면 검색 성능이 저하되고 질의와 관련 없는 컨텍스트가 제공될 수 있다. 이는 오히려 할루시네이션 발생 위험을 높일 수 있다. 따라서 인코더를 선택할 때는 다음 요소들을 반드시 고려해야 한다.

- **비용**: 임베딩 모델은 트랜스포머 기반이므로 크기가 클수록 연산 비용이 증가한다. 폐쇄형 모델은 API 호출량에 따라 비용이 발생하며 문서를 임베딩하는 비용뿐만 아니라 질의마다 추가 연산 비용이 발생한다.
- **저장 비용**: 임베딩 벡터의 차원이 클수록 이를 저장하는 데 필요한 자원도 늘어난다.
- **지연 시간**: 모델 크기가 커질수록 질의응답 속도가 느려진다.
- **성능**: 성능을 최우선으로 한다면 높은 비용을 감수할 가치가 있다. 일반적으로 모델이 클수록 성능도 더 좋다.

- **도메인 요구사항**: 최근에는 금융, 의료, 과학, 프로그래밍 등 특정 도메인에 특화된 인코더가 등장하고 있다. 대부분은 영어에 최적화되어 있지만, 일부 모델은 최대 100개 언어까지 지원한다. 또한 긴 텍스트를 다뤄야 하는 도메인의 경우 이에 특화된 모델이 필요할 수 있다.

어떤 인코더 모델을 선택할지는 간단하지 않으며 여러 요인을 함께 고려해야 한다. 좋은 출발점은 Hugging Face의 MTEB 리더보드(https://huggingface.co/spaces/mteb/leaderboard)를 참고하는 것이다. 이 리더보드를 보면 다양한 벤치마크와 과제에서 최신 인코딩 모델들의 성능을 확인할 수 있다. 다만, 대부분의 결과는 모델 개발자가 자체 보고self-reported한 값이며, 학습 데이터에 벤치마크 데이터가 포함되었을 수 있어 성능이 과대평가될 가능성이 있다. 따라서 하나의 모델만 선택할 것이 아니라 여러 모델을 실제 데이터셋에서 테스트해보는 것이 바람직하다. 그럼에도 리더보드는 선택에 도움이 되는 다음과 같은 주요 정보를 제공한다.

- **검색 평균**(retrieval average): 여러 데이터셋에서 정규화된 할인 누적 이득NDCG, normalized discounted cumulative gain을 계산한 값으로, 검색 시스템 순위를 매기는 데 사용하는 평가 지표이다.
- **모델 크기**(model size): 연산 비용과 필요한 자원 규모를 가늠할 수 있다.
- **최대 토큰 수**(max tokens): 컨텍스트에 활용할 수 있는 최대 토큰 길이를 의미한다.
- **임베딩 차원**(embedding dimensions): 생성된 임베딩 벡터의 크기를 나타낸다.

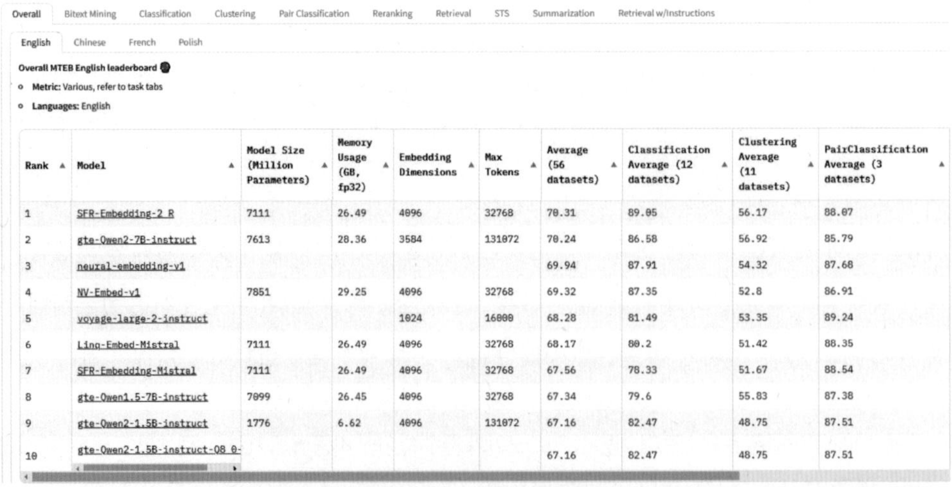
Overall | Bitext Mining | Classification | Clustering | Pair Classification | Reranking | Retrieval | STS | Summarization | Retrieval w/Instructions

English | Chinese | French | Polish

Overall MTEB English leaderboard

- Metric: Various, refer to task tabs
- Languages: English

Rank	Model	Model Size (Million Parameters)	Memory Usage (GB, fp32)	Embedding Dimensions	Max Tokens	Average (56 datasets)	Classification Average (12 datasets)	Clustering Average (11 datasets)	PairClassification Average (3 datasets)
1	SFR-Embedding-2_R	7111	26.49	4096	32768	70.31	89.05	56.17	88.07
2	gte-Qwen2-7B-instruct	7613	28.36	3584	131072	70.24	86.58	56.92	85.79
3	neural-embedding-v1					69.94	87.91	54.32	87.68
4	NV-Embed-v1	7851	29.25	4096	32768	69.32	87.35	52.8	86.91
5	voyage-large-2-instruct			1024	16000	68.28	81.49	53.35	89.24
6	Linq-Embed-Mistral	7111	26.49	4096	32768	68.17	80.2	51.42	88.35
7	SFR-Embedding-Mistral	7111	26.49	4096	32768	67.56	78.33	51.67	88.54
8	gte-Qwen1.5-7B-instruct	7099	26.45	4096	32768	67.34	79.6	55.83	87.38
9	gte-Qwen2-1.5B-instruct	1776	6.62	4096	131072	67.16	82.47	48.75	87.51
10	gte-Qwen2-1.5B-instruct-Q8_0-					67.16	82.47	48.75	87.51

그림 5.15 임베딩 모델 성능에 대한 MTEB 리더보드

또한 리더보드가 측정하는 성능은 대부분 일반 도메인 기준이라는 점도 유념해야 한다. 따라서 특정 도메인이나 과제에 대해서는 기대보다 성능이 낮을 수 있다.

인코더를 선택한 뒤에는 성능에 영향을 주지 않으면서 비용을 줄이는 방법도 고려할 수 있다. 벡터 임베딩의 각 차원은 보통 float 형식으로 저장되며, 이 경우 차원당 4바이트의 메모리를 차지한다. 대규모 데이터에서는 이 저장 비용이 급격히 커질 수 있다. 이때 3장에서 논의했던 양자화_{quantization} 기법을 임베딩 모델에도 적용할 수 있다. 특히 이진 양자화는 모델을 차원당 1비트로 줄여 메모리와 저장 공간을 최대 32배까지 절감할 수 있다. 가장 간단한 **이진 양자화**는 0을 임곗값 기준으로 사용하는 방식이다.

$$f(x) = \begin{cases} 0 & \text{if } x \leq 0 \\ 1 & \text{if } x > 0 \end{cases}$$

양자화 후에는 **해밍 거리**_{Hamming distance}를 활용하면 벡터를 더 효율적으로 비교할 수 있다. 해밍 거리는 이진 벡터 간 차이를 측정하는 데 가장 적합한 지표이다(자세한 내용은 이 장 끝의 '더 읽을거리'에 있는 링크에서 확인할 수 있다). 이진 인코딩은 메모리 절감과 속도 향상 면에서 큰 장점을 제공하지만, 일반적으로 성능 저하를 동반한다. 다만, 더 정교한 버전들은 검색된 청크를 재점수화_{re-scoring}하는 방식으로 최대 96%의 유사도를 유지할 수 있다. 이러한 양자화는 다소 극단적인 방식으로 간주되며, 보통은 float32 형식을 int8 형식으로 변환하는 것이 합리적인 절충안이다(int8은 256개의 구별된 값으로 수치를 표현한다). 앞서 설명했듯이, 이 변환 과정은 벡터를 재보정하여 이루어진다.

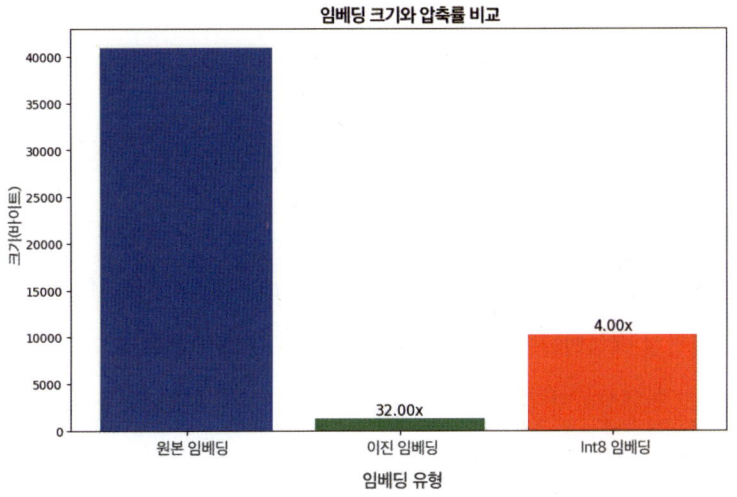

그림 5.16 양자화 이후 메모리 절감을 보여주는 그래프

또 다른 방법으로 마트료시카 표현 학습_{matryoshka representation learning}이 있다. 일반적으로 딥러닝 모델은 정보를 전체 벡터 차원에 고르게 분산시키는 경향이 있는데, 이 기법은 정보를 점진적으로 축소된 차원

공간에 압축하려는 접근이다. 즉, 임베딩 벡터의 차원을 줄이면서도 성능 손실을 최소화하는 방식이다. 마트료시카 임베딩에서는 작은 크기의 임베딩을 생성하지만 이를 더 큰 임베딩처럼 활용할 수 있다. 그 이유는 모델이 가장 중요한 정보를 앞쪽 차원에, 덜 중요한 정보를 뒤쪽 차원에 저장하도록 학습되기 때문이다. 따라서 후속 작업에서 벡터의 일부 차원을 잘라내더라도 품질이 유지된다.

학습 과정에서는 먼저 텍스트 배치batch에 대한 임베딩을 생성하고 손실을 계산한다. 마트료시카 임베딩 모델에서는 서로 다른 차원에서의 임베딩 품질도 함께 고려해 손실을 합산한다. 따라서 모델은 가장 중요한 정보가 앞쪽 차원에 위치하도록 가중치를 최적화하게 된다.

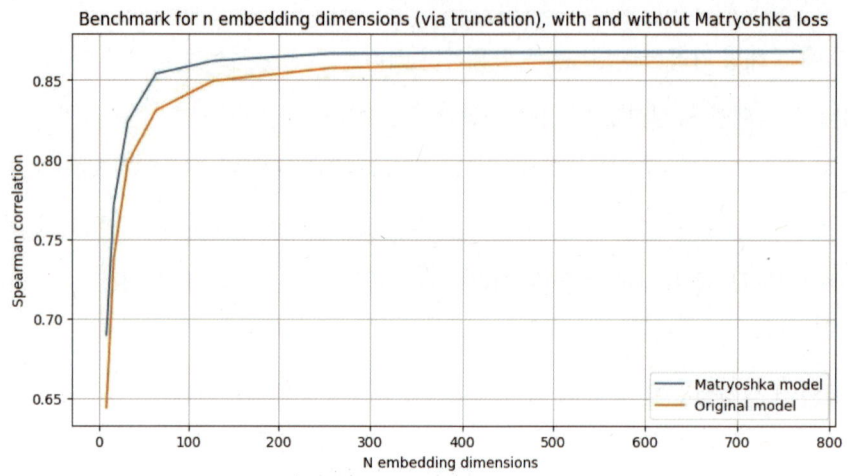

그림 5.17 차원 수에 따른 마트료시카 임베딩과 기존 임베딩 품질 비교

벡터를 생성한 뒤에는 이를 저장해야 한다. 다음 절에서는 벡터 저장 방식을 살펴본다.

임베딩 데이터베이스

벡터 데이터베이스vector database는 고차원 벡터를 저장하는 데 특화된 데이터베이스다. 텍스트와 같은 비정형 데이터나 반정형 데이터를 효율적으로 다룰 수 있도록 최적화되어 있다. 주요 기능은 벡터를 효율적으로 저장하고 인덱싱하며 검색하는 것이다. 선택하는 데이터베이스에 따라 RAG 시스템의 성능도 크게 달라진다. 현재 벡터 데이터베이스는 수십 가지가 있어 최적의 솔루션을 선택하는 일은 쉽지 않다. 다행히도 다양한 데이터베이스를 비교 분석해주는 사이트들이 있어 선택에 도움을 받을 수 있다.

Vector DB Comparison

by Superlinked | Last Updated : 1 days ago

Search

Vendor	About				Search							
	OSS	License	Dev Lang	VSS Launch	Filters	Hybrid Search	Facets	Geo Search	Multi-Vector	Sparse	BM25	Full-Text
Activeloop...	✅ ⓘ ↗	MPL 2.0	python c++	2023	✅ ↗	- ⓘ ↗	-	❌ ⓘ	✅ ⓘ ↗	🟨 ⓘ ↗	❌	🟨 ⓘ
Aerospike	❌	Proprietary	java	2024	❌	❌	❌	❌	✅ ↗	❌	❌	❌
Anari AI	❌	Proprietary	-	2023	-	❌	-	❌	-	-	❌	-
Apache Ca...	✅	Apache-2.0	java	2023	✅ ⓘ	✅ ⓘ ↗	-	-	-	❌	-	❌
Apache Solr	✅	Apache-2.0	java	2022	✅ ⓘ ↗	✅ ⓘ ↗	✅	✅	✅	-	✅	✅
ApertureDB	-	-	-	-	-	-	-	-	-	-	-	-
Azure AI S...	❌	Proprietary	c++	2023	✅	✅ ↗	✅ ↗	✅ ↗	✅ ↗	❌	✅ ↗	✅ ↗
Chroma	✅	Apache-2.0	rust python	2022	✅	❌	-	-	❌	❌	❌	🟨 ↗
ClickHouse	✅	Apache 2.0	c++	2022	✅ ↗	❌	✅ ⓘ ↗	✅	✅ ⓘ	❌	❌	✅
Couchbase	🟨 ⓘ ↗	↗ ⓘ Pr	c++ erlang	2024	✅ ↗	✅ ↗	✅ ↗	✅ ↗	✅ ↗			✅ ↗
CrateDB	✅ ⓘ ↗	Apache 2.0	java	2023	✅ ⓘ ↗	-	✅ ↗	✅ ↗	✅ ⓘ ↗	-	✅ ⓘ ↗	✅ ⓘ ↗
DataStax A...	❌	Proprietary	java go	2023	✅	✅ ↗	✅	✅	❌	❌	❌	✅
Elasticsearch	❌	Elastic License	java	2021	✅	✅ ↗	✅	✅	✅	✅	✅	✅
Epsilla	✅	GPL-3.0	c++	2023	✅	✅ ↗	-	-	✅ ⓘ ↗	✅ ⓘ ↗	-	-
GCP Verte...	❌	-	-	2021	✅	❌	-	-	❌	❌	❌	❌
Hyperspace	❌	ⓘ Proprietary	python java	2023	✅ ↗	✅ ⓘ ↗	🟨 ↗	✅ ↗	✅ ⓘ ↗	-	❌	🟨 ↗

그림 5.18 벡터 DB 리더보드 (https://superlinked.com/vector-db-comparison)

'최고의' 벡터 데이터베이스는 없지만, 특정 프로젝트에 가장 적합한 데이터베이스는 분명히 존재한다. 선택 시 고려해야 할 대표적인 기준은 다음과 같다.

- **오픈 소스 vs. 상용 소스**: 오픈 소스는 투명성이 높고 자유로운 커스터마이징이 가능하며 비용이 들지 않고 커뮤니티 지원이 활발하다. 반면 상용 솔루션은 비용이 많이 들 수 있지만 전담 기술 지원을 받을 수 있다. 다만, 라이선스 조건이 프로젝트와 호환되는지 반드시 확인해야 한다.
- **언어 지원**: 대부분 Python, Java, C를 지원하지만 Rust, Go, Scala와 같은 언어가 필요한 경우도 있다. 모든 데이터베이스가 모든 라이브러리와 호환되는 것은 아니므로, 반드시 프로젝트와 통합이 가능한지 확인해야 한다.
- **성숙도**: 특히 상용 프로젝트라면, 시스템이 안정적이고 확장 가능하며 신뢰할 수 있는지가 중요하다. 또한 업계 채택률과 정기적인 유지보수 여부도 핵심 지표다.
- **성능**: 성능은 크게 두 가지 요인으로 평가한다.

  - **삽입 속도**(insertion speed): 새로운 벡터를 데이터베이스에 추가하는 속도로 지연 시간에 영향을 준다. 특히 실시간 애플리케이션이나 대규모 사용자 환경에서는 지연 시간을 최소화해야 한다. 일부 데이터베이스는 배치 처리(데이터 패킷을 효율적으로 분할), **병렬 처리**(작업을 여러 노드에 분산, 특히 클라우드 환경에서 중요), **데이터 분할**(데이터셋을 여러 세그먼트로 나눠 삽입과 삭제를 동시에 수행) 같은 기법을 사용해 성능을 최적화한다.
  - **질의 속도**(query speed): 질의에 대한 응답으로 벡터를 찾는 데 걸리는 시간이며, 지연 시간에 직접적인 영향을 미친다.

  성능을 높이기 위해 인덱스 구조나 캐싱 시스템, 특정 알고리즘 등을 활용한다. 이때 인덱스 구조는 검색 속도를 향상하도록 설계하고, 캐싱 시스템은 자주 사용하는 데이터를 따로 저장해 빠르게 제공한다. 또한 제품에 따라 동시에 처리할 수 있는 질의 개수와 같은 성능 제약이 있을 수 있다. 규제 준수 및 개인정보 보호 문제도 핵심이다. 데이터베이스는 차등 접근 권한differential access을 지원해야 하며, 벡터가 무단 사용자에게 노출되지 않도록 철저히 보호해야 한다.

- **구성 요소 통합**: 시스템은 LLM과 임베딩 모델 외에도 다양한 구성 요소를 포함할 수 있다. 따라서 데이터베이스가 인코더 및 관련 라이브러리와 원활히 통합될 수 있는지 확인해야 한다. 또한 모든 데이터베이스가 재순위화reranker나 하이브리드 검색 같은 고급 기능을 지원하는 것은 아니므로 사전에 이를 검토해야 한다.

- **비용**: 클라우드 기반 솔루션은 비용이 높을 수 있으므로 사전에 예산을 설정하는 것이 바람직하다. 또한 시스템의 안정적인 운영을 위한 유지보수와 기술 지원 비용도 고려해야 한다. 특히 벡터 데이터베이스는 백업 비용이 빠르게 증가할 수 있다.

일부 벡터 라이브러리는 정적static으로 설계되어 인덱스 데이터가 불변immutable이다. 이러한 경우 새로운 데이터를 추가하거나 갱신하기가 어렵다. 대표적으로 FAISSFacebook AI Similarity Search와 같은 라이브러리는 CRUD(생성, 읽기, 갱신, 삭제) 연산을 제대로 지원하지 않기 때문에, 여러 사용자가 동시에 접속해 데이터를 다뤄야 하는 동적 시스템에는 적합하지 않다. 하지만 데이터가 고정되어 있고 단순히 읽기 전용 접근만 필요하다면 FAISS는 좋은 선택이 될 수 있다.

SQL 데이터베이스 중에는 벡터를 지원하는 것도 있다. 이러한 데이터베이스는 연관된 메타데이터를 효율적으로 인덱싱하도록 한다. 그러나 일반적으로 확장성이 떨어지고 벡터 차원 수에 제한이 있으며 성능도 전용 솔루션보다 낮은 편이다. 따라서 SQL 기반 시스템과의 통합이 필요한 내부 프로젝트에는 적합하지만, 대규모 확장성과 성능이 중요한 경우에는 적합하지 않다.

반면 벡터 전용 데이터베이스는 성능 면에서 가장 우수하다. 이런 데이터베이스는 벡터 검색과 인덱싱을 위해 최적화된 알고리즘을 구현하고 있으며, 특히 다수의 시스템이 **근사 최근접 이웃**ANN, approximate nearest neighbors 기법을 변형해 사용한다. ANN은 효율성, 저장 공간, 정확도 간의 균형을 잘 맞춰준다. 예를 들어 HNSWhierarchical navigable small world는 약간의 정확도를 희생하는 대신, Flat 인덱싱 같은 정밀 알고리즘보다 훨씬 빠른 검색 속도를 제공한다. 이러한 벡터 전용 데이터베이스는 LlamaIndex, LangChain 같은 최신 프레임워크와도 잘 통합되며 실무에서 널리 활용하고 있다.

이제 벡터를 데이터베이스에 저장했다면, 다음 단계는 시스템이 실제로 얼마나 잘 동작하는지 평가하는 것이다.

3. 출력에 대해 평가하기

정보 검색에서는 검색된 문서가 얼마나 관련성이 있는지를 평가하는 것이 핵심이다. 이때 가장 일반적으로 사용하는 평가 지표가 정밀도precision와 재현율recall이다. 정밀도는 검색된 문서 중 실제로 관련 문서가 차지하는 비율을 뜻하고, 재현율은 전체 관련 문서 가운데 시스템이 성공적으로 찾아낸 문서의 비율을 의미한다.

예를 들어, 특정 질의에 대해 문서 코퍼스 D가 있다고 하자. 이때 R은 모든 관련 문서 집합을, NR은 관련 없는 문서 집합을 나타낸다. R_q는 검색된 관련 문서 집합이고, D_q는 시스템이 반환한 전체 문서 집합이다. 그러면 두 지표를 다음과 같이 정의할 수 있다.

$$\text{precision} = \frac{R_q}{D_q} \quad \text{recall} = \frac{R_q}{R}$$

하지만 정밀도와 재현율에는 한 가지 문제가 있다. 바로 문서의 순위 품질 goodness of ranking 을 반영하지 못한다는 점이다. 순위 품질이란, 검색 시스템이 관련 문서를 결과에서 상위 순위에 얼마나 잘 배치하는지를 의미한다. 정밀도와 재현율은 단지 시스템이 관련 문서를 얼마나 찾아냈는지, 그리고 반환된 문서 중 관련 문서의 비율이 얼마인지만 알려줄 뿐이다. 일반적으로 검색기 retriever 를 활용할 때는 상위 k개의 문서를 선택해 컨텍스트로 사용한다. 따라서 검색 성능을 제대로 평가하기 위해서는 문서의 순위까지 고려할 수 있는 지표가 필요하다.

	Rank	Label	binary_label	precision	recall
0	1	R	1	1.000000	0.2
1	2	R	1	1.000000	0.4
2	3	NR	0	0.666667	0.4
3	4	R	1	0.750000	0.6
4	5	R	1	0.800000	0.8
5	6	NR	0	0.666667	0.8
6	7	NR	0	0.571429	0.8
7	8	R	1	0.625000	1.0
8	9	NR	0	0.555556	1.0
9	10	NR	0	0.500000	1.0

그림 5.19 코퍼스에 5개의 관련 문서가 있다고 가정할 때, 순위 기반 정밀도와 재현율 계산

정보 검색 시스템에서 순위 품질을 평가하는 데 정밀도-재현율 곡선 precision-recall curve 을 사용할 수 있다. 이 곡선에서는 순위 내에서 관련 문서를 찾을 때마다 재현율이 증가한다. 반면, 정밀도는 관련 문서를 찾을수록 증가하지만 관련 없는 문서가 나타날 때마다 감소한다. 이 곡선을 그래프로 표시하면 이러한 특성을 확인할 수 있다.

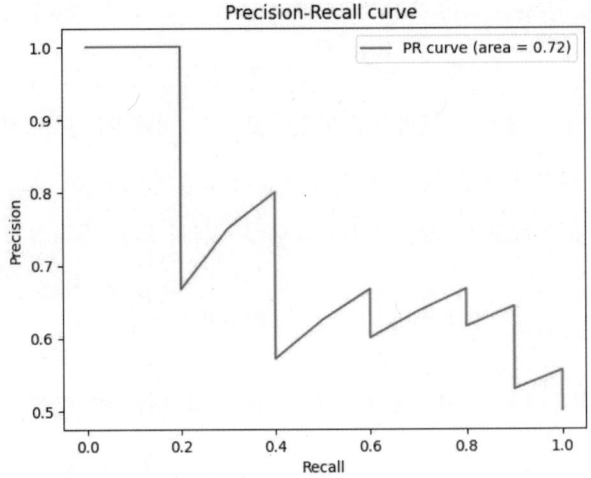

그림 5.20 그림 5.19의 데이터를 기반으로 한 정밀도-재현율 곡선

정밀도는 오르락내리락 변동성이 크기 때문에 보간 곡선을 사용하기도 한다. 보간 곡선은 정밀도가 다소 떨어질 수 있지만, 시스템의 전반적인 행동을 이해하고 다른 시스템과 비교하는 데 유용하다.

또 다른 평가 지표로 MAP$_{\text{mean average precision}}$가 있다. 이 지표는 각 관련 문서가 검색된 시점에서 정밀도 값을 계산하여 평균 정밀도(AP)를 구한 후, 다시 AP 값들을 평균 내는 방식이다. MAP는 관련 문서가 높은 순위에 있을수록 정밀도가 높게 계산되므로 값이 크다.

예를 들어, 검색된 문서 목록이 [1, 0, 1, 0, 1]이라고 하자. 여기서 1은 관련 문서, 0은 관련 없는 문서를 의미한다. 이때 각 관련 문서가 등장한 시점의 정밀도는 다음과 같다.

- **첫 번째 관련 문서(1위)**: 정밀도 = (검색된 관련 문서 수 / 총 검색 문서 수) = 1/1 = 1
- **두 번째 관련 문서(3위)**: 정밀도 = 2/3 ≈ 0.67
- **세 번째 관련 문서(5위)**: 정밀도 = 3/5 = 0.6

단일 쿼리에 대한 평균 정밀도(AP)는 이 세 값의 평균이다

$$AP = \frac{\sum \text{각 문서의 정밀도}}{\text{관련 문서의 총 개수}} = \frac{\sum(1 + 0.67 + 0.6)}{3} = 0.76$$

MAP는 모든 쿼리에 대한 AP 값을 평균한 값이다 예를 들어, 세 개의 쿼리에 대한 AP가 각각 0.76, 0.5, 0.67이라면 이들의 평균이 MAP가 된다.

$$MAP = \frac{\sum \text{각 쿼리의 평균 정밀도}}{\text{총 쿼리 개수}} = \frac{\sum(0.76 + 0.5 + 0.67)}{3} = 0.64$$

질의응답에 특화된 평가 지표로 **평균 역순위**~MRR, mean reciprocal rank~가 있다. MRR은 짧은 순위 목록에서 올바른 답(대개 사람이 레이블을 매긴 정답)이 얼마나 앞쪽 순위에 등장하는지를 평가하기 위해 고안된 지표다. 여기서 역순위란, 주어진 질문에 대해 처음으로 등장하는 정답의 순위를 역수로 계산한 값(1/순위)을 의미한다. 여러 개의 쿼리 집합 Q에 대해 각 쿼리의 역순위를 구한 뒤 평균 내어 MRR을 계산한다.

$$\text{MRR} = \frac{1}{Q}\sum_{i=1}^{Q}\frac{1}{\text{rank}_i}$$

다른 접근으로는 생성된 응답을 분류~classification~ 작업처럼 평가하는 방식이 있다.

최근에는 LLM을 평가자~judge~로 활용해 RAG 파이프라인의 성능을 평가하는 방법이 주목받고 있다. 이 방법은 LLM이 RAG 파이프라인의 각 단계를 올바르게 수행했는지, 그리고 생성 결과가 정확한지를 평가한다. 이렇게 하려면 보통 정답 데이터셋이 필요하다. LLM을 평가자로 활용할 때 주로 사용하는 지표는 다음과 같다.

- **충실성**(faithfulness): 생성된 답변이 컨텍스트와 사실적으로 얼마나 일치하는지를 측정한다. 값은 0~1 사이이며, 답변 속 주장이 컨텍스트에서 근거를 찾을 수 있다면 충실하다고 본다. 계산은 답변의 총 주장 대비 컨텍스트에서 뒷받침되는 주장 비율로 이뤄진다. 이를 위해 답변과 컨텍스트를 평가할 수 있는 LLM이 필요하다.
- **컨텍스트 재현율**(context recall): 정답과 비교할 때 시스템이 얼마나 많은 컨텍스트를 찾아냈는지를 측정한다(0에서 1 사이). 이상적인 시스템은 정답 데이터셋의 모든 문장을 찾아내야 한다.
- **컨텍스트 정밀도**(context precision): 검색된 컨텍스트 중 정답과 관련 있는 항목이 얼마나 상위에 위치하는지를 평가한다. 즉, 관련성이 높은 청크들이 검색 후 상위에 위치할수록 좋은 점수를 받는다.
- **컨텍스트 관련성**(context relevancy): 검색된 컨텍스트가 질의와 얼마나 밀접하게 관련되어 있는지를 측정한다. 이상적인 시스템은 질의와 관련된 정보만 찾아내야 한다.
- **컨텍스트 엔티티 재현율**(context entities recall): 컨텍스트에서 발견된 엔티티를 분석하여 컨텍스트 재현율을 측정한다. 즉, 정답 데이터셋에 포함된 엔티티 중 얼마나 많은 엔티티가 검색된 컨텍스트에서 발견되는지를 평가한다. 질병, 약물, 의료 지표처럼 특정 엔티티를 정확히 식별해야 하는 경우 특히 유용하다.
- **답변 정확성**(answer correctness): 생성된 답변이 사실적으로 올바른지를 평가한다. 단순히 의미적으로 유사한 것뿐 아니라 실제 사실과 일치해야 높은 점수를 얻을 수 있다.
- **요약 점수**(summarization score): 답변이 컨텍스트 속 핵심 정보를 얼마나 잘 담아내는지를 평가한다. 답변은 일종의 컨텍스트 요약이므로 중요한 정보가 반드시 포함되어야 한다.
- **답변 관련성**(answer relevance): 이 지표는 프롬프트(쿼리)와 생성된 응답의 관련성을 계산한다. 점수가 낮으면 답변이 불완전하거나 불필요한 정보를 포함하고 있음을 의미한다.

- **유창성**(fluency): 생성된 개별 문장이 자연스럽고 매끄럽게 쓰였는지 품질을 평가한다.
- **응집성**(coherence): 전체 답변이 단순한 문장 나열이 아니라 하나의 통일된 텍스트로서 응집력을 가지는지를 평가한다.

이러한 지표들은 단순한 통계 계산만으로는 얻을 수 없다. 사람 또는 LLM과 같은 평가자가 응답과 검색된 컨텍스트를 직접 검토하고 비판적으로 판단해야 한다.

RAG는 종종 파인튜닝의 대안으로 논의된다. 다음 절에서는 두 방식의 차이와 장단점을 살펴본다.

4. RAG와 파인튜닝 비교하기

RAG와 파인튜닝은 자주 대비되는 기술로 언급되지만, 두 기술 모두 모델이 학습 과정에서 미처 담지 못한 새로운 지식을 제공한다는 공통 목표를 가지고 있다. 파인튜닝에는 크게 두 가지 유형이 있다. 하나는 의학, 금융 등 특정 도메인에 맞게 모델을 조정하는 방식이고, 다른 하나는 수학 문제 풀이, 질의응답 등 모델의 특정 작업 수행 능력을 향상시키는 방식이다.

RAG와 파인튜닝의 몇 가지 주요 차이점은 다음과 같다.

- **지식 업데이트**: RAG는 구조화된 정보와 비구조화된 정보를 모두 동적으로 업데이트할 수 있으며, 필요에 따라 실시간으로 정보를 추가하거나 삭제할 수도 있다. 반면 파인튜닝은 정적 업데이트 방식이어서, 데이터가 자주 바뀌는 환경에서는 매번 재학습이 필요해 효율성이 떨어진다.
- **데이터 처리**: RAG는 데이터 처리 과정이 간소하다. 반면, 파인튜닝은 충분히 큰 규모와 품질을 갖춘 학습 데이터셋이 필요하다. 그렇지 않으면 성능 향상 효과가 미미하다.
- **모델 맞춤화**: RAG는 LLM에 새로운 정보를 추가하는 역할만 한다. 따라서 모델의 문체나 행동 양식은 바뀌지 않는다. 반면, 파인튜닝은 모델의 문체나 행동 방식, 심지어 새로운 능력까지 학습시킬 수 있다.
- **해석 가능성**: RAG는 LLM이 어떤 정보를 기반으로 응답을 만들었는지 추적할 수 있어 투명성이 높다. 반면, 파인튜닝은 특정 행동이 원래 모델의 성질인지, 학습 과정에서 생긴 것인지 구분하기 어려워 해석하기가 쉽지 않다.
- **계산 자원**: RAG는 인코더와 데이터베이스(정보 검색, 임베딩, 저장 등)와 관련된 추가 비용이 발생한다. 이에 따라 검색 시간이 생성 시간에 더해져 지연 시간이 증가한다. 반면, 파인튜닝은 양질의 데이터셋을 수집하고 선별해야 하며, 특정 데이터셋을 확보하는 데 많은 비용과 노동력이 들 수 있다. 또한 모델 재학습에 큰 비용이 들지만 일단 학습이 끝나면 응답 속도는 빠르다. 다만 파인튜닝은 RAG보다 더 많은 기술적 전문성을 요구한다.
- **할루시네이션 감소**: RAG는 구조적으로 할루시네이션에 덜 취약하며 어떤 컨텍스트를 사용했는지 추적할 수 있다. 파인튜닝 역시 할루시네이션을 줄일 수 있지만, 여전히 잘못된 정보를 만들어낼 가능성이 남아 있다.
- **윤리, 프라이버시 문제**: RAG에서는 데이터베이스 보안과 접근 제어가 중요하다. 반면 파인튜닝은 학습 데이터셋에 민감한 정보가 포함되지 않도록 관리하는 것이 핵심이다.

RAG는 실시간 데이터 갱신이 필요하거나 비정형 데이터가 많은 환경에서 특히 강점을 보인다. 또 응답의 출처를 명확히 제시하고 할루시네이션을 줄여야 하는 상황에서도 적합하다. 반면, 모델이 특정 기술을 습득하거나 특정 문체나 어휘에 맞게 모델을 정렬해야 하는 경우에는 파인튜닝을 우선적으로 고려한다.

RAG와 파인튜닝 중 어떤 방식을 선택하는 것이 적절한지 실제 사례를 통해 살펴보자.

- **요약**: 고도로 전문화된 도메인에서는 모델이 컨텍스트를 깊이 이해하는 것이 중요하므로 파인튜닝이 더 적합하다.
- **질의응답**: 문서나 제품 등 다양한 도메인에서 자주 활용되는 핵심 작업이다. 이 경우에는 할루시네이션을 줄이고 투명성을 확보하는 것이 중요하며, 모델을 맞춤화할 필요성은 상대적으로 낮다. 따라서 RAG가 더 나은 선택이다.
- **코드 생성**: 코드베이스가 동적으로 변해야 하고, 할루시네이션과 오류를 줄이는 동시에 작업에 맞게 모델을 조정할 필요가 있다. 이 경우에는 RAG와 파인튜닝이 모두 유용하다.

마지막 사례에서 보듯이, RAG와 파인튜닝은 상호 배타적인 기술이 아니다. LLM뿐 아니라 임베딩 모델도 파인튜닝할 수 있으며, 이를 RAG와 결합하면 큰 효과를 얻을 수 있다. 예를 들어, 데이터가 속한 특정 분야에 맞춰 모델을 맞춤형으로 파인튜닝하면 더 좋은 성능을 낼 수 있다. 이처럼 RAG와 파인튜닝을 함께 사용하면, RAG를 통해 정보를 항상 최신 상태로 유지하면서도 LLM의 응답 방식을 해당 분야에 맞게 조정할 수 있다. 동시에 LLM은 RAG가 제공하는 컨텍스트를 더 잘 이해하고 활용할 수 있다.

파인튜닝이 유용한 또 다른 경우는 검색된 데이터가 코드, 표, XML과 같은 특정 형식일 때다. 이 경우에는 일반적인 LLM 대신, 해당 형식에 특화된 LLM을 사용하는 것이 효과적이다. 또한 검색으로 얻은 컨텍스트를 잘 활용해서 답변을 만들도록 LLM을 최적화할 수도 있다. 이렇게 하면 LLM이 찾아낸 컨텍스트를 최대한 활용해서 답변하게 만들 수 있다.

임베딩 모델(인코더) 역시 파인튜닝할 수 있다. 특정 데이터셋으로 임베딩 모델을 파인튜닝하면 모델의 맥락 이해력이 향상된다. 임베딩 모델 자체가 맥락 이해 능력을 가진 언어 모델이기 때문이다. 이를 통해 LLM은 도메인 특유의 뉘앙스를 더 잘 이해하고, 질의에 보다 적합한 청크를 찾아내는 등 컨텍스트 검색 성능을 높일 수 있다. 다만 이런 데이터셋 확보가 어렵다면, 합성 데이터를 만들거나 대규모 LLM을 활용해 파인튜닝용 데이터를 생성하는 방법도 있다.

임베딩 모델을 처음부터 훈련하는 것보다 파인튜닝하는 것이 훨씬 경제적이다. 오늘날에는 많은 모델이 이미 공개되어 있으며, Sentence Transformer와 같은 라이브러리를 활용하면 파인튜닝 과정을 간소화할 수 있다. 이런 모델들은 사전 훈련된 상태지만 파인튜닝을 통해 특정 도메인이나 데이터 유형에 맞게 쉽게 최적화할 수 있다. 이때 파인튜닝은 일반적으로 긍정, 부정 예시가 포함된 데이터셋을 이용해 지도 학습으로 이루어진다.

지금까지 RAG의 주요 구성 요소들을 살펴보았으니 다음 절에서는 실제 시스템을 조립해본다.

5. RAG를 활용한 영화 추천 에이전트 구축하기

지금까지 RAG가 무엇이며, 할루시네이션을 줄이고 모델의 지식을 확장하는 데 어떻게 활용할 수 있는지를 살펴보았다. RAG 시스템은 다음과 같은 구성 요소로 이루어진다.

- 답변을 생성하는 대규모 언어 모델
- 질의와 문서를 벡터로 변환하는 인코더/검색기
- 벡터를 저장하는 벡터 데이터베이스

여기서는 영화와 설명이 담긴 데이터셋을 활용해, 사용자가 자연어로 질문을 던지면 해당 정보를 기반으로 가장 적합한 영화를 추천하는 시스템을 구현한다. LLM은 영화에 특화된 전문 지식을 갖고 있지 않으며 최신 개봉작에 대한 정보도 없다. 따라서 RAG는 이러한 지식을 보완하기에 적합한 시스템이다.

1. 첫 번째 단계는 청크로 구성된 코퍼스를 얻는 것이다. 전체 문서 코퍼스를 확보한 뒤 이를 더 작은 청크로 나누어야 한다. 이때 의미 정보를 보존하는 텍스트 분할기_{text splitter}를 활용하는 것이 효과적이다. 여기서는 1,500자 단위로 텍스트를 나누는 분할기를 사용한다. 이를 데이터 프레임의 열에 적용한다.

```
text_splitter = NLTKTextSplitter(chunk_size=1500)

def split_overview(overview):
    if pd.isna(overview):
        return []
    return text_splitter.split_text(str(overview))

df['chunks'] = df['overview'].apply(split_overview)
```

2. 다음 단계는 청크를 벡터로 변환하는 것이다. 여기서는 임베딩 품질과 속도 사이의 균형이 잘 잡

힌 소형 모델 all-MiniLM-L6-v2를 사용한다. 실제로 이 모델은 약 2,270만 개의 파라미터만으로 구성되어 있어 속도가 매우 빠르며, RAG 파이프라인을 시험해보는 초기 모델로 적합하다.

- 모델embedder을 로드한다.
- 임베딩을 수행할 함수를 정의한다.
- 다양한 벡터에 대해 임베딩을 수행한다.

```python
embedder = SentenceTransformer('all-MiniLM-L6-v2')

embeddings = embedder.encode(
    chunked_df['chunks'].tolist(),
    batch_size=256,
    show_progress_bar=True,
    convert_to_numpy=True
)

chunked_df['embeddings'] = embeddings.tolist()
```

3. 이제 생성한 임베딩 벡터를 데이터베이스에 저장해야 한다. 여기서는 널리 사용되는 벡터 데이터베이스 Chroma를 사용한다.

- Chroma 클라이언트를 실행한다.
- 새로운 컬렉션collection을 생성한다.
- 청크를 삽입한다.

```python
client = chromadb.Client()
collection = client.create_collection(name='movies')

for i in range(0, len(chunked_df), batch_size):
    batch = chunked_df.iloc[i:i+batch_size]

    collection.add(
        ids=[str(idx) for idx in batch.index],
        embeddings=batch['embeddings'].tolist(),
        metadatas=[{
            'original_title': row['original_title'],
            'chunk': row['chunks']
        } for _, row in batch.iterrows()]
```

```
    )

    print(f"Inserted batch {i//batch_size + 1}/{(len(chunked_df)-1)//batch_size + 1}")
```

지금까지는 앞에서 설명한 파이프라인의 첫 부분만 구현한 상태다. 현재 RAG 벡터가 저장된 데이터베이스를 보유하고 있다.

> N 여기서 메타데이터를 추가할 수도 있다는 점에 주목하자(이 경우에는 영화 제목).

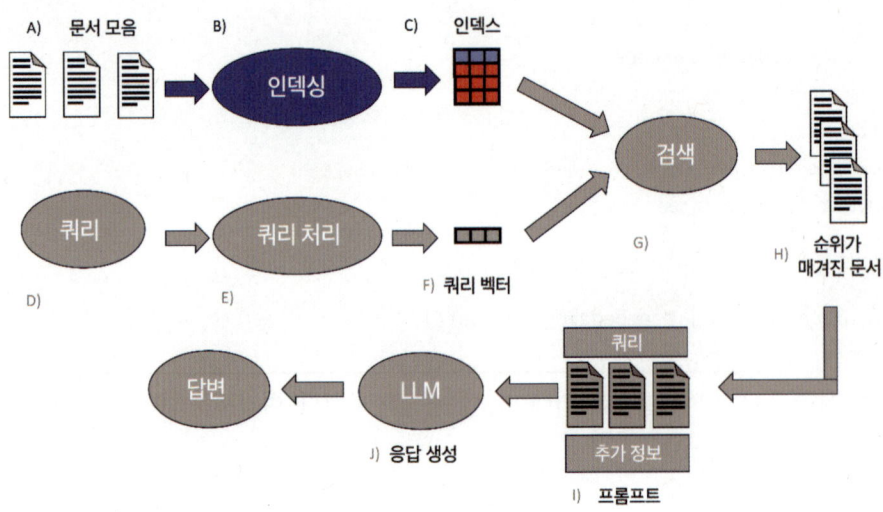

그림 5.21 벡터 데이터베이스 파이프라인

이제 사용자가 질문을 입력했을 때 추론 단계에서 동작할 파이프라인을 만들어야 한다. 여기서는 질의에 대한 벡터를 생성하고 벡터 데이터베이스에서 가장 유사한 상위 k개의 벡터를 검색한다. 이후 이렇게 반환된 텍스트를 LLM에 전달하여 질의에 대한 답변을 생성한다.

4. 여기서는 청크를 찾을 때 사용했던 것과 동일한 임베딩 모델을 사용하므로, 다음과 같은 기능을 수행하는 함수가 필요하다.

- 질의에 대한 벡터를 생성한다.
- 가장 유사한 문서를 찾는다.
- 관련 텍스트를 반환한다.

```
def retrieve_documents(query, collection, top_k=5):
    query_embedding = sentence_model.encode(query).tolist()
```

```python
    results = collection.query(
        query_embeddings=[query_embedding],
        n_results=top_k
    )

    chunks = []
    titles = []
    for document in results['metadatas'][0]:
        chunks.append(document['chunk'])
        titles.append(document['original_title'])

    return chunks, titles
```

이제 답변을 생성해야 하므로 LLM이 필요하다. 핵심은 모델이 올바르게 작동하도록, 명확한 지침을 담은 간단한 프롬프트를 작성하는 것이다. 이때 모델에는 컨텍스트와 질의를 함께 제공한다.

```python
tokenizer = AutoTokenizer.from_pretrained(
    "mistralai/Mistral-7B-Instruct-v0.1")
model = AutoModelForCausalLM.from_pretrained(
    "mistralai/Mistral-7B-Instruct-v0.1",
    device_map='auto'
)
text_generation_pipeline = pipeline(
    model=model,
    tokenizer=tokenizer,
    task="text-generation",
    return_full_text=True,
    max_new_tokens=800
)

def generate_answer(
    query, chunks, titles, text_generation_pipeline):
    context = "\n\n".join(
        [f"Title: {title}\nChunk: {chunk}"
         for title, chunk in zip(titles, chunks)])

    prompt = f"""[INST]
Instruction: You're an expert in movie suggestions.
Your task is to analyze carefully the context and come up
with an exhaustive answer to the following question:
{query}
```

```
    Here is the context to help you:
    {context}
    [/INST]"""

    generated_text = 
        text_generation_pipeline(prompt)[0]['generated_text']

    return generated_text
```

이제 테스트해볼 수 있다. 시스템에 질문을 던지고 올바른 응답을 생성하는지 확인해보자.

```
client = chromadb.Client()
collection = client.get_collection(name='movies')
query = "What are some good movies to watch on a rainy day?"
top_k = 5
chunks, titles = retrieve_documents(query, collection, top_k)

print(f"Retrieved Chunks: {chunks}")
print(f"Retrieved Titles: {titles}")

if chunks and titles:
    answer = 
        generate_answer(query, chunks, titles, text_generation_pipeline)
    print(answer)
else:
    print("No relevant documents found to generate an answer.")
```

이로써 완전한 영화 추천 RAG 에이전트를 완성했다. 이 원리는 영화 데이터뿐만 아니라 어떤 문서 코퍼스에도 손쉽게 확장할 수 있다.

RAG는 LLM 분야에서 가장 빠르게 성장하는 패러다임 중 하나다. 할루시네이션을 줄이는 것은 LLM과 AI 에이전트를 실제 프로덕션 환경에 적용할 때 반드시 해결해야 할 핵심 과제이며, 동시에 까다로운 제약 조건이기도 하다. 이 점에서 RAG는 파인튜닝보다 여러 장점을 지닌 유연한 시스템으로 평가된다.

앞서 살펴본 것처럼, RAG 시스템은 최소한의 비용으로도 자주 업데이트할 수 있으며, 다양한 유형의 데이터와도 호환된다. 가장 기본적인 형태인 나이브 RAG는 LLM과 임베딩 모델, 벡터 데이터베이스라는 세 가지 핵심 구성 요소로 이루어진다.

다음 장에서는 RAG 시스템이 어떻게 발전하고 있는지, 그리고 어떤 새로운 구성 요소들이 추가되고 있는지 살펴본다. 특히 RAG를 사용하더라도 모델이 컨텍스트를 무시한 채 여전히 할루시네이션을 보이는 사례가 존재하는데, 이를 보완하기 위한 보다 정교한 기법들도 자세히 알아본다. 또한 파라메트릭 메모리_{parametric memory}와 외부 컨텍스트 사이의 미묘한 상호작용 역시 함께 논의할 것이다.

더 읽을거리

- Lewis, *Retrieval-Augmented Generation for Knowledge-Intensive NLP Tasks*, 2020, https://arxiv.org/abs/2005.11401
- ANN-Benchmarks, 2024, https://ann-benchmarks.com/index.html
- Hamming Distance between Two Strings, https://www.geeksforgeeks.org/dsa/hamming-distance-two-strings

정보 검색과 증강을 위한 고급 RAG 기법

6장

앞 장에서는 검색 증강 생성_{RAG}이 LLM의 일부 한계를 어떻게 보완하며 발전해왔는지 살펴보았다. 그런데 가장 기본적인 형태인 나이브 RAG_{naïve RAG}에도 사실 여러 한계와 해결해야 할 과제들이 있다. 나이브 RAG의 구조는 간단하다. 임베딩과 검색을 담당하는 벡터 데이터베이스가 있고, 텍스트 생성을 맡는 LLM이 있는 정도다. 앞서 설명한 대로, 나이브 RAG는 먼저 텍스트 모음을 데이터베이스에 임베딩해 두고, 사용자가 질문을 던지면 관련성 높은 텍스트 청크들을 찾아 LLM에게 전달한 뒤, 이 정보를 바탕으로 답변을 만들어내는 식으로 작동한다. 물론 이런 기본 구성만으로도 사용자 질문에 꽤 괜찮게 답할 수 있다. 하지만 여기에 몇 가지 구성 요소를 더 얹는다면 시스템 성능을 훨씬 더 끌어올릴 수 있다.

이번 장에서는 고급 RAG_{advanced RAG}에서 파이프라인의 각 단계(데이터 수집, 인덱싱, 검색, 생성)를 어떻게 수정하거나 개선할 수 있는지 살펴본다. 이를 통해 나이브 RAG의 한계를 해결하고 전체 프로세스를 더 정밀하게 제어할 수 있다. 이어서 더 높은 유연성에 대한 요구가 어떻게 모듈형 RAG_{modular RAG}라는 발전 단계로 이어졌는지 다룬다.

또한 RAG를 실제 제품으로 구현할 때 반드시 고려해야 할 중요한 요소들도 함께 논의한다. 예를 들어 대규모 데이터를 처리하거나 사용자가 많아질 때 직면하는 확장성 문제, 민감한 데이터를 다룰 때 필요한 견고성_{robustness}과 개인정보 보호 방안을 다룬다. 마지막으로 RAG와 관련해 아직 해결되지 않은 문제들과 앞으로의 발전 가능성 또한 함께 짚어본다.

이번 장에서 다룰 주제는 다음과 같다.

- 나이브 RAG의 문제점
- 고급 RAG 파이프라인 살펴보기
- 모듈형 RAG와 다른 시스템 통합하기
- 고급 RAG 파이프라인 구현하기
- RAG의 확장성과 성능 이해하기
- 미해결 과제와 미래 전망

> **기술 요구 사항**
>
> 이번 장의 코드는 대부분 CPU에서도 실행할 수 있지만, GPU 환경에서 실행하는 것이 바람직하다. 코드는 파이토치(PyTorch)로 작성되었으며 주로 표준 라이브러리를 사용한다(Pytorch, Hugging Face Transformers, LangChain, chromadb, sentence-transformer, faiss-cpu 등). 전체 코드는 다음 GitHub 저장소에서 확인할 수 있다.
>
> https://github.com/ai-agent-kr/Modern-AI-Agents/tree/main/ch06

1. 나이브 RAG의 문제점

이전 장에서는 RAG의 기본 형태인 나이브 RAG(naïve RAG)를 소개했다. 나이브 RAG는 LLM이 가진 가장 시급한 문제 일부를 해결하는 데 큰 역할을 했지만, 몇 가지 문제점은 여전히 남아 있다. 특히 의료, 법률, 금융과 같은 산업용 애플리케이션에서는 나이브 RAG만으로는 충분하지 않으며 보다 정교한 파이프라인이 필요하다. 지금부터 나이브 RAG에 내재된 문제들을 구체적으로 살펴보겠다. 이러한 문제들은 각각 쿼리 처리, 검색, 생성 등 파이프라인의 특정 단계와 밀접하게 연결되어 있다.

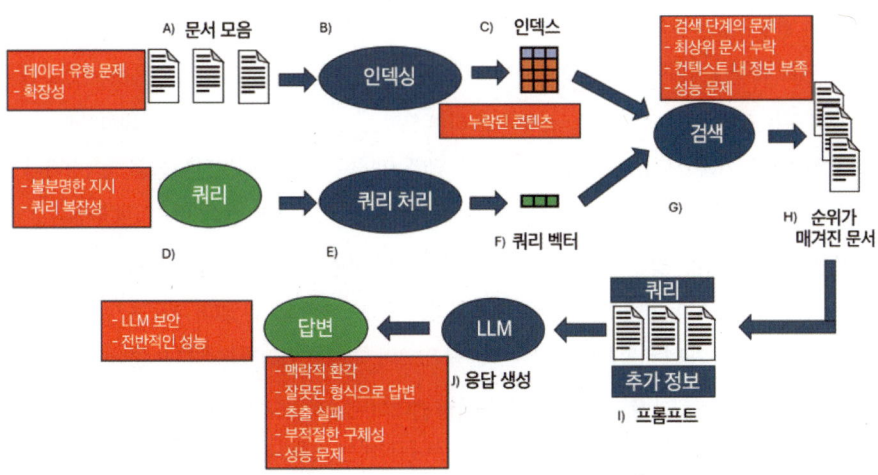

그림 6.1 나이브 RAG의 문제 요약 및 파이프라인 내 단계별 문제 발생 지점 식별

이러한 문제를 자세히 살펴보면 다음과 같다.

- **검색 단계의 문제**: 검색 과정에서는 정밀도(precision)(검색된 청크가 부정확함)와 재현율(recall)(모든 관련 청크를 빠짐없이 찾는 것) 측면에 어려움이 있다. 또 지식 베이스가 오래되었을 수도 있다. 이로 인해 할루시네이션이 발생하거나 프롬프트에 따라 "죄송하지만 답변을 알 수 없습니다" 혹은 "해당 쿼리는 주어진 컨텍스트로 답변할 수 없습니

다"와 같은 응답이 생성될 수 있다. 데이터베이스 인덱싱 품질이 낮거나 문서 유형이 다양함(PDF, HTML, 텍스트 등)에도 불구하고 동일한 방식(모든 파일 유형을 같은 방식으로 청크 분할)으로 처리함으로써 비롯되기도 한다.

- **최상위 문서 누락**: 쿼리에 답하는 데 필수적인 문서가 목록 상단에 위치하지 않을 수 있다. 상위 k개 문서를 선택할 때 관련성이 낮은(혹은 답변을 포함하지 않는) 문서들을 선택하고 실제 관련성이 높은 문서들을 LLM에 반환하지 못할 수 있다. 이는 임베딩 모델의 의미론적 표현 능력이 약해서 벌어지기도 한다(모델이 지나치게 작거나 문서 도메인에 적합하지 않은 비효율적인 모델을 사용하는 경우).

- **컨텍스트 내 관련 정보 부족**: 정답이 들어 있는 문서를 찾았더라도 LLM의 컨텍스트 길이 제약 때문에 모두 싣지 못할 수 있다. 예컨대 여러 청크가 동시에 필요하지만 청크 수가 모델이 허용하는 컨텍스트 길이를 초과하는 경우다.

- **추출 실패**: 올바른 컨텍스트를 LLM에 전달했는데도 정답을 뽑지 못할 수 있다. 보통 컨텍스트에 노이즈가 많거나 상충되는 내용이 섞여 있을 때 발생한다. 이 경우 프롬프트에 정답이 있음에도 맥락적 할루시네이션 contextual hallucination이 나타날 수 있다.

- **잘못된 형식으로 답변**: 쿼리에 추가적인 형식 요구가 있을 수 있다. 예컨대 글머리표 bullet point로 생성하거나 표로 답변할 것을 요구했지만 LLM이 이를 무시할 수 있다.

- **부적절한 구체성**: 생성된 답변이 사용자의 요구에 비해 충분히 구체적이지 않거나 거꾸로 지나치게 구체적일 수 있다. 이는 시스템 설계 및 용도와 관련이 깊다. 예를 들어 RAG가 포함된 특정 제품이 학생을 대상으로 한다면, 그에 맞춰 명확하고 포괄적으로 설명해야 한다. 하지만 LLM은 오히려 너무 기술적이거나 모호하게 응답할 수 있으며, 이는 쿼리나 지침이 불명확한 데서 비롯한다.

- **증강 장애 또는 정보 중복**: 데이터베이스에 서로 다른 코퍼스 corpus에서 수집된 문서가 뒤섞여 있고, 많은 문서가 중복된 정보를 담거나 스타일과 톤이 제각각일 수 있다. 이 경우 LLM이 반복된 내용을 생성하거나 할루시네이션을 만들 수 있으며, 서로 다른 청크의 정보를 제대로 통합하지 못해 답변 품질이 떨어질 수 있다.

- **불완전한 답변**: 틀리지는 않았지만 중요한 정보가 빠진 불완전한 답변이 생성될 수 있다. 이는 필요한 정보를 모두 찾지 못했거나 LLM이 컨텍스트를 제대로 활용하지 못했기 때문일 수 있다. 때로는 "A, B, C 항목을 요약하라"와 같이 쿼리 자체가 너무 복잡한 것이 문제일 수 있으며, 이때는 쿼리를 수정하는 편이 더 효과적일 수 있다.

- **유연성 부족**: 시스템 자체가 유연하지 않아 효율적인 업데이트가 어렵고 사용자 피드백이나 이전 상호작용을 반영하지 못하는 경우다. 또한 시스템이 코퍼스에 자주 등장하는 특정 파일 포맷(예: excel)을 지원하지 못하는 경우도 이에 해당한다.

- **확장성과 성능 문제**: 임베딩 수행, 응답 생성 등 전반적인 처리 속도가 느릴 수 있으며, 초당 여러 문서를 처리해야 하는 환경에서 시스템이 이를 감당하지 못할 수도 있다. 제품이나 도메인 특유의 성능 문제도 있을 수 있으며, 민감한 데이터를 다루는 경우 보안 또한 큰 과제가 된다.

이제 이러한 나이브 RAG의 문제점을 어떻게 고급 RAG를 통해 해결할 수 있는지 살펴보자.

2. 고급 RAG 파이프라인 살펴보기

고급 RAG_{advanced RAG}는 나이브 RAG에서 드러난 한계를 해결하기 위해 여러 개선 사항을 도입한 형태다. 다시 말해 RAG 패러다임을 최적화하기 위해 구성 요소를 세밀하게 조정한 것이 고급 RAG다. 구체적으로는 RAG 파이프라인의 각 단계, 즉 **검색 전**pre-retrieval과 **검색 후**post-retrieval 단계에서 이루어진다.

먼저 **검색 전 단계**에서는 인덱싱과 쿼리를 최적화해 검색 성능을 높이는 데 초점을 맞춘다. 예를 들어, 메타데이터를 추가하면 보다 정밀한 검색이 가능해지고 LLM에 더 많은 콘텐츠를 제공하여 텍스트를 생성할 수 있다. 메타데이터에는 문서 전반에 흩어져 있던 정보를 간결하게 요약하여 담을 수 있다.

나이브 RAG는 문서를 여러 청크로 나눈 뒤, 쿼리에 맞춰 관련 청크를 검색하는 방식으로 작동한다. 하지만 이 접근 방식에는 두 가지 뚜렷한 한계가 따른다.

- 문서의 양이 많아질수록 시간이 지연되고 성능에 부정적인 영향을 미친다.
- 문서가 너무 큰 경우 관련 청크를 쉽게 찾지 못할 수 있다.

나이브 RAG에서는 모든 청크가 동일 수준level에 놓인다. 다시 말해, 서로 다른 문서에서 나온 청크라도 동일하게 취급되며 계층 구조는 존재하지 않는다. 하지만 실제 코퍼스에서는 문서 간, 혹은 문서 내부에 계층이 존재하는 경우가 많고, 이를 반영하는 편이 더 효과적일 수 있다.

고급 RAG는 이러한 한계를 보완하기 위해 검색과 생성 과정에서 성능을 끌어올릴 수 있는 여러 기술을 활용한다. 이어서 어떤 기술들이 쓰이는지 하나씩 구체적으로 살펴보자.

계층적 인덱싱

여러 장chapter으로 이루어진 문서를 다룰 때는 우선 관심 있는 장을 찾고, 그 다음 해당 장 안에서 다시 관련 섹션을 검색하는 방식으로 접근할 수 있다. 하지만 장 단위의 텍스트는 크기가 크고 노이즈가 많기 때문에 단순히 임베딩하는 것만으로는 맥락적 중요성을 제대로 반영하지 못할 수 있다. 이 문제를 해결하는 방법이 바로 요약summary과 메타데이터metadata를 활용하는 것이다.

계층적 인덱싱hierarchical indexing에서는 각 계층 단위에서 요약abstract을 만든다. 첫 번째 계층에서는 큰 단위의 문서를 핵심만 간단히 요약하고, 하위 계층으로 내려갈수록 더 세밀한 요약을 추가해 실제로 필요한 데이터 섹션에 점차 가까워진다. 이후 이러한 요약을 임베딩한다. 추론 시점에서는 이 요약 임베딩과 유사도를 계산한다. 요약은 사람이 직접 작성할 수도 있고 LLM을 사용해 자동으로 생성할 수도 있다. 그런 다음, 관련 메타데이터를 활용해 요약과 일치하는 청크를 찾아 모델에 제공한다.

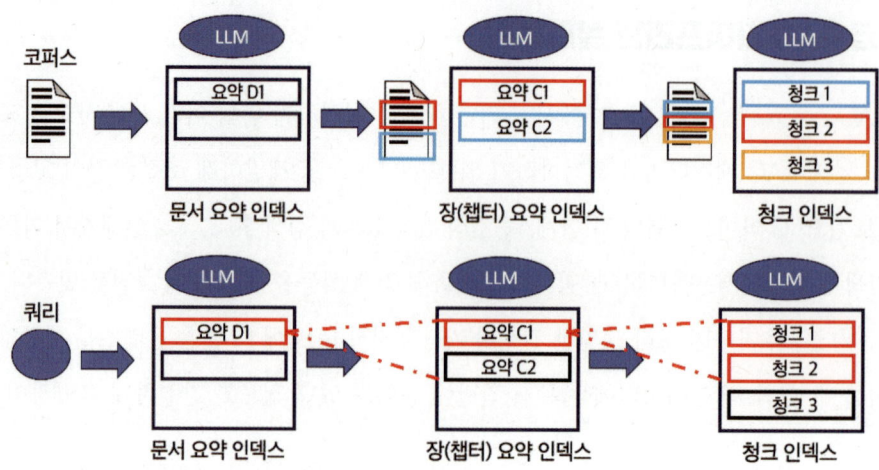

그림 6.2 계층적 인덱싱

앞선 그림에서 볼 수 있듯이, 코퍼스를 문서 단위로 나누고 각 문서의 요약을 생성한 뒤 이를 임베딩한다(나이브 RAG에서는 문서를 단순히 청크로 분할하여 청크를 임베딩함). 다음 단계에서는 청크 수준에 도달할 때까지 문서의 하위 계층 수준(장, 섹션, 제목, 소제목)의 요약본을 임베딩한다. 추론 단계에서는 이 요약 임베딩에 대한 유사도 검색을 수행하여 우리가 원하는 청크를 검색한다.

이 접근 방식에는 몇 가지 변형이 있다. 예를 들어, 더 정밀한 제어를 위해 파일 유형(HTML, PDF, GitHub 저장소)에 따라 서로 다른 분할 방식을 적용할 수 있다. 이렇게 하면 요약을 파일 형식별로 생성하고 임베딩할 수 있으며, 이는 일종의 텍스트 정규화(text normalization) 역할을 한다.

또한 문서가 너무 길어 LLM 요약기로 직접 요약하기 어려울 경우 **맵-리듀스**(map and reduce) 기법을 활용할 수 있다. 즉, 먼저 문서의 여러 부분을 요약한 뒤, 이 중간 요약을 다시 합쳐 단일 요약을 만든다. 반대로, 문서가 백과사전처럼 지나치게 많은 주제를 다루고 있다면 의미론적 노이즈가 검색 성능에 영향을 줄 위험이 있다. 이때는 한 문서에서 여러 개의 요약을 생성하는 방법이 유용하다(예: 1만 토큰당 하나의 요약 또는 10페이지 단위로 하나의 요약 생성).

계층적 인덱싱의 장점은 문서의 계층 구조를 존중하고 장, 제목, 소제목 등 섹션 간의 관계를 반영하기 때문에 문서의 맥락 이해력이 향상된다는 점이다. 이를 통해 검색 결과의 정확성이 높아지고 보다 관련성 높은 결과를 얻을 수 있다. 그러나 이 방식에는 비용도 따른다. 검색 전 단계와 추론 단계에서 모두 연산량이 증가하며, 계층을 지나치게 세분화할 경우 경우의 수 폭증(combinatorial explosion)이 발생할 수 있다. 이는 가능한 조합의 수가 기하급수적으로 늘어나면서 지연(latency) 비용이 급격히 증가하는 현상이다.

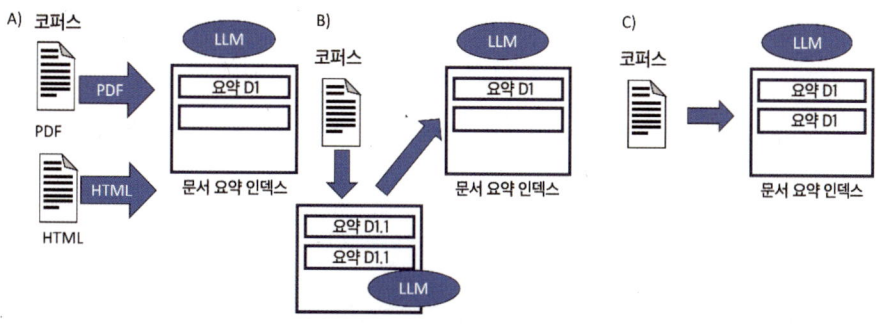

그림 6.3 계층적 인덱싱의 변형

앞선 그림에서 이러한 계층적 인덱싱의 변형을 볼 수 있다.

- **A**: 문서 유형별로 다른 방식을 적용하여 구조를 더 잘 반영한다.
- **B**: 맵-리듀스를 적용해 매우 긴 문서를 처리한다(중간 요약을 만든 뒤 이를 최종 요약으로 결합).
- **C**: 주제가 너무 많은 문서에는 각 문서에 여러 개의 요약을 생성한다.

가상 질문과 HyDE

나이브 RAG 파이프라인을 개선하는 또 다른 방법은 청크와 잠재적 질문 간의 의미적 유사성을 높이는 것이다. 사용자가 누구인지, 그리고 시스템을 어떤 방식으로 활용할지를 알면 이를 바탕으로 시스템을 조정할 수 있다. 예를 들어 챗봇의 경우 대부분의 쿼리가 질문 형태이므로 이러한 쿼리에 맞게 최적화할 수 있다.

가상 질문hypothetical question 전략은 각 청크에 대해 LLM을 사용해 하나 이상의 가상 질문을 생성하는 것이다. 이렇게 생성된 가상 질문은 벡터로 변환되어 데이터베이스에 저장되며, 사용자 쿼리가 들어오면 유사도 검색에 활용된다. 이후 실제 쿼리와 가장 유사한 가상 질문을 찾아내고, 해당 질문과 연결된 청크를 메타데이터를 통해 확인한 뒤 LLM에 제공한다. 청크당 하나의 질문만 생성할 수도 있고 여러 개를 생성할 수도 있는데, 여러 질문을 생성하면 정확도는 향상되지만 계산 비용도 증가한다. 이 경우 청크의 벡터 표현을 사용하지 않는다. 즉, 청크가 아닌 가상 질문을 임베딩하는 것이다. 또한 반드시 가상 질문의 텍스트를 저장할 필요는 없으며 그저 벡터만 저장해도 된다. 중요한 것은 해당 벡터를 다시 원래 청크와 매핑할 수 있다는 점이다.

반면, **가상 문서 임베딩**HyDE, hypothetical document embedding은 사용자 쿼리를 청크와 더 잘 맞추는 것을 목표로 한다. 구체적으로, 쿼리가 들어오면 먼저 LLM을 사용해 해당 쿼리에 대한 가상 답변을 생성한다. 그 다음 이 답변을 임베딩하고 유사도 검색을 수행하여 관련 청크를 찾는다. 생성된 답변은 쿼리와 의미적으로 가장 가깝기 때문에 더 나은 청크 검색이 가능하다. 일부 변형된 기법에서는 다섯 개의 가상 답변을 생성한 뒤, 그 임베딩 벡터의 평균을 구해 유사도 검색을 수행하기도 한다.

이 방식은 검색 단계에서 재현율이 낮거나 문서(또는 쿼리)가 검색 대상과 다른 도메인에서 온 경우 특히 유용하다. 실제로 임베딩 모델은 학습하지 않은 지식 도메인에 대해 일반화 성능이 떨어진다. 흥미로운 점은 LLM이 이러한 가상 답변을 생성할 때 정확한 답을 알지 못한다는 것이다(애초에 이 접근법의 목적은 정답 생성이 아님). 다만 질문 속 관련 패턴을 포착할 수 있을 뿐이며 이후 포착된 패턴을 활용해 적절한 청크를 검색할 수 있다.

이들 두 방식의 차이점을 정리해보자. 가상 질문 접근법은 '가상 질문을 생성하고, 그 가상 질문의 임베딩을 이용해 관련 청크를 찾는 방식'이며, HyDE는 '사용자 쿼리에 대한 가상 답변을 생성하고, 그 답변의 임베딩을 이용해 관련 청크를 찾는 방식'이다.

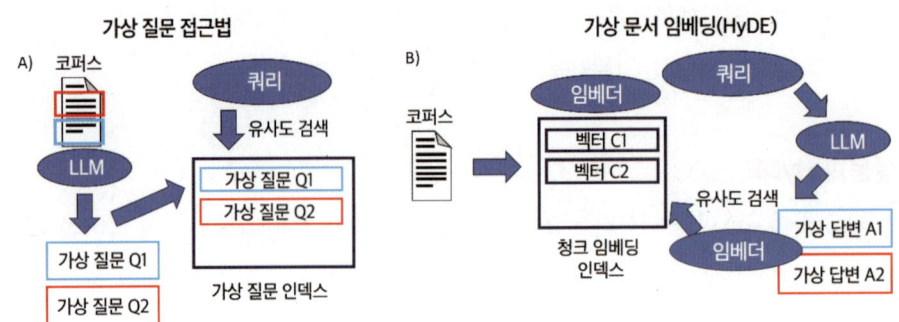

그림 6.4 가상 질문과 HyDE 접근 방식

이제 두 접근 방식의 차이점을 구체적으로 살펴보자. 여기서는 사용자가 "아세트아미노펜 사용 시 발생할 수 있는 부작용은 무엇인가요?"라는 질문을 한다고 가정해보겠다.

- **검색 전 단계**: 이 단계에서는 의약품 임베딩 데이터베이스를 생성해야 한다. 의약품 안전성 보고서를 청크 단위로 분할하고, 가상 질문 접근법에서는 각 청크에 대해 LLM으로 가상 질문을 생성한다(예: "이 약의 부작용은 무엇인가?", "부작용이 언급되어 있는가?"). 그런 다음 이 가상의 질문들은 벡터 공간으로 임베딩되어 벡터 데이터베이스에 저장된다. 이 단계에서 HyDE는 기존 RAG와 동일하며 변형이 수행되지 않는다.
- **쿼리 단계**: 가상 질문 접근법에서는 사용자가 쿼리를 입력하면, 해당 쿼리를 임베딩하고 이를 임베딩된 가상 질문들과 비교한다. 시스템은 사용자의 질문과 가장 유사한 가상의 질문을 찾는다(이 경우 "이 약의 부작용은 무엇인가?"일 수 있음). 이때 메타데이터를 통해 이러한 가상 질문들이 생성된 청크들을 확인하고 해당 청크를 답변 생성을 위한 참고 자료로 제공한다. HyDE에서는 사용자의 쿼리가 들어오면 LLM이 먼저 가상 답변을 생성한다 (예: "파라세타몰은 메스꺼움, 간 손상, 발진을 일으킬 수 있다" 또는 "가능한 부작용으로 어지럼증과 위장 장애가 있다").

이러한 답변은 검색 없이 LLM의 지식만을 사용해 생성된다는 점에 주의하자. 이 시점에서 이 가상의 답변들을 임베딩하고, 쿼리 또한 임베딩하여 가상 답변들과 비교한다. 예를 들어, "파라세타몰은 메스꺼움, 간 손상, 발진과 같은 부작용을 일으킬 수 있습니다"가 사용자 쿼리와 가장 유사하다면, 이 가상의 답변과 가장 가까운 청크들을 검색하여 LLM이 컨텍스트를 생성하도록 제공한다.

컨텍스트 강화

또 다른 기법은 **컨텍스트 강화**context enrichment로, 더 작은 청크(세밀한 단위로 나누어 검색 품질을 높임)를 찾은 뒤 주변 컨텍스트를 함께 추가하는 방식이다. **문장 윈도우 검색**sentence window retrieval은 그 한 예로, 문서의 각 문장을 개별적으로 임베딩한다(임베딩 단위가 작아져 더 세밀해짐). 이를 통해 답을 찾는 데 있어 정확성을 더 높일 수 있지만, LLM 추론에 필요한 컨텍스트를 잃어버려 생성 품질이 낮아질 위험도 있다. 이를 해결하기 위해 컨텍스트 윈도우를 확장한다. 즉, 특정 문장 x를 찾으면 그 앞뒤로 k개의 문장을 함께 가져와 컨텍스트를 보완하는 것이다.

상위 문서 검색parent document retriever은 작은 청크로 검색하는 것과 큰 청크로 컨텍스트를 제공하는 것 사이의 균형을 맞추려는 기법이다. 문서를 작은 하위 청크로 나누되, 이들이 속한 상위 문서의 계층 구조를 유지한다. 이 경우, 쿼리의 세부 사항을 직접적으로 다루는 작은 청크들을 임베딩하여 높은 정밀도를 확보할 수 있다. 그다음, 검색된 청크가 속한 상위 문서를 찾아 LLM에 제공함으로써 더 풍부한 컨텍스트를 제공한다. 다만, 너무 많은 상위 문서를 불러오지 않도록 상위 k개 청크를 찾았을 때 이들 중 상위 문서에 속하는 청크가 n개 이상인 경우에만 해당 문서를 LLM 컨텍스트에 추가한다.

다음 그림은 이러한 접근 방식을 나타낸다.

- A: 특정 청크를 찾으면 그 앞뒤에 있는 청크까지 함께 포함해 선택 범위를 확장한다.
- B: 작은 청크 단위로 임베딩을 수행해 상위 k개의 청크를 찾은 뒤, 이들 중 다수가(기준 n개 이상) 동일한 문서에서 파생된 경우 해당 문서를 LLM에 컨텍스트로 제공한다.

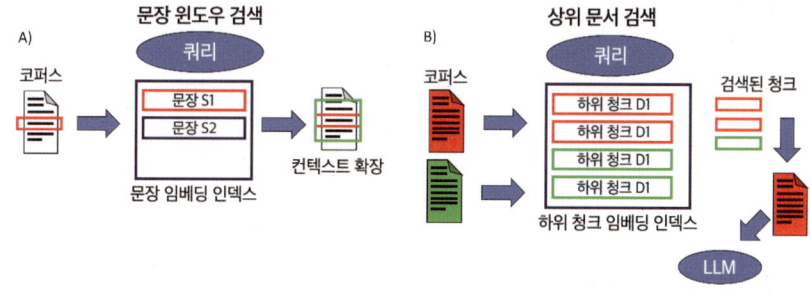

그림 6.5 컨텍스트 강화 기법

쿼리 변환

쿼리 변환query transformation은 LLM을 활용해 검색 성능을 개선하는 기법이다. 쿼리가 너무 복잡한 경우 이를 여러 개의 쿼리로 분해할 수 있다. 실제로 원래 쿼리에 직접 대응하는 청크는 없더라도 분해된 하위 쿼리에 대응하는 청크는 더 쉽게 찾을 수 있다. 예를 들어 "전신과 전화기의 발명가는 누구인가?"라는 질문은 두 개의 독립된 쿼리로 분해하는 것이 바람직하다.

스텝백 프롬프팅step-back prompting은 LLM을 사용해 상위 수준의 컨텍스트와 일치하도록 더 일반적인 쿼리를 생성한다. 이는 인간이 어려운 문제에 직면했을 때 한 발짝 물러서서 추상화를 통해 고차원 원리를 파악하는 사고 방식에서 비롯되었다. 이때 생성된 상위 쿼리와 원래 쿼리를 각각 임베딩하고, 두 결과를 함께 LLM에 제공해 답변을 생성한다. **쿼리 재작성**query rewriting은 초기 쿼리를 검색에 더 적합하도록 LLM으로 재구성하는 방식이다.

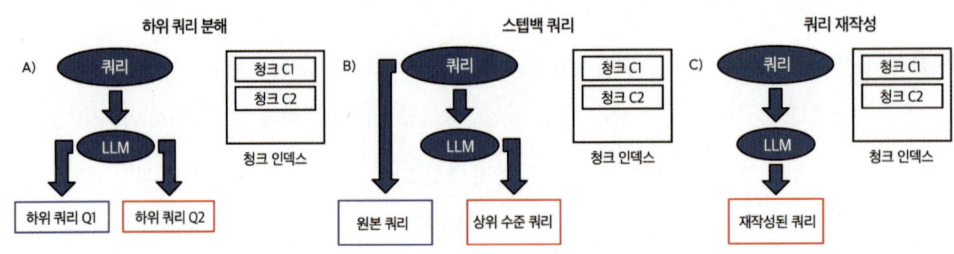

그림 6.6 세 가지 쿼리 변환 기법

쿼리 확장query expansion은 쿼리 재작성과 유사한 기법으로, 쿼리에 용어를 추가하여 원래 쿼리와 어휘적으로 겹치지 않는 문서도 검색할 수 있도록 하는 방식이다. 이를 통해 검색 재현율을 개선할 수 있다. 여기서도 LLM을 활용해 쿼리를 변형한다. 주요 방식은 두 가지다.

- LLM에게 쿼리에 대한 답변을 생성하게 한 뒤, 그 답변과 쿼리를 함께 임베딩해 검색에 활용한다.
- 원래 쿼리와 비슷한 여러 개의 쿼리를 생성한다. 보통 접두사prefix로 숫자 n을 붙여 구분한다. 이렇게 만든 n개의 쿼리 집합을 벡터화한 뒤 검색에 사용한다.

이 방식은 쿼리의 모호성을 줄이고 원래는 찾지 못했을 문서를 발견하도록 도움으로써 검색 성능을 높인다. 또한 시스템이 쿼리를 더 잘 구성하도록 지원한다. 그러나 동시에 관련 없는 문서를 가져올 위험도 있기 때문에, 후처리 기법을 결합해 관련 문서를 선별하는 것이 바람직하다.

키워드 기반 검색과 하이브리드 검색

검색을 개선하는 또 다른 방법은 컨텍스트 정보뿐 아니라 키워드 자체에 집중하는 것이다. **키워드**

기반 검색은 특정 키워드를 정확히 일치시켜 검색하는 방식이다. 이 방법은 제품명, 회사명, 특정 업계 전문 용어와 같은 특정 용어 검색에 유리하다. 그러나 오탈자나 동의어에 취약하고 문맥을 파악하지 못한다는 한계가 있다.

반면, **벡터 기반** 또는 **시맨틱 검색**(의미 기반 검색)은 쿼리의 의미를 포착할 수 있지만 특정 키워드나 용어를 정확히 찾아내지는 못한다. 하지만 특히 마케팅과 같은 일부 도메인에서는 키워드 일치가 반드시 필요한 경우가 있다. **하이브리드 검색**은 키워드 검색과 벡터 검색을 결합해 두 방식의 장점을 모두 취하는 방법이다.

키워드 검색에서 가장 많이 사용하는 모델은 BM25로, 희소 임베딩sparse embedding을 생성한다. BM25를 사용하면 쿼리에 있는 특정 용어를 포함하는 문서를 식별할 수 있다. 따라서 하이브리드 검색에서는 두 가지 임베딩을 생성한다. 바로 BM25를 이용한 희소 임베딩과 트랜스포머 기반의 밀집 임베딩dense embedding이다. 최적의 청크를 선택하려면 일반적으로 두 검색 방식이 미치는 영향을 균형 있게 조정해야 한다. 최종 점수는 두 점수의 가중 조합(알파 하이퍼파라미터를 사용)이다.

$$score_{hybrid} = (1-\alpha) \cdot score_{sparse} + \alpha \cdot score_{dense}$$

여기서 α는 0과 1 사이의 값이다(0은 순수 키워드 검색, 1은 순수 벡터 검색을 의미한다). 일반적으로 α 값은 0.4 또는 0.5 정도이며, 일부 연구에서는 0.3을 제안하기도 한다.

실제 사례로 전자제품과 패션, 가전 등의 카테고리에 걸쳐 수백만 개의 상품을 보유한 전자상거래 플랫폼을 상상해보자. 사용자는 다음과 같은 다양한 형태의 쿼리로 제품을 검색할 수 있다.

- **브랜드 또는 제품명과 같은 특정 용어** (예: "iPhone 16")
- **일반적인 설명** (예: "중간 가격대의 카메라 성능 좋은 스마트폰")
- **혼합된 형태** (예: "500달러 이하의 iPhone")

BM25와 같은 순수 키워드 기반 검색은 모호하거나 서술적인 쿼리에는 약하고, 반대로 벡터 기반 시맨틱 검색은 특정 제품명과 같은 정확한 매칭을 놓칠 수 있다. 하이브리드 검색은 이 두 가지를 결합해 문제를 해결한다. BM25는 'iPhone' 같은 정확한 키워드를 우선시해 특정 제품을 찾도록 하고, 시맨틱 검색은 '카메라 성능 좋은 스마트폰' 같은 구문에서 의미를 파악해 검색한다. 따라서 하이브리드 검색은 앞선 세 가지 유형의 쿼리에 모두 효과적인 해결책이다.

쿼리 라우팅

지금까지는 쿼리가 들어오면 벡터 데이터베이스에서 검색하는 것으로 가정했다. 그러나 실제로는 검색 방식을 달리하거나 시스템 내 흐름을 제어할 필요가 있다. 예를 들어 시스템은 서로 다른 유형의 데이터베이스(벡터, SQL, 상용 DB), 서로 다른 데이터 소스 또는 다양한 모달리티(이미지, 텍스트, 음성)와 상호작용해야 할 수 있다. 일부 쿼리는 굳이 RAG를 사용하지 않아도 되고 모델의 파라메트릭 메모리_{parametric memory}만으로도 충분할 수 있다(이는 뒤에서 더 자세히 다룬다). 쿼리 라우팅은 이러한 경우 시스템이 쿼리에 어떻게 응답할지 제어하는 방식이다. 즉, if/else 구문과 비슷하지만 하드코딩된 규칙 대신 보통 LLM을 라우터로 사용해 매 쿼리마다 결정을 내린다. 물론 이 방식은 비결정론적_{nondeterministic}이어서 항상 올바른 결정을 내리지는 않지만 성능에 긍정적 영향을 줄 수 있다.

라우터는 논리적 규칙 집합이나 신경망 모델일 수 있다. 라우터의 구현 방식에는 몇 가지 유형이 있다.

- **논리적 라우터**: if/else 조건문으로 구성된 논리 규칙이다. 예를 들어 쿼리가 이미지라면 이미지 데이터베이스에서, 그렇지 않다면 텍스트 데이터베이스에서 검색한다. 빠르고 결정론적이지만 쿼리를 이해하지는 못한다.
- **키워드 라우터**: 쿼리와 옵션 목록의 키워드를 매칭해 경로_{route}를 선택하는 방식으로 조금 더 정교하다. 희소 인코더, 전문 패키지 또는 LLM을 활용해 수행할 수 있다.
- **제로샷 분류 라우터**: 제로샷 분류란 LLM이 사전에 특정 레이블에 대해 학습되지 않은 상태에서 LLM에게 항목_{item}을 주고 주어진 레이블 세트 중 하나로 분류하도록 요구하는 작업이다. 쿼리가 입력되면 LLM은 제공된 레이블 목록 중에서 해당 쿼리에 적합한 경로 레이블을 할당해야 한다.
- **LLM 함수 호출 라우터**: 다양한 경로가 특정 설명과 함께 함수 형태로 정의되며, 모델은 이들 함수 중 하나를 선택함으로써 쿼리를 어느 경로로 보낼지 결정한다. LLM의 의사결정 능력을 활용하는 방식이다.
- **의미 기반 라우터**: 시맨틱 검색을 활용하여 최적의 경로를 결정한다. 구체적으로는 예시 쿼리와 이에 연계된 경로 목록을 준비한 뒤, 이를 임베딩하여 벡터로 데이터베이스에 저장한다. 새로운 쿼리가 도착하면 데이터베이스 내의 다른 쿼리들과 유사도 검색을 수행하고, 쿼리와 관련된 유사성이 가장 잘 일치하는 옵션을 선택한다.

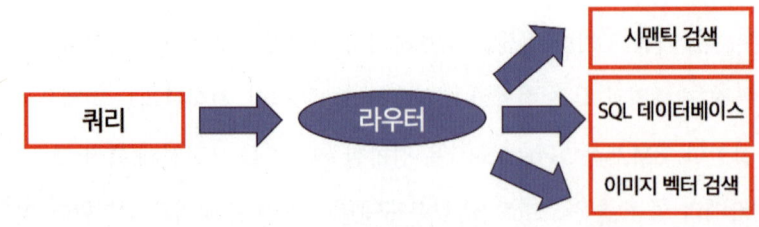

그림 6.7 쿼리 라우팅

한편, 컨텍스트를 찾은 뒤에는 이를 쿼리와 통합해 LLM에 제공해 생성을 진행해야 한다. 이 프로세스를 개선하기 위한 여러 **검색 후 전략**이 존재한다. 벡터 검색에서는 보통 상위 *k*개의 문서를 반환하지만, 이는 임의로 정한 기준이므로 중요한 정보를 놓칠 수 있다. 가장 단순한 해결책은 k 값을 늘리는 것이다. 그러나 모든 청크를 반환할 수는 없는데, 이는 모델의 컨텍스트 길이를 초과할 수 있고 LLM이 과도한 정보를 처리하기 어려워지기 때문이다.

예를 들어 은행, 보험, 금융 등 여러 도메인에서 다양한 서비스를 제공하는 기업을 생각해보자. 고객은 은행 서비스(계좌 세부 정보, 거래 등), 보험 서비스(정책 세부 정보, 청구 등), 금융 서비스(제안, 투자 등)에 대해 챗봇에게 도움을 구한다. 이처럼 각 도메인은 성격과 목적이 다르므로, 개인정보 보호 및 규제 준수를 위해 챗봇이 다른 서비스의 고객 정보를 조회하지 않도록 제한할 필요가 있다. 또 모든 쿼리에 대해 모든 데이터베이스를 검색하는 것은 비효율적이며 지연 시간이 길어지고 관련 없는 결과를 초래할 위험도 있다.

재순위화

이 딜레마에 대한 하나의 해결책은 문서 검색 단계에서 최대한 많은 결과를 확보해 검색 재현율을 높이면서도, 동시에 LLM에 제공하는 문서 수를 최소화해 LLM의 재현율을 극대화하는 것이다. 이를 재순위화_reranking_라고 하며 다음과 같은 두 단계로 이루어진다.

1. 먼저 일반적인 검색을 수행해 많은 수의 청크를 찾는다.
2. 이후 재순위화 모델_reranker_을 사용해 청크의 순서를 다시 정렬하고, 상위 k개의 청크만을 선택해 LLM에 제공한다.

재순위화는 LLM에 제공되는 청크의 품질을 향상시키고 시스템의 할루시네이션을 줄여 준다. 또한 재순위화는 쿼리와 관련된 상반된 정보까지 고려하여, 쿼리와 맥락적으로 가장 적합한 청크를 선별한다. 재순위화 모델에는 여러 종류가 있으며 각각의 장단점이 있다.

- **크로스 인코더**(cross-encoder): BGE와 같은 트랜스포머 모델로 두 개의 텍스트 시퀀스(쿼리와 개별 청크)를 입력으로 받아 0과 1 사이의 유사도 점수를 반환한다.
- **멀티 벡터 재순위화 모델**(multi-vector reranker): ColBERT와 같은 트랜스포머 모델로 크로스 인코더보다 계산량이 적다(두 시퀀스 간 상호작용을 후기 단계에서 수행하기 때문). 기본 원리는 유사하며 두 시퀀스를 입력받아 0과 1 사이의 유사도 점수를 반환한다. 보다 긴 컨텍스트 길이를 지원하는 향상된 버전(`jina-colbert-v1-en` 등)도 있다.
- **LLM 기반 재순위화**: LLM 자체를 재순위화 모델로 활용할 수 있으며 LLM의 순위 매기기 능력을 향상시키기 위해 여러 가지 전략이 사용된다.
  - **포인트와이즈 방식**(pointwise): 쿼리와 단일 문서의 관련성을 평가하는 방식이다(제로샷 문서 재순위화라고도 부름).

- **페어와이즈 방식(pairwise)**: 쿼리와 두 개 문서를 함께 제시하고 LLM에게 더 관련 있는 문서를 선택하도록 요청한다.
- **리스트와이즈 방식(listwise)**: LLM에 쿼리와 문서 목록을 제공하고 순위가 매겨진 목록을 출력하도록 지시한다. 일반적으로 GPT와 같은 모델이 사용되며, 높은 계산 또는 경제적 비용의 위험이 있다.

- **파인튜닝된 LLM**: 순위 매기기 작업에 특화된 모델이다. LLM은 일반 모델이지만 순위 매기기에 대한 구체적인 훈련을 받지 않았기 때문에 쿼리와 문서 간의 관련성을 정확하게 측정할 수 없다. 이때 파인튜닝을 통해 성능을 향상시킬 수 있다. 일반적으로 사용되는 모델에는 인코더-디코더 트랜스포머(RankT5)와 디코더 전용 트랜스포머(예: Llama와 GPT 계열) 두 가지 유형이 있다.

각 접근 방식은 성능(검색 품질)과 비용(연산 비용, 지연 시간, 시스템 비용)에 영향을 준다. 일반적으로 멀티 벡터 모델은 연산 비용이 낮지만 제한적인 성능을 보이고, LLM 기반 방식은 성능은 가장 좋지만 연산 비용이 크다. 그럼에도 불구하고 재순위화는 시스템 전체 성능에 긍정적인 효과를 주기 때문에 파이프라인의 핵심 구성 요소로 자주 사용한다.

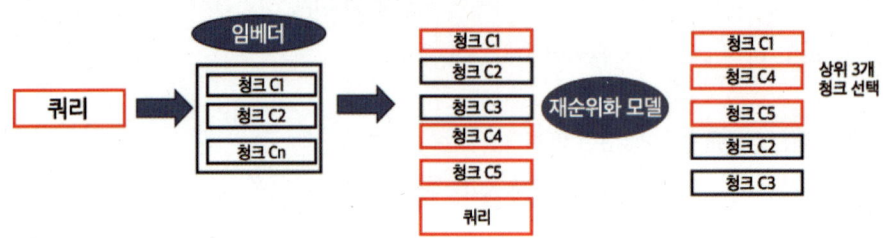

그림 6.8 재순위화 접근법. 빨간색으로 표시된 청크는 쿼리와 관련 있는 청크이다

대안적인 **후처리 기법**도 존재한다. 예를 들어 유사도가 특정 점수 임곗값 이하이거나 특정 키워드가 포함되지 않은 경우, 청크와 관련된 메타데이터에 특정 값이 없을 경우, 특정 날짜 이전의 청크일 경우 등 다양한 기준으로 청크를 필터링할 수 있다.

또 다른 전략으로 임베딩 벡터를 통해 청크를 찾은 뒤 **k-최근접 이웃**kNN, k-nearest neighbors 탐색을 수행하는 방법이 있다. 즉, 이미 검색된 청크와 잠재 공간latent space에서 이웃 관계에 있는 다른 청크들을 추가하는 것이다(이 과정은 재순위화 전후에 수행할 수 있다).

또한 LLM에 컨텍스트로 제공할 청크를 최종적으로 선택한 후에 그 순서를 조정할 수도 있다. 2023년에 발표된 한 연구에 따르면, LLM의 성능은 중요한 정보가 입력 컨텍스트의 앞부분이나 뒷부분에 배치될 때 가장 높으며, 특히 컨텍스트 길이가 매우 길 경우 중간에 배치된 정보는 성능이 떨어진다는 결과가 보고되었다.

6장. 정보 검색과 증강을 위한 고급 RAG 기법

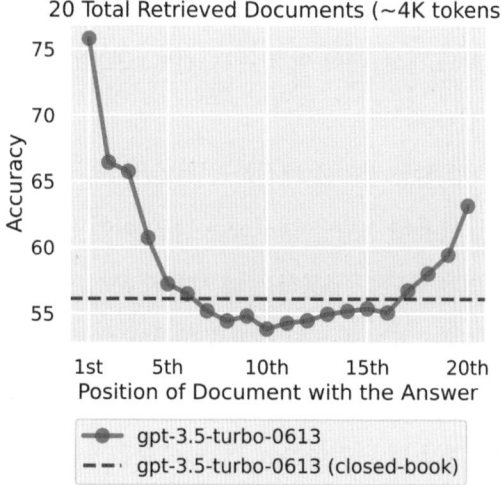

그림 6.9 관련 정보의 위치 변경이 LLM 성능에 미치는 영향(https://arxiv.org/abs/2307.03172)

이 때문에 **청크를 재배치**reorder the chunks 하는 방안이 제안되었다. 청크를 단순히 관련성 순서대로 배치할 수도 있지만, 교차 패턴alternating pattern으로 배치할 수도 있다. 교차 패턴이란 짝수 인덱스 청크는 리스트의 앞부분에, 홀수 인덱스 청크는 뒷부분에 배치하는 방식이다. 이 방식은 특히 넓은 범위의 상위 k개의 청크를 사용할 때 효과적인데, 가장 관련성이 높은 청크를 입력 컨텍스트의 앞과 뒤에 배치하고 상대적으로 덜 중요한 청크는 중간에 위치하도록 만든다.

이처럼 재순위화는 시스템 성능을 개선하는 효과가 있다.

Reranker model	Avg.	NQ	HotpotQA	FiQA
Embedding: **snowflake-arctic-embed-l**	0.6100	0.6311	0.7518	0.4471
+ ms-marco-MiniLM-L-12-v2	0.5771	0.5876	0.7586	0.3850
+ mxbai-rerank-large-v1	0.6077	0.6433	0.7401	0.4396
+ jina-reranker-v2-base-multilingual	0.6481	0.6768	0.8165	0.4511
+ bge-reranker-v2-m3	0.6585	0.6965	0.8458	0.4332
+ NV-RerankQA-Mistral-4B-v3	**0.7529**	**0.7788**	**0.8726**	**0.6073**
Embedding: **NV-EmbedQA-e5-v5**	0.6083	0.6380	0.7160	0.4710
+ ms-marco-MiniLM-L-12-v2	0.5785	0.5909	0.7458	0.3988
+ mxbai-rerank-large-v1	0.6077	0.6450	0.7279	0.4502
+ jina-reranker-v2-base-multilingual	0.6454	0.6780	0.7996	0.4585
+ bge-reranker-v2-m3	0.6584	0.6974	0.8272	0.4506
+ NV-RerankQA-Mistral-4B-v3	**0.7486**	**0.7785**	**0.8470**	**0.6203**
Embedding: **NV-EmbedQA-Mistral7B-v2**	0.7173	0.7216	0.8109	0.6194
+ ms-marco-MiniLM-L-12-v2	0.5875	0.5945	0.7641	0.4039
+ mxbai-rerank-large-v1	0.6133	0.6439	0.7436	0.4523
+ jina-reranker-v2-base-multilingual	0.6590	0.6819	0.8262	0.4689
+ bge-reranker-v2-m3	0.6734	0.7028	0.8635	0.4539
+ NV-RerankQA-Mistral-4B-v3	**0.7694**	**0.7830**	**0.8904**	**0.6350**

그림 6.10 재순위화로 질의응답 성능이 향상됨(https://arxiv.org/pdf/2409.07691)

재순위화 외에도 검색 단계 이후 LLM에 전달되는 정보를 추가로 정제할 수 있는 보완 기법이 있다. 이러한 기법에는 인용 정확도 개선, 대화 이력 관리, 컨텍스트 압축, 프롬프트 최적화 등이 포함된다. 이제 이러한 기법 중 일부를 살펴보자.

출처 인용reference citation은 시스템 성능 자체를 개선하는 기법은 아니지만, RAG 시스템의 구성 요소로 강력히 권장된다. 여러 출처를 활용해 응답을 생성하는 경우, 어떤 문서가 사용되었는지 추적하는 것이 중요하다. 가장 단순한 방법은 응답을 생성하는 데 사용된 문서(청크가 속한 원문)를 기록하는 것이다. 다른 방법으로는 LLM의 프롬프트에 사용된 출처를 명시할 수도 있다. 더 발전된 방법으로는 퍼지 인용 질의 엔진fuzzy citation query engine을 사용할 수 있다. 퍼지 매칭은 생성된 응답을 검색된 청크와 문자열 기반으로 매칭하는 방법으로, 청크 내 단어들을 n그램으로 분할한 뒤 TF-IDF를 적용하는 절차에 기반한다.

챗엔진chatEngine은 RAG의 또 다른 확장 기법이다. 모델을 파인튜닝하는 과정은 복잡하므로 이를 직접 적용하기는 어렵지만, 그럼에도 우리는 LLM이 사용자와의 과거 대화를 기억하기를 원한다. RAG를 사용하면 이러한 작업이 간편해져 사용자와의 이전 대화를 저장할 수 있다. 예를 들어, 이전 대화를 프롬프트에 포함시키는 단순한 방법이 있다. 더 나아가 대화를 임베딩하여 핵심 부분만 추출하는 방법도 가능하다. 또 다른 방법은 사용자 대화의 흐름chat logic을 포착하는 것이다. 대화가 여러 메시지를 통해 이어질 경우, 프롬프트 길이가 모델의 컨텍스트 길이를 초과하지 않도록 프롬프트 압축prompt compression을 수행하는 방법이 있다. 즉, 이전 사용자와의 대화 내용을 요약해 프롬프트 길이를 줄이는 것이다.

일반적으로 **컨텍스트 압축**contextual compression은 LLM의 응답 생성을 돕고 동시에 연산 자원(또는 API 사용 시 비용)을 절감하는 개념이다. 문서 검색 후 컨텍스트를 압축하여 관련 정보만 보존하는 것을 목표로 한다. 실제로 컨텍스트에는 쿼리와 무관한 정보나 반복된 정보가 포함되어 있는 경우가 많다. 또한 문장에서 대부분의 단어는 컨텍스트로부터 직접 예측할 수 있으므로 LLM이 응답을 생성하는 데 반드시 필요하지는 않다. 따라서 LLM에 제공할 프롬프트를 줄이는 데 여러 전략을 사용할 수 있다.

- **컨텍스트 필터링**: 정보 이론에 따르면 엔트로피가 낮은 토큰은 예측하기 쉽고 따라서 중복 정보를 포함한다(LLM에 관련성이 낮은 정보를 제공하고 맥락 이해에 거의 도움이 되지 않음). 그래서 각 어휘 단위에 정보 값(해당 토큰이나 문장이 맥락에서 얼마나 자주 나타날 것으로 예상되는지)을 할당하는 LLM을 사용한다. 이를 바탕으로 내림차순으로 순위를 매기고, 사전에 결정하거나 컨텍스트에 따라 달리 설정한 p번째 백분위수 이내의 토큰만 남긴다.

- **LongLLMLingua**: 이는 정보 엔트로피를 기반으로 하며 맥락과 쿼리question aware 모두에서 정보를 사용하는 또 다

른 접근 방식이다. 이 접근 방식은 문서를 동적으로 압축하고 재배치함으로써 LLM의 응답 생성을 더 효율적으로 만든다.

- **오토컴프레서**: 이 방법은 시스템의 파인튜닝과 요약 벡터를 활용한다. 핵심 아이디어는 긴 텍스트를 작은 벡터 표현summary vector으로 압축하고, 이를 소프트 프롬프트로 사용해 모델에 컨텍스트를 제공하는 것이다. 이 과정에서 LLM의 가중치는 고정된frozen 상태로 유지되며, 프롬프트에 삽입되는 학습 가능한 토큰만 훈련된다. 이 토큰들은 학습 과정에서 최적화되어 모델의 핵심 파라미터를 수정하지 않고도 시스템을 엔드 투 엔드end-to-end 방식으로 최적화할 수 있다. 생성 과정에서는 이러한 요약 벡터들이 결합되어 모델이 컨텍스트를 인식하게 된다. 이미 훈련된 오토컴프레서 모델도 공개되어 있다.

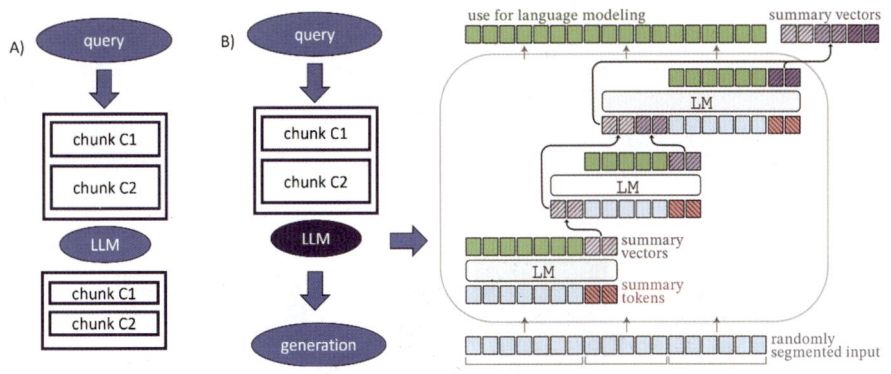

그림 6.11 A) 컨텍스트 압축과 필터링. B) 오토컴프레서(https://arxiv.org/abs/2305.14788)

프롬프트 엔지니어링은 생성 품질을 향상시키는 또 다른 방법이다. 몇 가지 제안 사항은 LLM과의 모든 상호작용에 공통적으로 적용할 수 있다. 예를 들어 명확한 지시("컨텍스트를 사용해 답하시오")나 모호하지 않은 지시("컨텍스트에 답이 없으면 모른다고 하시오")는 RAG에도 똑같이 유효하다. 다만 각자의 시스템에 가장 적합한 프롬프트를 설계하기 위한 구체적인 지침이나 예시가 있을 수 있다. 또한 출력 형식을 특정 방식으로 지정할 수도 있다(예: 목록, HTML 등). 특정 형식을 따르는 RAG용 프롬프트를 쉽게 작성할 수 있도록 돕는 라이브러리들도 존재한다.

응답 최적화

파이프라인의 마지막 단계는 최종 응답을 사용자에게 제공하기 전에 이를 개선하는 것이다. 하나의 전략은 **응답 합성기**response synthesizer를 사용하는 것이다. 기본적인 전략은 프롬프트와 컨텍스트, 쿼리를 이어 붙여 LLM에 전달하여 답변을 생성하게 하는 것이다. 더 정교한 전략은 LLM을 여러 번 호출하는 방식을 포함한다. 이러한 아이디어에는 다음과 같은 몇 가지 대안이 있다.

- 한 번에 하나의 청크만 사용하여 응답을 점진적으로 반복해서 개선하는 방식이다. 이전 응답과 그다음 청크를 모델에 함께 입력하여 새로운 정보를 반영한 응답을 보완한다.
- 서로 다른 청크를 이용해 여러 개의 응답을 생성한 뒤, 이를 모두 연결하여 최종적으로 요약 응답을 생성한다.
- 계층적 요약은 각기 다른 컨텍스트에서 생성된 응답을 시작점으로 하여 이를 재귀적으로 결합해 단일 응답에 도달하는 방식이다. 이 방식은 요약과 생성된 답변의 품질을 향상시키지만, LLM 호출이 크게 늘어나므로 연산 자원과 비용 측면에서 부담이 크다.

RAG를 에이전트 시스템의 구성 요소로 사용할 수도 있다. 4장에서 소개한 바와 같이, RAG는 시스템의 메모리 역할을 수행할 수 있으며 RAG는 에이전트와 결합할 수 있다. LLM은 추론을 수행해 RAG 및 도구 호출, 웹사이트 연결 등 추가 작업을 수행할 수 있다. 또한 에이전트는 대화 이력 검색, 쿼리 라우팅, API 연결, 코드 실행 같은 다양한 구성 요소를 다룰 수 있다. RAG 파이프라인은 여러 구성 요소를 포함할 수 있는데, 이들이 모든 상황에 최적화된 것은 아니며 LLM은 그중 어떤 구성 요소를 활용할지 결정할 수 있다.

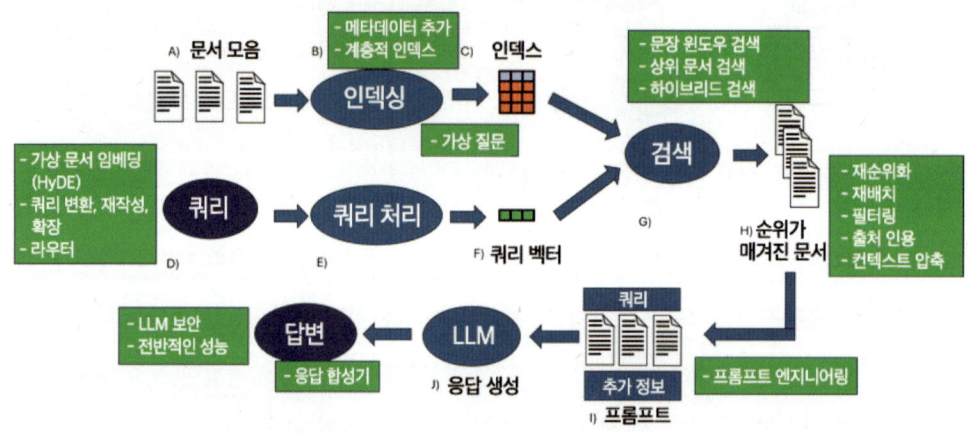

그림 6.12 고급 RAG 파이프라인의 다양한 요소

지금까지는 파이프라인이 한 번만 실행되는 것으로 가정해왔다. 즉, 검색을 한 번 수행하고 곧바로 응답을 생성하는 방식이다. 그러나 이러한 접근은 다단계 추론multi-step reasoning이 필요한 복잡한 문제를 해결하기에는 충분하지 않을 수 있다. 이 경우 세 가지 방식을 사용할 수 있다.

- **반복 검색**(iterative retrieval): 검색을 여러 번 수행한다. 하나의 쿼리에 대해 검색을 수행하고 응답을 생성한 뒤 이를 LLM이 평가한다. 평가 결과에 따라 최대 n번까지 이 과정을 반복한다. 각 반복마다 응답의 견고성이 향상되지만, 동시에 불필요한 정보가 축적될 위험도 있다.
- **재귀 검색**(recursive retrieval): 검색 결과의 깊이와 관련성을 높이기 위해 개발된 방식이다. 반복 검색과 유사하

지만, 매 반복 단계에서 이전 검색 결과를 바탕으로 쿼리를 점진적으로 개선한다. 이를 통해 피드백 루프가 형성되며 가장 관련성이 높은 정보를 탐색할 수 있다. 이 방식은 종종 **사고의 사슬**CoT 기법을 활용하여 쿼리를 일련의 중간 단계로 분해하여 순차적으로 해결하도록 한다. 이 접근 방식은 쿼리가 명확하지 않거나 찾는 정보가 매우 전문적이거나 미묘한 세부 사항을 신중하게 고려해야 할 때 유용하다.

- **적응형 검색**(adaptive retrieval): LLM이 검색 시점과 검색된 콘텐츠의 최적성을 스스로 판단하는 방식이다. 즉, LLM은 검색 단계뿐만 아니라 자신의 동작까지 평가하며 언제 응답할지, 언제 검색할지, 또는 추가 도구가 필요한지를 스스로 판단한다. 이 방식은 RAG뿐만 아니라 웹 검색에서도 자주 사용한다. 예를 들어, Flare(적응형 RAG 접근법)는 생성 과정에서 신뢰도를 분석하고, 일정 임계치 이하로 떨어지면 검색 여부를 결정한다. 반면 Self-RAG는 **성찰 토큰**reflection token을 도입하여 과정을 모니터링하고 LLM이 자기 성찰을 수행하도록 강제한다.

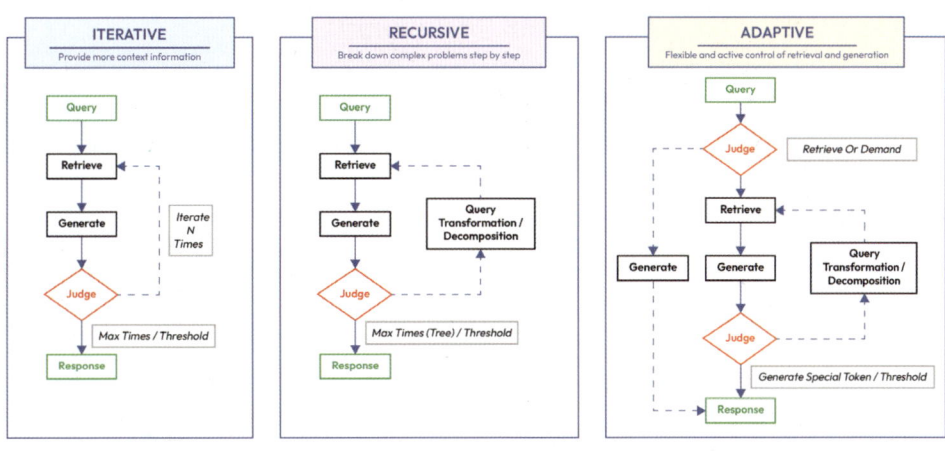

그림 6.13 RAG 파이프라인의 확장(https://arxiv.org/pdf/2312.10997)

고급 RAG 기법들이 기존의 한계들을 어떻게 해결하는지 정리해보자. 표 6.1은 주요 문제들과 최근 연구에서 제안된 가장 효과적인 해결책 간의 대응 관계를 제시한다.

문제	해결책
나이브 RAG의 문제점: 대규모 혹은 장문의 문서로 인한 지연 및 성능 저하	**계층적 인덱싱 활용**: 큰 단위의 문서를 요약하고 다층 임베딩(multi-level embedding)을 생성하며 메타데이터를 활용한다. 긴 문서에는 맵-리듀스 방식, 다양한 주제를 포함하는 경우에는 다중 요약과 같은 변형 기법을 적용한다.
코퍼스에 고유한 구조가 있을 때, 평면적 계층 구조가 검색의 관련성을 제한하는 문제	**계층적 인덱싱 적용**: 문서의 구조(장, 절, 소절)를 존중하고 계층적 요약과 임베딩을 기반으로 컨텍스트를 검색한다.
낮은 검색 정확도와 특정 도메인을 일반화하는 데 따르는 어려움	**가상 질문과 HyDE 사용**: 각 청크에 대해 가상 질문을 생성하고 임베딩한다. 쿼리 의미와 일치하는 가상 답변을 생성하고 임베딩하여 관련 청크를 검색한다.
세분화된 청크 분할 시 컨텍스트 손실	**컨텍스트 강화 활용**: 문장 윈도우를 사용하여 검색된 청크를 주변 컨텍스트로 확장하거나 상위 문서를 검색하여 컨텍스트를 확장한다.

복잡한 쿼리 및 초기 검색에서 낮은 재현율	**쿼리 변환 적용**: 복잡한 쿼리를 하위 쿼리로 분해하고, 스텝백 프롬프팅 또는 쿼리 확장을 활용한다. 변환된 쿼리를 임베딩하여 검색 성능을 향상한다.
특정 용어나 키워드에 대한 컨텍스트 불일치	**하이브리드 검색 활용**: 키워드 기반(예: BM25)과 벡터 기반 검색을 가중치 점수를 사용하여 결합한다.
다양한 유형의 쿼리를 비효율적으로 처리하는 문제	**쿼리 라우팅 구현**: 논리적 규칙, 키워드 기반 또는 시맨틱 분류기, 제로샷 모델, LLM 기반 라우터를 사용하여 쿼리를 적절한 백엔드로 전달한다.
임의의 상위 k개 차단(cut-off)으로 인한 관련 청크 손실	**재순위화 적용**: 크로스 인코더, 멀티 벡터 재순위화 모델 또는 LLM 기반(포인트와이즈, 페어와이즈, 리스트와이즈) 재순위화를 사용하여 검색된 청크를 재배치한다.
LLM 컨텍스트 내 정보 손실 또는 비효율성	**컨텍스트 압축 적용**: 엔트로피가 낮은 토큰을 필터링하거나 청크를 동적으로 압축하고 재배치(LongLLMLingua), 요약 벡터 및 오토컴프레서 기법을 활용한다.
비효율적인 응답 생성	**응답 최적화**: 반복적 개선, 계층적 요약, 다단계 응답 합성를 활용한다. 또한 프롬프트 품질과 구체성을 개선한다.
대화형 시스템에서의 메모리 한계	**챗엔진(chatengine) 기법 활용**: 과거 대화를 저장하고 임베딩하며, 사용자 대화를 압축하고 채팅 이력을 현재 쿼리와 병합한다.
복잡한 추론 또는 동적 쿼리 적응의 필요성	**적응형 및 다단계 검색 채택**: 피드백 루프와 자기 성찰(예: Flare, Self-RAG)을 사용하여 재귀적, 반복적 접근 방식을 사용한다.
생성된 응답에서 출처 추적 부재	**인용 포함**: 퍼지 인용 매칭, 메타데이터 태그를 사용하거나 프롬프트에 출처 참조를 포함한다.
쿼리 복잡성 또는 모달리티를 기반으로 한 파이프라인 맞춤화 필요성	**RAG 파이프라인 확장**: 에이전트와 결합해 추론, 도구 사용, 의사결정을 수행한다. 복잡한 쿼리에 대해서는 적응형 및 재귀적 검색 루프를 적용한다.

표 6.1 RAG의 문제와 해결책

3. 모듈형 RAG와 다른 시스템 통합하기

모듈형 RAG(modular RAG)는 고급 RAG의 확장 개념으로, 특히 적응성과 확장성에 초점을 맞춘 발전된 형태다. 여기서 '모듈형'이란 시스템을 개별 컴포넌트로 나누어, 이를 순차적으로 또는 병렬적으로 활용할 수 있음을 뜻한다.

파이프라인 자체는 검색과 생성을 번갈아 하는 형태로 리모델링된다. 모듈형 RAG의 목표는 성능을 최적화하고 다양한 작업에 유연하게 대응할 수 있는 시스템을 만드는 것이며, 이를 위해 특화된 모듈을 도입한다. 주요 모듈의 예시는 다음과 같다.

- **검색 모듈**(search module): 쿼리와 관련된 정보를 찾아내는 역할을 한다. 검색 엔진, 데이터베이스, **지식 그래프**를 통해 검색할 수 있으며 정교한 검색 알고리즘, 머신러닝 기법, 코드 실행까지 활용할 수 있다.
- **메모리 모듈**(memory module): 검색 과정에서 관련 정보를 저장하는 역할을 하며, 이전에 검색했던 컨텍스트를 검색하여 가져올 수 있다.
- **라우팅 모듈**(routing module): 쿼리에 가장 적합한 경로를 식별한다. 이를 통해 다양한 데이터베이스에서 각기

다른 정보를 검색하거나 쿼리를 분해할 수 있다.

- **생성 모듈**(generation module): 쿼리마다 요약, 의역, 맥락 확장 등 각기 다른 유형의 생성이 필요할 수 있다. 이 모듈의 초점은 출력의 품질과 관련성을 높이는 데 있다.
- **작업 적응 모듈**(task-adaptable module): 요청된 작업에 동적으로 적응하도록 시스템을 조정한다. 이 방식으로 시스템은 검색, 처리, 생성 과정을 유연하게 조정할 수 있다.
- **검증 모듈**(validation module): 이 모듈은 검색된 응답과 컨텍스트를 평가한다. 시스템은 오류, 편향, 불일치를 식별할 수 있다. 이 과정은 반복적으로 수행되며 이를 통해 시스템이 응답을 점차 개선할 수 있다.

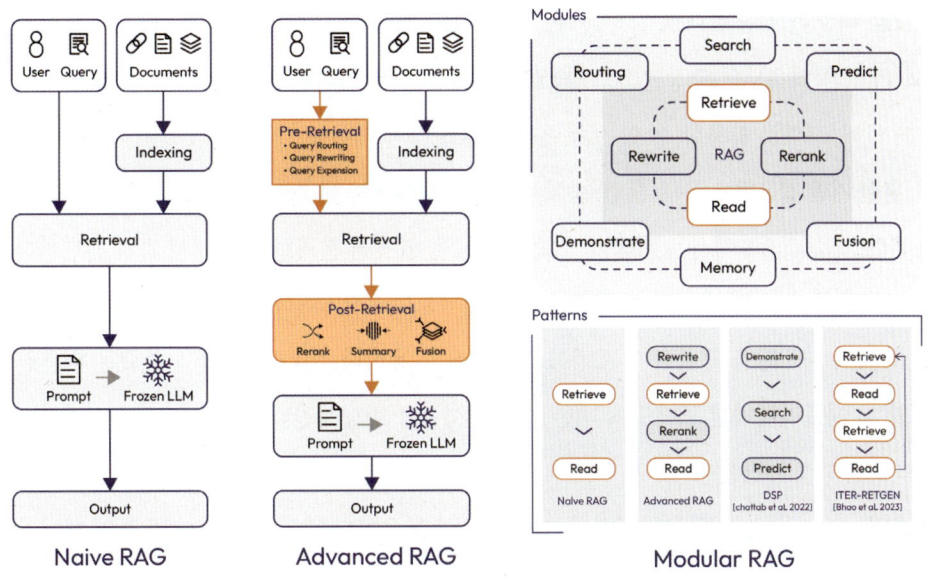

그림 6.14 RAG의 세 가지 패러다임(https://arxiv.org/pdf/2312.10997)

모듈형 RAG의 장점은 높은 적응성에 있다. 각 모듈은 필요에 따라 교체하거나 재구성할 수 있으며, 모듈 간의 흐름을 세밀하게 조율해 추가적인 유연성을 확보할 수 있다. 나이브 RAG와 고급 RAG가 '검색 및 읽기' 메커니즘을 특징으로 한다면, 모듈형 RAG는 '검색, 읽기, 그리고 다시 쓰기'가 가능하다. 실제로 평가와 피드백 기능을 통해 시스템이 쿼리에 대한 응답을 정교하게 다듬을 수 있다.

이 새로운 패러다임이 확산되면서 흥미로운 대안들도 등장했다. 그중 하나는 LLM의 파라메트릭 메모리에서 나오는 정보를 통합하는 방식이다. 이 경우 모델은 검색을 수행하기 이전에 먼저 응답을 생성하도록 요청받는다(recite and answer, 암송하고 답하기).

DSP_{demonstrate-search-predict} (시연-검색-예측) 접근법은 복잡한 쿼리(또는 지식 집약적 작업)를 해결하기 위해 LLM과 RAG 간에 다양한 상호작용을 어떻게 구현할 수 있는지 보여준다. 또 DSP는 모듈형 RAG가

견고하면서도 유연한 파이프라인을 동시에 구현할 수 있음도 보여준다.

반면, **Self-RAG**~self-reflective RAG~는 시스템에 비판적인 요소를 도입한다. LLM은 자신이 생성하는 내용을 반성하고 사실성과 전반적인 품질 측면에서 결과물을 비판한다. 또 다른 대안으로는 CoT 생성과 검색을 교차 적용하는 방법이 있다. 이러한 접근법들은 특히 추론이 필요한 문제에서 강력한 효과를 발휘한다.

훈련 기반 접근법과 비훈련 접근법

RAG 접근법은 크게 비훈련~training-free~과 훈련 기반~training-based~ 두 가지로 나눌 수 있다. 나이브 RAG는 일반적으로 비훈련 접근법으로 간주한다. **비훈련 접근법**이란 시스템의 두 핵심 구성 요소인 임베더~embedder~와 LLM을 처음부터 고정된~frozen~ 상태로 유지하는 것을 의미한다. 이는 두 구성 요소가 이미 사전 학습되어 있어, 그대로 활용할 수 있는 능력을 갖추고 있기 때문에 가능하다.

반면, **훈련 기반 접근법**은 독립 훈련, 순차 훈련, 결합 훈련의 세 가지 유형으로 나눌 수 있다.

독립 훈련~independent training~에서는 검색기~retriever~와 LLM을 완전히 분리한 과정에서 각각 훈련한다(훈련 중 상호작용 없음). 즉, 시스템의 여러 구성 요소를 개별적으로 파인튜닝한다. 이 방식은 특정 도메인(법률, 금융, 의료 등)에 시스템을 적합하게 조정하려는 경우 유용하다. 이러한 유형의 학습은 비훈련 접근법과 비교할 때 애플리케이션 도메인에 대한 시스템 성능을 향상시킨다. 또한 LLM 역시 컨텍스트를 더 잘 활용하도록 파인튜닝할 수 있다.

순차 훈련~sequential training~은 두 구성 요소를 순차적으로 활용한다는 가정하에 이들 간의 시너지를 높이는 훈련 방식을 취한다. 보통 처음에는 각 구성 요소를 독립적으로 훈련시킨 뒤 순차적으로 훈련을 진행한다. 이때 한 구성 요소는 고정시키고 다른 하나만 추가로 훈련한다. 훈련 순서에 따라 검색기 우선~retriever-first~ 방식과 LLM 우선~LLM-first~ 방식 두 가지 유형으로 나눌 수 있다.

- **검색기 우선**: 이 방식에서는 먼저 검색기를 훈련시킨 후 고정한다. 이후 LLM을 훈련시켜 검색기 컨텍스트 내의 지식을 어떻게 활용할지 익히도록 한다. 예를 들어, 검색기를 독립적으로 파인튜닝한 후, 검색된 청크를 사용하여 LLM을 파인튜닝한다. LLM은 파인튜닝 과정에서 검색기의 청크를 받아들여 이 컨텍스트를 생성에 가장 효과적으로 활용하는 방법을 학습한다.

- **LLM 우선**: 상대적으로 더 복잡한 방식으로 LLM의 감독~supervision~을 활용해 검색기를 훈련시킨다. LLM은 일반적으로 검색기보다 훨씬 많은 파라미터와 학습 토큰을 기반으로 한 강력한 모델이므로, 검색기 학습의 적절한 감독자가 될 수 있다. 이러한 접근은 더 큰 모델의 풍부한 지식을 작은 모델에 전달하는 지식 증류~knowledge distillation~의 한 형태로 볼 수 있다.

훈련 기반 접근법	도메인/적용 분야	근거
검색기 우선	검색 엔진(범용 또는 도메인 특화) 예: 법률 문서 검색, 의료 논문 검색, 전자상거래 상품 검색	가장 관련성 높은 문서를 빠르고 정확하게 검색하는 데 집중. 특정 도메인의 정확성이 매우 중요하고, 검색기가 방대한 양의 정형·반정형 코퍼스를 처리해야 하는 시스템에 필수적.
	기업 지식 관리 시스템 예: 내부 문서, FAQ, CRM 시스템	사내 데이터베이스처럼 독점적 문서에서 정확한 문서를 효율적으로 찾아내는 데 중점. 생성 품질보다 검색 품질이 시스템 성능에 더 큰 영향을 미침.
	과학 연구 저장소 예: PubMed, arXiv, 특허 데이터베이스	고도로 기술적이거나 전문화된 분야에서 검색 정확성과 재현율의 최적화 보장. 요약, 보고서 생성 같은 후속 작업의 품질을 좌우.
	규제 및 규정 준수 시스템 예: 금융 규제 준수 점검, 판례 데이터베이스	정확성과 규제 준수 여부가 핵심인 도메인. 가장 관련성 높은 콘텐츠를 안정적으로 찾아내야 하며, 동시에 무관하거나 신뢰도가 낮은 검색 결과는 최소화해야 함.
LLM 우선	대화형 에이전트 예: 고객 지원 챗봇, 개인 비서	LLM의 생성 능력에 크게 의존해 뉘앙스를 포함한 자연스러운 대화형 응답 제공. 검색은 보조 역할로, LLM이 검색된 콘텐츠를 해석·통합.
	창의적 응용 예: 콘텐츠 작성, 스토리텔링, 브레인스토밍	LLM의 창작·통합·추론 능력이 중심. 검색은 배경 지식을 제공해 맥락을 넓히는 보조적 역할.
	복합 추론 과제 예: 다단계 문제 해결, 의사결정 지원 시스템	LLM은 지식을 처리하고, 연관시키고, 추론하는 능력에 중점을 두기 때문에 추론자로서의 역할이 검색 정확도보다 더 중요. 검색은 추론을 보완할 정보 접근을 보장하는 역할.
	교육 도구 예: 학습 보조 도구, 개인 맞춤형 튜터링 시스템	학습자의 맥락에 맞춘 교육 콘텐츠를 적용하고 생성하는 LLM의 능력이 핵심. 검색은 필요한 정보를 보완해 학습 자료의 완결성을 확보.

표 6.2 훈련 기반 접근법

한 논문(Izacard, https://arxiv.org/abs/2012.04584)에서 제안한 바에 따르면, LLM의 어텐션 활성화_attention activation_ 값은 문서의 관련성을 정의하는 좋은 지표 역할(proxy)을 할 수 있으며, 이를 통해 검색 결과의 품질을 나타내는 레이블(일종의 가이드)을 검색기에 제공할 수 있다. 따라서 검색기는 LLM의 어텐션을 기반으로 한 평가 지표_metric_로 훈련된다.

비용을 줄이기 위한 방법으로는 소규모 LLM_small LLM_을 사용해 레이블을 생성한 뒤 이를 검색기 훈련에 활용할 수도 있다. 이러한 접근법에는 여러 변형이 존재하지만 기본 원칙은 동일하다. 즉, LLM을 파인튜닝한 이후에는 검색기를 그에 맞게 정렬해야 한다는 점이다.

반면, **결합 훈련**_joint training_은 시스템을 엔드 투 엔드로 훈련하는 방법이다. 즉, 검색기와 생성기를 동시에 정렬하는 것이다. 이는 시스템이 지식을 찾는 능력과 해당 지식을 활용해 생성하는 능력을 동시에 향상시키기 위함이다. 이러한 접근의 장점은 훈련 과정에서 두 능력 간의 시너지 효과를 얻을 수 있다는 점이다.

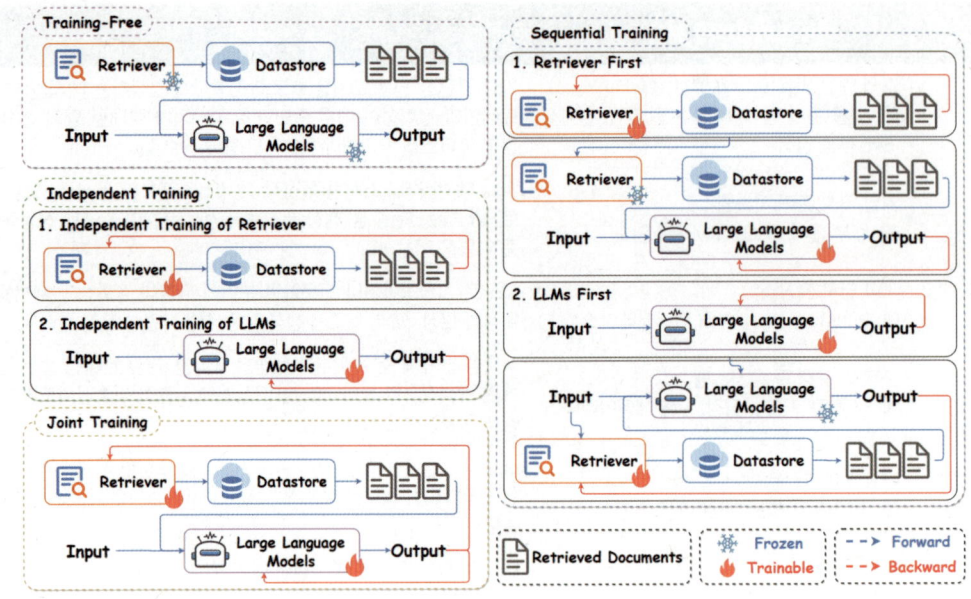

그림 6.15 RAG의 다양한 훈련 방법(https://arxiv.org/pdf/2405.06211)

이제 RAG에 적용할 수 있는 다양한 변형 기법들을 살펴보았으므로, 다음 절에서는 이를 실제로 적용해보자.

4. 고급 RAG 파이프라인 구현하기

이번 절에서는 고급 RAG 파이프라인을 어떻게 구현할 수 있는지 설명한다. 이 파이프라인은 나이브 RAG 방식을 확장하여 성능 향상을 위해 여러 부가 요소(add-ons)를 결합한 개선 버전이다. 기본 구조는 임베딩과 검색, 생성으로 이루어진 전통적인 RAG 파이프라인과 같지만, 여기에 보다 정교한 구성 요소들이 추가된다. 이 파이프라인에 사용하는 부가 요소는 다음과 같다.

- **재순위화 모델**(reranker): 검색 단계에서 찾아낸 컨텍스트를 정렬하는 데 사용한다. 이는 고급 RAG에서 가장 널리 활용되는 요소 중 하나로, 결과 향상에 큰 효과가 있는 것으로 알려져 있다.
- **쿼리 변환**(query transformation): 단순한 쿼리 변환 기법을 적용한다. 이는 관련 문서 일부가 누락될 수 있으므로 검색 범위를 확장하기 위함이다.
- **쿼리 라우팅**(query routing): 모든 쿼리를 동일하게 처리하지 않고, 보다 효율적인 검색을 위한 규칙을 수립한다.
- **하이브리드 검색**(hybrid search): 키워드 기반 검색과 시맨틱 검색을 결합하여 두 방식의 장점을 함께 활용한다.
- **요약**(summarization): 검색된 컨텍스트에서 중복된 정보를 제거한다.

물론 이 외에도 다양한 구성 요소를 추가할 수 있지만, 일반적으로 이들 요소가 가장 자주 사용된다. 이를 통해 나이브 RAG에 어떤 구성 요소를 보강할 수 있는지 개괄적으로 알 수 있다.

이 파이프라인이 어떻게 확장되었는지를 시각적으로 나타내면 다음 그림과 같다.

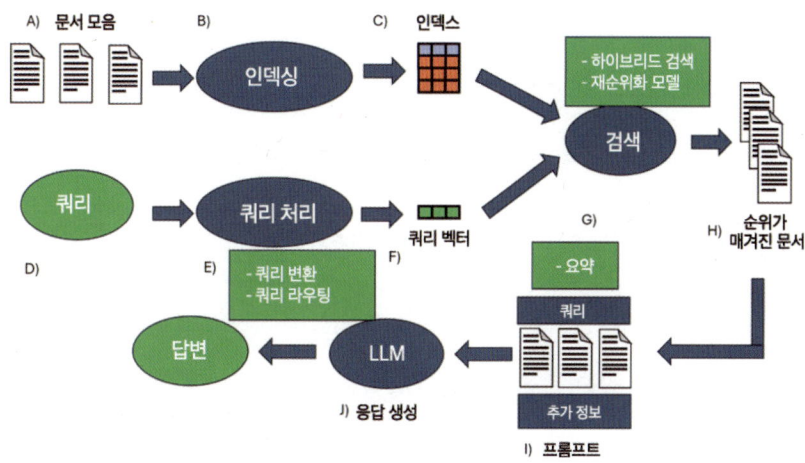

그림 6.16 고급 RAG 파이프라인

전체 코드는 이 책의 GitHub 저장소에서 확인할 수 있으며 여기서는 주요 부분만 살펴본다. 다음 코드에서는 쿼리 변환을 구현하는 함수를 정의하며, 이 경우에는 간단한 형태로 질문을 변형하여 관련 용어를 포함하도록 구성한다.

```python
def advanced_query_transformation(query):
    """
    Transforms the input query by adding synonyms, extensions, or modifying the structure
    for better search performance.
    Args:
        query (str): The original query.
    Returns:
        str: The transformed query with added synonyms or related terms.
    """
    # 단순 확장 - 실제 프로덕션 환경에서는 더 정교한 방법을 사용한다.
    expanded_query = query

    # 검색어에 영화 관련 일반 용어가 포함되어 있지 않다면 추가한다.
    movie_terms = ["movie", "film"]
    if not any(term in query.lower() for term in movie_terms):
        expanded_query = query + " movie"
```

```
    return expanded_query
```

다음으로 쿼리 라우팅 단계가 이어진다. 이 과정에서는 간단한 규칙을 적용한다. 예컨대, 질문에 특정 키워드가 포함되어 있으면 키워드 기반 검색을 수행하고, 그렇지 않으면 임베딩 기반의 시맨틱 검색을 수행한다. 어떤 경우에는 특정 키워드(예: 제품명)가 포함된 문서만 우선 검색한 뒤, 이후 시맨틱 검색을 통해 결과를 좁히는 것이 더 적절할 수 있다.

```python
def advanced_query_routing(query):
    """
    Determines the retrieval method based on the presence of specific keywords in the query.
    Args:
        query (str): The user's query.
    Returns:
        str: 'textual' if the query requires text-based retrieval, 'vector' otherwise.
    """
    # 텍스트 기반 검색이 더 적합함을 시사하는 키워드
    textual_keywords = ["title", "named", "called", "specific"]

    if any(keyword in query.lower() for keyword in textual_keywords):
        return "textual"
    else:
        return "vector"
```

이어서 하이브리드 검색을 수행한다. 이 방식은 시맨틱 검색과 키워드 검색을 모두 활용하며, 오늘날 RAG 파이프라인에서 가장 널리 사용하는 구성 요소 중 하나이다. 특히 문서를 청크 단위로 나눌 경우, 어떤 문서는 오직 키워드를 통해서만 검색되는 경우도 있다(예: 제품명, 인명 등). 물론 키워드가 포함되었다고 해서 반드시 관련 문서인 것은 아니며, 특히 의미적 관련성이 더 중요한 쿼리에서는 더욱 그렇다.

하이브리드 검색을 사용하면 두 가지 검색 방식을 균형 있게 조합할 수 있으며, 각 검색 방식에서 얼마나 많은 청크를 가져올지를 선택할 수 있다.

```python
def fusion_retrieval(query, top_k=5):
    """
    Retrieves the top_k most relevant documents using a combination of vector-based
    and textual retrieval methods.

    Args:
        query (str): The search query.
```

```
    top_k (int): The number of top documents to retrieve.

Returns:
    list: A list of combined results from both vector and textual retrieval methods.
"""
# 문장 임베딩을 사용한 벡터 기반 검색
query_embedding = sentence_model.encode(query).tolist()
vector_results = collection.query(
    query_embeddings=[query_embedding],
    n_results=min(top_k, len(documents))
)

# BM25를 사용한 텍스트 기반 검색
tokenized_query = query.lower().split()
bm25_scores = bm25.get_scores(tokenized_query)

# BM25에서 top_k 인덱스 가져오기
top_bm25_indices = np.argsort(bm25_scores)[-top_k:][::-1]
bm25_documents = [documents[i]["content"] for i in top_bm25_indices]

# 두 검색 방법의 결과 결합하기
vector_docs = vector_results['documents'][0] if vector_results['documents'] else []
combined_results = vector_docs + bm25_documents

# 순서를 유지하며 중복 제거하기
seen = set()
unique_results = []
for doc in combined_results:
    if doc not in seen:
        seen.add(doc)
        unique_results.append(doc)

return unique_results[:top_k * 2]   # 재순위화를 위해 더 많은 문서를 반환
```

앞서 언급했듯이 재순위화 모델은 매우 자주 사용하는 요소로, 트랜스포머 모델을 활용하여 컨텍스트를 재정렬한다. 예를 들어 10개의 청크를 검색했다면 이들을 가장 관련성이 높은 순으로 재정렬하고 그중 상위 일부만을 선택한다. 시맨틱 검색을 통해 가장 관련성 높은 청크를 찾더라도 이들이 낮은 순위에 위치한다면 모델 입력에 포함되지 않을 수 있다. 재순위화 모델은 이러한 청크들이 상위에 배치되어 LLM 입력 컨텍스트에 포함되도록 보장한다.

```python
def rerank_documents(query, documents_list):
    if not documents_list:
        return []
    pairs = [[query, doc] for doc in documents_list]
    scores = rerank_model.compute_score(pairs, normalize=True)
    if not isinstance(scores, list):
        scores = [scores]
    ranked_docs = sorted(zip(documents_list, scores), key=lambda x: x[1], reverse=True)
    return [doc for doc, score in ranked_docs]
```

앞서 언급했듯이, 컨텍스트에는 중복된 정보가 포함될 수도 있다. LLM은 노이즈에 민감하기 때문에 이를 줄이면 생성 성능을 향상시킬 수 있다. 이를 위해 검색된 컨텍스트를 요약하여 정보를 간결하게 만드는 작업도 수행한다. 물론 이때도 지나치게 많은 정보를 잃지 않도록 요약 범위에 제한을 둔다.

```python
def select_and_compress_context(documents_list, max_docs=3):
    """
    Summarizes the content of the retrieved documents to create a compressed context.

    Args:
        documents_list (list): A list of documents to summarize.
        max_docs (int): Maximum number of documents to use.

    Returns:
        list: A list of summarized texts for each document.
    """
    summarized_context = []
    for doc in documents_list[:max_docs]:
        try:
            input_length = len(doc.split())

            # 너무 짧으면 건너뛰기
            if input_length < 30:
                summarized_context.append(doc)
                continue

            # 요약을 위해 GPT-4o 사용
            prompt = f"""Summarize the following movie description concisely in 2-3 sentences:
{doc}
Summary:"""
            response = chat_openai_model.invoke(prompt)
```

```
            summary = response.content
            summarized_context.append(summary)
        except Exception as e:
            # 요약에 실패하면 원본 텍스트 사용
            summarized_context.append(doc)
    return summarized_context
```

이러한 구성 요소들이 모두 정의되면, 이들을 하나의 파이프라인으로 조립하기만 하면 된다. 조립이 완료되면 RAG 파이프라인을 실제로 활용할 수 있다. 이 책의 저장소에 있는 코드를 확인하고 직접 실행해보길 권한다. 작동하는 RAG 파이프라인을 확보했다면 그다음 자연스러운 단계는 배포_deployment_이다. 다음 절에서는 배포 시 마주칠 수 있는 주요 과제들에 대해 살펴본다.

5. RAG의 확장성과 성능 이해하기

이번 절에서는 RAG 시스템을 실제로 운영에 도입하고 확장하는 과정에서 마주칠 수 있는 과제를 살펴본다. RAG의 가장 큰 장점은 LLM과 달리 별도의 추가 훈련 없이도 확장할 수 있다는 점이다. 개발과 프로덕션(제품화)의 목적과 요구 사항은 크게 다르다. 특히 RAG나 LLM 같은 시스템은 실제 프로덕션 환경으로 이전하는 과정, 즉 프로덕션화_productionizing_(운영 환경 이관) 단계에서 새로운 도전에 직면한다. 프로덕션화란 RAG와 같은 복잡한 시스템을 단순한 프로토타입 단계에서 안정적으로 운영 가능한 환경으로 이관하는 것을 뜻한다. 원격으로 접속하는 다양한 사용자를 관리해야 하는 상황이라면 이 과정은 더욱 복잡해질 수 있다.

개발 단계에서는 정확도가 가장 중요한 지표일 수 있지만, 프로덕션 환경에서는 성능과 비용의 균형을 세심하게 고려해야 한다. 특히 대규모 조직의 경우 이미 방대한 데이터를 보유하고 있을 수 있으며, 이러한 빅데이터와 함께 RAG를 활용하고자 할 가능성이 높다. 그러나 데이터의 양_volume_, 속도_velocity_, 다양성_variety_을 고려할 때, 빅데이터는 RAG 시스템에 있어 상당한 도전 과제가 된다. 결국 **확장성**은 빅데이터뿐 아니라 RAG 시스템 전반에서 중요한 고려사항이다.

데이터 확장성, 저장, 전처리

앞에서는 주로 정보를 어떻게 검색할 것인지에 대해 살펴보았다. 지금까지는 데이터가 텍스트 형태라고 가정했지만, 실제로는 텍스트의 데이터 구조가 중요한 변수이며 이를 프로덕션 환경에 적용할 때 여러 문제가 발생할 수 있다. 따라서 시스템은 다음과 같은 유형의 데이터를 통합할 수 있어야 한다.

- **비정형 데이터**(unstructured data): 텍스트는 코퍼스에서 가장 일반적인 데이터 유형이며 출처도 다양하다. 예를 들어 위키백과와 같은 백과사전형 데이터, 과학·의료·금융 등 도메인 특화 데이터, 산업 보고서, 인터넷에서 수집된 텍스트, 사용자 채팅 등이 있다. 생성 주체 역시 사람일 수도 있고 자동화된 시스템이나 LLM(과거 사용자와의 대화 기록)일 수도 있다. 또한 다국어일 수 있어 시스템에서 교차 언어 검색(cross-lingual retrieval)을 수행해야 할 수 있다. 현재는 다양한 언어로 학습된 LLM과 다국어 기능에 특화된 임베딩 모델도 존재한다. 더 나아가 비정형 데이터는 텍스트 외에도 이미지나 비디오처럼 다른 유형을 포함할 수 있는데, 멀티모달 RAG는 뒤에서 자세히 다룬다.

- **반정형 데이터**(semi-structured data): 일반적으로 텍스트와 표 형식의 정보가 섞여 있는 데이터를 말하며, 대표적인 예로 PDF가 있다. JSON, XML, HTML도 여기에 속한다. 이러한 데이터 유형은 RAG에서 다루기 복잡한 경우가 많다. 일반적으로 파일별 파이프라인(청크 분할, 메타데이터 저장 등)이 있는데, 이는 시스템에 문제를 일으킬 수 있기 때문이다. 예컨대 PDF의 경우, 청크 분할 과정에서 표가 여러 청크로 나뉘어 검색 효율이 떨어질 수 있다. 또한 표(table)는 유사도 검색을 더 어렵게 만든다. 대안으로는 표를 추출해 텍스트로 변환하거나 SQL과 같은 호환 가능한 데이터베이스에 삽입하는 방식이 있다. 그러나 이러한 방식도 아직 최적화되지 않았기 때문에 해당 분야에서는 여전히 활발한 연구가 진행되고 있다.

- **정형 데이터**(structured data): 정형 데이터는 사람과 소프트웨어가 효율적으로 접근할 수 있도록 표준화된 형식으로 저장된 데이터다. 정형 데이터는 일반적으로 다음과 같은 특징을 지닌다. (1) 정의된 속성(모든 데이터 항목이 동일한 속성을 공유, 예: 테이블), (2) 관계형 속성(테이블 간의 공통 값을 통해 서로 다른 데이터셋을 연결, 예: 고객 데이터셋에는 사용자와 그들의 구매 내역을 연결할 수 있는 ID가 있음), (3) 정량 데이터(수학적 분석에 최적화), (4) 저장 형식(특정 포맷과 명확한 규칙에 따라 저장). 정형 데이터의 예시로는 엑셀 파일, SQL 데이터베이스, 웹 양식 결과, POS 데이터, 상품 디렉터리 등이 있다. 지식 그래프도 정형 데이터의 일종이며 이에 대해서는 다음 장에서 자세히 살펴본다.

이러한 요소들은 반드시 고려해야 한다. 예를 들어, 여러 지역과 다양한 언어에서 규정 준수(compliance) 문서를 검색해야 하는 시스템을 설계한다면, 교차 언어 검색이 가능한 RAG가 필요하다. 만약 조직 내 데이터가 대부분 PDF나 SQL 같은 특정 형식이라면, 해당 형식에 최적화된 검색 파이프라인을 설계해야 한다. 이때 구조화된 데이터로 RAG의 성능을 향상시키기 위한 구체적인 대안이 존재한다. 한 가지 예로, 체인 오브 테이블(chain-of-table)은 CoT 프롬프팅과 테이블 변환을 통합하는 방식이다. LLM과 사전에 정의된 연산 집합을 사용하여 복잡한 테이블을 단계적으로 추출하고 연산을 적용한다. 따라서 이 방식은 복잡한 SQL 데이터베이스나 대규모 데이터프레임을 데이터 소스로 사용할 때 특히 유용하다.

더 나아가 기호 기반 추론(symbolic reasoning)과 텍스트 기반 추론을 결합하는 더 정교한 대안도 있다. 예를 들어 혼합형 자기 일관성(mix self-consistency) 기법은 표 데이터를 이해하는 데 특화된 접근법으로, 텍스트와 기호 기반 추론을 자기 일관성 기법과 결합해 여러 경로의 추론을 만들어낸 뒤 집계한다. PDF나

HTML과 같은 반정형 데이터를 처리하기 위해서는 전용 패키지를 활용해 데이터를 추출하거나 파싱하는 방식을 활용한다.

RAG 성능에 영향을 주는 것은 데이터의 유형뿐 아니라 데이터의 양 그 자체도 있다. 데이터 양이 증가할수록 관련 정보를 찾는 것도 어려워지며 시스템의 지연 시간도 증가하는 경향이 있다.

데이터 저장data storage은 시스템을 프로덕션 환경으로 이관하기 전에 반드시 다루어야 할 핵심 요소 중 하나이다. 분산 저장 시스템은 데이터를 여러 물리적 서버나 데이터 센터에 분산해 저장하는 인프라로, 대규모 데이터를 처리하는 하나의 해법이 될 수 있다. 이는 시스템 속도를 향상시키고 데이터 손실 위험을 줄이는 장점이 있지만, 동시에 비용 증가 및 관리 복잡성이라는 리스크를 동반한다.

데이터 유형이 다양할 경우에는 **데이터 레이크**data lake라는 구조를 활용하는 것이 유리하다. 데이터 레이크는 정형, 반정형, 비정형 데이터를 저장하고 처리하도록 설계된 중앙 저장소이다. 데이터 레이크의 장점은 다양한 유형의 데이터를 수집, 처리, 저장할 수 있는 확장 가능하고 유연한 구조라는 것이다. 특히 RAG 환경에서는 데이터 레이크를 통해 다른 데이터 구조보다 더 많은 데이터 컨텍스트를 유지할 수 있다는 장점이 있다. 반면, 데이터 레이크를 제대로 운영하려면 고도의 전문성이 필요하다는 단점도 있다.

또 다른 대안으로는 데이터를 지리적 위치, 주제, 시간 등 기준에 따라 더 작고 관리하기 쉬운 파티션으로 분할하여 효율적인 검색을 가능하게 하는 방법이 있다. 또한 요청이 많은 경우에는 자주 조회되는 데이터를 캐싱하여 반복 검색을 피할 수 있다. 이러한 전략은 빅데이터 저장과 접근에 효과적으로 활용할 수 있다.

이와 함께 **데이터 전처리 및 정제**data preprocessing and cleaning 파이프라인을 탄탄하게 구축하는 것도 매우 중요하다. 개발 단계에서는 정제된 고품질 데이터셋을 사용하는 경우가 많지만 프로덕션 환경에서는 그렇지 않다. 특히 빅데이터 환경에서는 데이터 불일치를 제거하거나 결측치와 불완전한 데이터를 처리하는 능력이 필수이다. 빅데이터는 다양한 출처에서 유입되며 그 품질이 반드시 보장되는 것은 아니다. 이럴 경우에는 KNN과 같은 대체 기법을 사용해 결측치를 채우거나 이상치 탐지, 정규화, 정규 표현식 기반 오류 제거 등의 기법을 추가로 적용해 노이즈와 오류 데이터를 제거할 수 있다.

데이터 중복 제거data deduplication도 LLM을 다룰 때 반드시 고려해야 하는 항목이다. 중복 데이터는 LLM의 학습 효율을 떨어뜨릴 뿐 아니라, 생성 과정에서도 부정확하고 편향되며 품질이 낮은 출력을 유발할 수 있다. 데이터 양이 많아질수록 중복 발생 위험도 선형적으로 증가한다. 이를 방지하기 위해 퍼지 매칭fuzzy matching이나 해시 기반 중복 제거hash-based deduplication와 같은 기법을 활용한다. 일반적으로는 시스템 내 데이터 품질과 거버넌스를 관리하기 위한 품질 관리 파이프라인을 구축하는 것이 바람직하다. 이 파이프라인에는 문제 데이터를 식별하고 그 출처를 추적할 수 있는 규칙과 추적 시스템이 포함되어야 한다. 단, 파이프라인이 지나치게 복잡하거나 시스템 속도를 저하시키는 구조는 피해야 한다.

데이터 저장 인프라가 정해졌다면, 이후에는 효율적인 **데이터 인덱싱 및 검색** 체계를 구축해야 한다. 빅데이터에 특화된 인덱싱 방법으로는 아파치 루씬Apache Lucene이나 엘라스틱서치Elasticsearch와 같은 기술이 있다. 또한 자주 검색되는 데이터는 캐싱하고 검색 과정을 분산하여 병렬 인프라를 구성하면, 사용자 수가 많을 때 병목 현상을 줄일 수 있다. 이러한 기술적 요소들은 복잡하기 때문에, 프로덕션 환경에 적용하기 전에 반드시 테스트와 벤치마킹을 수행하는 것이 바람직하다.

병렬 처리

사용자가 많은 애플리케이션에서는 **병렬 처리**를 통해 시스템의 확장성을 크게 높일 수 있다. 이를 위해서는 체계적으로 구성된 클러스터를 갖춘 우수한 클라우드 인프라가 필요하다. RAG에 병렬 처리를 적용하면 대규모 데이터셋을 다루는 상황에서도 시스템의 지연 시간을 크게 줄일 수 있다. RAG에 병렬 컴퓨팅을 적용하기 위한 대표적인 솔루션으로는 아파치 스파크Apache Spark와 대스크Dask가 있다.

앞서 살펴본 바와 같이, 병렬 컴퓨팅은 RAG 파이프라인의 여러 단계(저장, 검색, 생성)에 적용할 수 있다. 저장 단계에서는 여러 노드를 활용해 데이터 전처리 파이프라인 전체를 병렬로 수행할 수 있다. 이때 전처리 파이프라인에는 데이터셋 일부의 전처리와 인덱싱, 청크 분할, 임베딩까지 포함된다.

직관적이지 않아 보일 수 있지만, 검색 단계에서도 데이터셋을 여러 노드로 분할하고 각 노드가 특정 데이터셋 샤드[7]에서 정보를 찾도록 할 수 있다. 이렇게 하면 각 노드의 연산 부담을 줄이고 검색 과정을 병렬화할 수 있다.

생성 단계 역시 병렬화할 수 있다. LLM은 연산 집약적이지만 트랜스포머 기반이므로, 원래부터 훈련과 추론의 병렬 처리를 모두 고려하여 설계되었다. 긴 시퀀스나 대규모 배치batch의 경우에도 병렬 처리가 가능한 기술들이 존재하며 이후에는 텐서 병렬화, 모델 병렬화, 특화 프레임워크 등 더욱 정교한 기법들도 개발되었다. 그러나 시스템 병렬화에는 본질적인 어려움과 새로운 오류가 발생할 위험이 따른다. 따라서 시스템 사용 중에는 이를 지속적으로 모니터링하고 체크포인트와 같은 내결함성fault-tolerance 메커니즘, 동적 작업 할당dynamic task assignment과 같은 고급 스케줄링 기법 그리고 기타 가능한 해결책들을 구현하는 것이 중요하다.

---

[7] **데이터셋 샤드**는 대규모 데이터셋을 여러 개의 더 작고 관리하기 쉬운 부분으로 나누어 분산 저장하는 기술이다. 이때 각 조각을 '샤드(shard)'라고 부른다.

RAG는 자원 집약적인 프로세스이므로(최소한 일부 단계는 그렇다), 동적으로 자원을 할당하고 프로세스별 워크로드를 모니터링하는 기술을 함께 적용하는 것이 바람직하다. 또한 데이터 수집과 저장, 검색, 생성을 모듈화하여 구성 요소 간의 독립성을 확보하는 것이 좋다. 어떠한 경우에도 정확도와 같은 성능뿐만 아니라 메모리 사용량, 비용, 네트워크 사용량 등을 함께 모니터링하는 프로세스를 갖추는 것이 바람직하다.

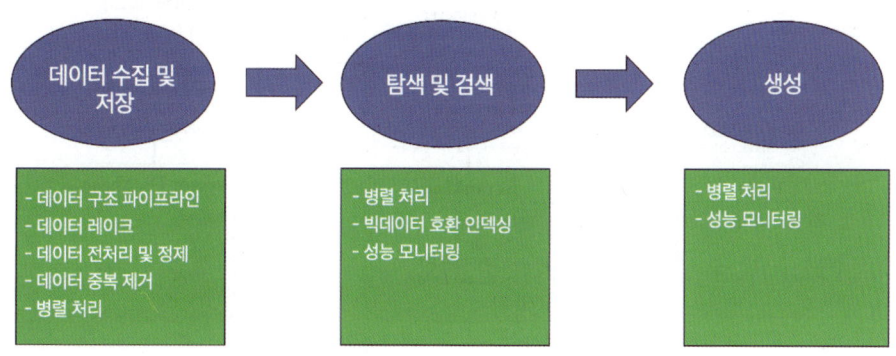

그림 6.17 RAG 확장성을 위한 빅데이터 솔루션

지금까지 RAG에 대해 전반적으로 살펴보았다. 앞서 본 것처럼 오늘날의 RAG는 여러 구성 요소로 이루어질 수 있다. 고급 RAG나 모듈형 RAG는 다양한 구성 요소를 추가하여 빠르게 확장할 수 있다. 이러한 구성 요소들은 정확도뿐 아니라 연산 비용, 지연 시간에도 큰 영향을 미친다. 따라서 시스템에는 많은 대안이 있으며, 어떤 요소가 가장 중요하고 필요한지 결정하는 것은 쉽지 않다.

지금까지 성능과 연산 비용을 모두 엄밀하게 분석한 벤치마크 연구가 몇 편 발표되었다. 최근 연구(Wang, 2024)에서는 잠재적으로 최적의 구성 요소를 분석하고 어떤 요소를 사용하는 것이 좋은지에 대한 가이드를 제시했다. 연구 저자에 따르면 그림 6.18에서 파란색으로 표시된 구성 요소가 가장 좋은 성능을 제공하는 구성 요소이고, 굵은 글씨로 표시된 것들은 선택적 구성 요소이다.

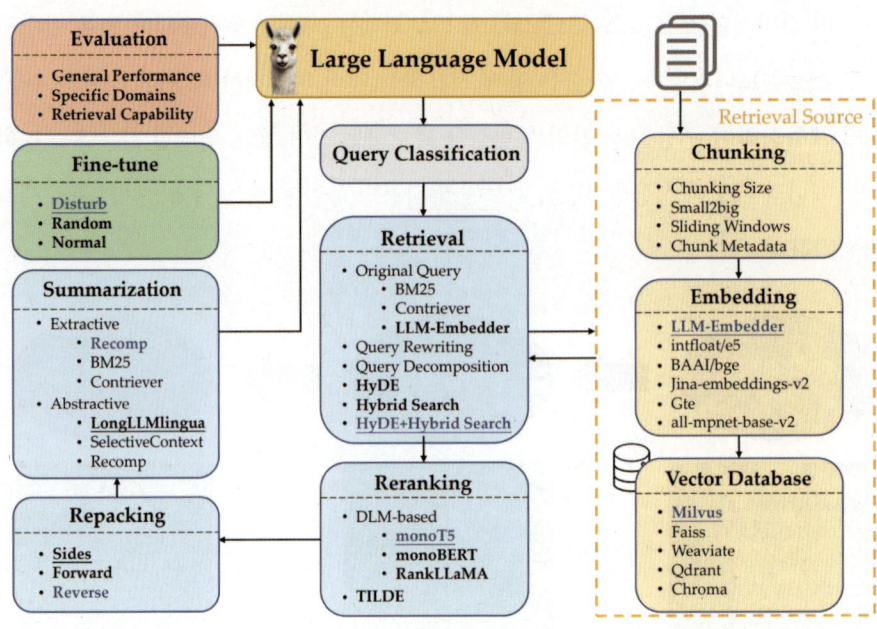

그림 6.18 최적의 RAG 구성을 위한 각 구성 요소의 기여도(https://arxiv.org/pdf/2407.01219)

예를 들어, 일부 구성 요소를 추가하면 시스템 정확도가 향상되지만 지연 시간이 눈에 띄게 증가한다. HyDE는 가장 높은 성능 점수를 기록했지만 계산 비용이 매우 높다. 이 경우 성능 향상이 지연 시간 증가를 정당화하지 못할 수 있다. 반면, 재순위화처럼 계산 비용은 들지만 이를 생략하면 성능이 크게 떨어지는 요소도 있다. 요약 모듈도 정확도 향상에 도움이 되며, 지연 시간이 문제가 되지 않는다면 도입할 만한 가치가 있다.

모든 구성 요소를 체계적으로 테스트하기는 어렵지만 다음과 같은 지침은 유용할 수 있다. 최상의 성능은 쿼리 분류 모듈query classification module, HyDE, 재순위화 모듈reranking module, 컨텍스트 재구성context repacking, 그리고 요약summarization을 조합해서 사용할 때 달성된다. 그러나 연산 비용이나 지연 시간이 부담스럽다면 HyDE는 생략하고 나머지 모듈만 사용하는 것이 더 낫다. 예를 들어, 파라미터 수가 적은 재순위화 모델을 사용하는 방식으로 대체할 수도 있다. 성능과 계산 효율 측면에서 개별 모듈과 기술을 비교하여 표로 정리하면 다음과 같다.

Method	Commonsense Acc	Fact Check Acc	ODQA EM	ODQA F1	Multihop EM	Multihop F1	Medical Acc	RAG Score	Avg. Score	Avg. F1	Latency
classification module, Hybrid with HyDE, monoT5, sides, Recomp											
w/o classification	0.719	0.505	0.391	**0.450**	**0.212**	0.255	**0.528**	0.540	0.465	**0.353**	16.58
+ classification	**0.727**	**0.595**	0.393	**0.450**	0.207	**0.257**	0.460	**0.580**	**0.478**	**0.353**	11.71
with classification, *retrieval module*, monoT5, sides, Recomp											
+ HyDE	0.718	**0.595**	0.320	0.373	0.170	0.213	0.400	0.545	0.443	0.293	11.58
+ Original	0.721	0.585	0.300	0.350	0.153	0.197	0.390	0.486	0.428	0.273	**1.44**
+ Hybrid	0.718	**0.595**	0.347	0.397	0.190	0.240	**0.750**	0.498	0.477	0.318	1.45
+ Hybrid with HyDE	**0.727**	**0.595**	0.393	**0.450**	0.207	**0.257**	0.460	**0.580**	**0.478**	**0.353**	11.71
with classification, Hybrid with HyDE, *reranking module*, sides, Recomp											
w/o reranking	0.720	0.591	0.365	0.429	0.211	**0.260**	0.512	0.530	0.470	0.334	**10.31**
+ monoT5	**0.727**	0.595	0.393	**0.450**	0.207	0.257	0.460	**0.580**	**0.478**	0.353	11.71
+ monoBERT	0.723	0.593	0.383	0.443	**0.217**	0.259	0.482	0.551	0.475	0.351	11.65
+ RankLLaMA	0.723	**0.597**	0.382	0.443	0.197	0.240	0.454	0.558	0.470	0.342	13.51
+ TILDEv2	0.725	0.588	**0.394**	**0.456**	0.209	0.255	0.486	0.536	0.476	**0.355**	11.26
with classification, Hybrid with HyDE, monoT5, *repacking module*, Recomp											
+ sides	0.727	0.595	0.393	**0.450**	0.207	0.257	0.460	**0.580**	0.478	0.353	11.71
+ forward	0.722	**0.599**	0.379	0.437	0.215	0.260	0.472	0.542	0.474	0.349	**11.68**
+ reverse	**0.728**	0.592	0.387	0.445	**0.219**	**0.263**	0.532	0.560	**0.483**	**0.354**	11.70
with classification, Hybrid with HyDE, monoT5, reverse, *summarization module*											
w/o summarization	**0.729**	0.591	**0.402**	**0.457**	0.205	0.252	0.528	0.533	0.480	**0.355**	**10.97**
+ Recomp	0.728	**0.592**	0.387	0.445	**0.219**	**0.263**	**0.532**	**0.560**	**0.483**	0.354	11.70
+ LongLLMLingua	0.713	0.581	0.362	0.423	0.199	0.245	0.530	0.539	0.466	0.334	16.17

그림 6.19 개별 모듈 및 기술이 정확도와 시간 지연에 미치는 영향(https://arxiv.org/pdf/2407.01219)

이외에도 RAG에 특화된 병렬화 전략이 존재한다. 예를 들어, LlamaIndex는 데이터 수집과 처리 단계에서 병렬 파이프라인을 제공한다. 또한 시스템의 견고성을 높이기 위해 오류를 방지하는 시스템도 있다. 예를 들어 모델을 사용할 때, 특히 OpenAI나 Anthropic 등 외부 API를 사용할 경우 런타임 오류가 발생할 수 있다. 이때를 대비해 대체 모델fallback model을 준비하는 것이 유용하다.

LLM 라우터는 쿼리를 서로 다른 LLM으로 라우팅할 수 있게 하는 시스템이다. 일반적으로는 예측 모델predictor model이 특정 프롬프트에 가장 적합한 LLM이 무엇인지 지능적으로 결정하며, 이때 잠재적 정확도나 비용 등을 고려한다. 이러한 라우터는 폐쇄형closed-source 모델로 사용할 수도 있고, 서로 다른 외부 LLM API로 쿼리를 라우팅하는 데 활용할 수도 있다.

보안과 개인정보 보호

시스템을 프로덕션 환경으로 이관할 때 반드시 고려해야 할 핵심 요소 중 하나는 **보안**security**과 개인정보 보호**privacy이다. RAG 시스템은 민감하고 기밀성이 높은 데이터를 대규모로 다룰 수 있기 때문에, 시스템이 침해될 경우 규제 벌금, 소송, 평판 손상 등 조직에 막대한 피해를 초래할 수 있다.

이러한 위험을 방지하기 위한 대표적인 방법 중 하나는 데이터 암호화이다. 업계에서 널리 사용되는 알고리즘과 프로토콜(예: AES-256, TLS/SSL)은 RAG 시스템에도 동일하게 적용할 수 있다. 또한 암호화 키 관리 정책을 마련하고 키를 주기적으로 변경하는 등의 내부 보안 정책도 중요하다.

사용자 접근 통제를 위해서는 자격 증명 및 권한 관리 시스템을 구현해야 하며, 오늘날에는 **다중 인증**_{MFA, multi-factor authentication}, 강력한 비밀번호 정책, 다중 기기 접근 정책 등도 필수적으로 적용하는 보안 관행이다. 이와 함께 보안 사고 발생 가능성에 대한 지속적인 모니터링, 사고 발생 시 신고 및 대응 정책을 수립해 두어야 한다. 배포 전에는 시스템에 대한 견고성 테스트를 통해 취약점을 사전에 식별하는 절차도 필수이다.

개인정보 보호는 점점 더 민감한 주제가 되고 있다. 시스템은 **EU의 개인정보 보호법**_{GDPR}, **캘리포니아 소비자 개인정보 보호법**_{CCPA} 등 주요 규정을 반드시 준수해야 한다. 특히 대규모 개인정보를 처리할 경우 이들 규정을 위반하면 막대한 벌금이 부과될 수 있다. 이를 방지하려면 데이터 거버넌스와 추적 및 관리 체계를 강화하는 것이 바람직하다.

또한 시스템의 개인정보 보호 수준을 높이기 위해 차분 프라이버시_{differential privacy}[8], 다자간 보안 연산_{secure multi-party computation}과 같은 기술을 활용할 수 있다. 더불어 보안 사고가 발생했을 때 이를 기록하고 대응할 수 있는 정책도 반드시 갖추어야 한다.

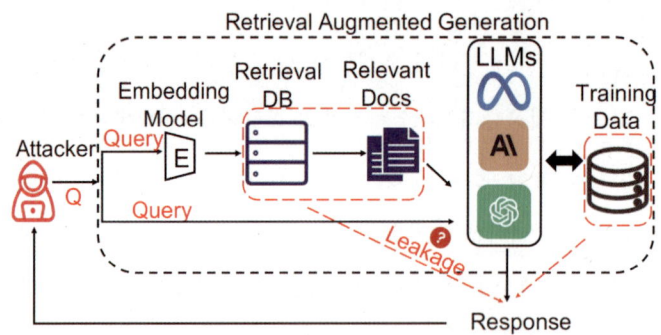

그림 6.20 RAG 시스템과 잠재적 보안 위협(https://arxiv.org/pdf/2402.16893)

한편, 오늘날 RAG 시스템에 특화된 보안 위협도 존재한다. 예를 들어 벡터는 단순한 숫자처럼 보이지만 텍스트로 복원될 수 있는 위험이 있다. 임베딩 과정은 손실 과정으로 간주되지만, 그렇다고 해서 원문을 복원할 수 없다는 뜻은 아니다. 이론적으로 임베딩 벡터는 원문 텍스트의 의미적 정보만을 유지하여 민감한 데이터를 보호해야 한다. 그러나 실제 일부 연구에서는 원문 단어의 70% 이상을 복원하는 데 성공한 사례가 있다. 더욱이 이는 고도의 기술 없이도 가능하다. 소위 **임베딩 역변환 공격**_{embedding inversion attack}이라 불리는 이 공격은 벡터를 확보한 후 원래의 텍스트로 디코딩하는 방식이다. 즉,

---

8 **Differential Privacy**는 데이터 분석이나 통계 결과를 공개할 때 개별 참여자의 개인정보가 노출되지 않도록 데이터에 '노이즈'를 인위적으로 추가해서 보호하는 수학적·기술적 방법이다.

흔히 알려진 것과 달리 임베딩 벡터로부터 텍스트를 재구성할 수 있으며, 따라서 벡터 자체도 보안 대상에 포함되어야 한다.

또한 LLM이 포함된 모든 시스템은 **프롬프트 인젝션**prompt injection 공격에 취약하다. 이는 겉보기에는 정상적인 프롬프트 안에 악의적인 명령어를 삽입하는 방식으로, LLM이 기밀 정보를 유출하도록 유도할 수 있다. 프롬프트 인젝션은 현재 가장 심각한 보안 위협 중 하나이며, 새로운 공격 기법이 지속적으로 등장하기 때문에 기존 방어 조치는 빠르게 무력화될 수 있다. 더불어, 특정 프롬프트는 RAG 시스템이 예상치 못한 출력을 생성하도록 유도할 수 있다. 예를 들어 적대적 접두어adversarial prefixes 는 RAG에 사용하는 프롬프트에 추가되는 접두어로, 할루시네이션이나 사실과 다른 출력을 유도할 수 있다.

또 다른 공격 유형은 **RAG 오염**poisoning RAG으로, 잘못된 데이터를 의도적으로 삽입하여 LLM이 왜곡된 출력을 생성하게 만드는 방식이다. 예를 들어 허위 정보를 생성하고자 할 때, 특정 질문에 대해 일부러 잘못된 답변이 생성되도록 조작된 텍스트(정보)를 주입할 수 있다. 다음 그림에서는 공격자가 질문에 대한 답변을 왜곡하기 위해 텍스트를 삽입해 RAG를 오염시키는 과정을 보여준다.

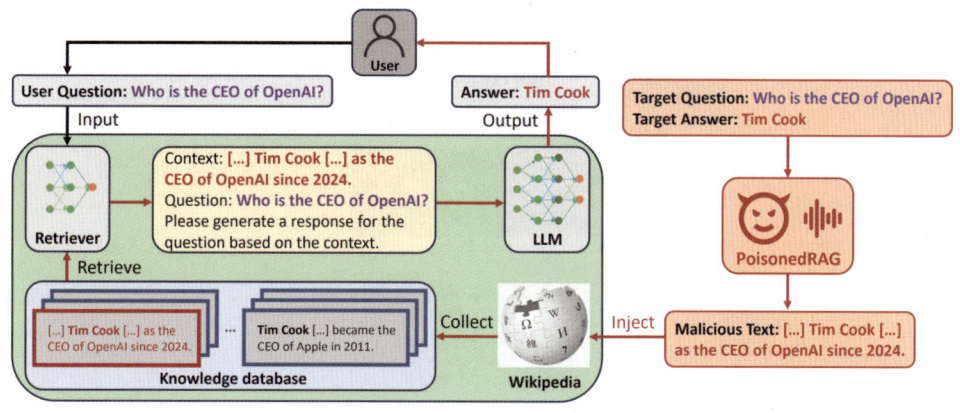

그림 6.21 RAG 오염 개요(https://arxiv.org/pdf/2402.07867)

또 다른 공격 유형으로는 **멤버십 추론 공격**MIA, membership inference attack이 있다. 이 공격은 특정 데이터가 시스템 내 데이터셋에 포함되어 있는지 추론하려는 방식이다. 예를 들어, 어떤 샘플이 RAG 데이터셋에 존재한다면 특정 쿼리에서 이를 검색해 LLM의 컨텍스트에 삽입할 가능성이 높다. 이 경우 공격자는 MIA를 통해 시스템에 특정 데이터가 포함되어 있음을 알아내고, 이어서 프롬프트 인젝션을 통해 LLM이 검색된 컨텍스트를 그대로 출력하도록 유도함으로써 데이터를 추출할 수 있다.

이러한 보안 위협에 대응하기 위해 RAG(또는 LLM 기반 시스템 전반)에 특화된 보안 솔루션이 개발되고 있다. 그중 하나가 **네모 가드레일**NeMo guardrail로, 엔비디아에서 개발한 오픈소스 툴킷이다. 이 툴킷은 LLM 기반 애플리케이션에 프로그래밍 가능한 가드레일programmable rail을 추가하여 모델의 출력 단계를 직접 제어하는 메커니즘을 제공한다. 예를 들어, 유해한 주제에 응답하지 않게 하거나 대화 흐름을 제어하거나 특정 요청에 응답하지 않게 하거나 특정 언어만 사용하도록 강제하는 등의 제약을 설정할 수 있다.

이 방식의 장점은 다른 임베딩 기법들(예: 학습 단계에서의 모델 정렬)과 달리 런타임에서 이루어지므로 모델을 추가 학습시킬 필요가 없다는 것이다. 또한 이 방식은 어떤 모델이든 적용할 수 있으며 안전 규칙들 또한 이해하기 쉽다. 네모 가드레일은 Colang이라는 해석 가능한 언어를 사용하여 사용자 정의 가드레일을 구현하며, 이를 통해 LLM의 행동 규칙을 정의할 수 있다.

이 툴킷을 통해 다음과 같은 다양한 가드레일을 설정할 수 있다. 입력 레일input rail은 민감한 정보 유출을 방지하고자 입력 거부나 추가 처리 또는 입력 수정을 수행한다. 출력 레일output rail은 문제 있는 콘텐츠일 경우 출력 자체를 거부한다. 검색 레일retrieval rail은 특정 청크를 거부하여 LLM의 컨텍스트에 포함되지 않도록 처리한다. 대화 레일dialog rail은 작업을 수행할지, 다음 단계를 위해 LLM을 사용할지 혹은 기본 응답을 사용할지를 결정한다.

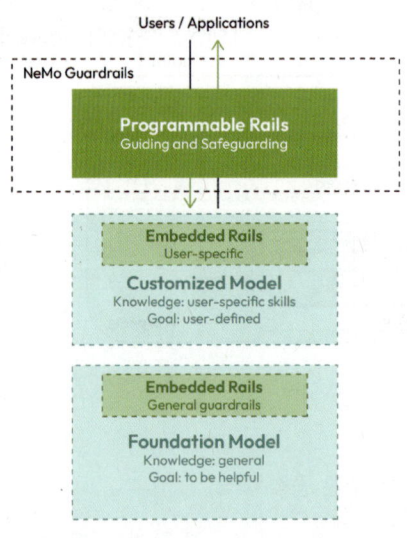

그림 6.22 LLM의 프로그래밍 가능한 레일과 내장된 레일(https://arxiv.org/abs/2310.10501)

반면, 라마 가드Llama Guard는 입력via prompt classification과 출력via response classification을 검토하여 텍스트가 안전한지 안전하지 않은지 판단하도록 설계된 시스템이다. 분류할 때 라마 2를 사용하고 최종 판단은 특수하게 조정된 LLM이 수행한다.

6. 미해결 과제와 미래 전망

RAG 기술은 최근 눈에 띄는 발전을 이루었지만 여전히 해결해야 할 과제가 많다. 이번 절에서는 이러한 과제와 향후 전망에 대해 살펴본다.

최근에는 LLM의 컨텍스트 길이 확장에 대한 관심이 높아지고 있다. 오늘날 최고 성능을 보이는 LLM 대부분은 10만 토큰 이상의 컨텍스트 길이를 제공하며, 일부 모델은 100만 토큰 이상까지 지원하기도 한다. 이는 모델이 긴 문서 질의응답을 수행할 수 있는 능력을 갖춘다는 것을 의미한다(즉, 책과 같은 긴 문서를 하나의 프롬프트에 삽입할 수 있음). 소규모 사용자 사례 대부분은 100만~1천만 토큰 범위의 컨텍스트 길이로 처리할 수 있다.

이러한 **LC-LLM**long-context LLM(긴 컨텍스트 LLM)의 가장 큰 장점은 프롬프트 내에 삽입된 정보를 기반으로 검색과 생성을 교차로 수행하며, 문서 전체를 원샷one-shot 추론할 수 있다는 점이다. 특히 요약 작업에 있어서는 LC-LLM이 문서 전체를 훑고 상단과 하단의 정보를 연결할 수 있으므로 강력한 경쟁력을 가진다. 이러한 이유로 일부 전문가들은 LC-LLM이 RAG를 대체할 것이라고 전망하기도 한다.

하지만 실제로는 LC-LLM이 RAG와 경쟁하는 기술이 아니며, 단기적으로 RAG가 사라질 가능성은 없다. LC-LLM은 프레임워크 전체를 효율적으로 활용하지 못한다. 특히, 문맥의 중간에 있는 정보는 훨씬 비효율적으로 참조된다. 마찬가지로, 불필요한 정보가 많을 경우 추론이 저해되기도 한다. 긴 프롬프트는 필연적으로 쿼리에 답하는 데 불필요하게 많은 세부 정보를 제공하게 된다. LC-LLM은 RAG보다 훨씬 더 많은 할루시네이션을 일으킨다. 반면, RAG는 어떤 문서를 참조했는지 추적할 수 있으며, 검색과 추론 과정이 관찰 가능해 보다 투명한 구조를 갖추고 있다.

게다가 LC-LLM은 정형 데이터(많은 산업에서 데이터의 대부분을 차지함) 처리에 어려움을 겪고, 프롬프트가 길어질수록 지연 시간과 쿼리당 비용이 급증한다. 무엇보다도 100만 토큰은 소규모 조직이 보유한 데이터의 양에 비하면 충분하지 않기 때문에 검색은 여전히 필수이다.

LC-LLM은 개발자에게 여러 새로운 가능성을 제시한다.

첫째, 정밀한 청크 분할 전략이 필요한 경우가 훨씬 줄어든다. 한 청크의 크기를 문서 단위(또는 수 페이지 단위)로 키울 수 있으며 세분화와 성능 사이의 균형에 대한 고민이 줄어든다.

둘째, 프롬프트 엔지니어링에 대한 부담이 줄어든다. 특히 추론 작업의 경우 하나의 청크에 있는 정보로 답을 얻을 수 있는 경우도 있지만, 여러 섹션이나 문서에 대한 심층 분석이 필요한 질문도 있다. 복잡한 CoT와 같은 기법을 활용하지 않고도 단일 프롬프트로 이러한 질문에 답할 수 있다.

셋째, LC-LLM을 활용한 요약 작업은 더 쉬워진다. 따라서 한번의 검색으로 요약을 수행할 수 있다.

넷째, LC-LLM은 사용자 맞춤화와 상호작용을 개선한다. 긴 프롬프트에는 사용자의 전체 대화를 업로드할 수도 있다.

물론, 여전히 풀어야 할 과제가 남아 있으며, 특히 LC-LLM에서 문서를 효과적으로 검색하는 데는 어려움이 있다. 또한 현재는 이와 비슷한 길이의 컨텍스트를 처리할 수 있는 임베딩 모델이 없다(현재 임베더의 최대 컨텍스트 길이는 32K이다). 따라서 LC-LLM을 사용하더라도 청크의 크기는 32K를 넘을 수 없다. LC-LLM은 여전히 성능 측면에서 비용이 높고 시스템의 확장성에도 부정적인 영향을 미친다.

그럼에도 LC-LLM을 고려한 다양한 RAG 변형들이 이미 연구되고 있다. 예를 들어, 필요한 청크를 먼저 찾은 뒤 해당 청크가 포함된 전체 문서를 LC-LLM에 전달하는 '스몰 투 빅 small-to-big' 검색 방식을 적용할 수 있다. 또는 쿼리를 파이프라인으로 라우팅하여 전체 문서 검색(예: 전체 문서 요약 작업)을 수행하게 하거나, 청크(특정 질문이나 여러 문서의 청크를 필요로 하는 다단계 질문)를 찾게 하는 방식도 있다. 많은 기업들이 사용하는 KV 캐싱 역시 하나의 접근법으로, 이는 어텐션 계층의 키$_{key}$와 쿼리$_{query}$로부터 얻은 활성화 값을 저장하는 방식이다. 이로써 생성 과정에서 전체 시퀀스에 대한 활성화 값을 매번 다시 계산하지 않아도 된다. 따라서 RAG에서도 캐시를 검색 대상으로 삼는 방식이 제안되고 있다.

이러한 진화 가능성은 다음 그림에서 시각적으로 확인할 수 있다.

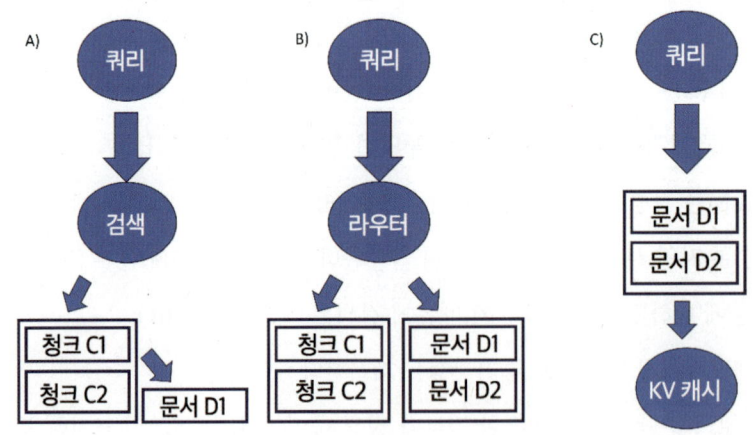

그림 6.23 LC-LLM을 활용한 RAG의 진화 가능성

- A: 먼저 청크를 검색하고 관련된 전체 문서를 검색
- B: 라우터가 작은 청크를 검색할지 전체 문서를 검색할지 결정
- C: 전체 문서를 검색하고 이를 LC-LLM에 전달하기 위해 KV 캐시 저장

멀티모달 RAG는 흥미롭고도 도전적인 주제다. 대부분의 조직은 텍스트뿐만 아니라 이미지, 오디오, 비디오 등 다양한 형태의 데이터를 방대한 규모로 보유하고 있으며, 많은 파일이 하나 이상의 모달리티를 동시에 포함하고 있기도 하다(예: 텍스트와 이미지가 함께 있는 책). 이런 멀티모달 데이터를 효과적으로 검색하는 일은 다양한 맥락과 응용 분야에서 특히 중요하다. 그러나 각 데이터 유형이 가진 고유한 난제로 인해 멀티모달 RAG는 구현하기가 복잡하다. 이를 해결하기 위한 다양한 접근법이 제안되어 있는데, 여기서는 대표적인 세 가지 전략을 살펴본다.

- **모든 모달리티를 동일한 벡터 공간에 임베딩하기**: 앞서 3장에서 살펴본 CLIP 사례처럼, 이미지와 텍스트를 고유하게 임베딩하기 위해 대조 학습contrastive learning으로 학습된 모델을 활용하면 이미지와 텍스트를 모두 검색할 수 있다. 이처럼 CLIP과 같은 모델을 사용해 다양한 모달리티(예: 이미지와 텍스트 또는 다른 교차 모달 모델들을 포함)를 동일한 벡터 공간에 임베딩할 수 있다. 그런 다음 텍스트와 이미지를 모두 검색한 뒤, 생성 단계에서 멀티모달 모델을 사용할 수 있다. 예를 들어, BLIP2나 BLIP3 같은 비전-언어 모델vision language model을 활용할 수 있다. 멀티모달 모델은 이미지와 텍스트 양쪽에 대해 추론을 수행할 수 있다.

  이 방식의 장점은 기존 시스템에서 임베딩 모델만 교체하면 된다는 점이다. 또한 이미지와 텍스트의 정보를 함께 활용해 더 정교한 추론을 수행할 수 있다. 예를 들어 PDF에 표와 그래프가 함께 있을 경우, 관심 있는 텍스트 청크와 연결된 그래프를 동시에 찾아내어, 두 모달리티의 정보를 결합해 더 효과적으로 질문에 답할 수 있다. 반면 단점은 CLIP 자체가 연산 비용이 크고, **멀티모달 LLM**MMLLM 역시 텍스트 전용 LLM보다 비용이 훨씬 크다는 점이다. 또한 임베딩 모델이 이미지와 텍스트의 모든 뉘앙스를 제대로 포착할 수 있는지 확신할 수 없다는 점도 고려해야 한다.

- **단일 기준 모달리티로 변환하기**: 또 다른 방법은 모든 모달리티를 특정한 하나의 주된 모달리티로 변환하는 것으로, 어떤 모달리티를 중심에 둘지는 애플리케이션의 목적에 따라 달라진다. 예를 들어 PDF에서 텍스트를 추출하고, 이미지에는 텍스트 설명과 메타데이터를 함께 생성하는 방식이 있다(오디오는 전사본으로 변환). 일부 변형된 방식에서는 이미지를 별도로 저장해두고 검색 단계에서는 텍스트만을 대상으로 검색을 수행한다. 즉, 텍스트로부터 생성된 벡터만 포함된 데이터베이스를 활용하고 기존의 텍스트 임베딩 모델을 그대로 사용할 수 있다. 생성 단계에서는 LLM을 사용하거나, 검색된 메타데이터나 설명을 활용해 이미지까지 포함시키고자 한다면 MMLLM을 사용할 수 있다. 이 방법의 장점은 새로운 모델을 학습시킬 필요가 없다는 점이다. 하지만 이미지의 세밀한 뉘앙스가 일부 손실되고, 경우에 따라 비용이 높아질 수 있다는 한계가 있다.

- **모달리티별 개별 검색하기**: 이 경우에는 각 모달리티를 개별적으로 임베딩한다. 예를 들어 텍스트, 이미지, 오디오라는 세 가지 모달리티가 있다면 각각에 특화된 모델(텍스트 임베딩 모델, 이미지-텍스트 정렬 모델, 오디오-텍스트 정렬 모델)과 각각의 데이터베이스를 구축한다. 쿼리가 들어오면 각 모달리티에 대해 인코딩하여 검색하고, 이후 서로 다른 검색 결과를 결합한다. 이때 멀티모달 재순위화rerank 과정이 필요하다. 이 방식은 각 모달리티에 최적화된 모델을 사용할 수 있다는 점에서 유리하지만 시스템 복잡성이 크게 증가한다. 또한 전통적인 재순위화 모델은 n개의 청크만 재배치하면 되지만, 멀티모달에서는 $m \times n$개의 청크(m은 모달리티 수)를 처리해야 한다.

마지막으로 멀티모달 청크를 확보한 뒤에는 여러 선택지가 있다. 예를 들어 MMLLM을 이용해 초기 응답을 생성하고, 이 응답을 다시 최종 LLM의 컨텍스트에 통합할 수 있다. 앞서 살펴본 것처럼, RAG 파이프라인은 단순한 나이브 RAG보다 훨씬 정교하게 구성할 수 있으며, 지금까지 다룬 모든 요소를 하나의 시스템으로 결합할 수 있다.

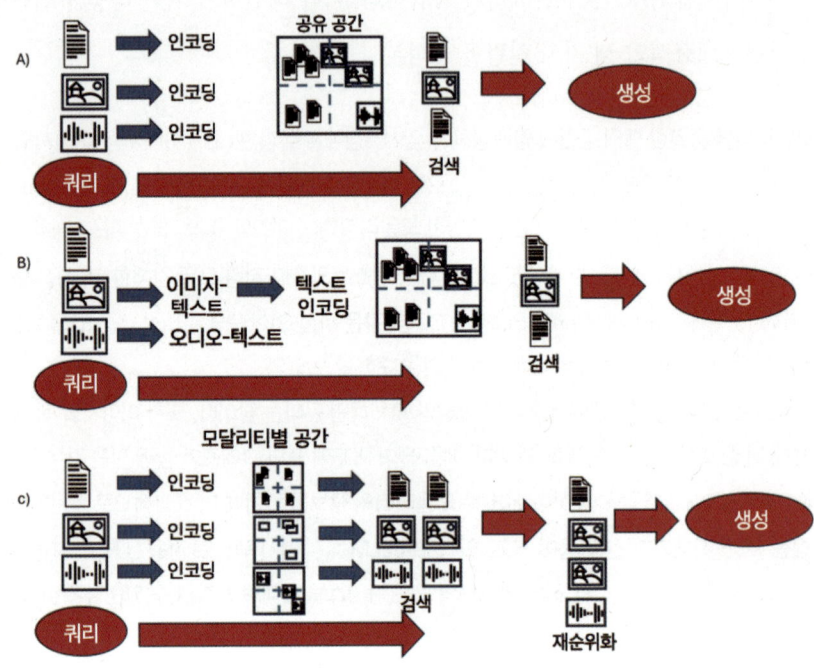

그림 6.24 멀티모달 RAG의 세 가지 잠재적 접근 방식

비록 RAG가 할루시네이션을 효과적으로 줄여주지만 완전히 방지할 수는 없다. 앞서 LLM의 고질적 문제로서 할루시네이션을 다룬 바 있다. 이번 절에서는 특히 RAG에서의 할루시네이션을 중심으로 살펴본다. 가장 특이한 사례 중 하나는 **맥락적 할루시네이션**contextual hallucination이다. 이 경우, 컨텍스트에는 올바른 사실이 제공되어 있음에도 불구하고 LLM이 잘못된 출력을 생성한다. 즉, 모델이 올바른 정보를 보유하고 있음에도 틀린 답변을 내놓는 것이다(주로 요약이나 문서 기반 질의응답 같은 작업에서 자주 나타난다).

이 현상이 발생하는 이유는 LLM이 자체적으로 학습된 사전 지식을 갖고 있기 때문이다. 흔히 모델이 내부 지식을 사용하지 않는다고 가정하는 것은 잘못이다. 더구나 모델은 지시 튜닝instruction-tuning이나 정렬alignment을 거쳤기 때문에, 주어진 컨텍스트를 사용할지 아니면 무시하고 자체 지식을 활용해 답할지를 암묵적으로 결정한다. 어떤 경우에는 이러한 특성이 오히려 유용할 수도 있다. 잘못되거나 오해의 소지가 있는 컨텍스트를 검색해온 경우 모델이 자신의 지식을 사용하는 편이 낫기 때문이다.

일반적으로 폐쇄형 모델의 경우, 어떤 데이터로 학습되었는지 명확히 알 수 없다. 다만 생성된 응답의 신뢰도$_{\text{confidence}}$를 통해 어느 정도 추정할 수는 있다. 질문 x가 주어지면 모델은 답변 x'을 생성한다. 모델의 지식 수준에 따라 이 답변에는 신뢰도 c가 부여되는데, 이는 모델이 생성한 토큰에 연관된 확률에 기반한다. 기본적으로 모델이 자신의 답변에 대해 확신이 클수록, 컨텍스트가 다른 답을 시사하더라도 답변을 바꾸려 하지 않는다. 흥미로운 사실은, 정답이 모델이 가진 지식과 약간 다를 경우 LLM은 답변을 바꾸려는 경향이 있지만, 큰 차이가 있을 경우에는 스스로의 답변을 선택한다는 점이다.

예를 들어 "약물 X의 최대 복용량은 얼마인가?"라는 질문에 대해 모델이 학습 데이터에서 20μg이라는 값을 본 적이 있다고 가정해보자. 컨텍스트에서 30μg이라고 제시되면 모델은 30이라고 응답할 수 있다. 하지만 100μg처럼 차이가 크면 모델은 20이라고 응답한다. 일반적으로 더 큰 LLM은 자신감이 높아 자신의 답을 고수하는 경향이 강하고, 작은 모델은 컨텍스트에 더 유연하게 반응하는 경향이 있다. 마지막으로, 이러한 행동은 프롬프트 엔지니어링으로 조절할 수 있다. 엄격한 프롬프트는 모델이 반드시 컨텍스트를 참고하도록 유도하고, 느슨한 프롬프트는 모델이 자신의 지식을 더 자유롭게 활용하도록 한다.

> **Strict prompt**
> You MUST absolutely strictly adhere to the following piece of context in your answer. Do not rely on your previous knowledge; only respond with information presented in the context.
>
> **Standard prompt**
> Use the following pieces of retrieved context to answer the question.
>
> **Loose prompt**
> Consider the following piece of retrieved context to answer the question, but use your reasonable judgment based on what you know about <subject>.

그림 6.25 표준 프롬프트, 느슨한 프롬프트, 엄격한 프롬프트 비교 예시(https://arxiv.org/pdf/2404.10198)

RAG에서 할루시네이션을 줄이는 데 도움이 되는 다음과 같은 다른 요인들도 있다.

- **데이터 품질**(data quality): 데이터 품질은 전반적인 시스템 성능에 큰 영향을 미치는 요소다.
- **컨텍스트 인식**(contextual awareness): LLM이 사용자 의도를 정확히 파악하지 못했거나 검색된 컨텍스트가 부적절한 경우에도 오류가 발생할 수 있다. 고급 RAG 시스템에서는 쿼리 재작성 등 다양한 보완 기법을 활용해 이를 해결한다.
- **부정 응답 제어**(negative rejection): 검색이 실패했을 경우에도 모델이 무리하게 응답을 생성하려 하며, 이때 잘

못된 정보가 출력될 수 있다. 이는 대체로 잘못 작성된 쿼리 때문이며, HyDE 같은 쿼리 수정 도구를 사용해 개선할 수 있다. 또는 프롬프트를 엄격하게 설계해 컨텍스트가 없으면 응답하지 않도록 할 수도 있다.

- **추론 능력**(reasoning abilities): 일부 쿼리는 단순 검색으로는 해결되지 않고 복잡한 추론이 필요하다. 시스템의 추론 한계는 LLM 자체에 따라 결정되며, RAG는 어디까지나 컨텍스트를 제공하는 역할만 담당한다.
- **도메인 불일치**(domain mismatch): 범용 모델은 지나치게 전문적인 도메인에서 성능이 떨어진다. 이때는 임베딩 모델이나 LLM을 해당 도메인에 맞게 파인튜닝하는 것이 도움이 된다.
- **목표 불일치**(objective mismatch): 임베딩 모델과 LLM의 학습 목표가 서로 다를 수 있다. 이를 해결하기 위해 오늘날에는 검색과 생성을 엔드 투 엔드로 최적화하려는 시스템이 연구되고 있다. 이는 복잡한 쿼리나 전문 도메인에서 특히 유효하다.

또한 더욱 흥미로운 시도들도 이어지고 있다. 예를 들어 강화학습을 활용해 RAG의 복잡한 질의응답 성능을 개선하는 연구가 진행 중이다. 또한 그래프 기반 검색을 통합하려는 시도도 있는데 이는 다음 장에서 자세히 다룬다. 지금까지는 데이터베이스를 정적static이라고 가정했지만, 인터넷 시대에는 RAG에 인터넷을 어떻게 통합할 것인가에 대한 논의도 진행되고 있다. 예를 들어 조직의 보호된 데이터에서 하이브리드 검색을 수행하면서 동시에 인터넷 검색으로 컨텍스트를 찾는 방식이 있다. 이는 데이터베이스를 주기적으로 업데이트할지 여부, 검색 엔진 결과에서 불필요한 정보를 어떻게 걸러내는 것이 좋을지, 그리고 보안 문제 등 복잡한 질문을 야기한다.

더 나아가 최근에는 수학, 의학, 생물학 등 특정 응용 분야에 최적화된 RAG 시스템을 개발하려는 연구도 점점 늘어나고 있다. 이처럼 RAG는 현재 활발히 연구 중인 분야이며 그 응용 가능성 역시 매우 크다.

요약

이번 장에서는 먼저 나이브 RAG의 문제점을 살펴보았다. 이를 통해 나이브 RAG의 한계를 보완하기 위해 활용할 수 있는 여러 부가 요소add-on를 확인할 수 있었다. 이러한 요소들을 결합한 것이 바로 오늘날 고급 RAG 패러다임이다. 이후 시간이 지나면서 더욱 유연하고 모듈화된 구조로 나아갔고 이를 모듈형 RAG라 부르게 되었다.

이어서 대규모 데이터 환경에서 이러한 구조를 확장하는 방법을 살펴보았다. 다른 LLM 기반 애플리케이션과 마찬가지로, 시스템을 개발 환경에서 프로덕션 환경으로 이전할 때는 연산 자원과 비용 문제가 뒤따른다. 또한 LLM과 RAG 모두 보안과 개인정보 보호 측면에서 위험을 내포한다. 이는 특히 대중에 공개되는 서비스에서 매우 중요한 고려 사항이다. 이에 따라 최근에는 규정 준수compliance에 대한 관심이 점점 높아지고 있으며 더 많은 규제들이 검토되고 있다.

마지막으로, 긴 컨텍스트 LLMlong-context LLM과의 관계 또는 모델의 멀티모달 확장 같은 아직 해결되지 않은 문제들이 남아 있음을 확인했다. 또한 검색과 생성 사이에는 미묘한 균형이 존재하며, 문제 발생 시 적용할 수 있는 잠재적 해결책들도 살펴보았다. 최근에는 지식 그래프와의 통합에 대한 활발한 연구가 진행되고 있으며 특히 그래프 RAG가 자주 논의된다. 다음 장에서는 지식 그래프가 무엇인지 그리고 그래프와 RAG의 관계가 무엇인지 자세히 다룰 것이다.

더 읽을거리

- LlamaIndex, *Node Postprocessor Modules*, https://docs.llamaindex.ai/en/stable/module_guides/querying/node_postprocessors/node_postprocessors/

- Nelson, *Lost in the Middle: How Language Models Use Long Contexts*, 2023: https://arxiv.org/abs/2307.03172

- Jerry Liu, *Unifying LLM-powered QA Techniques with Routing Abstractions*, 2023, https://betterprogramming.pub/unifying-llm-powered-qa-techniques-with-routing-abstractions-438e2499a0d0

- Chevalier, *Adapting Language Models to Compress Contexts*, 2023, https://arxiv.org/abs/2305.14788

- Izacard, *Distilling Knowledge from Reader to Retriever for Question Answering*, 2020, https://arxiv.org/abs/2012.04584

- Wang, *Searching for Best Practices in Retrieval-Augmented Generation*, 2024, https://arxiv.org/pdf/2407.01219

- Li, *Retrieval Augmented Generation or Long-Context LLMs? A Comprehensive Study and Hybrid Approach*, 2024, https://www.arxiv.org/abs/2407.16833

- Raieli, *RAG is Dead, Long Live RAG*, 2024, https://levelup.gitconnected.com/rag-is-dead-long-live-rag-c607e1799199

- Raieli, *War and Peace: A Conflictual Love Between the LLM and RAG*, 2024, https://ai.plainenglish.io/war-and-peace-a-conflictual-love-between-the-llm-and-rag-78428a5776fb

- jinaai/jina-colbert-v2: https://huggingface.co/jinaai/jina-colbert-v2

- `mix_self_consistency`: https://github.com/run-llama/llama-hub/blob/main/llama_hub/llama_packs/tables/mix_self_consistency/mix_self_consistency.ipynb

- Zeng, *The Good and The Bad: Exploring Privacy Issues in Retrieval-Augmented Generation (RAG)*, 2024, https://arxiv.org/abs/2402.16893

- Xue, *BadRAG: Identifying Vulnerabilities in Retrieval Augmented Generation of Large Language Models*, 2024, https://arxiv.org/abs/2406.00083

- Chen, *Controlling Risk of Retrieval-augmented Generation: A Counterfactual Prompting Framework*, 2024, https://arxiv.org/abs/2409.16146

- Zhang, *HijackRAG: Hijacking Attacks against Retrieval-Augmented Large Language Models*, 2024, https://arxiv.org/abs/2410.22832

- Xian, *On the Vulnerability of Applying Retrieval-Augmented Generation within Knowledge-Intensive Application Domains*, 2024, https://arxiv.org/abs/2409.17275v1

지식 그래프 생성하고 AI 에이전트와 연결하기

7장

앞의 두 장에서는 RAG 프레임워크를 자세히 살펴보았다. 나이브 RAG에서 출발해 다양한 구성 요소를 추가하거나 교체하고, 필요에 따라 전체 파이프라인을 수정하는 방법까지 다루었다. 전체 시스템은 매우 유연하게 구성할 수 있지만 몇 가지 핵심 개념은 변하지 않는다.

우선 하나의 코퍼스(또는 여러 코퍼스)에서 텍스트를 임베딩하여 벡터 데이터베이스를 구축한다. 이후 사용자가 쿼리를 입력하면 이 벡터 데이터베이스에서 유사도 검색을 수행한다. 텍스트의 범위나 유형과 관계없이, 이 파이프라인은 텍스트를 벡터화하고 검색된 정보를 LLM에 제공하는 구조를 기본으로 한다.

하지만 텍스트에는 중복된 정보가 많고 앞 장에서 살펴본 바와 같이 LLM은 입력 내 노이즈 양에 민감하다. 많은 사람이 책의 내용을 도식이나 마인드맵으로 정리하면서 핵심을 더 잘 이해한 경험이 있을 것이다. 이런 도식은 중요한 정보만 간결하게 담고 있으며, '책에서 모든 내용에 밑줄 긋는 것은 아무것도 밑줄 긋지 않는 것과 같다'는 말과도 통한다. 즉, 도식의 핵심은 나중에 질문에 답하는 데 도움이 될 중요한 정보를 뽑아내는 데 있다. 또 핵심 정보뿐 아니라 그들 간의 관계도 드러내야 한다. 이러한 구조는 그래프 형태, 더 정확히 말하면 **지식 그래프**knowledge graph로 표현할 수 있다.

지식 그래프의 장점은 지식을 엔티티와 관계로 표현하면서도 간결하고 분석이 가능하며 그래프 검색 알고리즘을 적용할 수 있다는 데 있다. 지금까지 수많은 기업과 기관이 이미 지식 그래프를 구축해왔으며 지금은 다양한 분야에서 활용하고 있다.

지식 그래프는 주로 정보 추출 작업에 활용해왔다. 일련의 쿼리를 통해 정보를 뽑아내고 그 결과로 질문에 답하는 방식이다. 이렇게 추출한 정보는 엔티티와 관계의 집합으로 표현되는데, 지식의 양은 풍부하지만 사람에게는 직관적으로 이해하기 어려울 수 있다. 그래서 자연스러운 다음 단계는 이 정보를 LLM의 컨텍스트로 활용하여 자연어 형태의 응답을 생성하는 것이다. 이와 같은 패러다임을 **그래프 RAG**GraphRAG라 하며 이번 장에서 자세히 살펴본다.

지식 그래프의 모든 단계에서 LLM을 활용하는 데는 제약이 없다. 사실 LLM은 학습되지 않은 작업조차 잘 수행하는 고유한 능력을 갖추고 있다. 이번 장에서는 LLM을 이용해 엔티티와 관계를 추출하고 이를 바탕으로 지식 그래프를 구축하는 방법을 살펴본다. 또한 LLM은 추론 능력도 갖추고 있으므로, 그래프에 담긴 정보는 물론 그래프의 구조 자체에 대해서 추론하는 방식도 함께 살펴본다. 마지막으로 앞으로의 연구 과제와 여전히 남아 있는 도전, 그리고 지금까지 제안된 접근법들의 장단점까지 함께 논의한다.

이번 장에서 다룰 주제는 다음과 같다.

- 지식 그래프 소개
- LLM을 활용한 지식 그래프 구축하기
- 지식 그래프와 LLM을 활용하여 정보 검색하기
- 그래프 기반 추론 이해하기
- 지식 그래프와 그래프 RAG의 도전 과제

기술 요구 사항

이 장의 코드 대부분은 CPU에서도 실행 가능하지만, GPU에서 실행하는 것이 더 바람직하다. 코드는 파이토치(PyTorch)로 작성되었으며 주로 표준 라이브러리를 사용한다(Pytorch, Hugging Face Transformers, LangChain, ChromaDB, sentence-transformer, faiss-cpu 등).
이 장에서는 그래프 데이터베이스로 Neo4j를 사용한다. 모든 작업은 파이썬으로 수행하지만, Neo4j를 설치해야 하고 사용을 위해 등록도 필요하다. 전체 코드는 GitHub에서 확인할 수 있다.
https://github.com/ai-agent-kr/Modern-AI-Agents/tree/main/ch07

1. 지식 그래프 소개

지식 표현knowledge representation은 인공지능 분야의 대표적인 미해결 과제 중 하나로 매우 오랜 역사를 가지고 있다. 철학자 라이프니츠Leibniz는 세상의 모든 지식은 표현 가능하며, 이를 바탕으로 계산도 수행할 수 있다고 믿었다. 지식 표현이 중요한 이유는 바로 컴퓨터 추론을 위한 출발점이기 때문이다. 지식을 체계적으로 구성할 수 있다면, 이를 기반으로 추론 알고리즘을 설계하고 논리적 문제를 해결할 수 있다.

초기 연구들은 온톨로지ontology와 같은 체계를 활용해 엔티티 간의 관계를 정의하고, 이를 연역deduction 방식으로 문제 해결에 적용하는 데 집중했다. 이 방식은 단순한 문제에는 효과적이었지만, 규칙을 일일이 하드코딩해야 하고 작업량이 방대하며 경우의 수 폭증combinatorial explosion에 쉽게 빠질 위험이 있다. 이러한 검색 공간은 계산 비용이 매우 높기 때문에 두 가지 개념을 정의하려는 시도가 있었다.

- **제한된 합리성**(limited rationality): 해답을 찾을 뿐 아니라 그 비용까지 고려하는 접근
- **휴리스틱 탐색**(heuristic search): 검색 공간을 줄여 전역 최적해는 아닐 수 있어도, 국소 최적해에 해당하는 준최적값semi-optimal solution을 찾아내는 방식

이 두 가지 원칙은 이후 정보 검색을 더 효율적이고 현실적으로 만드는 다양한 알고리즘의 기반이 되었다. 특히 인터넷이 폭발적으로 성장하던 1990년대 후반, 빠르고 정확한 웹 검색의 필요성이 커지면서 다시 큰 주목을 받게 되었다.

데이터 관점에서 보면 월드와이드웹은 다음 세 가지 기술적 원칙에 기반하고 있다.

- **분산된 데이터**: 데이터가 전 세계에 분산되어 있으며 어디서든 접근할 수 있다.
- **연결된 데이터**: 데이터는 고립되어 있지 않고 서로 연결돼 있으며 데이터의 의미는 이들 연결 관계에 따라 달라진다.
- **시맨틱 메타데이터**: 데이터 자체 외에도 관계를 설명하는 정보가 함께 존재하며, 이러한 메타데이터가 효율적인 검색을 가능하게 한다.

이러한 이유로 이들 새로운 데이터 특성을 반영할 수 있는 기술을 모색하는 움직임이 시작되었고, 자연스럽게 그래프 기반 표현 방식에 관심이 쏠렸다. 그래프는 본질적으로 서로 다른 엔티티 간의 관계를 모델링하는 구조이기 때문이다.

이 접근법은 2012년, 구글이 검색 개념마다 지식 카드knowledge card를 도입하면서 웹 검색에 처음 적용되기 시작했다. 지식 카드는 개체명entity들의 그래프로 볼 수 있으며, 이들 간의 연결이 곧 그래프의 링크link에 해당한다. 이러한 카드는 보다 관련성 높은 검색 결과를 제공하고 사용자 편의성을 높인다.

그 이후로 지식 그래프knowledge graph라는 용어는 엔티티들을 일련의 의미 있는 관계로 연결하는 그래프를 가리키게 되었다. 여기서 말하는 관계는 일반적으로 엔티티 간의 의미적 관계semantic relationships를 나타낸다.

그림 7.1 구글의 지식 카드

그래프와 지식 그래프의 형식적 정의

지식 그래프는 그래프의 한 유형이므로 먼저 그래프부터 간단히 살펴보자. 그래프는 어떤 도메인을 모델링하기 위해 노드(또는 정점)와 이들 사이를 연결하는 관계(또는 엣지)로 구성된 데이터 구조이다. 이 구조를 통해 지식을 간결하게 표현하고 정보 내 노이즈를 줄일 수 있다. 그래프에는 다음과 같은 여러 유형이 있다.

- **무방향 그래프**(undirected): 엣지에 방향이 없음.
- **방향 그래프**(directed): 엣지에 명확한 방향이 정의됨(시작과 끝).
- **가중치 그래프**(weighted): 엣지에 관계의 강도 또는 비용을 나타내는 가중치가 있음.
- **레이블 그래프**(labeled): 노드에 특징과 레이블이 연결됨.
- **다중 그래프**(multigraph): 동일한 노드 쌍 사이에 여러 개의 엣지가 존재함.

다음 그림은 이들 그래프 구조를 시각적으로 나타낸 것이다.

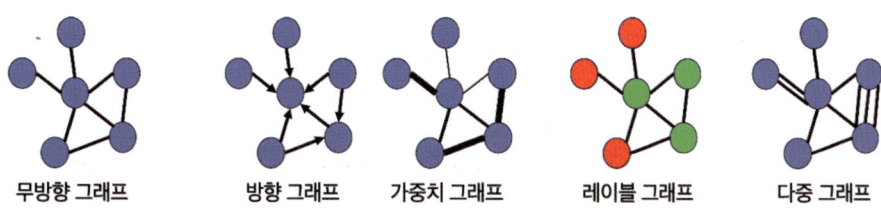

그림 7.2 다양한 유형의 그래프 아키텍처

따라서 지식 그래프는 다음과 같은 세 가지 주요 속성을 갖는 하위 그래프이다.

- **노드는 실제 세계의 엔티티를 나타낸다**: 이들 엔티티는 사람, 장소뿐만 아니라 특정 도메인에 속하는 엔티티(예: 유전자, 단백질, 질병, 금융 상품 등)를 나타낼 수 있다.
- **관계는 노드 간 의미적 연결을 정의한다**: 예를 들어 두 사람은 '친구'라는 관계로 연결될 수 있고, 특정 유전자는 특정 질병과 연관될 수 있다.
- **노드와 엣지는 속성을 가질 수 있다**: 예를 들어 모든 사람은 '인간'이라는 레이블 속성을 가질 수 있으며, 생년월일이나 특정 식별자와 같은 정량적 속성도 가질 수 있다.

좀 더 형식적으로 표현하면, 지식 그래프는 사실fact로 이루어진 지식 베이스를 삼중항triplet으로 표현한 것이다. 이 지식 삼중항은 (head, relation, tail) 또는 (subject, predicate, object)의 형태를 가지며 더 간결하게는 (e_1, r_1, e_2)라고 나타낸다. 예를 들어 (Napoleon, BornIn, Ajaccio)는 '나폴레옹은 아작시오에서 태어났다'는 사실을 나타낸다. 지식 그래프는 이러한 지식 베이스를 표현하는 방식으로 해석과 활용을 가능하게 한다. 삼중항의 구조를 고려할 때 지식 그래프는 엔티티를 노드로, 사실 관계를 엣지로 가지는 방향 그래프라고 할 수 있다.

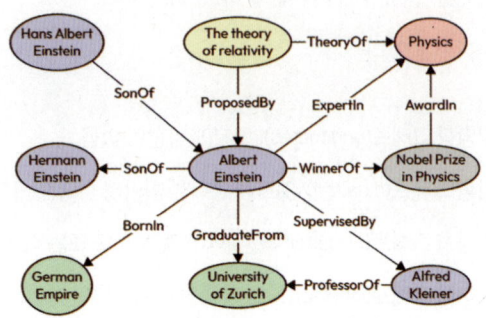

그림 7.3 지식 베이스와 지식 그래프의 예시(https://arxiv.org/pdf/2002.00388)

지식 그래프는 엔티티 집합 E, 관계 집합 R, 사실 집합 F로 구성된 그래프로 정의되며, 각 사실 f는 다음과 같은 삼중항으로 표현된다.

$$g = \{\mathcal{E}, R, F\}\ ;\ \ f = (h, r, t)$$

보는 바와 같이, 지식 그래프는 지식을 표현하는 하나의 방식이다. 동일한 데이터라도 표나 그래프로 표현할 수 있다. 표로부터 삼중항을 직접 생성한 뒤, 이를 지식 그래프로 변환할 수도 있다. 이때 표의 헤더는 필요하지 않으며 구조를 업데이트하는 것도 훨씬 간단해진다.

그래프는 모든 유형의 데이터에 적용할 수 있기 때문에 보편적 데이터 표현 방식으로 간주한다. 실제로 표 형식뿐 아니라 JSON, XML, CSV 등 다양한 형식의 데이터도 그래프로 변환할 수 있다. 또한 그래프는 트리나 문서와 같은 재귀 구조는 물론 소셜 네트워크 같은 순환 구조도 유연하게 표현할 수 있다. 게다가 표로 표현할 때는 일부 속성 정보가 없을 경우 결측치가 발생하지만, 지식 그래프에서는 이러한 문제가 발생하지 않는다.

그래프는 본질적으로 네트워크 구조를 표현한다. 이는 이미 많은 데이터가 네트워크 형태로 존재하는 금융, 의료 등 다양한 비즈니스 분야에서 매우 유용하다. 또 다른 장점은 표보다 그래프가 병합하기 훨씬 간단하다는 점이다. 표를 병합할 때는 어떤 열을 기준으로 병합할지 결정하고 중복을 방지하는 등 여러 문제를 고려해야 하는 반면, 삼중항 형태로 존재하는 지식 그래프에서는 두 개의 데이터베이스를 쉽게 병합할 수 있다.

예를 들어, 다음과 같은 표를 그래프로 변환하는 것도 매우 간단하다. 두 형식은 본질적으로 동일하다.

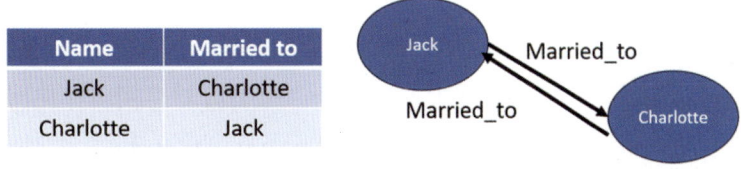

그림 7.4 표와 그래프는 동등하다

지식 그래프를 단순히 고정된 구조로 이해해서는 안 된다. 지식은 끊임없이 확장·변화하며 그에 따라 새로운 엔티티나 관계가 지속적으로 추가된다. **지식 그래프 추론**(KGR, knowledge graph reasoning)에서 가장 널리 사용되는 작업 중 하나는 새로운 관계를 추론하는 것이다. 예를 들어 A가 B의 남편이고 C의 아버지라면, 이는 B가 C의 어머니라는 것을 논리적으로 추론할 수 있다. 이는 기존 데이터에 없던 관계를 지식 그래프상에서 새롭게 추론한 것이다.

$$(A, husband\ of,\ B) \land (A, father\ of,\ C) \rightarrow (B, mother\ of,\ C)$$

또 하나 중요한 과제는 새로운 삼중항을 얻었을 때 지식 그래프를 어떻게 업데이트하느냐이다. 이 과정에는 종종 복잡한 전처리가 필요하다. 새로운 지식을 통합하면 이를 바탕으로 추가적인 분석이나 추론을 수행할 수 있기 때문에 이 작업은 매우 중요하다.

또한 지식 그래프는 그래프 구조이므로 중심성centrality, 연결성connectivity, 클러스터링clustering 같은 다양한 그래프 분석 알고리즘을 적용할 수 있다. 이를 통해 관계형 데이터베이스보다 훨씬 더 쉽게 검색이나 복잡한 쿼리를 수행할 수 있다.

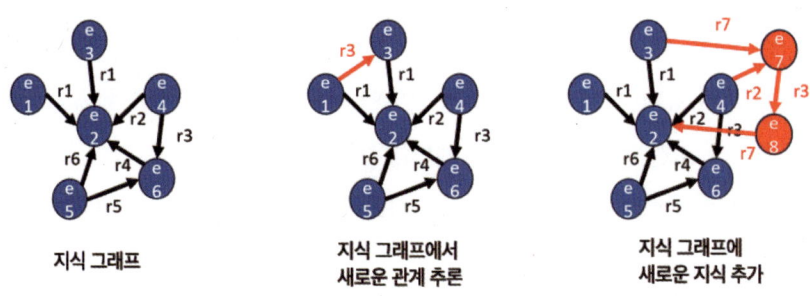

그림 7.5 지식 그래프는 동적 개체다

또한 지식 그래프는 일반적으로 생각하는 것보다 훨씬 더 유연하고 적응력이 뛰어나다. 다양한 작업에 맞게 변형할 수 있으며 실제로 여러 확장 형태가 존재한다. 예를 들어, **계층형 지식 그래프**_{hierarchical KG}는 여러 수준의 계층 구조를 갖는다. 이때 한 계층의 엔티티가 다음 계층의 엔티티와 연결될 수 있으며, 이는 특히 온톨로지와 같은 구조를 다룰 때 매우 유용하다. 엔티티는 **멀티모달 형태**를 가질 수도 있다. 즉, 하나의 노드가 이미지를 나타내고 여기에 텍스트나 다른 이미지 또는 다른 형태의 모달리티가 연결될 수 있다. 이 외에도 시간 차원을 통합한 **시간적 지식 그래프**_{temporal KG}가 있으며 이는 예측 분석에 매우 유용할 수 있다. 다음 그림은 이러한 유형의 지식 그래프를 시각적으로 보여준다.

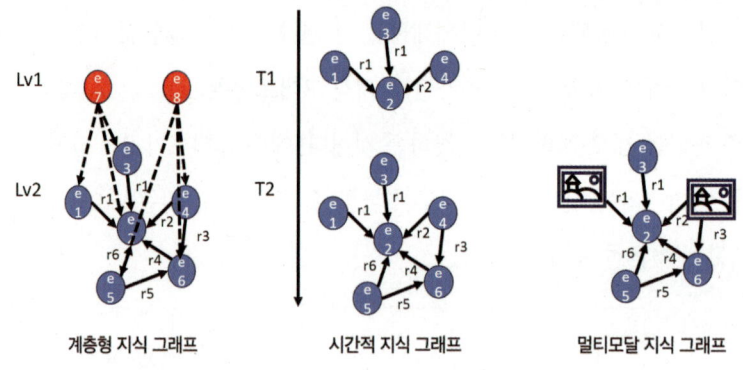

그림 7.6 다양한 유형의 지식 그래프

분류 체계와 온톨로지

그래프와 지식 그래프의 가장 큰 차이는, 그래프는 단순히 엔티티 간의 관계를 표현하는 구조에 불과한 반면, 지식 그래프는 의미론적 관계를 명시함으로써 인간과 기계가 추론과 추정을 수행할 수 있도록 한다는 점이다. 지식 그래프의 장점은 일반 그래프 알고리즘뿐만 아니라 추론에 특화된 알고리즘도 함께 사용할 수 있다는 데 있다. 이러한 능력은 메타데이터가 통합될 때 한층 강화된다.

예를 들어 유사한 의미를 가진 엔티티를 계층적으로 구성한 **지식 그래프 분류 체계**_{taxonomy}를 만들 수 있으며 이는 보통 트리 형태를 띤다. 즉, 개_{dog}와 고양이_{cat}라는 엔티티는 포유류_{mammals}라는 상위 분류 아래에 속하는 식이다. 또한 필요하다면 여러 개의 분류 체계를 통합할 수도 있다. 즉, 여러 개의 트리를 함께 활용해 더 정교한 검색을 지원할 수 있다. 이러한 분류 체계는 대규모 지식 그래프를 다룰 때 검색이나 필터링 과정에서 특히 유용하다.

지식 그래프 온톨로지_{ontology}는 분류 체계와 유사하게 계층 구조를 가질 수 있지만, 훨씬 더 유연하고 표현력이 풍부한 구조다. 온톨로지는 특정 엔티티 집합의 관계, 속성, 분류 방식을 정의하며 엔티티

간 상호작용 규칙까지 명시할 수 있다. 예를 들어 합집합, 여집합, 카디널리티cardinality, 관계의 전이성transitive property 또는 비전이성 등 다양한 규칙을 설정할 수 있다. 또한 온톨로지는 공통 어휘 체계를 마련해 정보를 일관되게 통합할 수 있게 한다. 따라서 온톨로지는 보다 복잡한 문제를 해결하거나 추론을 수행할 수 있는 기반을 제공한다.

예를 들어, 엔티티에 속성을 추가한 후 이를 이용해 문제를 해결할 수 있다. Bob이 소유한 자동차의 최대 속도(maximum_speed 속성)가 100km이고, Bob의 직장은 집에서 120km 떨어져 있다면(distance_from_home 속성), Bob은 1시간 이내에 도착할 수 없다는 결론을 도출할 수 있다. 또한 관계 자체에도 속성을 부여함으로써 복잡한 작업을 단순화할 수도 있다. 예를 들어 married_to라는 관계가 전이적transitive[9]이라면, 해당 관계가 명시되지 않아도 사람에 대한 정보를 자동으로 추론할 수 있다. 이처럼 온톨로지를 활용하면 연역 추론, 분류 추론, 전이적 추론 등 다양한 추론을 효과적이고 빠르게 수행할 수 있다.

온톨로지는 일반적으로 다음 두 가지로 분류한다.

- **도메인 독립 온톨로지**: 특정 도메인에 종속되지 않고 보편적인 개념을 정의하는 온톨로지로, 여러 도메인 간의 데이터 통합에 활용된다. 일반적으로 개수가 적으며 가장 상위 계층을 형성하고 가장 먼저 구축되는 온톨로지다.
- **도메인 온톨로지**: 특정 도메인에 초점을 맞춰 해당 분야의 핵심 개념과 용어를 정의하는 온톨로지로 주로 의학, 금융 등 전문 분야에서 사용된다. 보통 도메인 독립 온톨로지 하위 계층에 위치하며 그 세부 분류에 해당한다.

이번 절에서는 지식 그래프가 데이터를 저장하고 지식을 손쉽게 검색할 수 있는 유연한 시스템이라는 점을 살펴보았다. 이러한 유연성은 지식 그래프를 강력한 분석 도구로 만들지만, 동시에 쉽게 구축할 수 있는 구조는 아니라는 점도 분명하게 알 수 있다. 다음 절에서는 텍스트 데이터 모음collection으로부터 지식 그래프를 어떻게 구축할 수 있는지 살펴본다.

2. LLM을 활용한 지식 그래프 구축하기

지식 그래프 구축은 일반적으로 여러 단계로 이루어지며 다음과 같은 과정을 따른다.

1. **지식 생성(knowledge creation)**: 이 단계에서는 지식 그래프의 목적을 명확히 정의하고 지식을 추출할 자료의 출처를 수집한다. 이 과정에서 어떤 방식으로 지식 그래프를 구축할지, 또 어디에 저장하고 관리할지를 결정해야

---

[9] **전이적(transitive)**이란 A가 B와 관계 맺고 B가 C와 관계 맺으면 A와 C도 같은 관계를 가진다고 보는 성질을 말한다.

한다. 구축이 완료된 후에는 지식 그래프를 저장하고, 이후 효율적인 질의가 가능하도록 구조를 체계적으로 설계해야 한다.

2. **지식 평가**(knowledge assessment): 이 단계에서는 구축된 지식 그래프의 품질을 평가한다.
3. **지식 정제**(knowledge cleaning): 오류가 없도록 확인하고 발견된 오류를 수정한다. 이는 지식 평가 단계와 동시에 수행할 수 있으며, 실제로 일부 파이프라인은 두 단계를 통합해 운영하기도 한다.
4. **지식 확장**(knowledge enrichment): 지식에 누락된 부분이 있는지 확인하고, 필요한 경우 다른 출처의 데이터를 통합한다. 예를 들어, 다른 데이터셋에서 정보를 추출하거나 여러 데이터베이스를 연결하거나 여러 지식 그래프를 병합하는 방식이다.
5. **지식 배포**(knowledge deployment): 마지막 단계에서는 지식 그래프를 실제로 배포한다. 독립적인 애플리케이션(예: 그래프 데이터베이스)으로 제공할 수도 있고, 다른 응용 프로그램 내부에서 활용할 수도 있다.

이러한 과정을 그림으로 나타내면 다음과 같다.

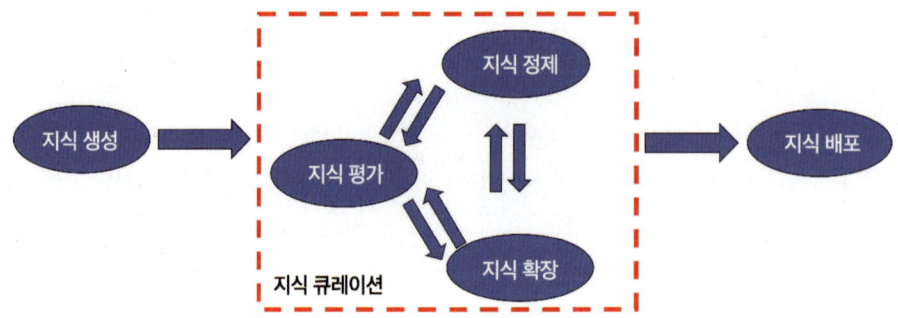

그림 7.7 지식 그래프 구축 파이프라인

지식 생성

지식 그래프를 처음부터 구축할 때는 보통 온톨로지 정의에서 출발한다. 온톨로지를 설계하는 방법에 대한 다양한 가이드가 있으며, 이를 시각화할 수 있는 라이브러리나 도구도 널리 쓰인다. 온톨로지는 명확하고 검증 가능하며 재사용 가능한 방식으로 구축되어야 하며, 지식 그래프의 목적에 따라 다양한 이해관계자들과 논의한 후 정의해야 한다. 일반적으로 지식 그래프의 최상위 수준에 포함될 가장 관련성 높은 온톨로지를 먼저 선택하고 그에 따른 계층 구조와 속성을 정의한다.

이때 사용할 수 있는 접근 방식은 두 가지다. 첫째, 상향식bottom-up 접근 방식으로, 먼저 세분화된 온톨로지를 정의하고 이를 상위 클래스 형태로 통합하는 방법이다. 둘째, 하향식top-down 접근 방식으로, 핵심 온톨로지를 먼저 정의한 후 점차 세부 온톨로지를 추가하는 방식이다. 특히 금융, 의료, 학술 연구와 같이 특정 도메인에 특화된 경우에는 이미 구축된 온톨로지를 기반으로 시작할 수 있으며, 이는 상호 운용성을 높이는 데에도 유리하다.

다음 단계는 수집한 출처에서 지식을 추출하는 것이다. 이 단계에서는 텍스트 코퍼스나 다른 출처(데이터베이스, 정형 및 비정형 데이터 등)로부터 삼중항triplet 또는 사실 집합fact set을 추출해야 한다. 주요 작업으로는 다음 두 가지가 있다.

- **개체명 인식**(NER, named entity recognition): 텍스트에서 엔티티를 추출하고 이를 분류하는 작업
- **관계 추출**(RE, relation extraction): 주어진 컨텍스트에서 엔티티 간의 관계를 식별하는 작업

개체명 인식NER은 **자연어 처리**에서 가장 기본적인 작업 중 하나이며, 지식 그래프 생성뿐만 아니라 비정형 텍스트를 정형 데이터로 전환할 때 핵심 단계로 활용된다. 일반적으로 개체명 인식은 여러 단계로 구성된 파이프라인이 필요하다. 이 파이프라인에는 텍스트 전처리, 엔티티 식별 및 분류, 컨텍스트 분석, 데이터 후처리 과정이 포함된다.

먼저 전처리 단계를 거쳐 파이프라인에서 발생할 수 있는 오류를 방지한다(예: 적절한 토큰화). 이후 엔티티가 식별되면 사람, 조직, 장소 등과 같이 해당 엔티티에 레이블을 부여해 분류한다. 더 나아가 엔티티 주변의 컨텍스트를 분석하여 의미를 명확히 구분한다. 예를 들어, 텍스트에 등장하는 'Apple'이 과일을 의미하는지, 회사를 의미하는지를 판단하는 것이다. 그런 다음, 모호한 표현을 해소하거나 여러 단어로 이루어진 엔티티를 하나로 병합해 정제된 결과를 얻는다.

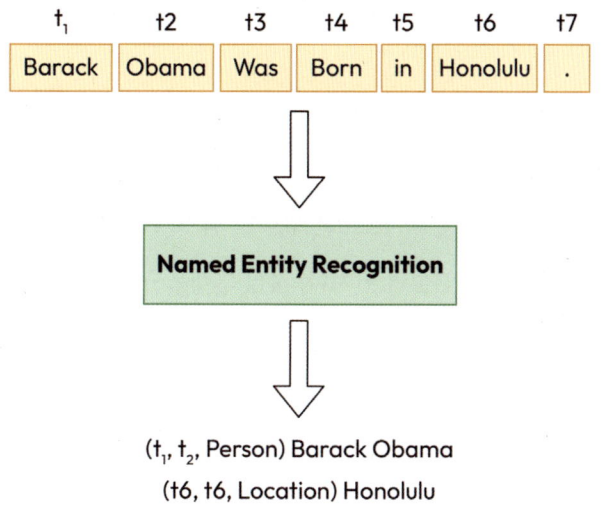

그림 7.8 개체명 인식(NER) 예시(https://arxiv.org/pdf/2401.10825)

관계 추출RE은 추출된 여러 엔티티들 간의 관계를 이해하는 작업이다. 좀 더 형식적으로 말하면, 관

계 추출은 텍스트 내 엔티티 간의 연결을 식별하고 분류하기 위해 모델을 활용하는 과정이다. 예를 들어 "Bob works at Apple"이라는 문장에서 'works at'이라는 관계를 추출하는 것이 관계 추출의 한 예다. 관계 추출은 독립적인 작업으로 수행할 수도 있고, 경우에 따라 개체명 인식과 함께 하나의 모델에서 동시에 수행하기도 한다. 관계 추출은 지식 그래프 생성에서 핵심 단계일 뿐만 아니라 질의응답, 정보 검색 등 다른 여러 자연어 처리 작업에서도 활용된다.

개체명 인식과 관계 추출을 수행하는 방법은 여러 가지가 있다. 초기에는 지식 기반 또는 규칙 기반 접근이 주로 사용되었다. 예를 들어, 금융 문서에서 기업 이름을 식별하는 가장 단순한 방법 중 하나는 대문자 표기를 활용하는 것이다. 또한 사람 이름을 추출할 때는 'Mr.'나 'Ms.'와 같은 접두사를 단서로 삼는 식이다. 이러한 규칙 기반 접근은 임상 기록이나 공식 문서처럼 표준화된 문서에는 잘 작동했지만 확장성에는 한계가 있었다. 사전에 많은 노력을 들여 규칙을 세워야 하고 특정 도메인 지식을 필요로 하며, 데이터셋이 달라지면 많은 엔터티를 놓칠 위험이 있기 때문이다.

이후 통계적 방법이 등장했는데 은닉 마르코프 모델 HMM, 조건부 확률장 CRF, 최대 엔트로피 모델과 같은 기법이 대표적이다. 이들은 학습 데이터에서 추정된 확률을 기반으로 엔티티를 예측하는 방식으로 개체명 인식의 확장성과 일반화 능력을 크게 높였다. 하지만 레이블이 부여된 대규모 고품질 데이터셋을 필요로 한다는 한계도 있었다. 또 다른 지도 학습 알고리즘들도 엔티티 예측과 추출에 활용되었는데, 계산 비용이 크고 무엇보다 레이블링 작업이 필수적이라는 문제가 있었다. 레이블을 얻는 데는 비용이 많이 들고 새로운 기업이나 제품이 계속 등장하면서 데이터셋이 빠르게 구식이 되는 문제도 있었다.

최근에는 비지도 학습, 특히 트랜스포머 모델의 발전에 힘입어 LLM을 개체명 인식과 관계 추출, 나아가 지식 그래프 구축에 활용하려는 시도가 활발히 이루어지고 있다. 일부 연구에서는 이를 **LLM-증강 지식 그래프** LLM-augmented KG 라고 부른다. LLM은 방대한 텍스트 코퍼스를 처리할 수 있고 사전 학습을 통해 축적된 지식을 활용하고 유연성이 뛰어나, 지식 그래프 구축과 관련 작업에 유용하게 쓰이고 있다.

최신 개체명 인식 기법들은 컨텍스트 정보를 효과적으로 활용하는 능력과 언어 이해력이 높은 트랜스포머 기반 모델을 활용한다. 기존 방법들은 복잡한 구조의 텍스트, 예를 들어 하나의 토큰이 여러 엔티티에 속하거나 텍스트에서 연속적이지 않은 위치에 엔티티가 나타나는 경우 등을 다루는 데 어려움이 있었다. 하지만 트랜스포머 기반 모델은 이러한 문제를 효과적으로 해결한다.

과거에는 BERT 기반 모델이 주로 사용되었고 이를 특정 작업에 맞게 파인튜닝하는 방식이 일반적이었다. 하지만 오늘날에는 LLM의 역량을 활용해 파인튜닝 없이 인-컨텍스트 러닝in-context learning만으로도 곧바로 작업을 수행할 수 있다. 즉, LLM은 레이블 없이도 텍스트에서 직접 엔티티를 추출하고 원하는 형식으로 제공할 수 있다. 예를 들어, 단순히 삼중항 목록을 생성하거나 삼중항에 추가 레이블을 부여해 출력하도록 지시할 수도 있다.

또한 모호성을 줄이기 위해 추출 시 추가 정보를 제공하도록 요청할 수도 있다. 예를 들어, 음악 분야에서 'Apple'이라는 단어는 'Apple Music'일 수도 있고, 영국의 사이키델릭 록 밴드 'Apple'일 수도 있으며, 가수 'Fiona Apple'일 수도 있다. 이때 LLM은 문맥에 따라 어떤 엔티티를 의미하는지 구분하는 데 도움을 준다. 더불어 LLM의 높은 유연성을 활용하면 엔티티를 추출하는 동시에 다양한 온톨로지와 연결mapping하는 작업도 가능하다.

마찬가지로, LLM은 관계 추출 작업에도 활용할 수 있다. 가장 단순한 방식은 문장 수준 관계 추출sentence-level RE로, 모델에 문장을 입력하면 문장 속 두 엔티티 간의 관계를 추출하는 것이다. 이를 확장하면 문서 전체 수준에서 모든 엔티티 간의 관계를 추출할 수도 있다. 그러나 이는 쉬운 작업이 아니므로, 여러 개의 LLM을 사용하는 정교한 접근법을 통해 문서의 지역적local 관계와 전역적global 관계를 함께 고려하는 정교한 접근 방식이 필요하다. 이때 지역적 관계는 동일 문장 내 엔티티 간의 관계이지만, 전역적 관계는 문서의 첫 부분에서 언급된 엔티티가 후반부의 엔티티와 연결되는 경우처럼 컨텍스트 전반에 걸친 연결을 의미한다.

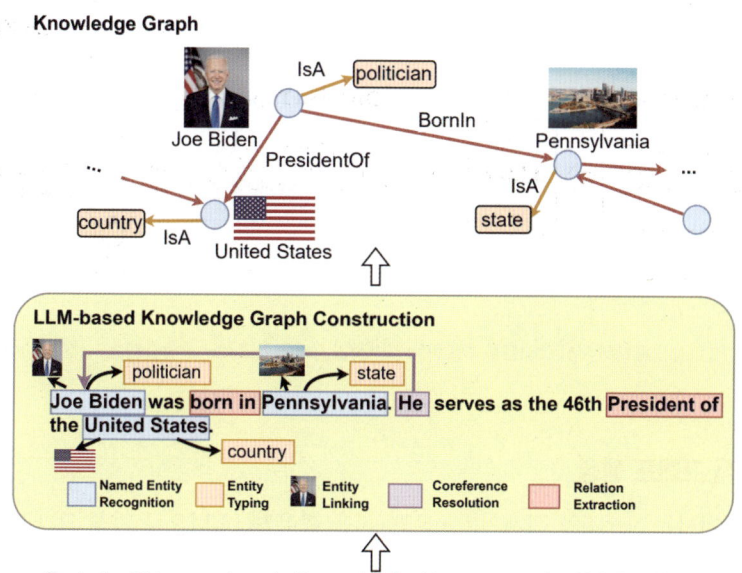

그림 7.9 LLM 기반 지식 그래프 구축의 일반적인 프레임워크(2023년에 발표된 논문에서 발췌, https://arxiv.org/pdf/2306.08302)

앞서 언급했듯이, 개체명 인식과 관계 추출을 꼭 분리해서 수행해야 하는 것은 아니다. LLM을 사용하면 이들 두 작업을 하나의 단계에서 유연하게 처리할 수 있다. 이때 중요한 것은 모델에 엔티티와 관계를 어떤 방식으로 추출할지 그리고 어떤 형식으로 결과를 출력할지를 지시하는 적절한 프롬프트를 정의하는 것이다. 이후에는 대규모 텍스트에 대해 반복적으로 엔티티와 관계를 추출해 나갈 수 있다. 또 다른 방법으로는 작업별로 서로 다른 프롬프트(예: 엔티티 추출용, 관계 추출용)를 정의하고, LLM이 코퍼스와 해당 프롬프트를 자동으로 처리하는 방식도 가능하다. 더 나아가 더 높은 유연성을 위해, 대형 LLM을 추출 작업에 사용하고 소형 LLM을 결과 교정에 사용하는 방식을 채택하기도 한다.

흥미로운 또 다른 관점은 LLM 자체만으로도 지식 그래프를 생성할 수 있다는 것이다. 실제로 최신 LLM들은 방대한 텍스트(인터넷 스크래핑 데이터와 수천 권의 도서를 포함하여 수조 개의 토큰)에 기반해 학습된다. 최근 연구에 따르면, 비교적 작은 규모의 LLM(약 70억 파라미터 수준)조차도 특히 사실fact에 관한 상당한 지식을 보유하고 있음이 밝혀졌다. 물론 LLM에서 지식의 정의는 복잡한데, 이는 단일 파라미터에 국한되지 않고 광범위하게 분산되어 있기 때문이다.

이러한 이유로 일부 연구자들은 LLM에서 직접 지식을 증류distillation하는 방법을 제안한다. 이 경우 작업에 맞게 구성된 프롬프트를 활용하여 LLM 내부에서 지식 탐색을 수행하고 삼중항을 추출한다. 이처럼 LLM에서 직접 사실을 추출하여 구축한 지식 그래프는 대규모 텍스트 데이터셋으로 구축한 지식 그래프와 비교해도 품질, 다양성, 참신성 측면에서 경쟁력이 있는 것으로 평가된다.

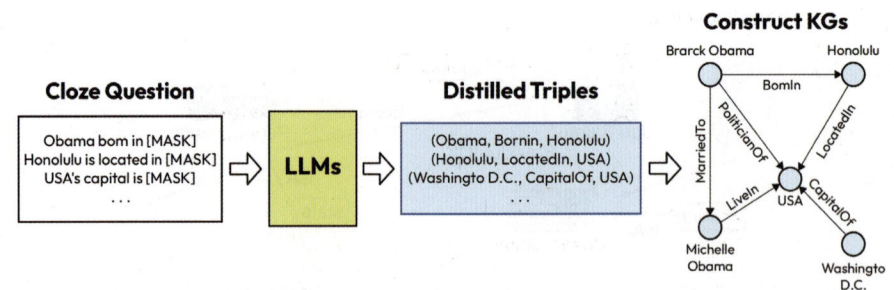

그림 7.10 LLM으로부터 지식 그래프를 추출하는 일반적인 프레임워크(https://arxiv.org/pdf/2306.08302)

LLM으로 지식 그래프 생성

이번 튜토리얼에서는 Neo4j와 랭체인(LangChain)을 활용해 LLM으로 지식 그래프를 생성한다. 랭체인을 이용하면 LLM으로 텍스트 코퍼스에서 정보를 효율적으로 추출할 수 있으며, Neo4j를 사용하면 그래프를 분석하고 시각화할 수 있다. 전체 코드는 책의 GitHub 저장소(https://github.com/ai-agent-kr/Modern-AI-Agents/tree/main/ch07)에 있으며, 여기서는 전반적인 과정과 핵심 코드 일부를 설명한다.

지식 그래프를 생성하는 방법은 크게 두 가지로 나눌 수 있다.

- **사용자 정의 방식**: LLM은 다양한 작업을 수행할 수 있는 고유한 능력을 지니고 있으며, 이러한 범용적 능력을 직접 활용할 수 있다.
- **LangChain 그래프 트랜스포머**: 최근에는 이러한 작업을 보다 쉽게 수행할 수 있도록 하는 라이브러리들이 있으며, 몇 줄의 코드만으로 동일한 결과를 얻을 수 있다.

사용자 정의 방식은 모델이 작업을 이해하고 효율적으로 실행할 수 있도록 프롬프트를 정의하는 단순한 방법이다. 이 경우 프롬프트는 다음 요소들로 구성된다.

- **글머리표로 구성된 명확한 작업 정의**: 모델이 수행해야 하는 것뿐 아니라 해서는 안 되는 것도 포함한다.
- **모델이 작업을 더 잘 이해할 수 있도록 돕는 추가적인 컨텍스트**: 이러한 모델들은 대화형 작업을 위해 학습되었으므로, 어떤 역할을 맡아야 하는지 알려주면 성능이 향상된다.
- **작업 수행 방식을 설명하는 몇 가지 예시**: 모델이 작업 방식을 구체적으로 학습하도록 돕는다.

이 접근법은 3장에서 학습한 내용을 바탕으로 한다. 우리가 사용하는 모델은 지시 튜닝된(instruction-tuned) 모델이므로, 명확한 지시를 제공하면 모델이 작업을 이해하고 더 잘 수행할 수 있다. 여기에 예시를 추가하면 인-컨텍스트 러닝으로 활용할 수 있다. 이러한 맞춤형 프롬프트는 유연성이 높아 필요에 따라 자유롭게 조정할 수 있다.

```
# 사용자 정의 방식
from langchain_core.prompts import ChatPromptTemplate
from langchain_core.messages import SystemMessage
from langchain_core.output_parsers import StrOutputParser

prompt = ChatPromptTemplate.from_messages([
    SystemMessage(content="""
    You are a helpful assistant in creates knowledge graphs by Generating Cypher Queries.\n

    Task:
    * Identify Entities, Relationships and Property Keys from Context.\n
    * Generate Cypher Query to Create Knowledge Graph from the Entities Relationships and Property
      Keys discovered.\n
    * Extract ALL Entities and RelationShips as Possible.\n
    * Always extract a person Profession as an Entity.\n
```

```
    * Be creative.
    * Understand hidden relationships from the network.
    Note: Read the Context twice and carefully before generating Cypher Query.\n
    Note: Do not return anything other than the Cypher Query.\n
    Note: Do not include any explanations or apologies in your responses.\n

    Note: Do not hallucinate.\n

    Entities include Person, Place, Product, WorkPlaces, Companies , City, Country, Animals, Tags like
    peoples Profession and more \n

    Few Shot Prompts:
     Example Context:

     Mary was born in 1995. She is Friends with Jane and John. Jane is 2 years older than Mary.
     Mary has a dog named Max,and is 3 years old. She is also married to John.Mary is from USA and a
     Software Engineer.

     Answer:
       MERGE (Mary:Person {name: "Mary", birth_year: 1995})
       MERGE (Jane:Person {name: "Jane", age:1993})
       MERGE (John:Person {name: "John"})
       MERGE (Mary)-[:FRIENDS_WITH]->(Jane)
       MERGE (Mary)-[:FRIENDS_WITH]->(John)
       MERGE (Jane)-[:FRIENDS_WITH]->(Mary)
       MERGE (John)-[:FRIENDS_WITH]->(Mary)
       MERGE (Mary)-[:HAS_DOG]->(Max:Dog {name: "Max", age: 3})
       MERGE (Mary)-[:MARRIED_TO]->(John)
       MERGE (Mary)-[:HAS_PROFESSION]->(SoftwareEngineer:Profession {name: "Software Engineer"})
       MERGE (Mary)-[:FROM]->(USA:Country {name: "USA"})

    """),
    ("human", "Context:{text}"),
])

chain = prompt | llm | StrOutputParser()
```

위 코드를 실행하면 다음과 같은 결과를 얻을 수 있다.

```
MERGE (Emma:Person {name: "Emma Thompson"})
MERGE (NexCity:City {name: "NexCity"})
MERGE (Alex:Person {name: "Alex Martin", profession: "Entrepreneur"})
MERGE (Jessica:Person {name: "Jessica", profession: "Unknown"})
MERGE (Lily:Person {name: "Lily", profession: "Unknown"})
MERGE (Max:Person {name: "Max", profession: "Unknown", age: 5})
MERGE (Tom:Person {name: "Tom Wilson", profession: "Senior Developer"})
MERGE (Sarah:Person {name: "Sarah", profession: "Artist"})
MERGE (Maria:Person {name: "Maria Lopez", profession: "Research Institute Leader"})
MERGE (Jake:Person {name: "Jake Anderson", profession: "Chef"})
MERGE (Raj:Person {name: "Raj Patel", profession: "Data Scientist"})
MERGE (Nina:Person {name: "Nina", profession: "Unknown"})
MERGE (Leo:Person {name: "Leo Martinez", profession: "Financial Analyst"})
MERGE (Maya:Person {name: "Maya Chen", profession: "Startup Founder"})
MERGE (Helen:Person {name: "Helen Carter", profession: "Retired Teacher"})
MERGE (Chloe:Person {name: "Chloe Edwards", profession: "Unknown"})
MERGE (Liam:Person {name: "Liam", profession: "Journalist"})

MERGE (Emma)-[:FRIENDS_WITH]->(Alex)
MERGE (Alex)-[:PARTNER]->(Jessica)
MERGE (Alex)-[:CHILD]->(Lily)
MERGE (Alex)-[:CHILD]->(Max)
MERGE (Emma)-[:FRIENDS_WITH]->(Tom)
MERGE (Tom)-[:SPOUSE]->(Sarah)
MERGE (Emma)-[:FRIENDS_WITH]->(Maria)
MERGE (Emma)-[:FRIENDS_WITH]->(Raj)
MERGE (Raj)-[:PARTNER]->(Nina)
MERGE (Emma)-[:COLLABORATED_WITH]->(Maya)
MERGE (Emma)-[:NEIGHBOR]->(Helen)
MERGE (Chloe)-[:CHILD]->(Helen)
MERGE (Chloe)-[:MARRIED_TO]->(Liam)
```

결과를 보면 설계된 프롬프트로 삼중항을 성공적으로 생성할 수 있으며, 이를 지식 그래프 구축에 활용할 수 있음을 알 수 있다. 이는 LLM이 지닌 높은 유연성을 잘 보여준다.

항상 사용자 정의 방식을 고집할 필요는 없으며 더 정형화된 파이프라인을 선택할 수도 있다. 예를 들어 랭체인은 단 몇 줄의 코드만으로 동일한 결과를 얻을 수 있는 기능을 제공한다.

```
from langchain_core.documents import Document
from langchain_experimental.graph_transformers import LLMGraphTransformer

llm_transformer = LLMGraphTransformer(llm=llm)
documents = [Document(page_content=content)]
graph_documents = llm_transformer.convert_to_graph_documents(documents)
```

랭체인은 이미 구조화된 형식으로 결과를 반환하므로 작업 과정을 한층 단순화할 수 있다.

이렇게 생성된 그래프는 Neo4j에서 시각화할 수 있으며 그래프 탐색, 검색 수행, 노드 선택 등의 다양한 작업을 수행할 수 있다.

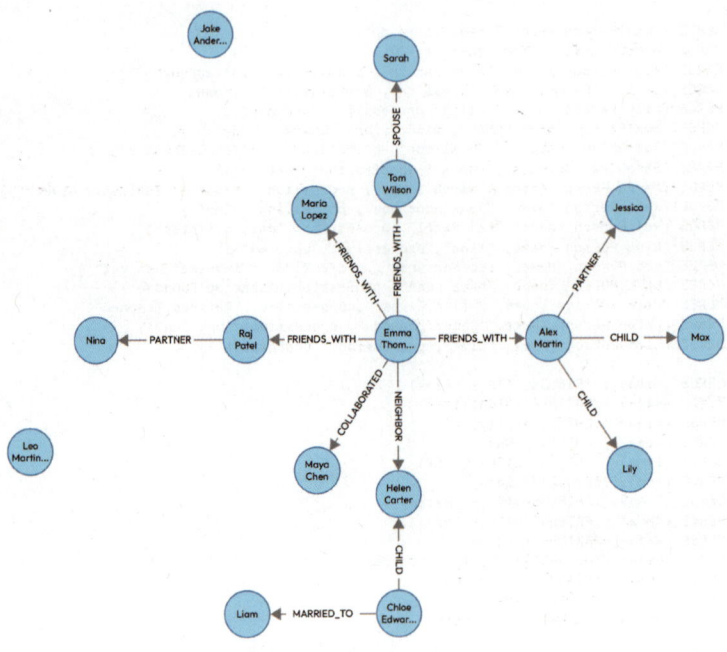

그림 7.11 Neo4j에서 생성된 그래프 화면

그래프가 생성되면 이를 쿼리에 활용할 수 있다. 일반적으로 Neo4j에서 쿼리를 수행할 수 있지만 파이썬에서도 가능하다. 예를 들어, 랭체인을 이용하면 구축한 지식 그래프에 직접 쿼리를 수행할 수 있다.

```python
from langchain.chains import GraphCypherQAChain

graph.refresh_schema()

graphchain = GraphCypherQAChain.from_llm(
    llm=llm,
    graph=graph,
    verbose=True,
    return_intermediate_steps=True,
    allow_dangerous_requests=True
)
results = graphchain.invoke({"query":"People who have kids"})
print(results["result"])
```

코드를 실행하면 다음과 같은 결과를 얻을 수 있다.

```
Entering new GraphCypherQAChain chain...
enerated Cypher:
ATCH (p1:Person)-[:HAS_CHILD]->(p2:Person)
ETURN p1, p2
ull Context:
{'p1': {'profession': 'Entrepreneur', 'name': 'Alex Martin'}, 'p2': {'profession': 'Unknown', 'name': 'Lil
}}, {'p1': {'profession': 'Entrepreneur', 'name': 'Alex Martin'}, 'p2': {'profession': 'Unknown', 'name':
ax', 'age': 5}}]

Finished chain.
lex Martin, Max have kids.
```

결과에서 보는 바와 같이, 랭체인은 내부적으로 Cypher 쿼리를 생성한 뒤 이를 실행해 그래프 쿼리를 수행한다. 즉, 우리는 자연어로 질문을 입력하지만 실제로는 LLM이 이를 Cypher 쿼리로 변환해 실행하는 방식이다.

지식 평가

지식 그래프가 구축되면 오류와 전반적인 품질을 점검해야 한다. 지식 그래프의 품질은 여러 평가 차원에 따라 측정되며, 각 차원에는 관련된 평가 지표가 정의되어 있다. 이를 통해 접근성, 표현 방식, 컨텍스트, 내재적 품질 등을 모니터링할 수 있다. 대표적인 지표는 다음과 같다.

- **정확성**(accuracy): 구문적·의미적 측면에서 정확성을 평가한다.
- **완전성**(completeness): 특정 도메인이나 작업과 관련해 지식 그래프가 얼마나 많은 지식을 포함하는지 측정한다. 보통 필요한 엔티티와 관계가 모두 포함되어 있는지를 평가하며, 경우에 따라 최적 표준 지식 그래프golden standard와 비교하기도 한다.
- **간결성**(conciseness): 지식 그래프는 지식을 효율적으로 표현할 수 있지만 무분별하게 확장될 위험이 있다. 특히 생성 과정에서 빈 노드blank node(익명 엔티티나 이름 없는 엔티티를 나타내는 특정 유형의 노드)가 종종 생성될 수 있다. 이를 주의하지 않으면 지식 그래프가 빈 노드로 가득 차는 문제가 발생할 수 있다.
- **시의성**(timeliness): 지식은 시간이 지남에 따라 변하거나 오래되어 쓸모없게 될 수 있으므로 주기적으로 업데이트가 필요하다. 따라서 업데이트 주기를 어떻게 설정할지가 중요하다.
- **접근성, 조작 용이성, 운영성**(accessibility, ease of manipulation, and operation): 지식 그래프는 검색이나 다양한 작업에 사용되므로 실제 유용성을 측정하는 지표가 존재한다. 즉, 지식 그래프는 쉽게 접근 가능해야 하고 조작 가능하며 검색과 업데이트가 원활해야 한다.
- **이해 용이성**(ease of understanding): 지식 그래프는 인간을 위해 지식을 표현하는 도구이므로, 얼마나 해석 가능하고 직관적인지 평가하는 지표도 제안된 바 있다. 최근에는 AI 모델의 투명성과 해석 가능성이 중요하게 다뤄지고 있어 이 측면의 평가가 더욱 강조된다.
- **보안, 개인정보 보호, 추적 가능성**(security, privacy, traceability): 지식 그래프에 접근하는 사용자를 제어하고 외부 접근으로부터 안전한지 평가하는 지표도 있다. 또한 지식의 출처를 추적할 수 있어야 한다. 추적 가능성은 개인정보 보호 규정을 준수하기 위함이기도 하다. 예를 들어, 지식 그래프에 사용자의 민감한 데이터나 잘못된 문서에서 수집된 데이터를 포함할 수도 있다. 이때 추적 가능성을 확보하면 이러한 오류를 수정하거나 데이터 삭제 요청이 들어온 사용자 정보를 제거할 수 있다.

지식 정제

지식 그래프의 품질을 평가해보면 오류가 존재하는지 확인할 수 있다. 일반적으로 이러한 오류 탐지와 수정 과정을 합쳐 **지식 정제**knowledge cleaning라고 한다. 지식 그래프에는 여러 유형의 오류가 발생할 수 있다.

- 구문 오류가 있는 엔티티나 관계
- 존재하지 않는 온톨로지에 할당하거나 잘못된 온톨로지와 연결하거나 온톨로지의 속성이 잘못된 경우 등 온톨로지 관련 오류
- 의미적 오류이며 식별하기 어려운 경우
- 지식 생성에 사용된 출처의 오류로 인해 발생하는 지식 오류(예: 증상 x가 질병 y의 증상이 아님에도 잘못 연결된 경우, 사람 x가 회사 y의 CEO가 아닌데 그렇게 기록된 경우 등)

이러한 오류를 탐지하는 방법은 다양하다. 가장 단순한 방법은 통계적 기법으로, 확률적·통계적 모델링을 활용해 지식 그래프에서 이상치outlier를 탐지하는 것이다. 좀 더 발전된 방법으로 간단한 머신러닝 모델을 활용할 수도 있다. 그러나 이들 모델의 정확성은 그리 높지 않다. 지식 그래프에서는 논리적 추론과 온톨로지를 활용할 수 있으므로, 지식 기반 추론 방식으로 이상치를 식별할 수 있다. 예를 들어, 한 인스턴스가 동시에 사람person과 장소place일 수는 없으므로, 이와 같은 규칙을 활용해 이상치를 탐지할 수 있다. 마지막으로 AI 기반 접근법도 있으며 대표적으로 LLM을 사용해 오류를 탐지할 수 있다. LLM은 지식과 추론 능력을 모두 보유하고 있어 사실의 정확성을 검증하는 데 유용하다. 예를 들어, (Vienna, CapitalOf, Hungary)라는 잘못된 삼중항이 있을 경우 LLM은 이를 오류로 식별할 수 있다. 지식 그래프를 수정하는 유사한 방법들도 존재하며, 이미 오류 탐지와 수정을 지원하는 여러 프레임워크들이 구축되어 활용되고 있다.

지식 확장

다음 단계는 보통 **지식 확장**knowledge enrichment 또는 지식 그래프 완성KG completion이다. 지식 그래프는 본질적으로 불완전하기 때문에 여러 차례에 걸쳐 보완과 수정을 반복하게 된다. 지식 그래프의 완전성을 정의하는 일은 간단하지 않으며, 도메인과 애플리케이션 목적에 따라 달라진다.

지식 그래프 완성의 첫 단계는 추가적인 정보 출처를 식별하는 것이다. 예를 들어, 의료용 지식 그래프라면 새로운 생의학 데이터베이스나 과학 논문 코퍼스를 포함할 수 있다. 초기 구축 단계에서는 보통 비정형 텍스트 같은 하나의 데이터 유형만 사용하지만, 이후에는 추출 대상을 CSV, XML, JSON, 이미지, PDF 등 다양한 데이터 유형으로 확장할 수 있다. 각 데이터 유형은 서로 다른 과제를 수반하

므로 파이프라인을 이에 맞춰 수정해야 한다. 출처가 많아질수록 지식 그래프 정제와 정렬 작업의 중요성이 커진다. 특히 출처가 이질적일수록 지식 그래프 수준에서 중복된 엔티티를 식별하는 엔티티 정합entity resolution이 핵심 과제로 떠오른다.

흥미로운 대안 중 하나는 LLM이나 다른 트랜스포머 모델을 활용해 지식을 추론하는 방식이다. 지금까지 세 가지 접근 방식이 제안되었다.

- **결합 인코딩**(joint encoding): 삼중항(h, r, t)를 트랜스포머 모델에 입력해 그 존재 확률을 예측한다(0은 무효, 1은 유효). 변형된 방식으로 모델의 최종 은닉 상태를 추출해 선형 분류기를 학습시키고, 이를 통해 해당 삼중항의 유효 여부를 이진 분류하는 방법도 있다.
- **마스크드 언어 모델**(MLM) **인코딩**: 전체 임베딩을 수행하는 대신, 삼중항의 한 요소를 마스킹하고 모델이 이를 예측하도록 한다. 예를 들어 (h, r, ?) 형태일 경우, 모델이 마스크된 빈칸을 채우도록 한다.
- **분리 인코딩**(separated encoding): 삼중항을 (h, r)과 (t)로 분리하여 각각 모델에 입력하고, 최종 은닉 상태를 이용해 두 표현의 유사도를 계산한다. 이후 스코어링하여 이 삼중항의 유효성을 예측한다. 이 방식은 정확성이 높지만 경우의 수 폭증combinatorial explosion 위험이 있다. 즉, (h, r)과 (t)의 텍스트 표현 유사도를 계산하는 방식이다.

이러한 접근 방식은 사실 이전 장에서 문장 간 유사도를 계산할 때 다루었던 방법들과 매우 유사하다.

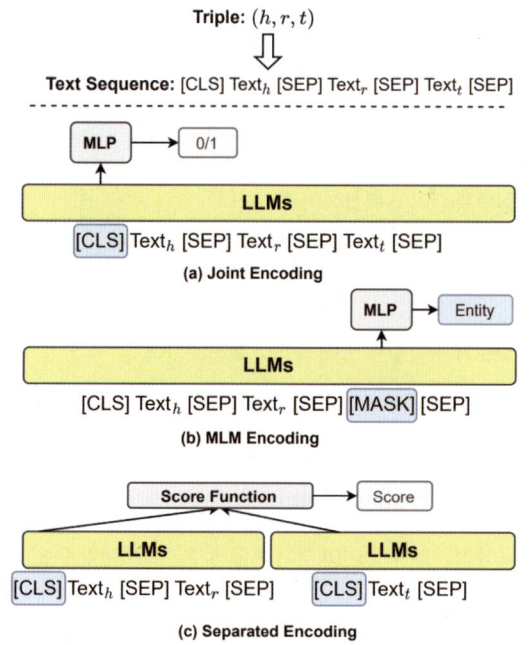

그림 7.12 지식 그래프 완성을 위한 인코더로 활용되는 LLM(https://arxiv.org/pdf/2306.08302)

또 다른 방법으로는 퓨샷 예시나 다른 프롬프트 기법을 사용해 LLM이 직접 삼중항을 완성하도록 요청할 수 있다. 이 방식의 장점은 프롬프트에 추가적인 정보를 함께 제공할 수 있다는 점이다. 이전 접근에서는 (h, r, t)라는 삼중항만 입력했지만, 프롬프트 엔지니어링을 활용하면 관계 설명, 엔티티 설명 같은 컨텍스트 정보를 함께 제시하거나 작업 수행을 돕는 지시문을 추가할 수도 있다.

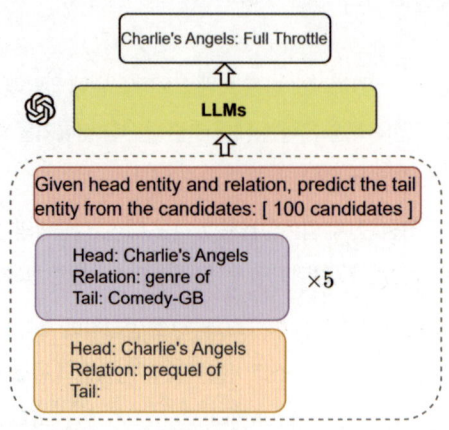

그림 7.13 프롬프트 기반 지식 그래프 완성(https://arxiv.org/pdf/2306.08302)

지식 호스팅과 배포

마지막 단계는 지식 그래프의 호스팅과 배포이다. 지식 그래프는 노드와 관계로 이루어져 있으므로, 데이터를 저장하는 데 그래프에 특화된 패러다임을 사용할 수 있다. 물론, 지식 그래프 호스팅에는 여러 가지 과제가 따른다.

- **크기**: 지식 그래프가 커질수록 관리의 복잡성이 증가한다.
- **데이터 모델**: 시스템마다 서로 다른 장단점이 있으므로, 작업에 최적화된 방식으로 정보에 접근할 수 있는 시스템을 선택해야 한다.
- **이질성**: 그래프에 여러 모드가 포함될 수 있어 저장이 복잡해진다.
- **속도**: 규모가 커질수록 지식 업데이트가 점점 더 복잡해진다.
- **사용자 요구**: 사용자는 서로 다른 요구를 가질 수 있으며 때로는 이 요구가 서로 충돌하기도 한다. 따라서 이를 조율하기 위한 규칙과 제약 조건을 마련해야 한다.
- **배포**: 시스템은 사용자들이 접근할 수 있어야 하며 손쉽게 추론을 수행할 수 있어야 한다.

지식 그래프를 저장하는 방식에는 여러 가지 대안이 있다.

- **관계형 데이터베이스**: SQL과 같은 고전적 관계형 데이터베이스에 엔티티와 관계를 테이블 형태로 저장한 뒤, 투영projection을 이용해 그래프의 관계형 구조를 재구성하는 방식이다. 그러나 대규모 지식 그래프를 관계형 데이터베이스에 저장하면 테이블이 지나치게 커지거나 복잡한 계층 구조를 가진 수많은 테이블이 생성될 수 있다.
- **문서 모델**: 데이터를 키-값 쌍으로 구성된 튜플로 저장하고 이를 컬렉션 단위로 조직하는 방식이다. 검색에는 편리하고 데이터 입력 속도도 빠르지만, 중첩된 컬렉션 구조에서 지식을 업데이트하기가 매우 까다로울 수 있다.
- **그래프 데이터베이스**: 그래프 저장과 검색, 데이터 변환에 최적화된 데이터베이스다. 그래프 데이터 모델은 노드와 엣지에 다양한 메타데이터를 부여할 수 있으며, 이를 다루기 위한 쿼리 언어도 그래프 구조에 맞게 설계된다(SQL과 유사하지만 그래프에 특화되어 있다). 그래프 데이터베이스는 이질적인 데이터 구조를 유연하게 수용할 수 있고 처리 속도 면에서도 장점이 있다. 대표적인 예로 Neo4j가 있으며 이 시스템은 Cypher라는 전용 쿼리 언어를 사용한다.
- **삼중항 저장소**: 데이터베이스 자체가 삼중항으로 이루어진 방식이다. 이러한 데이터베이스는 정보를 삼중항으로 저장하며 데이터베이스 내에서 직접 쿼리를 수행할 수 있다. 보통 온톨로지를 기본으로 지원하며 논리적 추론을 수행할 수 있는 기능도 제공한다.

호스팅은 고유한 과제를 수반하며, 데이터 모델을 선택할 때는 이후 활용할 애플리케이션까지 고려해야 한다. 예를 들어, 지식 그래프가 관계형 데이터베이스에서 데이터를 가져와야 한다면 관계형 시스템을 사용하는 것이 통합 측면에서는 유리하다. 다만 이 경우 이질성 수용성과 속도를 얻는 대신 일부 성능을 희생하게 된다. 반면, 그래프 데이터베이스는 성능이 좋고 그래프의 구조적 특성을 효율적으로 처리하지만, 시스템의 다른 구성 요소들과는 통합이 원활하지 않을 수 있다. 결국 어떤 저장 시스템을 사용하든, 애플리케이션에 따라 하이브리드 시스템을 구축하거나 기존 데이터베이스 위에 별도의 지식 그래프 레이어를 두는 방식으로 운영할 수 있다.

배포는 파이프라인의 마지막 단계지만 이것이 곧 끝을 의미하지는 않는다. 지식 그래프는 쉽게 구식이 될 수 있으므로, 지식 업데이트를 위한 파이프라인이나 새로운 애플리케이션을 다룰 수 있는 체계를 마련해야 한다. 또한 새로운 지식이 추가되는 경우, 지식 그래프의 품질을 모니터링하고 오류나 충돌이 발생하지 않도록 관리하는 지식 평가 파이프라인도 필요하다. 일부 지식은 시대에 뒤떨어지거나 법적, 개인정보 보호 문제로 삭제해야 할 수 있으므로 이를 위해 정제 파이프라인도 운영해야 한다. 이 외에도 시스템 접근 제어와 보안을 담당하는 파이프라인도 마련해야 한다.

지금까지 지식 그래프를 생성하고 배포하는 데 필요한 모든 단계를 살펴보았다. 이제 지식 그래프를 기반으로 다음 절에서는 정보를 검색하고 이를 LLM의 컨텍스트로 활용하는 방법을 알아본다.

3. 지식 그래프와 LLM을 활용하여 정보 검색하기

앞의 두 장에서는 RAG의 능력과 RAG가 LLM의 할루시네이션을 줄이는 데 어떤 역할을 하는지 살펴보았다. RAG는 연구와 산업 분야 모두에서 널리 사용되고 있지만 여전히 한계가 존재한다.

- **관계 간과**: 데이터베이스 내 텍스트는 서로 연결되어 있으며 고립되어 있지 않다. 예를 들어 하나의 문서는 여러 청크로 나뉘지만, 이 청크들은 모두 같은 문서에 속하므로 의미적으로 연결성을 가진다. 그러나 RAG는 의미적 유사성만으로는 포착되지 않는 구조적 관계 지식을 포착하지 못한다. 일부 연구자들은 과학 분야에서 논문과 선행 연구 간의 관계가 중요하다고 지적하는데 이는 보통 인용 네트워크citation network로 드러난다. RAG는 쿼리와 유사한 논문은 찾을 수 있지만 인용 네트워크는 발견하지 못해 이러한 관계 정보를 놓친다.
- **중복 정보**: LLM에 전달되는 컨텍스트는 일련의 청크들을 단순히 이어 붙인 형태다. 최신 LLM은 점점 더 긴 컨텍스트 길이를 지원하여 더 많은 컨텍스트를 처리할 수 있지만, 모델은 불필요한 정보가 있을 때 어려움을 겪는다. 컨텍스트에 더 많은 청크를 추가할수록 질의에 답하는 데 필요하지 않은 불필요하거나 중요하지 않은 정보의 양이 늘어난다. 이러한 불필요한 정보의 존재는 모델의 성능을 저하시킨다.
- **전역 정보 부족**: RAG는 전체 문서 집합이 아닌 검색된 일부 문서에만 의존하기 때문에, 전체를 아우르는 포괄적인 정보(전역 정보)를 파악하는 데 한계가 있다. 이는 특히 요약 작업에서 문제가 된다.

이러한 한계를 해결하기 위한 새로운 패러다임이 **그래프 RAG**GraphRAG이다. 기존 RAG에서는 임베딩된 벡터 간의 유사도를 분석하여 텍스트 청크를 찾았다. 반면, 그래프 RAG에서는 지식 그래프에서 검색을 수행하고 그 결과로 얻은 삼중항을 LLM의 컨텍스트로 제공한다. 즉, 사용자의 쿼리가 입력되면 지식 그래프에서 검색을 수행하고 그래프에 포함된 정보를 활용해 보다 풍부하고 정확한 답변을 생성하는 것이 가장 큰 차이점이다.

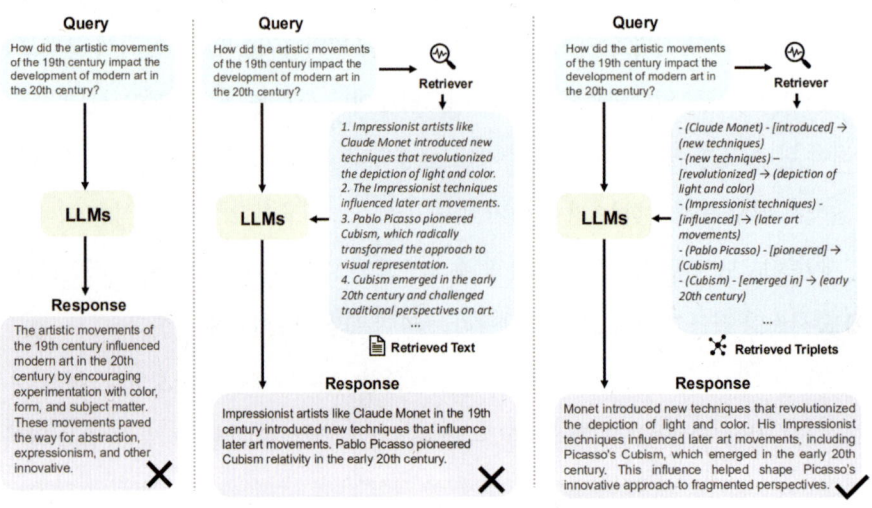

그림 7.14 LLM과 RAG, 그래프 RAG 비교(https://arxiv.org/pdf/2408.08921)

보다 엄밀히 말해, 그래프 RAG는 지식 그래프를 활용해 LLM에 컨텍스트를 제공하고 더 나은 응답을 생성하는 프레임워크로 정의할 수 있다. 따라서 이 시스템은 기존의 RAG와 매우 유사하지만, 검색 대상이 벡터 공간이 아니라 그래프라는 점이 핵심적인 차이이다. 혼동을 피하기 위해 여기서는 기존 방식을 벡터 RAG_{vector RAG}라고 부르겠다. 그래프 RAG에서 지식 그래프는 지식 베이스로 사용되며 이로부터 엔티티와 관계에 대한 정보를 얻는다. 그래프 RAG는 다음 세 가지 주요 단계로 구성된다.

1. **그래프 기반 인덱싱**(graph-based indexing): 첫 번째 단계에서는 그래프 데이터베이스를 구축하고 그래프 구조에 맞게 데이터를 올바르게 인덱싱한다.

2. **그래프 기반 검색**(graph-guided retrieval): 지식 그래프가 준비되면, 사용자의 쿼리가 입력될 때 이에 답변하기 위해 필요한 정보를 탐색하고 추출한다. 자연어 쿼리 q가 주어지면 올바른 답변을 생성할 수 있는 부분 그래프_{subgraph}를 추출하는 것이 목표다.

3. **그래프 기반 생성**(graph-enhanced generation): 마지막 단계에서는 검색된 지식을 활용해 답변을 생성한다. 이 단계에서 LLM은 추출된 그래프 정보를 컨텍스트로 입력받아 최종 응답을 생성한다.

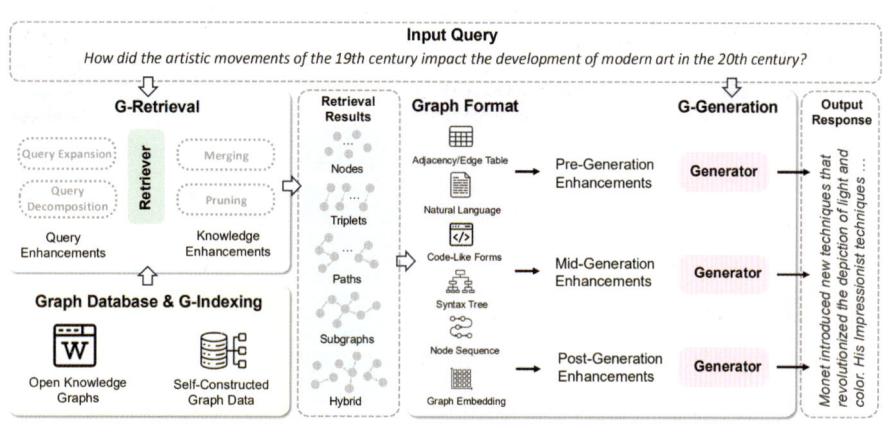

그림 7.15 질의응답 작업을 위한 그래프 RAG 프레임워크 개요(https://arxiv.org/pdf/2408.08921)

이어서 각 단계를 자세히 살펴본다.

그래프 기반 인덱싱

첫 번째 단계에서는 어떤 그래프 데이터를 사용할지 결정해야 한다. 일반적으로 두 가지 유형의 지식 그래프를 사용한다. 하나는 공개_{open} 지식 그래프이고 다른 하나는 자체 구축 지식 그래프이다. 공개 지식 그래프의 경우 이미 구축된 지식 그래프를 가져와 그래프 RAG에 맞게 활용할 수 있다. 현재는 이미 구축되어 활용 가능한 지식 그래프가 많이 있다. 예를 들어, 위키데이터_{Wikidata}는 다양한 위키

미디어 프로젝트에서 데이터를 수집한 지식 베이스다. 또한 특정 도메인에 특화된 지식 그래프들도 있는데, 이러한 그래프는 해당 분야에 대한 이해도가 높으며 일부는 공개되어 연구나 애플리케이션 개발에 직접 활용할 수 있다. 또 다른 방법은 자체 지식 그래프를 구축하는 것이다.

지식 그래프를 구축하거나 그래프 RAG에서 사용하기 전에 반드시 인덱싱에 주의를 기울여야 한다. 올바른 인덱싱은 그래프 RAG를 더 빠르고 효율적으로 만든다. 지식 그래프는 시각적으로는 그래프 구조로 표현되지만 실제로는 데이터베이스에 저장되기 때문이다. 인덱싱은 원하는 정보를 빠르게 찾을 수 있도록 도와준다. 인덱싱 방식에는 여러 가지가 있다. 예를 들어, 노드나 삼중항, 온톨로지에 텍스트 설명을 추가해 검색할 때 활용할 수 있다. 또 다른 방법은 그래프 데이터를 벡터로 변환하여 벡터 공간에서 검색(임베딩 기반 검색)을 수행하는 것이다. 데이터의 그래프 특성을 더 잘 반영하는 인덱싱이나 서로 다른 방식을 결합한 하이브리드 방식도 사용할 수 있다.

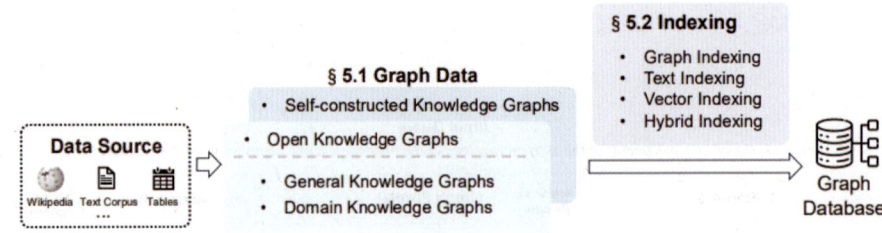

그림 7.16 그래프 기반 인덱싱 개요(https://arxiv.org/pdf/2408.08921)

그래프 기반 검색

벡터 RAG와 마찬가지로, 그래프 RAG에서도 검색 단계는 응답 생성의 품질을 결정하는 핵심 요소이다. 그러나 지식 그래프에서 검색을 수행할 때는 두 가지 주요 과제가 존재한다.

- **후보 부분 그래프의 폭발적 증가**: 그래프가 커질수록 그 안에서 파생될 수 있는 부분 그래프의 수는 기하급수적으로 증가한다. 따라서 지식 그래프를 탐색하고 관련성 높은 부분 그래프를 찾으려면 효율적인 알고리즘이 필요하다. 일부 알고리즘은 효율성을 높이기 위해 휴리스틱_{heuristic} 방식을 사용한다.
- **유사도 측정의 한계**: 쿼리는 텍스트 형태로 주어지지만 유사도 검색은 그래프 위에서 이루어져야 한다. 따라서 알고리즘은 텍스트 정보와 구조적 정보를 모두 이해하고 서로 다른 출처의 데이터 간 유사도를 비교할 수 있어야 한다.

검색기는 여러 유형이 있을 수 있다. 가장 단순한 것은 **논파라메트릭**_{non-parametric} 검색기다. 이들은 휴리스틱 규칙이나 전통적인 그래프 검색 알고리즘을 활용한다. 예를 들어, 어떤 쿼리가 주어졌을 때 해당 쿼리에 포함된 엔티티를 검색한 다음, k-홉 경로(k-hop path)를 탐색하는 방식이다. 쉽게 말해, "오바마(Obama)는 어디에서 태어났는가?"라는 쿼리가 주어지면, 지식 그래프에서 Obama 엔티티를 시작점으로 삼아 이웃 엔티티(k-hop=1), 혹은 그 이웃의 이웃(k-hop=2) 등을 따라가며 탐색한다. 논파라메트릭 검색기는 단순하고 빠르지만 검색 정확도가 낮다는 단점이 있다(물론 학습을 통해 개선할 수 있다).

보다 발전된 방식으로는 그래프에 맞게 학습된 머신러닝 또는 딥러닝 모델을 활용하는 방법이 있다. 대표적인 예가 **그래프 신경망**(GNN, graph neural network) 기반 검색기다. GNN은 그래프를 직접 다룰 수 있는 신경망으로, 노드 분류와 엣지 예측 등 다양한 그래프 관련 작업에 활용된다. GNN 기반 검색기는 지식 그래프에서 쿼리와 유사한 부분 그래프를 찾아내는 데 활용할 수 있다.

또 다른 방식으로는 LLM 기반 검색기를 활용하는 방법이 있다. 트랜스포머 기반 모델이 쿼리를 처리하고 해석해 그래프 탐색을 수행하는 구조다. 이러한 모델 중 상당수는 텍스트 데이터를 기반으로 사전 학습한 뒤 그래프 검색을 위해 추가로 파인튜닝된다. LLM 기반 검색기의 장점은 LLM을 에이전트로 활용해 그래프 검색에서 다양한 도구와 기능을 직접 사용할 수 있다는 점이다. GNN 기반과 LLM 기반 검색기는 모두 검색 정확도를 크게 향상시키지만 높은 계산 비용이 든다는 단점이 있다. 최근에는 다양하게 결합한 접근법도 시도되고 있다. 예를 들어, GNN과 LLM을 함께 사용하거나 휴리스틱 방법을 LLM과 결합하는 방식이 있다. 또 다른 방식은 다단계 프로세스를 구성하는 것이다. 예컨대 1단계에서 LLM을 사용해 초기 검색을 수행한 뒤, 2단계에서 결과를 정교하게 정제하는 식이다.

벡터 RAG에서와 마찬가지로, 그래프 RAG에도 다양한 부가 요소를 추가해 성능을 향상시킬 수 있다. 예를 들어, 앞 장에서 살펴본 것처럼 쿼리를 다시 작성하거나 지나치게 복잡한 쿼리를 분해하는 방법이 있다. 이러한 쿼리 수정은 사용자가 의도한 암묵적 의미를 더 잘 포착하는 데 도움이 된다. 또한 검색 과정 자체도 유연하게 설계할 수 있다. 나이브 RAG에서는 검색이 한 번만 수행되지만, 고급 RAG에서는 검색을 다단계 또는 반복적으로 수행할 수 있다. 더 정교한 방식은 쿼리의 복잡성에 따라 검색 과정을 적응적으로(adaptive) 수행하는 것이다. 즉, 단순한 쿼리는 한 번만 검색하고 복잡한 쿼리에는 여러 차례 반복 검색을 수행하는 식이다.

검색 이후의 결과 역시 수정할 수 있다. 예를 들어, 그래프 RAG에서도 검색된 지식을 압축할 수 있다. 실제로 여러 단계의 검색을 수행하면 중복 정보가 포함될 수 있으므로 불필요한 정보를 필터링하는 것이 유용하다.

오늘날에는 그래프 RAG로 검색된 결과를 다시 정렬하는 재순위화(reranking) 기법이 활용되고 있다. 예를 들어, 검색된 여러 부분 그래프를 다시 정렬한 뒤 그중 상위 k개를 선택하는 방식이 있다.

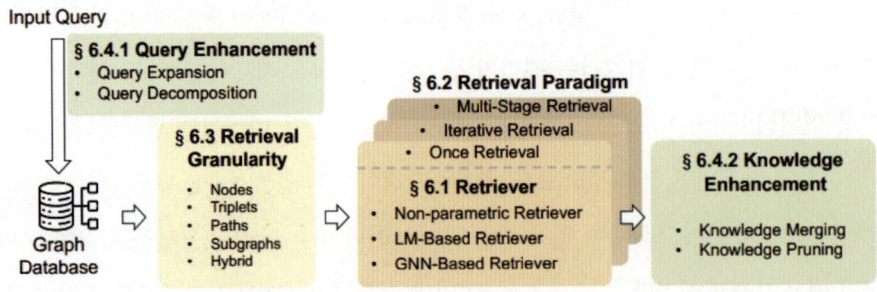

그림 7.17 그래프 기반 검색의 일반적인 아키텍처(https://arxiv.org/pdf/2408.08921)

벡터 RAG와 그래프 RAG의 또 다른 차이점은 검색 세분성granularity을 조절하는 방식에 있다. 벡터 RAG에서는 청크 크기를 조정하여 세분성을 제어한다. 반면, 그래프 RAG에서는 청크 분할이나 청크 검색을 수행하지 않으며, 대신 검색 과정에서 무엇을 찾을지를 선택함으로써 세분성을 조절할 수 있다.

- **노드**: 그래프 RAG에서는 개별 엔티티를 검색할 수 있다. 노드에는 속성이 연결될 수 있으며, 이 경우 엔티티와 그 속성만을 컨텍스트에 포함한다. 이는 특정 대상을 명확히 묻는 질의에 유용하다.
- **삼중항**: 검색 세분성을 확장하여 노드뿐 아니라 관계까지 포함한 삼중항을 검색할 수 있다. 이는 엔티티 자체뿐 아니라 그 관계에도 관심이 있을 때 유용하다.
- **경로**: 이 경우에도 검색 범위를 확장한다. 경로는 노드와 관계가 연결된 사슬 구조를 대상으로 할 수 있다. 예를 들어 엔티티 X에서 Y로 가는 경로는 X와 Y를 잇는 모든 엔티티와 관계의 연결을 의미한다. 여러 엔티티 간에는 다양한 경로가 존재하며 그래프가 커질수록 그 수는 기하급수적으로 늘어난다. 따라서 일반적으로는 규칙을 정의하거나 GNN을 활용하거나 최단 경로를 선택하는 방법을 사용한다.
- **부분 그래프**: 부분 그래프는 지식 그래프 내의 노드와 관계의 부분 집합으로 정의된다. 부분 그래프를 추출하면 엔티티들 사이의 복잡한 패턴과 의존성을 분석할 수 있어 복잡한 질의에 답하는 데 유용하다. 부분 그래프를 추출하는 방법은 특정 패턴을 활용하거나 여러 경로를 병합하는 방식 등이 있다.
- **하이브리드 세분화**: 서로 다른 세분성을 동시에 활용하거나 쿼리 특성에 따라 세분성을 동적으로 조정하는 적응형 접근도 가능하다.

그래프 RAG에서는 세분성과 효율성의 균형이 중요하다. LLM이 불필요한 정보 때문에 어려움을 겪지 않도록 컨텍스트를 과도한 요소로 채워서는 안 된다. 또한 쿼리의 복잡성에 따라 적절한 세분성을 적용해야 한다. 단순한 쿼리에는 낮은 세분성만으로 충분하지만, 복잡한 쿼리에는 높은 세분성이 필요하다. 적응형 접근법을 사용하면 필요한 경우 뉘앙스를 유지하면서도 시스템을 더 효율적으로 운영할 수 있다.

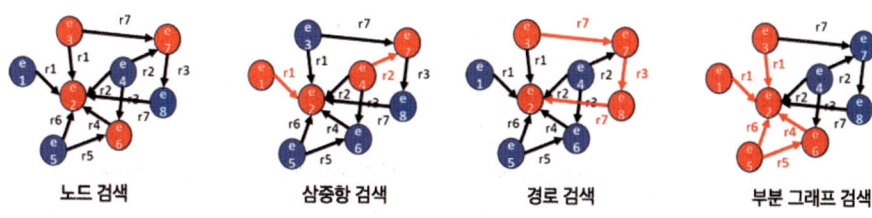

그림 7.18 다양한 수준의 검색 세분성

지식을 발견하고 정제한 후에는 이를 LLM에 제공하여 쿼리에 대한 응답을 생성할 수 있다. 이때 검색된 지식은 LLM에 제공되는 프롬프트에 포함되며 모델은 이를 바탕으로 답변을 생성한다. 또는 이렇게 얻은 지식을 특정 작업에 특화된 모델에 활용할 수도 있다. 예를 들어, GNN을 활용해 객관식 질문에 답하는 방식이 있다. 다만 그래프는 본질적으로 비유클리드non-Euclidean 구조이므로 텍스트 정보와의 통합이 최적화되지 않는다는 한계가 있다. 이를 해결하기 위해 그래프 정보를 LLM이 더 쉽게 이해할 수 있도록 변환하는 그래프 번역기graph translator를 활용할 수 있다. 이 변환 과정을 거치면 LLM이 정보를 더 잘 해석할 수 있다. 이처럼 그래프 형태(노드, 관계, 경로, 부분 그래프)로 찾은 정보를 LLM의 컨텍스트에 포함할 때는 다양한 형식으로 표현할 수 있다.

- **그래프 형식**(graph format): 프롬프트에 관계와 노드 집합을 직접 추가하거나 인접 행렬이나 엣지 테이블edge table 같은 그래프 구조 표현을 사용할 수 있다. 후자의 경우 관계 구조를 더 압축적으로 표현할 수 있다. 또 다른 방법으로 미리 정해진 규칙에 따라 생성되는 노드 시퀀스node sequence를 활용할 수 있다. 이는 그래프 내 노드의 순서를 포함하는 간결한 표현이다.

- **자연어**(natural language): 정보를 자연어로 변환할 수 있는 특정 그래프 언어가 존재한다. 자연어는 LLM이 더 쉽게 이해할 수 있는 표현이다. 이 과정에서는 발견된 부분 그래프를 서술적인 형태로 변환한다. 예를 들어 템플릿에 노드와 관계를 채워 넣어 그래프를 자연어로 변환할 수 있다. 일부 템플릿에서는 특정 노드의 가까운 이웃(1-hop)과 먼 이웃(2-hop)을 정의할 수도 있으며, 아예 LLM에게 직접 부분 그래프를 자연어 설명으로 변환하도록 맡길 수도 있다.

- **구문 트리**(syntax tree): 그래프를 평탄화하여 구문 트리 형태로 표현할 수 있다. 구문 트리는 계층 구조를 가지며 그래프의 위상 순서topological order를 유지한다. 이 접근법은 그래프의 속성을 유지하면서도 LLM이 정보를 더 쉽게 처리할 수 있게 한다.

- **코드형 형식**(code-like form): 검색된 그래프를 GraphMLgraph markup language 같은 표준 형식으로 변환할 수 있다. 이런 언어는 그래프를 위해 특별히 설계되었지만, 구조적 요소와 텍스트 요소가 결합된 하이브리드 형식이다.

하지만 그래프 변환 과정에는 여전히 어려움이 따른다. 결과물이 간결하면서도 완전해야 하고, 동시에 LLM이 이해할 수 있는 형태여야 하기 때문이다. 이상적으로는 이 표현이 그래프의 구조적 정보까지 포함하는 것이 바람직하다. 검색된 부분 그래프를 변환하든 그대로 사용하든, 최종적으로는 LLM 프롬프트에 포함되어 응답 생성에 활용된다.

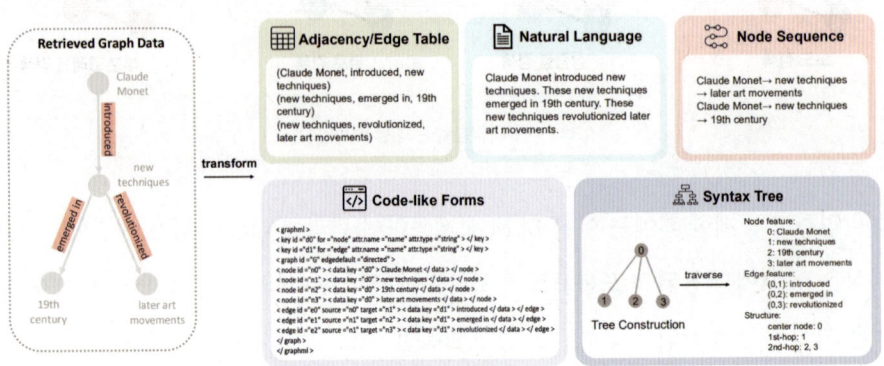

그림 7.19 LLM 응답 생성을 강화하기 위한 부분 그래프 변환(https://arxiv.org/pdf/2408.08921)

그래프 RAG 활용

그래프 RAG는 여러 분야에서 활용할 수 있다. 가장 기본적인 것은 질의응답 작업으로, 이는 기존 RAG와 마찬가지다. 여기서는 부분 그래프를 추출해 LLM이 이를 바탕으로 추론과 답변 생성을 수행한다. 질의응답의 한 갈래로 상식 추론 질의응답이 있으며, 이 경우는 종종 객관식 질문 형태를 띤다. 이 작업에는 LLM 대신 GNN이나 다른 머신러닝 모델이 활용되기도 한다.

또한 지식 그래프는(나아가 그래프 RAG도) 정보 검색에 폭넓게 활용된다. 예를 들어, 특정 엔티티 간의 관계를 조사하려고 할 때, 지식 그래프 자체만으로도 관계를 직접 추출할 수 있다. 여기에 LLM 기반 생성을 결합하면 단순한 관계 이상의 맥락적 뉘앙스까지 탐색할 수 있어 학술 연구와 문헌 분석에서 특히 유용하다. 실제로 학술 연구에서는 하나의 논문이 여러 저자에 의해 작성되며 저자들은 각기 다른 기관에 소속되어 있다. 또한 논문은 선행 연구를 기반으로 하며 각 논문에는 고유한 인용 네트워크가 존재한다. 이러한 구조적 요소들은 그래프 형태로 쉽게 모델링할 수 있다.

최근 가파롤라히Ghafarollahi 외 연구진은 여러 지식 그래프 에이전트를 활용하여 학술 문헌을 분석하고 새로운 연구 가설을 제안하는 시스템을 발표했다. 이들은 1,000편의 논문에서 구축한 지식 그래프에서 경로나 부분 그래프를 추출하였고, 이를 기반으로 에이전트가 온톨로지 분석을 수행해 새로운 연구 가설을 도출했다. 이는 여러 에이전트가 협력하여 새로운 소재에 대한 잠재적 탐구 방향을 제시할 수 있음을 보여준 사례다.

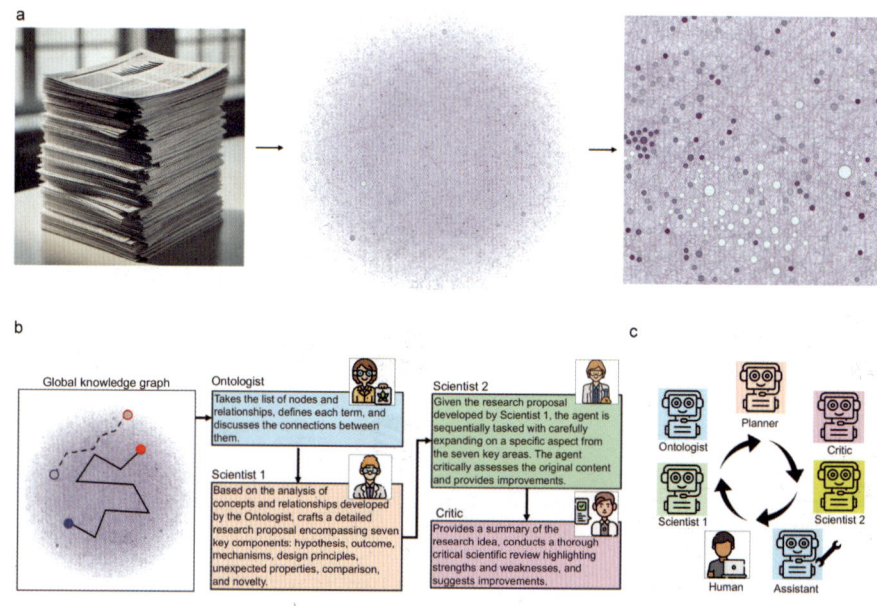

그림 7.20 과학 연구를 지원하는 다중 에이전트 그래프 추론 시스템 개요(https://arxiv.org/pdf/2409.05556v1)

그래프 RAG가 주목받는 이유 중 하나는, 지식 그래프가 본래 사실 검증fact verification에 사용되던 구조라는 점이다. 결국 지식 그래프는 사실의 집합이므로 이를 LLM에 제공하면 할루시네이션을 줄이는 데 도움이 된다. 이러한 특징은 특히 생의학 응용 분야에서 매력적이다. 의료 분야에서 할루시네이션은 의사결정에 치명적인 문제를 일으킬 수 있기 때문이다. 하지만 기존의 벡터 RAG는 할루시네이션을 줄이는 데는 효과적이지만, 전체적인 맥락을 포괄적으로 이해해야 하는 질문에는 한계가 있다.

따라서 우Wu 외 연구진은 **MedGraphRAG**라는 그래프 RAG 기반 접근법을 제안했다. 이들은 여러 의료 데이터를 활용해 시스템을 구축하고 지식 그래프의 계층적 특성을 적극적으로 활용했다. MedGraphRAG의 지식 그래프는 세 가지 수준으로 구성된다. 첫 번째 수준은 사용자가 제공한 문서(병원 의무 기록)로 구성된다. 이 수준의 엔티티는 더 기초적인 일반적으로 인정된 정보와 연결된다. 두 번째 수준은 의학 교과서와 과학 논문으로 구성된다. 마지막 세 번째 수준에는 표준화되고 신뢰할 수 있는 출처에서 얻은 의학 용어와 지식 관계가 포함된다.

이러한 지식 그래프를 기반으로 한 검색은 주요 의학 질의응답 벤치마크 데이터셋에서 최첨단state-of-the-art 성능을 달성했다. 이 시스템은 의료 지식으로 파인튜닝된 모델보다도 성능이 뛰어나면서 계산 비용은 훨씬 적게 든다는 장점이 있다.

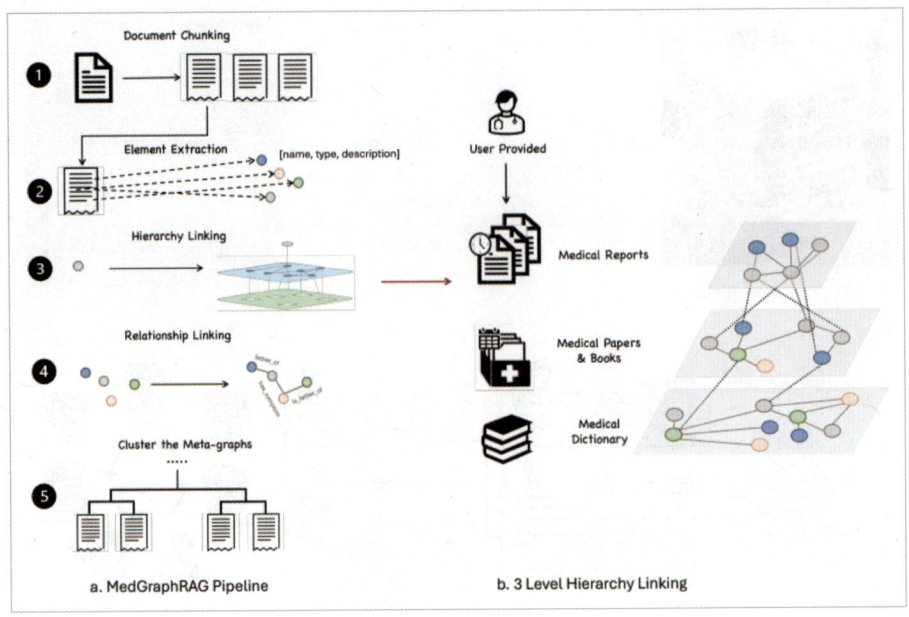

그림 7.21 MedGraphRAG 프레임워크(https://arxiv.org/pdf/2408.04187)

그래프 RAG는 지식 그래프를 활용한 사용자 추천 시스템에도 쓰인다. 전자상거래 플랫폼에서는 추천 시스템을 통해 사용자의 미래 구매 의도를 예측하고 관심 있을 만한 다른 제품을 제안한다. 이에 따라 새로운 사용자를 과거 유사한 행동을 보인 사용자들로부터 파생된 부분 그래프와 매칭하고, 이를 활용하여 향후 구매 가능성이 높은 제품을 예측하고 적절한 상품을 추천하는 방식이 제안되었다.

이 접근법은 법률 및 금융 분야에서도 유용하게 쓰일 수 있다. 법률 분야에서는 판례와 사법적 의견 간의 방대한 인용 네트워크가 존재하며, 판사는 새로운 판결을 내릴 때 과거 판례와 의견을 참고한다. 주어진 법적 사건에서 그래프 RAG는 관련된 과거 판례를 제안하여 의사결정을 돕는 데 활용할 수 있다. 금융 분야에서는 과거 금융 거래나 고객 사례를 제안하는 방식으로 그래프 RAG를 활용할 수 있다.

지금까지 그래프 RAG와 벡터 RAG가 대립적인 개념처럼 설명했지만, 실제로는 두 시스템 모두 장단점이 있으며 상호 보완적으로 결합하는 접근이 더 바람직하다. 사르마(Sarmah) 외 연구진은 이러한 아이디어를 바탕으로 그래프 RAG와 벡터 RAG를 결합한 **하이브리드 RAG**를 제안했다. 이 시스템은 금융 응답 분야에서 특히 장점을 보였다. 앞으로는 라우터를 추가하여 쿼리의 특성에 따라 지식 그래프 검색과 벡터 데이터베이스 검색 중 어느 것을 사용할지 선택하는 방식이 등장할 수 있다. 또는 지식 그래프 검색과 청크 검색에서 얻은 정보가 중복일 수 있으므로, 컨텍스트 내에서 이들 지식을 통합하는 더 정교한 시스템 구조로 발전할 수도 있다.

이 절에서는 LLM과 지식 그래프를 연결하는 방식, 그리고 지식 그래프를 사용해 LLM의 컨텍스트를 풍부하게 하는 방법을 살펴보았다. 다음 절에서는 LLM과 지식 그래프의 시너지를 유용하게 활용할 수 있는 또 다른 작업에 대해 논의한다.

4. 그래프 추론 이해하기

이번 절에서는 그래프 데이터 과제를 해결하는 방법에 초점을 맞춘다. 구체적으로 지식 그래프 작업을 해결하는 데 사용되는 몇 가지 접근법인 지식 그래프 임베딩, GNN, LLM을 살펴본다. 지식 그래프 임베딩과 GNN은 각각 한 장chapter을 할애해도 부족할 만큼 방대한 주제이므로, 이 책에서는 실무자에게 도움이 될 만한 내용을 소개하려 한다. 실제로 임베딩과 GNN은 LLM 및 에이전트와 결합해 시너지를 발휘할 수 있다.

모델이 그래프 구조를 이해해야만 해결할 수 있는 다양한 작업이 존재하며, 이를 통칭하여 **그래프 구조 이해 작업**graph structure understanding tasks이라고 한다. 이러한 작업들은 이를 학습하기 위해 특별히 설계된 알고리즘이나 모델로 해결하는 경우가 많다. 그러나 오늘날에는 LLM을 활용해 이 작업을 해결하려는 새로운 패러다임이 개발되고 있으며, 이에 대해서는 이번 절의 마지막에서 자세히 다룬다. 그래프 구조 이해 작업의 예는 다음과 같다.

- **차수 계산**(degree calculation): 특정 노드가 몇 개의 이웃을 가지는지 계산
- **경로 탐색**(path search): 두 노드 간의 경로 정의, 최단 경로 계산 등
- **해밀턴 경로**(Hamilton path): 모든 노드를 정확히 한 번씩만 방문하는 경로 찾기
- **위상 정렬**(topological sorting): 노드를 위상 순서로 방문할 수 있는지 확인

이들 중 일부(차수 계산, 경로 탐색)는 단순하지만 다른 것들(위상 정렬, 해밀턴 경로)은 훨씬 더 복잡하다.

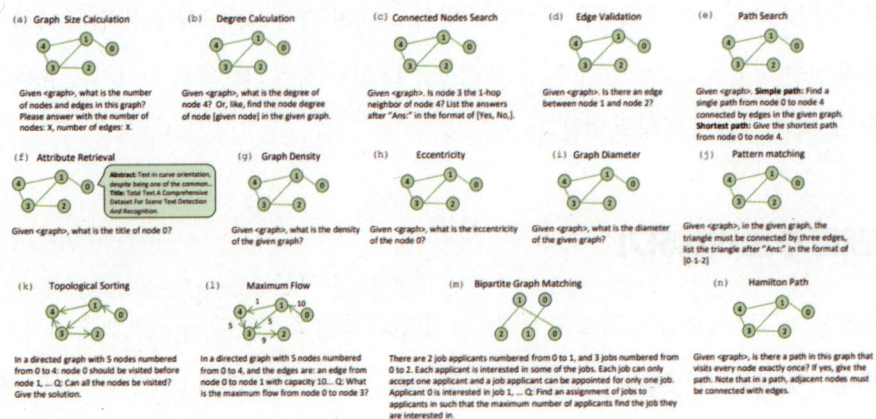

그림 7.22 그래프 구조 이해 작업(https://arxiv.org/pdf/2404.14809)

반면, 그래프 학습 작업graph learning tasks은 모델이 그래프의 구조뿐만 아니라 노드, 엣지, 그래프 자체의 특징까지 포함하여 그래프의 의미적 정보를 이해할 수 있어야 한다. 대표적인 작업 예는 다음과 같다.

- 노드 분류(node classification): 노드의 속성과 이웃 속성을 기반으로 노드 분류
- 그래프 분류(graph classification): 전체 그래프를 이해하여 분류
- 엣지 분류(edge classification): 엣지의 유형이나 속성을 분류
- 노드 특징 설명(node feature explanation): 특정 노드의 특징 설명

지식 그래프 질의응답은 이 그룹에 속하는 작업으로, 질의에 답하기 위해 엔티티와 관계의 구조와 의미를 모두 이해해야 한다. 유사한 작업으로는 지식 그래프 질의를 통해 텍스트를 생성하는 작업이 있으며, 이는 하나의 하위 작업으로 볼 수 있다.

지식 그래프 임베딩은 다중 관계 의미multi-relational semantics와 그래프 내 잠재적 패턴을 포착할 수 있어 관계 추론 및 심볼릭 링크 예측symbolic link prediction과 같은 작업(예: 지식 그래프 링크 예측)에 특히 유용하다. 반면, GNN은 그래프 구조와 노드/엣지 특징을 학습하여 귀납적 추론, 특징 활용, 그래프의 지역적/전역적 표현이 필요한 작업(예: 노드 또는 그래프 분류·회귀)에서 뛰어난 성능을 보인다.

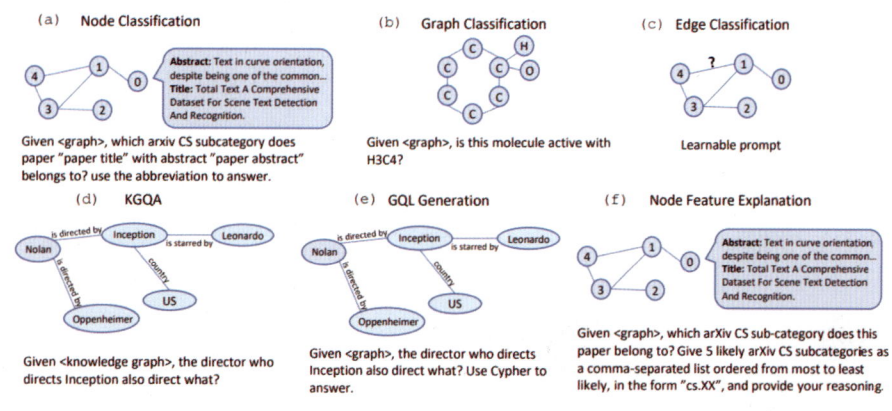

그림 7.23 그래프 학습 작업(https://arxiv.org/pdf/2404.14809)

지식 그래프 임베딩

지식 그래프는 지식을 구조적으로 표현하는 데 효과적이지만 그래프의 규모가 커질수록 관리와 활용이 복잡해진다. 이 때문에 링크 예측link prediction이나 엔티티 분류entity classification와 같은 특정 작업에 활용하기 어려운 측면이 있다. 이러한 복잡성을 줄이기 위해 제안된 방법이 바로 **지식 그래프 임베딩**이다.

임베딩 개념은 이미 1장에서 다룬 바 있다. 임베딩은 데이터를 저차원 연속 벡터 공간에 투영projection하는 것으로 텍스트나 그래프처럼 희소 표현을 가진 데이터를 다룰 때 특히 유용하다. 지식 그래프의 경우 임베딩은 그래프의 노드, 엣지, 그리고 이들의 특징 벡터feature vector를 저차원 공간으로 투영하는 것을 의미한다. 지식 그래프 임베딩 모델은 이러한 투영을 통해 그래프의 구조와 정보를 모두 보존하면서 다양한 후속 작업에서 활용할 수 있도록 한다.

그러나 이러한 벡터 표현을 학습하는 것은 쉽지 않으며 지금까지 다양한 알고리즘이 제안되었다. 일부 지식 그래프 임베딩 모델은 엔티티 간 관계 패턴을 보존하는 데 초점을 둔다. 예를 들어, TransE는 지식 그래프를 유클리드 공간에 임베딩하는 방식으로 엔티티 간의 관계를 벡터로 표현한다. TransE는 삼중항 (h, r, t)에서 두 엔티티가 가능한 한 가까운 거리에 위치하도록 학습하며, 결과적으로 $h + r \approx t$가 성립하도록 학습하여 이를 통해 엔티티 간의 관계가 수학적으로 의미 있는 공간에서 표현되도록 한다.

RotatE는 또 다른 방법으로, 복소수 벡터 공간을 사용하여 대칭symmetry, 반대칭antisymmetry, 역관계inversion, 합성composition과 같은 관계 패턴을 보존한다. 예를 들어 "결혼은 대칭 관계다" 또는 "조카는 형제의 아들이다"와 같이 대칭성이나 합성 개념이 필요한 추론에 특히 유용하다.

다른 접근법은 구조적 패턴을 보존하는 데 초점을 둔다. 실제로 대규모 지식 그래프에는 계층 구조,

사슬chain 구조, 환형ring 구조처럼 복잡한 구조가 포함되지만, 전통적인 임베딩에서는 이러한 구조가 손실되기 쉽다. 이러한 구조는 추론을 수행하거나 특정 작업에 필요한 부분 그래프를 추출하는 데 중요한 역할을 한다. 예를 들어, ATTH는 쌍곡 공간을 사용하여 계층 구조와 논리 패턴을 동시에 보존하는 방법이다. 또 다른 방법으로 엔티티와 관계의 불확실성을 모델링하여 링크 예측 같은 작업을 더 쉽게 수행하도록 하는 방법도 제안되고 있다.

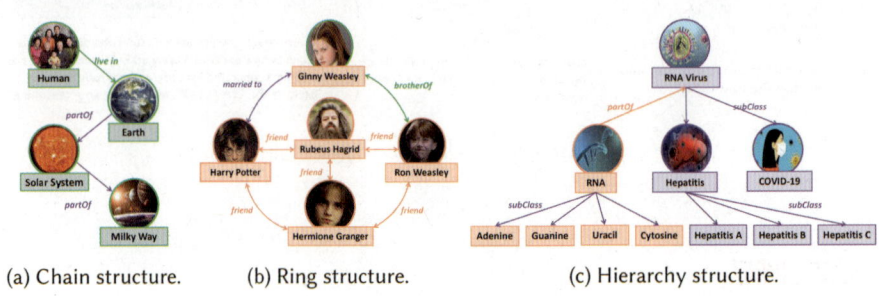

(a) Chain structure. (b) Ring structure. (c) Hierarchy structure.

그림 7.24 지식 그래프의 세 가지 전형적 구조(https://arxiv.org/pdf/2211.03536)

지식 그래프 임베딩은 링크 예측과 같은 여러 작업에 널리 사용되어 왔다. 이 경우 임베딩된 저차원 공간을 활용해 가장 가능성이 높은 누락된 링크를 찾아낸다. 마찬가지로, 연속 공간을 활용하면 모델을 사용하여 삼중항 분류triple classification를 수행할 수 있다. 또한 학습된 임베딩을 추천 시스템에 활용하는 응용 사례도 있다.

그래프 신경망

그래프를 머신러닝 알고리즘에 직접 적용하는 데에는 여러 가지 어려움이 있다. 첫째, 고전적 ML 모델은 일반적으로 직사각형이나 격자 형태의 데이터를 입력으로 받기 때문에, 이를 그래프에 그대로 적용하는 것은 직관적이지 않다. 또한 그래프에는 노드, 엣지, 전역 컨텍스트, 연결성 등 작업을 해결하는 데 사용할 수 있는 다양한 정보들이 있다. 특히 연결성은 표현하기가 매우 어렵고 보통은 인접 행렬을 사용한다. 이 표현 방식은 희소할 뿐 아니라 그래프의 노드 수가 늘어날수록 크기가 급격히 커지며 공간 효율성도 떨어진다. 게다가 그래프에는 고정된 순서가 없기 때문에, 동일한 정보를 담고 있어도 서로 다른 인접 행렬이 생성될 수 있고 이것을 모델이 제대로 인식하지 못할 위험이 있다.

그래프 신경망GNN, graph neural network은 그래프를 본래의 구조 그대로 입력받아 학습 과정에서 이 구조적 특성을 활용하는 딥러닝 모델이다. GNN에는 다양한 변형과 아키텍처가 존재하지만, 여기서는 핵심적인 프레임워크인 메시지 패싱message passing에 초점을 맞춘다. 대부분의 GNN은 그래프 합성곱 네트워크GCN, graph convolution network로 이해할 수 있으며, 각 노드가 이웃 노드들로부터 정보를 집계하는 방식으로 동작한다. GNN의 큰 장점 중 하나는 특정 작업을 학습하는 동시에 각 노드의 임베딩을 함께 학습한다는 점이다. 학습이 진행될수록 각 노드 임베딩은 이웃 노드로부터 받은 정보에 의해 지속적으로 업데이트되며, 이를 통해 그래프 전체의 표현이 점점 정교해진다.

메시지 패싱 프레임워크는 앞서 살펴본 일반적인 신경망의 원리와 유사하다. 여기에는 두 가지 주요 단계가 있다. 먼저 다양한 이웃 노드의 임베딩을 모으고, 그다음 이를 집계 함수와 비선형 함수에 적용하는 것이다. 이때 집계 함수는 아키텍처에 따라 서로 다르게 정의될 수 있다. 이후 각 단계마다 노드 임베딩이 업데이트되어 그래프의 새로운 표현을 점진적으로 학습하게 된다.

전형적인 GNN은 일련의 GNN 블록과 최종 레이어로 구성되며, 이 최종 레이어에서 학습된 표현을 활용해 특정 작업을 수행한다. 이를 수식으로 표현하면 다음과 같다.

$$h_v^{(l+1)} = \mathbf{W}^{(l+1)} \cdot \sum_{w \in N(v) \cup \{v\}} \frac{1}{c_{w,v}} h_w^{(l)}$$

여기서 $l+1$ 레이어에서 학습되는 h는 이전 임베딩에 기반한 표현이며, W는 레이어별 가중치 행렬이다. v는 특정 노드, w는 이웃 노드 집합, c는 정규화 계수이다.

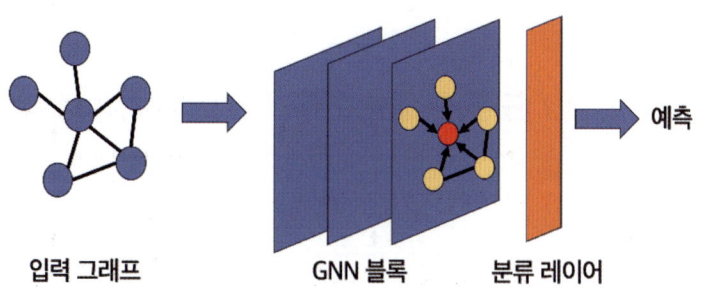

그림 7.25 그래프 신경망(GNN)

이 경우 모든 이웃의 기여도가 동일하다고 가정한다. 그러나 실제로는 그렇지 않을 수 있으며, 이를 보완하기 위해 RNN과 트랜스포머의 어텐션 메커니즘에서 영감을 얻은 **그래프 어텐션 네트워크**graph attention network가 제안되었다. 그래프 어텐션 네트워크에서는 모델이 각 이웃의 중요도를 다르게 학습한다. 오늘날에는 다양한 GNN 레이어 모델들이 존재하지만 기본적인 원리는 크게 다르지 않다.

GNN은 여러 그래프 작업에서 성공적으로 활용되고 있지만, 여전히 확장성 문제와 배치 처리의 어려움 등 한계가 존재한다. 또한 지식 그래프에도 적용되고 있으나 복잡성이 증가한다는 단점이 있다.

LLM의 지식 그래프 추론

LLM은 특정 작업을 위해 학습된 모델이 아니라 학습 과정에서 광범위한 기술을 습득했다는 장점이 있다. 또한 LLM은 다양한 기법을 통해 추론 능력을 향상시킬 수 있다. 이에 따라 여러 연구자들이 LLM을 활용한 그래프 추론graph reasoning을 제안하고 있다. LLM을 활용하는 기본 방법은 프롬프트를 입력으로 사용하는 것이다. 대표적인 접근법은 크게 세 가지가 있다.

- **수동 프롬프트**(manual prompt): 가장 단순한 방식으로 LLM에 특정 그래프 작업을 수행하라고 직접 지시하는 프롬프트를 제공한다. 이때 프롬프트에 그래프와 함께 추가적인 정보를 넣을 수 있다. 예를 들어, LLM이 **깊이 우선 탐색**DFS 알고리즘을 수행하게 하려면, 해당 알고리즘의 작동 방식을 간략히 설명해줄 수 있다. 다만 이러한 방식은 LLM의 컨텍스트 길이 제한 때문에 대규모 그래프를 직접 입력하기 어렵다는 한계가 있다.
- **자기 프롬프트**(self-prompting): LLM이 작업을 효율적으로 수행하기 위해 스스로 프롬프트를 반복적으로 수정 및 보완하는 방식이다. 즉, 초기 프롬프트가 주어지면 LLM은 작업 목표와 해결 방식을 더 명확히 정의하고, 출력 결과를 기반으로 새로운 프롬프트를 생성해 다시 입력한다. 이 과정을 여러 번 반복하여 출력을 정제할 수 있다.
- **API 호출 프롬프트**(API call prompt): 에이전트 방식에서 영감을 얻은 것으로, LLM에 특정 API 집합을 제공하여 그래프 추론이나 외부 도구 활용이 가능하도록 한다. LLM은 이 API들을 호출하면서 그래프와 관련된 복잡한 연산이나 탐색 작업을 수행할 수 있다.

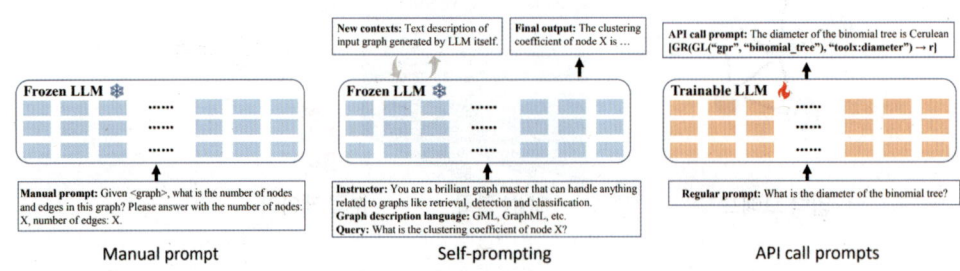

그림 7.26 그래프 작업에 적용한 LLM 프롬프트 기법(https://arxiv.org/pdf/2404.14809)

복잡한 프롬프트 전략 대신 활용할 수 있는 대안으로는 **지도 파인튜닝**SFT, supervised fine-tuning이 있다. 이 경우, 그래프 작업과 그 해답이 포함된 데이터셋을 사용해 모델을 훈련하여 추론 능력을 향상시킨다.

LLM의 또 다른 흥미로운 측면은 다른 모델과 결합해 사용할 수 있다는 점이다. 이렇게 하면 특정 작업에 더 적합한 전문 모델의 장점과 LLM의 장점을 함께 활용할 수 있다. 예를 들어, LLM과 GNN을 결합할 수 있는데, 이때 LLM은 GNN의 성능을 보완하는 역할을 한다. GNN은 그래프 구조를 더 잘 다루는 반면, LLM은 텍스트 속성을 더 잘 처리한다. 두 모델의 장점을 결합하면 훨씬 강력한 시너지 효과를 내는 모델을 구축할 수 있다.

LLM은 다른 모델보다 더 강력한 의미론적, 구문론적 처리 능력을 지니고 있어 고품질의 텍스트 임베딩을 생성할 수 있다. LLM이 생성한 수치형 임베딩을 GNN의 노드 특징으로 사용할 수도 있다. 예를 들어, 과학 논문 간의 인용 네트워크(각 논문이 노드인 그래프)가 있다고 하자. 여기서 논문을 주제별로 분류하려 한다면, 각 논문의 초록을 LLM으로 임베딩하여 수치 벡터로 만든 뒤 이를 노드 특징으로 사용할 수 있다. 그리고 이를 활용해 학습한 GNN은 더 나은 분류 성능을 보일 수 있다.

또 다른 방법으로, 노드 특징이 텍스트라면 LLM을 활용해 레이블을 생성할 수 있다. 예컨대 논문 네트워크에서 각 노드가 논문 제목을 가지고 있다면, 제로샷 방식으로 LLM을 사용해 자동으로 주제 레이블을 생성할 수 있다. 이는 수작업 레이블링이 비용이 많이 드는 작업임을 감안할 때 훨씬 빠른 레이블 생성이 가능하다는 장점이 있다. 이후, 이렇게 얻은 레이블을 사용해 GNN을 학습시킬 수 있다. 더 나아가 특정 작업에 LLM과 GNN을 동시에 파인튜닝하는 방법도 생각해볼 수 있다.

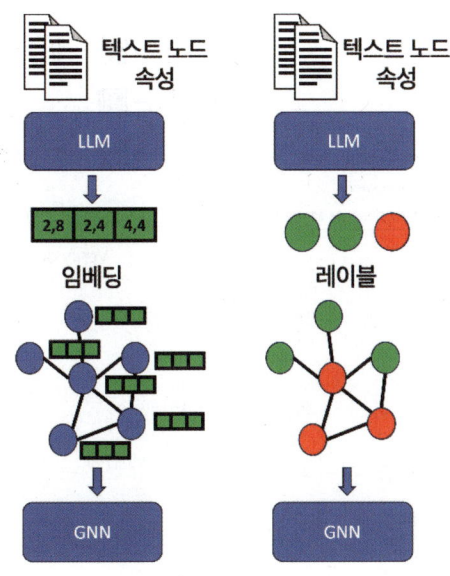

그림 7.27 LLM과 GNN의 시너지

흥미로운 또 다른 접근은 그래프 기반 추론graph-formed reasoning이다. 기존에 사용된 여러 프롬프트 기법들은 인간의 사고가 선형적이지 않다는 점을 간과하고 있다. 이에 일부 연구자들은 인간의 비선형적 추론 과정을 그래프 형태로 근사할 수 있다고 보고 이를 활용한 여러 방법을 제안하고 있다. 이러한 접근은 크게 두 가지로 나눌 수 있다.

- **그래프 위에서 사고하기**(think on the graph): 이 접근에서는 LLM이 그래프 구조를 따라 추론을 전개한다. 각 노드는 사고의 중간 단계(즉, 해답에 도달하기 위한 추론 과정의 중간 단계나 결론)를 나타내며, 엣지는 이러한 사고 단계 간의 관계와 추론이 진행되는 방향을 나타낸다. 대표적인 예로는 추론 중간 단계들이 그래프로 표현되는 사고 그래프_{GoT, graph of thoughts}가 있다. 이 방법은 비용이 많이 들며(추론 과정에서 여러 차례 호출이 필요함), 주로 수학 문제와 같이 복잡한 추론이 요구되는 문제에 활용된다. 예를 들어, "기차가 1.5시간 동안 60km를 주행했다. 평균 속도는 얼마인가?"라는 문제를 풀 때, 모델은 Distance = 60 km, Time = 1.5 hours, Use speed = distance ÷ time, Speed = 40 km/h와 같은 노드를 만들고, 각 노드가 어떻게 이어지는지를 엣지로 연결할 수 있다. 이러한 그래프 구조는 모델이 단계적으로 추론하고 대안을 탐색하며 계산을 검증할 수 있게 돕는다.

- **그래프 위에서 검증하기**(verify on the graph): 이 접근에서는 그래프를 활용해 추론의 타당성과 일관성을 검증한다. 예를 들어, 여러 경로가 동일한 논리적 결론으로 이어져야 하는데 그렇지 않다면 추론에 오류가 있다는 뜻이다. 보통 한 질문에 대해 여러 개의 추론을 생성하고 이를 그래프 구조로 표현한 후 이를 분석하여 최종 답변을 개선한다. 이 과정에는 보통 다른 LLM이 검증자_{verifier}로 참여하여 그래프를 분석한다.

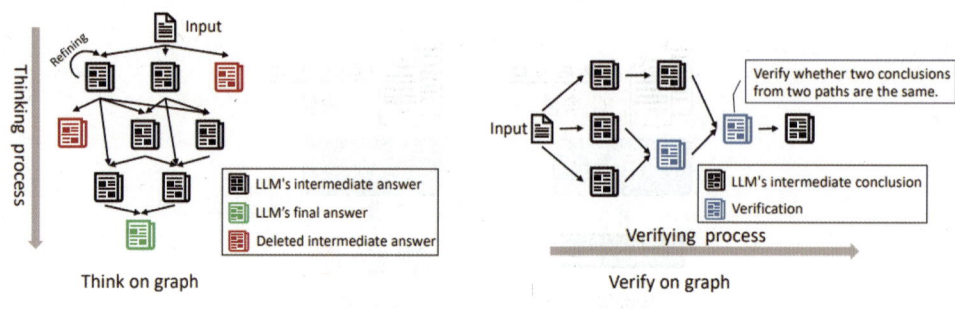

그림 7.28 그래프 위에서 사고하기와 그래프 위에서 검증하기(https://arxiv.org/pdf/2404.14809)

이번 절에서는 그래프와 LLM의 복잡한 관계를 살펴보고, 이들이 기존에는 그래프 ML 알고리즘으로만 해결할 수 있었던 작업을 어떻게 처리할 수 있는지도 확인했다. 다음 절에서는 이 분야의 전망과 아직 풀리지 않은 문제들을 논의한다.

5. 지식 그래프와 그래프 RAG의 도전 과제

지식 그래프는 정보를 저장하고 조직화하는 데 매우 강력한 도구지만 여전히 여러 한계와 미해결 과제가 존재한다. 특히 대규모 지식 그래프에서는 확장성이 핵심 과제로, 표현력과 연산 효율성 간의 균형을 맞추는 것이 중요하다. 또한 지식 그래프를 구축하는 데도 상당한 계산 자원이 소요된다. 예를 들어, 대규모 텍스트 코퍼스로부터 LLM을 사용해 삼중항을 추출하려면 비용이 많이 들고 이를 처리할 적절한 인프라도 요구된다.

지식 그래프를 한 번 구축했다고 해서 일이 끝나는 것도 아니다. 구축된 그래프는 평가와 정제가 필요하며, 이는 수작업이든 계산 자원이든 추가적인 노력이 든다. 지식 그래프가 커질수록 접근과 활용을 위한 인프라 비용 역시 증가한다. 대규모 지식 그래프에 대해 질의하려면 지연 시간을 줄이기 위해 최적화된 알고리즘이 필요하다. 산업 수준의 지식 그래프는 수십억 개의 엔티티와 관계를 포함하기도 하는 매우 복잡한 규모이다. 현재 많은 알고리즘은 수천 개 엔티티 수준의 소규모 지식 그래프를 대상으로 설계되었기 때문에 대규모 지식 그래프 검색은 여전히 어려운 과제다.

게다가 지식 그래프는 본질적으로 불완전하기 때문에 이를 보완하기 위한 파이프라인이 필요하다. 추가 데이터 소스를 통합하는 파이프라인과 기존 소스를 업데이트하는 파이프라인 모두가 요구된다. 대부분의 데이터베이스는 정적static 구조이므로 이를 동적으로 업데이트하는 시스템을 만들기란 쉽지 않다. 특히 금융 분야처럼 빠른 시장 변화를 반영해야 하는 분야에서는 동적 시스템이 필수이다.

여기에 더해, 지식 그래프는 멀티모달일 수 있지만 이를 통합하는 과정은 결코 간단하지 않다. 모달리티를 추가하면 추론 과정과 저장된 지식의 뉘앙스에 대한 이해, 지식 그래프의 풍부함이 개선된다. 그러나 동시에 관리 복잡성이 급격히 증가한다. 즉, 더 많은 저장 공간, 정교한 파이프라인, 복잡한 지식 조화 과정 등이 요구된다.

그래프 RAG는 비교적 새로운 기술이며 아직 완전히 최적화되지 않았다. 특히 사용자의 텍스트 질의와 지식 그래프 검색 간의 전환 과정은 여전히 개선의 여지가 많다. 지식 그래프가 커질수록 중복 정보가 늘어나 LLM의 생성 품질에 부정적인 영향을 미칠 수 있으며, 검색 후 LLM에 제공되는 컨텍스트가 지나치게 길어지는 문제도 발생한다. 이를 줄이기 위해 압축을 적용하면 노이즈와 연산 비용은 줄일 수 있지만 정보 손실 위험이 따른다. 현재 무손실 압축에 대한 연구가 활발히 진행 중이지만, 지금까지의 방법은 압축률과 정보 보존 사이에서 절충trade-off에 머물러 있다. 또 하나의 중요한 과제는 그래프 RAG 기법을 평가할 표준화된 벤치마크가 부족하다는 점이다. 이로 인해 현재 제안된 기법들과 미래의 연구들을 객관적으로 비교 및 평가하기 어려운 한계가 존재한다.

그래프 RAG의 강점은 엔티티 간 관계와 구조적 지식을 고려해 중복된 텍스트 정보를 줄이고 전역 정보를 다시 찾을 수 있다는 점이다. 그러나 반대로 텍스트의 뉘앙스를 잃어버리기 때문에 추상형 질의응답abstractive QA이나 질문에 명시적 엔티티가 없는 경우에는 성능이 떨어진다. 따라서 벡터 RAG와 그래프 RAG를 결합한 하이브리드 RAG가 미래의 기술로 주목할 만하다. 두 기술을 어떻게 최적의 방식으로 통합할지는 여전히 중요한 과제로 남아 있다.

중요한 점은 LLM이 그래프 작업에 특화되어 학습된 모델이 아니라는 것이다. 3장에서 언급했듯이,

LLM은 단어 시퀀스에서 다음 단어를 예측하도록 학습된다. 이 단순한 목표를 최적화하는 과정에서 대부분의 능력을 습득하게 된다. 하지만 이 방식만으로는 공간적 이해를 습득하기 어렵다. 이 때문에 LLM은 구조적 데이터 처리에 약하다. 대표적인 사례가 표 데이터이며 LLM은 표와 그 안의 관계를 이해하는 데 어려움을 겪는다.

가장 큰 문제는 LLM이 수치 표현을 다루는 데 서툴다는 점이다. 토큰화 과정에서 소수점 표기가 일관되지 않거나 수치 연산을 제대로 처리하지 못하는 문제가 발생한다. 이는 수치 이해가 필요한 그래프 작업 수행에 직접적인 영향을 미친다.

그래프 이해에 대한 구체적인 연구들에 따르면 LLM은 기본적인 그래프 구조 이해 능력을 보유하지만 이는 제한적이다. LLM은 그래프를 선형 형태로 이해하고, 그래프의 위상 구조보다는 노드에 연결된 레이블을 더 잘 이해한다. 이러한 기본 이해 능력은 프롬프트 설계, 기법, 제공되는 의미론적 정보, 예시의 존재 여부에 크게 영향을 받는다.

차세대 멀티 파라미터 LLM은 작은 그래프에서 단순한 작업은 해결할 수 있으나 그래프 크기와 작업 복잡도가 증가하면 성능이 급격히 저하된다. 그 이유는 두 가지다. 첫째, LLM을 학습시키는 대규모 텍스트 코퍼스에는 그래프 기반 데이터가 많지 않다. 따라서 LLM이 학습할 수 있는 공간적 관계는 텍스트로 기술된 기본적인 수준에 그친다. 이 때문에 그래프 데이터셋으로 SFT_{supervised fine-tuning}를 진행하면 훨씬 더 큰 모델보다 좋은 성능을 낼 수 있다.

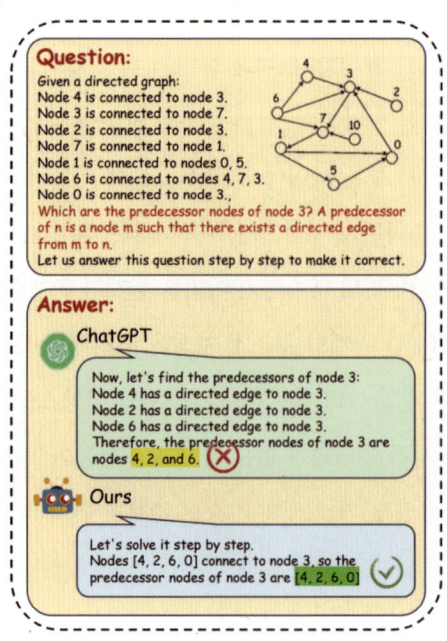

그림 7.29 그래프 데이터에 대한 SFT는 작은 LLM이 더 큰 LLM보다 나은 성능을 발휘하게 한다(https://arxiv.org/pdf/2403.04483)

둘째, 인간이 공간적 구조를 잘 이해하는 이유와도 관련이 있다. 인간은 외부 세계 경험을 통해 공간적 관계를 학습한다. 두뇌는 공간 속에서 자신을 위치시키는 정신적 지도(mental map)를 만들고, 이를 통해 그래프와 같은 추상적 공간 개념도 잘 이해할 수 있다. 그러나 LLM은 정신적 지도를 가지지 못하며 외부 세계 경험이 없기 때문에 추상적 공간 개념을 이해하는 데 근본적인 한계를 지닌다.

> **요약**
>
> 5장과 6장에서 다룬 핵심 질문은 정보를 어떻게 찾을 것인가, 그리고 찾은 정보를 어떻게 활용해 사용자의 질문에 답을 생성할 것인가였다. 정보를 동적으로 찾을 수 있으면 모델의 할루시네이션을 줄이고 최신 지식을 유지할 수 있다.
>
> 이번 장에서는 텍스트 코퍼스로부터 출발해 답변 생성에 가장 관련 있는 정보를 찾는 시스템(나이브 RAG)을 만들었다. 이어서 불필요한 정보나 노이즈를 줄이고 의미 있는 정보만 정밀하게 추출하려는 더 정교한 시스템으로 발전시켰다. 일부 연구자들에 따르면, 텍스트는 본질적으로 중요한 정보와 배경 노이즈가 섞여 있다고 한다. 중요한 것은 텍스트에 등장하는 엔티티와 그 관계이며, 이러한 환원주의적 관점에서 지식을 지식 그래프 형태로 표현한다는 아이디어가 등장했다.
>
> 그래프를 활용하면 알고리즘을 이용해 정보를 검색하거나 새로운 연결을 탐색할 수 있다. 오랫동안 그래프 추론과 LLM은 서로 다른 길을 걸어왔지만 최근 들어 두 흐름이 교차하기 시작했다. 지금까지 LLM과 지식 그래프가 상호작용하는 여러 방식을 살펴보았다. 예를 들어 LLM은 그래프 구축 과정에서 엔티티와 관계를 추출하는 데 활용할 수 있고, 완성된 지식 그래프를 대상으로 추론을 수행하는 데도 사용할 수 있다. 반대로 지식 그래프를 이용해 LLM의 컨텍스트를 보강함으로써 모델이 더 풍부하고 근거를 기반으로 한 답변을 생성할 수 있다.
>
> 현재는 벡터 RAG와 그래프 RAG라는 두 가지 접근법이 존재한다. 두 접근법 모두 장단점이 있으며 최근 연구는 이 둘을 결합한 하이브리드 RAG로 발전하고 있다. 앞으로는 지식 그래프와 벡터 표현을 결합해 상호 보완적으로 활용하는 더 정교한 방법들이 등장할 것이다. 한편 LLM의 그래프 구조에 대한 이해 능력은 아직 초기 단계에 머물러 있다. 하지만 학습 데이터셋의 확장과 함께 차세대 LLM은 그래프의 다양한 사례에 더 많이 노출되고 있다. 그래프와 같은 추상적 개념에서 공간적 관계를 이해한다는 것은 곧 실제 세계의 문제에서 공간적 관계를 이해하는 것과도 맞닿아 있다. 이는 로봇이 물리적 공간에서 AI를 활용해 상호작용하는 문제와도 직접적으로 연결되므로 활발히 연구되는 분야이기도 하다.
>
> 결국 공간으로의 확장은 AI의 다음 개척지 중 하나다. 공간에서의 상호작용은 탐색과 활용의 균형이라는 고유한 과제를 제시한다. 다음 장에서는 이 개념을 보다 추상적으로 다룰 것이다. 특히 강화학습과 에이전트의 공간 내 행동에 집중할 것이다. 체스든, 비디오 게임이든, 실제 환경에서든, 에이전트는 목표를 달성하기 위해 공간 속에서 어떻게 상호작용할지를 학습해야 한다. 다음 장에서는 에이전트가 목표를 잃지 않으면서 세계를 탐험할 수 있는 방법을 살펴볼 것이다.

더 읽을거리

- Ghafarollahi, *SciAgents: Automating Scientific Discovery through Multi-agent Intelligent Graph Reasoning*, 2024, https://arxiv.org/pdf/2409.05556v1

- Raieli, *A Brave New World for Scientific Discovery: Are AI Research Ideas Better?*, 2024, https://levelup.gitconnected.com/a-brave-new-world-for-scientific-discovery-are-ai-research-ideas-better-5692c5aa8182

- Raieli, *How the LLM Got Lost in the Network and Discovered Graph Reasoning*, 2024, https://towardsdatascience.com/how-the-llm-got-lost-in-the-network-and-discovered-graph-reasoning-e2736bd04efa

- Wu, *Medical Graph RAG: Towards Safe Medical Large Language Model via Graph Retrieval- Augmented Generation*, 2024, https://arxiv.org/abs/2408.04187

- Raieli, *The Convergence of Graph and Vector RAGs: A New Era in Information Retrieval*, 2024, https://medium.com/gitconnected/the-convergence-of-graph-and-vector-rags-a-new-era-in-information-retrieval-b5773a723615

- Sarmah, *HybridRAG: Integrating Knowledge Graphs and Vector Retrieval Augmented Generation for Efficient Information Extraction*, 2024, https://arxiv.org/pdf/2408.04948

- Liang, *Survey of Graph Neural Networks and Applications*, 2022, https://onlinelibrary.wiley.com/doi/10.1155/2022/9261537

- Arora, *A Survey on Graph Neural Networks for Knowledge Graph Completion*, 2020, https://arxiv.org/pdf/2007.12374

- Huang, *Can LLMs Effectively Leverage Graph Structural Information through Prompts, and Why?*, 2023, https://arxiv.org/abs/2309.16595

- Liu, *Evaluating Large Language Models on Graphs: Performance Insights and Comparative Analysis*, 2023, https://arxiv.org/abs/2308.11224

강화학습과 AI 에이전트

8장

5~7장에서는 모델이 외부 메모리에 접근하는 방법을 살펴보았다. 이 메모리는 벡터나 그래프와 같은 다양한 형태의 데이터베이스에 저장되며, 검색 과정을 통해 질문에 답하는 데 필요한 정보를 찾아낼 수 있다. 모델은 이렇게 검색된 정보를 컨텍스트로 받아 실제 세계의 구체적이고 명확한 정보를 활용해 답변을 생성한다.

그러나 7장에서 보았듯이, LLM은 실제 세계에 대한 지식과 이해가 여전히 제한적이다. 이는 상식적 추론뿐 아니라 공간적 관계를 다루는 데서도 드러난다.

인간은 탐험을 통해 공간 속에서 움직이고 환경과 상호작용하는 법을 배운다. 시행착오를 거치면서 불을 만져서는 안 된다는 사실을 배우고 집으로 가는 길을 익힌다. 다른 사람들과 상호작용을 통해 인간관계를 배우는 것도 마찬가지다. 우리는 실제 세계와 상호작용을 통해 배우고 동시에 그 환경을 변화시킨다. 환경은 지각perception을 통해 정보를 제공하고 우리는 이를 처리해 학습하며 다시 환경을 바꾼다. 이는 환경의 변화를 감지하고 이에 반응하는 순환적 과정이다.

단순히 책을 읽는다고 해서 이러한 능력을 배울 수는 없다. 환경과 상호작용은 특정한 기술과 지식을 습득하는 데 필수이다. 만약 이 과정이 없다면 우리는 많은 작업을 수행하기 어려울 것이다. 따라서 인공지능에도 탐험을 통해 환경과 상호작용하며 학습할 수 있는 시스템이 필요하다.

강화학습RL, reinforcement learning은 지능형 에이전트가 동적인 환경에서 어떻게 행동을 취할 수 있는지를 다루는 패러다임이다. 강화학습은 주어진 환경과 그 상태state에서 에이전트가 어떤 행동을 선택해야 하는지, 그리고 그 경험으로부터 어떻게 학습해야 하는지를 규정한다.

따라서 이번 장에서는 강화학습을 다룬다. 먼저 강화학습의 이론적 기초부터 살펴본다. 간단한 사례를 통해, 에이전트가 문제를 해결하기 위한 최적의 전략을 찾으려면 탐색exploration과 활용exploitation 사이의 균형을 어떻게 이해해야 하는지를 설명한다. 기본 개념을 정리한 뒤에는 신경망을 에이전트로 활용하는 방법을 소개한다. 이어서 환경과 상호작용하며 학습하는 데 널리 쓰이는 대표 알고리즘을 살펴본다. 또한 에이전트를 활용하여 환경을 탐색하는 방식, 예컨대 비디오 게임을 플레이하도록 훈련하는 경우도 다룬다. 마지막으로, LLM과 강화학습의 접점에서 일어나는 최신 논의와 연구를 소개한다.

이번 장에서 다룰 주제는 다음과 같다.

- 강화학습 소개
- 심층 강화학습
- LLM과 강화학습 모델의 상호작용

> **기술 요구 사항**
>
> 이 장의 코드 대부분은 CPU에서도 실행할 수 있지만, GPU에서 실행하는 것이 더 바람직하다. 특히 비디오 게임 플레이 방법을 학습하도록 에이전트를 훈련시킬 때는 GPU 사용이 필수적이다. 코드는 파이토치(PyTorch)로 작성되었으며, 주로 표준 라이브러리를 사용한다(Pytorch, OpenAI Gym 등). 관련 코드는 다음 GitHub 저장소에서 확인할 수 있다.
>
> https://github.com/ai-agent-kr/Modern-AI-Agents/tree/main/ch08

1. 강화학습 소개

앞서 우리는 방대한 텍스트를 기반으로 학습하는 모델을 다뤘다. 그러나 인간은(그리고 점차 AI 에이전트도) 시행착오를 통해 가장 효과적으로 학습한다. 블록을 쌓거나 자전거를 배우는 아이를 떠올려보자. 누군가가 일일이 행동을 지시하지 않아도 아이는 직접 시도하고 그 결과를 관찰하며 조정하는 과정을 거쳐 배운다. 행동이 결과를 낳고, 그 결과가 다시 다음 행동을 형성하는 과정, 즉 환경과의 상호작용이 바로 학습의 핵심이다. 책이나 텍스트로 하는 수동적 학습과 달리, 이런 학습은 목표 지향적이고 경험에 뿌리를 두고 있다. 기계가 이와 같은 방식으로 학습하려면 새로운 접근이 필요하며, 이 패러다임을 강화학습이라 부른다.

좀 더 구체적으로 말하면 아이는 환경과의 상호작용, 즉 행동과 그에 따른 결과의 인과관계를 통해 학습한다. 아이의 학습은 단순히 탐색하는 것이 아니라 명확한 목표를 향한 과정이다. 즉, 아이는 목표를 달성하기 위해 어떤 행동을 취해야 하는지를 배운다. 인간의 학습 전반은 이러한 원리에 기반한다. 즉, 우리는 환경과 상호작용하며 환경이 우리의 행동에 어떻게 반응하는지를 관찰함으로써 배우고 성장한다. 이러한 개념은 학습 이론뿐 아니라 인간 지능 전반의 기초를 이루는 원리로 여겨진다.

강화학습은 특정 상황에서 누적 보상을 최대화하는 결정을 내려야 하는 시스템을 다루는 머신러닝의 한 분야이다. 지도 학습처럼 정답이 주어진 예제로부터 학습하는 것도 아니고, 비지도 학습처럼 데이터 속 패턴을 감지하여 학습하는 것도 아니다. 강화학습에서는 모델이 경험을 통해 학습한다. 즉, 어떤 행동을 취해야 하는지를 미리 알려주지 않고 시스템이 스스로 환경을 탐색하면서 보상을 얻기 위한 행동을 찾아내야 한다.

또한 복잡한 상황에서는 보상이 즉시 주어지지 않고 나중에 주어질 수도 있다. 예컨대 체스에서 말을 하나 희생하고 나중에 승리를 얻는 경우처럼 말이다. 따라서 일반적으로 강화학습의 기본은 시행착오trial and error와 지연된 보상delayed reward이라는 개념에 기반한다고 할 수 있다.

이로부터 강화학습 논의의 기반이 되는 두 가지 주요 개념을 도출할 수 있다.

- **탐색과 활용의 균형**: 모델은 목표를 달성하기 위해 이전에 습득한 지식을 활용exploit해야 한다. 동시에, 미래에 더 나은 선택을 내릴 수 있도록 환경을 탐색explore해야 한다. 이 두 측면 사이에서 균형을 맞추는 것이 중요하다. 문제 해결을 위한 경로가 항상 가장 확실한 길은 아닐 수 있기 때문이다. 따라서 모델은 최적의 행동을 활용하기 전에, 다양한 행동을 시험해보는 탐험 과정을 반드시 거쳐야 한다. 오늘날에도 이 균형점을 어떻게 설정할지는 강화학습 이론의 미해결 과제로 남아 있다. 이해를 돕기 위해 낯선 도시에 도착한 사람이 여러 식당을 시도해보는 상황을 떠올려보자. 처음에는 다양한 식당을 가보며(탐색) 어떤 곳이 있는지 확인한다. 이후 몇 군데 마음에 드는 곳을 찾으면 그곳에 자주 가게 된다(활용). 그러나 익숙한 곳만 고집한다면 더 좋은 식당을 발견할 기회를 놓칠 수도 있다. 결국 언제 새로운 것을 시도하고, 언제 검증된 선택을 유지할지 결정하는 문제는 오늘날에도 여전히 강화학습 분야에서 풀리지 않은 핵심 과제다.

- **불확실한 환경에서의 전역 목표 달성**: 강화학습은 문제를 하위 문제로 나누지 않고도 목표를 달성하는 데 초점을 맞춘다. 전통적인 지도 학습은 복잡한 문제를 하위 문제로 분할하고 이를 효과적으로 해결하는 방법을 학습한다. 반면, 강화학습에서는 에이전트가 해결해야 할 일반적인 문제를 직접 정의한다. 그렇다고 해서 에이전트가 하나만 있어야 하는 것은 아니며 명확한 목표를 가진 여러 에이전트가 서로 상호작용할 수도 있다. 예를 들어, 새로운 도시에 정착해 매일 회사에 제시간에 도착하는 목표를 생각해보자. 이 목표를 '버스 시간표 익히기', '도보 시간 계산하기', '날씨에 따른 최적 경로 찾기' 같은 하위 문제로 작업을 나누지 않는다. 대신 '매일 정시에 출근하기'라는 전체 목표를 그대로 두고, 다양한 경로를 시도하고 기차와 버스를 비교하며 교통 상황에 맞춰 조정하는 시행착오를 통해 어떤 선택이 가장 효과적인지 배우게 된다. 시간이 지나면서 문제의 모든 부분을 명시적으로 분류하지 않고도 전략을 구축하게 된다. 만약 같은 목표를 가진 룸메이트나 친구들이 있다면 서로 팁을 교환하거나 더 빠른 경로를 경쟁하는 상황도 생길 수 있다. 이는 강화학습에서 여러 에이전트가 상호작용하는 상황과 유사하다.

강화학습 시스템에는 몇 가지 공통 요소가 있다. 바로 **에이전트**agent, **환경**environment, **상태**state, **정책**policy, **보상 신호**reward signal, **가치 함수**value function가 그것이다. 에이전트는 말 그대로 학습자이자 의사결정자이다. 환경과 상호작용하고 결정을 내리며 행동을 취하는 모델을 의미한다. 반면에 환경은 에이전트가 상호작용하는 모든 것이다. 상태는 특정 시점의 환경 조건이나 구성을 나타낸다. 예컨대 체스판 위의 말 배치가 하나의 상태다. 에이전트는 주어진 상태에서 가능한 행동들 중 하나를 선택해 실행해야 한다.

하지만 상태 공간 전체가 항상 관측 가능한 것은 아니다. 에이전트는 상태의 일부 정보만 관측 가능한 경우가 많다. 예를 들어, 미로를 탐험하는 로봇 에이전트는 카메라를 통해서만 정보를 얻기 때문에 눈앞에 보이는 것만 관찰할 수 있다. 카메라로 얻은 정보는 곧 관측observation에 해당되며, 모델은 상태의 일부에 해당하는 이 관측 정보만을 사용하게 된다.

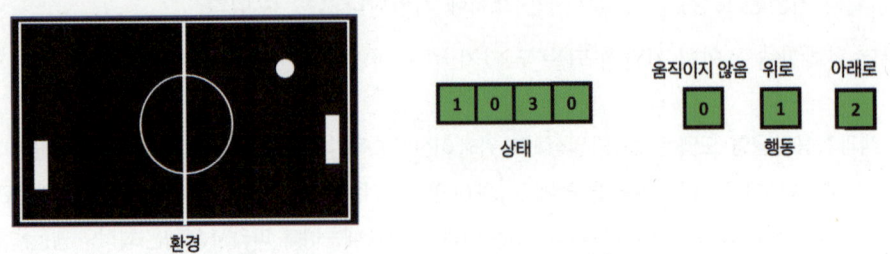

그림 8.1 강화학습 시스템의 요소 표현

앞선 그림은 환경, 즉 게임 화면이 벡터 형태로 표현된 모습을 보여준다. 이 벡터 표현이 바로 상태에 해당한다. 또한 세 가지 가능한 행동이 스칼라로 표현되어 있는데, 이를 통해 알고리즘 훈련이 가능해진다.

행동action이란 에이전트가 환경에서 수행할 수 있는 가능한 결정이나 움직임을 의미한다. 예컨대 체스판 위의 말은 특정 방향으로만 움직일 수 있다. 비숍은 대각선으로만, 룩은 수직이나 수평으로만 이동할 수 있다. 행동 집합action set은 미로 속 이동처럼 이산적일 수도 있고 연속적인 행동 공간일 수도 있다. 연속적일 경우에는 실수 벡터로 표현한다. 이러한 행동은 환경의 상태와 정책에 따라 특정 목표를 달성하기 위한 전략의 일부가 된다.

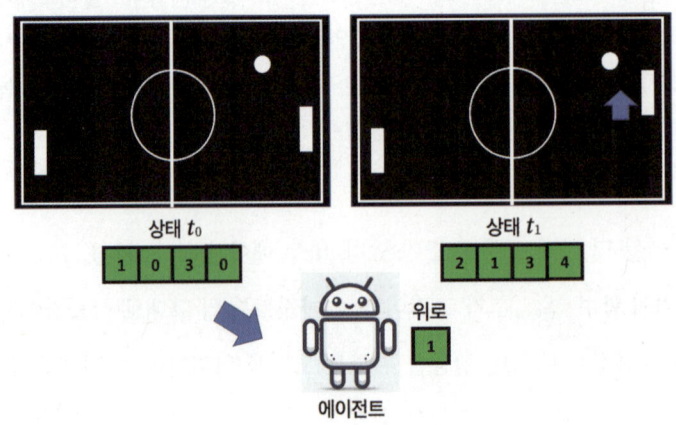

그림 8.2 에이전트가 환경과 상호작용하며 행동을 선택하는 과정

앞선 그림은 시점 $0(t_0)$이 상태 t_0에 해당하는 모습을 보여준다. 이때 에이전트가 하나의 행동을 취하면 환경이 변화한다. 그러면 시점 t_1에서 환경은 달라지고 따라서 상태 역시 t_1로 바뀌게 된다.

정책policy은 특정 시점에서 에이전트가 어떻게 행동하는지를 정의한다. 즉, 환경의 상태와 가능한 행동이 주어졌을 때, 정책은 시스템의 상태와 행동을 매핑한다. 정책은 규칙 집합, 조회lookup 테이블, 함수 등 다양한 형태로 표현할 수 있다. 또한 정책은 확률적으로 정의할 수도 있는데 이 경우 각 행동에 대한 확률을 지정한다. 어떤 의미에서 정책은 강화학습의 핵심이라 할 수 있는데 에이전트의 행동을 결정하기 때문이다. 심리학적으로는 자극-반응stimulus-response 규칙 집합으로 볼 수 있다. 예를 들어 "기회가 있을 때마다 상대 말을 잡는다"라는 전략이 하나의 정책이 될 수 있다.

일반적으로, 정책은 파라미터화parameterized된다. 즉, 정책은 일련의 파라미터에 따라 행동을 결정하는 계산 가능한computable 함수로 구현된다. 가장 널리 사용하는 시스템 중 하나는 신경망이며, 이 신경망의 파라미터들은 최적화 알고리즘을 통해 학습된다.

보상reward은 환경으로부터 받는 긍정적 또는 부정적 신호다. 보상은 또 다른 핵심 요소로, 에이전트에게 매 시점마다 목표를 부여한다. 보상은 에이전트의 지역 목표와 전역 목표를 모두 정의하는 데 사용된다. 에이전트는 매 시점에서 보통 하나의 숫자로 된 보상값을 환경으로부터 받으며 장기적으로는 이 보상을 최적화하는 것이 목표다. 보상은 에이전트가 바르게 행동하고 있는지를 판단할 수 있는 수단이며, 긍정적 사건과 부정적 사건을 구분함으로써 환경과의 상호작용에서 적절한 반응을 학습할 수 있다. 예컨대 체스에서 말을 잃는 것은 부정적인 지역 보상으로 볼 수 있고 게임에 승리하는 것은 긍정적인 전역 보상으로 볼 수 있다. 이러한 보상은 환경에 따라 정책을 수정하고 조정하는 데 사용한다.

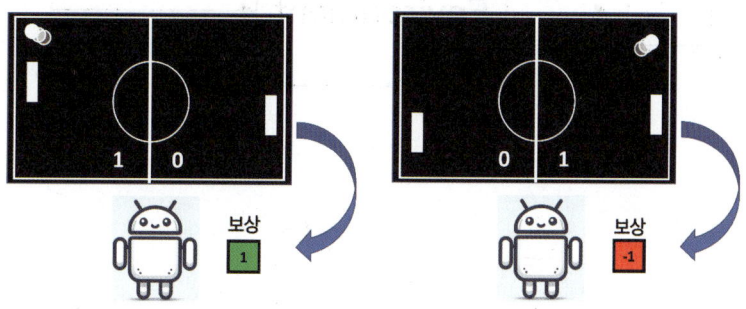

그림 8.3 긍정적 보상과 부정적 보상의 예

보상은 당장에 무엇이 옳은지에 대한 정보를 알려주지만, **가치 함수**value function는 장기적으로 최선의 접근법이 무엇인지 정의한다. 기술적으로 말하면, 한 상태의 가치는 그 상태에서 출발했을 때 에이전트가 앞으로 받을 것으로 기대되는 보상의 총합이다. 예컨대 게임에서 특정 위치에서 시작했을 때 얻을 수 있는 총 점수의 기댓값이 이에 해당한다. 쉽게 말해, 가치 함수는 현재 상태뿐 아니라 그 이후 상태들을 고려했을 때 어떤 일이 일어날지를 예측하도록 돕는 함수다.

보상과 가치는 밀접하게 연결되어 있다. 보상이 없다면 가치를 계산할 수 없다. 하지만 진정한 학습의 목표는 보상 자체가 아니라 가치에 있다. 예를 들어 체스에서 말을 희생하는 것은 보상 측면에서는 낮게 평가되지만, 궁극적으로 승리하는 데 핵심적인 전략일 수 있다. 보상을 정의하는 것은 비교적 쉽지만 가치 함수를 정의하는 것은 어렵다. 에이전트가 현재 상태뿐만 아니라 그동안 수행한 모든 이전 관찰을 고려해야 하기 때문이다.

강화학습의 고전적인 예로 미로 탐색 에이전트를 들 수 있다. 상태 S는 에이전트가 미로 안에서 차지하는 위치를 의미한다. 에이전트는 행동 집합 A(동쪽, 서쪽, 남쪽, 북쪽으로 이동)를 선택할 수 있다. 정책 π는 특정 상태에서 에이전트가 어떤 행동을 취해야 하는지를 나타낸다. 보상 R은 잘못된 행동(예: 벽에 부딪히는 경우)에 대해 패널티로 주어질 수 있다. 반면, 가치는 미로를 성공적으로 탈출하는 것을 의미한다. 그림 8.4는 에이전트와 환경 간의 상호작용을 묘사한 것이다.

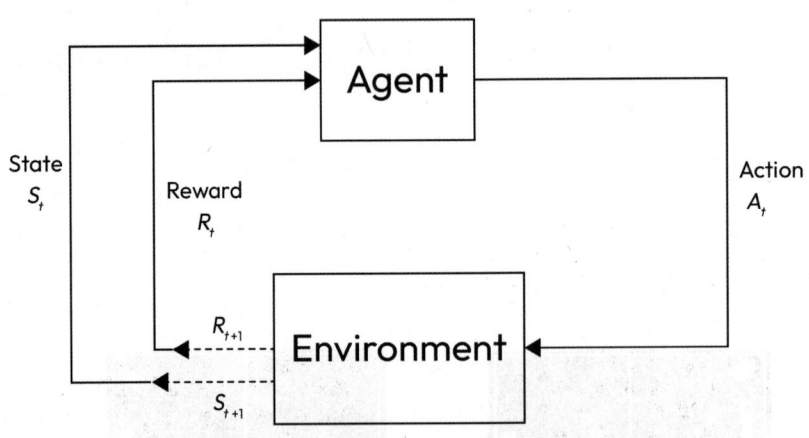

그림 8.4 강화학습 시스템의 개요 모델(https://arxiv.org/pdf/2408.07712)

특정 시점 t에서 에이전트는 환경의 상태(S_t)를 관찰하고, 정책 π에 따라 행동(A_t)을 선택하며 보상(R_t)을 받는다. 이후 새로운 상태(S_{t+1})에서 이 사이클이 반복된다. 정책은 고정static일 수도 있고 각 사이클이 끝날 때마다 업데이트될 수도 있다.

다음 절에서는 멀티 암드 밴딧multi-armed bandit이라는 고전적인 예제를 시작으로 강화학습의 실제 사례를 살펴본다.

멀티 암드 밴딧 문제

k-암드 밴딧_{k-armed bandit} 문제는 강화학습을 소개하는 가장 대표적인 예시다. 강화학습은 모델이 정답 예시_{supervised example}로부터 배우는 대신, 자신의 행동으로부터 학습해야 하는 문제에 적용된다.

k-암드 밴딧 문제에서는 n개의 독립적인 레버(밴딧)가 달린 슬롯머신이 있다고 가정한다. 각 레버는 서로 다른 성공 확률 분포를 가지고 있으며, 한 번 레버를 당길 때마다 보상을 받을 수도 있고 실패할 수도 있다. 에이전트는 매번 행동할 때마다 어떤 레버를 당길지 선택해야 한다. 그 결과로 얻은 보상이 곧 행동의 성과가 된다. 목표는 일정 기간(예: 1,000번의 시행) 동안 기대되는 총 보상을 최대화하는 것이다. 다시 말해, 어떤 레버가 가장 좋은 보상을 주는지를 학습해 그 레버를 더 자주 선택하도록 행동을 최적화해야 한다.

문제는 단순해 보이지만 결코 간단하지 않다. 에이전트는 실제 레버의 확률 분포를 사전에 알 수 없으며 시행착오를 통해 어떤 선택이 가장 유리한지를 스스로 학습해야 한다. 또한 이 문제는 단순한 슬롯머신 사례를 넘어 현실 세계의 여러 상황과 유사하다. 예컨대 환자에게 가장 효과적인 치료법을 선택하는 경우, A/B 테스트를 통한 최적화, 소셜 미디어에서의 영향력 실험 등이 모두 이와 비슷하다.

각 시간 단계 t에서 에이전트는 행동 A_t를 선택하고 그에 따른 보상 R_t를 얻는다. 이때 임의의 행동 a의 가치는 다음과 같이 정의된다.

$$q^*(a) = \mathbb{E}[R_t \mid A_t = a]$$

즉, $q^*(a)$는 특정 행동 a를 시간 단계 t에서 선택했을 때 기대되는 보상이다. 만약 모든 행동의 가치를 알고 있다면 문제는 이미 풀린 것이나 다름없다. 그때는 단순히 가장 높은 가치를 가진 행동만을 선택하면 되기 때문이다. 그러나 현실에서는 행동의 가치를 알 수 없고, 대신 이를 추정한 가치 $Q_t(a)$를 계산해야 한다. 강화학습의 목표는 이 추정치 $Q_t(a)$를 실제 가치 $q^*(a)$에 최대한 가깝게 만드는 것이다.

각 시간 단계에서 현재 추정 가치 $Q_t(a)$가 가장 큰 행동을 선택하는 것을 **탐욕적 행동**_{greedy action}이라고 하며 이는 현재 지식을 **활용**_{exploitation}하는 것이다. 반대로 추정 가치가 낮은 행동을 선택하는 것을 **탐색**_{exploration}이라고 한다. 이는 다른 행동을 시험해보고 그 결과로 추정치를 개선하기 위함이다.

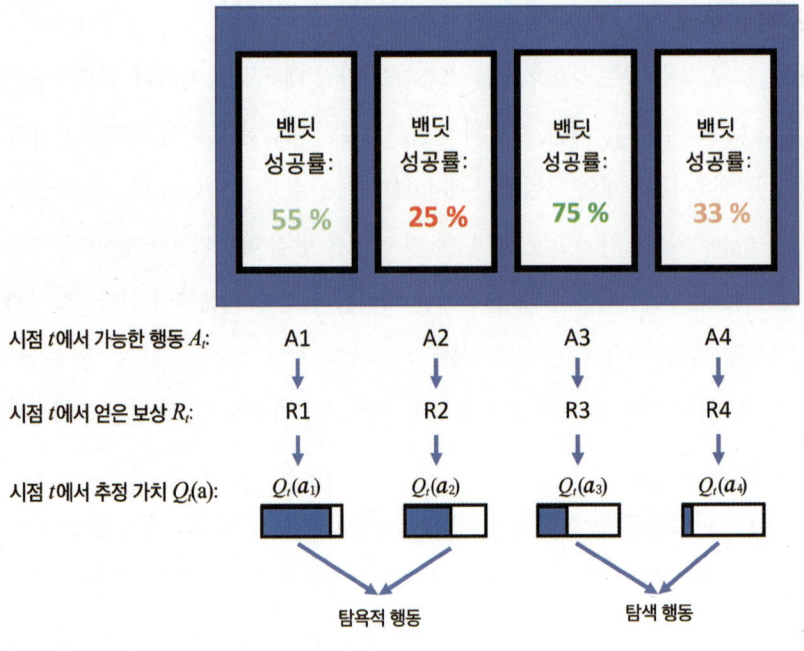

그림 8.5 멀티 암드 밴딧

    탐색은 단기적으로는 손해처럼 보일 수 있지만 장기적으로는 더 큰 이득을 가져올 수 있다. 그 이유는 추정이 항상 정확하지는 않기 때문이다. 탐색을 통해 특정 행동의 추정 가치를 교정할 수 있으므로 특히 초기 단계에서는 탐색이 매우 중요하다. 시스템이 어떤 행동이 최선인지를 이해하려면 충분한 탐색이 필요하기 때문이다. 반면 학습이 충분히 진행되어 최적의 행동이 명확해진 이후에는 활용을 우선하는 것이 바람직하다. 따라서 강화학습의 핵심 과제 중 하나는 탐색과 활용의 균형을 어떻게 유지하느냐에 있다.

    행동의 초기 추정 가치를 얻는 가장 단순한 방법은 지금까지 얻은 보상의 평균을 계산하는 것이다.

$$Q_t(a) = \frac{t \text{ 시점 이전까지 행동 } a \text{를 취했을 때 얻는 보상 총합}}{t \text{ 시점 이전까지 행동 } a \text{를 취한 횟수}} = \frac{\sum_{i=1}^{t-1} R_i \cdot 1_{\{A_i = a\}}}{\sum_{i=1}^{t-1} 1_{\{A_i = a\}}}$$

    앞의 식에서 $1_{\{A_i=a\}}$는 시간 단계 i에서 행동 a가 선택되었는지를 나타내는 변수다. 선택되었다면 값은 1, 아니라면 0이 된다.

$$1_{\{A_i = a\}} = \begin{cases} 1 & \text{시간 단계 } i \text{에서 행동 } a \text{를 선택할 때} \\ 0 & \text{그렇지 않을 때} \end{cases}$$

    만약 특정 행동이 한 번도 선택되지 않았다면 분모가 0이 되어 결과가 무한대로 발산하므로, 이 문제를 피하기 위해 일반적으로 기본값(예: 0)을 사용한다. 시간 단계가 무한대로 커지면 추정 가치는 실제 가치에 수렴한다. 추정 가치를 계산하고 나면 행동을 선택할 수 있다. 가장 간단한 방법은 가장 큰 가치를 지닌 행동을 고르는 것이다. 이를 탐욕적 행동이라 하며 다음과 같이 arg max 함수로 표현할 수 있다.

$$A_t = \arg\max_a Q_t(a)$$

그러나 앞서 말했듯이, 항상 탐욕적 행동만 선택하는 것은 바람직하지 않다. 모델이 다른 행동도 탐색할 수 있도록 해야 한다. 이를 위해 확률 값 ε을 도입한다. 이때 에이전트는 대부분의 경우 탐욕적 행동을 선택하지만 확률 ε으로 다른 행동들 중 하나를 무작위로 선택한다(해당 행동의 값과 관계없이). 이렇게 하면 시간이 충분히 흐른 뒤에는 모든 행동이 여러 번 시도되며 시간이 무한대로 증가할수록 각 행동 또한 무한히 시험된다. 결과적으로 추정 가치 Q는 실제 가치 $q*$에 수렴하고 최적 행동이 선택될 확률은 $1-\varepsilon$에 수렴하게 된다. 이 방법을 ε-탐욕(ε-greedy) 방법이라고 하며, 이를 통해 활용과 탐색의 균형을 효과적으로 유지할 수 있다.

간단한 예로, 10-암드 밴딧(k=10) 문제를 상상해보자. 여기서 각 행동의 실제 가치 $q*$는 정규분포로 표현된다고 하자. 다음 그림은 1,000번의 행동 예시를 시각화한 것이다.

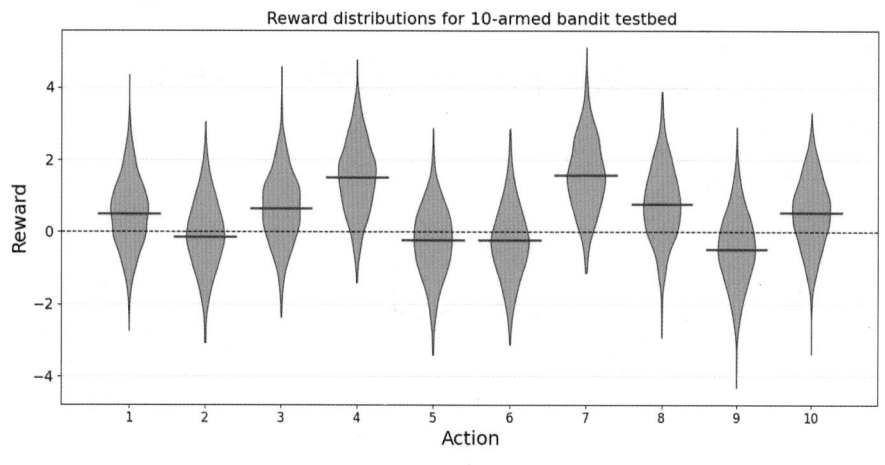

그림 8.6 행동 가치 분포

다음 예에서는 서로 다른 ε-탐욕 방법의 성능을 비교한다. 보상은 에이전트가 경험을 쌓으면서 증가하다가 일정 수준에서 평탄화된다. 순수 탐욕(pure greedy) 방법은 탐색을 허용하는 방법들보다 성능이 떨어진다. 반대로 ε값을 너무 크게 설정하면(예: ε=0.5) 무작위성이 과도해져 순수 탐욕 방법보다 오히려 더 나쁜 결과가 나온다.

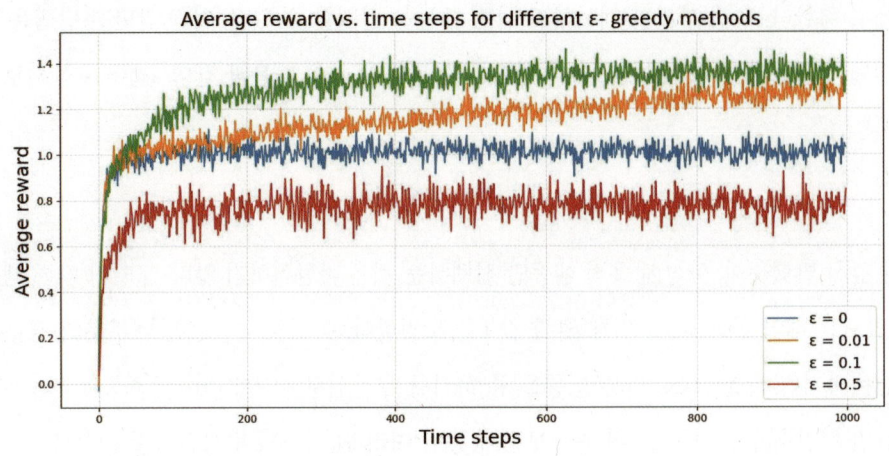

그림 8.7 서로 다른 탐욕 방법에서 시간 단계별 평균 보상

이 현상을 좀 더 살펴보기 위해, 에이전트가 최적의 선택을 하는 비율을 확인해보자(그림 8.8).

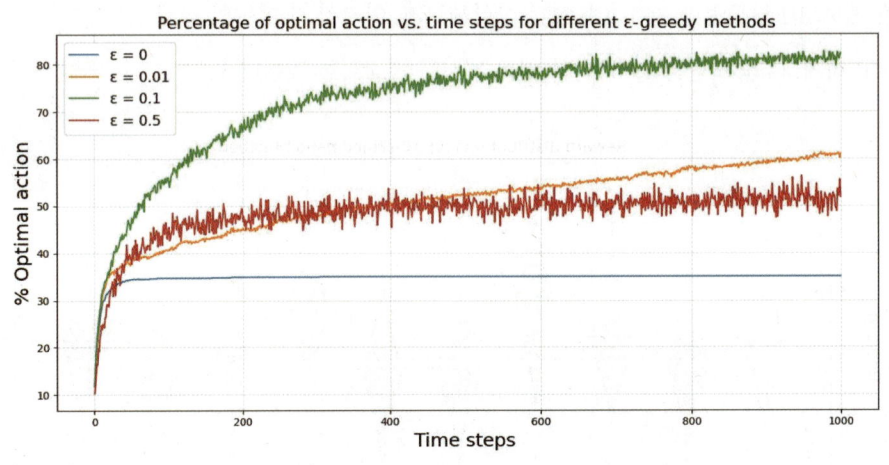

그림 8.8 서로 다른 탐욕 방법에서 시간 단계별 최적 행동 선택 비율

탐욕적 방법은 최적 행동을 고른 비율이 전체의 약 3분의 1에 불과하다. 반면, 일정 수준의 탐색을 허용하는 방법은 최적 행동을 약 80%의 확률로 선택한다(ε=0.1). 이 결과는 환경을 탐색할 수 있는 에이전트가 더 나은 성능을 낸다는 점(즉, 최적 행동을 더 잘 식별할 수 있다는 점)을 보여준다. 반대로 장기적으로 순수 탐욕 에이전트는 차선suboptimal의 행동을 고르는 경향이 있다. 또한 ε-탐욕 방법은 탐욕적 방법보다 더 빠르게 최적 행동에 도달한다.

여기서는 ε이 상수constant로 유지되는 단순한 방법을 살펴보았다. 하지만 변형된 방식에서는 ε을 시간이 지남에 따라 점차 감소하도록 설정할 수 있다. 이렇게 하면 에이전트가 초기에는 탐색에 집중하다가 환경이 충분히 탐색된 후에는 활용으로 점차 전환할 수 있다. ε-탐욕 기법은 거의 모든 경우에서 효과적이며 특히 불확실성이 큰 상황(분산이 큰 경우)이나 비정상non-stationary 환경에서 더욱 유용하다.

하지만 지금까지 살펴본 단순한 방법은 표본sample의 수가 많아지면 비효율적이다. 지금까지는 관측된 보상의 평균을 사용했지만, 대신 더 효율적인 증분 방법incremental method을 사용할 수 있다. 이는 오늘날 가장 널리 쓰이는 방식이다. 특정 행동을 i번 선택했을 때 보상 R_i가 주어지면 추정 가치 Q_n을 다음과 같이 계산할 수 있다.

$$Q_n = \frac{R_1 + R_2 + \cdots + R_n}{n-1}$$

이 시점부터는 매번 전체 보상의 평균을 다시 계산할 필요가 없다. 대신, 이미 계산된 값을 기록해 두고 새로운 보상이 들어올 때마다 증분 방식으로 업데이트하면 된다.

$$Q_{n+1} = Q_n + \frac{1}{n}[R_n - Q_n]$$

이는 기댓값을 단계적으로 보정하는 방식으로 볼 수 있다.

$$\text{Estimated}_{new} \leftarrow \text{Estimated}_{new} + \text{step\_size}[\text{Target} - \text{Estimated}_{old}]$$

여기서 [Target-Estimated$_{old}$]는 추정 과정에서 발생한 오차로 볼 수 있다. 에이전트는 이 오차를 단계적으로 교정하면서 실제 목표 값에 점점 더 가까워지도록 학습한다. 즉, 추정 가치를 실제 가치에 수렴시키는 과정이다.

이러한 증분 구현을 테스트해보면, 초기 탐색 단계가 끝난 후 에이전트가 점차 최적 행동을 더 자주 선택하며 활용 중심의 전략으로 전환하는 모습을 확인할 수 있다.

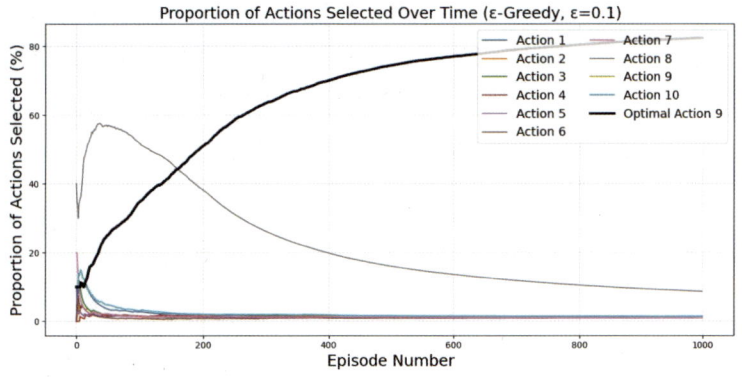

그림 8.9 증분 구현 예시

$1/n$ 대신 고정된 스텝 크기 step size 파라미터 α를 사용할 수 있다.

$$Q_{n+1} = Q_n + \alpha[R_n - Q_n]$$

α를 사용하면 계산이 단순해질 뿐만 아니라 이 접근법에 내재된 편향을 줄일 수 있다. 실제로, 특정 행동의 초기 추정 가치 $Q_1(a)$ 선택은 초기 의사결정과 수렴 과정에 상당한 영향을 미친다. 또한 α를 사용하면 비정상 non-stationary 문제, 즉 시간이 지남에 따라 보상 확률이 변하는 상황을 더 잘 처리할 수 있다.

일반적으로 초기 기댓값은 0으로 설정한다. 하지만 0보다 큰 값을 선택하는 방식도 있으며 이를 낙관적 탐욕 전략 optimistic greedy strategy 이라고 부른다. 이러한 낙관적 초깃값은 에이전트가 환경을 더 적극적으로 탐색하도록 유도한다. 심지어 $\varepsilon=0$인 순수 탐욕 접근법을 쓰더라도 낙관적인 초깃값 덕분에 에이전트는 자연스럽게 탐색을 수행하게 된다. 단점은 초기 Q값의 설정에 따라 결과가 달라질 수 있어 여러 초깃값을 실험적으로 조정해야 한다는 점이다. 그래서 실제로는 거의 모든 연구자나 실무자가 편의상 초깃값을 0으로 설정한다.

실험적으로 낙관적 탐욕 방법을 테스트해보면, 그 결과가 ε-탐욕 방법과 유사하게 동작하는 것을 확인할 수 있다.

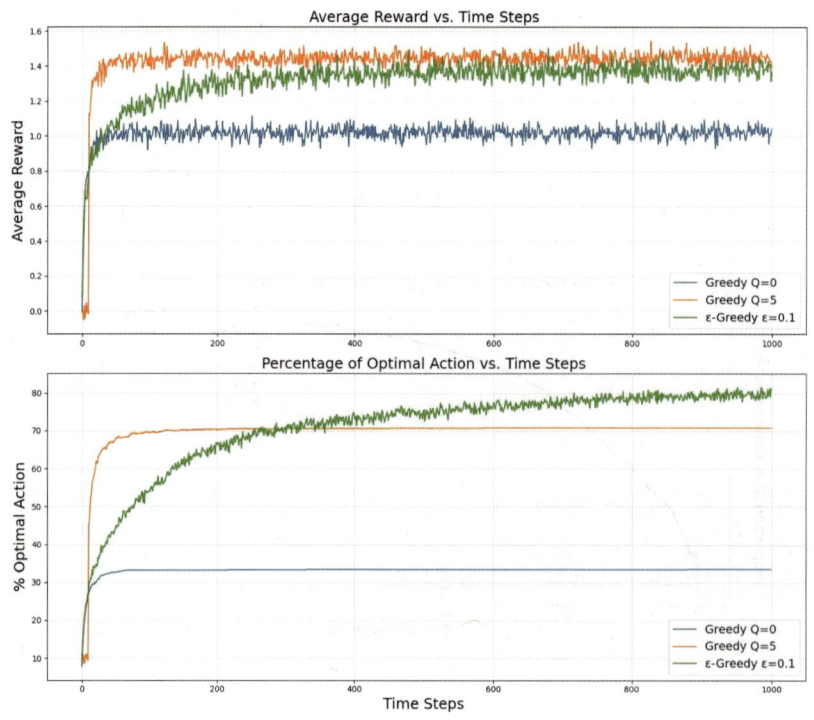

그림 8.10 낙관적 탐욕과 ε-탐욕 방법 비교

비정상non-stationary 문제에서는 α값을 조정해 과거 보상보다 최근 보상에 더 큰 가중치를 두도록 설정할 수 있다.

마지막으로, 지금까지 탐욕적 행동은 높은 추정 가치에 따라 선택해왔다. 반대로 탐욕적이지 않은 행동은 무작위로 선택했다. 그러나 무작위로 선택하는 대신, 각 행동의 잠재적 최적성과 불확실성을 기반으로 선택할 수도 있다. 이 방법을 **상한 신뢰 경계**UCB, upper confidence bound라고 하며, 여기서 행동 A는 다음 기준에 따라 선택한다.

$$A_t = \arg\max_{a} \left[Q_t(a) + c\sqrt{\frac{\ln t}{N_t(a)}} \right]$$

여기서 $\ln(t)$는 시간 단계 t의 자연 로그를 의미하며, $c>0$은 탐색의 정도를 조절하는 상수, N_t는 행동 A가 지금까지 선택된 횟수를 나타낸다. 이 방식의 핵심은 모든 행동이 결국은 시도되지만, 추정 가치가 낮고 이미 자주 선택된 행동은 점점 선택 확률이 줄어든다는 점이다.

이를 '여러 음식점 중 어디를 갈지 선택하는 상황'에 비유할 수 있다. 이미 마음에 드는 음식점(높은 추정 가치)을 계속 갈 수도 있지만, 아직 많이 가보지 않은 곳(높은 불확실성)도 시도할 수 있다. UCB는 이 둘의 균형을 맞춰주며 시간이 지남에 따라 성능이 낮은 옵션은 자연스럽게 덜 탐색하게 되고, 반대로 덜 탐색된 잠재적으로 좋은 옵션은 계속 시험하게 된다. UCB는 매우 효과적인 방법이지만 멀티 암드 밴딧 문제 이외의 접근법에는 적용하기가 다소 어렵다는 한계가 있다.

다음 그림에서 볼 수 있듯이, UCB는 일반적으로 더 나은 결과를 제공한다.

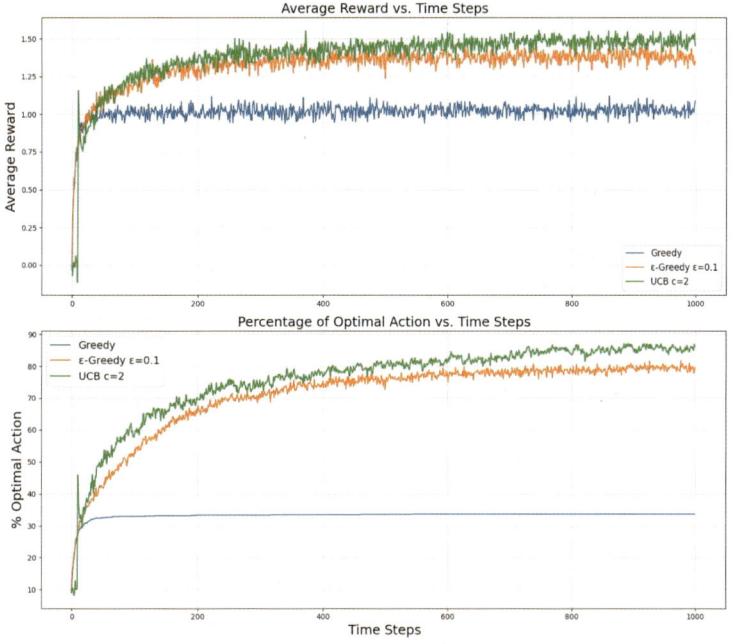

그림 8.11 탐욕적 방법 대비 UCB의 성능 향상

멀티 암드 밴딧은 강화학습의 대표적인 예시로서, 이를 통해 강화학습이 어떻게 작동하는지 이해하기 시작할 수 있다. 멀티 암드 밴딧은 여러 응용 분야에서 활용되어 왔으나 시스템 자체가 단순하기 때문에 다양한 현실 상황에는 그대로 적용하기 어렵다. 예를 들어 체스 게임에서 목표는 단순히 상대 말을 잡는 것이 아니라 경기에 승리하는 것이다. 따라서 다음 절에서는 즉각적인 이득이 아닌 장기적인 목표를 고려하는 학습 방법에 대해 살펴본다.

마르코프 결정 과정

마르코프 결정 과정MDP, Markov decision processes은 행동이 즉각적인 보상뿐 아니라 미래의 결과에도 영향을 미치는 문제를 다룬다. 따라서 MDP에서는 지연된 보상이 멀티 암드 밴딧에서 본 것보다 훨씬 더 중요하며, 상황에 따라 적절한 행동을 선택하는 것이 핵심이 된다.

예를 들어, 미로를 탐험한다고 상상해보자. 각 교차로나 복도는 하나의 상태가 되고 에이전트가 한 번 움직일 때마다turn 새로운 상태로 전이된다. 어떤 길은 출구(최종 보상)에 더 빠르게 도달하게 되지만, 어떤 길은 빙빙 돌거나 막다른 길로 이어질 수도 있다. 이때 각 움직임의 보상은 즉각적으로 주어지지 않을 수 있으며 최종적으로 출구에 도달해야 큰 보상을 얻게 된다. 따라서 에이전트는 현재의 행동이 장기적으로 목표 달성에 어떤 영향을 미칠지 고려하며 선택해야 한다.

MDP는 이러한 아이디어를 공식화한 것이다. 에이전트는 단순히 순간적인 보상만을 최적화하는 것이 아니라 장기적인 성공을 극대화할 수 있는 행동을 각 상태에서 선택해야 한다. 이 점에서 MDP는 즉각적인 보상만 고려하는 멀티 암드 밴딧보다 훨씬 복잡하다.

앞에서는 단순히 $q^*(a)$, 즉 행동 자체를 추정했지만, 이제는 상태 s가 주어졌을 때 특정 행동 a의 가치를 나타내는 $q^*(s, a)$를 추정해야 한다. 매 시점에서 에이전트는 환경의 상태 S_t를 관찰하고 행동 A_t를 수행하며 보상 R을 받고 새로운 상태 S_{t+1}로 이동한다. 즉, 에이전트의 행동이 환경의 상태 변화를 유도한다.

유한 MDPfinite MDP에서는 상태 집합, 행동 집합, 보상 집합이 유한한 수의 원소를 가진다. 이때 보상 R과 다음 상태 S는 이전 상태와 행동 모두에 의존하는 확률 분포다. 이러한 시스템의 동역학은 상태 전이 확률 함수state-transition probability function $p(s', r|s, a)$로 표현할 수 있다.

$$p(s', r|s, a) = \Pr\{S_t = s', R_t = r | S_{t-1} = s, A_{t-1} = a\}$$

다시 말해, 상태와 보상은 이전 상태와 이전 행동에 의존한다. 매 시점마다 새로운 상태와 보상은 이전 사이클의 결과로부터 파생되며 이러한 과정이 유한한 사건들의 연속으로 반복된다. 따라서 각 상태는 모든 과거 정보를 요약하는 역할을 하며, 이를 마르코프 상태라고 하고 마르코프 속성을 가진다고 한다.

마르코프 상태의 장점은 미래를 예측하는 데 필요한 모든 정보가 이미 해당 상태에 포함되어 있다는 점이다. 즉, 과거 전체를 알 필요 없이 현재 상태만으로도 미래를 예측할 수 있다. 앞서 정의한 함수는 특정 행동을 수행할 때 한 상태가 다른 상태로 전이되는 과정을 설명한다. 그리고 이러한 속성을 만족하는 강화학습 문제를 마르코프 결정 과정 MDP이라고 한다. 따라서 이 함수로부터 환경과 관련된 모든 핵심 정보를 도출할 수 있다. 이를 기반으로 상태 전이 확률 state-transition probabilities도 다음과 같이 유도할 수 있다.

$$p(s'|s,a) = \Pr\{S_t = s' | S_{t-1} = s, A_{t-1} = a\} = \sum_{r \in R} p(s', r | s, a)$$

또한 특정 상태-행동 쌍에 대한 기대 보상도 다음과 같이 유도할 수 있다.

$$r(s,a) = \mathrm{E}[R_t | S_{t-1} = s, A_{t-1} = a] = \sum_{r \in R} r \sum_{s \in S} p(s', r | s, a)$$

또한 상태-행동-다음 상태(state-action-next state) 삼중항에 대한 기대 보상도 유도할 수 있다.

$$r(s,a,s') = \mathrm{E}[R_t | S_{t-1} = s, A_{t-1} = a, S_t = s'] = \sum_{r \in R} r \frac{p(s', r | s, a)}{p(s' | s, a)}$$

이는 MDP 프레임워크의 유연성을 잘 보여준다. 간단히 덧붙이자면, t는 꼭 시간 단계 time step만을 의미하지 않는다. 일련의 의사결정, 로봇의 이동 과정 같은 상태들의 연속을 나타낼 수도 있다. 이런 점때문에 MDP는 매우 유연한 시스템이라고 할 수 있다. 결국 MDP는 모든 문제를 행동, 상태, 보상이라는 세 가지 신호로 단순화해 표현할 수 있기 때문에 목표 지향 학습을 추상화하기에 매우 적합한 시스템이다.

에이전트의 목표는 당장의 이득보다는 장기적인 누적 보상을 극대화하는 것이다. 이러한 접근은 대부분의 문제를 통일된 방식으로 공식화할 수 있어 MDP의 유연성을 더욱 높여준다. 핵심은 에이전트가 어떤 보상을 최대화하도록 학습할 것인지, 그 보상을 어떻게 정의하느냐에 달려 있다. 다만 주의할 점은 에이전트가 가능한 모든 방법으로 보상을 극대화하려고 한다는 것이다. 만약 목표의 정의가 부적절할 경우 의도치 않는 결과로 이어질 수 있다. 예를 들어 체스에서 목표는 게임에서 승리하는 것이다. 하지만 보상을 단순히 말을 잡는 것에 두면 에이전트는 말을 최대한 많이 잡으려 하다가 오히려 게임에서 패배할 수도 있다.

이를 더 명확히 표현하기 위해 G_t를 시점 t 이후에 받은 보상의 누적 합으로 정의할 수 있다.

$$G_t = R_{t+1} + R_{t+2} + \ldots + R_T$$

따라서 목표는 G_t를 극대화하는 것이다. 이는 정해진 수의 행동만 가능한 게임처럼 명확한 종료 조건이 있는 일련의 과정일 경우 정의하기가 더 쉽다. 이렇게 정의된 일련의 단계를 에피소드episode라고 하며 마지막 상태는 종단 상태terminal state라고 부른다. 각 에피소드는 서로 독립적이므로, 예를 들어 한 게임에서 패배하더라도 다음 게임의 결과에는 영향을 주지 않는다.

그러나 항상 이렇게 유한한 에피소드 형태로 구성되는 것은 아니다. 예컨대 로봇이 환경 안에서 계속 움직이는 것처럼 명확한 종료가 없는 연속적 작업도 존재한다. 이런 경우 앞서 정의한 단순한 누적 보상 공식이 적용되지 않는다. 대신, 이를 해결하기 위해 할인율 γ를 사용할 수 있다. 이 파라미터는 에이전트가 미래의 보상을 얼마나 중시할지를 결정한다. $\gamma \approx 0$일 경우 에이전트는 즉각적인 보상을 극대화하려 하고, γ가 1에 가까워질수록 미래의 보상을 더 크게 고려한다.

$$G_t = R_{t+1} + \gamma R_{t+2} + \gamma^2 R_{t+3} + \ldots = \sum_{k=0}^{\infty} \gamma^k R_{t+k+1}$$

앞서 멀티 암드 밴딧 문제에서 살펴본 것처럼 가치 함수, 즉 특정 상태에 있을 때 에이전트가 얼마나 유리한지(가치가 있는지)를 추정할 수 있다. 정책 π가 주어졌을 때, 상태 S의 가치는 해당 상태에서 시작해 그 시점부터 정책 π를 따를 때의 기대 반환값expected return으로 정의된다.

$$v_\pi(s) = E_\pi[G_t \mid S_t = s] = E_\pi\left[\sum_{k=0}^{\infty} \gamma^k R_{t+k+1} \mid S_t = s\right] \quad \text{모든 } s \in S \text{에 대해}$$

이를 정책 π에 대한 상태 가치 함수state-value function라고 부르며, 여기서 G_t는 기대 반환값을 의미한다. 마찬가지로, 정책 π 하에서 상태 S에서 특정 행동 A를 취할 때의 가치를 다음과 같이 정의할 수 있다.

$$q_\pi(s,a) = E_\pi[G_t \mid S_t = s, A_t = a] = E_\pi\left[\sum_{k=0}^{\infty} \gamma^k R_{t+k+1} \mid S_t = s, A_t = a\right]$$

이를 정책 π에 대한 행동 가치 함수action-value function라고 부른다. 이러한 함수들은 환경과 상호작용 경험을 통해 추정할 수 있으며, 충분히 많은 시도를 거치면(무한대에 가까워질수록) 실제 값에 수렴하게 된다. 실제 반환값의 수많은 무작위 표본을 평균 내어 추정하는 이러한 방식을 몬테카를로 방법Monte Carlo method이라고 한다.

효율성을 위해 이 식을 할인율을 사용하여 재귀적 형태로 다시 쓸 수 있다.

$$v_\pi(s) = E_\pi[G_t \mid S_t = s] = E_\pi[R_{t+1} + \gamma G_{t+1} \mid S_t = s]$$
$$= \sum_a \pi(a \mid s) \sum_{s',r} p(s', r \mid s, a)[r + \gamma v_\pi(s')] \quad \text{모든 } s \in S \text{에 대해}$$

이 단순화된 형태를 **벨만 방정식**Bellman equation이라고 부른다. 벨만 방정식은 이전 상태에서 다음 상태를 예측하는 방식으로 해석할 수 있다. 특정 상태에서 정책에 따라 행동을 선택하면 일정한 확률로 보상을 얻거나 얻지 못한다. 벨만 방정식은 이러한 확률들을 고려하여 가중 평균을 계산하고 각 사건이 발생할 가능성에 비례하여 가중치를 부여함으로써, 현재 상태의 가치를 미래 상태의 가치로 연결한다. 이 방정식은 오늘날 널리 사용되는 강화학습 알고리즘들의 근간을 이루는 핵심 개념이다.

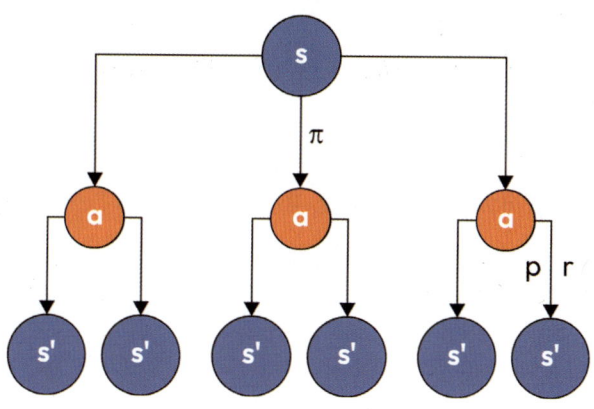

그림 8.12 벨만 백업 다이어그램

이제 상태 가치 함수 $v_\pi(s)$와 행동 가치 함수 $q_\pi(s,a)$를 모두 갖추었으므로 이를 활용해 정책을 평가하고 최적의 정책을 선택할 수 있다. 행동 가치 함수는 특정 상태에서 어떤 행동이 더 나은지를 판단할 수 있게 해준다. 예를 들어 텍사스 홀덤 포커 게임을 생각해보자. 한 플레이어가 100달러를 가지고 있고, 상태 s에서 시작하는 전략 π를 선택해야 한다고 하자. 전략 π_1은 상태 가치 함수가 10을 반환하고 전략 π_2는 -2를 반환한다면, 이는 첫 번째 전략이 기대 10의 이득을, 두 번째 전략이 기대 2의 손실을 가져옴을 의미한다.

특정 상태 s에서 플레이어는 어떤 행동을 선택할지 결정해야 한다. 예를 들어 10달러를 베팅할지 5달러를 베팅할지를 결정해야 한다면, $q_\pi(s,a)$는 해당 행동이 가져올 기대 누적 보상을 알려준다. 따라서 앞서 정의한 수식들을 통해 어떤 행동이나 전략이 보상을 최대화할지를 평가할 수 있다.

앞의 그림 8.12에서도 알 수 있듯이, 강화학습 문제를 해결한다는 것은 장기적으로 더 많은 보상을 얻을 수 있는 최적 정책을 찾는 것을 의미한다. MDP에서는 각 상태에 대해 기대 반환값이 더 크면 해당 정책이 더 낫다고 평가할 수 있으므로 최적 정책을 정의할 수 있다. 모든 가능한 정책 중에서 가장 높은 가치 함수를 갖는 정책을 π^*로 표기하며 이것이 바로 최적 정책이다.

$$v^*(s) = \max_\pi v_\pi(s) \quad \text{모든 } s \in S \text{에 대해}$$

최적 정책들은 동일한 최적 행동 가치 함수 optimal action-value function q^*를 공유한다. 이는 가능한 모든 정책 가운데 행동 가치 함수의 최댓값으로 정의된다.

$$q^*(S,a) = \max_\pi q_\pi(S,a) \quad \text{모든 } s \in S \text{에 대해}$$

이들 두 함수의 관계는 다음과 같이 요약할 수 있다.

$$q^*(S,a) = \mathrm{E}[R_{t+1} + \gamma v^*(S_{t+1}) | S_t = s, A_t = a]$$

이 방정식은 특정 상태-행동 쌍에서의 누적 반환값을 나타낸다. 그러나 최적 가치 함수는 강화학습에서 이상적인 상태일 뿐, 실제로는 최적 정책을 찾기가 매우 어렵다. 특히 작업이 복잡하거나 계산 비용이 큰 경우에는 더욱 그렇다. 따라서 강화학습에서는 이들을 직접 구하기보다는 동적 프로그래밍 dynamic programming 을 사용하여 근사하곤 한다. 동적 프로그래밍의 목적은 가치 함수를 이용해 좋은 정책을 탐색하는 것이며, 꼭 정확한 해를 구하지 않더라도 충분히 유용한 해법을 제공할 수 있다.

이 시점에서 최적 상태 가치 함수 $v^*(s)$와 최적 행동 가치 함수 $q^*(s,a)$에 대한 벨만 최적 방정식을 도출할 수 있다.

$$v^*(s) = \max_a \mathrm{E}[R_{t+1} + \gamma v^*(S_{t+1}) | S_t = s, A_t = a]$$
$$= \max_a \sum_{s',r} p(s',r|s,a)[r + \gamma v^* + s']$$
$$q^*(s,a) = \mathrm{E}[R_{t+1} + \max_{a'} q^*(S_{t+1}, a') | S_t = s, A_t = a]$$
$$= \sum_{s',r} p(s',r|s,a)[r + \gamma \max_{a'} q^*(s',a')]$$

유한 MDP의 경우 벨만 최적 방정식은 해가 단 하나 존재하며, 시스템의 동역학 dynamics 을 알고 있다면 이 방정식을 직접 풀어 해를 구할 수 있다. 일단 v^*를 구하면 최적 정책 π^*를 쉽게 도출할 수 있고 최적 정책을 통해 q^*를 얻으면 최적 행동 또한 결정할 수 있다. v^*의 강점은 단기적인 보상뿐만 아니라 장기적인 목표까지 고려할 수 있게 해준다는 점이다. 따라서 특정 문제에 대해 이 방정식들을 푸는 것은 곧 강화학습을 통해 그 문제를 해결하는 것과 같다.

그러나 실제로는 많은 문제에서 이 방정식들을 푸는 것은 모든 경우의 수를 계산해야 하므로 계산 비용이 지나치게 커진다. 다른 경우에는 환경의 동역학을 확실히 알 수 없거나 상태들이 마르코프 속성을 충족하지 못할 수도 있다. 그럼에도 불구하고 이 방정식들은 강화학습의 토대를 이루며, 오늘날 대부분의 알고리즘들은 실제 경험을 통해 이 방정식을 근사적으로 해결하는 방식을 사용한다.

따라서 이러한 알고리즘들은 최적의 정책을 식별하는 것이 아니라 근사치를 구한다. 예를 들어 많은 알고리즘은 자주 등장하는 상태에서는 최적 행동을 학습하지만, 드물거나 희귀한 상태에서는 차선의 행동을 선택할 수도 있다. 하지만 중요한 점은 이러한 차선의 선택이 장기적인 보상에 실질적인 영향을 주지 않아야 한다는 것이다. 예컨대, 드문 상황에서 최선의 수를 두지 못하더라도 에이전트가 여전히 게임에서 승리라는 최종 목표를 달성할 수 있다면 문제되지 않는다.

동적 프로그래밍DP, dynamic programming은 환경을 완전한 MDP 모델로 가정했을 때 최적 정책을 계산하기 위해 사용되는 일련의 알고리즘을 의미한다. 하지만 이러한 알고리즘들은 계산량이 매우 많고, 무엇보다 환경에 대한 완전한 모델 가정이 현실적으로 거의 불가능하다는 한계가 있다. 따라서 오늘날 이 알고리즘들이 직접 활용되는 경우는 드물다. 대신, 현대의 강화학습 알고리즘들은 DP 알고리즘에서 영감을 받아 계산 비용을 줄이고 완전한 환경 모델이 없어도 작동할 수 있도록 발전해왔다.

DP 알고리즘의 핵심 아이디어는 벨만 방정식을 업데이트 규칙update rule으로 변환하여 원하는 가치 함수의 근사치를 점진적으로 개선함으로써 얻는다. 이처럼 가치 함수는 좋은 정책을 탐색하기 위한 체계적 수단으로 작동할 수 있다. 정책을 평가하려면, 상태 가치 함수를 사용하여 각 상태에서 정책 π를 따를 때의 기대 반환값을 계산할 수 있다.

$$v_\pi(s) = \mathrm{E}\left[R_{t+1} + \gamma v_\pi(S_{t+1}) \mid S_t = s, A_t = a\right]$$
$$= \sum_a \pi(a \mid s) \sum_{s', r} p(s', r \mid s, a)\left[r + \gamma v_\pi(s')\right]$$

정책의 가치 함수를 계산하는 목적은 더 나은 정책을 찾는 데 있다. 어떤 상태 s에서 알고 싶은 것은 현재의 정책을 유지할지, 개선할지, 아니면 완전히 다른 정책을 선택할지이다. 정책의 선택이 결국 에이전트가 어떤 행동을 취할지 결정한다는 점에 유의하자. 그렇다면 "정책을 바꾸는 것이 더 나은가?"라는 질문에 답하려면, 상태 s에서 정책 π에 따라 행동을 선택했을 때 어떤 일이 벌어지는지를 고려해야 한다.

$$q_\pi(s, a) = \mathrm{E}\left[R_{t+1} + \gamma v_\pi(S_{t+1}) \mid S_t = s, A_t = a\right]$$
$$= \sum_{s', r} p(s', r \mid s, a)\left[r + \gamma v_\pi(s')\right]$$

더 나은 정책 π'은 더 높은 $v_\pi(s)$ 값을 제공해야 한다. 만약 π'의 값이 $v_\pi(s)$ 이하라면 동일한 정책을 계속 유지할 수 있다. 다시 말해, 정책 π보다 더 나은 $v_\pi(s)$ 값을 가지는 정책 π'을 따르는 행동을 선택하는 것이 더 이득이 된다.

이번 절에서는 대표적인 강화학습 알고리즘들을 살펴보았지만, 아직 신경망이나 다른 머신러닝 모델을 사용하지는 않았다. 이러한 알고리즘들은 비교적 단순한 문제에는 잘 작동하지만, 더 복잡한 상황에서는 더 정교하고 적응 가능한 시스템이 필요하다. 다음 절에서는 신경망을 강화학습 알고리즘에 통합하는 방법을 살펴본다.

2. 심층 강화학습

심층 강화학습deep reinforcement learning은 강화학습과 딥러닝을 결합한 하위 분야이다. 즉, 신경망의 학습 능력을 활용해 강화학습 문제를 해결하는 것이 핵심 아이디어다. 전통적인 강화학습에서는 정책과 가치 함수를 단순한 함수로 표현한다. 이러한 방법은 저차원의 상태 및 행동 공간에서, 즉 환경과 에이전트를 비교적 쉽게 모델링할 수 있을 때 잘 동작한다. 하지만 환경이 복잡해지거나 규모가 커지면 전통적인 방법은 일반화에 실패하는 경향이 있다.

반면 심층 강화학습에서는 정책과 가치 함수를 신경망으로 표현한다. 신경망은 이론적으로 어떤 복잡한 함수라도 근사할 수 있으며(universal approximation theorem, 보편 근사 정리) 이를 통해 심층 강화학습은 이미지, 비디오, 연속적인 작업과 같이 고차원 상태 공간을 다루는 문제도 해결할 수 있다.

이처럼 복잡한 함수를 모델링함으로써 전통적인 방법으로는 함수를 정의하는 것이 불가능한 상황에서도 에이전트가 더 일반화되고 유연한 정책을 학습할 수 있게 된다. 이러한 학습 능력 덕분에 심층 강화학습은 비디오 게임을 해결하거나 로봇을 움직이는 등 다양한 문제를 해결할 수 있다.

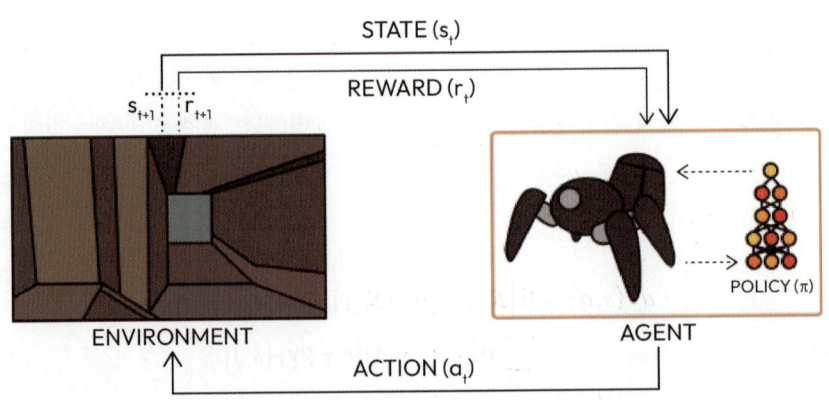

그림 8.13 심층 강화학습 개요(https://arxiv.org/abs/1708.05866)

다음 절에서는 심층 강화학습 알고리즘들을 어떻게 분류할 수 있는지 그리고 차이점이 무엇인지 살펴본다.

모델 프리 접근법과 모델 기반 접근법

오늘날 심층 강화학습에는 수많은 방법이 존재하여 이들을 일관된 분류 체계로 정리하기는 쉽지 않다. 그럼에도 심층 강화학습 방법은 크게 두 가지 그룹으로 나눌 수 있다. 바로 모델 프리model-free와 모델 기반model-based 방식이다. 이러한 구분은 곧 "에이전트가 환경의 모델에 접근하거나 학습하는가?"라는 질문에 대한 답으로 이루어진다.

- **모델 프리 방식**: 이 방법들은 환경의 모델을 만들지 않고 최적 정책이나 가치 함수를 학습한다. 에이전트는 관찰된 상태, 행동, 보상으로부터 직접 학습한다. 다시 말해, 시행착오를 통해 환경의 피드백을 받아 정책이나 가치 추정치를 점진적으로 개선한다. 모델 프리 접근법은 구현과 파라미터 조정이 비교적 간단하며(상태-행동-보상 전이만 관찰하면 된다) 확장성이 높고 계산 복잡도가 낮다는 장점이 있다.
- **모델 기반 방식**: 이 방법들은 환경의 내부 모델에 의존하여 주어진 상태-행동 쌍에서 미래의 상태와 보상을 예측한다. 이 모델은 훈련 전에 학습하거나 미리 정의할 수 있다. 모델을 보유하면 에이전트가 유사한 결과를 예측하고 미래 시나리오에 대한 행동을 계획할 수 있다. 예를 들어, 게임에서 상대의 미래 행동을 예측하고 미리 대응하는 전략을 세울 수 있다. 모델 기반 접근법은 실제 환경과의 상호 작용을 줄일 수 있고 복잡한 작업을 계획하는 데 더 뛰어나다는 장점이 있다. 그러나 환경 모델을 정확하게 구축하는 것은 특히 고차원 환경에서는 매우 어렵고 계산 비용 또한 크게 증가한다는 한계가 있다.

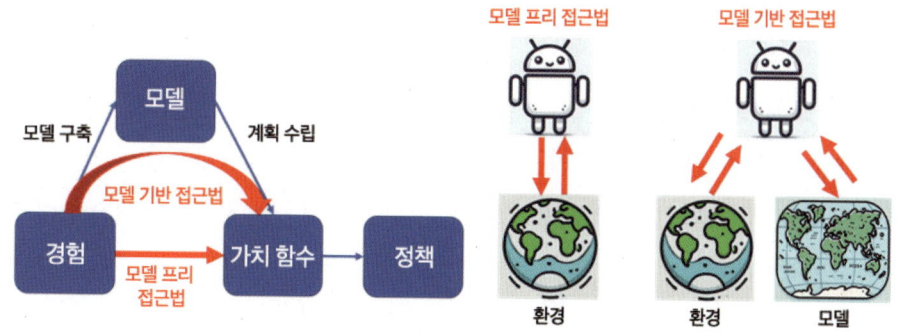

그림 8.14 모델 프리와 모델 기반 접근법 비교

모델 기반 강화학습의 가장 큰 장점은 미래를 계획하고 예측하는 능력에 있다. 일반적으로 신경망과 같은 모델을 활용해 환경의 동적 변화를 시뮬레이션함으로써 에이전트가 미래 시나리오를 예측할 수 있다. 이는 특히 복잡한 환경이나 장기적인 결과를 고려해야 하는 상황에서 유용하다. 예를 들어, 체스처럼 보상이 오직 게임에서 승리했을 때만 주어지는 경우처럼, 보상이 희소하거나 지연되는 문제에서 모델이 다양한 경로를 시뮬레이션하여 보상에 도달하기 위한 최적의 전략을 세울 수 있다.

계획은 동적인 환경에서도 강력한 장점을 발휘한다. 모델은 내부 표현을 빠르게 업데이트할 수 있으므로 에이전트는 처음부터 다시 학습하지 않고도 정책을 조정할 수 있다. 이를 통해 광범위한 재학습이 필요하지 않게 되며, 예컨대 자율주행과 같은 응용 분야에서 새로운 대규모 데이터셋 없이도 전략을 수정할 수 있다. 이러한 계획을 통해 얻은 통찰은 학습된 정책으로 증류distill할 수 있으며, 이러한 과정은 시간이 지남에 따라 에이전트의 전반적인 성능을 점진적으로 향상시킨다.

또한 모델 기반 접근법은 환경과의 상호작용을 시뮬레이션함으로써 광범위한 실제 탐색의 필요성을 줄여준다. 이는 로봇 공학이나 자율주행 차량처럼 상호작용 비용이 높거나 위험이 따르거나 시간이 많이 소요되는 시나리오에서 특히 중요하다. 에이전트는 내부 모델을 활용해 실행할 행동의 우선순위를 정하고 탐색 과정을 세밀하게 조정하여 환경에 대한 이해를 보다 효율적으로 개선할 수 있다.

이러한 과정은 에이전트가 장기적인 목표를 최적화할 수 있도록 돕는다. 에이전트는 자신의 행동이 장기적으로 어떤 결과를 초래할지 시뮬레이션하고, 더 먼 목표를 향한 진행 상황을 모니터링하며, 행동을 먼 목표에 맞춰 조정할 수 있기 때문이다.

그러나 모델을 구축하는 일은 결코 단순하지 않다. 환경의 정확한 정답 모델ground-truth model이 항상 주어지는 것은 아니며, 이 경우 에이전트는 경험만을 바탕으로 자체 모델을 학습해야 한다. 이로 인해 에이전트의 모델에 편향이 생길 수 있으며, 학습된 모델에 대해서는 최적으로 행동하더라도 실제 환경에서는 성능이 현저히 떨어지거나 최적이 아닐 수 있다.

온-폴리시와 오프-폴리시 방법

강화학습에서 또 하나 중요한 분류 기준은 모델이 경험을 어떻게 학습하는가, 즉 현재 정책으로부터 학습하는가 아니면 다른 정책으로부터 학습하는가이다. 이 분류는 정책과 정책 업데이트 간의 관계를 기준으로 한다.

- **온-폴리시(on-policy) 방법**: 온-폴리시 방법은 에이전트의 현재 정책으로부터 나온 행동을 기반으로 학습한다. 즉, 에이전트는 데이터를 수집하고 학습하는 데 동일한 정책을 사용한다. 온-폴리시 방법은 결정을 내리는 데 사용되는 현재 정책을 직접 평가하고 개선하는 방식으로 작동하며, 다른 정책에서 얻은 데이터는 활용하지 않는다. 장점은 학습된 정책이 실제 환경과의 상호작용을 통해 최적화되므로 에이전트가 안정적이고 분산variance에 덜 취약하다는 점이다. 반면 단점은 과거 정책에서 얻은 데이터를 버리기 때문에 샘플 효율성sample efficiency이 낮다. 이 때문에 복잡한 환경에서는 방대한 데이터가 필요하다. 또한 탐색 능력이 제한적이어서 안정적인 환경에서 더 적합하다. 예를 들어, 챗봇이 사용자 질문에 더 나은 답변을 학습하는 경우, 챗봇은 특정 정책으로 답변을 제공하고 사용자 피드백을 활용하여 이 정책을 최적화한다. 온-폴리시 방법은 학습된 정책이 챗봇이 취한 행동 및 실제 사용자 상호작용에 직접 연결되도록 보장하므로 안정성이 높다.

- **오프-폴리시**(off-policy) **방법**: 오프-폴리시 방법은 에이전트의 행동과는 무관하게 최적 정책의 가치를 학습한다. 즉, 에이전트는 학습에 사용하는 정책과는 다른 정책을 통해 얻은 경험으로부터 배운다. 따라서 과거 데이터나 다른 정책이 생성한 데이터를 활용할 수 있다. 오프-폴리시 방법은 데이터를 수집하는 행동 정책_{behavior policy}과 실제로 학습을 통해 개선하려는 목표 정책_{target policy}을 분리한다. 행동 정책은 환경을 탐색하는 데 사용되고 목표 정책은 에이전트의 성능을 개선하는 데 사용된다. 이렇게 분리하면 탐색은 보다 자유롭게 하면서도 학습은 목표 정책을 최적화하는 데 집중할 수 있다. 오프-폴리시 방법의 장점은 데이터 재사용이 가능해 샘플 효율성이 높고, 더 나은 탐색을 통해 최적 정책에 빠르게 수렴할 수 있다는 점이다. 반면 단점은 현재 정책이 취한 행동으로부터 직접 학습하지 않기 때문에 행동 정책과 목표 정책 간의 불일치가 업데이트의 분산을 키워 학습 안정성을 떨어뜨릴 수 있다는 점이다. 예를 들어, 음악 추천 시스템에서는 행동 정책이 새로운 장르나 최신 음반을 탐색하도록 유도하고, 목표 정책은 사용자 맞춤형 추천 성능을 최적화한다. 두 정책을 분리함으로써 최종 추천 품질을 해치지 않으면서 다양한 추천 전략을 실험할 수 있다. 이 방법의 장점은 광범위한 탐색을 허용하며, 이는 복잡하고 동적인 환경에서 매우 유용하다.

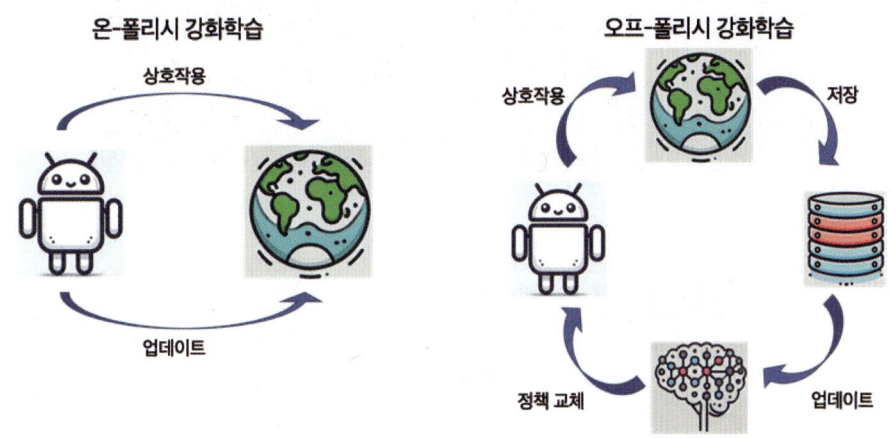

그림 8.15 온-폴리시와 오프-폴리시 방법

다음 절에서는 심층 강화학습이 실제로 어떻게 작동하는지 구체적으로 살펴본다.

심층 강화학습 자세히 살펴보기

심층 강화학습을 제대로 이해하기 위해 정의부터 시작해보자. 어떤 시스템에서 상태 s는 일반적으로 벡터, 행렬, 또는 기타 텐서_{tensor}로 표현한다. 각 시간 단계 t에서 환경은 텐서 형태로 기술할 수 있다. 예를 들어, 체스판 위 말들의 위치는 행렬로 표현할 수 있다. 마찬가지로, 에이전트가 선택할 수 있는 행동 a 역시 텐서로 표현할 수 있다. 각 행동은 원-핫 벡터, 행렬 등의 형태로 나타낼 수 있다. 이러한 데이터 구조들은 이미 머신러닝에서 흔히 사용하는 형식이며 딥러닝 모델의 입력으로 활용할 수 있다.

지금까지는 정책을 일반적으로만 다루었지만 실제로는 이를 어떤 함수로 모델링할 수 있을까? 가장 자주 사용하는 것은 신경망이다. 따라서 이번 절에서는 신경망을 어떻게 강화학습 알고리즘에 사용할 수 있는지를 살펴본다. 여기서 다룰 내용은 이번 장에서 살펴본 원리와 동일하지만, 단순히 함수로 행동을 선택하는 대신 신경망을 통해 행동을 결정한다는 점이 다르다.

1장에서 보았듯이 신경망은 여러 레이어로 구성된 뉴런들의 집합이다. 신경망은 입력으로 텐서를 받고 출력 역시 텐서 형태로 생성한다. 강화학습의 맥락에서 신경망의 출력은 선택된 행동을 의미한다. 따라서 정책을 최적화한다는 것은 곧 신경망의 파라미터를 최적화하는 것을 의미한다. 경험을 기반으로 한 강화학습 알고리즘은 정책 함수의 파라미터를 점진적으로 조정하여 더 나은 행동을 선택하도록 학습한다.

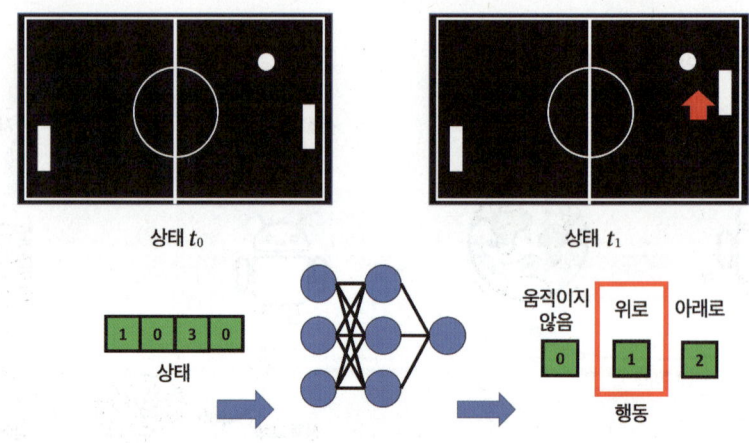

그림 8.16 신경망을 활용한 강화학습 정책

신경망은 잘 알려진 딥러닝 모델이며 이를 어떻게 최적화할 수 있는지도 이미 잘 알려져 있다. 경사 기반gradient-based 방법을 사용하면 파라미터를 변화시켰을 때 함수 결과가 어떻게 달라지는지 이해할 수 있다. 강화학습의 경우, 우리가 원하는 것은 정책 P(신경망 모델)의 파라미터를 어떻게 업데이트해야 미래에 더 많은 보상을 얻을 수 있는지 아는 것이다. 정책에 따른 기대 보상을 알려주는 함수가 있다면, 이를 기울기로 계산하여 정책의 파라미터를 조정하고 그 결과로 반환값을 극대화할 수 있다.

신경망을 강화학습의 정책으로 사용할 때 얻을 수 있는 장점은 다음과 같다.

- 표현력이 뛰어난 함수 근사function approximator이므로, 입력(상태)과 출력(행동) 사이의 복잡한 비선형 관계를 매핑할 수 있다. 이러한 특성은 비디오 게임 플레이나 3D 환경에서의 로봇 제어처럼 복잡한 환경에서 특히 유용하다.

또한 신경망은 상태와 행동 공간이 크고 복잡한 환경에서도 쉽게 확장할 수 있다.

- 일반화 능력을 갖추고 있어 한 번도 보지 못한 상황에도 적절히 대응할 수 있다. 이는 예상치 못한 상태 변화를 처리하는 데 유용하며 에이전트의 적응성을 높인다. 따라서 신경망은 다양한 작업과 환경에 유연하고 적응적으로 활용할 수 있다.
- 이산적 행동뿐 아니라 연속적 행동도 다룰 수 있어 행동이 제한된 이산 집합에 속하지 않는 실제 환경의 문제에도 적용할 수 있다.
- 다양한 데이터 유형에 활용 가능하며 특징feature 엔지니어링이 필수적이지 않다. 이는 상태 표현이 복잡한 경우(예: 센서 데이터, 이미지, 비디오 등)에 특히 중요하다.
- 확률 분포를 출력할 수 있어 확률적 정책stochastic policy 학습에도 사용할 수 있다. 이는 무작위성을 도입해 탐색을 촉진해야 할 때 특히 중요한 역할을 한다.

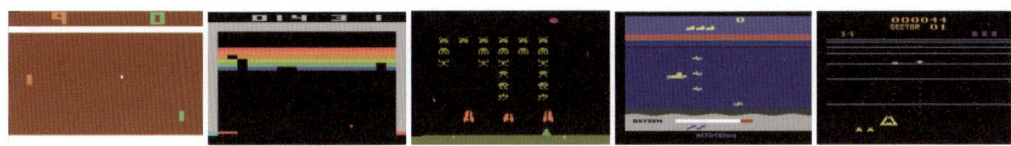

그림 8.17 신경망을 활용해 아타리 게임 학습을 수행하는 예시 스크린샷(https://arxiv.org/abs/1312.5602)

이제 다섯 가지 서로 다른 알고리즘을 살펴보며 온-폴리시on-policy와 오프-폴리시off-policy, 모델-프리model-free와 모델-기반model-based 접근법 간의 차이를 이해해보자.

Algorithm	On-policy	Off-policy	Model-free	Model-based
Deep Q-Network (DQN)		yes	yes	
REINFORCE	yes		yes	
Proximal Policy Optimization (PPO)	yes		yes	
Actor critic	yes		yes	
AlphaZero		yes		yes

그림 8.18 강화학습 접근법 요약표

Q-러닝과 심층 Q-네트워크

Q-러닝은 조회 테이블lookup table 기반의 접근법으로, 딥마인드DeepMind가 비디오 게임을 해결하는 에이전트를 학습시키는 데 사용한 **심층 Q-네트워크**DQN, deep q-network 알고리즘의 기초가 된다.

Q-러닝 알고리즘에서는 **상태-행동 값을 저장하는 Q-테이블**을 사용한다. 테이블의 각 행은 하나의 상태를, 각 열은 하나의 행동을 나타내며, 각 셀에는 해당 상태-행동 쌍의 Q-값이 저장된다. 초기에는

Q-값을 모두 0으로 설정한다. 에이전트가 환경과 상호작용하면서 피드백(보상)을 받으면, 이 값을 반복적으로 업데이트하여 최적값에 수렴하도록 학습한다. 이 업데이트 과정은 벨만 방정식을 이용해 수행된다. 테이블의 Q-값은 특정 상태에서 특정 행동을 취하고 이후 최적 전략을 따른다고 가정했을 때 얻을 수 있는 기대 미래 보상을 나타낸다.

Q-러닝은 각 상태-행동 쌍의 최적 Q-값을 학습함으로써 최적의 정책을 찾는다. 초기에는 에이전트가 무작위로 행동을 선택하지만, 환경과의 상호작용 및 보상 피드백을 통해 점차 어떤 행동이 좋은지 학습한다. 각 반복iteration마다 에이전트는 벨만 방정식에 따라 Q-테이블 값을 업데이트한다. 일반적으로는 가장 높은 Q-값을 가진 행동(탐욕적 전략)을 선택하지만, ε-탐욕 정책을 통해 탐색 정도를 조절함으로써 새로운 행동을 시도할 가능성도 남겨둔다. 시간이 지남에 따라 이러한 Q-값 추정치는 점점 더 정확해지고 결국 Q-러닝은 최적 Q-값에 수렴한다.

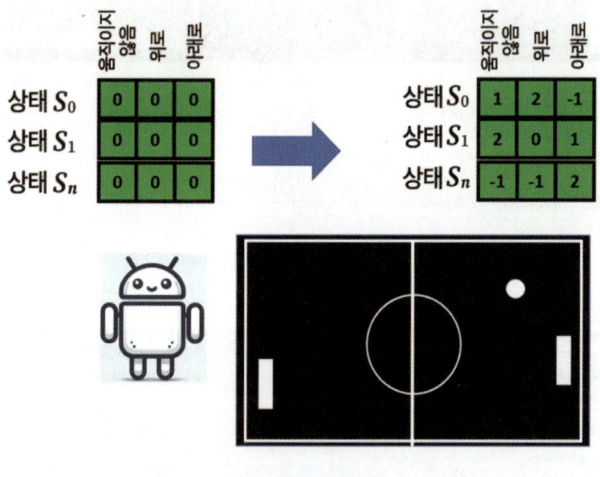

그림 8.19 Q-러닝 예시

복잡한 환경에서는 가능한 상태와 행동의 수가 매우 많기 때문에 테이블에 모든 Q-값을 저장하는 방식은 비현실적이다. 이때는 Q-함수를 사용하여 상태-행동 쌍을 Q-값으로 매핑할 수 있다. 신경망은 복잡한 함수를 효과적으로 근사할 수 있으므로, 이를 활용하면 Q-함수를 효율적으로 모델링할 수 있다. 즉, 상태 s를 입력하면 신경망이 그 상태에서 가능한 모든 행동에 대한 Q-값을 출력하는 방식이다. 원리는 Q-러닝 알고리즘과 거의 동일하다. Q-값을 무작위로 초기화한 뒤 ε-탐욕 정책으로 환경을 탐색하며, 예측된 값을 반복적으로 업데이트한다.

DQN 아키텍처는 세 가지 주요 컴포넌트로 이루어진다. 두 개의 신경망(Q-네트워크와 타깃 네트워크), 그리고 경험 리플레이experience replay 컴포넌트다. Q-네트워크는 전통적인 신경망 구조를 사용하며, 주어진 상태에서 최적의 상태-행동 값을 출력하도록 학습하는 에이전트 역할을 한다. 반면 경험 리플레이는 신경망을 학습시키기 위한 데이터를 생성하는 데 사용된다.

Q-네트워크는 여러 시간 단계time step와 수많은 에피소드에 걸쳐 학습되며, 목표는 예측된 Q-값과 타깃 Q-값 간의 차이를 최소화하는 것이다. 에이전트가 환경과 상호작용하는 동안 각 경험은 상태, 행동, 보상, 다음 상태 형태의 튜플로 기록되어 경험 리플레이 버퍼에 저장된다. 학습 시에는 이 버퍼에서 오래된 경험과 새로운 경험이 섞인 무작위 배치mini-batch를 샘플링하여 Q-네트워크를 업데이트한다. 이렇게 하면 연속적인 경험들 간의 상관관계를 줄여 학습을 안정화할 수 있으며, 과거 경험을 여러 번 재사용할 수 있어 데이터 효율성도 높아진다.

타깃 네트워크는 Q-네트워크를 복사한 신경망으로, 학습 시 타깃 Q-값을 생성하는 데 사용한다. 일정 스텝마다(예: 수천 번마다) Q-네트워크의 가중치를 타깃 네트워크에 복사하여 업데이트하며, 이를 통해 학습의 안정성을 유지한다. 학습 과정에서 Q-네트워크는 특정 상태가 주어졌을 때 행동별 Q-값(예측 Q-값)을 출력하고, 타깃 네트워크는 동일한 상태에 대해 행동별 타깃 Q-값을 계산한다. 이들 두 예측 Q-값, 타깃 Q-값의 차이와 실제 관측된 보상을 기반으로 손실loss을 계산하고, 이 손실을 최소화하도록 Q-네트워크의 가중치를 업데이트한다.

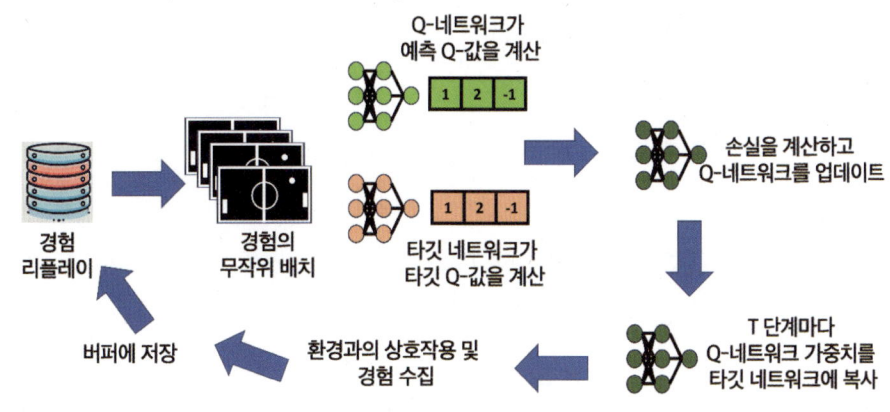

그림 8.20 DQN 학습 알고리즘

DQN의 혁신과 장점은 다음과 같다.

- 경험 리플레이는 학습을 더 안정적이고 효율적으로 만든다. 신경망은 보통 단일 상태가 아니라 데이터 배치를 입력으로 받기 때문에 학습 과정에서 기울기의 분산이 줄어들고 가중치가 더 빠르게 수렴한다. 또한 경험 리플

레이는 일종의 '셔플링shuffling'을 가능하게 하여 훈련 중 노이즈를 줄이고 일반화 성능을 높인다.
- 타깃 네트워크의 도입은 학습 불안정을 유발할 수 있는 비정상non-stationary 타깃 문제를 완화한다. 타깃 네트워크는 학습되지 않기 때문에 타깃 Q-값이 안정적이며 변동이 적다.
- DQN은 이미지와 같은 고차원 공간에서도 효과적이며, 스스로 특징을 추출하고 효과적인 정책을 학습할 수 있다. 이러한 능력 덕분에 DQN은 원시 픽셀을 입력으로 받아 아타리Atari 게임을 완벽하게 플레이할 수 있었다.

물론 단점도 존재한다.

- Q-러닝보다 효율적이긴 하지만 DQN 역시 효과적으로 학습하려면 매우 많은 샘플이 필요하다. 따라서 데이터가 제한적인 작업에는 적용하기 어렵다(샘플 비효율성).
- 연속적 행동 공간에서는 안정적으로 동작하지 못하며 이산적 행동 공간에서만 잘 작동한다.
- 하이퍼파라미터(학습률, 리플레이 버퍼 크기, 타깃 네트워크 업데이트 주기 등)의 선택에 매우 민감하다.

REINFORCE 알고리즘

DQN은 다양한 상태에서 행동 가치를 학습하는 데 집중한다. 반면, REINFORCE는 정책 기반 방법이다. 이 계열의 방법들은 가치 함수를 학습하는 대신, 정책 자체를 직접 학습하여 상태를 행동으로 매핑한다. 핵심 아이디어는 시간이 지남에 따라 에이전트가 받는 기대 누적 보상expected cumulative reward을 최대화하여 정책을 최적화하는 것이다. REINFORCE는 에이전트가 복잡하고 연속적인 행동 공간을 다룰 수 있도록 훈련하는 데 사용하는 기초적인 알고리즘이다.

정책은 신경망으로 표현되며 현재 상태를 입력받아 가능한 모든 행동에 대한 확률 분포(에이전트가 특정 행동을 수행할 확률)를 출력한다. 이 방식은 확률적 정책stochastic policy이라고 부르는데, 출력으로 직접 행동이 주어지는 것이 아니라 행동의 확률 분포가 생성되기 때문이다. 정책 경사policy gradient 방법은 정책이 더 나은 결과를 내도록 훈련 과정에서 신경망의 파라미터를 직접 변경하여 정책을 개선하려고 한다.

다시 말해, 신경망 가중치를 무작위로 초기화한 무작위 정책에서 출발한다. 에이전트가 현재 정책에 따라 환경에서 행동을 수행하면 궤적trajectory(일련의 상태와 행동)이 생성된다. 이 궤적이 높은 보상을 얻는다면 그 궤적이 미래에도 더 자주 발생하도록 가중치를 업데이트한다. 반대로, 에이전트의 수행 결과가 나쁘다면 해당 궤적이 덜 발생하도록 가중치를 업데이트한다.

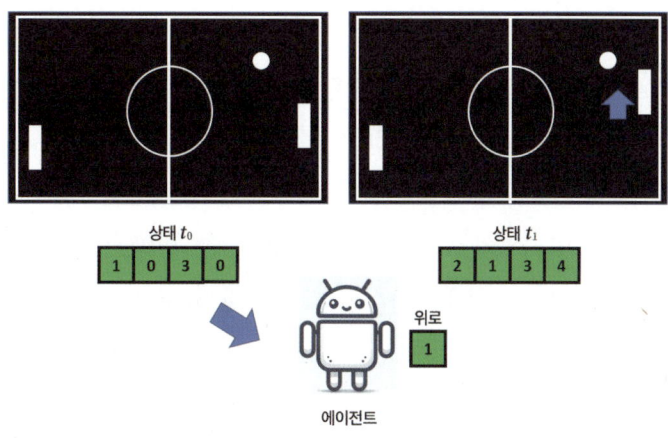

그림 8.21 궤적의 예시

따라서 이 과정의 첫 번째 단계는 파라미터 θ를 가진 신경망(정책 P)을 초기화하는 것이다. 이 가중치들은 처음에는 무작위이기 때문에 어떤 상태가 입력되더라도 정책은 무작위 행동을 출력한다. 이후, 에이전트가 환경과 상호작용하면서 상태와 행동의 시퀀스인 궤적 τ를 생성한다. 상태 s_0에서 시작해 에이전트는 파라미터 θ를 가진 정책 P에 따라 움직인다. 실제로는 상태 S가 신경망에 입력으로 들어가고, 신경망은 가능한 행동들의 확률 분포를 출력한다. 여기서 행동 a_0은 이 분포에서 샘플링을 통해 선택된다. 이 과정은 가능한 한 오래(예: 게임이 끝날 때까지) 반복되며, 그렇게 생성된 상태와 행동의 집합이 곧 궤적이 된다.

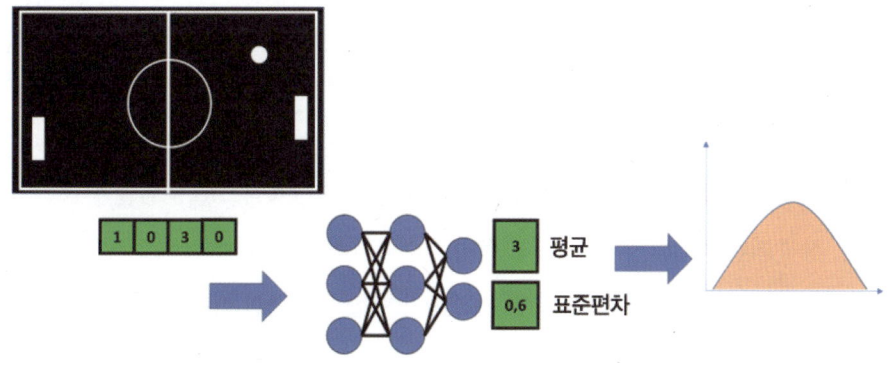

그림 8.22 신경망으로부터 분포 얻기

궤적을 따라가면서 보상을 수집하는데, 이를 잔여 보상reward-to-go 또는 반환값return G_t라고 한다. 반환값은 시간 단계 t부터 에피소드 종료까지 받은 총 누적 보상이며 할인율 γ에 의해 할인된다. 이 할인율은 미래 보상이 현재 보상에 비해 얼마나 중요한지를 결정한다. 이 경우, 주어진 정책에 대해 기대 반환값을 알려주는 함수를 갖고 있으며 이를 최대화하는 것이 목표다. 따라서 기울기$_{\text{gradient}}$를 계산한 뒤 경사 상승법을 통해 신경망의 파라미터를 수정한다.

REINFORCE는 개념적으로 단순하고 구현이 용이한 정책 기반 강화학습 알고리즘이다. 정책을 직접 학습하기 때문에 연속적 행동 공간에 적합하다. 또한 원시 데이터에서 직접 학습하는 엔드 투 엔드$_{\text{end-to-end}}$ 학습이 가능하다. 그러나 이 알고리즘에는 몇 가지 한계도 있다. 정책 업데이트에서 분산이 크다는 점(전체 에피소드가 반환되어야 업데이트가 가능하기 때문에 업데이트가 불안정하고 잡음이 많을 수 있음), 많은 데이터가 필요하다는 점(매 업데이트 이후 데이터를 재사용하지 않고 폐기하므로 경험을 재사용하지 않아 많은 에피소드가 필요함), 데이터 수집 비용이 많이 드는 환경에서는 부적합하다는 점, 그리고 지연된 보상이 존재하는 경우 성능이 저하되는 등의 한계를 들 수 있다.

REINFORCE 알고리즘은 온-폴리시 알고리즘임을 주목해야 한다. 즉, 정책은 현재 정책으로 수집된 경험에 기반해 그 정책을 업데이트한다. 매 반복마다 에이전트는 최신 정책으로 환경과 상호작용하며 새로운 데이터를 수집하고 그 데이터를 기반으로 정책을 개선한다. 반면, 오프-폴리시 방법에서는 다른 정책으로 수집된 경험도 사용한다. 예를 들어, 앞서 살펴봤듯이 DQN에서는 경험 리플레이 버퍼에 저장된 데이터를 재사용하며, 이 데이터는 이전 혹은 다른 정책에서 수집된 것일 수 있다.

PPO 알고리즘

PPO$_{\text{proximal policy optimization}}$(근접 정책 최적화)는 강화학습에서 가장 널리 인용되고 사용되는 알고리즘 중 하나이다. 2017년 OpenAI에서 소개한 PPO는 REINFORCE와 같은 정책 경사 기법의 단순성과 TRPO$_{\text{trust region policy optimization}}$(신뢰 구역 정책 최적화)와 같은 복잡한 알고리즘의 안정성 사이에서 균형을 이루도록 설계되었다. 본질적으로 PPO는 구현과 조정이 비교적 쉽고, 다양한 벤치마크에서 안정적인 성능을 보이는 실용적이고 효율적인 알고리즘이다.

PPO는 REINFORCE와 유사한 점이 있지만, 학습을 훨씬 더 안정적으로 수행할 수 있도록 개선된 알고리즘이다. 정책 기반 방법에서 주요 문제 중 하나는 하이퍼파라미터(특히 학습률)의 설정과 불안정한 가중치 업데이트로 인한 학습 불안정성이다. PPO가 혁신적인 핵심 이유는 정책 업데이트의 폭을 제한하여 정책 업데이트가 지나치게 크지 않도록 보장하는 데 있다. 업데이트가 지나치게 크면 학습이 불안정해질 수 있기 때문이다. PPO는 목적 함수에 제약을 두어 단일 업데이트에서 정책이 크게 변하지 않도록 함으로써 네트워크 가중치의 급격한 변화를 방지한다.

기존 정책 경사 기법의 큰 문제는 잘못된 업데이트로부터 회복하기 어렵다는 점이다. 정책이 부실하게 학습되면 이후 반복에서 에이전트가 희소하거나 저품질의 학습 데이터를 생성하게 되고, 이는 빠져나오기 힘든 자기 강화 루프self-reinforcing loop를 만든다. PPO는 정책 업데이트를 안정화하여 이 문제를 해결한다.

PPO에서 정책은 신경망 $\pi_\theta(a|s)$로 표현되며 여기서 θ는 네트워크의 가중치를 의미한다. 네트워크는 현재 상태 s를 입력으로 받아 가능한 행동 a에 대한 확률 분포를 출력한다. 초기에는 가중치가 무작위로 초기화된다. 에이전트가 환경과 상호작용하면서 현재 정책에 따라 (상태, 행동, 보상)으로 구성된 경험 배치batch를 생성한다. 또한 에이전트는 어드밴티지 추정advantage estimate을 계산하는데, 이는 선택한 행동이 해당 상태의 기대 가치 대비 얼마나 더 나은지 또는 못한지를 측정한다.

PPO가 단순한 정책 경사 기법과 다른 핵심 요소는 **클리핑된 목적 함수**clipped objective function를 사용하는 데 있다. 이 함수는 정책 업데이트가 안정적으로 유지되도록 하고 지나치게 불안정한 변화를 방지한다. 새로운 정책과 이전 정책 간의 확률 비율 $r_t(\theta)$가 $[1-\varepsilon, 1+\varepsilon]$ 범위를 벗어나면(ε은 예를 들어 0.2와 같은 작은 하이퍼파라미터), 업데이트가 클리핑되어 과도한 변화가 일어나지 않게 된다. 이 클리핑 메커니즘은 정책 업데이트가 안전한 범위 내에 머물도록 하여 단일 업데이트에서 정책이 지나치게 벗어나는 것을 막는다.

PPO의 일반적인 변형은 **액터-크리틱**actor-critic 구조를 사용하는 것이다. 여기서 액터는 정책을 학습하고 크리틱은 가치 함수를 학습한다. 크리틱은 행동의 품질에 대한 피드백을 제공하여 업데이트의 분산을 줄이고 학습 효율성을 높인다(이에 대해서는 뒤에서 더 자세히 다룬다).

종합적으로 PPO는 안정적이고 견고한 알고리즘으로, 단순한 정책 경사 기법보다 불안정성이 적고 TRPO 같은 복잡한 알고리즘보다 사용하기 쉽다. 복잡한 최적화 문제를 풀거나 2차 미분을 계산할 필요가 없어 다양한 응용 분야에서 실용적인 선택지가 된다. 다만 PPO 역시 클리핑 파라미터 ε, 학습률, 배치 크기 등 하이퍼파라미터를 신중히 조정해야 하며, 에피소드가 긴 환경이나 지연 보상이 있는 환경에서는 여전히 분산이 클 수 있다.

액터-크리틱 알고리즘

액터-크리틱actor-critic 알고리즘은 강화학습에서 널리 사용되는 접근법 중 하나로, 가치 기반 방법(Q-러닝 같은 기법)과 정책 기반 방법을 결합한 방식이다. 액터-크리틱 모델은 두 가지 컴포넌트로 이루어진다.

- **액터**(actor): 액터는 현재 환경의 상태에서 어떤 행동을 취해야 할지를 결정한다. 일반적으로 정책은 신경망으로 표현되며 행동에 대한 확률 분포를 출력한다. 액터는 정책을 최적화하여 기대 반환값expected return을 최대화하려고 한다.

- **크리틱**(critic): 크리틱은 액터가 선택한 행동을 가치 함수로 추정하여 평가한다. 이 가치 함수는 특정 행동이 기대되는 미래 보상의 관점에서 얼마나 좋은지를 나타낸다. 가치 함수는 상태 가치 함수 $V(s)$일 수도 있고, 상태-행동 가치 함수 $Q(s,a)$일 수도 있다.

이 접근법의 핵심은 액터는 시간이 지남에 따라 더 나은 결정을 내리는 법을 배우는 의사결정자이고, 크리틱은 행동의 적절성을 평가하고 전략에 피드백을 제공하는 조언자라는 점이다.

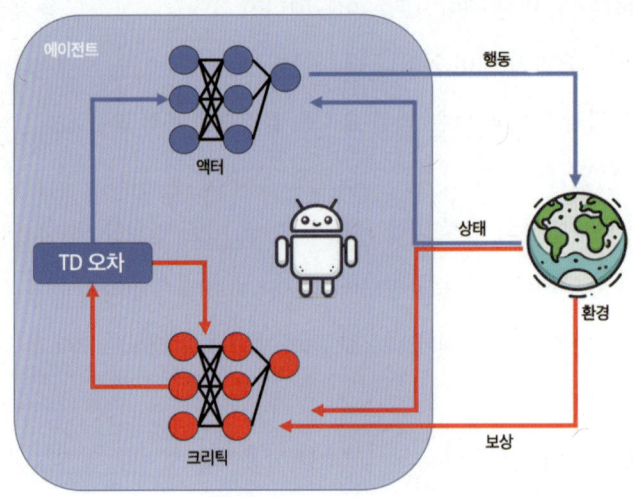

그림 8.23 액터-크리틱 접근법

이 과정은 네 단계로 정의할 수 있다.

1. 에이전트가 환경과 상호작용하며 자신의 정책에 따라 현재 상태에서 행동을 선택한다. 그 후 환경으로부터 보상과 새로운 상태 형태로 피드백을 받는다.
2. 두 번째 단계에서 크리틱은 보상과 새로운 상태를 사용하여 **시간차**(TD, temporal difference) 오차를 계산한다. TD 오차는 크리틱의 현재 가치 함수 추정값과 실제 관측된 결과 사이의 차이를 의미한다. 구체적으로 TD 오차는 시점 t에서의 현재 보상에, 크리틱이 추정한 다음 상태의 가치 $V(s_{t+1})$에 할인율 γ를 곱해 더한 값(즉, 즉각적인 보상과 미래 보상의 균형을 고려한 값)과 현재 상태의 가치 $V(s_t)$ 간의 차이로 계산된다.
3. 크리틱은 TD 오차를 최소화하도록 자신의 가치 함수 파라미터를 업데이트한다. 이 과정은 경사 하강법으로 수행한다.
4. 액터도 함께 업데이트된다. 액터는 TD 오차를 피드백 신호로 사용한다. 오차가 양수이면 해당 행동이 예상보다 더 좋았음을 의미하므로 액터는 이 행동을 더 자주 선택하도록(즉, 미래에 이 행동을 취할 확률을 증가시키도록) 정책을 조정한다. 반대로 오차가 음수이면 해당 행동이 예상보다 나빴음을 의미하므로 액터는 이 행동의 선택 확률을 줄인다. 액터는 정책을 경사 상승법으로 최적화하며, 궁극적으로는 기대 반환값을 최대화하는 방향으로 학습한다.

액터-크리틱 방법은 가치 기반 방법이 어려움을 겪는 연속적 행동 공간에서도 잘 작동한다. 안정적이고 효율적인 방법이며 정책 경사 업데이트의 분산을 줄여준다. 반면, 하이퍼파라미터에 민감하고 두 개의 네트워크를 학습해야 하며 Q-러닝이나 REINFORCE보다 복잡하다.

어드밴티지 액터-크리틱A2C, advantage actor-critic은 여러 에이전트가 동시에 환경의 여러 인스턴스와 병렬로 상호작용하는 인기 있는 변형 알고리즘이다. 이를 통해 더 빠른 학습이 가능하다.

알파제로

알파제로AlphaZero는 2017년 딥마인드가 개발한 혁신적인 모델 기반 강화학습 알고리즘으로 체스와 일본 장기, 바둑에서 인간 챔피언을 뛰어넘는 초인적 성능을 달성했다. 알파제로의 성공은 인간 전문가의 지식이나 수작업으로 만든 규칙 없이도 효과적으로 학습하고 계획할 수 있는 딥러닝과 **몬테카를로 트리 탐색**MCTS, Monte Carlo tree search의 혁신적 결합에 있다.

알파제로는 게임의 기본 규칙 외에는 사전 지식이 전혀 없는 상태에서 전적으로 **자기 대국**self-play을 통해 학습한다. 수백만 판의 게임을 스스로와 겨루며 시행착오를 통해 좋은 수와 나쁜 수가 무엇인지 점차 이해하게 된다. 이러한 자기 대국 방식은 알파제로가 전문가 인간 플레이어들이 개발한 전략조차 능가하는 최적 전략을 발견하게 하며, 동시에 단순히 인간의 플레이 데이터를 분석하는 것보다 훨씬 방대한 학습 데이터를 생성할 수 있게 한다. 이 알고리즘은 정책(어떤 행동을 취할지)과 가치 함수(주어진 상태에서 게임의 예상 결과)를 모두 표현하는 데 심층 신경망을 사용한다.

전통적인 체스 엔진은 게임 트리 탐색 기법에 의존했다. 매 수마다 현재 위치에서 가능한 모든 유효한 수를 나타내는 게임 트리를 구성하고 특정 깊이까지 **깊이 우선 탐색**DFS을 수행했다. 이러한 무차별 대입 탐색brute-force search은 모든 유효한 수를 평가하고, 체스 커뮤니티에서 정립한 휴리스틱 평가 기준(킹 안전성, 폰 구조, 중앙 장악 등)에 따라 최종 노드에 값을 할당한다.

최종 노드를 평가한 후 전통적 엔진은 백트래킹을 통해 위치를 분석하고 유망하지 않은 가지를 **가지치기**pruning하여 탐색을 단순화한다. 이러한 최적화에도 불구하고, 이 방식은 종종 최적이 아닌 수를 두게 하거나 계산량이 지나치게 커지는 한계를 지녔다. 바로 이 지점에서 MCTS가 등장한다.

MCTS는 몇 수 앞을 내다보는 계획이 필수적인 환경에서 의사결정을 수행하도록 설계된 알고리즘이다. 특히 상태 공간이 매우 커서 모든 경우를 전부 탐색하는 것이 불가능한 게임에서 강력한 효과를 보인다. MCTS는 게임을 여러 번 시뮬레이션하여 탐색 트리를 구축하고 경험을 통해 점차 최선의 행동에 대한 이해를 향상시킨다.

MCTS는 탐색 트리를 점진적으로 개선하기 위해 다음 네 가지 주요 단계를 반복적으로 수행한다.

1. **선택**(selection): 루트 노드(현재 상태)에서 시작해 탐색(아직 충분히 시도되지 않은 수를 확인)과 활용(성공 가능성이 입증된 수를 선택) 사이의 균형을 맞추는 전략으로 자식 노드를 선택한다. 이때 자주 사용하는 방식이 UCT_{upper confidence bound} 공식으로, 각 노드의 평균 보상과 방문 횟수를 함께 고려하여 다음 노드를 결정한다.

2. **확장**(expansion): 선택된 노드가 종단 상태(게임 종료)가 아니면 해당 상태에서 가능한 행동을 나타내는 하나 이상의 자식 노드를 추가한다. 이를 통해 탐색이 새로운 수와 결과까지 확장된다.

3. **시뮬레이션**(simulation, rollout): 새로 추가된 노드에서 단순 정책이나 무작위 정책을 사용해 게임을 종단 상태까지 진행하는 시뮬레이션, 즉 롤아웃을 수행한다. 이 시뮬레이션 결과(승, 패, 무승부)는 보상으로 간주되며 해당 행동의 가치를 추정하는 근거가 된다.

4. **역전파**(backpropagation): 시뮬레이션에서 얻은 보상은 트리의 루트까지 역전파되며, 경로상의 각 노드에 연결된 값(평균 보상과 방문 횟수)을 업데이트한다. 이러한 업데이트가 반복되면서 알고리즘은 점차 가장 유망한 수를 식별할 수 있게 된다.

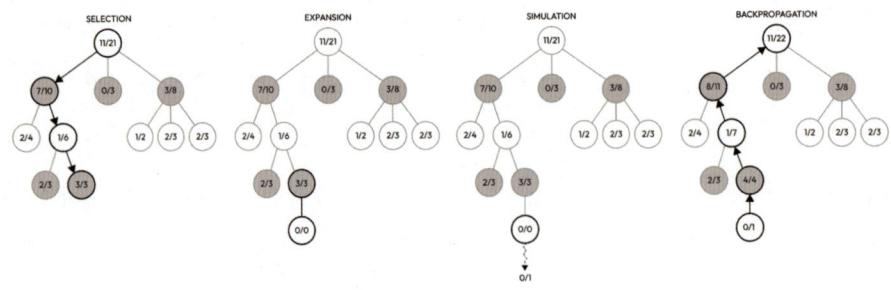

그림 8.24 몬테카를로 트리 탐색(https://en.wikipedia.org/wiki/Monte_Carlo_tree_search)

이후 알파제로는 합성곱 신경망_{CNN}을 사용한다. 이 신경망은 체스판 위의 말 배치를 입력으로 받아 두 가지 출력을 생성한다. 하나는 정책 헤드_{policy head}로 가능한 모든 수에 대한 확률 분포를 출력해 에이전트가 어떤 수를 고려해야 할지 안내하며, 다른 하나는 가치 헤드_{value head}로 현재 보드 위치에서 승리할 가능성을 출력해 에이전트가 상태의 강점을 평가하는 데 도움을 준다. 알파제로는 MCTS를 활용해 여러 수 앞의 잠재적인 수를 미리 시뮬레이션하고 그 결과를 평가한다. 이 과정을 통해 모델은 가장 유망해 보이는 수를 탐색하고 점진적으로 게임에 대한 이해를 심화한다. 트리 탐색은 신경망의 정책과 가치 출력을 활용해 트리의 어떤 가지를 탐색할지 우선순위를 정한다.

알파제로는 자기 대국을 통해 학습한다. 각 게임에서 에이전트는 MCTS를 사용해 수를 선택하고, 상태(보드 위치)와 선택한 수, 결과를 저장한다. 이 데이터는 정책과 가치 추정을 개선하는 데 사용되며 신경망의 가중치 업데이트로 이어진다.

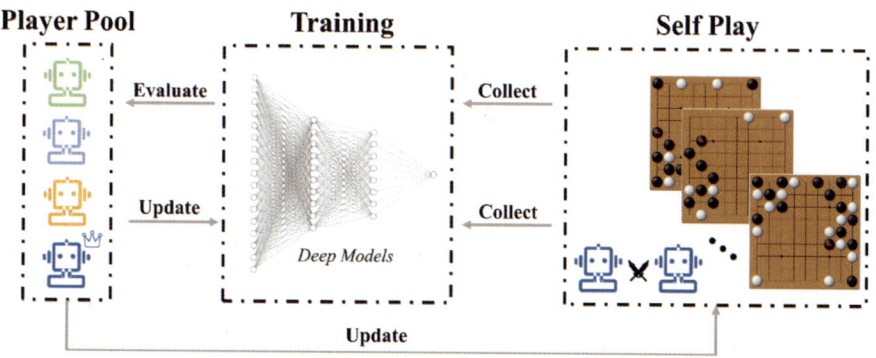

그림 8.25 AlphaZero 파이프라인(https://www.mdpi.com/2079-9292/10/13/1533)

알파제로가 제시한 주요 혁신은 다음과 같은 세 가지이다.

- **게임 전반에 걸친 일반화**: 동일한 알고리즘을 게임별 조정 없이 체스, 일본 장기, 바둑과 같은 세 가지 다른 게임에 적용할 수 있다.
- **인간 지식 불필요**: 인간 기보(플레이 데이터)와 전략 데이터베이스를 사용하는 기존 체스 엔진과 달리 알파제로는 게임을 스스로 학습한다. 이 모델은 개별 수에서 얻는 즉각적인 이득보다 게임 내 장기적 보상을 제공하는 전략을 우선시한다. 이를 통해 인간이나 기존 엔진이 탐구하지 못한 혁신적인 전략을 발견할 수 있다.
- **효율적인 탐색 및 학습**: MCTS와 딥러닝을 결합해 연산 자원을 보다 효율적으로 활용한다. 가능한 모든 수를 폭 넓게 탐색하는 대신, 알파제로는 가장 유망한 수에만 집중한다.

물론 알파제로에도 한계가 있다. 자기 대국을 통해 수백만 판의 게임을 진행해야 하므로 계산 비용이 막대하다. 또한 이 알고리즘은 게임처럼 완전한 정보가 있는 환경에서는 잘 작동하지만, 정보가 불완전한 환경에는 적용하기 어렵다. 마지막으로, 실제로 이 모델이 게임을 이해하거나 추상적 개념을 학습하는지에 대해서는 논란이 있다. 예를 들어, 알파제로는 인간에게는 간단한 체스 퍼즐도 풀지 못하는 경우가 있기 때문이다.

다음 절에서는 강화학습의 과제와 새롭고 흥미로운 연구 방향에 대해 논의한다.

심층 강화학습의 과제와 미래 전망

강화학습은 비약적인 발전을 이루었지만, 여전히 해결해야 할 과제들이 많고 활발한 연구가 이어지고 있다.

- **본 적 없는 환경에서의 일반화**: 에이전트가 경험하지 못한 환경에서 일반화하는 것은 여전히 어려운 과제다. 에이전트는 보통 시뮬레이션 환경이나 특정 설정에서 훈련하며 훈련 이후 우수한 성능을 보인다. 그러나 학습한

기술을 새로운 환경, 동적인 환경, 또는 조건이 바뀌는 상황에 전이하는 것은 어렵다. 실제 환경은 정적이거나 완전히 예측 가능한 경우가 드물기 때문에, 이는 심층 강화학습 알고리즘의 실질적인 활용에 한계가 된다. 진정한 일반화란 특정 작업에 국한된 해결책을 학습하는 데 그치지 않고, 훈련 중에 등장하지 않았던 다양한 상황에도 적응할 수 있어야 한다.

- **보상 함수 설계**: 보상 함수는 에이전트의 행동, 학습, 성능 전반에 영향을 미친다. 특히 복잡하고 보상이 희소한 환경에서는 보상 함수를 설계하는 일이 쉽지 않다. 희소 보상 환경에서는 피드백이 제한적이고 지연되기 때문에 보상 함수를 정의하는 것이 필수적이지만 매우 까다롭다. 보상 설계 과정에서 편향이 생기면 정책이 과적합되거나 예기치 않은 행동을 유발하고 최적에 미치지 못하는 경우가 많다.

- **모델 기반 계획의 누적 오류**: 모델 기반 강화학습은 누적 오류의 위험을 안고 있다. 예측 범위가 길어질수록 모델 예측에서 발생하는 오류가 누적되며 최적 궤적에서 크게 벗어나게 된다. 특히 환경이 복잡하거나 고차원일수록 이러한 문제가 두드러져 실제 환경에서 활용하는 데 제약이 따른다.

- **멀티태스크 학습**: 여러 작업에서 동시에 사용할 수 있는 에이전트를 만드는 것은 여전히 도전적인 과제다. 에이전트가 쉬운 작업만 학습하고 더 복잡하거나 성능이 떨어지는 작업은 무시할 위험이 있다. 또한 멀티태스크 모델은 보통 단일 작업에 최적화된 에이전트보다 성능이 훨씬 떨어진다. 따라서 멀티태스크 강화학습에 활용할 수 있는 에이전트 설계는 어렵고 여전히 활발히 연구되고 있는 분야다.

- **멀티모달 강화학습**: 컴퓨터 비전과 자연어 처리 기술의 발전으로, 이제 딥러닝 모델은 단일 모달리티뿐 아니라 여러 모달리티를 함께 처리할 수 있게 되었다. 이에 따라 멀티모달 환경에서 움직이며 다양한 모달리티의 정보를 통합할 수 있는 멀티모달 강화학습에 대한 관심도 커지고 있다. 예를 들어, 로봇은 환경의 이미지를 통해 정보를 얻고 자연어로 된 명령을 받을 수 있다. 비디오 게임 속 에이전트는 시각적 정보를 받는 동시에 캐릭터나 다른 플레이어와의 대화에서 정보를 얻는다. 하지만 멀티모달 학습은 에이전트가 멀티모달 정보를 처리하면서 동시에 복잡한 환경과 효과적으로 상호작용할 수 있는 정책을 최적화하는 방법을 배워야 하므로 여전히 어렵다. 또한 이러한 경우에 적합한 보상 함수를 설계하는 것도 매우 까다롭다.

다음 절에서는 신경망을 활용해 비디오 게임을 학습하는 방법을 살펴본다.

강화학습으로 비디오 게임 학습하기

이 절에서는 에이전트를 학습시켜 비디오 게임을 플레이하도록 하는 방법을 다룬다. 이때 에이전트는 신경망으로 파라미터화되며, 해당 정책을 따라 비디오 게임에서 허용된 행동을 선택하고 환경으로부터 피드백을 받은 뒤 이를 활용해 파라미터를 갱신한다. 일반적으로 비디오 게임은 실제 세계를 모사하는 복잡하고 동적인 환경을 제공하기 때문에 강화학습 알고리즘을 검증하기에 탁월한 실험 환경으로 여겨진다.

비디오 게임은 고차원 상태 공간(픽셀 기반 상태, 정교한 가상 세계)과 풍부한 행동 공간(이산적 또는 연속적)을 제공하며, 현실 세계를 모사하고 즉각적 보상과 지연된 보상 모두를 제공한다. 예를 들어, 특정 행동은 즉시 주인공의 죽음으로 이어질 수 있지만, 퍼즐 해결이나 게임 승리를 위해서는 장기 전략이 필요하다.

또한 많은 게임은 사용자가 환경을 탐색하면서 점진적으로 숙련되도록 설계되어 있다. 적들은 종종 동적으로 움직이며, 모델은 적 에이전트를 물리치거나 복잡한 행동을 이해해야 이를 극복할 수 있다. 게임 환경에서는 보상이 명확하게 정의되어 있어 보상 함수를 설계하기 용이하며, 로보틱스 같은 실제 적용 분야에 앞서 안전하게 실험할 수 있는 테스트베드 역할을 한다. 또한 명확한 벤치마크가 존재해 새로운 알고리즘의 성능을 신속히 비교할 수 있다.

이 훈련에는 액터-크리틱 접근법을 선택했으며 그 이유는 다음과 같은 특징 때문이다.

- 액터-크리틱은 3D 환경에서의 캐릭터 제어처럼 복잡하고 연속적인 행동 공간을 효과적으로 처리할 수 있어 다양한 게임에 적용할 수 있다.
- 시스템의 액터는 정책을 직접 학습하므로 정책을 찾는 것이 중요한 상황에서 효율적이다. 이는 빠른 의사결정과 전략적 계획이 요구되는 비디오 게임에서 필수적이다.
- 크리틱은 피드백을 제공하고 순수 정책 기반 방법보다 학습 속도를 높인다. 가치 함수(크리틱)를 사용해 행동을 평가하면 정책 업데이트의 분산을 줄일 수 있어 보상이 드문 환경에서도 더 안정적이고 효율적이다.
- 액터-크리틱은 탐색과 활용의 균형을 효율적으로 관리할 수 있다. 액터는 환경을 탐색하고 크리틱은 피드백을 제공해 액터를 안내한다. 물론 더 복잡한 환경에서는 액터-크리틱만으로는 충분하지 않을 수 있지만 초기 선택지로는 충분한 성능을 낼 수 있다.
- 액터-크리틱은 장기적 계획도 다룰 수 있다. 비디오 게임에서는 장기 보상이 존재하는 경우가 많으며, 크리틱의 가치 함수는 에이전트가 행동의 장기적 영향을 이해하도록 돕는다.
- 일부 변형 알고리즘은 병렬화와 데이터 활용에 효율적이다. 특히 A2C$_{\text{advantage actor-critic}}$는 환경을 병렬화해 더 많은 데이터를 수집할 수 있으며, 이를 통해 훈련과 수렴 속도를 높일 수 있다.

여기서는 게임으로 슈퍼 마리오$_{\text{Super Mario}}$를 선택했는데, 풍부하고 복잡한 환경을 제공하기 때문이다. 게임 환경은 실제 세계와 유사하며 픽셀 기반 관찰을 입력으로 사용하는 방식은 실제 컴퓨터 비전 과제와 비슷하다. 따라서 시각적 데이터에서 의미 있는 특징을 추출하는 법을 학습해야 하는 강화학습 에이전트에게 훌륭한 테스트베드이다. 또한 슈퍼 마리오 환경은 부분적으로만 관찰 가능하기 때문에 에이전트는 환경을 탐색하며 학습해야 한다. 레벨마다 요구되는 전략이 다르므로 모델은 탐색과 활용의 균형을 맞출 수 있어야 한다.

게임 속에는 다양한 도전 과제가 존재한다. 예를 들어, 장애물을 피해서 이동하거나 여러 종류의 적과 마주하며 최적의 점프 타이밍을 학습해야 한다. 이런 도전 과제들은 에이전트가 개발해야 할 여러 기술을 나타낸다. 에이전트는 정확하고 시의적절한 행동을 수행할 수 있어야 하고(장애물이나 구덩이를 점프해 넘기), 위협을 평가해 피할지 맞설지 결정할 수 있어야 하며(적과의 교전 여부 판단), 공간 인식과 전략적 계획 능력을 발휘해야 한다(복잡한 레벨 탐색). 또한 레벨은 점진적으로 난도가 상승하므로 에이전트가 학습함에 따라 점점 더 어려운 상황을 다룰 수 있어야 한다. 게임 내에는 코인 수집과 같은 즉각적 보상뿐 아니라 레벨 클리어와 같은 지연된 보상도 포함되어 있어 장기 전략의 학습과 평가가 가능하다.

마지막으로 슈퍼 마리오는 강화학습 연구 커뮤니티에서 널리 채택된 표준 벤치마크 환경이다. 다양한 주요 라이브러리에서 공식적으로 지원하거나 손쉽게 통합할 수 있으며, 알고리즘을 빠르게 테스트하거나 비교할 수 있는 기반이 잘 마련되어 있다. 이미 잘 정리된 전략과 풍부한 문서도 제공되기 때문에 강화학습 초보자와 전문가 모두에게 적합한 실험 환경으로 평가받는다. 또한 병렬 처리가 가능한 구현체도 있어 효율적이고 빠른 훈련이 가능하다는 실용적 장점도 있다.

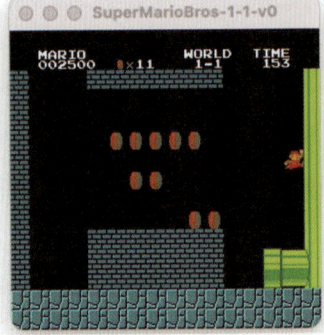

그림 8.26 훈련 중 슈퍼 마리오 화면 캡처

모든 코드는 다음 링크의 저장소에서 확인할 수 있다.

https://github.com/ai-agent-kr/Modern-AI-Agents/tree/main/ch08/RL_SuperMario

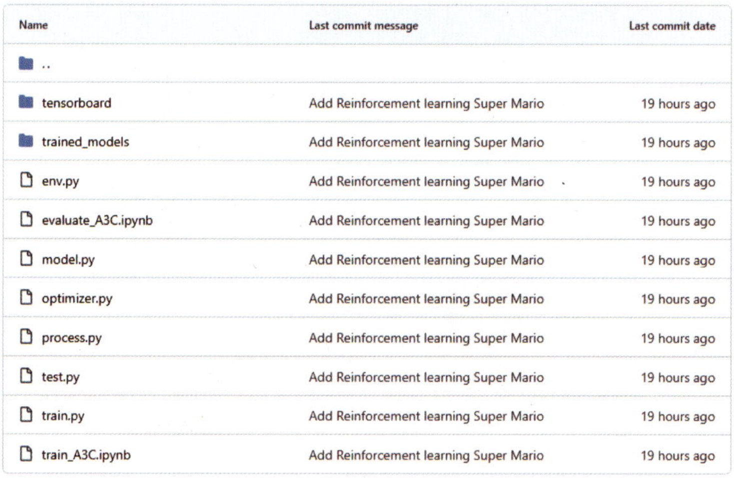

Name	Last commit message	Last commit date
..		
tensorboard	Add Reinforcement learning Super Mario	19 hours ago
trained_models	Add Reinforcement learning Super Mario	19 hours ago
env.py	Add Reinforcement learning Super Mario	19 hours ago
evaluate_A3C.ipynb	Add Reinforcement learning Super Mario	19 hours ago
model.py	Add Reinforcement learning Super Mario	19 hours ago
optimizer.py	Add Reinforcement learning Super Mario	19 hours ago
process.py	Add Reinforcement learning Super Mario	19 hours ago
test.py	Add Reinforcement learning Super Mario	19 hours ago
train.py	Add Reinforcement learning Super Mario	19 hours ago
train_A3C.ipynb	Add Reinforcement learning Super Mario	19 hours ago

그림 8.27 저장소 화면 캡처

스크립트 설명

이 훈련에는 OpenAI의 Gym과 PyTorch 등 잘 알려진 강화학습 라이브러리를 사용한다. 저장소에는 슈퍼 마리오 에이전트를 훈련시키기 위한 다양한 스크립트가 포함되어 있다.

- **env**: 슈퍼 마리오 환경을 정의하는 스크립트로 에이전트의 플레이 영상을 녹화하거나, 모델 입력용 이미지를 전처리하고, 보상 함수를 정의하며, 월드 설정 및 가상 조이스틱 구성 등을 담당한다.
- **model**: 액터-크리틱 구조를 기반으로 한 PyTorch 신경망 모델을 정의한다. 이미지 입력을 처리하여 특징을 추출한 뒤, 이를 바탕으로 행동 확률(액터)과 상태 가치 추정(크리틱)을 출력한다.
- **optimizer**: PyTorch의 기본 Adam 옵티마이저를 확장한 커스텀 옵티마이저 클래스인 GlobalAdam을 정의한다.
- **train**: 비동기 방식의 어드밴티지 액터-크리틱A3C, asynchronous advantage actor-critic 알고리즘을 기반으로 슈퍼 마리오를 플레이할 수 있도록 에이전트를 학습하는 분산형 강화학습 시스템을 구성하고 실행한다.
- **test**: 훈련된 모델을 불러와 게임을 플레이하도록 하고 그 과정을 시각적으로 렌더링하는 테스트용 스크립트다.
- **process**: 앞서 언급한 모든 컴포넌트를 통합하여 슈퍼 마리오 에이전트를 학습하고 테스트하는 완전한 강화학습 시스템으로 구성하는 핵심 스크립트다.

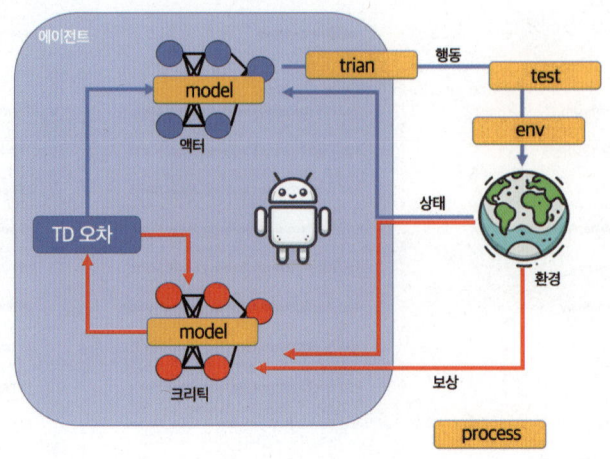

그림 8.28 스크립트 전체 개요

환경 설정

env 스크립트는 특히 심층 Q-러닝deep Q-learning이나 액터-크리틱 같은 강화학습 알고리즘에 적합한 환경을 설정하는 역할을 한다. 이 스크립트에서는 먼저 필요한 라이브러리를 불러온다. 이어서 에이전트가 작동할 월드를 생성하고 상호작용 방식을 정의하는 여러 함수를 작성한다.

- **Monitor**: Monitor 클래스는 에이전트의 게임 플레이를 시각적으로 기록할 수 있도록 해준다. 이는 디버깅, 에이전트 성능 분석, 결과 공유에 유용하다. .ffmpeg를 사용하여 게임 영상을 저장할 수 있다.
- **process_frame**: 이 함수는 게임에서 얻은 프레임을 강화학습 에이전트 훈련에 적합한 형태로 전처리한다. 프레임이 올바른 형식인지 확인하고 흑백으로 변환한 뒤 크기를 줄이고 정규화한다. 이를 통해 에이전트는 시각적 정보의 핵심 요소에 집중할 수 있다.
- **CustomReward**: 보상을 수정하여 유용한 행동을 장려하는 클래스이다. 현재 점수를 추적하고 보상을 추가하며, 에이전트가 레벨을 완료했는지 확인하고 에피소드를 완료하지 못하면 패널티를 준다. 이런 방식으로 실패에 페널티를 주면서 레벨을 완료하고 진행하도록 유도한다.
- **CustomSkipFrame**: 프레임을 건너뛰어skip 학습 속도를 높이는 기능을 한다. 이를 통해 환경 업데이트 횟수가 줄어들어 연산량을 절감할 수 있다.
- **create_train_env**: 이 함수는 전처리, 보상 설계, 프레임 건너뛰기 등 다양한 요소가 통합된 맞춤형 슈퍼 마리오 환경을 최적화하여 강화학습 에이전트를 효율적으로 훈련할 준비를 마친다.

모델 정의

model 스크립트에서는 알고리즘의 아키텍처를 정의한다. ActorCritic은 아키텍처를 관리하는 클래스로, PyTorch를 기반으로 하는 신경망이다(PyTorch의 기본 신경망인 nn.Module을 사용한다). 이 클래스는 행동을 선택하는 Actor와 피드백을 제공하는 Critic 두 컴포넌트로 이루어져 있으며, 둘은 다음과 같이 특징 추출기_feature extractor_를 공유해서 사용한다.

```
self.conv1 = nn.Conv2d(num_inputs, 32, 3, stride=2, padding=1)
self.conv2 = nn.Conv2d(32, 32, 3, stride=2, padding=1)
self.conv3 = nn.Conv2d(32, 32, 3, stride=2, padding=1)
self.conv4 = nn.Conv2d(32, 32, 3, stride=2, padding=1)
self.lstm = nn.LSTMCell(32 * 6 * 6, 512)
```

먼저 합성곱 신경망을 통해 게임 화면에서 공간적 특징을 추출한다. 이렇게 얻은 출력을 2차원 텐서로 변환한 뒤 LSTM에 전달한다. LSTM은 은닉 상태(hx)와 셀 상태(cx)를 업데이트하며(LSTM은 1장에서 자세히 설명함), 이를 통해 에피소드 메모리를 관리한다.

그 후 다음 두 가지 컴포넌트를 초기화한다.

```
self.critic_linear = nn.Linear(512, 1)
self.actor_linear = nn.Linear(512, num_actions)
```

하나의 특징 추출기를 공유함으로써 연산 자원을 절약할 수 있다. 두 컴포넌트는 두 가지 다른 출력을 생성한다. actor_linear는 액터의 출력을 생성한다. 이는 num_actions 크기의 벡터로 각 행동을 선택할 확률을 나타낸다. critic_linear는 크리틱의 출력을 생성한다. 이는 단일 스칼라 값으로 현재 상태의 추정 가치(해당 상태에서 기대되는 반환값)를 나타낸다. 이러한 분리를 통해 두 레이어가 별개의 목표와 다른 학습 신호를 갖도록 보장할 수 있다.

다음으로, 서로 다른 학습을 가능하게 하기 위해 서로 다른 손실 함수를 정의한다. 보다시피 두 컴포넌트는 서로 다른 출력을 생성한다.

```
def forward(self, x, hx, cx):
    x = F.relu(self.conv1(x))
    x = F.relu(self.conv2(x))
    x = F.relu(self.conv3(x))
    x = F.relu(self.conv4(x))
    hx, cx = self.lstm(x.view(x.size(0), -1), (hx, cx))
    return self.actor_linear(hx), self.critic_linear(hx), hx, cx
```

분산 학습 환경에서 프로세스를 최적화하기 위해 여기서는 Adam 옵티마이저의 커스텀 버전을 사용한다. Adam은 신경망의 파라미터를 업데이트할 때 널리 쓰이는 대표적인 옵티마이저다. 여기서 소개하는 GlobalAdam 클래스는 여러 프로세스나 에이전트가 동일한 옵티마이저를 공유하는 분산 강화학습을 위해 설계되었다.

핵심은 옵티마이저 상태의 특정 일부를 프로세스 간에 공유해 에이전트들이 모델 파라미터 업데이트를 효율적으로 조율하게 한다는 점이다. 이는 특히 여러 에이전트가 동일한 환경에서 동시에 행동하는 액터-크리틱 구조의 변형에서 유용하다. 즉, 게임을 여러 번 비동기적으로 플레이한 뒤 전역 업데이트를 수행함으로써 연산 부담을 줄이는 방식이다. GlobalAdam 스크립트는 본질적으로 Adam을 강화학습 시나리오에 맞게 조정한 것으로, 서로 다른 프로세스에서 얻은 정보를 평균화하고 학습에 활용할 수 있게 한다.

```python
import torch

class GlobalAdam(torch.optim.Adam):
    def __init__(self, params, lr):
        super(GlobalAdam, self).__init__(params, lr=lr)
        for group in self.param_groups:
            for p in group['params']:
                state = self.state[p]
                state['step'] = 0
                state['exp_avg'] = torch.zeros_like(p.data)
                state['exp_avg_sq'] = torch.zeros_like(p.data)

                state['exp_avg'].share_memory_()
                state['exp_avg_sq'].share_memory_()
```

모델 훈련

train 스크립트는 여러 프로세스를 통해 모델을 비동기적으로 훈련할 수 있게 한다. 이 스크립트는 다양한 파라미터를 제공하며 기본값은 이미 설정되어 있다. 예를 들어, 게임의 레벨을 결정하는 --world와 --stage, 행동 유형을 정하는 --action_type, 옵티마이저의 학습률 --lr, 알고리즘과 강화학습에 특화된 하이퍼파라미터 --gamma, --tau, --beta, 그리고 프로세스 및 병렬화와 관련된 --num_processes, --num_local_steps, --num_global_steps 같은 파라미터도 설정할 수 있다.

train 함수는 훈련 환경과 정책을 초기화하며 GPU를 사용할 수 있도록 설정한다. global_model.share_memory() 메서드는 전역 모델의 파라미터를 모든 프로세스에서 접근 가능하게 만들어 병렬 업데이트를 가능하게 한다. 여기서는 GlobalAdam을 사용해 전역 모델의 파라미터를 업데이트한다. 또한 multiprocessing 모듈을 감싼 torch.multiprocessing 래퍼는 비동기적으로 동작하는 여러 프로세스를 생성할 수 있다. 이 스크립트는 여러 병렬 프로세스를 통해 모델을 훈련하는 동시에, 다양한 설정을 손쉽게 조정할 수 있도록 지원하는 역할을 한다.

```python
def train(opt):
    torch.manual_seed(123)
    if os.path.isdir(opt.log_path):
        shutil.rmtree(opt.log_path)
    os.makedirs(opt.log_path)
    if not os.path.isdir(opt.saved_path):
        os.makedirs(opt.saved_path)
    mp = _mp.get_context("spawn")
    env, num_states, num_actions = create_train_env(opt.world, opt.stage,
        opt.action_type)
    global_model = ActorCritic(num_states, num_actions)
    if opt.use_gpu:
        global_model.cuda()
    global_model.share_memory()
    if opt.load_from_previous_stage:
        if opt.stage == 1:
            previous_world = opt.world - 1
            previous_stage = 4
        else:
            previous_world = opt.world
            previous_stage = opt.stage - 1
        file_ = "{}/A3CSuperMarioBros{}_{}".format(opt.saved_path, previous_world,
            previous_stage)
        if os.path.isfile(file_):
            global_model.load_state_dict(torch.load(file_))

    optimizer = GlobalAdam(global_model.parameters(), lr=opt.lr)
    processes = []
    for index in range(opt.num_processes):
        if index == 0:
            process = mp.Process(target=local_train, args=(index, opt,
                global_model, optimizer, True))
        else:
            process = mp.Process(target=local_train, args=(index, opt,
                global_model, optimizer))
        process.start()
        processes.append(process)
    process = mp.Process(target=local_test, args=(opt.num_processes, opt,
        global_model))
```

```
    process.start()
    processes.append(process)
for process in processes:
    process.join()
```

시스템 테스트

test 스크립트는 플레이 레벨, 액션 등 몇 가지 파라미터를 사용자가 설정할 수 있게 한다. 모델을 훈련한 후에는 해당 모델을 로드해 게임을 플레이하며 에이전트의 플레이를 기록할 수 있다. 그러면 모델은 이 스크립트에서 최적화 없이 훈련된 정책으로만 플레이하게 되어 에이전트의 성능을 관찰할 수 있다.

모든 컴포넌트 연결하기

process 스크립트는 지금까지 살펴본 모든 구성 요소를 하나의 시스템으로 통합한다. 이 스크립트는 env 모듈의 create_train_env 함수를 이용해 슈퍼 마리오 게임 환경을 설정한다. 이 환경은 에이전트가 상호작용하고 학습을 수행하는 기반이 된다. 또한 ActorCritic 모델(액터와 크리틱)을 초기화하고, 이 모델이 의사결정을 내리고 게임 상태를 평가하도록 한다.

local_train 함수는 모델 훈련을 담당하며 이 과정에는 GlobalAdam 옵티마이저가 필요하다. 또한 이 스크립트는 훈련된 모델의 성능을 평가하는 데도 사용하므로 test 스크립트에서 정의한 요소들도 함께 활용한다. 따라서 이 스크립트는 환경, 모델, 학습 알고리즘을 조율해 슈퍼 마리오 게임을 학습하고 플레이하는 강화학습 시스템을 완성하는 중심 요소라 할 수 있다.

local_train 함수는 에이전트가 다른 프로세스와 병렬로 학습하면서 공유된 전역 모델을 업데이트할 수 있게 한다. 이 함수는 먼저 재현성을 보장하기 위해 시드seed를 설정하여 동일한 조건에서 결과를 재현할 수 있도록 한다. 이후 환경(create_train_env)과 모델(ActorCritic)을 초기화한다. GPU가 사용 가능하다면 모델을 GPU로 이전하고 학습 과정을 시각화하기 위해 텐서보드(TensorBoard)도 함께 초기화한다.

```
def local_train(index, opt, global_model, optimizer, save=False):
    torch.manual_seed(123 + index)
    if save:
        start_time = timeit.default_timer()
    writer = SummaryWriter(opt.log_path)
    env, num_states, num_actions = create_train_env(opt.world, opt.stage,
        opt.action_type)
```

```
local_model = ActorCritic(num_states, num_actions)
if opt.use_gpu:
    local_model.cuda()
```

이 시점부터 훈련 루프가 시작되며 각 반복은 하나의 게임 플레이 에피소드를 의미한다. 이때 지역 파라미터는 전역 파라미터와 동기화되며, 각 에피소드가 끝날 때마다 LSTM의 은닉 상태와 셀 상태가 초기화된다.

```
local_model.train()
state = torch.from_numpy(env.reset())
if opt.use_gpu:
    state = state.cuda()
done = True
curr_step = 0
curr_episode = 0
while True:
    if save:
        if curr_episode % opt.save_interval == 0 and curr_episode > 0:
            torch.save(global_model.state_dict(),
                "{}/a3c_super_mario_bros_{}_{}".format(opt.saved_path, opt.world, opt.stage))
        print("Process {}. Episode {}".format(index, curr_episode))
    curr_episode += 1
    local_model.load_state_dict(global_model.state_dict())
    if done:
        h_0 = torch.zeros((1, 512), dtype=torch.float)
        c_0 = torch.zeros((1, 512), dtype=torch.float)
    else:
        h_0 = h_0.detach()
        c_0 = c_0.detach()
    if opt.use_gpu:
        h_0 = h_0.cuda()
        c_0 = c_0.cuda()
```

이 시점부터 일정 횟수(opt.num_local_steps)만큼 경험을 수집하기 시작한다. 특정 상태에 로컬 모델은 가능한 행동에 대한 확률 분포를 생성하며, 이 분포를 기반으로 하나의 행동을 샘플링한다. 행동을 선택하면 환경과 상호작용하게 되고, 그 결과로 보상과 새로운 상태를 얻는다.

각 단계에서는 다음 정보를 기록한다. 에피소드가 종료되었는지 여부, 선택한 행동의 로그 확률, 가치 추정치, 보상, 그리고 정책의 엔트로피이다. 에피소드가 종료되면 상태는 초기화되며 기울기 역전파를 방지하기 위해 은닉 상태는 분리된다.

```python
for _ in range(opt.num_local_steps):
    curr_step += 1
    logits, value, h_0, c_0 = local_model(state, h_0, c_0)
    policy = F.softmax(logits, dim=1)
    log_policy = F.log_softmax(logits, dim=1)
    entropy = -(policy * log_policy).sum(1, keepdim=True)

    m = Categorical(policy)
    action = m.sample().item()

    state, reward, done, _ = env.step(action)
    state = torch.from_numpy(state)
    if opt.use_gpu:
        state = state.cuda()
    if curr_step > opt.num_global_steps:
        done = True

    if done:
        curr_step = 0
        state = torch.from_numpy(env.reset())
        if opt.use_gpu:
            state = state.cuda()

    values.append(value)
    log_policies.append(log_policy[0, action])
    rewards.append(reward)
    entropies.append(entropy)

    if done:
        break

R = torch.zeros((1, 1), dtype=torch.float)
if opt.use_gpu:
    R = R.cuda()
if not done:
    _, R, _, _ = local_model(state, h_0, c_0)
```

이제 손실을 계산하고 역전파를 수행하는 단계다. 여기서는 **일반화된 어드밴티지 추정**GAE, generalized advantage estimation을 사용하여 편향과 분산 사이의 균형을 맞추고 학습 효율을 높인다. 간단히 설명하자면, 어드밴티지 함수 $A(s,a)$는 주어진 상태 s에서 특정 행동 a가 평균적인 행동에 비해 얼마나 더 나은지를 측정한다.

다음 스크립트에서는 GAE를 이용해 어드밴티지 값을 계산하며 이 값이 액터의 정책 업데이트를 이끈다. GAE를 사용하여 액터 손실 actor loss 내 정책을 업데이트하는데, 이는 기대 반환값을 최대화하면서 분산은 낮게 유지하기 위한 목적이다. 다시 말해, 학습의 안정성을 확보하는 것이 핵심이다. GAE를 도입하면 학습 과정이 한층 더 효율적으로 진행되며, 높은 분산으로 인한 노이즈나 편향된 가치 추정으로 인한 부정확성에도 덜 민감해진다.

```python
gae = torch.zeros((1, 1), dtype=torch.float)
if opt.use_gpu:
    gae = gae.cuda()
actor_loss = 0
critic_loss = 0
entropy_loss = 0
next_value = R

for value, log_policy, reward, entropy in list(zip(values, log_policies, rewards,
                                                    entropies))[::-1]:
    gae = gae * opt.gamma * opt.tau
    gae = gae + reward + opt.gamma * next_value.detach() - value.detach()
    next_value = value
    actor_loss = actor_loss + log_policy * gae
    R = R * opt.gamma + reward
    critic_loss = critic_loss + (R - value) ** 2 / 2
    entropy_loss = entropy_loss + entropy

total_loss = -actor_loss + critic_loss - opt.beta * entropy_loss
writer.add_scalar("Train_{}/Loss".format(index), total_loss, curr_episode)
optimizer.zero_grad()
total_loss.backward()

for local_param, global_param in zip(local_model.parameters(),
                                      global_model.parameters()):
    if global_param.grad is not None:
        break
    global_param._grad = local_param.grad

optimizer.step()

if curr_episode == int(opt.num_global_steps / opt.num_local_steps):
```

```
    print("Training process {} terminated".format(index))
    if save:
        end_time = timeit.default_timer()
        print('The code runs for %.2f s ' % (end_time - start_time))
    return
```

여기서는 세 가지 손실 항목을 별도로 고려해야 한다. 첫 번째는 액터 손실actor loss로, 더 높은 보상으로 이어지는 행동을 장려하는 역할을 한다. 두 번째는 크리틱 손실critic loss이며, 이는 가치 추정의 오차에 대해 벌점을 부여한다. 세 번째는 엔트로피 손실entropy loss로, 지나치게 확신하는 행동 분포에 벌점을 부여함으로써 탐색을 유도한다. 다시 말해, 지나치게 탐욕적인 전략에 페널티를 주는 방식이다.

전체 손실을 계산한 후에는 일반적인 신경망 학습과 마찬가지로 역전파를 수행한다. 이 시점에는 로컬 훈련을 마친 상태이므로 로컬 모델의 기울기를 사용해 전역 모델을 함께 업데이트한다. 일정 시간 간격마다 모델을 저장하고 손실 로그는 텐서보드로 기록한다. 이 프로세스는 전체 전역 스텝 수에 도달하면 종료된다.

local_test 함수로 훈련된 모델을 평가할 수 있다. 이 함수는 별도의 프로세스로 실행되며, 에이전트가 학습된 정책을 바탕으로 얼마나 잘 수행하는지 테스트한다.

```
def local_test(index, opt, global_model):
    torch.manual_seed(123 + index)
    env, num_states, num_actions = create_train_env(opt.world, opt.stage, opt.action_type)
    local_model = ActorCritic(num_states, num_actions)
    local_model.eval()
    state = torch.from_numpy(env.reset())
    done = True
    curr_step = 0
    actions = deque(maxlen=opt.max_actions)
    while True:
        curr_step += 1
        if done:
            local_model.load_state_dict(global_model.state_dict())
        with torch.no_grad():
            if done:
                h_0 = torch.zeros((1, 512), dtype=torch.float)
                c_0 = torch.zeros((1, 512), dtype=torch.float)
            else:
                h_0 = h_0.detach()
                c_0 = c_0.detach()
```

```
        logits, value, h_0, c_0 = local_model(state, h_0, c_0)
        policy = F.softmax(logits, dim=1)
        action = torch.argmax(policy).item()
        state, reward, done, _ = env.step(action)
    env.render()
    actions.append(action)
    if curr_step > opt.num_global_steps or actions.count(actions[0]) ==
        actions.maxlen:
        done = True
    if done:
        curr_step = 0
        actions.clear()
        state = env.reset()
    state = torch.from_numpy(state)
```

이 단계에서도 설정과 초기화를 수행하고 로컬 ActorCritic 모델을 평가 모드(inference mode)로 불러온다. 평가 모드에서는 모델이 업데이트되지 않는다. 이후 루프를 시작하면서 전역 모델로부터 마지막 가중치를 불러온다. 특정 상태에 대해 모든 행동의 확률을 계산하고 그중 확률이 가장 높은 행동을 선택한다. 훈련 중에는 행동을 샘플링 방식으로 선택하지만 평가 모드에서는 탐욕적 정책으로 행동을 선택한다는 점에 주목해야 한다. 이후 환경과 상호작용하며 게임 화면을 렌더링하고 행동을 추적하며, 에이전트가 멈추거나 동일한 행동을 무한히 반복하는지 확인한다.

에이전트가 최대 스텝 수를 초과하거나 멈출 경우 해당 에피소드를 종료하고 상태를 초기화한다. 이 함수는 학습된 에이전트의 성능을 평가하는 역할을 하며, 게임 플레이를 렌더링하여 에이전트가 얼마나 슈퍼 마리오를 잘 플레이하는지 사용자가 직접 확인할 수 있도록 한다. 이를 통해 정책의 효과를 검증하고 시각적 피드백을 얻을 수 있다.

스크립트를 실행하면 학습이 병렬로 진행되는 모습을 확인할 수 있다.

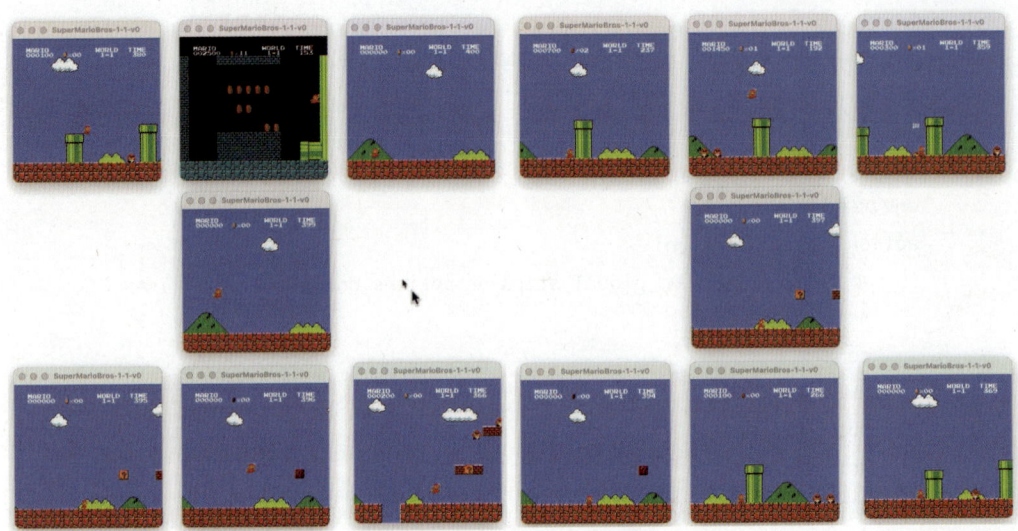

그림 8.29 스크립트 실행 화면(동영상 링크: https://www.youtube.com/watch?v=YWx-hnvqjr8)

정리하자면, 액터-크리틱 알고리즘의 변형인 A3C 방법을 구현하기 위해 여러 개의 스크립트를 사용했다. 이 방식은 여러 에이전트를 병렬로 훈련시켜 환경을 탐색하고, 경험을 수집하며, 공유된 전역 모델을 비동기적으로 업데이트한다. 다시 말해, 여러 에이전트가 다양한 경험을 수집해 학습 속도를 높이고 더 견고한 모델을 만들도록 돕는 방식이다.

전체 구조를 더 명확히 하기 위해 프로세스를 여러 스크립트로 분리하고, 이를 하나의 메인 스크립트(process 스크립트)로 통합했다. 신경망은 액터와 크리틱 두 컴포넌트가 공통 추출기extractor를 공유하도록 설계하여 계산 효율을 높였다. 또한 상태 간 시간적 의존성을 처리하기 위해 LSTM을 사용했다.

여러 프로세스가 전역 모델을 업데이트할 수 있도록 공유 메모리를 지원하는 옵티마이저(GlobalAdam)도 수정해 사용했다. 비동기 학습은 각 에이전트가 전역 모델에 접근하고 업데이트해야 하기 때문에 복잡성이 더 높다. 이후 경험을 수집해 모델을 학습시키는 방법을 정의했다. 경험을 수집한 뒤, 손실을 계산하고 역전파를 수행해 모델 가중치를 업데이트했다. 주기적으로 전역 모델과 로컬 모델을 동기화하여 전역 모델을 갱신했다. 마지막으로, 전역 모델의 파라미터를 사용해 에이전트를 평가하는 과정을 정의했다. 이때 에이전트는 학습된 정책을 사용해 게임을 플레이한다.

이 스크립트들은 A3C 방식을 기반으로 효율적인 병렬 학습을 가능하게 한다. 실제로 여러 에이전트를 병렬로 실행해 환경을 탐색하고 경험을 수집한 뒤 전역 모델을 업데이트할 수 있다. 병렬 시스템을 활용하면 에이전트들이 환경의 다양한 부분을 탐색하게 되므로, 더 다채로운 경험을 얻고 그 결과 보다 일반화된 정책을 학습하게 된다. 이는 특히 비디오 게임과 같이 상황에 따라 다양한 전략이 필요한 경우에 유리하다.

같은 맥락에서, 에이전트가 국소적인 최적 전략에 갇히는 것을 방지하고 탐색을 장려하기 위해 엔트로피 손실을 추가했다. 이 스크립트는 자원 효율성을 고려하여 설계되었으며, 연산량을 줄이고 빠른 학습을 지원하도록 되어 있다. 예를 들어, 메모리 사용량을 줄이기 위해 경험 리플레이 버퍼를 사용하지 않았다. 전역 모델을 사용함으로써 한 에이전트가 학습한 지식이 즉시 모든 에이전트에게 공유되며 이는 보통 더 빠른 수렴을 촉진한다.

A3C와 같은 온-폴리시 학습 방식을 선택하면 정책 업데이트에서 분산이 커질 수 있다. 이러한 분산은 비동기적 특성에 의해 더욱 증폭되어 실행마다 일관된 결과를 얻기 어려워질 수 있다. 실제로 비동기 접근 방식은 결정론적이지 않기 때문에 실행마다 결과가 크게 달라질 수 있다. 이는 전체 프로세스의 예측 가능성을 낮추고 하이퍼파라미터 선택을 더욱 까다롭게 만든다. 이런 이유로 기본 하이퍼파라미터를 함께 제공하지만, 사용자가 실험적으로 변경해 볼 수도 있다.

이 스크립트는 자원 사용을 최적화하기 위해 여러 방법을 적용했지만, 전반적인 프로세스는 여전히 많은 자원을 요구한다. 이는 일반적인 강화학습의 특성과도 맞닿아 있다. A3C는 기본적으로 CPU 기반의 병렬 처리에 의존하지만, GPU 친화적인 방식을 도입하면 학습 효율을 크게 높일 수 있다. 예를 들어, PPO와 같은 알고리즘은 GPU를 활용해 학습을 최적화할 수 있다. GPU를 효과적으로 활용하면 배치 처리를 보다 효율적으로 수행할 수 있으며, 이를 통해 경험을 빠르게 축적하고 모델을 대규모로 업데이트할 수 있다. GPU 기반 최적화에 관심 있는 독자들을 위해 몇 가지 아이디어를 소개하면 다음과 같다.

- 다양한 하이퍼파라미터를 테스트하고 그 값을 변경하여 성능에 미치는 영향을 분석해보자. 스크립트 내에서 하이퍼파라미터는 손쉽게 설정하고 변경할 수 있다. 특히 λ값을 조절하여 편향과 분산 사이의 균형을 더 효과적으로 맞출 수 있는지 실험해보기를 권한다.
- PPO를 시도해보자. PPO는 A3C의 대안으로 널리 사용되는 알고리즘으로, 미니 배치 업데이트를 여러 에포크 epoch 동안 반복 수행한다. 앞서 살펴본 것처럼, PPO는 학습의 안정성을 높이는 데 효과적이며 다양한 환경에서 잘 작동한다. 또한 A3C에 비해 하이퍼파라미터가 적고 기본 설정만으로도 좋은 성능을 낸다.
- 동기 방식의 A2C를 도입해보자. A2C는 A3C의 단순하고 동기화된 버전으로, 여러 에이전트가 병렬로 경험을 수집하고 배치 단위로 업데이트를 수행한다. 일반적으로 속도는 느리지만 디버깅이 훨씬 수월하다는 장점이 있다.

이번 프로젝트에서 구현한 모델은 다른 여러 비디오 게임에도 적용할 수 있으며, 이를 통해 강화학습 알고리즘이 실제 작업을 어떻게 해결하는지 알 수 있다.

3. LLM과 강화학습 모델의 상호작용

강화학습 알고리즘은 복잡한 환경을 탐색하고, 전략을 최적화하며, 의사결정을 내리는 에이전트를 개발하는 데 핵심적인 역할을 해왔다. 이는 로보틱스나 비디오 게임 등 다양한 분야에서 두드러진 성과를 보이고 있다. 반면, LLM은 자연어 처리 분야에서 인간의 언어와 지시를 이해하는 능력을 컴퓨터에 부여하며 큰 영향을 끼쳤다. 이 두 기술 간의 시너지는 분명 상상해볼 수 있지만, 그동안은 각기 독립적으로 발전해왔다. 그러나 최근 LLM에 대한 관심이 급격히 증가하면서 두 분야의 접점이 점점 넓어지고 있다. 이번 절에서는 강화학습과 LLM의 상호작용에 대해 살펴본다.

상호작용은 다음과 같은 세 가지로 나눌 수 있다.

- **강화학습이 LLM을 강화**: 하나 이상의 자연어 처리 작업에서 강화학습을 활용해 LLM의 성능을 향상시키는 경우
- **LLM이 강화학습을 강화**: 자연어 처리가 아닌 작업을 수행하는 강화학습 알고리즘을 훈련시키는 데 LLM을 사용하는 경우
- **강화학습과 LLM의 결합**: 어느 한쪽이 다른 쪽을 훈련하거나 파인튜닝하지 않고, 강화학습 모델과 LLM을 함께 사용해 특정 기술 집합을 계획하는 방식

이제 각각의 경우를 자세히 살펴보자.

강화학습으로 강화된 LLM

3장에서 정렬alignment과 프롬프트 엔지니어링에 대해 이미 다룬 바 있다. 강화학습은 LLM의 파인튜닝, 프롬프트 엔지니어링, 그리고 정렬에 활용된다. 앞서 언급했듯이 LLM은 시퀀스에서 다음 단어를 예측하도록 훈련되는데, 이로 인해 LLM의 학습 목표와 인간의 가치 사이에 불일치가 발생한다. 그 결과 LLM은 편향된 텍스트를 생성하거나 유해한 콘텐츠를 출력하거나 지시를 제대로 따르지 못하는 경우가 발생할 수 있다.

정렬은 이러한 문제를 해결하기 위한 방식으로, 모델을 인간의 가치에 맞추거나 보다 안전한 배포를 위해 LLM의 행동을 개선하는 데 목적이 있다. 가장 널리 사용되는 접근 방식 중 하나가 바로 **인간 피드백 기반 강화학습**RLHF, reinforcement learning from human feedback이다. 여기서는 보상을 사람의 선호로부터 추론하고 이를 통해 LLM을 학습시킨다. 이 과정은 세 단계로 진행된다. 먼저 인간 피드백 데이터를 수집하고, 그 데이터를 바탕으로 보상 모델을 학습한 다음, 강화학습을 사용해 LLM을 파인튜닝한다.

일반적으로 가장 많이 사용하는 강화학습 알고리즘은 PPO 또는 그 파생 모델들이다. 이는 정렬된 모델이 원래 모델과 지나치게 달라지는 것을 방지하기 위한 것으로, PPO는 이러한 안정성을 일정 수

준 보장한다.

　LLM과의 상호작용은 프롬프트를 통해 이루어진다. 프롬프트에는 LLM이 수행할 작업에 대한 명확한 지시 사항을 모두 담고 있어야 한다. 최근에는 강화학습을 활용해 프롬프트 자체를 설계하는 연구도 진행되고 있다. 프롬프트 최적화는 강화학습 문제로 표현할 수 있으며, 목표는 인간의 지식을 통합하면서 해석 가능하고 적응력 있는 프롬프트를 생성하는 것이다. 이때 에이전트는 쿼리에 따라 최적화된 프롬프트를 구성하는 역할을 한다. 또한 정책 네트워크를 훈련시켜 원하는 프롬프트를 생성할 수 있으며, 이렇게 생성된 프롬프트는 일반적으로 여러 LLM에 전이 가능하다는 장점이 있다.

　흥미로운 점은, 최적화된 일부 프롬프트는 문법적으로는 '의미 없는 문장'처럼 보이더라도 특정 작업에서 매우 높은 성능을 보일 수 있다는 것이다. 이는 고품질 프롬프트가 반드시 자연스러운 인간 언어 패턴을 따를 필요는 없음을 시사한다.

LLM으로 강화된 강화학습

　LLM으로 강화된 강화학습은 사전 학습된 LLM이 가진 멀티모달 정보 처리, 생성, 추론, 기타 고차원 인지 능력을 활용해 강화학습 에이전트를 지원하는 방식을 의미한다. 다시 말해, 기존의 강화학습과의 차이점은 LLM을 시스템에 통합하고 그 지식과 기능을 어떤 방식으로든 활용한다는 점에 있다.

　LLM을 추가하여 얻을 수 있는 이점은 두 가지다. 첫째, LLM은 추론과 계획 수립 능력을 갖추고 있어 학습 성능을 향상시킬 수 있다. 둘째, 높은 수준의 일반화 능력을 보유하고 있어 다양한 상황에 더 잘 적응할 수 있다. 또한 LLM은 사전 학습 단계에서 축적한 방대한 지식을 기반으로 여러 도메인이나 작업을 넘나들며 학습을 전이할 수 있다. 그 결과 이전에 접해보지 못한 환경에 대한 적응력을 높이는 데 도움을 준다.

　일반적으로 사전 학습된 모델은 지식을 지속적으로 확장하거나 새로운 능력을 습득하기 어렵다. 이러한 지속 학습continual learning은 여전히 딥러닝의 해결되지 않은 과제 중 하나다. 따라서 다양한 분야의 방대한 정보를 기억하고 있는 범용 모델인 LLM을 활용하면 이러한 한계를 일정 부분 보완할 수 있다.

　LLM은 대표적인 강화학습 프레임워크, 즉 에이전트가 환경과 상호작용하고 피드백을 받는 구조에서 다양한 지점에 삽입할 수 있다. 예를 들어, 정보를 추출하거나 상태를 재처리하거나 보상을 재설계하거나 의사결정을 내리거나 행동을 선택하거나 정책을 해석하거나 환경의 유사성을 분석하는 등 다양한 방식으로 활용할 수 있다.

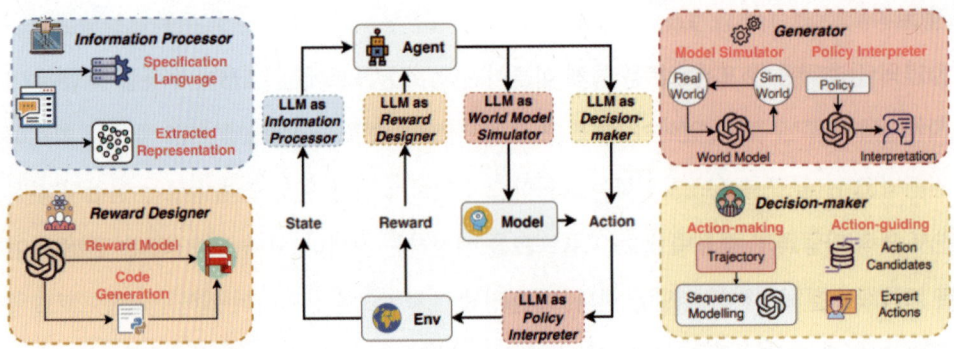

그림 8.30 전통적인 에이전트-환경 상호작용에서 LLM으로 강화된 강화학습 프레임워크(https://arxiv.org/pdf/2404.00282)

결과적으로 LLM은 하나의 시스템 내에서 정보처리자, 보상설계자, 의사결정자, 생성자로 활용할 수 있다.

정보처리자로서의 LLM

작업에 텍스트 정보나 시각적 특징이 필요한 경우, 에이전트가 이러한 정보를 이해하면서 동시에 정책을 최적화하는 것은 매우 복잡할 수 있다. 앞서 보았듯이, 모델이 비디오 게임이나 보드 게임과 상호작용하기 위해 이미지를 처리하는 경우에는 합성곱 신경망CNN을 사용할 수 있다. 챗봇의 경우에는 언어를 이해하는 모델을 사용한다.

이와는 달리 언어 자체를 직접 처리하는 모델을 사용하는 대신, LLM을 활용해 중요한 특징을 추출함으로써 에이전트가 더 빠르게 학습할 수 있도록 도울 수도 있다. LLM은 우수한 특징 추출기 역할을 하여 정보의 차원을 줄이고 복잡성을 낮출 수 있다. 또는 자연어를 에이전트가 이해할 수 있는 특정 형식의 언어로 번역하는 데 LLM을 활용할 수도 있다. 예를 들어, 로봇의 경우 사용자마다 자연어 지시가 제각각이라 학습이 어렵지만, LLM이 이를 표준화된 형식 언어로 변환해주면 학습이 훨씬 수월해진다.

광범위하게 사전 학습된 모델은 데이터를 일반화된 표현representation으로 학습하며, 이 표현을 이후 다양한 작업에 활용할 수 있다. 즉, 모델은 데이터 표현을 추출하는 데 사용할 수 있고, 이를 다시 에이전트를 학습시키는 데 활용할 수 있다. LLM은 추가 학습 없이 동결된frozen 상태로 사용할 수 있어 환경의 과거 이력을 압축된 표현 형태로 추출하는 데 활용할 수 있다.

일부 연구에서는 LLM이 과거의 시각적 관찰 정보를 요약해 에이전트에 제공함으로써 일종의 메모리 기능을 제공하기도 한다. 동결된 모델을 사용하는 방식은 가장 간단한 방법임은 분명하지만, 실제 세계에 배치된 에이전트는 훈련 환경과 달라 성능이 급격히 저하될 수 있다. 이러한 경우에는 에이전트뿐만 아니라 LLM에 대해서도 파인튜닝이 필요할 수 있다.

LLM이나 다른 대규모 모델을 특징 추출기로 활용하면 이러한 특징들이 환경 변화(밝기, 색상 등)에 덜 민감하기 때문에 에이전트의 학습이 더 쉬워진다. 그러나 그만큼 계산 비용이 더 많이 든다는 단점도 있다.

LLM의 능력은 작업을 더 명확하게 만드는 데도 활용할 수 있다. 예를 들어, 자연어로 주어진 지시를 LLM이 변환해 에이전트가 더 쉽게 해석할 수 있는 형식으로 바꿀 수 있다. 예를 들어 게임 플레이 상황이라면 텍스트로 묘사한 작업을 캐릭터를 어떻게 조작할지에 대한 구체적인 행동 지침으로 변환하는 식이다. 또는 LLM이 에이전트가 처한 주변 환경을 해석 가능한 정보로 변환할 수도 있다. 이러한 접근 방식은 매우 유망하지만 현재까지는 활용 범위가 제한적인 상황이다.

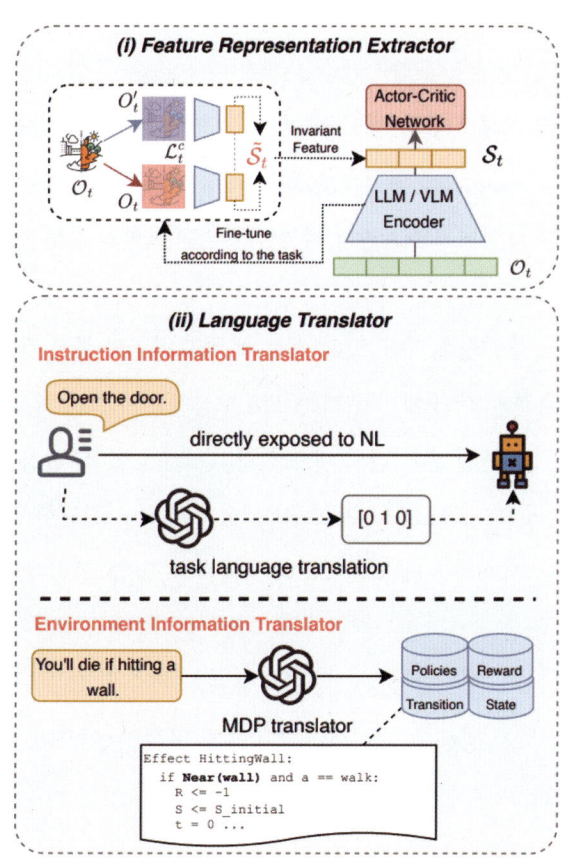

그림 8.31 정보처리자로서의 LLM(https://arxiv.org/pdf/2404.00282)

보상설계자로서의 LLM

문제에 대한 명확한 지식이 있거나 보상을 명확하고 결정적인 함수(예: 게임 점수, 승패 조건)로 정의할 수 있을 경우에는 비교적 간단하게 보상 함수를 설계할 수 있다. 예를 들어, 아타리 게임이나 기타 비디오 게임에서는 보상 함수를 명확히 정의할 수 있다. 승리는 긍정적인 신호, 패배는 부정적인 신호로 처리하면 되기 때문이다. 하지만 실제 응용 사례에서는 작업이 복잡하고 길며, 보상이 드물게 분포되어 있어 이러한 방식이 적용되지 않는 경우가 많다.

이러한 경우에는 LLM이 사전 학습 단계에서 습득한 지식, 코딩 능력, 추론 능력을 활용하여 보상을 생성할 수 있다. 이때 LLM은 간접적으로(암묵적 보상 모델) 또는 직접적으로(명시적 보상 모델) 사용될 수 있다. 예를 들어, 사용자가 프롬프트를 통해 기대 행동을 정의하면, LLM이 훈련 중 에이전트의 행동을 평가하여 보상 또는 벌칙을 부여할 수 있다. 이처럼 LLM의 직접적인 피드백을 활용할 수도 있고 보상 함수를 생성하는 코드 자체를 LLM이 작성하게 할 수도 있다. 후자의 경우 훈련 도중 LLM이 보상 함수를 조정해 에이전트의 수준이 높아질수록 보상을 점진적으로 더 어렵게 받을 수 있도록 설정할 수도 있다.

LLM은 작업 설명을 기반으로 보상을 제공하는 암묵적 보상 모델로도 활용할 수 있다. 대표적인 기법 중 하나는 직접 프롬프트direct prompting 방식으로, LLM에게 에이전트의 행동을 평가하거나 보상을 결정하도록 지시하는 방법이다. 이런 방식을 이용하면 인간의 피드백을 모방하여 에이전트의 행동을 실시간으로 평가할 수 있다.

또는 정렬 점수alignment score를 사용할 수도 있다. 이는 행동의 결과와 목표 간의 유사도를 평가하는 방식으로, 기대 결과와 실제 결과 간의 차이를 기준으로 보상을 부여한다. 일부 접근법에서는 언어 기반 지시와 에이전트의 시각적 관찰 결과 간의 대조 정렬contrastive alignment을 활용하는데 이때 멀티모달 모델을 사용한다. 물론 인간의 의도와 LLM 기반 보상 생성의 정렬은 간단한 문제가 아니다. 지시가 모호하거나 품질이 낮은 경우 시스템이 제대로 작동하지 않을 수 있다. 그럼에도 이 방식은 유망한 연구 방향으로 평가받고 있다.

명시적 보상 모델은 LLM의 코드 생성 능력을 활용해 보상 함수를 직접 생성하는 방식이다. 이렇게 하면 LLM의 의사결정 및 보상 생성 과정을 보다 투명하게 만들 수 있으며, 하위 목표에 대한 함수를 자동으로 생성할 수도 있다. 예를 들어, LLM이 상위 수준 지시를 보상 함수로 변환하여 로봇이 하위 수준 작업을 학습하게 할 수 있다.

이 방식의 한계는 LLM의 상식 기반 추론 능력에 있다. 현재의 LLM은 실제 추론이나 진정한 일반화를 수행하지 못하며 사전 학습 단계에서 접한 정보에 의존한다. 따라서 고도로 전문화된 작업은 LLM이 학습하지 못했을 가능성이 크고, 이로 인해 적용 가능한 범위가 제한된다. 다만 컨텍스트와 추가 정보를 제공하면 이 문제를 어느 정도 완화할 수 있다.

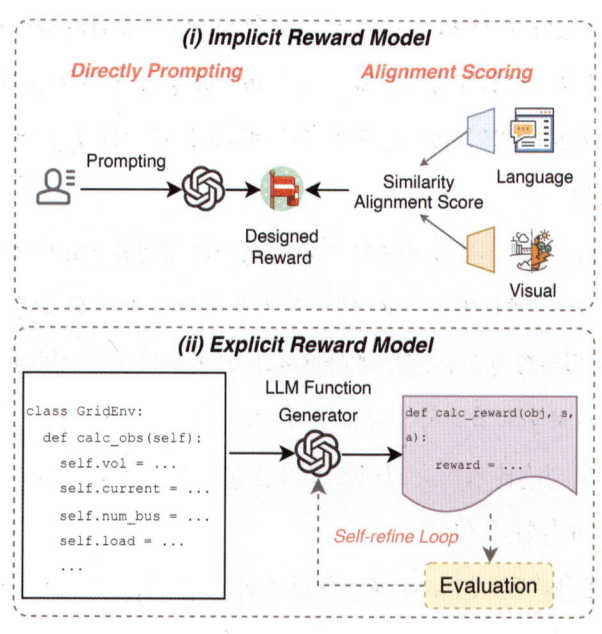

그림 8.32 보상설계자로서의 LLM(https://arxiv.org/pdf/2404.00282)

의사결정자로서의 LLM

강화학습은 많은 경우 샘플 비효율성과 탐색 비효율성 문제를 겪는다. 이때 LLM을 의사결정에 활용하면 행동 선택을 도와 이러한 문제를 완화할 수 있다. 예를 들어, 한 상태에서 가능한 행동의 수가 매우 많을 경우, LLM을 활용해 가능한 행동의 집합을 줄일 수 있다. 이는 탐색 공간 자체를 축소하여 탐색 효율을 높이는 방식이다. 예를 들어, 로봇에게 특정 환경에서 어떤 행동을 취해야 할지 훈련시키는 데 LLM을 사용함으로써 탐색 시간을 줄일 수 있다.

트랜스포머 또는 그 파생 모델들은 강화학습 분야에서도 상당한 잠재력을 보여주고 있다. 핵심 아이디어는 강화학습 문제를 시행착오 기반 접근이 아닌, 시퀀스 모델링 문제로 다루는 것이다. LLM은 일련의 상태sequence of states에 대해 결정을 내려야 하는 의사결정 모델로 볼 수 있으며, 이는 원래 순차적 데이터(텍스트)를 학습해온 트랜스포머의 훈련 방식과 잘 맞아떨어진다. LLM은 필요에 따라 파인튜닝을 통해 모델이 학습한 내부 표현을 더욱 효과적으로 활용할 수도 있다. 이렇게 함으로써 LLM이 방대한 텍스트 학습을 통해 이미 습득한 지식을 특정 작업에 적용하여 행동을 결정하게 된다.

이처럼 사전 지식을 활용하면 데이터 수집 및 탐색에 대한 의존도를 줄일 수 있어 샘플 효율성이 향상되며, 장기 보상 또는 희소 보상 환경에서도 더 효과적으로 작동할 수 있다. 여러 연구에서 LLM이 학습한 지식을 다른 모델로 전이할 수 있음을 보여주었고 다양한 벤치마크에서 전체 시스템 성능이 개선되는 결과도 확인되었다. 또한 비전-언어 모델을 활용하면 시스템을 멀티모달 환경에 적응시킬 수도 있다. 다만 LLM을 의사결정자로 사용하는 것은 파인튜닝 없이 추론 단계에서만 사용하더라도 여전히 계산 비용이 많이 드는 작업이다. 따라서 최근 연구들은 이러한 접근 방식의 계산 비용을 줄이는 데 초점을 맞추고 있다.

한편, LLM이 합리적인 행동 후보나 전문가 수준의 행동을 생성함으로써 에이전트가 적절한 행동을 선택하도록 유도할 수도 있다. 예를 들어, 텍스트 기반 게임과 같은 환경에서는 행동 공간이 매우 크고, 그중 실제로 사용 가능한 행동은 일부에 불과하다. 이 때문에 에이전트는 방대한 시행착오를 거쳐 학습하게 되는데 이는 매우 비효율적인 탐색 방식이다. 이때 LLM이 작업을 이해하고 그에 맞는 행동 집합을 생성하면 행동 공간을 줄이고 탐색을 보다 효율적으로 만들 수 있다. 그 결과 보상을 더 빠르게 얻고 학습 속도 또한 높일 수 있다.

이러한 방식에서는 일반적으로 LLM이 행동 후보 집합을 생성하고, 또 다른 신경망이 각 행동에 대한 Q-값을 계산하는 구조를 따른다. 이와 같은 방식을 인간의 지시를 따르는 로봇에도 적용할 수 있으며, 이때 LLM은 가능한 행동을 생성하는 역할을 한다. 다만, 이 방식은 LLM이 가진 편향이나 한계를 그대로 물려받는다는 제약이 있다. 행동 공간 자체가 LLM의 지식과 편향에 따라 결정되기 때문이다.

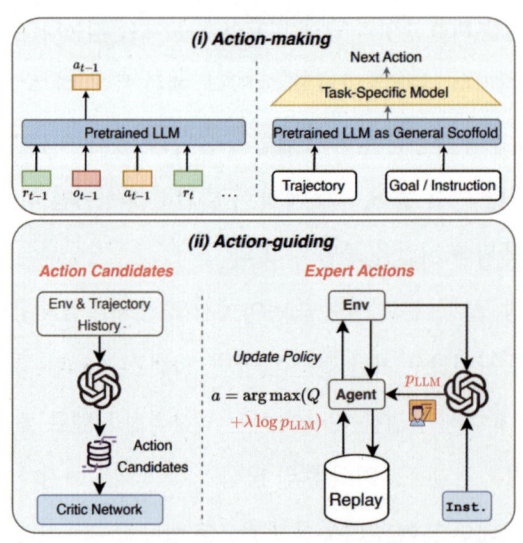

그림 8.33 의사결정자로서의 LLM(https://arxiv.org/pdf/2404.00282)

생성자로서의 LLM

모델 기반 강화학습Model-based RL은 환경의 동적 특성을 학습하고 궤적을 시뮬레이션하기 위해 세계 모델world model에 의존한다. 이때 LLM은 정확한 궤적을 생성하거나 정책 선택에 대한 설명을 제공하는 데 활용할 수 있다.

LLM은 고유한 생성 능력을 갖추고 있어 생성자로 활용할 수 있다. 예를 들어, LLM을 세계 모델 시뮬레이터로 사용하면, 시스템이 에이전트가 학습하고 계획할 수 있는 정확한 궤적을 생성하게 된다. 실제로 비디오 게임 연구에서 LLM이 궤적을 생성해 에이전트의 학습 시간을 단축하고 샘플 효율성을 높인 사례가 보고된 바 있다. 즉, LLM의 생성 능력을 통해 미래를 예측하고 이를 활용할 수 있다. 다만 이러한 방식에는 아직 한계도 있다. LLM이 가진 추상적인 지식과 실제 환경의 동적 특성을 정확히 정렬하기 어렵기 때문에, LLM의 생성 능력이 지닌 효과는 현실에서 다소 제한적일 수 있다.

또 다른 흥미로운 접근 방식은 LLM을 활용해 강화학습 시스템의 정책을 설명하는 것이다. **설명 가능한 강화학습**XRL, explainable RL은 설명 가능한 머신러닝과 강화학습이 만나는 교차 영역으로, 현재 빠르게 성장 중인 분야다. XRL은 에이전트의 행동을 인간이 이해할 수 있도록 명확하게 설명하는 것을 목표로 한다. 이때 LLM은 자연어를 사용해 에이전트가 왜 특정 결정을 내렸는지, 혹은 왜 특정한 환경 변화에 그렇게 반응했는지를 설명할 수 있다.

정책 해석자policy interpreter로서 LLM은 주어진 상태와 행동에 대해 에이전트의 행동을 설명해야 하며, 이러한 설명은 인간이 이해할 수 있어야 한다. 이를 통해 에이전트의 안전성을 확인할 수 있다. 물론 설명의 질은 환경의 특징 표현을 이해하고 정책이 내포한 논리를 파악하는 LLM의 능력에 달려 있다. 특히 복잡한 환경에서는 도메인 지식이나 예시만으로는 정책의 복잡한 구조를 명확히 이해시키기 어렵다는 한계가 있다.

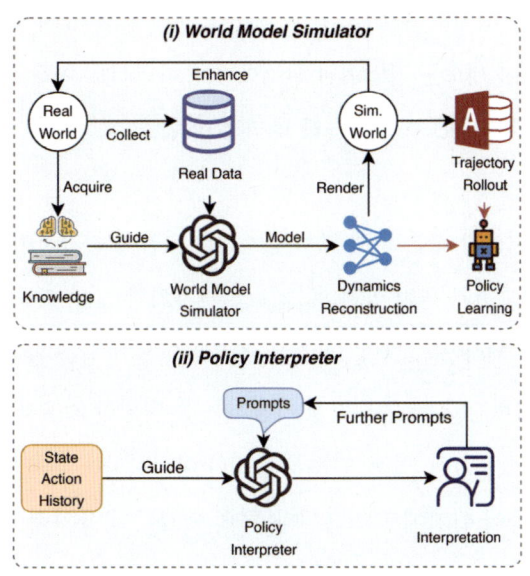

그림 8.34 생성자로서의 LLM(https://arxiv.org/pdf/2404.00282)

LLM으로 강화된 강화학습은 다양한 분야에서 유용하게 활용할 수 있다.

- **로보틱스**: LLM을 활용하면 인간과 로봇 간의 상호작용을 개선하고, 로봇이 인간의 요구나 논리를 더 잘 이해하도록 하며, 이에 따라 로봇의 의사결정과 계획 수립 능력을 향상시킬 수 있다.
- **자율주행**: 자율주행 시스템은 복잡하고 변화하는 환경에서 다양한 센서(예: 비전, 라이다, 레이더 등)로부터 입력을 받아 이를 분석하고, 교통 법규와 인간의 행동, 예상치 못한 상황 등 맥락 정보를 통합해 의사결정을 내려야 한다. 강화학습은 이러한 과제에 적용되고 있으며 LLM은 멀티모달 정보를 처리하고 통합하는 능력, 지시 사항을 이해하는 능력, 목표 및 보상 구조 개선 등에서 중요한 역할을 할 수 있다. 예를 들어, 보상 함수를 설계할 때 안전뿐만 아니라 탑승자의 편안함이나 연료 효율성도 고려하는 방식으로 LLM을 활용할 수 있다.
- **헬스케어 추천 시스템**: 강화학습은 헬스케어 분야에서 권장 사항과 제안을 학습하는 데 사용된다. LLM은 방대한 의학 지식과 환자 데이터를 분석하는 능력을 바탕으로 에이전트의 학습 속도를 높이거나 더 나은 학습을 위한 정보를 제공하는 데 기여할 수 있다.
- **에너지 관리**: 강화학습은 에너지 사용, 운송, 변환, 저장을 최적화하는 데 사용하며, 향후 핵융합과 같은 첨단 기술에서도 중요한 역할을 할 것으로 기대된다. 이때 LLM은 샘플 효율성 개선, 멀티태스크 최적화 등 다양한 측면에 활용할 수 있다.

하지만 이러한 많은 잠재력에도 불구하고 LLM을 강화학습에 통합하는 데는 몇 가지 한계가 있다. 가장 큰 과제는 LLM의 성능에 크게 의존한다는 점이다. LLM은 편향 문제를 가지고 있고 할루시네이션 현상을 보일 수 있는데, 에이전트는 이러한 문제를 고스란히 이어받을 수 있다. 또한 작업이 복잡하거나 데이터에 노이즈가 많을 경우 LLM이 이를 잘못 해석할 가능성도 있다. 사전 학습 중에 해당 환경이나 작업이 포함되어 있지 않다면 새로운 환경이나 작업에 적응하는 데도 어려움을 겪는다.

이를 완화하기 위해 합성 데이터 사용, 모델 파인튜닝, 지속 학습 등의 접근법이 제안되고 있다. 지속 학습continual learning은 모델이 새로운 작업이나 환경에 적응하면서도 이전에 배운 내용을 잊지 않도록 하는 방법이다. 그러나 현재까지도 지속 학습과 파괴적 망각catastrophic forgetting 문제는 딥러닝에서 해결되지 않은 과제로 남아 있다.

또한 LLM을 도입하면 학습과 추론 단계 모두에서 계산 비용이 증가하며 이에 따라 지연 시간도 커진다. 이러한 계산 비용을 줄이기 위해 양자화quantization, 가지치기pruning, 소형 모델 사용 등의 기법을 활용한다. 일부 접근법에서는 MoEmixture of experts와 같은 조건부 연산 방식을 활용하거나, 상태 공간 모델처럼 트랜스포머 구조를 변형하거나, 캐싱 전략을 사용하는 등 다양한 기술을 활용하기도 한다.

마지막으로, LLM 활용이 윤리적, 법적, 안전성 문제를 야기한다는 점을 잊어서는 안 된다. 3장에서 살펴본 것과 동일한 문제들이 여기에도 적용된다. 특히 의료나 금융처럼 민감한 분야에서는 데이터 프라이버시, 지적 재산권 등의 이슈가 여전히 해결되지 않은 논점으로 남아 있다.

4. 핵심 정리

이번 장은 이론적으로 밀도가 높았기 때문에 간단히 정리하는 섹션을 추가한다. 이 장에서는 강화학습을 소개하면서 지능형 에이전트가 동적인 환경과 상호작용을 통해 시행착오 방식으로 학습하는 핵심 접근법임을 강조했다. 이는 인간이 행동하고 결과를 관찰하며 그에 따라 행동을 조정하는 학습 방식과 유사하다. 강화학습은 레이블이 있는 데이터로 학습하는 지도학습과 달리 보상을 기반으로 학습한다는 점에서 차별화되며, 지연된 피드백이나 변화하는 의사결정 시퀀스가 존재하는 문제에 특히 적합하다.

강화학습은 에이전트가 환경과 상호작용하면서 누적 보상을 최대화하는 방식으로 의사결정을 학습하는 머신러닝 패러다임이다. 에이전트는 새로운 행동을 시도하는 탐색과 이미 알고 있는 전략을 이용하는 활용 사이의 균형을 유지하며 시행착오를 통해 학습한다.

이번 장에서 다룬 방법론을 요약하면 다음과 같다.

모델 프리 vs. 모델 기반 강화학습

- 모델 프리 방식(예: DQN, REINFORCE)은 환경을 모델링하지 않고 직접 상호작용을 통해 학습한다. 구조가 단순하고 확장성이 높다.
- 모델 기반 방식은 내부 모델을 사용해 결과를 시뮬레이션하고 이를 바탕으로 사전 계획을 세운다. 샘플 효율성이 높고 계획이 중요한 환경에 적합하지만 설계와 계산이 복잡하다.

온-폴리시 vs. 오프-폴리시 방식

- 온-폴리시 방식(예: REINFORCE, PPO)은 현재 정책이 생성한 데이터를 학습에 활용한다. 학습은 더 안정적이지만 샘플 효율성은 낮다.
- 오프-폴리시 방식(예: DQN)은 과거 또는 다른 정책에서 수집된 데이터로도 학습할 수 있어 샘플 효율성과 탐색 유연성이 뛰어나다.

주요 알고리즘

- **Q-러닝과 DQN**: 조회 테이블 또는 신경망을 사용해 가치 함수를 학습한다.
- **REINFORCE**: 확률적 정책을 사용하는 기본적인 정책 경사 방식이다.
- **PPO**: 정책 업데이트를 클리핑하여 안정성과 성능의 균형을 맞춘다.
- **액터-크리틱**: 가치 추정과 정책 학습을 결합해 더 견고한 업데이트를 수행한다.

- **알파제로**: 딥러닝과 몬테카를로 트리 탐색을 결합해 자기 대국을 기반으로 전략 최적화를 수행한다.

실제 활용 사례

- **게임**: 알파제로, DQN 같은 강화학습 에이전트는 바둑, 체스, 아타리 게임 등에서 최고 수준의 성능을 달성했다.
- **로보틱스**: 강화학습을 활용하면 로봇이 시뮬레이션과 실제 환경의 피드백을 통해 복잡한 움직임과 상호작용 정책을 학습할 수 있다.
- **자율주행**: 역동적이고 불확실한 환경에서 주행 전략을 학습한다.
- **최적화 및 제어**: 금융, 의료, 물류, 산업 자동화 등에서 순차적 의사결정 문제에 적용한다.

요약

앞선 장들에서는 정보를 어떻게 찾고 어떻게 LLM에게 효과적으로 전달할 것인지가 핵심 질문이었다. 이때 모델은 정보를 수신하고 응답하는 수동적인 에이전트였다. 이번 장에서는 이러한 패러다임에서 벗어나 에이전트가 환경을 탐색하고, 탐색을 통해 학습하며, 행동을 수행하고, 환경으로부터 받은 피드백을 통해 학습하는 능동적 개체로서의 관점을 제시하고자 했다. 이 관점은 인간의 학습 방식과도 훨씬 더 가깝다. 우리는 외부 세계를 탐험하면서 얻은 피드백을 통해 배운다. 세상의 많은 정보가 텍스트로 기록되어 있지만, 실제 세계는 결코 텍스트만으로 환원할 수 없다. 따라서 에이전트가 어떤 지식이나 기술을 습득하려면 실제 환경과의 상호작용이 필수이다. 강화학습은 에이전트가 환경과 상호작용하며 학습하는 방식에 초점을 맞춘 인공지능 분야다.

이 장에서는 강화학습의 기본 개념을 소개했다. 첫 번째로 강화학습 시스템의 구성 요소(에이전트, 환경, 보상, 행동)에 대해 설명하고, 이어서 강화학습의 핵심 질문인 탐색과 활용의 균형 문제를 다뤘다. 에이전트는 주어진 목표를 달성해야 하지만 그 방법은 탐색을 통해 배워야 한다. 예를 들어, 멀티 암드 밴딧 문제에서는 탐색 없이 욕심만 부리는 greedy 모델이 탐색을 병행하는 모델보다 성능이 낮다는 점을 확인했다. 이 원리는 비디오 게임과 같은 복잡한 문제를 해결하는 에이전트를 설계할 때도 핵심 원리로 작용한다.

복잡한 작업을 해결하기 위해 우리는 신경망을 활용한 심층 강화학습 개념을 도입했다. 다양한 알고리즘의 특성과 장단점을 살펴보고, 그중 하나를 설정해 실제 비디오 게임을 해결하는 과정을 다뤘다. 모델 훈련이 완료된 후에는 LLM과 강화학습이 어떻게 서로 융합하고 있는지도 살펴보았다. 이처럼 두 기술의 강점을 결합하면 시너지를 낼 수 있다.

이번 장을 기점으로 이제부터는 보다 실용적인 적용에 초점을 맞춘다. 앞으로는 에이전트가 실제로 어떻게 특정 작업을 수행할 수 있는지를 다룬다. 특히 LLM이 에이전트 역할을 하며 다양한 도구를 활용해 행동을 수행하고 작업을 달성하는 방식을 소개한다. 즉, 에이전트는 특정 행동을 선택하기보다는 어떤 도구를 선택해야 작업을 달성할 수 있을지를 결정하게 된다.

비록 LLM 기반 에이전트도 환경과 상호작용하지만, 기존 강화학습과의 주요 차이점 중 하나는 별도의 훈련이 없다는 점이다. LLM의 훈련은 복잡하고 비용이 많이 드는 작업이기 때문에 이런 시스템에서는 가능한 한 훈련을 최소화하려 한다. 앞선 5~7장에서는 LLM의 이해 능력을 활용하는 데 집중했다면, 이후에는 환경이나 다른 에이전트와의 상호작용 능력을 활용하려 한다. 이는 LLM이 작업의 목적과 지시를 이해할 수 있기 때문에 가능한 일이다.

더 읽을거리

- Ghasemi, *An Introduction to Reinforcement Learning: Fundamental Concepts and Practical Applications*, 2024, https://arxiv.org/abs/2408.07712

- Mnih, *Playing Atari with Deep Reinforcement Learning*, 2013, https://arxiv.org/abs/1312.5602

- Hugging Face, *Proximal Policy Optimization (PPO)*, https://huggingface.co/blog/deep-rl-ppo

- Wang, *Learning Reinforcement Learning by Learning REINFORCE*, https://www.cs.toronto.edu/~tingwuwang/REINFORCE.pdf

- Kaufmann, *A Survey of Reinforcement Learning from Human Feedback*, 2024, https://arxiv.org/pdf/2312.14925

- Bongratz, *How to Choose a Reinforcement-Learning Algorithm*, 2024, https://arxiv.org/abs/2407.20917v1

- Schulman, *Proximal Policy Optimization Algorithms*, 2017, https://arxiv.org/abs/1707.06347

- OpenAI, *Proximal Policy Optimization*, https://openai.com/index/openai-baselines-ppo/

- OpenAI Spinning UP, *Proximal Policy Optimization*, https://spinningup.openai.com/en/latest/algorithms/ppo.html

- Bick, *Towards Delivering a Coherent Self-Contained Explanation of Proximal Policy Optimization*, 2021, https://fse.studenttheses.ub.rug.nl/25709/1/mAI_2021_BickD.pdf

- Silver, *Mastering Chess and Shogi by Self-Play with a General Reinforcement Learning Algorithm*, 2017, https://arxiv.org/abs/1712.01815

- McGrath, *Acquisition of Chess Knowledge in AlphaZero*, 2021, https://arxiv.org/abs/2111.09259

- DeepMind, *AlphaZero: Shedding New Light on Chess, Shogi, and Go*, 2018, https://deepmind.google/discover/blog/alphazero-shedding-new-light-on-chess-shogi-and-go/

- Gao, *Efficiently Mastering the Game of NoGo with Deep Reinforcement Learning Supported by Domain Knowledge*, 2021, https://www.mdpi.com/2079-9292/10/13/1533

- Francois-Lavet, *An Introduction to Deep Reinforcement Learning*, 2018, https://arxiv.org/abs/1811.12560

- Tang, *Deep Reinforcement Learning for Robotics: A Survey of Real-World Successes*, 2024, https://arxiv.org/abs/2408.03539

- Mohan, *Structure in Deep Reinforcement Learning: A Survey and Open Problems*, 2023, https://arxiv.org/abs/2306.16021

- Cao, *Survey on Large Language Model-Enhanced Reinforcement Learning: Concept, Taxonomy, and Methods*, 2024, https://arxiv.org/abs/2404.00282

마지막 3부에서는 앞 장들에서 소개한 구성 요소들을 결합해 완벽하게 기능하는, 프로덕션 환경에서 서비스할 수 있는 AI 시스템을 구축하는 데 중점을 둔다. 먼저, 단일 및 다중 에이전트 시스템의 설계와 오케스트레이션 과정을 살펴본다. 여기서 대규모 언어 모델(LLM)이 도구, API 그리고 다른 모델과 어떻게 협력하여 복잡하고 다단계에 걸친 작업을 해결하는지를 알아본다. 이어서 스트림릿, 비동기 프로그래밍, 도커와 같은 컨테이너화 기술 등 최신 도구를 활용해 AI 에이전트 애플리케이션을 구축하고 배포하는 실무 과정을 살펴본다.

마지막으로, 의료와 법률 등 다양한 산업 전반에 걸친 AI 에이전트의 미래 그리고 앞으로 직면할 윤리와 기술 과제에 관한 전망으로 이 책을 마무리한다. 3부는 독자가 실험 단계에서 실제 환경 배포 단계로 나아가 차세대 지능형 시스템의 발전에 기여할 수 있는 역량을 갖추도록 한다.

9장: 단일·다중 에이전트 시스템 만들기
10장: AI 에이전트 애플리케이션 구축하기
11장: 다가올 미래

복잡한 시나리오를 해결하는 고도화된 AI 에이전트

단일·다중 에이전트 시스템 만들기

9장

앞선 장들에서는 LLM에 다양한 구성 요소나 도구를 결합하여 그 능력을 확장하는 방법을 살펴보았다. 5장과 6장에서는 외부 메모리를 활용해 컨텍스트를 확장하는 방법을 자세히 다뤘다. 이를 통해 모델은 사전 학습 시 보지 못한 문서이거나 학습 시점 이후의 정보처럼 스스로 답을 알지 못하는 상황에서도 사용자 질문에 답변할 수 있도록 추가 정보를 확보할 수 있다.

마찬가지로 7장에서는 지식 그래프를 활용해 모델의 지식을 확장하는 방법을 살펴보았다. 이러한 구성 요소는 LLM의 가장 큰 한계인 사실과 다른 출력을 생성하는 문제, 즉 할루시네이션을 해결하려는 시도이다. 더불어 그래프를 사용하면 모델이 그래프 추론을 수행하여 새로운 능력을 추가할 수 있다는 것을 확인했다.

8장에서는 강화학습과 LLM의 접점을 살펴보았다. LLM과 관련한 문제 중 하나는 편향되거나 유해한 콘텐츠 또는 잘못된 정보를 생성할 수 있다는 점이다. 강화학습 알고리즘은 모델의 동작을 인간의 선호에 맞게 조정하여 이처럼 유해한 콘텐츠의 위험을 줄여준다.

이와 비슷한 접근 방식을 통해 모델이 작업을 더 잘 수행하거나 지시를 더 충실히 따르도록 만들 수 있다. 앞으로 이러한 강화학습 알고리즘은 LLM의 중요한 한계 중 하나인 지속 학습_{continual learning}의 부재를 극복하는 데도 유용하게 사용할 수 있을 것이다.

곧 보게 되겠지만, 도구의 정의는 매우 폭넓다. 사실상 모든 소프트웨어나 알고리즘이 도구가 될 수 있다. 앞 장에서 살펴본 것처럼 LLM은 코드를 실행하거나 **애플리케이션 프로그래밍 인터페이스**_{API}에 연결할 수 있다. 이는 곧 LLM이 스스로 수행할 수 없는 작업을 수행하기 위해 다른 모델을 호출할 수도 있다는 뜻이다.

이 모든 요소는 LLM이 환경과 상호작용하고 실제 세계(인터넷이든 나아가 미래에는 컴퓨터라는 제약을 넘어선 세계든)에서 작업을 수행할 수 있게 하는 에이전트 혁명의 씨앗이 되었다.

이 장에서는 LLM, 다양한 도구, 그리고 이들이 환경과 상호작용하도록 결합하는 방법에 초점을 맞춘다. 먼저 자율 에이전트의 정의를 살펴보고 도구(API, 모델 등)가 무엇이며 이를 어떻게 구성할 수 있는지를 설명한다. 이어서 3장에서 다루었던 프롬프트 엔지니어링 기법을 활용해 서로 다른 유형의 에이전트를 만드는 방법을 살펴본다. 이후 LLM을 도구에 연결하기 위해 기존 연구에서 사용된 여러 전략을 검토한다. 이를 통해 일부 기술적 한계와 과제를 어떻게 해결했는지를 구체적으로 이해할 수 있다.

그다음에는 에이전트 개발의 전환점이 된 허깅GPT~HuggingGPT~(수백 개의 모델과 연결된 LLM)를 자세히 다룬다. 허깅GPT가 어떻게 다른 전문 모델을 활용해 LLM이 복잡한 작업을 해결하게 하는지 살펴본 후 단일 에이전트 대신 다중 에이전트 플랫폼을 구성하는 방법을 알아본다. 서로 다른 에이전트의 상호작용은 점점 더 복잡한 작업과 문제를 해결할 수 있도록 해준다. 또한 이러한 접근 방식을 의료, 화학, 법률과 같은 복잡한 영역에 어떻게 적용할 수 있는지도 확인한다. 이후 허깅GPT를 활용해 앞서 배운 내용을 실습하고 나아가 현대 시스템의 작동 방식을 이해할 수 있도록 다중 에이전트 플랫폼으로 개념을 확장한다.

에이전트와 다중 에이전트의 작동 방식을 이해한 후에는, **서비스형 소프트웨어**~SaaS, software as a service~, **서비스형 모델**~MaaS, model as a service~, **서비스형 데이터**~DaaS, data as a service~, **서비스형 결과**~RaaS, results as a service~ 또는 **서비스형 성과**~OaaS, outcome as a service~ 등 새롭게 등장하는 비즈니스 패러다임을 자세히 논의한다. 이 장에서 살펴보겠지만 각 비즈니스 모델에는 나름의 장점과 단점이 있다.

이 장에서 다룰 내용은 다음과 같다.

- 자율 에이전트 소개
- 허깅GPT와 기타 접근 방식
- 허깅GPT 활용하기
- 다중 에이전트 시스템
- SaaS, MaaS, DaaS, RaaS

기술 요구 사항

이 장의 코드를 실행하려면 GPU가 필요하다. 특히 허깅GPT 활용 부분에서는 GPU뿐 아니라 넉넉한 하드 디스크 공간도 필요하다. 확산~diffusion~ 모델을 포함한 다양한 모델을 내려받으므로 Git LFS~large file storage~를 사용해야 하는데, 이렇게 하면 Git을 통해 대용량 파일을 내려받을 수 있다. 다양한 라이브러리를 설치하려면 아나콘다~Anaconda~를 설치해야 하며 필요한 라이브러리는 설치 과정에서 바로 구성된다.

이러한 리소스(GPU와 충분한 저장 공간)를 보유하지 않은 독자는 '웹에서 허깅GPT 사용하기' 절을 참고하면 웹 환경에서 허깅GPT를 활용하는 방법을 알 수 있다. 로컬에서 허깅GPT를 사용하려면 OpenAI 토큰이 필요하며 웹에서 사용할 때는 Hugging Face 토큰도 필요하다. 다중 에이전트

> 시스템은 NumPy, scikit-learn, SentenceTransformers, Transformers 등의 파이썬 라이브러리를 사용한다.
>
> 허깅GPT는 GPU에서 실행해야 한다. 다중 에이전트 시스템도 GPU에서 실행하는 것이 좋지만, CPU에서도 실행할 수는 있다(추천하지는 않음). 이 장의 전체 코드는 다음 GitHub 저장소에서 확인할 수 있다.
>
> https://github.com/ai-agent-kr/Modern-AI-Agents/tree/main/ch09

1. 자율 에이전트 소개

AI 맥락에서 **자율 에이전트**autonomous agent란 인간의 개입 없이 스스로 작업을 수행하거나 의사결정을 내릴 수 있는 시스템 또는 개체를 뜻한다. 이러한 에이전트는 환경을 인지하고 이를 바탕으로 추론하며 목표에 따라 의사결정을 내리고 해당 목표를 달성하고자 행동을 취하도록 설계된다. 자율 에이전트는 **범용 인공지능**AGI, artificial general intelligence으로 가는 중요한 단계로, AGI는 자율적으로 계획을 수립하고 행동을 실행할 수 있을 것으로 기대된다.

LLM을 에이전트로 활용하는 주된 이유는 LLM이 일정 수준의 추론과 계획 능력을 보인다는 점에 있다. LLM은 입력을 해석하고 추론을 통해 결론을 도출하며 의사결정을 내릴 수 있다. 특히 연역적, 귀납적, 가설적 추론을 일정 수준까지 수행할 수 있다는 점이 주목할 만하다.

- **연역적 추론**: 일반적인 규칙을 구체적인 사례에 적용
- **귀납적 추론**: 사례로부터 패턴을 학습
- **가설적 추론**: 불완전한 데이터로부터 가능한 설명을 도출

또한 LLM은 아이디어를 연쇄적으로 연결하는 단계별 추론을 통해 방정식을 풀거나 코드를 디버깅할 수 있다. 수학 문제처럼 일부 문제를 해결하려면 일련의 절차를 따라야 하는데, LLM은 종종 작업을 여러 행동으로 분해하고 각 행동의 결과를 예측하며 그 결과에 맞게 동작을 조정한다.

그러나 이러한 능력은 사용자로부터 제공받은 컨텍스트나 사전 학습 중 습득한 지식에 한정되며 의료나 금융처럼 복잡한 분야에서는 대부분의 문제를 해결하기에는 부족하다. 따라서 이러한 한계를 극복하는 자연스러운 방법은 LLM의 능력을 외부 도구로 확장하거나 LLM을 외부 환경과 연결하는 것이다.

일부 연구에서는 LLM에 기억이나 계획과 같은 인간의 인지 능력을 부여하여, 마치 인간처럼 행동하고 다양한 작업을 효율적으로 수행할 수 있도록 만드는 것을 목표로 한다. LLM의 능력이 발전하면

서 이러한 에이전트에 관한 관심은 계속 커지고 있으며 수많은 논문과 프레임워크가 발표되고 있다.

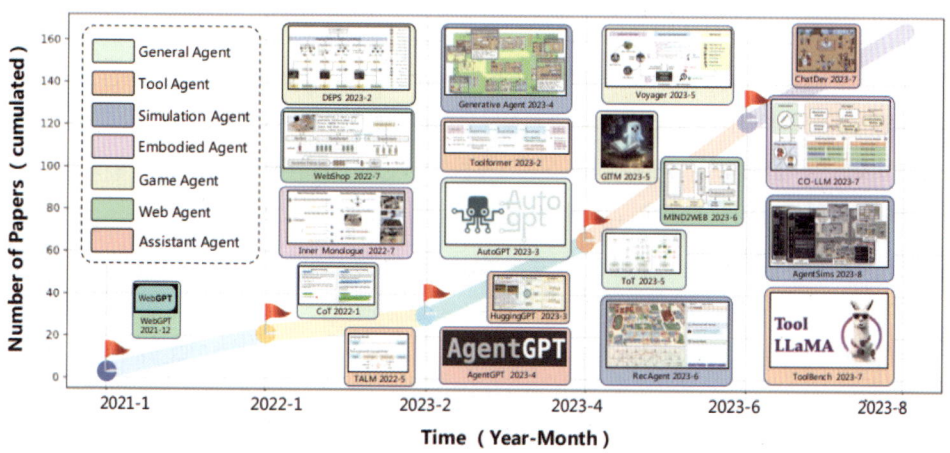

그림 9.1 LLM 자율 에이전트에 관한 관심 증가(https://arxiv.org/pdf/2308.11432)

LLM 기반 자율 에이전트를 구축할 때 가장 먼저 고려해야 할 것은 아키텍처 설계와 이 아키텍처를 작업 수행에 어떻게 활용할 것인가이다. 자율 에이전트는 환경을 인식하고 학습하며 상황에 따라 서로 다른 역할을 수행해야 한다. 아키텍처의 목적은 LLM이 에이전트로서 역량을 최대한 발휘할 수 있도록 지원하는 것이다. 이를 위해 프로파일링profiling, 메모리memory, 계획planning, 행동action이라는 네 가지 핵심 범주에 따라 다양한 모듈이 개발되었다.

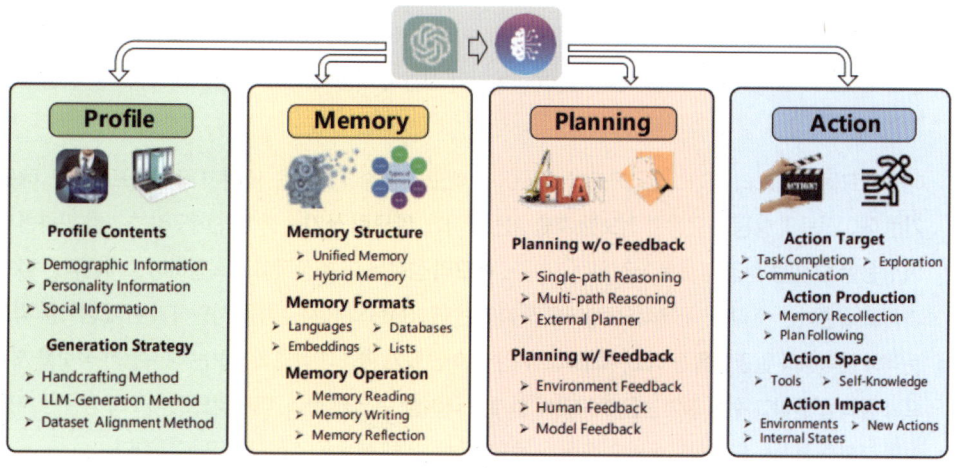

그림 9.2 LLM 기반 자율 에이전트를 구축하는 데 필요한 모듈(https://arxiv.org/pdf/2308.11432)

각 모듈을 조금 더 구체적으로 살펴보자.

- **프로파일링 모듈**: 에이전트는 종종 코더, 도메인 전문가, 교사, 비서와 같은 특정 역할(페르소나)을 맡아 작업을 수행한다. 프로파일링 모듈은 LLM에 제공되는 특정 프롬프트 안에서 에이전트의 역할을 정의하며 여기에는 특성, 직무, 심리·사회적 정보, 다른 에이전트와의 관계 등이 포함된다. 프로필은 일반적으로 개발자나 도메인 전문가가 수작업handwritten profiles으로 작성한다. 예를 들어, 소프트웨어 개발 시스템에서는 "당신은 코드 리뷰를 담당하는 소프트웨어 엔지니어입니다."와 같은 직무 역할을 만들 수 있다. 수작업으로 작성된 프로필은 높은 통제력을 갖고 맥락을 풍부하게 하며 고도로 도메인에 특화되어 있지만(미묘한 차이, 소프트 스킬, 정교한 지식까지 다룰 수 있음) 작성 시간이 오래 걸리고 확장성이 떨어진다.

    이에 따라 일부 연구에서는 LLM이 자동으로 프로필을 생성하는 시스템을 탐구했다. 소수의 예시, 규칙 기반 템플릿, 외부 직무 설명 데이터셋 등을 활용하여 프로필을 생성하는 방식이 대표적이다. 이 방식은 특히 시스템이 동적이거나 사용자 피드백을 받는 경우 다양한 상황에 더 잘 확장하여 적응할 수 있다. 다만 제어력이 떨어져 세부 뉘앙스가 사라지고 생성된 프로필이 지나치게 일반화될 위험이 있다. 또한 품질이 프롬프트 엔지니어링 기법에 따라 들쭉날쭉하고 여전히 인간 검증이 필요하다는 한계가 있다.

- **메모리 모듈**: 메모리 모듈은 시스템이 환경이나 다른 출처로부터 인지한 정보를 저장하여 향후 행동에 활용할 수 있게 한다. 전용 메모리 구성 요소는 인간의 인지에서 영감을 받아 정교하게 설계될 수 있으며, 각각 지각 정보, 단기 정보, 장기 정보에 특화된 요소로 나눌 수 있다. 이렇게 일반적으로 사용되는 메모리는 시스템 프롬프트에 입력되며, 따라서 LLM의 컨텍스트 길이가 에이전트가 사용할 수 있는 메모리의 한계가 된다. 예를 들어, 작업 수행에 필요한 사용자와의 대화 기록이 여기에 해당한다. 게임 개발을 지원하는 에이전트의 경우, 직전에 발생한 이벤트나 관련 설명이 단기 메모리가 될 수 있다.

    하이브리드 메모리는 과거 사건과 생각을 저장하고 재활용해 에이전트의 행동을 보조하는 방식으로, LLM 컨텍스트 내의 단기 메모리와 외부의 장기 메모리를 결합하여 LLM의 한계를 넘어선다. 이때 생각, 대화, 기타 정보는 RAG나 데이터베이스, 지식 그래프 등으로 저장되며, 필요할 때 검색해 LLM 프롬프트에 주입하므로 컨텍스트 한계를 초과하지 않고도 과거 지식을 활용할 수 있다. 예를 들어, RAG에서는 현재 쿼리를 기반으로 관련 문서나 메모리 조각을 검색하는 메커니즘이 작동하여 시간이 지남에 따라 더 일관되고 풍부한 응답을 생성할 수 있다.

    메모리 모듈은 메모리 읽기reading, 메모리 쓰기writing, 메모리 성찰reflection 등 세 가지 작업을 포함한다. **메모리 읽기**는 에이전트의 행동에 유용한 정보를 추출하는 것이고, **메모리 쓰기**는 중복과 메모리 초과를 피하면서 미래에 유용할 수 있는 환경 정보를 저장하는 것이며, **메모리 성찰**은 더 추상적이고 복잡하며 고차원적인 정보를 평가하고 추론하는 것이다. 구체적으로, 메모리 읽기는 에이전트의 의사결정을 지원하기 위해 정보를 검색하여 문맥의 연속성과 일관성을 높이고, 메모리 쓰기는 에이전트가 환경과 상호작용하는 데 유용한 정보를 저장함으로써 중복을 줄이고 수정 불가능한 메모리의 한계를 극복할 수 있게 한다. 마지막으로 메모리 성찰은 저장된 정보를 분석해 통찰을 도출함으로써 이를 통해 목표 달성을 위해 행동을 조정할 수 있도록 한다.

- **계획 모듈**: 복잡한 작업을 더 관리하기 쉬운 작업으로 분해해 LLM이 더 합리적이고 강력하며 신뢰성 있게 동작하도록 돕는다. 피드백 여부에 따라 두 가지 유형으로 나뉜다.

    피드백 없는 계획에서 에이전트는 행동을 수행한 후 미래 행동에 영향을 주는 피드백을 받지 않는다. 단일 경로 추론single-path reasoning에서는 작업을 일련의 중간 단계로 나눠 순차적으로 연결하며, 주로 **사고의 사슬**CoT 방식을 사용해 단계별 계획을 수립한다. 이와 달리, 다중 경로 추론multi-path reasoning에서는 각 단계가 여러 후속 단계로 뻗어나가는 트리 구조를 사용한다. 이때 **자기 일관적 CoT**나 **사고의 트리**ToT 프레임워크를 활용해 모든 중간 단계를 평가하고 최적 전략을 찾는다. 여기에 **몬테카를로 트리 탐색**MCTS이나 외부 플래너를 결합할 수도 있다.

피드백 있는 계획은 장기 작업에서 유용하며 초기부터 완전한 계획을 세우기 어렵거나 작업 환경이 변할 수 있는 경우에 적합하다. 이 방식에서는 환경과 관찰로부터 피드백을 받아들인다. 예를 들어, 리액트ReAct 프레임워크는 생각-행동-관찰의 삼중 구조를 사용한다. 인간 피드백이나 다른 모델의 피드백으로 에이전트의 계획 능력을 개선하는 방식도 있다.

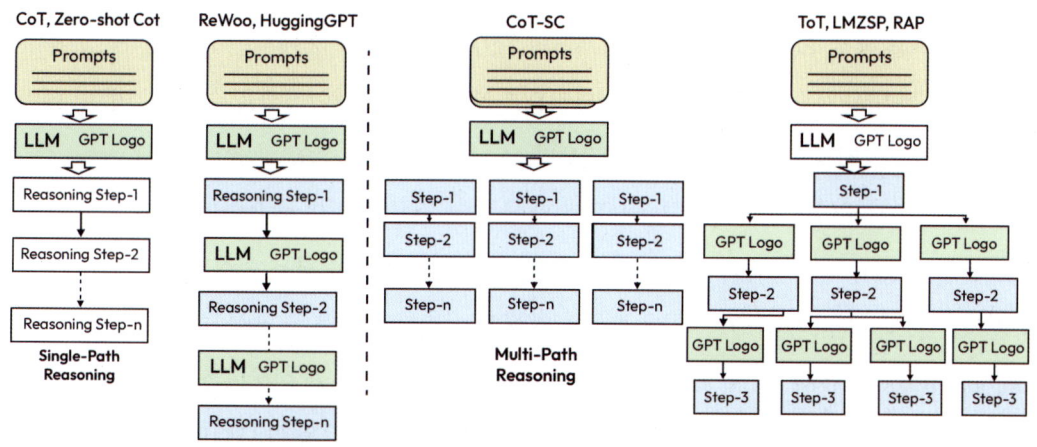

그림 9.3 단일 경로 추론과 다중 경로 추론 전략 비교(https://arxiv.org/pdf/2308.11432)

- **행동 모듈**: 계획을 구체적인 결과로 전환하는 역할을 하며 상호작용을 담당한다. 이 모듈은 특정 목표를 가진 작업의 실행과 행동에 중점을 둔다. 또한 다른 에이전트와의 소통, 환경 탐색, 필요한 메모리 탐색, 계획 실행 등을 담당한다. LLM은 이러한 목표를 달성하기 위해 사전 학습 단계에서 습득한 지식이나 외부 도구(API, 데이터베이스, 소프트웨어, 외부 모델 등)를 사용한다.

사전 학습된 지식은 텍스트 생성, 질의응답, 기존 데이터 기반 의사결정 등에 유용하다. 하지만 더 동적인 작업, 실시간 작업, 전문화된 작업에는 행동 모듈이 API, 데이터베이스, 소프트웨어 애플리케이션 또는 다른 모델과 같은 외부 도구를 활용해야 한다. 이러한 도구들은 에이전트가 최신 정보에 접근하고, 데이터를 조작하며, 계산을 수행하고, 외부 시스템에서 작업을 실행할 수 있도록 해준다. 이렇게 사전 학습된 지식과 외부 도구를 결합하면 에이전트가 환경과 의미 있게 상호작용하고 목표를 수행하며 행동 결과에 맞춰 적응할 수 있다. 이때 모델의 행동은 환경이나 내부 상태에 영향을 미치며, 이 결과는 행동 모듈에 의해 평가되고 반영된다.

시스템 아키텍처 외에도 더 나은 에이전트를 개발하기 위한 전략을 고려해야 한다. 일반적으로 가장 많이 활용하는 전략 중 하나는 파인튜닝이다. 파인튜닝은 범용 LLM을 특정 작업, 도메인, 혹은 행동 목표에 맞게 조정함으로써 에이전트의 성능을 향상하는 데 핵심적인 역할을 한다. 파인튜닝을 통해 모델을 '안전' 등 인간의 가치에 맞추거나 명령 수행 능력을 개선하거나 교육 또는 전자 상거래와 같은 분야에 특화시킬 수 있다. 대부분 이러한 파인튜닝용 데이터셋은 사람이 직접 주석을 달아 생성한다. 3장에서 논의했듯이 이 데이터셋은 LLM의 보안 이슈를 다룬다든지 사용자의 지시 사항에 대한 응답성을 높이기 위한 것 또는 특정 도메인이나 특정 작업에 대한 학습을 위한 것일 수 있다.

예를 들어, WebShop 사례(https://arxiv.org/pdf/2308.11432)에서는 연구자가 아마존에서 120만 개의 상품을 수집하고 이를 기반으로 가상 전자상거래 웹사이트를 구축했다. 이후 사용자가 웹사이트에서 탐색하고 행동하는 과정을 기록해 상품 선택을 돕는 에이전트에 특화된 파인튜닝용 데이터셋을 만들었다. 또 다른 예로, EduChat 사례(https://arxiv.org/pdf/2308.11432)에서는 교육 시나리오에 특화된 에이전트를 만들기 위해 다양한 교육 시나리오를 포함한 주석 데이터셋을 수집했으며, 이 데이터셋은 심리학자 등 전문 인력이 평가하고 편집했다.

이처럼 데이터셋 수집은 비용이 많이 들고 때에 따라 전문 인력이 필요하다. 이에 대한 대안으로 LLM을 활용해 데이터셋에 주석을 다는 방법이 연구되었다. 이 경우 품질과 비용 사이의 절충이 발생한다. 즉, 데이터 품질은 인간 주석에 비해 떨어지지만 비용은 크게 줄어든다. 예를 들어, ToolBench(LLM을 API에 연결한 에이전트 시스템) 연구에서는 1만 6천 개 이상의 실제 API를 수집한 뒤 ChatGPT를 사용해 이 데이터셋에 주석을 달았다. 이후 LLaMA 모델을 이 데이터셋으로 파인튜닝했는데 그 결과 해당 모델은 API 활용에서 훨씬 높은 성능을 보였다.

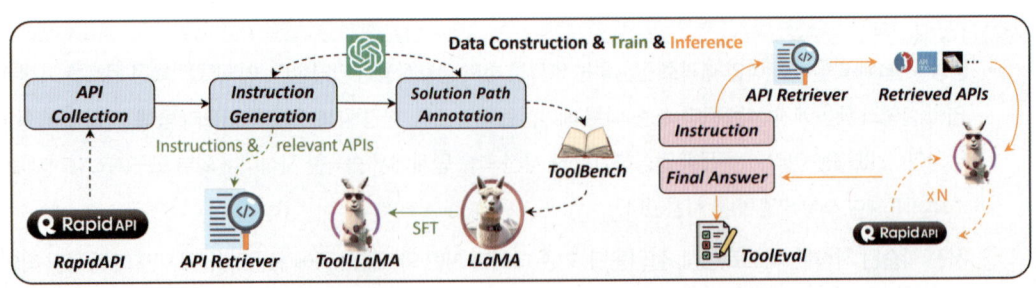

그림 9.4 ToolBench의 구성(https://arxiv.org/pdf/2307.16789)

또 다른 방법으로는 주석이 없는 데이터를 대량으로 수집해 모델이 파인튜닝 과정에서 스스로 학습하도록 하는 방식이 있다. 예를 들어, Mind2Web(https://arxiv.org/abs/2306.06070)은 웹 브라우징을 위한 대량의 데이터를 수집해 활용했다.

주석 데이터셋과 비주석 데이터셋(LLM 자체 주석) 사이에는 명확한 절충점이 존재한다. LLM이 레이블링한 데이터는 인간 주석만큼 정확성, 세부 뉘앙스, 신뢰성이 높지 않아 성능에 영향을 줄 수 있다. 하지만 더 넓은 범위를 빠르게 커버할 수 있고 반복 속도를 높일 수 있다는 장점이 있다. 실제로는 LLM을 활용해 대량의 레이블링을 수행하고 인간이 이를 검증하거나 중요한 작업에만 참여시키는 혼합 접근 방식이 품질과 비용 사이에 균형을 맞춘다. 이 방식은 에이전트의 능력을 향상시키면서도 파인튜닝을 더 현실적이고 효과적으로 만든다.

한편 모델과의 상호작용은 일반적으로 프롬프트를 통해 이뤄지므로, 많은 개발자는 굳이 파인튜닝을 하지 않고 프롬프트 엔지니어링만 사용하기도 한다. 그 이유는 필요한 지식이 이미 LLM의 파라미터 안에 존재하고 있으며 프롬프트를 통해 모델이 그 지식을 최대한 효과적으로 활용하도록 만들고자 하기 때문이다. 다른 접근으로는 비평가 역할을 하는 에이전트, 서로 토론하는 에이전트 등 다양한 변형을 추가하는 방법이 있다.

지금까지 살펴본 내용을 통해 자율 에이전트가 무엇이며 어떻게 구성되는지 이해할 수 있다. 본질적으로 에이전트는 LLM을 핵심으로 하며, 연구자가 선택한 다양한 요소로 구성된 정교한 생태계를 가진다. 이어지는 절에서는 기존 연구에서 제안한 다양한 자율 에이전트 접근 방식을 구체적으로 살펴보고 구현된 해법을 이해해본다.

툴포머

툴포머_{Toolformer}(Schick, 2023)는 LLM이 외부 도구(검색 엔진, 계산기, 캘린더 등)에 접근해 작업을 해결할 수 있다는 아이디어를 실현한 선구적인 연구다. 이 방식은 모델의 범용성을 해치지 않고 대규모의 인간 주석에 의존하지 않고도 도구를 활용할 수 있도록 한다. 툴포머의 핵심 혁신은 도구 사용을 특정 작업에 한정된 기능이 아니라 일반화 가능한 기술로 취급한다는 점이다. 즉, 각 도구나 작업에 대해 별도의 시스템을 설계하는 대신, 툴포머는 모델이 언제, 어떤 도구를, 어떻게 사용할지를 지능적으로 결정하도록 가르치며, 이 모든 것을 통합된 언어 모델링 프레임워크 안에서 처리한다.

연구자들에 따르면 LLM은 자기 지도 학습_{self-supervised} 방식과 모델의 범용성 유지라는 두 가지 원칙에 따라 도구 사용을 학습해야 한다. 툴포머는 대부분의 과정을 자기 지도 학습 방식으로 학습하도록 설계되어 있으며, 이는 AI 개발의 주요 병목 요소인 인간이 직접 레이블링하는 데이터의 비용과 노력을 줄이는 것을 목표로 한다. 수동으로 데이터에 도구 사용 주석을 다는 대신 모델에게 도구(API 호출)가 어떻게 작동하는지에 대한 몇 가지 예시를 보여준다. 그러고 나면 모델은 대규모 비주석 데이터셋에 도구 사용 기회를 자동으로 주석 처리한다. 이렇게 생성된 주석 시퀀스를 이용해 모델을 파인튜닝하면 LLM은 도구와의 상호작용을 자연스럽게 학습하게 된다.

이는 단순히 데이터셋 주석 비용을 줄이는 차원을 넘어, LLM이 도구 사용법을 스스로 학습하게 한다는 점에서 중요한 의미가 있다. 툴포머의 목표는 모델이 다양한 작업에서 광범위한 능력을 유지하면서도 도구 활용 능력을 내재화하는 것이다. 도구 사용은 특정 프롬프트에 맞춰 하드코딩되는 게 아니다. 이는 모델의 일반적인 기술 세트의 일부가 된다. LLM은 도구를 사용했을 때 성능이 향상되는 시점을 학습하고, 필요할 때만 그 도구를 호출하도록 선택함으로써 유연성을 유지하고 도구에 과도하게 의존하는 것을 피한다. 다시 말해, 도구 사용은 특정 작업에 국한되지 않고 일반적인 개념으로 자리 잡는다.

툴포머의 기본 아이디어는 도구를 API 호출처럼 다룬다는 데 있다. 이러한 설계는 통합을 단순화하고 새로운 도구로 확장하기 쉽게 만든다. 예를 들어, 모델은 수학 문제를 만나면 계산기 API를 호출하고, 외부 지식이 필요할 때는 검색 엔진을 호출할 수 있다. 연구자들은 API 사용 예시 몇 가지를 직접 작성한 뒤, LLM을 활용해 방대한 언어 모델링 데이터셋에 잠재적 API 호출을 자동으로 주석 처리했다. 이후 모델을 파인튜닝하여 성능을 강화한 결과, LLM은 다양한 도구를 언제, 어떻게 제어할지 효과적으로 학습하게 되었다.

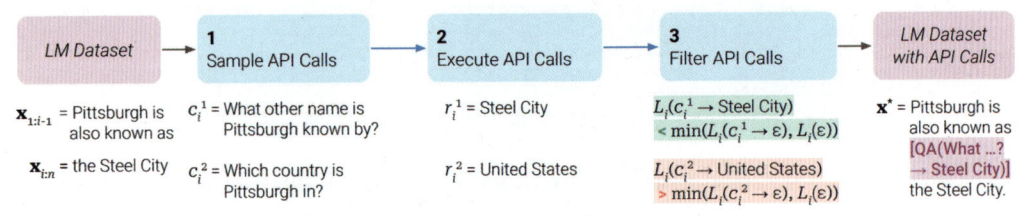

그림 9.5 툴포머 접근 방식(https://arxiv.org/pdf/2302.04761)

허깅GPT

허깅GPT~HuggingGPT~(Shen, 2023)는 강력한 개념을 도입한다. 즉, 언어를 범용 인터페이스로 사용하여 LLM이 시각, 음성, 정형 데이터와 같은 다양한 모달리티 전반에 걸쳐 외부 AI 모델과 협력할 수 있게 하는 것이다. 이렇게 하면 LLM은 텍스트 작업에 국한되지 않고, 다른 모델을 관리하고 조율하여 복잡한 실제 문제를 해결하는 능력을 얻게 된다.

허깅GPT는 두 가지 아이디어를 바탕으로 한다. 첫째, LLM은 텍스트를 넘어선 정보(예: 시각, 음성)에 직접 접근하지 못한다는 한계가 있다. 둘째, 실제 세계의 복잡한 작업은 더 작고 관리하기 쉬운 작업으로 분해할 수 있다. 특정 작업에 대해서는 LLM이 제로샷이나 퓨샷 학습에서 뛰어난 능력을 보이지만, 범용 모델은 특정 작업에 맞춰 학습된 모델보다 능력이 떨어진다. 따라서 연구자들은 LLM이 외부 모델과 협력하여 그 능력을 활용할 수 있어야 한다고 주장한다.

논문에서 중점적으로 다루는 부분은 LLM과 AI 모델을 연결하는 적절한 미들웨어를 찾는 것이다. 즉, LLM이 다른 모델과 대화하면서 그들의 기능을 활용할 수 있게 하는 것이다. 이러한 직관은 각 AI 모델의 기능을 언어 형태로 요약하여 설명할 수 있다는 점에서 출발한다. 다시 말해, 각 모델은 기능을 텍스트로 설명할 수 있으며 이 설명을 LLM이 사용할 수 있다. 연구자들은 이를 '언어를 LLM이 다른 AI 모델과 협력하기 위한 범용 인터페이스로 사용하는 새로운 개념'이라고 정의한다. 이 시스템에서 LLM은 '두뇌' 역할을 수행한다. 사용자의 요청을 해석하고, 이를 하위 작업으로 분해하며, 모델의 텍스트 설명에 따라 적절한 모델을 선택하고, 실행 일정을 스케줄링하고 조율하며, 결과를 통합하여 최종 응답을 생성하는 역할을 담당한다.

LLM과의 상호작용은 프롬프트를 통해 이루어지므로, 모델에 대한 기능 설명을 LLM 프롬프트에 입력할 수 있다. 따라서 LLM은 계획, 스케줄링, 협력 차원에서 다른 AI 모델을 관리하는 두뇌로 볼 수 있다. 즉, LLM이 직접 작업을 수행하는 대신 특정 모델을 호출해 문제를 해결하는 것이다. 예를 들어, 사용자가 "이 이미지에 있는 동물은 무엇인가?"라고 물으면, LLM은 질문을 분석해 어떤 종류의 모델(즉, 이미지 분류기)을 사용해야 하는지 추론한다. 해당 모델을 호출하고 실행하여 출력(존재하는 동물)이 반환되면, LLM은 이를 종합해 "이 동물은 닭이다."라는 텍스트 출력으로 답변을 생성한다.

이때 문제는 모델 기능에 대한 적합한 텍스트 설명을 수집하는 것이다. 다행히도 **머신러닝** 커뮤니티는 특정 작업과 이를 해결하는 데 사용되는 모델(언어, 시각, 음성 등)에 관한 양질의 설명을 제공한다. 따라서 해야 할 일은 LLM을 커뮤니티(GitHub, Hugging Face 등)에 연결하는 것이다.

요컨대, 허깅GPT는 다양하고 복잡한 작업을 자율적으로 해결하도록 설계된 LLM 기반 에이전트이다. 허깅GPT는 LLM(원 논문에서는 ChatGPT)을 Hugging Face와 같은 머신러닝 커뮤니티와 연결한다. 이렇게 연결된 LLM은 여러 모달리티를 입력으로 받아 다양한 작업을 수행할 수 있다. LLM은 뇌 역할을 하며 사용자의 요청을 하위 작업들로 나누고 이를 전문적 역할이 부여된 모델에 적절히 할당한다. 이후 이들 모델을 실행하고 결과를 통합한다. 이러한 원칙을 잘 나타낸 것이 다음 그림이다.

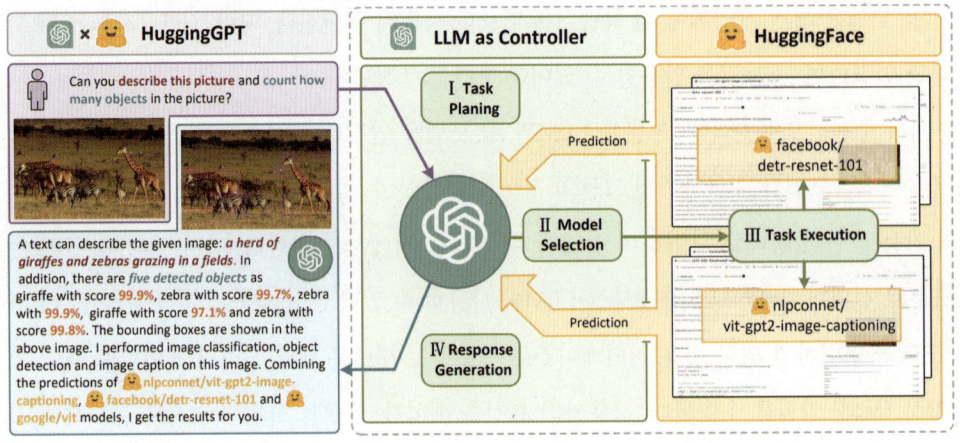

그림 9.6 허깅GPT의 일반 구조(https://arxiv.org/pdf/2303.17580)

전체 허깅GPT 프로세스는 다음 네 단계로 나눌 수 있다.

I. **작업 계획**(task planning): ChatGPT가 사용자의 요청을 분석하고(의도를 이해함) 질문을 해결 가능한 하위 작업으로 변환한다.

II. **모델 선택**(model selection): ChatGPT가 Hugging Face에 있는 적절한 전문가 모델을 선택한다(제공된 설명을 기반으로 모델 선택).

III. **작업 실행**(task execution): 모델을 호출하고 실행한 후 결과를 ChatGPT로 반환한다.

IV. **응답 생성**(response generation): ChatGPT가 모델의 결과를 통합하고 답변을 생성한다.

툴포머에서는 LLM이 API 호출을 통해 도구를 호출한다. 허깅GPT는 이와 유사한 접근 방식을 사용하지만 파인튜닝은 필요하지 않다. 허깅GPT에서 LLM은 사용자 요청을 전문가 모델로 라우팅하는 컨트롤러(controller)로 볼 수 있다. 다시 말해 LLM은 작업을 이해하고 행동을 계획하지만, 실제 행동은 전문 모델이 수행한다(LLM은 단순히 결과를 통합하는 역할만 한다). 이 맥락에서 LLM은 다양한 모델의 협력을 조직하여 여러 도메인에서 발생하는 다양한 작업을 해결하는 촉진자(facilitator)일 뿐이다.

이 구조에서 LLM은 자신의 범용성을 유지하면서 어떤 도구(즉, 모델)를 언제 사용할지 선택할 수 있다. 예를 들어, 특정 모달리티에서 LLM이 직접 작업을 수행할 수 없다면, 해당 모달리티에 특화된 전문가 모델을 호출하여 문제를 해결할 수 있다. LLM은 단지 어떤 모델을 언제 호출해야 하는지만 알면 된다. 따라서 허깅GPT는 LLM에 제공할 텍스트 설명만으로도 다양한 전문가 모델을 통합하는 유연한 시스템이다.

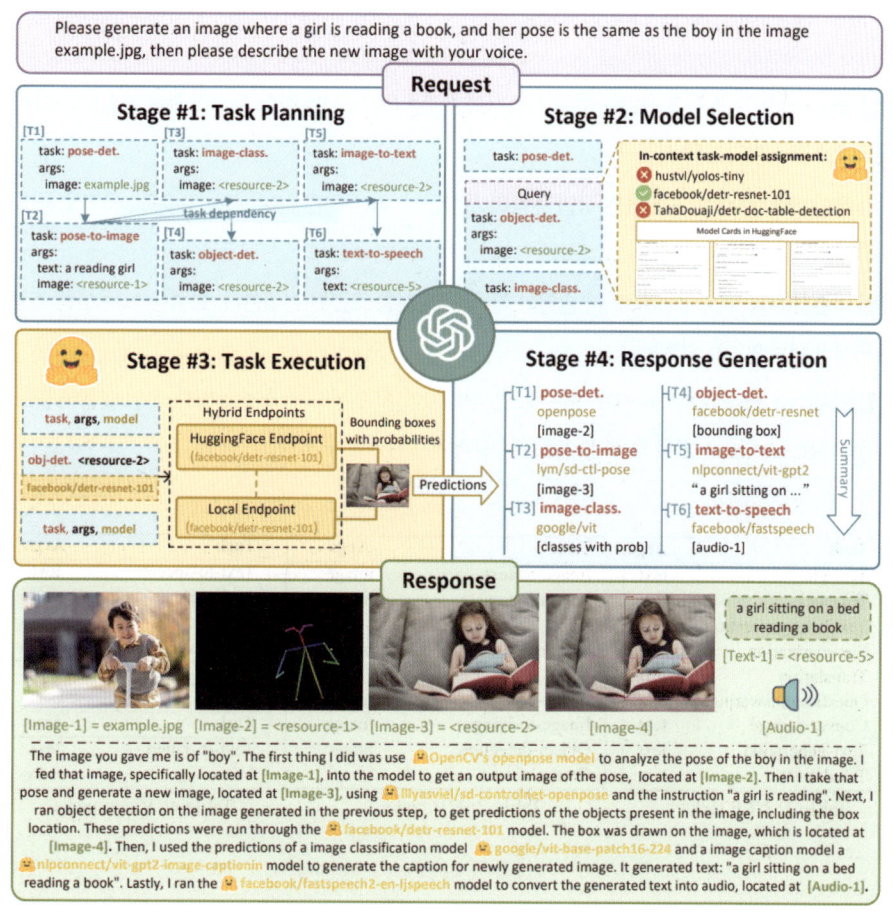

그림 9.7 허깅GPT 프로세스(https://arxiv.org/pdf/2303.17580)

작업 계획

첫 번째 단계인 **작업 계획**task planning에서 LLM은 작업을 이해하고 이를 하위 작업으로 분해해야 한다. 실제 세계에서 사용자 요청은 복잡하고 그 의도도 미묘할 수 있으므로 작업 분해가 필요하다. 단일 모델이 전체 작업을 해결하지 못할 수 있으며, 여러 모델이 작업의 서로 다른 측면을 처리해야 할 수도 있기 때문이다. 따라서 LLM은 작업을 일련의 하위 작업으로 분해하고 이들 작업 간의 의존성과 실행 순서를 파악해야 한다. 이러한 과정은 특정 프롬프트를 생성함으로써 이루어진다.

시스템을 표준화하고자 허깅GPT 연구자들은 특정 지침 세트를 사용했다. LLM은 이 명세를 준수해야 작업 계획을 수행할 수 있다. 연구자들은 작업을 위한 표준화된 템플릿을 설계하고, LLM이 슬롯 채우기slot filling를 이용해 작업 구문 분석task parsing을 수행하도록 지시했다. LLM은 이 템플릿을 슬롯 채우기 방식으로 완성하도록 유도되며, 이를 통해 하위 작업을 일관되게 분석하고 실행할 수 있다. 템플릿이 채워야 하는 네 개의 슬롯은 다음과 같다.

- **작업 ID**(task ID): 모델은 각 작업에 고유 식별자를 제공한다. 이 ID는 작업 자체와 종속 작업뿐 아니라 생성된 모든 리소스를 식별하는 데 사용한다.
- **작업 유형**(task type): 이 슬롯에는 작업 유형이 포함된다. 각 작업은 언어, 시각, 비디오, 오디오 등 다양한 유형일 수 있다.
- **작업 의존성**(task dependencies): 이 슬롯은 각 작업의 선행 조건을 정의한다. 모델은 모든 선행 조건이 완료된 경우에만 해당 작업을 실행한다.
- **작업 인자**(task arguments): 이 슬롯에는 텍스트부터 이미지 또는 기타 리소스까지, 작업 실행에 필요한 모든 인자가 포함된다. 이는 사용자 질의나 다른 작업 결과에서 파생될 수 있다.

Task	Args
Text-cls	text
Token-cls	text
Text2text-generation	text
Summarization	text
Translation	text
Question-answering	text
Conversational	text
Text-generation	text
Tabular-cls	text

Table 1: NLP tasks.

Task	Args
Image-to-text	image
Text-to-image	image
VQA	text + image
Segmentation	image
DQA	text + image
Image-cls	image
Image-to-image	image
Object-detection	image
Controlnet-sd	image

Table 2: CV tasks.

Task	Args
Text-to-speech	text
Audio-cls	audio
ASR	audio
Audio-to-audio	audio

Table 3: Audio tasks.

Task	Args
Text-to-video	text
Video-cls	video

Table 4: Video tasks.

그림 9.8 허깅GPT 작업 유형(https://arxiv.org/pdf/2303.17580)

연구자들은 모델이 특정 작업(예: 이미지-텍스트 변환, 요약 등)을 수행하도록 시연$_{demonstration}$을 활용했다. 3장에서 살펴본 것처럼, 퓨샷 프롬프팅과 인-컨텍스트 러닝 같은 시연을 추가하면 모델이 작업을 매핑할 수 있게 된다. 이러한 시연은 모델에 작업을 어떻게, 어떤 순서로 분할해야 하는지, 작업 간에 의존성이 있는지를 알려준다. 또한 복잡한 작업을 지원하고자 연구자들은 사용자와의 대화 로그를 도구처럼 포함시켰다. 이를 통해 모델은 작업에 도움이 될 수 있는 추가 자원이나 요청이 있는지 파악할 수 있다.

프롬프트는 LLM에 필요한 모든 정보를 제공한다. 프롬프트에는 작업에 대한 지침(작업 분해 계획), 정보를 검색할 위치, 작업을 수행하는 방식에 대한 예시, 그리고 기대되는 출력에 대한 정보가 모두 포함된다.

	Prompt
Task Planning	#1 Task Planning Stage - The AI assistant performs task parsing on user input, generating a list of tasks with the following format: [{"task": task, "id", task_id, "dep": dependency_task_ids, "args": {"text": text, "image": URL, "audio": URL, "video": URL}}]. The "dep" field denotes the id of the previous task which generates a new resource upon which the current task relies. The tag "<resource>-task_id" represents the generated text, image, audio, or video from the dependency task with the corresponding task_id. The task must be selected from the following options: {{ Available Task List }}. Please note that there exists a logical connections and order between the tasks. In case the user input cannot be parsed, an empty JSON response should be provided. Here are several cases for your reference: {{ Demonstrations }}. To assist with task planning, the chat history is available as {{ Chat Logs }}, where you can trace the user-mentioned resources and incorporate them into the task planning stage.
	Demonstrations
	Can you tell me how many objects in e1.jpg? [{"task": "object-detection", "id": 0, "dep": [-1], "args": {"image": "e1.jpg" }}]
	In e2.jpg, what's the animal and what's it doing? [{"task": "image-to-text", "id": 0, "dep":[-1], "args": {"image": "e2.jpg" }}, {"task":"image-cls", "id": 1, "dep": [-1], "args": {"image": "e2.jpg" }}, {"task":"object-detection", "id": 2, "dep": [-1], "args": {"image": "e2.jpg" }}, {"task": "visual-quesrion-answering", "id": 3, "dep":[-1], "args": {"text": "what's the animal doing?", "image": "e2.jpg" }}]
	First generate a HED image of e3.jpg, then based on the HED image and a text "a girl reading a book", create a new image as a response. [{"task": "pose-detection", "id": 0, "dep": [-1], "args": {"image": "e3.jpg" }}, {"task": "pose-text-to-image", "id": 1, "dep": [0], "args": {"text": "a girl reading a book", "image": "<resource>-0" }}]

그림 9.9 허깅GPT의 프롬프트 설계 세부 사항(https://arxiv.org/pdf/2303.17580)

모델 선택

작업 계획이 끝난 후 모델은 작업에 적합한 모델을 선택하는 단계를 진행한다. 이를 **모델 선택** model selection이라 한다. 하위 작업 목록이 준비되면 해당 작업에 적합한 모델을 골라야 한다. 이는 모델과 그 기능에 관한 설명이 있기 때문에 가능하다. 연구자들은 Hugging Face와 같은 머신러닝 커뮤니티에서 전문가 모델의 설명을 수집했다. 실제로 Hugging Face에서는 모델 개발자들이 직접 모델의 기능, 아키텍처, 지원 언어와 도메인, 라이선스 등을 작성하는 경우가 많다.

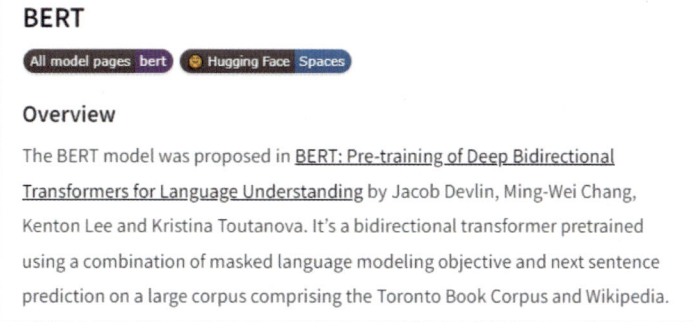

그림 9.10 Hugging Face의 모델 설명 예시(https://huggingface.co/docs/transformers/model_doc/bert)

모델 할당은 단일 선택 모델single-choice model 문제로 공식화된다. 즉, LLM은 주어진 특정 맥락에서 사용할 수 있는 모델 중 가장 적합한 것을 선택해야 한다. 사용자의 요구 사항과 맥락을 고려해 LLM은 어떤 전문 모델이 작업 수행에 가장 적합한지 결정할 수 있다. 물론 컨텍스트 길이에는 한계가 있어 모든 모델 설명을 프롬프트에 포함할 수는 없다. 이를 해결하고자 허깅GPT 시스템은 2단계 필터링과 순위화 과정을 적용한다.

먼저, 작업 계획 단계에서 확인된 작업 유형(예: 언어, 시각, 오디오)에 따라 모델을 필터링한다. 이때 특정 하위 작업 유형과 관련 있는 모델만 남겨 후보군을 크게 줄인다. 그다음, 필터링된 모델을 내려받은 횟수에 따라 정렬한다. 내려받은 횟수는 품질, 신뢰성, 커뮤니티 신뢰도를 나타내는 지표 역할을 한다. 널리 사용하는 모델일수록 성능이 우수할 가능성이 높다는 가정이다. 마지막으로 시스템은 상위 k개의 모델 설명을 선택해 프롬프트에 포함한다(k는 조정 가능한 하이퍼파라미터). LLM은 이 후보 목록에서 단일 선택 모델을 선정하며, 맥락과 사용자 요구 사항을 평가하여 가장 적절한 모델을 선택한다.

이 전략은 균형 잡힌 절충안을 제공한다. 프롬프트를 관리 가능한 토큰 길이 수준으로 유지하면서도 LLM이 충분한 정보를 바탕으로 효과적인 모델을 선택할 수 있도록 한다.

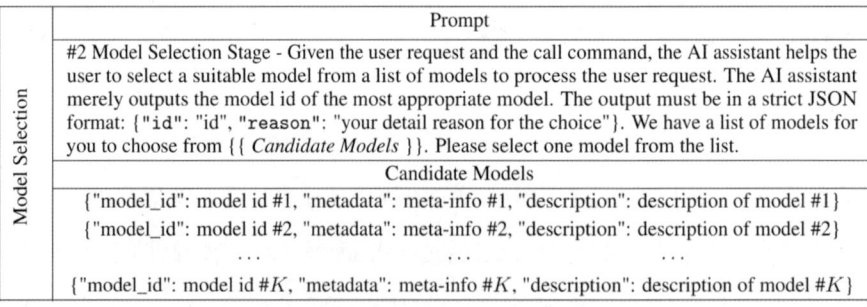

그림 9.11 허깅GPT에서 모델 선택을 위한 프롬프트 설계 세부 사항(https://arxiv.org/pdf/2303.17580)

작업 실행

특정 작업에 적합한 모델이 할당되면 해당 모델을 실행해야 한다. 여기서 중요한 점은 이들 모델이 추론에만 사용된다는 것이다. 허깅GPT는 주로 Hugging Face API를 통해 이러한 모델을 호출하며, 실행 속도를 높이기 위해 하이브리드 추론 엔드포인트hybrid inference endpoint를 활용한다. 선택된 모델은 작업 인자를 입력으로 받아 결과를 생성한 뒤, 이를 언어 모델(ChatGPT)에 다시 전달한다. 또한 모델에 리소스 종속성이 없다면 추론을 병렬화할 수 있다. 즉, 서로 종속되지 않은 작업은 동시에 실행할 수 있다. 반대로, 한 작업에 다른 하위 작업의 출력이 필요하다면 시스템은 한 모델의 출력과 다른 모델의 입력 간의 종속 관계를 고려해 순차적으로 실행한다.

추론을 수행할 때 허깅GPT는 Hugging Face API를 기본으로 사용한다. 모델이 해당 API를 통해 이용 가능하고 정상적으로 작동할 경우, 시스템은 원격으로 이를 실행한다. 하지만 API 엔드포인트를 이용할 수 없거나 속도가 느리거나 네트워크 문제를 겪는 경우에는 로컬 추론 local inference 을 대체 방식으로 사용한다. 이러한 하이브리드 구조는 실행의 유연성과 견고성을 보장한다.

연구자들은 다음과 같이 말한다.

> 허깅GPT는 작업 계획을 통해 작업 순서를 개발할 수 있지만,
> 실행 단계에서 작업 간 리소스 종속성을 효과적으로 관리하는 것은 여전히 어려울 수 있다.

이 문제를 해결하고자 연구자들은 단순히 <resource>라는 고유한 심볼을 사용했다. <resource>는 작업에 필요한 리소스를 나타내는 특수 토큰으로 작업 식별자와 연결된다. 필요한 작업이 완료되면 이 토큰은 실제 리소스로 대체되어 종속성을 관리할 수 있다.

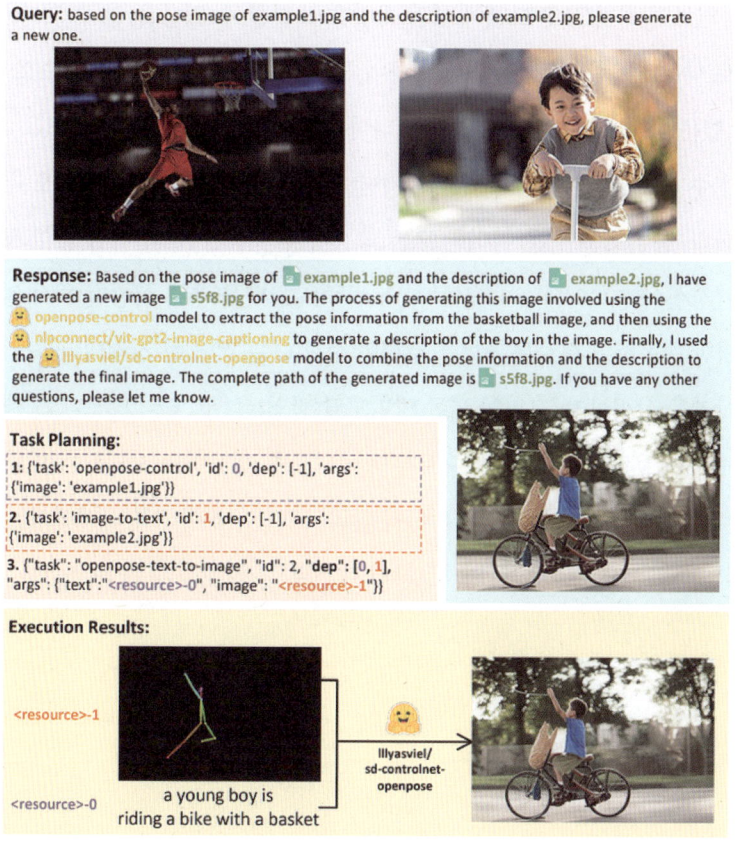

그림 9.12 모델 실행(https://arxiv.org/pdf/2303.17580)

응답 생성

모든 작업을 실행한 후에는 응답을 생성해야 한다. 허깅GPT는 앞선 단계(작업 계획, 모델 선택, 작업 실행)에서 얻은 모든 정보를 통합해 일종의 간결한 요약을 만든다. 여기에는 수행한 작업, 사용한 모델, 모델 결과가 포함된다. 주목할 점은 허깅GPT가 여러 모델의 결과(특히 추론을 통해 얻은 결과이자 서로 다른 형식일 수 있는 결과)를 통합한다는 것이다. 이러한 결과들은 정형화된 형식(예: 바운딩 박스, 확률 등)으로 제시되며, 허깅GPT는 이를 자연어로 변환해 사용자에게 응답한다. 따라서 허깅GPT는 단순히 작업 결과를 도출하는 데 그치지 않고, 이를 인간 친화적인 방식으로 재구성해 응답한다.

	Prompt
Response Generation	#4 Response Generation Stage - With the input and the inference results, the AI assistant needs to describe the process and results. The previous stages can be formed as - User Input: {{ *User Input* }}, Task Planning: {{ *Tasks* }}, Model Selection: {{ *Model Assignment* }}, Task Execution: {{ *Predictions* }}. You must first answer the user's request in a straightforward manner. Then describe the task process and show your analysis and model inference results to the user in the first person. If inference results contain a file path, must tell the user the complete file path. If there is nothing in the results, please tell me you can't make it.

그림 9.13 응답 생성(https://arxiv.org/pdf/2303.17580)

정성적으로 살펴보면 허깅GPT 모델이 여러 작업을 해결할 수 있음을 알 수 있다. 즉, 작업을 다양한 하위 작업으로 나누고, 적절한 모델을 선택하며, 결과를 가져와 이를 효율적으로 통합할 수 있다. 예를 들어, 이 모델은 이미지 캡셔닝, 포즈 생성, 나아가 포즈 조건부 이미지 생성pose conditional image generation 작업까지 수행할 수 있다. 뿐만 아니라 텍스트 기반 비디오 생성, 비디오에 오디오 추가 같은 멀티모달 작업도 지원한다. 흥미로운 점은 이러한 모든 과정이 추가적인 LLM 학습 없이 모두 추론 단계에서 이루어진다는 사실이다(LLM과 기타 모델 모두). 새로운 모델을 추가 학습할 필요 없이 단순히 해당 모델의 기능 설명만 제공하면 새로운 작업을 수행할 수 있다는 점이 큰 장점이다.

그림 9.14의 사례를 살펴보자. 그림의 위쪽 멀티모달 작업(텍스트, 비디오, 오디오) 사례를 보면, 모델은 두 가지 작업을 요청받는다. 바로 설명으로부터 비디오를 생성하고 오디오를 더빙하는 것이다. 이 경우 모델은 이 두 작업을 병렬로 수행한다. 이와 달리, 그림 9.14 아래쪽 사례에서는 두 작업을 차례대로 수행해야 한다. 즉, 모델이 먼저 이미지로부터 텍스트를 생성한 뒤, 그 텍스트를 바탕으로 오디오를 생성한다.

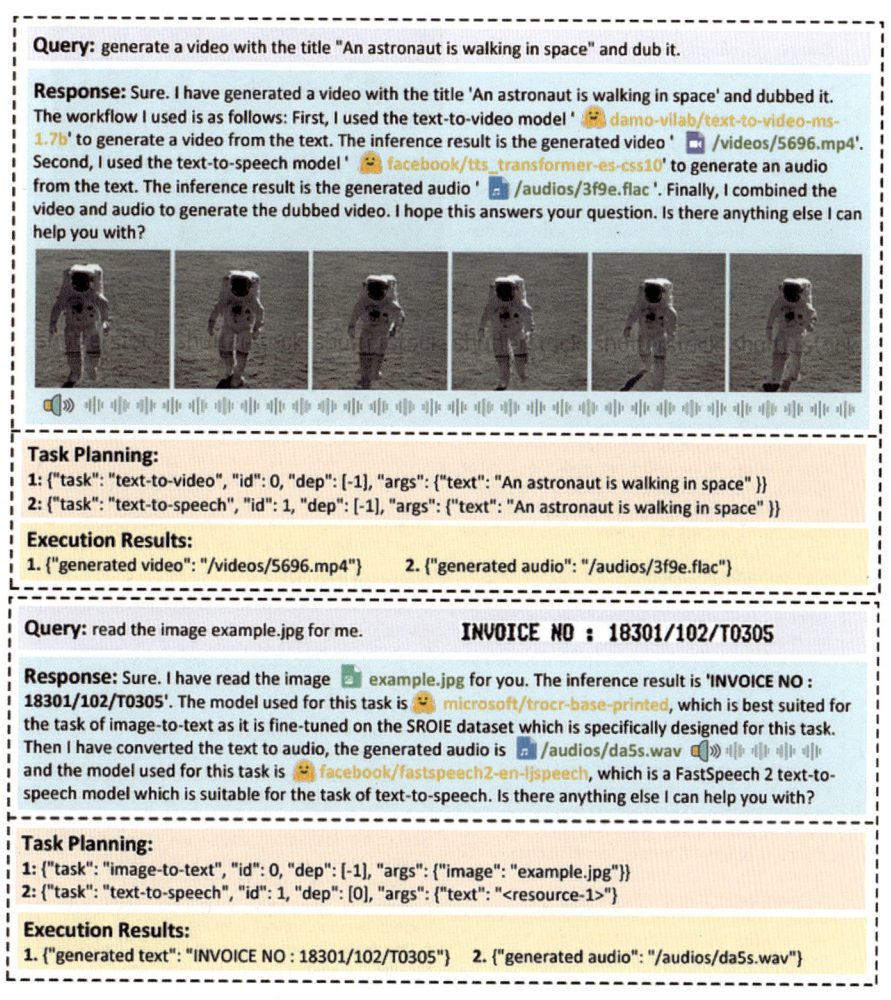

그림 9.14 비디오와 오디오 모달리티에서 다중 모델 협력의 질적 분석(https://arxiv.org/pdf/2303.17580)

또한 이 연구 참여자들은 LLM이 여러 모델의 협력을 조직해야만 성공적으로 해결할 수 있는 더 복잡한 작업들도 탐구했다. 허깅GPT는 작업 계획 단계를 통해 여러 모델의 협력을 조율할 수 있다. 연구 결과는 허깅GPT가 다중 라운드 대화 시나리오(사용자가 요청을 여러 라운드로 나누어 전달할 때)에서도 복잡한 작업을 처리할 수 있음을 보여준다. 또한 허깅GPT는 각 하위 작업에 전문 모델을 할당하여 복잡한 문제를 해결할 수 있다. 예를 들어, "이미지를 가능한 한 자세하게 설명하라."라는 요청에는 이미지 캡셔닝, 이미지 분류, 객체 탐지, 분할, 시각적 질의응답과 같은 다섯 가지 작업이 필요하다. 이 다섯 가지 작업은 단일 모델이 아닌 다섯 개의 서로 다른 모델을 호출하여 실행하며, 각 모델이 제공한 정보는 하나로 통합되어 상세한 답변을 형성한다. 이 과정에서 모델들은 병렬로 추론하고 이후 최종 정보를 합친다.

Query: Describe this image example.jpg in as much detail as possible.

Response: The image you provided appears to show **a family of four dogs playing in the grass**. For this task, I ran multiple CV tasks, including image-to-text, image-classification, object-detection, visual-question-answering, and document-question-answering. I chose specific models for each task that were best suited to addressing your query, based on their training and performance characteristics.

For image-to-text, I chose the 🤗 nlpconnect/vit-gpt2-image-captioning model. This model generates an image caption with the given image. I applied this model to the input image and the developed output was: **a family of four dogs are playing in the grass** For image-classification, I selected the 🤗 google/vit-base-patch16-224 model. This model is trained on natural images dataset and it can predict the label of the image output. I applied this model to the image and get the results showing the risk of each label. It shows the highest risk at **"Rhodesian ridgeback"** with a score of 93.8%.

For object-detection, I used 🤗 facebook/detr-resnet-101 model. This model is trained on COCO panoptic segmentation for object detection. I used this model to generate an image file with the predicted box. The generated image with predicted box is at: 🖼 /images/sd48.jpg
Regarding your request for image segmentation, I have completed the task using a pre-trained model called 🤗 facebook/detr-resnet-50-panoptic. The segmentation mask shows the different regions of the image that belong to different classes. In this case, the model has identified two main classes in the image, which are **"dog"**, **"grass"** and **"tree"**. The generated image with the segmentation mask can be found at 🖼 /images/t4s1.jpg
For visual question answering, I used 🤗 dandelin/vilt-b32-finetuned-vqa model. This model is a Vision-and-Language Transformer (ViLT) model, which is fine-tuned on VQAv2. It is suitable for visual-question-answering tasks, and is likely to provide accurate results for the given image. For the question "what are in the image?" It reply with a prediction **"dogs"** and the confidence is 84.9%.

Task Planning:
1. {"id": "0", "dep": [-1], "task": "image-to-text", "args": {"image": "example.jpg" }},
2. {"id": "1", "dep": [-1], "task": "image-classification", "args": {"image": "example.jpg" }},
3. {"id": "2", "dep": [-1], "task": "object-detection", "args": {"image": "example.jpg" }},
4. {"id": "3", "dep": [-1], "task": "image-segmentation", "args": {"image": "example.jpg" }},
5. {"id": "4", "dep": [-1], "task": "visual-question-answering", "args": {"text": "describe this image in detail", "image": "example.jpg" }},

Execution Results:
1. {"generated_text": "a family of four dogs are playing in the grass "}
2. [{'score': 0.938717246055603, 'label': 'Rhodesian ridgeback'}, {'score': 0.01652258075773716, 'label': 'boxer'}, {'score': 0.006381669547408819, 'label': 'Great Dane'}, {'score': 0.006234415341168642, 'label': 'vizsla, Hungarian pointer'}, {'score': 0.005944834090769291, 'label': 'bull mastiff'}]
3. [{"generated image with predicted box": "/images/sd48.jpg","predicted": [{"box": {"xmax": 463, "xmin": 373, "ymax": 267, "ymin": 199}, "label": "bus", "score": 0.9981155395507812}, {"box": {"xmax": 292, "xmin": 124, "ymax": 224, "ymin": 175}, "label": "airplane", "score": 0.9983609318733215}, {"box": {"xmax": 554, "xmin": 487, "ymax": 277, "ymin": 226}, "label": "person", "score": 0.9910836219787598}]}
4. {"generated image with segmentation": "/images/t4s1.jpg", "predicted": [{"score": 0.989, "label": "grass"}, {"score": 0.999, "label": "dog"}, {"score": 0.999, "label": "tree"},{"score": 0.999, "label": "dog"}]
5. [{'answer': 'dogs', 'score': 0.8488452434539795}, {'answer': 'dog', 'score': 0.04168461635708809}]

그림 9.15 복잡한 작업 사례 연구(https://arxiv.org/pdf/2303.17580)

허깅GPT의 한계

그러나 허깅GPT에는 여전히 몇 가지 한계가 있다.

- **효율성**: 허깅GPT는 LLM을 여러 번 호출한다. 이는 네 가지 프로세스 중 세 단계(작업 계획, 모델 선택, 응답 생성)에서 발생한다. 이러한 상호작용은 비용이 많이 들고 응답 지연과 사용자 경험 저하로 이어질 수 있다. 게다가 원 논문에서는 폐쇄형 모델(GPT-3.5와 GPT-4)을 사용했기 때문에 추가 비용이 발생했다. 기술적으로는 동일한 접근 방식을 오픈소스 모델로도 수행할 수 있다.
- **계획**: 계획은 LLM의 능력에 의존한다. 당연히 LLM이 강력할수록 시스템의 성능도 향상되지만, LLM의 추론 능력에는 한계가 있으므로 계획이 항상 최적이거나 실행 가능하지 않을 수 있다. 따라서 더 효율적인 계획을 세우기 위해 다양한 LLM을 테스트하거나 추론 체인reasoning chain에 맞게 파인튜닝한 LLM을 사용할 수 있다.
- **컨텍스트 길이**: 모델의 컨텍스트 길이는 명확한 한계가 있으며 복잡한 작업을 수행할 때 문제가 된다. 연구자들은 일부 복잡한 작업에서는 32K 컨텍스트 길이가 충분하다고 언급했지만(특히 여러 모델이 연결될 경우), 근본적인 제약은 여전하다. 해결책은 더 긴 컨텍스트 길이를 지원하는 모델을 사용하는 것이지만, 지금까지는 모델이 긴 컨텍스트를 효율적으로 활용하지 못하는 것으로 보인다. 또 다른 대안은 요약을 활용하는 것이다.
- **불안정성**: 이 문제는 LLM의 확률적 특성에서 비롯된다. LLM은 텍스트 생성을 위해 학습되었으며, 제공된 컨텍스트를 무시하거나 할루시네이션을 일으킬 수 있다. 연구자들은 모델이 지시를 따르지 않거나 예측 과정에서 잘못된 답을 제공할 수 있다고 지적한다. 이는 프로그램 흐름 오류나 잘못된 답변을 초래한다. 할루시네이션은 여전히 LLM의 미해결 과제지만 이를 완화하는 전략들은 존재한다.

따라서 허깅GPT는 언어를 인터페이스로 활용하여 다양한 전문 모델을 조율함으로써 복잡한 작업을 해결하는 시스템이다. 여기서 LLM은 단지 여러 AI 모델의 컨트롤러이자 관리자 역할만 수행한다. 즉, LLM은 계획을 수립하고, 모델을 선택하고, 결과를 통합해 최종 응답을 생성한다. LLM 자체가 직접 작업을 수행하지는 않고 각 전문 모델에게 작업 해결을 요구한다. 이 모든 과정은 학습 없이 추론으로만 이루어진다. 사용자가 질문을 입력하면 시스템은 프로세스를 수행한 뒤 자연어로 응답을 생성하여 사용자와의 상호작용을 인간 친화적이고 매끄럽게 만든다.

다음 절에서는 허깅GPT의 한계를 극복하거나 특정 전문 도메인의 핵심 과제를 해결하기 위해 설계한 다양한 모델을 살펴본다. 이를 통해 여러 전략을 이해하고 이러한 에이전트를 실제 시나리오에 어떻게 적용할 수 있는지 알아본다.

켐크로우

앞서 살펴본 허깅GPT는 다양한 도구(모델)를 조율하며 일반적인 작업을 처리하는 범용 모델이다. 이번 절에서는 이와 비슷한 시스템을 특정 전문 분야에 적용한 사례를 다루고자 한다. 켐크로우

ChemCrow(Bran, 2023)는 허깅GPT와 비슷한 설계 철학을 따르되 이를 화학chemistry이라는 특수 분야에 적용한다.

범용 LLM의 한계는 지식이 일반적이며, 따라서 특정 분야에 전문화되지 않았고 최신 정보로 업데이트되지도 않았다는 점이다. 이는 과학, 금융, 의료와 같이 전문성이 요구되는 분야에서는 문제가 될 수 있다. 또한 LLM은 연산을 엄격한 절차가 아닌 일련의 휴리스틱heuristic[10]으로 수행한다. 화학과 같은 분야에서는 이러한 특성이 문제를 일으키므로 LLM의 능력을 외부 도구로 확장하는 것이 자연스러운 접근이다. 외부 도구는 정확한 답을 제공하여 특정 도메인에서 LLM의 부족함을 보완한다. 따라서 LLM을 여러 도구와 통합하면 본래 특성상 적용이 제한적인 분야에서도 활용할 수 있다.

과학 연구scientific research는 LLM 활용의 이점을 얻을 수 있는 대표적인 분야이다. LLM은 어느 정도 화학적 개념을 이해할 수 있지만 특정 화학 응용에는 전문 모델이 필요하다. 다행히 오픈소스 커뮤니티에서 다양한 화학 전문 모델이 개발되어 API를 통해 접근할 수 있다. 그럼에도 불구하고 이러한 도구들을 통합하는 것은 쉽지 않고 계산 코딩computational coding 전문 지식을 필요로 하는데, 이는 화학 연구자들이 흔히 갖춘 기술은 아니다.

이러한 배경에서 한 연구(Bran, 2023)에서는 이전 연구에서 영감을 받아 LLM 기반 화학 엔진(켐크로우)을 제안했다. 이 시스템은 '신약 및 신소재 설계와 합성' 같은 여러 화학 작업에서 추론 과정을 간소화하는 것을 목표로 한다. 켐크로우는 구조적으로 허깅GPT와 유사하게 중앙 LLM(GPT-4)이 여러 도구를 조율하지만, 사용되는 도구가 화학에 특화되어 있다는 점이 특징이다. 이때 LLM은 특정 작업을 수행하고 특정 형식으로 응답하도록 구체적인 지침과 정보를 프롬프트로 제공받는다.

켐크로우는 LLM의 추론과 도구 사용을 안내하기 위해 사고, 행동, 행동 입력, 관찰이라는 구조화된 프롬프트 방식을 채택한다. 이를 통해 모델은 현재 작업과 현재 상태에 대해 추론하고, 현재 상태가 최종 목표와 어떻게 연결되는지, 그리고 다음 단계를 어떻게 계획할지 생각하도록 유도된다.

- **사고(thought)**: 모델은 현재 문제를 성찰하고 진행 상황을 고려하며 최종 목표에 도달하기 위한 추론 과정을 정리한다.
- **행동(action)**: 다음에 사용할 적절한 도구를 선택한다(예: 분자 생성기, 반응 예측기).
- **행동 입력(action input)**: 선택한 도구에 전달할 입력을 지정한다.
- **관찰(observation)**: 도구가 출력한 결과를 기록하고 이를 다음 추론 사이클에 반영한다.

---

10 **휴리스틱(heuristics)** 은 정보의 부족과 시간 제약으로 완벽한 의사결정을 할 수 없을 때, 직감에 의한 직관적인 판단 혹은 어림짐작을 통해 현실적으로 만족할 만한 수준의 해답을 찾는 것을 의미한다.

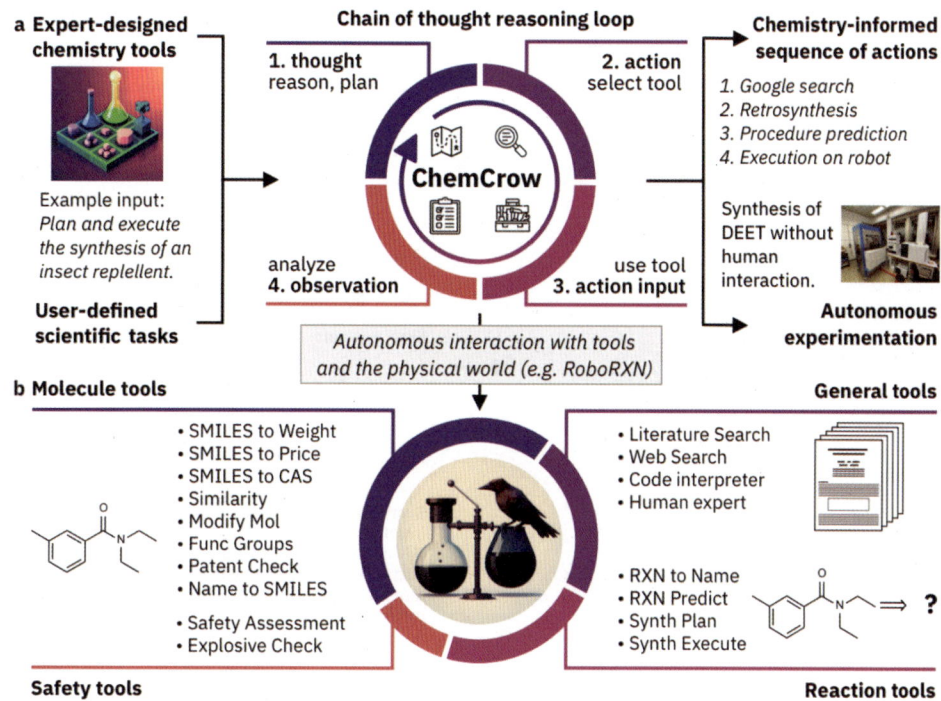

그림 9.16 켐크로우 개요(https://arxiv.org/pdf/2304.05376)

따라서 이 시스템에서 모델은 사고 단계thought step를 통해 행동 계획action planning을 세우고 적절한 도구(모델)를 사용해 작업을 수행한다. 이렇게 얻은 결과를 관찰한 뒤 최종 답에 도달할 때까지 다시 사고 단계를 반복 수행한다.

이 과정은 허깅GPT와 유사한 구조지만, 추론에 더 큰 비중을 두고 모델을 전문화한다는 점에서 차이가 있다. 또한 사용되는 도구에는 단순히 모델뿐 아니라 인터넷이나 학술 문헌 검색 기능 그리고 코드 실행 능력까지 포함된다. 따라서 시스템의 능력과 유연성이 더욱 확장된 셈이다. 이에 따라 이 연구에서는 이 시스템을 화학 작업을 지원하는 일종의 연구 보조원으로 본다.

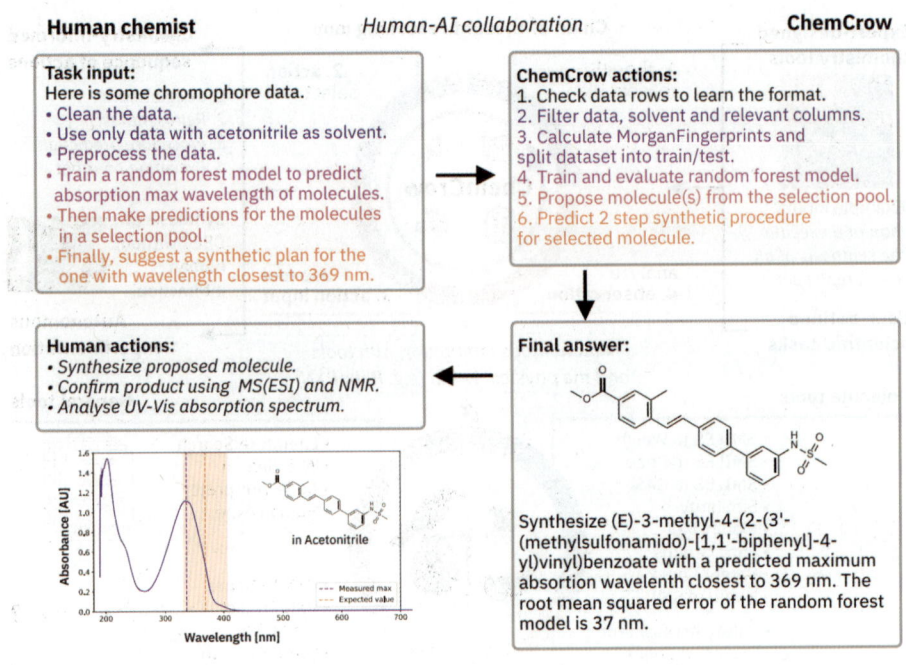

그림 9.17 새로운 분자의 발견으로 이어지는 인간/모델 상호작용(https://arxiv.org/pdf/2304.05376)

핵심 아이디어는 LLM의 추론 능력을 화학 전문 지식과 계산 도구와 결합하는 것이다. 연구 결과, 이러한 접근법은 화학과 같은 특정 분야에서 실제 응용 가능성을 보여주었다.

스위프트도시에

스위프트도시에SwiftDossier는 과학 및 건강 분야에서 에이전트 기반 시스템을 적용한 주목할 만한 사례이며, 특히 이들 분야에서 가장 중요한 문제인 할루시네이션을 해결하는 데 초점을 둔다. 의학 및 제약 분야에서 할루시네이션, 즉 그럴듯하지만 거짓이거나 검증 불가능한 정보는 심각한 법적, 윤리적, 안전상의 위험을 초래할 수 있다.

LLM은 방대한 지식을 보유하고 있으나 출처 검증 없이 확률적으로 텍스트를 생성한다는 문제가 있다. 이는 제약 산업이나 의료 분야에서 특히 위험하다. 스위프트도시에에서는 이 문제를 해결하고자 RAG와 LLM 기반 에이전트를 결합하여

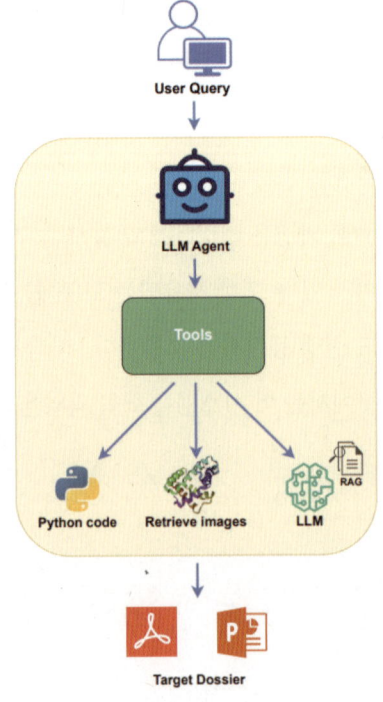

그림 9.18 SwiftDossier 아키텍처
(https://arxiv.org/pdf/2409.15817)

모델 출력을 강제한다. 즉, LLM의 내부 지식(방대하지만 확률적이며 출처 검증이 되지 않은 지식)에만 의존하지 않고 시스템이 모델의 응답을 외부의 신뢰할 수 있는 데이터 소스에 근거하도록 강제하는 것이다.

스위프트도시에는 다양한 질문에 답하기 위해 여러 도구 세트를 사용한다. 여기에는 과학 논문, 인터넷 접근, 데이터베이스, 기타 머신러닝 모델 등이 포함된다. 이러한 도구 세트를 활용하면 LLM은 보고서를 생성할 수 있고 동시에 할루시네이션의 위험을 최소화할 수 있다.

켐에이전트

앞서 살펴본 두 가지 사례는 범용 LLM의 지식 부족을 보완하고자 외부 도구를 통합한 에이전트였다. 다시 말해, LLM의 한계를 극복하기 위해 외부 정보나 도구를 활용해 작업을 수행하도록 설계한 것이다. 또한 작업 자체가 복잡할 경우 이를 더 다루기 쉬운 하위 작업으로 분해하는 접근법도 자주 활용된다. 에이전트는 먼저 계획schedule을 수립하고 이후 다양한 하위 작업을 실행하며 이로써 추론과 실행을 결합한다. 그러나 이러한 방식에도 불구하고, 특히 화학처럼 복잡한 영역에서는 LLM에서 여전히 오류가 발생할 수 있다.

LLM은 강력한 범용 도구지만 정밀한 추론이나 정확한 계산, 깊이 있는 전문 지식이 요구되는 화학 분야에서는 여러 한계에 부딪힌다. 이러한 문제는 LLM이 텍스트와 코드를 생성하는 방식에서 비롯되며, 작은 오류가 심각한 부정확성으로 이어질 수 있는 과학 응용 분야에서 특히 두드러진다.

- **도메인 전문 공식 처리의 어려움**: LLM은 일반 학습 데이터에 잘 나타나지 않는 전문 화학 방정식이나 표기법을 잘못 해석하거나 부정확하게 적용할 수 있다.
- **잘못된 중간 추론 단계**: 합성 계획synthesis planning이나 물성 예측property prediction 같은 복잡한 다단계 작업에서는 단 한 단계에서의 오류가 전체 결과를 잘못된 방향으로 이끌 수 있다.
- **코드 생성 오류**: 텍스트 기반 추론과 코드(주로 파이썬)를 결합할 때 LLM은 종종 없는 함수를 착각하거나 잘못된 라이브러리를 호출하며 구문 오류나 실행 불가능한 코드를 생성할 수 있다. 특히 과학 계산은 정확한 라이브러리 호출과 수치 안정성이 필수이므로 이런 오류는 치명적이다.

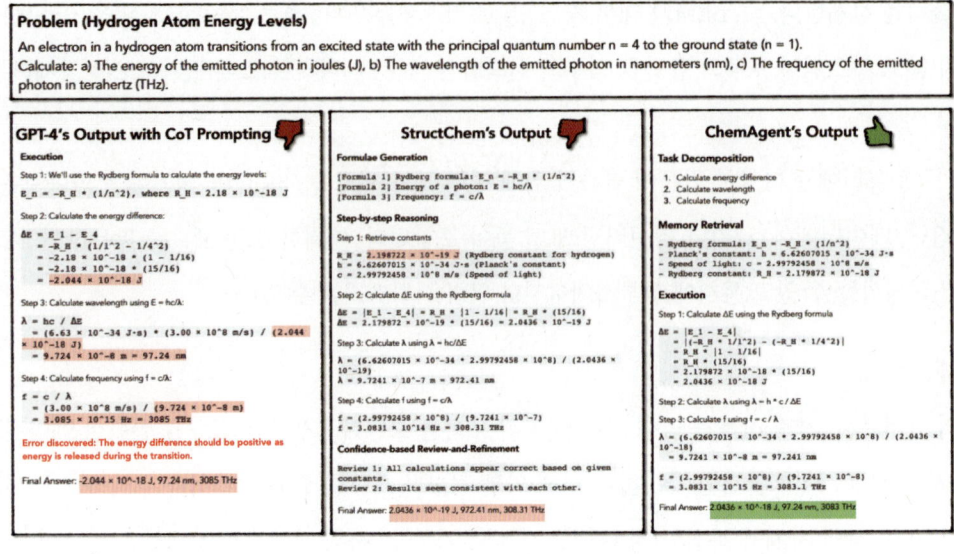

그림 9.19 화학 분야에서 LLM의 실패 사례(https://arxiv.org/pdf/2501.06590)

인간은 LLM과 달리 과거 경험과 실수로부터 학습한다. 그러나 LLM은 사전 학습이 끝난 이후에는 추가 학습이 불가능하다. 파인튜닝은 비용이 많이 들고 반복적으로 적용하기 어렵다. 따라서 지속 학습은 여전히 AI의 미해결 과제로 남아 있다. 반면 인간은 비슷한 문제에서 사용했던 전략을 기억하고, 새로운 문제에 접했을 때 이를 학습하여 미래에 활용할 수 있는 새로운 전략을 터득한다.

따라서 켐에이전트_{ChemAgent}에서 연구자들은 이러한 인간 학습 과정을 시뮬레이션할 방법을 모색한다. 그들이 제안한 해법은 동적 라이브러리_{dynamic library}, 즉 내용을 지속적으로 업데이트하고 정제함으로써 반복적 문제 해결이 촉진되도록 하는 방식이다. 이 라이브러리는 분해된 작업들을 위한 저장소 역할을 한다. 즉, 하나의 작업을 여러 하위 작업으로 나눈 뒤 그 해결 방법을 라이브러리에 저장하여 나중에 다시 사용할 수 있게 하는 것이다. 새로운 작업이 들어오면 라이브러리는 새로운 하위 작업과 해당 해결책으로 업데이트되며 시간이 지남에 따라 점점 더 관련성이 높아지고 유용성이 향상된다.

이 시스템은 인간 인지 과정을 본떠 다음과 같은 세 가지 메모리 구성 요소를 갖추었다.

- 계획 메모리(planning memory): 고수준 전략 저장
- 실행 메모리(execution memory): 구체적인 작업 해결 방안 저장
- 지식 메모리(knowledge memory): 화학의 기본 원리 저장

이 메모리 구성 요소는 모두 외부에 저장되며, 필요할 때 다시 검색할 수 있고 동적으로 업데이트된다.

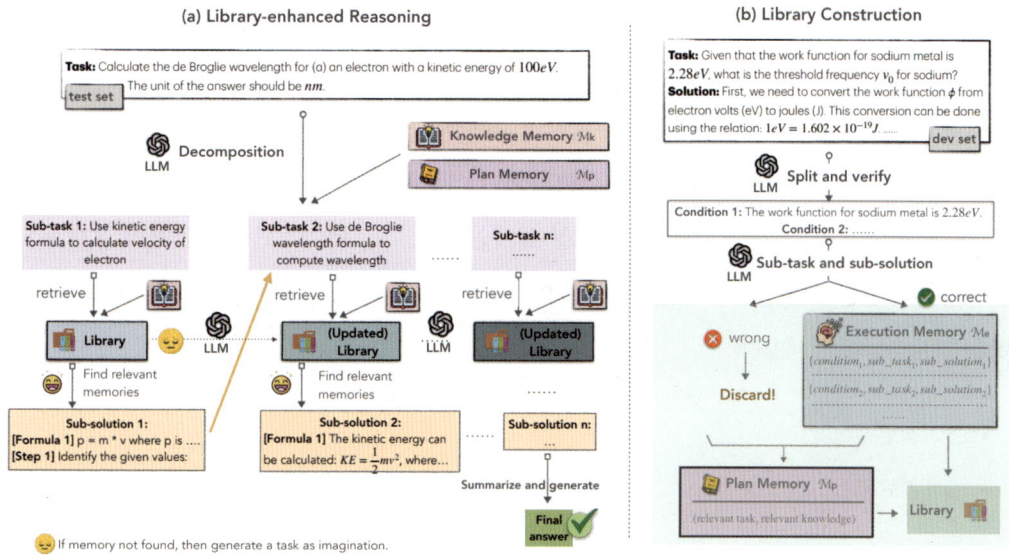

그림 9.20 켐에이전트 프레임워크(https://arxiv.org/pdf/2501.06590)

따라서 켐에이전트는 단순히 메모리에 저장한 내용을 수동적으로 사용하는 것이 아니라, 시스템이 메모리를 동적으로 업데이트할 수 있도록 한다. 또한 문제 해결의 여러 단계를 개선하기 위해 메모리 분할memory partitioning 기법을 활용한다. 켐에이전트는 문제 해결 과정을 계획 단계와 실행 단계로 나누고 각 단계에 대응하는 메모리를 연결한다. 이와 함께 기본 화학 원리와 공식을 참고할 수 있는 메모리도 추가한다.

문제가 발생하면 해당 문제를 일련의 하위 작업으로 분해하여 해결한다. 그리고 각각의 해결 방법을 메모리에 저장하고 이후 작업에 활용한다.

법률 분야의 다중 에이전트

에이전트가 특히 큰 이점을 줄 수 있는 또 다른 영역은 법률 분야이다. 법률 서비스는 시민의 권리를 보호하는 데 필수적이지만, 비용이 많이 들고 변호사 수가 충분하지 않은 경우가 많다. 또한 공정한 판결은 기본적인 권리이지만 인간 판사와 변호사 역시 편향성을 보일 수 있다. 이 분야에 에이전트를 도입하면 비용을 낮추고 더 공평한 접근을 가능하게 하여 법률 서비스를 혁신할 수 있다.

그러나 특히 법률 분야에서는 할루시네이션 문제가 치명적이므로 완전히 제거할 수 없다 하더라도 가능한 한 많이 줄여야 한다. 할루시네이션은 모델의 확률적 특성과 학습 데이터의 품질이라는 두 가지 요인에서 비롯된다. 따라서 이 현상을 완화하기 위해서는 이 두 축에서 동시에 개선해야 한다.

이 절에서는 법률 분야에 특화된 두 가지 접근법을 살펴보며, 사용되고 있는 몇 가지 흥미로운 요소들을 알아보고자 한다. 원칙은 동일한데, 모든 시스템은 LLM을 중심으로 설계된다.

예를 들어, Chatlaw[11]는 LLM 할루시네이션 위험을 줄이기 위해 데이터 품질에 집중한다. 또한 수집한 고품질 데이터셋을 최대한 활용하기 위해 지식 그래프를 사용한다. 더 나아가 단일 에이전트 대신 다중 에이전트 시스템을 도입하여 다양한 전문 분야를 시뮬레이션할 수 있도록 한다. 이는 LLM과 상호작용할 때 사용하는 프롬프트의 유연성 덕분에 가능하다. 다중 에이전트를 사용하면 실제 로펌의 업무 흐름을 모방할 수 있다. 에이전트들이 효과적으로 협업할 수 있도록 연구자는 다음과 같은 역할을 하는 프로토콜을 설계했다.

- 초기 정보 수집
- 심층 자료 조사
- 법률 자문
- 최종 자문 보고서 작성

이렇게 하면 전체 프로세스가 더 철저해진다. 시스템 전체에서 사용한 LLM은 단 하나뿐으로, 연구자들은 GPT-4를 활용했다.

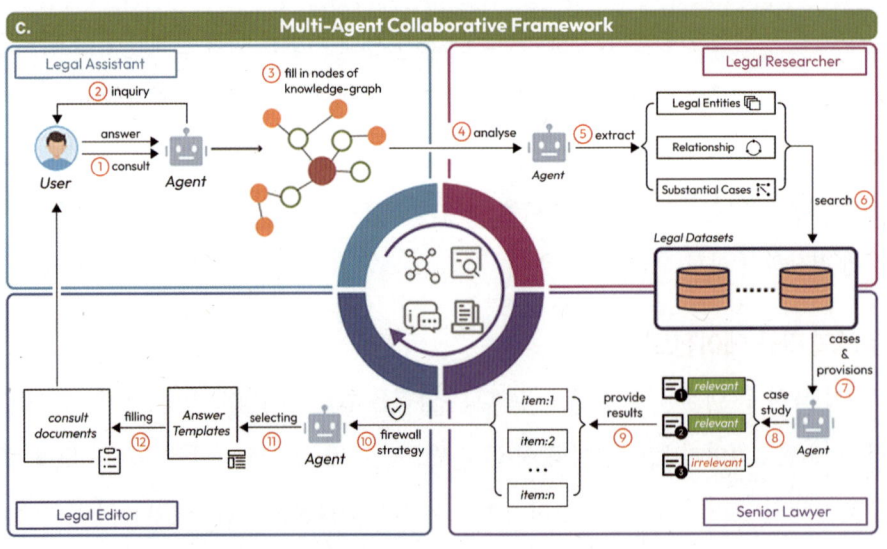

그림 9.21 Chatlaw, 다중 에이전트 협업 구조 (https://arxiv.org/pdf/2306.16092v2)

또 다른 흥미로운 접근법은 법원의 판결 과정을 LLM으로 모방하는 것이다(Hamilton, 2023, https://

---

11 2023년 코넬대 연구팀이 제안한 오픈소스 기반의 법률 AI 어시스턴트

arxiv.org/pdf/2301.05327). 여기에서도 다중 에이전트 시스템을 사용하며 각 에이전트는 판사를 대표한다. 각 판사가 의견을 내면 다수결 원칙에 따라 최종 의견을 도출한다. 예를 들어, 한 사건이 아홉 명의 판사에게 배정되면 시스템은 아홉 가지 의견을 받고 이를 종합해 하나의 판결을 낸다. 이 접근법은 아홉 가지 평가를 병렬로 수행하고 그 결과의 일관성을 기반으로 다수 의견을 채택하는 방식이다.

이 연구는 LLM을 활용해 다수의 에이전트를 생성하고 서로 협업하게 하여 할루시네이션을 완화할 수 있음을 보여준다. 이 연구는 LLM을 시스템의 중심에 두었을 때 얻을 수 있는 유연성을 다시 한번 입증하는 사례이기도 하다.

다만, 이 연구에도 한 가지 한계가 있다. 바로 동질적인_{homogeneous} 판사를 사용했다는 점이다. 서로 다른 모델을 조합해 앙상블을 구성했다면 각 판사가 동일한 편향을 갖게 될 위험을 줄일 수 있었을 것이다. 그렇지 않으면 각 판사가 사실상 중복된 의견을 낼 가능성이 크다는 한계가 따른다.

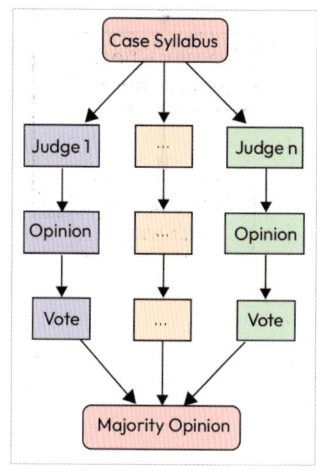

그림 9.22 다중 판사 시스템
(https://arxiv.org/pdf/2301.05327)

의료 분야의 다중 에이전트

학제 간 연구는 본질적으로 복잡하며, 보통은 서로 다른 전문성을 가진 연구자들이 협력하는 팀이 필요하다. 과학 연구에서는 각 연구자가 특정 측면을 담당하고, 서로 다른 기술을 보유한 팀이 공동으로 프로젝트를 수행한다. 예를 들어, AlphaFold 2는 컴퓨터 과학, 생물정보학, 구조 생물학 등 다양한 전문성을 가진 34명의 연구자들이 협력한 결과물이다. 물론 적절한 전문성을 가진 사람을 찾는 것도 쉽지 않기에 이렇게 대규모 전문가 팀을 꾸리는 데는 시간이 오래 걸리고 비용이 많이 든다. 따라서 야심 찬 프로젝트를 감당할 수 있는 기관과 기업은 소수에 불과하다.

최근에 등장한 LLM들은 점점 더 폭넓은 과학적 지식을 보유하게 되었고, 이전에 살펴본 것처럼 이 지식을 도구 사용과 연결할 수도 있다. 켐크로우는 화학 문제를 해결하는 좋은 예이지만 개방형_{open-ended} 학제 간 연구 문제를 다루지는 못한다. 최근에는 이러한 문제를 해결하기 위해 종단간_{end-to-end} 프로세스를 지원하는 파이프라인을 구축하려는 노력이 진행되고 있다. 예를 들어, 한 연구(Lu, 2024)에서는 AI 과학자가 아이디어 구상에서 시작해 머신러닝 분야의 과학 논문 작성까지 이어지는 전체 과정을 수행한다. 이 AI 과학자는 광범위한 연구 방향을 부여받고 아이디어를 도출하며, 문헌을 조사하고 실험을 계획·수행하며, 논문을 작성한 후 최종 교정을 진행한다. 이 모든 과정은 도구와 연결된 LLM 기반 에이전트가 차례대로 진행한다.

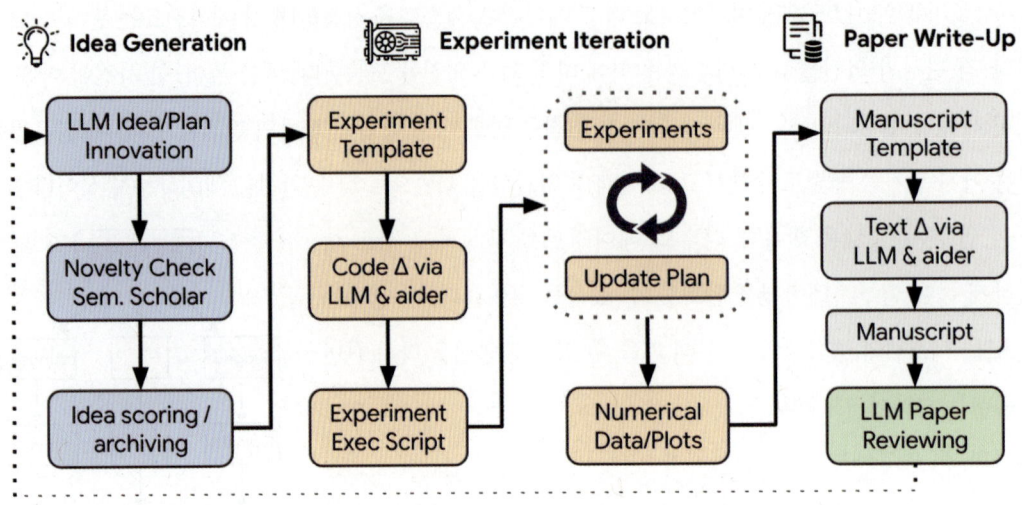

그림 9.23 AI 과학자 프로세스 개요(https://arxiv.org/pdf/2408.06292)

다른 연구들 역시 비슷한 프로세스를 제시하지만, 여전히 특정 분야에 국한되거나 선형적인 과정에 머물러 있다. 학문적 연구에서는 다양한 전문성을 결합하는 방법이 필요하다. 이에 한 연구(Swanson, 2024)에서는 복잡한 문제를 다루는 학제 간 과학 연구를 수행하기 위해 인간-AI 협업을 위한 가상 연구실virtual lab을 제안했다. 가상 연구실에서는 인간이 학제 간 에이전트 집단을 이끌며 복잡한 연구 과정을 관리한다. 각 에이전트는 서로 다른 전문성을 가지며 LLM에 의해 구동된다. 이 에이전트들은 서로 상호작용할 뿐만 아니라 인간과도 상호작용한다. 연구자들은 이를 통해 유연한 아키텍처를 구축했다. 여기서 인간은 에이전트에 지침guidance을 제공하고, 에이전트는 문제 해결을 위해 탐색 방향을 정하고 해결책을 설계한다. 해당 연구에서는 LLM으로 GPT-4를 사용했으며 각 에이전트는 수행할 역할, 전문성, 목표, 사용 가능한 도구 등을 포함한 프롬프트를 통해 제어된다. 가상 연구실은 그룹 회의 또는 개별 회의를 통해 연구를 진행한다.

인간은 연구 질문과 의제를 제공하여 토론을 시작한다. 팀 회의에서는 에이전트들이 연구 질문에 대해 논의하고 공동의 목표를 향해 협력한다. 개별 회의에서는 단일 에이전트가 코드 작성 같은 특정 작업을 수행하고, 이 에이전트는 혼자 작업하거나 다른 에이전트와 협력해 피드백을 받는다. 팀은 이러한 일련의 전체 및 개별 회의를 통해 연구 문제를 해결한다.

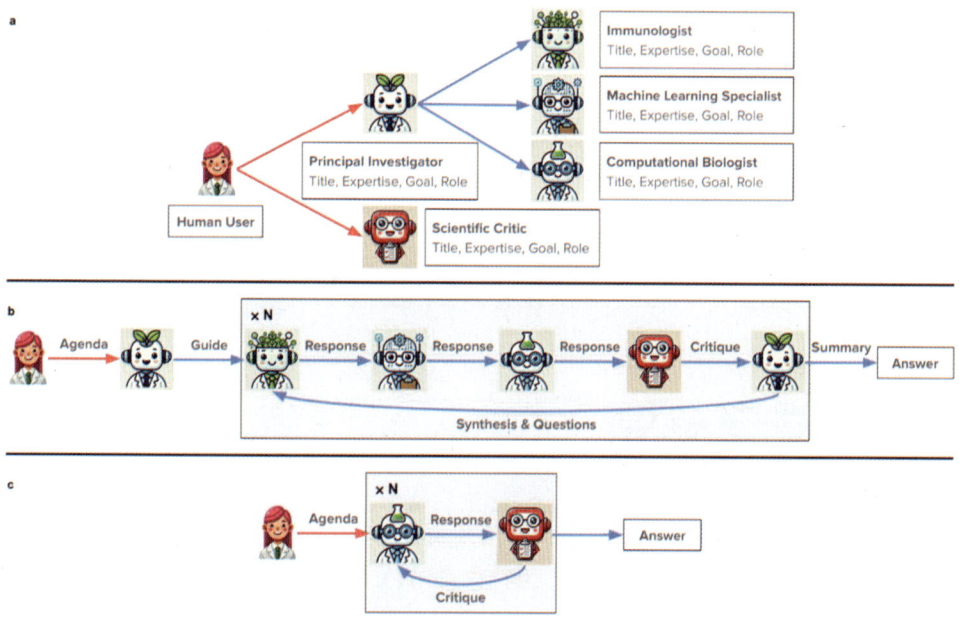

그림 9.24 가상 연구실 아키텍처(https://www.biorxiv.org/content/10.1101/2024.11.11.623004v1.full)

가상 연구실에는 **책임 연구자**principal investigator가 있으며, 책임 연구자의 목적은 연구의 영향을 극대화하는 것이다. 책임 연구자는 프로젝트 설명을 기반으로 생물학자 또는 컴퓨터 과학자처럼 해당 프로젝트에 적합한 과학자 에이전트를 자동으로 생성한다. 책임 연구자는 프롬프트에서 각 에이전트의 역할role, 전문성expertise, 목표goal를 정의한다. 또한 프로젝트를 비판하는 데 전념하는 비평가critic 에이전트가 있을 수도 있다. 이후 회의가 시작된다.

각 회의는 구조화된 입력 세트를 기반으로 하며 다음과 같은 요소로 구성된다.

- **의제**(agenda): 논의할 내용에 대한 설명
- **의제 질문**(agenda question): 회의에서 답해야 할 질문 목록
- **의제 규칙**(agenda rule): 회의를 원활하게 진행하기 위한 선택적 규칙
- **요약**(summary): 이전 회의의 선택적 요약
- **맥락**(context): 회의에 도움이 될 수 있는 추가 정보
- **라운드**(round): 끝없이 논의가 이어지는 것을 막기 위한 논의 횟수

팀 회의에는 모든 에이전트가 토론에 참여한다. 인간은 의제를 작성하며(필요에 따라 규칙과 질문을 포함할 수 있음) 여러 차례의 논의 라운드가 이어진다. 책임 연구자가 회의를 시작한 뒤 각 과학자 에이전트와 비평가 에이전트는 토론에 대한 자신의 의견을 제시한다. 마지막에 책임 연구자는 에이전트들

이 제시한 요점을 요약하고 에이전트들의 의견을 바탕으로 결정을 내리며 후속 질문을 한다. 여러 라운드가 끝나면 책임 연구자는 인간이 읽을 수 있는 형태로 최종 요약을 작성한다.

개별 회의에서는 인간이 의제를 제공하고 특정 에이전트를 선택하면 해당 에이전트가 작업을 수행한다. 또한 비평가 에이전트가 참여해 비평을 제공할 수도 있다. 에이전트와 비평가 에이전트 간의 여러 라운드가 끝나면 에이전트가 응답을 제공한다. 이와 더불어 병렬 회의도 진행할 수 있는데, 여러 에이전트가 동일한 작업을 수행하고 이후 책임 연구자와의 최종 회의에서 최종 답변을 도출한다.

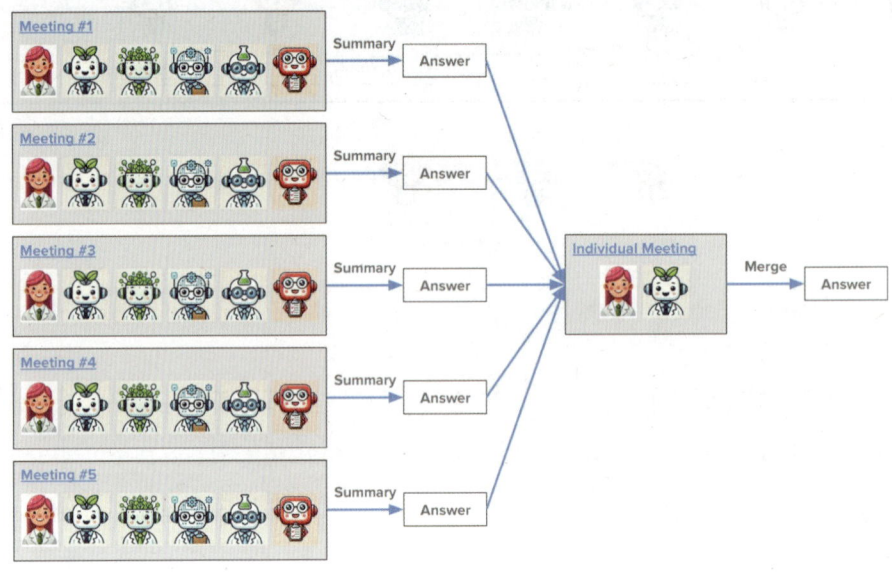

그림 9.25 가상 연구실 병렬 회의(https://www.biorxiv.org/content/10.1101/2024.11.11.623004v1.full)

이와 같은 방식으로 연구자들은 단일 환경이나 협업 환경에서 작동하는 이기종heterogeneous 에이전트들을 결합하는 유연한 프레임워크를 구축했다. 이 접근법에서는 사람이 개입한다는 점human-in-the-loop에 주목해야 한다. 즉, 인간이 시스템의 중심에 있으며 AI와 적극적으로 협업한다. 물론 단순화된 방식이지만 이 과정은 인간 팀이 복잡한 문제를 해결할 때 따르는 작업이나 의사결정 과정을 모방한다.

이 연구의 유용성을 검증하고자 연구자들은 가상 연구실을 SARS-CoV-2 KP.3 변이체의 스파이크 단백질에 결합할 수 있는 항체 또는 나노바디nanobody를 설계하는 문제에 적용했다. 이는 SARS-CoV-2 바이러스가 빠르게 진화하기 때문에 이를 차단할 수 있는 항체를 신속하게 설계해야 한다는 점에서 복잡한 문제이다. 가상 연구실은 문제를 해결할 팀을 구성하는 것부터 시작했다. 즉, 책임 연구자가 문제에 적합한 연구자 팀을 구성했다. 팀 회의에서는 프로젝트 방향을 설명하고 핵심 세부 사항을 논의했다. 이후 어떤 도구들을 사용할 수 있고 선택할 것인지에 대한 팀 회의가 열렸으며, 연구자들이 다양한 도구를 활용해 항체 설계 워크플로를 구축하는 일련의 개별 회의들도 진행되었다. 마지막으로 책임 연구자와의 회의에서 최종 워크플로를 확정했다.

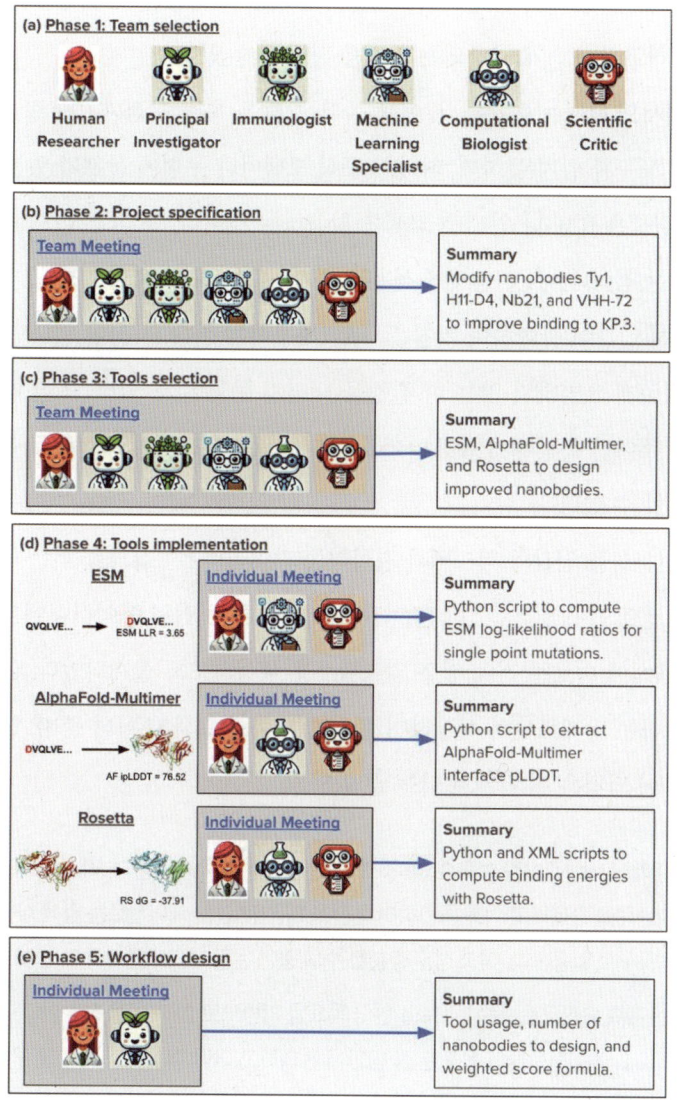

그림 9.26 가상 연구실을 활용한 항체 설계(https://www.biorxiv.org/content/10.1101/2024.11.11.623004v1.full)

가상 연구실은 항체를 설계하는 데 성공했으며 이후 이를 실험으로 검증하였다. 이 시스템은 직렬 모델serial models을 활용하여 항체를 설계하는 복잡한 워크플로를 만들어냈으며, 이를 통해 실제의 복잡한 문제를 해결할 수 있었다. 이러한 작업을 수행하려면 보통은 다양한 분야의 여러 전문가로 이루어진 팀multidisciplinary team이 필요하다. 이 문제 자체가 다양한 전문성을 요구하기 때문이다. 따라서 서로 다른 전문성을 가진 에이전트가 있으면 문제를 여러 각도에서 논의할 수 있으며, 여기에 과학 연구의 핵심 요소인 비평 과정이 추가된다. 이러한 과정은 일련의 회의를 통해 이루어지며, 이때 AI는 인간의 협력 파트너 역할을 한다. 결국 다수의 회의(그룹 회의와 개별 회의)를 통해 다중 에이전트와 이기종 시스템이 동시에 유연하고 정교하게 구축되는 과정을 확인할 수 있다.

그러나 이 단계에서도 한계는 여전하다. 예를 들어, 모델은 특정 시점까지만 학습된 지식을 가지고 있어 최근에 발표된 도구를 알지 못하며, 따라서 구식 모델이나 구현에 문제가 있는 모델을 제안할 수 있다. 이 문제의 해결책은 RAG나 인터넷 검색을 활용하는 것이다. 또 다른 한계는 이 시스템이 완전히 자립적이지 않다는 점이다. 즉, 신중하게 설계된 의제와 프롬프트 세트가 함께 제공되어야 한다. 이 시스템에서는 여전히 인간이 관여하며 지침guidance을 제공해야 한다. 지침이 없다면 AI 모델은 모호한 답변을 하거나 특정하게 요청하지 않는 한 결정을 내리지 못할 수도 있다. 또한 때로는 AI가 작업을 완수하지 못하거나 주어진 목적에서 벗어나기도 한다. 그럼에도 이 시스템은 유연하며 특정 문제에 한정하지 않고 적용할 수 있다.

결국 서로 다른 전문성을 인간의 피드백과 결합하는 것이 더 나은 결과를 얻는 핵심으로 보인다. 이와 마찬가지로 에이전트 연구실agent laboratory은 인간이 제공한 초기 연구 아이디어에서 출발하여 문헌 검토와 실험, 보고서 작성에 이르는 전체 연구 워크플로를 생성하도록 설계되었다. 이 시스템은 관련 논문을 수집하고 분석하는 단계로부터 시작하여 협력적 계획 수립과 데이터 준비, 일련의 실험, 보고서 작성으로 이어진다. 이 과정은 세 단계로 나눌 수 있다.

- **문헌 검토**: 이 단계에서는 주어진 연구 아이디어와 관련된 논문들을 수집한다. 박사PhD 에이전트는 arXiv[12] API를 활용하여 관련 논문을 검색하고 이를 종합하여 통찰을 제공한다. 이 에이전트는 검색 API, 요약 모델, 참고 문헌 관리 시스템을 도구로 활용한다. 이 과정은 충분한 수의 관련 논문이 확보될 때까지 반복된다.
- **실험**: 첫 단계는 계획 수립으로, 문헌 검토와 연구 목표를 기반으로 한 계획을 생성한다. 이 단계에서 박사PhD와 박사후연구원Postdoc 에이전트들이 목표 달성 방안을 논의하고 어떤 머신러닝 모델을 구현할지, 어떤 데이터셋을 사용할지, 필요한 실험 단계를 어떻게 진행할지 정의하는 계획을 수립한다. 계획이 확정되면 데이터 준비 단계가 시작되며, 이때 정해진 계획에 따라 데이터 준비를 위한 코드를 생성한다. 머신러닝 엔지니어 에이전트는 Hugging Face 데이터셋에 접근할 수 있으며 코드를 컴파일하고 제출한다. 이후 실험 실행 단계에서 머신러닝 엔지니어 에이전트가 실험 계획을 수행한다. 이 단계에서는 코드를 생성하고 테스트하고 개선하며 그 결과를 해석한다. 이 단계가 끝나면 박사와 박사후연구원 에이전트들이 결과를 논의한다. 만약 결과의 타당성에 합의한다면 결과를 제출하며, 이는 보고서 작성의 기초가 된다.

---

12 다양한 분야의 학술 논문을 무료로 열람할 수 있는 오픈 액세스 저장소. https://arxiv.org

- **보고서 작성**: 보고서 작성 단계에서는 박사 및 교수 에이전트들이 연구 결과를 종합하여 포괄적인 학술 보고서를 작성한다. 이들은 초기 구조(초록, 서론, 배경, 관련 연구, 방법론, 실험 설정, 결과, 논의)로부터 시작하여 본문을 생성하기 시작한다. 이때 텍스트는 쉽게 수정하고 교정할 수 있도록 LaTeX[13]으로 작성한다. 작성 과정 중에 시스템은 문헌에 접근하여 논문의 정확성, 명확성, 연구 목표와의 일치성을 위해 반복적으로 수정한다. 마지막에는 일종의 논문 검토를 진행하여 논문이 올바른지 최종 확인한다. 이 과정 전반에서 시스템은 지속적으로 인간의 피드백을 받는다.

이 시스템의 주요 특징은 에이전트가 문헌 검색이나 코딩과 같은 반복적인 작업은 자율적으로 수행하지만, 창의성이나 판단력이 꼭 필요하다면 인간의 개입을 허용한다는 것이다. 또한 에이전트들은 중간 결과를 서로 공유하여 참여자 간의 일관성을 보장한다. 각 단계에서는 성찰과 피드백을 통한 반복적 개선이 이루어진다.

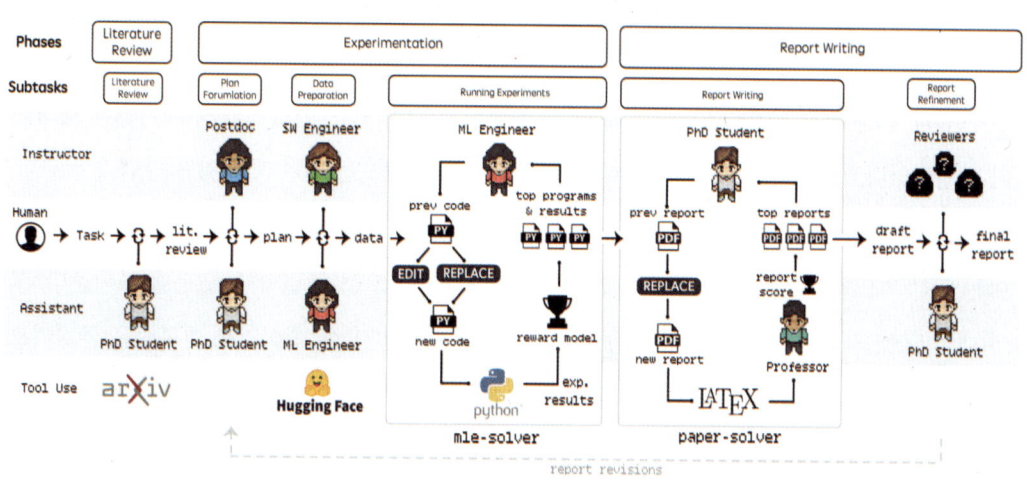

그림 9.27 에이전트 연구실 워크플로(https://arxiv.org/pdf/2501.04227)

에이전트 연구실은 아이디어를 빠르게 탐색하고 연구자가 동시에 여러 연구 방향을 실험할 수 있도록 설계되었다. 에이전트 연구실은 인간 연구자가 제안한 아이디어로부터 전체 워크플로를 자동으로 수행할 수 있는 구조이다. 이 연구에서는 정확한 결과뿐만 아니라 작업을 더 효율적으로 해결하는 방법을 찾는 데도 집중하였다. 이는 이전 연구에서 계산 비용이 지나치게 높았던 문제를 보완하려는 시도였다.

---

13 **LaTeX(레이텍)** 은 문서 조판을 위한 시스템으로 수학 공식이나 도표, 복잡한 표 등 전문적인 내용이 많이 포함된 과학 기술 문서를 작성하는 데 널리 사용된다.

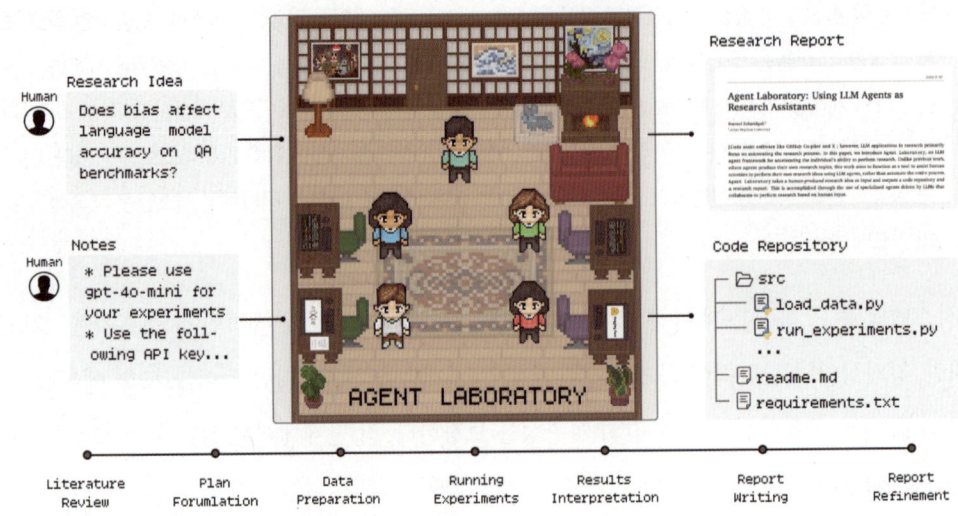

그림 9.28 에이전트 연구실 개요(https://arxiv.org/pdf/2501.04227)

연구 결과, 다양한 단계에서 인간의 피드백을 통합하는 것이 연구 결과물의 품질을 크게 향상시켰음이 확인되었다. 또한 에이전트 연구실이 생성한 머신러닝 코드는 기존의 최첨단 방법과 비교할 만한 성능을 보였으며, 생성된 보고서 역시 인간이 읽기에 충분히 높은 품질을 나타냈다.

이는 인간 피드백을 통합한 시스템이 정교한 작업을 효과적으로 해결할 수 있음을 보여준다. 그러나 현재의 LLM은 여전히 진정한 추론 능력을 갖추지 못했기 때문에 에이전트 연구실은 본질적으로 인간 피드백에 의존한다. 이에 따라 여러 한계가 존재한다.

- 표준 방법론을 넘어서는 혁신적인 실험을 설계하기 어렵다. 특히 창의적 문제 해결이나 새로운 접근이 필요한 영역에서 더욱 그렇다.
- 여전히 코드에서 버그나 비효율성이 포함된 오류를 생성한다.
- 여러 차례 LLM 호출이 필요하며 계산 비용이 여전히 높다.
- 에이전트 간 소통이 완벽하지 않다.
- 보고서 생성은 전문가와 비교했을 때 여전히 최적 수준에 미치지 못한다.
- 학습 데이터와 문헌에 제대로 반영되지 않은, 고도로 전문적이거나 특수한 연구 영역에서는 일반화가 어렵다.
- 여러 가지 윤리 문제가 여전히 해결되지 않은 상태로 남아 있다.

이번 절에서는 단일 에이전트 시스템과 다중 에이전트 시스템 사례를 살펴보았다. 다음 절에서는 허깅GPT가 실제로 어떻게 작동하는지, 그리고 다중 에이전트 시스템은 어떻게 만드는지 구체적으로 살펴본다.

2. 허깅GPT 사용하기

허깅GPT를 사용하는 방법에는 두 가지가 있다.

- 저장소를 로컬에 복제(clone)하는 방법
- 웹 서비스를 사용하는 방법

여기에서는 이 두 가지 방법을 살펴본다. 저장소를 로컬에 복제하는 방법에서는 모든 모델을 내려받고 시스템을 로컬에서 실행한다. 이와 달리 웹 서비스를 사용하는 방법은 실행이 서비스 내에서 이루어진다. 두 경우 모두 모든 모델이 추론에 사용되며, 차이점은 모델이 실행되는 위치와 사용하는 리소스에 있다. 또한 두 접근 방식 모두 웹 기반 GUI를 통해 시스템을 사용할 수 있도록 지원한다.

로컬에서 허깅GPT 사용하기

로컬에서 허깅GPT를 사용하려면, 먼저 해당 GitHub 저장소(프로젝트 이름은 Jarvis)를 복제해야 한다. 이때 Git LFS(Git Large File Storage)를 사용하기를 권장한다. Git LFS는 Git의 오픈소스 확장 프로그램이다. Git은 코드 저장소를 관리하도록 설계되었지만 대용량 바이너리 파일(예: 비디오, 데이터셋, 고해상도 이미지)을 효율적으로 처리하지 못한다. Git은 대형 파일을 다루는 데는 비효율적이므로 데이터셋, 비디오, 바이너리 등과 같은 대용량 자산을 포함하는 저장소에서는 Git LFS가 필수이다.

Git LFS는 대형 파일을 Git 저장소 외부에 저장하고, 저장소 내부에는 해당 파일을 가리키는 포인터 형태의 가벼운 참조만 남긴다. 이를 통해 저장소 전체의 크기를 효율적으로 관리할 수 있으며 GitHub에서의 저장소 복제, 푸시, 풀과 같은 작업의 성능도 향상된다.

포인터는 파일의 다양한 메타데이터(예: 크기, 해시, 위치)를 포함하며, 저장소를 복제할 때 Git LFS는 이 포인터 정보를 활용해 실제 파일을 내려받는다. 이렇게 하면 코드에 대한 작업과 대형 파일에 대한 작업을 분리할 수 있다.

일반적으로 머신러닝, 게임 개발, 비디오 편집과 같은 프로젝트에서는 Git LFS를 사용하는 것이 보편적이다. Git LFS를 사용하면 내려받기 과정을 단순화하고 속도를 높일 수 있기 때문이다. 특히 머신러닝 프로젝트에서는 모델 가중치 파일이 매우 크고 자주 업데이트된다. 이때 Git LFS를 사용하면 파일을 효율적으로 추적하고 관리할 수 있으며 저장소가 불필요하게 비대해지는 것을 방지할 수 있다. 허깅GPT 역시 여러 대형 모델(예: 수 GB 크기의 확산 모델 등)을 사용하므로 Git LFS를 통해 이들을 효과적으로 관리할 수 있다.

Git LFS를 설치하려면 공식 웹사이트(https://git-lfs.github.com/)에 접속해 운영 체제(윈도우, macOS,

리눅스)에 맞는 설치 프로그램을 내려받아 실행하면 된다. macOS에서는 .pkg 파일을 더블클릭하거나 Homebrew 패키지 관리자를 사용한다.

```
brew install git-lfs
```

Git LFS를 사용자 환경에서 활성화하려면 다음 명령어를 실행한다.

```
git lfs install
```

Git LFS를 컴퓨터에 Git 확장 프로그램으로 설치하면, 저장소에 대용량 파일이 있을 때 이를 자동으로 인식하고 추적·관리한다. 이 과정에서 Git 구성 파일(예: ~/.gitconfig) 일부를 수정하거나 새로 만들어서 이후 생성하는 복제본이나 저장소에서도 별도의 추가 작업 없이 LFS를 사용할 수 있다.

LFS가 활성화된 저장소를 복제하는 과정은 일반 저장소와 마찬가지로 간단하다. Git LFS가 백그라운드에서 파일을 처리하므로 대용량 파일은 자동으로 관리된다.

```
git clone https://github.com/example/repo.git
```

또한 필요하다면 다음과 같이 손쉽게 대용량 파일을 추적할 수 있다.

```
git lfs track "*.bin"
git add .gitattributes
git commit -m "Track large .bin files with LFS"
```

Git LFS는 기존 Git 명령어와 호환된다. 따라서 풀pull이나 푸시push 작업은 일반 Git 워크플로와 마찬가지다. 다만, 특정 저장소에서 별도의 자격 증명이나 토큰을 요구하는 경우에는 추가 단계가 필요하다.

이제 허깅GPT 설치를 진행할 수 있다. 허깅GPT 저장소 주소는 다음과 같다.

```
https://github.com/microsoft/JARVIS
```

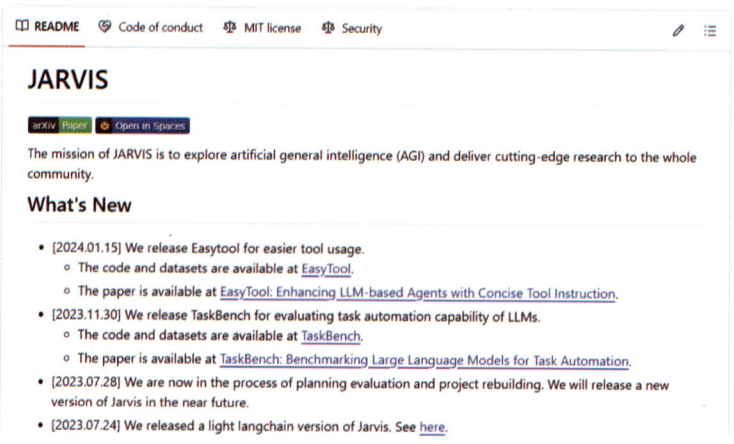

그림 9.29 마이크로소프트 허깅GPT

첫 번째 단계는 저장소를 복제하는 것이다.

```
git clone https://github.com/microsoft/JARVIS
```

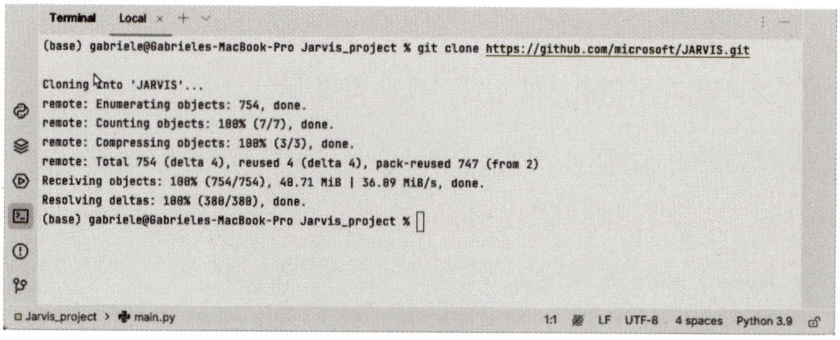

그림 9.30 마이크로소프트 허깅GPT 복제

git clone 명령으로 원격 URL에서 저장소 내려받기를 시작한다. 터미널 출력은 저장소를 내려받는 과정을 보여주며 여기에는 objects(메타데이터와 변경 사항)와 delta compression(버전 간 차이만 전송하여 데이터 전송량을 최소화하는 과정)이 포함된다. 다음 항목에 주목하자.

- Receiving objects: 100% (150/150), done. → 모든 오브젝트(파일 및 히스토리)가 수신되었음을 확인한다.
- Resolving deltas: 100% (85/85), done. → Git이 수신된 변경 사항(deltas)을 적용하여 실제 저장소 상태를 재구성한다.

저장소를 복제한 후에는 로컬 저장소(로컬 폴더)로 이동한다.

```
cd JARVIS/hugginggpt/server
```

이 단계는 conda 환경을 생성하거나 관리하기 위한 준비 작업이며, 관련 프로젝트 디렉터리 안에서 작업이 수행되도록 보장한다.

그다음 jarvis라는 이름(다른 이름도 가능)의 새로운 conda 환경을 만들고 파이썬 버전을 지정한다(여기서는 3.8).

```
conda create -n jarvis python=3.8
```

여기서 -n은 프로젝트를 위한 새 환경을 만들겠다는 의미이고, python=3.8은 해당 환경에서 사용할 파이썬 버전이 3.8이라는 뜻이다.

conda 환경은 각 프로젝트의 의존성을 격리하여 전역 파이썬 설치나 다른 프로젝트와 충돌을 피할 수 있도록 해준다. conda는 다음 과정을 처리한다.

- Collecting package metadata → conda가 저장소에서 필요한 패키지 및 의존성 정보를 가져온다. 이는 Python 3.8과 설치될 다른 라이브러리 간의 호환성을 보장한다.
- Solving the environment → conda가 잠재적인 의존성 충돌을 해결하고 설치할 패키지 목록을 최종 확정한다.

이미 conda를 설치했다면 다음 명령으로 업데이트만 하면 된다.

```
conda update -n base -c defaults conda
```

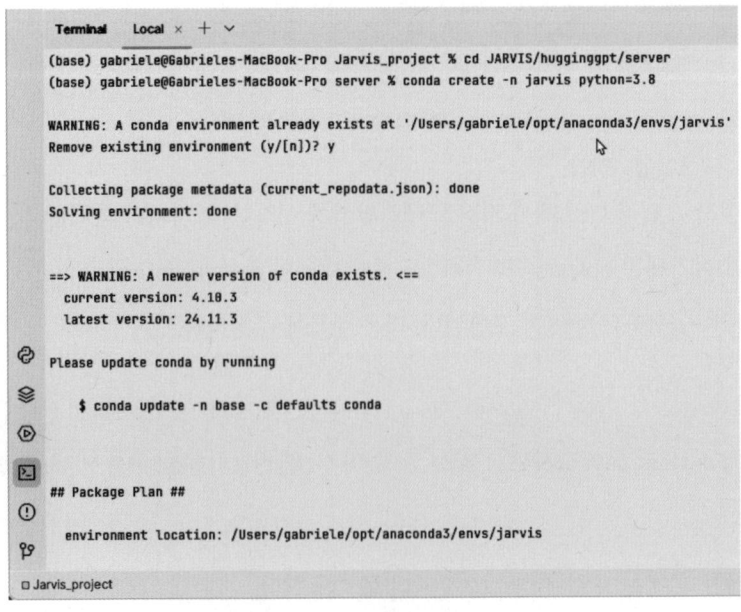

그림 9.31 conda 업데이트

환경 구성을 마치면 conda는 새로운 환경에 필요한 기본 패키지(base packages)를 설치한다. 각 패키지는 저장소(pkgs/main)와 함께 설치될 버전이 명시된다(여기서는 macOS 사용).

터미널은 사용자에게 Proceed ([y]/n)?을 묻는데, 반드시 y를 입력하여 패키지 설치를 승인해야 한다. 이때 다음 요소에 주목하자.

- Preparing transaction → 의존성이 충돌 없이 설치될 준비가 되었는지 확인한다.
- Verifying transaction → 패키지 메타데이터의 무결성을 점검하고, 모든 패키지 간의 호환성을 확인한다.
- Executing transaction → conda가 지정된 환경에 실제로 패키지를 설치한다.

이 단계가 완료되면 jarvis라는 이름의 새로운 환경을 사용할 준비가 된다.

환경이 성공적으로 생성되면 conda는 사용자가 새 환경을 관리할 수 있는 명령어를 제공한다. 환경을 활성화하려면 다음 명령을 실행한다.

```
conda activate jarvis
```

활성화된 환경을 비활성화하려면 다음 명령을 실행한다.

```
conda deactivate
```

환경이 활성화되면 사용자의 터미널 세션은 jarvis 환경을 사용하도록 전환된다. 이때 의존성과 파이썬 버전이 격리된다. 프롬프트가 (base)에서 (jarvis)로 바뀌는 것을 확인할 수 있는데, 이는 터미널이 이제 jarvis 환경 안에서 작동하고 있음을 의미한다.

이제 환경의 격리된 파이썬 버전(3.8)과 해당 의존성이 사용된다. 이 시점부터 설치하는 모든 라이브러리나 도구는 이 환경 내부에만 머물며 다른 프로젝트는 간섭하지 않는다.

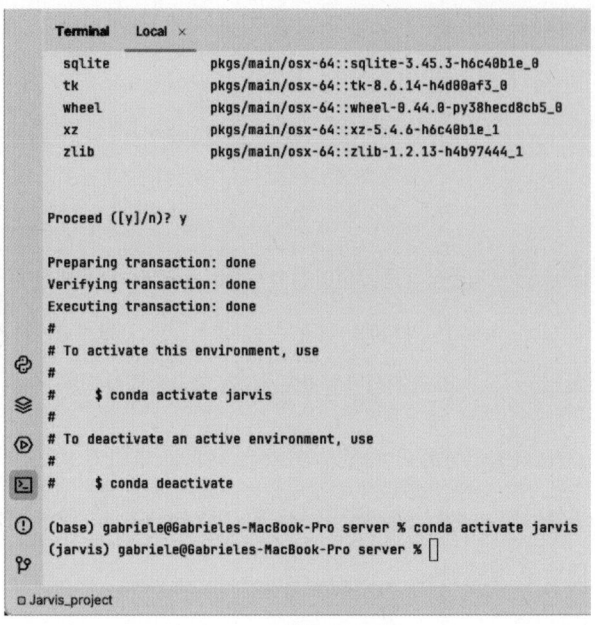

그림 9.32 conda 활성화

이제 필요한 패키지 설치를 시작한다.

```
conda install pytorch torchvision torchaudio pytorch-cuda=11.7 -c pytorch -c nvidia
```

다음 명령어는 requirements.txt 파일에 나열된 의존성을 pip 명령으로 설치한다. 대부분의 프로젝트는 패키지 목록을 requirements 파일로 제공한다. 이 파일은 허깅GPT를 설치하는 데 필수적인 요소들을 포함하고 있다.

```
pip install -r requirements.txt
```

다음과 같이 허깅GPT에서 제시하는 주석에 따르면 Git LFS가 반드시 설치되어 있어야 한다. 프로젝트의 일부로 제공되는 이 스크립트는 로컬local 또는 하이브리드hybrid 추론 모드에서 필요한 모델 파일을 자동으로 내려받는다. 한 번 더 말하지만 로컬은 모델이 전적으로 로컬 머신에서 실행되는 것을 의미하고, 하이브리드는 허깅GPT 논문(https://arxiv.org/abs/2303.17580)과 앞 절에서 설명했듯이 로컬과 원격 실행을 혼합하는 방식이라는 뜻이다.

```
# download models. Make sure that 'git-lfs' is installed.
bash download.sh    # required when 'inference_mode' is 'local' or 'hybrid'
```

모든 설치가 완료되면 실행을 시작할 수 있다.

```
python model_server.py --config config/config.default.yaml # required when
'inference_mode' is 'local' or 'hybrid'.
python awesome_chat.py --config config/config.default.yaml --mode server # for
text-davinci-003
```

저장소에는 다양한 스크립트가 있다.

- **model_server.py**: 이 스크립트는 모델 서버를 실행하며, config/config.default.yaml 설정 파일을 기반으로 머신러닝 모델을 처리한다. 설정 파일에는 추론 모드(local 또는 hybrid), 모델 경로, 하드웨어 요구 사항 등을 지정한다.
- **awesome_chat.py**: 이 스크립트는 텍스트 생성 또는 챗봇 기능을 위한 서버를 실행한다.

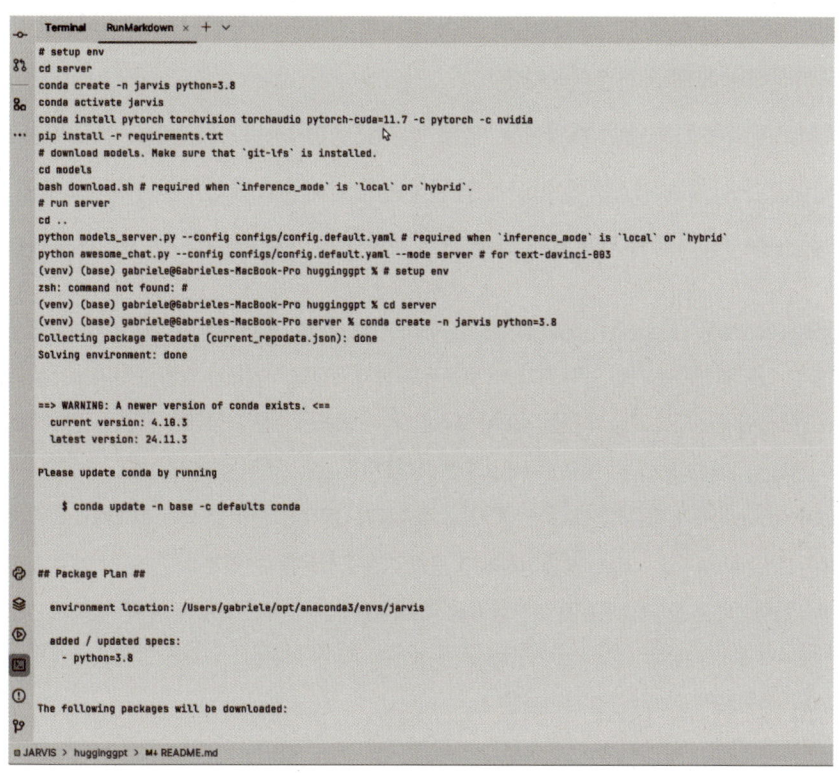

그림 9.33 마이크로소프트 허깅GPT 설치 완료

이제 awesome_chat.py가 초기화되었으므로 사용자 친화적인 웹 페이지를 사용할 수 있다.

웹에서 허깅GPT 사용하기

허깅GPT를 설치하지 않고도 온라인 서비스를 통해 사용하는 방법도 있다(Hugging Face Gradio:

https://huggingface.co/gradio). **Hugging Face Gradio**는 머신러닝 모델 및 파이썬 애플리케이션을 위한 사용자 친화적인 웹 기반 인터페이스를 손쉽게 구축할 수 있게 돕는 파이썬 라이브러리다.

Gradio를 사용하면 개발자는 텍스트 생성, 이미지 분류, 오디오 처리와 같은 작업에 대한 인터랙티브 데모를 빠르게 구축할 수 있다. 사용자는 브라우저를 통해 직접 텍스트, 이미지, 오디오 등의 입력을 제공하고, 모델의 실시간 출력을 확인할 수 있다.

Gradio는 높은 수준의 사용자 정의 기능을 지원하며, PyTorch, TensorFlow, Hugging Face 모델과 같은 주요 머신러닝 프레임워크와의 통합을 지원한다. 또한 공개 링크를 통한 손쉬운 데모 공유와 웹 애플리케이션에 임베딩하는 기능도 제공한다.

앞서 설명했듯이, 허깅GPT는 LLM과 머신러닝 커뮤니티를 연결하는 시스템이다. 시스템 설명 및 설치 과정에서 보았던 것처럼 웹 인터페이스 역시 동일한 역할을 수행한다. 즉, LLM을 Hugging Face에 호스팅된 머신러닝 모델과 연결해준다.

웹 인터페이스에서는 하드웨어 제약으로 인해 일부 모델만 `local/inference` 엔드포인트에 배포된다. 이 인터페이스는 실제로 시스템이 어떻게 작동하는지 이해하고 확인하기 위한 예시 역할을 한다.

웹 인터페이스를 사용하려면 사용자가 각 웹사이트에서 두 개의 토큰을 발급받아야 한다.

- **Hugging Face 토큰**: Hugging Face의 API, 모델, 데이터셋, 그리고 플랫폼에 호스팅된 기타 리소스에 안전하게 접근할 수 있도록 해주는 개인 인증 키다. 이 토큰은 사용자 계정을 식별하는 역할을 하며 Hugging Face 시스템에 대한 요청이 승인되고 계정과 연결되도록 보장한다. 이 토큰은 추론 과정에서 모델을 인증하고 사용할 때 필요하다. Hugging Face는 특히 웹 추론 서비스에서 요청 제한rate limit을 적용한다.
- **OpenAI 키**: OpenAI가 제공하는 고유 인증 키로, 개발자가 GPT(예: GPT-3.5, GPT-4), DALL·E, Codex, Whisper와 같은 OpenAI API 및 서비스에 안전하게 접근하고 상호작용할 수 있게 해준다. 이 키는 계정을 식별하고 OpenAI 플랫폼 사용을 승인하는 개인 자격 증명 역할을 한다. API 키는 OpenAI의 API 엔드포인트에 요청을 보낼 때 필요하며, OpenAI는 이를 사용해 사용량(예: API 호출 수, 처리된 토큰 수)을 추적하고 그에 따라 계정에 과금한다. 여기서는 GPT-4와의 연결에 사용한다.

토큰을 준비했다면 입력하고 [Submit] 버튼을 클릭한다.

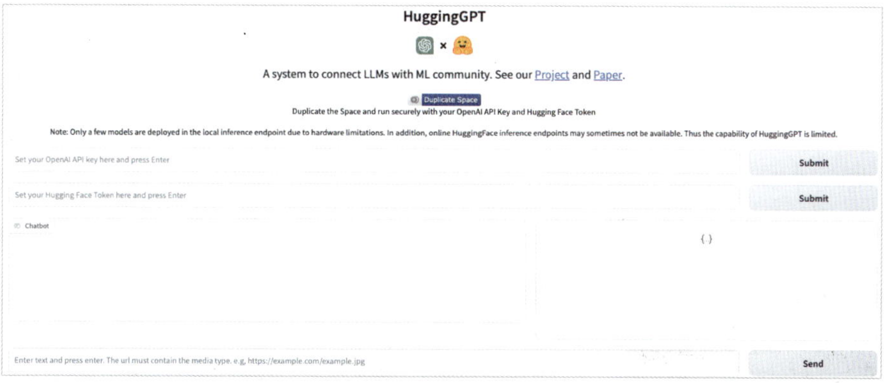

9장: 단일·다중 에이전트 시스템 만들기

![HuggingGPT 인터페이스 스크린샷]

그림 9.34 허깅GPT 인터페이스

허깅GPT 인터페이스에는 두 개의 주요 패널이 있다.

- **왼쪽 패널**: Chatbot이라는 레이블이 붙은 텍스트 입력 상자가 제공된다. 이 필드는 사용자가 허깅GPT 시스템과 상호작용하기 위한 질문이나 명령을 입력하는 데 사용한다.
- **오른쪽 패널**: 챗봇 옆에는 허깅GPT가 생성한 응답이나 출력을 표시하기 위한 빈 상자가 있다.
- 채팅 상자 아래에는 [Send] 버튼이 있어 사용자가 자신의 질의를 허깅GPT에 제출할 수 있다. 시스템은 미리 만들어진 입력 예제도 제공한다.

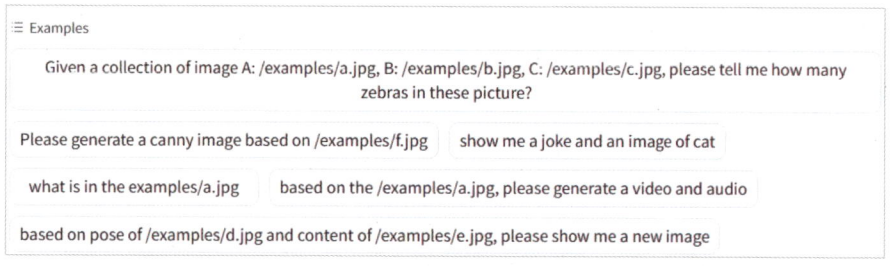

그림 9.35 허깅GPT 인터페이스 제공 예제

OpenAI와 Hugging Face의 토큰을 모두 입력하고 나면 Chatbot이라는 레이블이 붙은 텍스트 입력 상자를 사용하여 허깅GPT에 자연어 질의를 보낼 수 있다(예: "Can you tell me which kind of pizza you see in the picture?"). 그런 다음 [Send] 버튼을 눌러 질의를 전송한다. 또한 이미지나 기타 멀티미디어 요소를 추가할 수도 있다(여기서는 피자 사진을 추가).

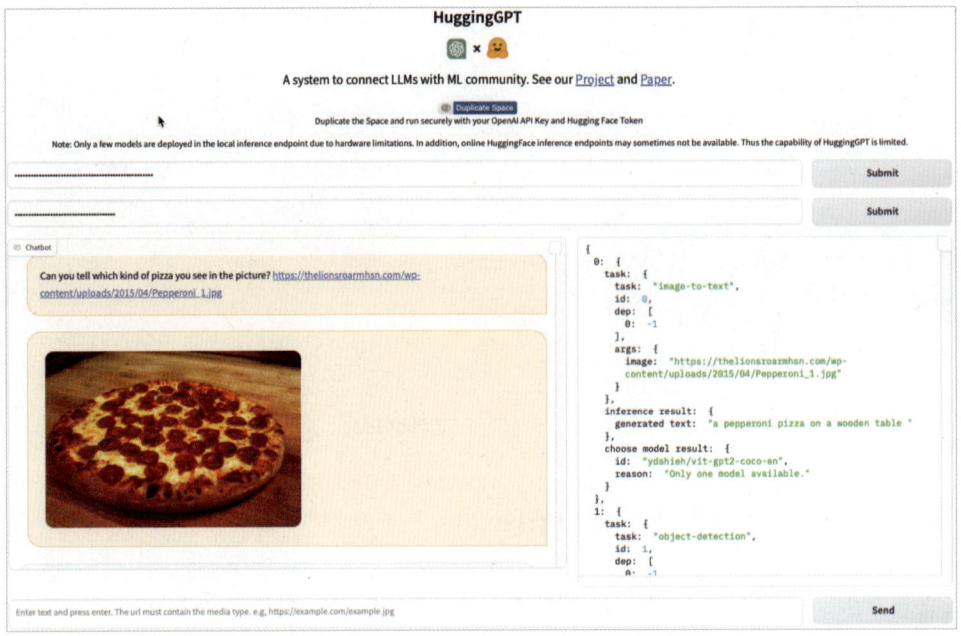

그림 9.36 허깅GPT 상호작용 예

그림의 오른쪽 패널에서는 시스템이 처리 중인 과정을 확인할 수 있다.

`"1 pepperoni pizza on a wooden table"`

이는 시스템이 입력된 이미지를 성공적으로 처리하고 그 안에 묘사된 객체를 페퍼로니 피자로 식별했음을 보여준다. 이는 전형적인 객체 탐지_{object detection} 작업이며 여기서 이미지를 인식하는 것은 LLM이 아니라 LLM이 호출한 전문 모델이다.

챗봇은 추론 결과를 기반으로 자세한 답변을 제공한다.

`Sure, based on the inference results, the pizza in the picture is a pepperoni pizza.`

허깅GPT는 과정을 다음과 같이 설명한다.

1. 첫 번째 단계에서는 이미지-텍스트 변환 모델을 사용하여 이미지에 대한 설명을 얻는다. **ViT-GPT2-COCO-EN**은 이미지 인코딩을 위한 **비전 트랜스포머**_{ViT}와 자연어 생성을 위한 **GPT-2**를 결합한 **비전-언어 모델**_{vision-language model}이다. 이 모델은 이미지 캡셔닝 작업을 위해 **COCO 데이터셋**으로 파인튜닝되었다. 입력된 이미지에 대해 영어 설명 캡션을 생성하여 시각적 콘텐츠를 일관된 텍스트 설명으로 변환한다. ViT는 이미지 특징을 상세히 추출하고 GPT-2는 언어 생성 능력을 활용하여 정확하고 맥락적으로 풍부한 캡션을 생성한다.

2. 그다음 허깅GPT는 객체 탐지 모델을 사용하여 이미지 내 객체를 식별한다. 이 모델은 피자와 식탁을 모두 식별

했기 때문에 첫 번째 단계와 비슷한 응답을 제공한다. **DETR-ResNet-101**은 객체 탐지 및 이미지 분할을 위해 설계된 비전 모델이다. 이 모델은 **ResNet-101** 백본(합성곱 신경망)을 특징 추출에 사용하고, **트랜스포머 기반 아키텍처**를 사용하여 이미지 내 객체를 탐지하고 위치를 파악한다. **DEtection TRansformer**_DETR_는 트랜스포머를 활용해 이미지 내 전역 관계_global relationships_를 모델링함으로써 기존의 영역 제안 네트워크_region proposal network_ 없이도 더 정확한 객체 탐지를 가능하게 한다.

3. 그다음, **시각적 질의응답**_VQA_ 모델이 이미지 속 피자의 종류를 확인한다. **ViLT-B/32-Finetuned-VQA**는 VQA 작업을 위해 파인튜닝된 **비전-언어 트랜스포머 모델**_ViLT_이다. 이 모델은 경량화된 ViLT 아키텍처를 사용하며, 패치 기반 이미지 토크나이저와 트랜스포머 레이어를 통해 시각적 입력과 텍스트 입력을 함께 처리한다. 여기서 B/32는 이미지 인코딩을 위해 32 × 32 픽셀 크기의 패치를 사용한다는 뜻이다. VQA 데이터셋으로 특별히 파인튜닝된 이 모델은 이미지에 대한 자연어 질문에 답하기 위해 시각 정보와 텍스트 정보를 결합하여 추론한다.

4. 마지막으로, LLM은 세 모델이 일치된 결과를 제시했음을 관찰하고 따라서 자신 있게 응답한다.

요컨대, 허깅GPT는 사용자로부터 요청을 받으면 패턴을 선택한다. 그리고 이 패턴들을 실행해 나온 결과물들을 수집한다. 시스템은 이 결과물들을 분석한 뒤 최종 응답을 생성한다.

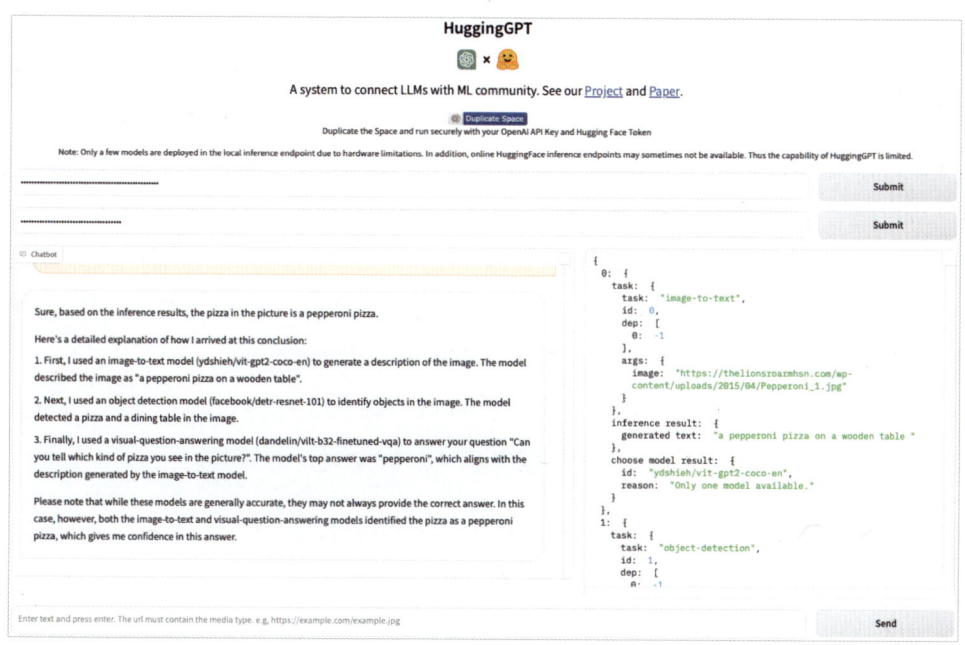

그림 9.37 허깅GPT 응답 예

허깅GPT는 간단한 예시를 통해 LLM으로 멀티모달 작업을 어떻게 해결할 수 있는지를 보여준다. 이 과정은 모두 프롬프트 내 정보와 도구 세트를 활용해 이루어진다.

이 절에서는 단일 LLM(단일 에이전트)이 작업을 처리할 때, 이를 하위 작업으로 나눈 뒤 다양한 모델을 실행하는 과정을 살펴보았다. 그러나 보다 우아한 접근은 다중 에이전트를 활용하는 것이다. 여러 에이전트가 서로 다른 관점에서 작업에 접근하고 협력하며 상호작용을 통해 문제를 해결할 수 있다. 다음 절에서는 바로 이 다중 에이전트 방식을 살펴본다.

3. 다중 에이전트 시스템

이 절에서는 서로 다른 에이전트와 도구 세트(예: 머신러닝 모델)를 조합하여 하나의 시스템을 구성하는 방법을 살펴본다. 전체 코드는 ch09-02.ipynb 파일 내부에서 `travel_planning_qwen25.py`라는 스크립트를 생성하여 실행하고 있으므로 해당 파일을 참고한다.

이 시스템은 여러 에이전트를 활용하여 맞춤형 여행 계획을 세우는 여행 계획 도우미travel planning assistant를 구현한다. 날씨 예측, 호텔 추천, 일정 계획, 이메일 요약 등 다양한 기능을 결합하며, 각각의 기능은 다음과 같이 네 개의 에이전트가 역할을 분담하여 수행한다.

- WeatherAnalysisAgent: 과거 날씨 데이터를 기반으로 여행지 방문에 가장 적합한 시기를 예측한다. 랜덤 포레스트 회귀 모델을 사용하며 월, 위도, 경도, 날씨 점수 등의 데이터를 학습하여 날씨 점수를 기준으로 여행에 가장 적합한 달month을 예측한다. 이 예측에는 본 시스템에 맞춰 별도로 학습된 머신러닝 모델을 사용한다.
- HotelRecommenderAgent: Sentence Transformer 임베딩을 활용하여 사용자 선호도에 맞는 호텔을 추천한다. 호텔 설명을 임베딩 벡터로 변환하여 저장한 뒤, 사용자 선호도와 의미론적 유사도를 비교하여 가장 관련성이 높은 호텔을 찾아낸다. 이 에이전트는 사용자 입력을 기반으로 자체 라이브러리에서 적절한 호텔을 검색한다.
- ItineraryPlannerAgent: Qwen2.5-3B 기반 텍스트 생성 파이프라인을 사용해 개인 맞춤형 여행 일정을 생성한다. 목적지, 날씨 예측, 호텔 추천 결과를 바탕으로 여행 계획을 작성한다.
- SummaryAgent: Qwen2.5-3B를 사용해 고객을 위한 여행 요약 이메일을 생성한다. 이메일에는 호텔 비용(1박 요금×체류 기간)과 일일 추가 비용, 여행 세부 사항, 비용 내역, 일정 요약 등이 포함된다.

다음 그림은 각 에이전트의 구성과 전체 프로세스를 시각화한 활동 다이어그램activity diagram이다.

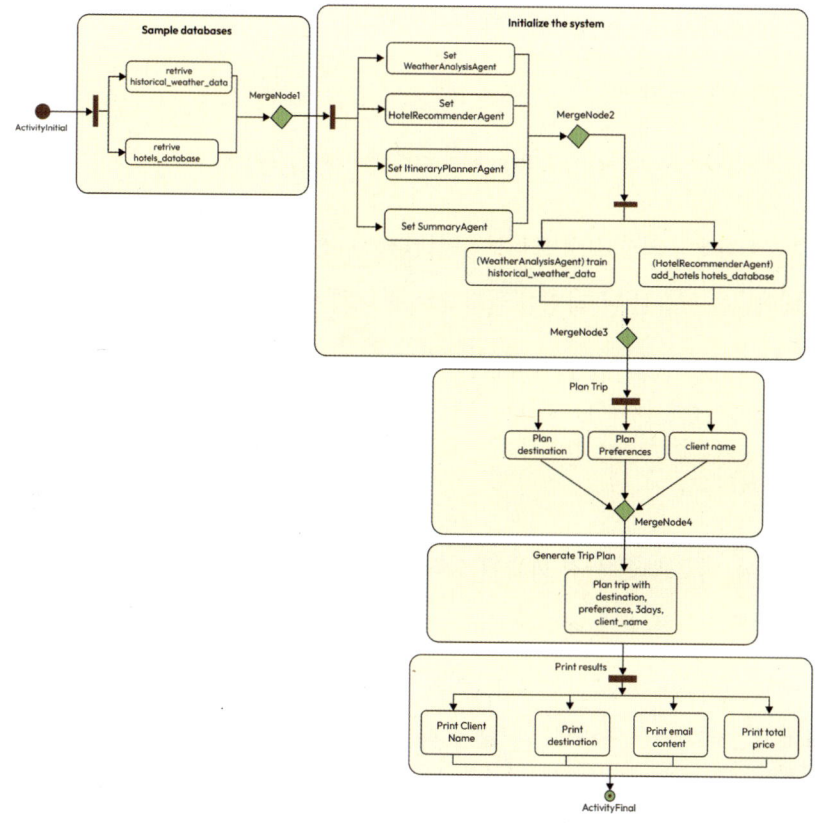

그림 9.38 AI 여행 계획 시스템의 워크플로 활동 다이어그램: 데이터 로딩부터 에이전트 초기화, 여행 계획, 결과 출력까지 전체 시퀀스를 보여줌

TravelPlanningSystem은 모든 에이전트를 하나로 연결하는 시스템의 중앙 컨트롤러 역할을 한다. 이 시스템은 다음과 같은 흐름을 모방한다.

1. 사용자가 여행지, 선호도, 여행 기간을 입력한다.
2. 날씨 에이전트가 방문하기에 가장 좋은 시기를 예측한다.
3. 호텔 에이전트가 선호도에 맞는 숙소를 추천한다.
4. 일정 계획 에이전트가 일자별 여행 일정을 작성한다.
5. 요약 에이전트가 이메일을 생성하고 비용을 계산한다.

조금 더 구체적으로 살펴보면, 이 시스템에서 각 에이전트는 클래스(class)로 정의되어 있다. 예를 들어 WeatherAnalysisAgent는 과거 날씨 데이터를 분석해 특정 장소를 방문하기에 가장 적합한 달을 예측하는 머신러닝 기반 구성 요소이다. 이 작업은 랜덤 포레스트 회귀 분석기(RandomForestRegressor)를 사용해 수행된다. 즉, 이 에이전트는 특정 작업을 수행하기 위해 머신러닝 모델을 활용하는 구조로 볼 수 있다. 다음은 해당 에이전트를 초기화하는 코드이다.

```python
class WeatherAnalysisAgent:
    def __init__(self):
        self.model = RandomForestRegressor(n_estimators=100)
```

이 에이전트는 100개의 의사 결정 트리로 구성된 RandomForestRegressor 모델을 생성한다. 이 모델은 과거 날씨 데이터를 학습한 뒤, 다양한 월과 위치에 대한 날씨 점수를 예측한다.

```python
def train(self, historical_data: Dict):
    X = np.array([[d['month'], d['latitude'], d['longitude']] for d in historical_data])
    y = np.array([d['weather_score'] for d in historical_data])
    self.model.fit(X, y)
```

앞서 설명했듯이, 이 모델은 사전 학습된 상태로 제공되는 것이 아니라 시스템 내부에서 실시간으로 학습된다. 이를 위해 클래스 내부에 train() 메서드가 정의되어 있다. 랜덤 포레스트 모델은 월(month), 위도(latitude), 경도(longitude) 정보를 입력으로 받아 weather_score라는 수치 예측값을 학습한다. 이 코드에서는 데이터를 처리하고 모델을 학습한다.

이제 학습이 완료된 모델을 기반으로 특정 장소에 방문하기 가장 좋은 달을 예측할 수 있다. 다음은 predict_best_time() 메서드의 구현이다. 이 메서드는 위도와 경도만 입력값으로 받아 1월부터 12월까지의 각 월별 예측 점수를 계산한 뒤, 점수가 높은 상위 세 개의 달을 반환한다.

```python
def predict_best_time(self, location: Dict) -> Dict:
    # 날씨 패턴을 바탕으로 방문하기 가장 좋은 시간 예측하기
    predictions = []
    for month in range(1, 13):
        prediction = self.model.predict([[
            month,
            location['latitude'],
            location['longitude']
        ]]).item()  # .item()은 numpy 배열을 스칼라 값으로 변환
        predictions.append({'month': month, 'score': float(prediction)})

    return {
        'best_months': sorted(predictions, key=lambda x: x['score'], reverse=True)[:3],
        'location': location
    }
```

예측 결과는 predictions 리스트에 저장하며 이 리스트는 12개 달 전체의 점수를 포함한다는 점에 주목하자. 실제로는 1월부터 12월까지 루프를 돌며 각 달에 대한 예측을 수행한다. 마지막에는 이 리스트를 높은 점수 순으로 재정렬하여 여행하기 가장 적합한 시기를 결정한다. 이 메서드는 예측된 날씨 점수가 가장 높은 상위 세 개 달을 반환한다.

다음으로, HotelRecommenderAgent는 호텔 설명과 사용자 선호도를 의미론적 유사도를 기반으로 비교해 호텔을 추천하는 시스템이다. 이 시스템은 **자연어 처리**NLP 기법을 활용하여 호텔 설명과 사용자 입력을 이해하고 비교한다.

```python
class HotelRecommenderAgent:
    def __init__(self):
        self.encoder = SentenceTransformer('all-MiniLM-L6-v2')
        self.hotels_db = []
        self.hotels_embeddings = None
```

에이전트를 초기화할 때, 의미론적 유사도 분석을 위한 사전 학습 NLP 모델 all-MiniLM-L6-v2가 로드된다. 5장에서 살펴본 대로 이 모델은 임베더embedder로서, 호텔 설명과 사용자 선호를 나타내는 텍스트를 다차원 공간의 수치 벡터로 변환한다. 벡터로 변환된 후에는 사용자 입력과 호텔 설명 간의 유사도를 계산할 수 있다.

에이전트는 사용 가능한 호텔 정보를 self.hotels_db에서 가져오며, 모든 호텔 설명에 대한 사전 계산된 임베딩 벡터는 self.hotels_embeddings에 저장한다.

다음 코드에서는 호텔 정보를 데이터베이스에 추가하고 임베딩을 계산하는 add_hotels() 메서드, 그리고 의미론적 유사도를 통해 사용자 선호도에 부합하는 호텔을 검색하는 find_hotels() 메서드를 볼 수 있다.

```python
def add_hotels(self, hotels: List[Dict]):
    self.hotels_db = hotels
    descriptions = [h['description'] for h in hotels]
    self.hotels_embeddings = self.encoder.encode(descriptions)

def find_hotels(self, preferences: str, top_k: int = 5) -> List[Dict]:
    pref_embedding = self.encoder.encode([preferences])
    similarities = np.dot(self.hotels_embeddings, pref_embedding.T).flatten()
    top_indices = similarities.argsort()[-top_k:][::-1]
    return [
        {**self.hotels_db[i], 'similarity_score': float(similarities[i])}
```

```
        for i in top_indices
    ]
```

이 에이전트에서는 먼저 사용자의 선호도를 임베딩한 다음, 해당 벡터와 저장된 호텔 임베딩 벡터 전체에 대해 코사인 유사도를 계산한다. 이후 유사도가 가장 높은 호텔 다섯 곳을 선택한다. 여기서 top_k=5는 상위 5개의 호텔을 선택한다는 의미다.

ItineraryPlannerAgent는 여행지 정보(도시명 또는 관광지), 날씨 예측(방문에 가장 적합한 달), 호텔 추천(선택된 숙소), 여행 기간(일 수) 등을 기반으로 여행 일정을 자동으로 생성하는 에이전트다. 이 에이전트는 이러한 입력값을 바탕으로 Qwen2.5-3B 기반 자연어 생성 모델을 사용해 맞춤형 여행 일정을 작성한다.

```python
class ItineraryPlannerAgent:
    def __init__(self):
        print("Qwen2.5-3B 모델 로딩 중...")
        quantization_config = BitsAndBytesConfig(
            load_in_4bit=True,
            bnb_4bit_compute_dtype=torch.float16,
            bnb_4bit_use_double_quant=True,
            bnb_4bit_quant_type="nf4"
        )
        model_name = "Qwen/Qwen2.5-3B-Instruct"
        self.tokenizer = AutoTokenizer.from_pretrained(model_name)
        self.model = AutoModelForCausalLM.from_pretrained(
            model_name,
            quantization_config=quantization_config,
            device_map="auto",
            trust_remote_code=True
        )
        print("모델 로딩 완료!")

    def create_itinerary(self, destination_info: Dict, weather_info: Dict,
                         hotel_info: Dict, duration: int) -> Dict:
        prompt = self._create_prompt(destination_info, weather_info,
                                     hotel_info, duration)
        messages = [
            {"role": "system", "content": "당신은 전문 여행 플래너입니다. 구체적이고 실용적인 여행 일정을 작성해주세요."},
            {"role": "user", "content": prompt}
        ]
```

```python
            text = self.tokenizer.apply_chat_template(
                messages,
                tokenize=False,
                add_generation_prompt=True
            )
            model_inputs = self.tokenizer([text], return_tensors="pt").to(self.model.device)
            generated_ids = self.model.generate(
                **model_inputs,
                max_new_tokens=800,
                temperature=0.7,
                top_p=0.9,
                do_sample=True
            )
            generated_ids = [
                output_ids[len(input_ids):] for input_ids, output_ids in
                zip(model_inputs.input_ids, generated_ids)
            ]
            response = self.tokenizer.batch_decode(generated_ids, skip_special_tokens=True)[0]

            return {
                'itinerary': response,
                'duration': duration,
                'destination': destination_info['name']
            }
```

에이전트 초기화에서 Qwen2.5-3B-Instruct 모델을 로딩할 때 4비트 양자화[quantization]를 적용해 메모리 사용량을 줄인다.

- load_in_4bit=True: 모델을 4비트로 압축
- bnb_4bit_quant_type="nf4": NormalFloat 4비트 양자화 사용
- GPU 메모리가 부족한 환경에서도 실행 가능하도록 최적화

create_itinerary( )는 여행 정보를 받아 AI가 일정을 생성하는 핵심 메서드다. destination_info(목적지 이름, 관광지 정보), weather_info(날씨 및 최적 방문 시기), hotel_info(숙박 정보), duration(여행 기간)을 파라미터로 입력받는다.

LLM은 프롬프트를 통해 상호작용하므로, 이 에이전트에는 모델과 효과적으로 상호작용할 수 있도록 구조화된 프롬프트를 생성하는 메서드가 포함되어 있다.

```python
def _create_prompt(self, destination_info: Dict, weather_info: Dict,
                   hotel_info: Dict, duration: int) -> str:
    return f"""다음 정보를 바탕으로 {duration}일 간의 상세한 여행 일정을 작성해주세요:

목적지: {destination_info['name']}
최적 방문 시기: {weather_info['best_months'][0]['month']}월
숙박: {hotel_info[0]['name']}
주요 관광지: {', '.join(destination_info['attractions'])}

각 날짜별로 아침, 점심, 저녁 일정을 포함하여 구체적으로 작성해주세요."""
```

이제 여행 일정을 만들 수 있다. create_itinerary( ) 메서드는 앞서 생성한 프롬프트를 입력으로 받아 작동한다. 이 프롬프트에는 목적지, 날씨 정보, 호텔 선택, 여행 기간 등 일정 생성에 필요한 모든 정보가 포함되어 있다. create_itinerary( ) 내부에서는 _create_prompt( ) 메서드를 호출하여 프롬프트를 생성하고, 이를 Qwen2.5-3B 모델에 전달하여 상세한 여행 일정을 생성한다.

마지막 에이전트인 SummaryAgent는 여행 세부 정보를 요약하고, 전체 예상 비용을 계산하며, 고객 맞춤형 이메일을 생성하는 역할을 한다.

```python
class SummaryAgent:
    def __init__(self):
        print("Qwen2.5-3B 모델 로딩 중... (SummaryAgent)")
        quantization_config = BitsAndBytesConfig(
            load_in_4bit=True,
            bnb_4bit_compute_dtype=torch.float16,
            bnb_4bit_use_double_quant=True,
            bnb_4bit_quant_type="nf4"
        )
        model_name = "Qwen/Qwen2.5-3B-Instruct"
        self.tokenizer = AutoTokenizer.from_pretrained(model_name)
        self.model = AutoModelForCausalLM.from_pretrained(
            model_name,
            quantization_config=quantization_config,
            device_map="auto",
            trust_remote_code=True
        )
        print("모델 로딩 완료!")
```

calculate_total_price( )는 여행 전체 비용을 계산하는 외부 도구형 메서드다. LLM이 수치 계산에는 적합하지 않다는 점을 고려해 비용 계산은 별도로 처리한다. 이 메서드는 호텔 숙박비와 일일 추가

비용(액티비티, 식사, 교통 등)을 포함하여 총 비용을 계산한다.

```python
def calculate_total_price(self, hotel_info: Dict, duration: int) -> float:
    hotel_cost = hotel_info[0]['price'] * duration
    daily_expenses = 100
    return hotel_cost + daily_expenses * duration
```

이 에이전트는 다음과 같은 매우 간단한 계산 과정을 거쳐 총 비용을 산출한다.

- 호텔 1박 요금×체류 기간
- 식사, 교통, 액티비티, 관광 입장권 등의 일일 비용은 고정값 100달러로 산정
- 호텔 비용과 추가 비용을 합산하여 최종 예상 비용을 도출

이제 고객에게 전송할 여행 요약 이메일을 생성하는 create_email( ) 메서드를 살펴보자.

```python
def create_email(self, trip_data: Dict, client_name: str) -> Dict:
    total_price = self.calculate_total_price(
        trip_data['recommended_hotels'],
        trip_data['itinerary']['duration']
    )
    prompt = f"""다음 여행 계획 정보를 바탕으로 고객에게 보낼 전문적인 이메일을 작성해주세요:
고객명: {client_name}
목적지: {trip_data['itinerary']['destination']}
기간: {trip_data['itinerary']['duration']}일
최적 방문 시기: {trip_data['weather_analysis']['best_months'][0]['month']}월
추천 호텔: {trip_data['recommended_hotels'][0]['name']}
예상 총 비용: ${total_price}
여행 일정:
{trip_data['itinerary']['itinerary']}
정중하고 전문적인 톤으로 작성해주세요."""
    messages = [
        {"role": "system", "content": "당신은 전문 여행사 직원입니다.
            고객에게 보낼 정중하고 상세한 이메일을 작성해주세요."},
        {"role": "user", "content": prompt}
    ]
    text = self.tokenizer.apply_chat_template(
        messages,
        tokenize=False,
        add_generation_prompt=True
    )
    model_inputs = self.tokenizer([text], return_tensors="pt").to(self.model.device)
```

```python
        generated_ids = self.model.generate(
            **model_inputs,
            max_new_tokens=1000,
            temperature=0.7,
            top_p=0.9,
            do_sample=True
        )
        generated_ids = [
            output_ids[len(input_ids):] for input_ids, output_ids in
            zip(model_inputs.input_ids, generated_ids)
        ]
        response = self.tokenizer.batch_decode(generated_ids, skip_special_tokens=True)[0]
        return {
            'email_content': response,
            'total_price': total_price
        }
```

앞서 설명한 바와 같이 생성한 이메일에는 비용 정보(앞서 정의한 메서드를 통해 계산된 금액)와 여행 계획 관련 주요 정보가 포함된다. 이때 이메일은 템플릿 기반으로 구성된다.

다시 한번 말하지만 TravelPlanningSystem은 모든 AI 에이전트를 통합하여 자동 여행 계획을 수행하는 중앙 컨트롤러 역할을 한다.

```python
class TravelPlanningSystem:
    def __init__(self):
        self.weather_agent = WeatherAnalysisAgent()
        self.hotel_agent = HotelRecommenderAgent()
        self.itinerary_agent = ItineraryPlannerAgent()
        self.summary_agent = SummaryAgent()
```

첫 단계에서는 네 개의 에이전트를 모두 초기화한다. 각 에이전트는 하나의 특정 작업만을 담당하며 전체 시스템은 모듈형 아키텍처로 구성되어 있다. 이러한 구조는 다음과 같은 장점을 갖는다.

- 각 구성 요소가 독립적으로 동작하므로 시스템 확장성이 뛰어나다.
- 한 구성 요소의 업데이트 또는 교체가 다른 구성 요소에 영향을 주지 않는다.
- **단일 책임 원칙**을 따라 코드 구조가 깔끔하게 유지된다.

이제 시스템 초기 설정을 시작할 수 있다. 이 과정에서는 과거 날씨 데이터로부터 여행하기 좋은 시기를 학습하고 호텔 데이터베이스를 통해 호텔 정보를 임베딩한다.

```python
def setup(self, weather_data, hotel_data):
    # 모델 초기화하고 학습하기
    self.weather_agent.train(weather_data)
    self.hotel_agent.add_hotels(hotel_data)
```

마지막으로 전체 여행 계획을 조율하고 비용 추정과 여행 일정을 포함하는 요약 이메일을 생성하는 단계다.

```python
def plan_trip(self, destination, preferences, duration, client_name):
    weather = self.weather_agent.predict_best_time(destination)
    hotels = self.hotel_agent.find_hotels(preferences)
    itinerary = self.itinerary_agent.create_itinerary(destination, weather,
        hotels, duration)
    summary = self.summary_agent.create_email({
        'weather_analysis': weather,
        'recommended_hotels': hotels,
        'itinerary': itinerary
    }, client_name)
    return summary
```

날씨를 분석하고 사용자 선호도에 맞는 호텔을 찾는다. 이 정보를 바탕으로 AI가 날짜별 상세 여행 일정을 생성하며 마지막으로 모든 정보를 종합해 이메일 형식의 요약문을 생성한다.

이제 다중 에이전트 플랫폼을 구축했으니 실제로 실행해 보아야 한다. 먼저 시스템에 날씨, 목적지, 호텔 등에 대한 다양한 정보를 제공한다. 그 후 시스템을 초기화하고 실행하면 Qwen2.5-3B가 생성한 맞춤형 이메일과 예상 여행 총 비용 그리고 전체 여행 요약 정보를 출력한다. 코드를 실행하면 다음과 같은 결과가 나온다.

> 제목: Rome 여행 안내 및 추천 일정
> John Smith님,
> 환영합니다! Rome 여행에 대한 정보와 추천 일정에 대해 안내 드리겠습니다. Rome의 아름다운 명소들과 맛있는 음식을 경험하실 수 있도록 도움드리겠습니다.
> Rome 방문의 최적 시기는 12월입니다. 이 시기는 추수 감사절 기념일로 인해 많은 관광객들이 방문하여 풍경이 더욱 아름답습니다. 또한, 12월에는 낮 동안의 환경이 더 따뜻해져, 여행하는 것에 더 즐거움을 느낄 수 있습니다.
> 귀하의 추천 호텔인 Grand Hotel은 Rome의 중심부에 위치해 있어, 여러 명소와 식당을 쉽게 방문할 수 있는 편리한 위치를 자랑합니다. 또한 호텔 내에서 아침 식사를 즐길 수 있으며, 저녁 식사는 귀하의 일정에 따라 선택적으로 즐길 수 있습니다.
> 귀하의 3일 일정에 대해 설명 드리겠습니다:

```
**Day 1:**
- 아침: 호텔에서 아침 식사를 즐기고, Colosseum 방문.
        ... 중략 ...
위의 일정에 대해 귀하의 의견과 제안을 말씀해 주실 것을 부탁드리며, 궁금한 사항이 있으면 언제든지
연락주시기 바랍니다.
감사합니다.
[Your Name]
[Your Contact Information]
Estimated Total Cost: $ 1200
```

이 여행 계획 시스템은 AI 에이전트들이 협력하여 현실 세계의 문제를 자동화하는 방식을 보여주는 프로토타입이다. 물론, 이 시스템을 다양한 방향으로 확장하여 실용성을 높일 수 있다.

- 현재 사용된 데이터는 정적static이며 단순한 예시에 불과하다. 이를 개선하기 위해 날씨(OpenWeatherMap, AccuWeather), 호텔(Booking.com, Expedia API), 목적지(Google Places API, Yelp) 등의 정보를 실시간으로 가져오는 API 연동을 추가할 수 있다. 항공편이나 교통편을 위한 Google Flights API, Rome2Rio 같은 확장 기능도 추가할 수 있다.

- 이 예제에서는 Qwen2.5-3B를 사용했지만 실제 서비스에서는 GPT-4, Claude와 같이 더 큰 최신 모델이나 LLaMA 등의 오픈소스 모델로 교체할 수 있다. 또한 Tripadvisor, Lonely Planet, Reddit 등에서 수집한 여행 일정 데이터로 파인튜닝하면 성능을 크게 향상시킬 수 있다.

- 현재 생성되는 일정은 일반적이며 다양한 여행자 유형에 맞춰 조정되지 않는다. 사용자의 예산, 선호 활동(문화, 모험, 미식, 가족 여행 등), 특별 요구 사항(휠체어 이용, 노인 동반, 반려동물 동반 등)을 추가로 수집하면 더욱 맞춤화된 일정을 제공할 수 있다. 이를 위해서는 더 큰 언어 모델이나 추천 시스템, 또는 다양한 기준을 고려해 평가하는 **다중 기준 의사결정**multi-criteria decision-making 기법을 사용할 수 있다.

이 시스템은 간단하지만 다음과 같은 흥미로운 개념들을 확인할 수 있다.

- 하나의 대형 모놀리식 AI 모델 대신, 여러 전문화된 에이전트로 시스템을 분할한 구조는 현대 소프트웨어 설계에서 매우 유용한 패턴이다.

- 이 단순한 예제는 자율주행차, 금융, 헬스케어, 로보틱스 등의 산업에서 활용되는 다중 에이전트 AI 플랫폼의 동작 방식을 모방하고 있다. 이러한 시스템은 확장성, 모듈성, 효율성을 고려해 설계되며 현실 세계에 적용할 수 있다.

- 시스템은 사용자 선호도에 따라 동적으로 맞춤형 추천을 생성할 수 있다. 비록 이 예제에서는 입력이 고정되어 있지만 실제 사용자 입력을 받는 방식과 비슷한 구조다.

- 시스템은 날씨, 호텔, 관광지 등 다양한 요인을 종합적으로 분석한 뒤 이를 바탕으로 최적의 여행 계획을 수립한다. 이와 유사한 최신 시스템들은 정밀한 머신러닝 모델(예: 이 예제의 랜덤 포레스트), 대규모 데이터베이스, 사용

자 맞춤 기능, 자동화된 고객 응대 시스템(예: 이메일 생성 및 전송 기능) 등을 포함하고 있다.

비록 이 시스템은 매우 단순한 형태지만, 다양한 산업에서 비슷한 방식으로 시스템을 구현할 수 있는 가능성을 보여준다. 예를 들어 다음과 같은 사례들이 있다.

- **AI 기반 의료 어시스턴트**: 치료법 추천, 병원 일정 최적화, 질병 위험 예측
- **AI 쇼핑 어시스턴트**: 사용자 선호와 구매 이력 기반의 상품 추천
- **자율 주행 차량용 다중 에이전트 시스템**: 경로 탐색, 보행자 감지, 교통 흐름 최적화
- **AI 투자 어드바이저**: 투자 전략 설계, 리스크 관리, 사기 탐지
- **AI 기반 도시 설계 도우미**: 교통, 에너지 소비, 대중교통 노선 최적화

이번 절에서는 다중 에이전트 시스템을 만드는 방법을 다뤘다. 다음 절에서는 이러한 다중 에이전트 시스템이 현재 존재하거나 발전 중인 다양한 비즈니스 모델에 어떻게 통합될 수 있는지를 논의한다. 이를 통해 다중 에이전트 플랫폼을 실제 비즈니스 요구에 맞게 어떻게 조정하고 적용할 수 있을지에 대한 중요한 통찰을 얻게 될 것이다.

4. SaaS, MaaS, DaaS, RaaS

이 절에서는 최근 AI의 발전에 따라 영향을 받은 다양한 비즈니스 모델을 살펴본다. 다중 에이전트 기반의 LLM은 최첨단 기술이지만, 그 진정한 가치는 비즈니스 요구에 맞게 조정되어 기업과 소비자에게 효과적으로 패키징, 마케팅, 제공될 수 있다는 점에 있다.

이러한 시스템은 개발과 유지보수 비용이 상당히 크기 때문에 어떤 수익 모델을 기반으로 할 것인지 이해하는 것이 필수이다. 그래야 회사의 전략에 부합하는 제품을 기획, 설계, 개발할 수 있다. 이러한 모델을 이해하면 다중 에이전트 시스템이 단순한 기술이 아니라 하나의 제품으로서 다양한 방식으로 시장에 진입할 수 있음을 알 수 있다.

또한 LLM은 비용이 매우 큰 제품이므로 각 비즈니스 모델은 지속적인 업데이트, 확장성, AI 배포의 유연성 측면에서 장단점이 있다. 동시에 이러한 비즈니스 모델은 AI 모델을 개발하려는 사람이든 단순히 기술을 이용하는 고객이든 관계없이 기술에 대한 접근을 통제한다.

따라서 플랫폼, 비즈니스 모델 등에 관한 선택은 제품이 개발되기 전에 반드시 이루어져야 한다. 높은 비용 구조 때문에 시행착오적 접근은 허용되지 않기 때문이다. 즉, 어떤 비즈니스 모델을 선택할지는 제품과 다중 에이전트 시스템의 구조 그리고 회사의 경제적 지속 가능성에 의해 결정된다.

서비스형 소프트웨어, SaaS

서비스형 소프트웨어SaaS, software as a service는 제공자가 소프트웨어를 클라우드에 호스팅하고 인터넷을 통해 사용자에게 제공하는 서비스 모델이다. 기존 소프트웨어 모델에서는 사용자가 소프트웨어를 자신의 기기에 설치하여 로컬에서 사용했다. 이와 달리 SaaS는 웹 브라우저나 모바일 애플리케이션을 통해 인터넷으로 접근하여 사용한다. SaaS는 일반적으로 일회성 구매가 아닌 구독 형태로 제공된다.

SaaS 패러다임은 1999년 세일즈포스Salesforce가 **고객 관계 관리**CRM, customer relationship management를 클라우드 기반 서비스로 출시하면서 시작되었다. 현재 SaaS는 다양한 기업, 특히 **기업 간 거래**B2B 애플리케이션에서 가장 널리 사용되는 판매 모델이다. 그 인기는 점점 더 높아지고 있으며, 앞으로도 SaaS 소프트웨어 매출은 계속 성장할 것으로 예상된다.

SaaS 애플리케이션은 일반적으로 클라우드에 호스팅하는 방식, 즉 클라우드 네이티브로 구축된다. 물론 개발 기업은 자체 인프라에서 직접 호스팅할지 Google Cloud, IBM Cloud, AWS, Microsoft Azure 등 클라우드 서비스 제공자의 인프라를 활용할지 결정할 수 있다. 앱 제공업체의 수요에 따라 일부 클라우드 제공자들은 이러한 앱을 호스팅하기 위한 전용 인프라를 제공하기 시작했고, 이를 **서비스형 플랫폼**PaaS, platform as a service이라 부른다.

PaaS 솔루션에서 제공자는 제품 개발자에게 제공되는 전용 인프라를 통해 하드웨어와 소프트웨어 모두를 호스팅한다. 이를 통해 개발자는 백그라운드 인프라를 유지·관리하는 부담 없이 코딩에만 집중할 수 있다. 또한 PaaS는 애플리케이션과 데이터의 호스팅은 물론, 심지어 모델 학습까지 지원할 수 있어 개발자는 순수한 애플리케이션 개발에만 전념할 수 있다.

이러한 구조 덕분에 많은 기업들이 비싼 인프라를 직접 구축하지 않고도 제품 개발을 빠르게 진행할 수 있었다. 그러나 생성형 AI 애플리케이션에서는 플랫폼 사용량이 늘어날 경우 비용이 크게 증가할 수 있다. 또한 PaaS는 개발 과정은 단순화하지만 애플리케이션을 반드시 플랫폼과 환경의 요구 사항에 맞춰 조정해야 한다. 이는 항상 가능한 일이 아니며 배포상의 어려움이나 기타 문제로 이어질 수 있다.

이러한 한계를 보완하고자 2010년경 등장한 또 다른 패러다임이 바로 **서비스형 인프라**IaaS, infrastructure as a service이다. IaaS에서는 사용자가 웹 서비스 형태로 컴퓨팅 자원(서버, 네트워크, 스토리지 등)을 임대할 수 있다. 사용자는 인프라에 대해 더 많은 제어권을 가지며 제공업체는 주로 하드웨어 관리에 집중한다. 대표적인 예로는 Google Compute Engine, DigitalOcean, Amazon Elastic Compute Cloud(EC2)가 있다.

따라서 PaaS와 IaaS는 SaaS의 확장형 모델이자, 기업이 애플리케이션을 운영하는 데 필요한 지원 생태계라고 볼 수 있다.

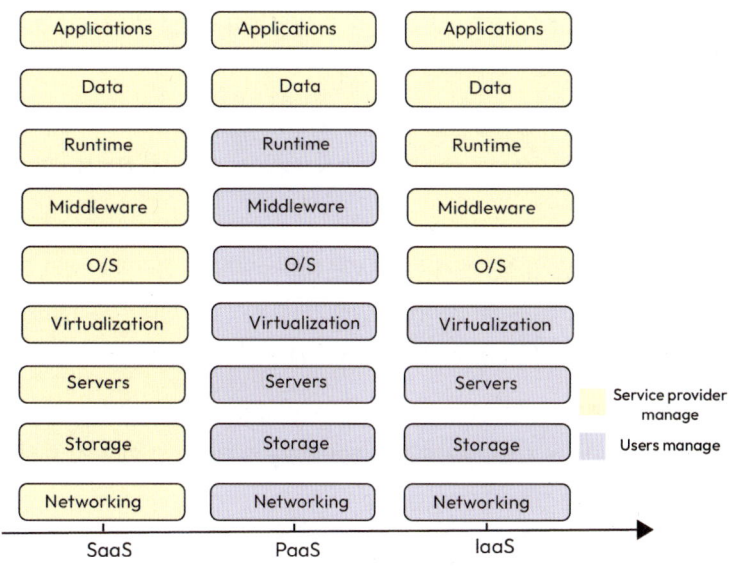

그림 9.39 다양한 패러다임 비교(https://arxiv.org/pdf/2311.05804)

따라서 SaaS 애플리케이션은 반드시 인터넷에 연결된 기기를 통해서만 접근할 수 있도록 설계된다. 즉, 인터넷에 연결되지 않은 기기에서는 애플리케이션을 사용할 수 없으며 로컬 접속을 허용할 필요는 없다. 이러한 소프트웨어는 일반적으로 웹 브라우저나 전용 모바일 앱을 통해 사용한다. 일부 SaaS 애플리케이션(예: Adobe Acrobat)에서는 사용자가 컴퓨터에 전용 클라이언트를 내려받아 설치해야 할 때도 있다. 이 클라이언트는 전체 애플리케이션이 아닌 로컬 PC에 설치되는 가벼운 프로그램에 불과하며 이러한 사례는 흔치 않다.

SaaS 애플리케이션은 대체로 **멀티 테넌트 소프트웨어 아키텍처**multi-tenant software architecture를 기반으로 한다. 이는 단일 소프트웨어 인스턴스(데이터베이스 및 하드웨어 포함)가 여러 사용자 계정(또는 여러 테넌트)을 동시에 지원하는 구조다. 여기서 테넌트tenant란 소프트웨어 사용자 또는 조직 내의 사용자 그룹을 의미한다.

SaaS에서는 반드시 각 테넌트의 데이터를 격리하고 다른 테넌트가 접근하지 못하도록 하는 아키텍처가 중요하다. 이러한 구조는 단일 하드웨어와 인프라를 여러 사용자가 공유할 수 있게 하여 비용을 절감한다. 또한 확장성, 맞춤화 용이성, 유지보수 효율성이라는 장점도 제공한다. 예를 들어, 제공업체는 자체 인프라에서 단일 아키텍처만 업데이트하면 되므로 관리가 훨씬 간단해진다.

이와 같은 이유로 SaaS는 오늘날 널리 사용하는 패러다임의 하나이며 다음과 같은 여러 가지 장점이 있다.

- **비용 효율성**: 고객은 하드웨어나 소프트웨어 라이선스와 같은 초기 비용을 부담할 필요가 없다. SaaS에서는 고객이 구독이나 사용량 기반 방식으로 비용을 지불한다.
- **확장성**: SaaS는 추가 하드웨어 없이도 손쉽게 확장할 수 있다. 또한 소프트웨어 자체가 고객 수 증가에 맞춰 확장될 수 있도록 설계된다. 특히 AI 모델 고객은 대규모 하드웨어를 보유하지 않아도 제공업체의 인프라를 바로 활용할 수 있다.
- **접근성**: 고객은 인터넷 연결만 있으면 전 세계 어디서든 애플리케이션에 접근할 수 있다. 또한 웹 브라우저를 통해 사용하므로, 클라이언트가 어떤 하드웨어를 사용하더라도 최적화된 형태로 동작한다. SaaS는 템플릿, API, 프레임워크를 통해 고객의 자원과 전문 지식 부담을 줄여 AI 접근성을 높인다.
- **통합과 맞춤화 용이성**: 개발자는 업데이트, 보안 패치, 유지보수를 더 적은 자원과 시간으로 제공할 수 있다. 고객 맞춤화 역시 보다 간단하게 지원되면서도 제공자가 통제권을 유지할 수 있다. AI 시스템이라면 업데이트된 템플릿을 제공하는 방식으로 맞춤화를 지원할 수도 있다.
- **빠른 배포**: SaaS는 즉시 시장에서 사용 가능하므로 배포 및 시장 진입 시간을 크게 줄인다.
- **데이터와 모델 공유**: 서로 다른 팀이나 다양한 지역의 사용자들에게 모델과 데이터 접근을 동시에 효율적으로 제공할 수 있다.

물론, SaaS에는 한계와 단점도 있다.

- **인터넷 연결 의존성**: SaaS는 안정적인 인터넷 연결이 필수적이다. 따라서 연결 장애가 발생하면 중요한 프로세스가 중단되거나 오류가 발생할 수 있다. 농촌 지역이나 인프라가 부족한 국가에서는 서비스 이용이 어려울 수 있다.
- **제한된 맞춤화**: SaaS 솔루션은 하나의 제품으로 최대한 많은 비즈니스를 포괄하도록 설계된다. 따라서 제공되는 맞춤화 옵션이 제한적이며 특정 기업의 모든 요구를 충족하지 못할 수 있다. AI 시스템도 마찬가지로, 고객은 모델을 거의 제어할 수 없으며 모델이 고객의 요구 사항을 충족하지 못할 수도 있다.
- **데이터 보안과 개인정보 보호 문제**: 제3자 서버에 데이터를 호스팅하는 것은 데이터 유출이나 무단 접근의 위험이 따른다. 또한 유럽 연합(EU) 등 일부 국가의 규정과 관련된 규제 준수 문제가 발생할 수 있다(예: 데이터는 특정 국가의 서버에 보관되어야 한다는 규정 등). AI 모델 학습이나 활용 과정에서 민감한 데이터를 공유해야 하는 상황이 발생할 수 있으며, 이는 GDPR(일반 데이터 보호 규정)이나 기타 규정을 위반할 수 있고 추가적인 개인정보 보호 위험으로 이어질 수 있다.
- **벤더 종속**: 기업이 특정 SaaS 제공업체에 의존하면 비용과 복잡성 때문에 다른 플랫폼으로 이전하기 어려울 수 있다. 또한 제공업체가 서비스를 중단하거나 인수합병과 함께 비용을 갑작스럽게 인상하거나 필수 기능을 제거할 위험이 있다. SaaS는 구독 기반일 경우 장기적으로 총비용이 상당히 증가할 수 있으며, 일부 제공업체는 사

용자 수가 늘어날수록 더 높은 요금을 부과하기도 한다.

- **성능 문제**: 멀티 테넌트 아키텍처에서 자원을 공유하다 보면 사용량이 많은 시간대에 성능 저하가 발생할 수 있다. 또한 예기치 못한 서버 다운이나 제공업체의 유지보수 일정은 비즈니스에 악영향을 미칠 수 있다. 예를 들어 태평양 표준시(PST) 기준으로 야간에 유지보수가 진행되면 유럽에서는 업무 시간에 서비스가 중단될 수 있다. 이런 상황에서 고객은 통제권이 없다. 특히 실시간으로 실행해야 하는 AI 시스템은 학습 및 추론 과정에서 지연이나 성능 문제를 겪을 수 있다. 또한 제공업체가 최신 AI를 제공하지 않거나 아직 이를 도입하지 않았거나 고객 요구에 맞지 않는 모델을 사용할 가능성도 있다.

- **높은 연산 비용**: SaaS는 개발자에게 인프라 비용이 발생하며, AI라면 GPU나 대규모 스토리지 사용 탓에 비용이 훨씬 더 커질 수 있다. 일부 서비스는 사용자에게 특히 높은 비용 부담을 초래할 수 있다.

서비스형 모델, MaaS

서비스형 모델(MaaS, model as a service)은 빅데이터, AI, 웹 3.0의 발전과 함께 등장한 새로운 패러다임이다. MaaS는 개발자와 기업에게 AI 및 머신러닝 모델과 관련 서비스형 인프라(IaaS)를 제공하는 클라우드 컴퓨팅 기반의 서비스 패러다임이다.

MaaS의 목적은 생성형 AI나 대규모 모델을 직접 학습시킬 전문성이나 인프라가 없는 기업이 AI에 쉽게 접근할 수 있도록 하는 데 있다. MaaS는 사전 학습된 머신러닝 모델과 알고리즘을 간단한 인터페이스, API, 또는 브라우저를 통해 활용할 수 있도록 한다. SaaS와 마찬가지로 모델 접근은 인터넷을 통해 이루어지므로 기업은 안정적인 인터넷 연결이 필수이다. 제공업체는 모델을 호스팅하고, 개발자들이 학습된 모델에 접근할 수 있도록 지원한다.

개발자들은 이러한 모델을 활용해 자신들의 시스템과 애플리케이션에 AI 기능을 추가할 수 있다. MaaS는 보통 대규모 데이터로 학습되었거나 특정 작업에 최적화된 모델을 호스팅하는 플랫폼 형태를 띤다. 이를 통해 MaaS는 특히 학습과 배포 과정에서 발생하는 모델 관리의 복잡성을 줄이고, 개발자들이 모델 자체를 다루는 대신 모델을 활용하고 특정 애플리케이션에 통합하는 데 집중할 수 있도록 한다. 따라서 개발자들은 모델을 처음부터 직접 학습시킬 필요가 없어 시간과 자원을 절약할 수 있다.

즉, MaaS는 PaaS나 IaaS와 비슷한 면이 있지만 한 단계 더 추상화되어 AI 솔루션에 초점을 맞춘다. 어떤 의미에서 MaaS는 SaaS와 PaaS/IaaS 사이에 위치한 중간 솔루션으로 볼 수 있다. MaaS는 단순히 서비스를 제공할 뿐만 아니라 맞춤형 제품 개발을 가능하게 하는 인프라까지 제공한다.

SaaS와 MaaS의 또 다른 차이점은 기반 아키텍처에 있다. SaaS는 애플리케이션 레이어에 초점을 두며, 이는 애플리케이션(모바일 앱이나 데스크톱 앱) 실행을 지원하는 운영 체제와 앱을 호스팅할 수 있는 레이어에 의존한다. 이와 달리, MaaS의 아키텍처는 특정 프레임워크에서 호스팅하는 모델 자체에 초점을 맞춘다.

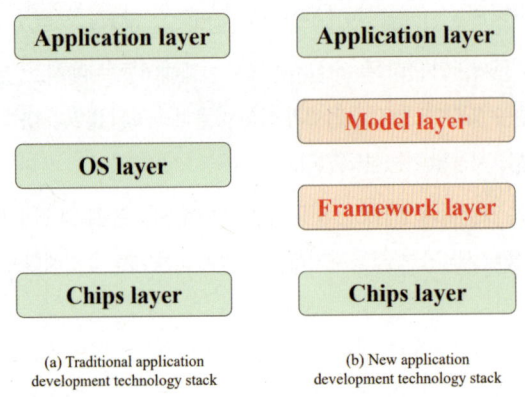

그림 9.40 전통적 기술 스택과 모델 기반 기술 스택 비교(https://arxiv.org/pdf/2311.05804)

MaaS에는 일반적으로 다음과 같은 요소들이 포함된다.

- **클라우드 컴퓨팅**: MaaS는 클라우드 인프라를 기반으로 하여 다양한 모델을 관리하고 배포한다. 이를 통해 모델에 쉽게 접근할 수 있고 확장성도 크게 향상된다.
- **모델 학습과 최적화**: MaaS 제공업체는 대규모 데이터셋으로 대규모 모델을 학습시키는 역할을 담당한다. 또한 모델을 보다 효과적으로 활용하도록 전체 생태계를 관리한다. 예를 들어, 특정 애플리케이션을 위해 양자화된 버전이나 파인튜닝된 버전 등 다양한 크기의 모델을 제공할 수 있다.
- **API와 개발 도구**: MaaS 제공업체는 개발자가 손쉽게 모델을 애플리케이션에 활용할 수 있도록 API와 도구를 제공한다. 목적은 모델을 다른 애플리케이션이나 인프라에 쉽게 통합하는 것이다. 즉, API는 엔드포인트로 작동하여 데이터를 입력받고 예측 결과를 반환한다.
- **모니터링과 분석**: 최근에는 모델을 실제 운영 환경에 배포한 후 이를 모니터링하는 방법에 대한 관심이 커지고 있다. MaaS 제공업체는 일반적으로 모델 성능을 모니터링하고 문제를 식별하며, 피드백을 통합하거나 리소스 할당을 개선하는 다양한 도구를 제공한다.
- **확장성, 보안, 개인정보 보호**: MaaS 제공업체는 고객이 동시에 여러 사용자를 관리할 수 있도록 지원하며 필요에 따라 대역폭, 컴퓨팅 파워, 스토리지를 조정해 시스템의 확장성을 보장한다. 또한 오늘날 개인정보 보호와 보안 요구가 강화되고 있어 플랫폼은 이를 충족하기 위한 다양한 기능을 제공한다.

Hugging Face는 대표적인 MaaS 제공업체 사례다. Hugging Face는 자사뿐만 아니라 다른 기업이나 사용자가 개발한 수천 개의 사전 학습 모델을 제공하며 그 범위는 컴퓨터 비전, 자연어 처리, 오디오, 비디오 등으로 다양하다. 이러한 모델은 Model Hub에 호스팅되어 있으며 API를 통해 사용할 수도 있고 로컬 환경에 설치할 수도 있다.

즉, 사용자가 모델을 직접 내려받지 않고도 추론 API를 통해 모델을 사용할 수 있으며, 이 경우 모델을 관리하기 위한 인프라를 보유할 필요가 없다. 이 API는 사용량 기반 과금 방식을 따른다. 전문 지식이나 자원이 부족한 개발자는 엔드포인트 API를 통해 AI 모델을 자신의 애플리케이션에 손쉽게 통합할 수 있다.

또한 Hugging Face는 모델과 애플리케이션을 함께 호스팅하고 배포할 수 있는 플랫폼도 제공하여 MaaS의 기능을 확장하고 맞춤형 모델을 사용하려는 고객에게 더 큰 유연성을 제공한다. 아울러 모델 확장성을 높이는 도구와 모델 개발 및 통합을 돕는 오픈소스 라이브러리(예: Transformers, Datasets, Diffusers, sentence embedding 등)도 제공한다. 더불어 사용자 교류를 위한 포럼, 교육 자료, 기타 서비스도 함께 지원한다.

이 외에도 다양한 MaaS 제공업체가 있다. 예를 들어, Google AI는 자연어 처리(Natural Language API), 비전(Vision API), 음성 인식, 번역과 같은 사전 학습 모델이나 Vertex AI를 통한 맞춤형 모델 학습을 제공한다. AWS 역시 언어, 이미지, 텍스트 분석(예: AWS Comprehend, Rekognition, Translate)을 위한 사전 학습 모델이나 맞춤형 모델용 인프라를 제공한다.

MaaS는 특히 AI 분야에서 다음과 같은 장점이 있다.

- **모델 개발과 배포의 단순화**: MaaS는 생성형 AI 활용에 필요한 기술적 장벽을 낮춘다. 대부분의 모델이 엔드포인트 형태로 제공되므로 기업은 해당 기술이나 다양한 알고리즘에 정통한 개발자를 고용할 필요가 없다. 따라서 기업은 제품의 애플리케이션과 모델 통합에 집중할 수 있다. 필요하다면 MaaS는 모델을 특정 애플리케이션에 맞게 파인튜닝하는 과정도 단순화한다. SaaS와 달리 MaaS는 AI 전체 워크플로에 맞춰 설계되어 있으며 모델 배포와 학습, 관리, 확장을 위한 도구를 제공하여 AI 활용에 관심 있는 기업을 더 효과적으로 지원한다.

- **고성능과 확장성**: 클라우드 컴퓨팅을 활용하므로 시스템 확장이 쉽다. 실제로 AI(특히 LLM)는 막대한 비용과 자원을 요구하는데, MaaS는 초기 진입 비용 없이 대규모 모델에 접근할 수 있도록 하여 자원 관리 효율성을 높인다. 일반적으로 사용자는 소비한 만큼만 비용을 지불하고 필요에 따라 컴퓨팅 자원을 제공받아 더 나은 성능과 확장성을 확보할 수 있다. MaaS는 AI 작업 부하(AI workloads)에 최적화되어 있기 때문에 연산 수요가 변동될 때도 손쉽게 확장할 수 있다. (SaaS는 일반적으로 사용자 수의 변동에 초점을 맞추지만 MaaS의 경우 모델 사용 방식에 따라 각 사용자의 연산 필요량이 달라질 수 있다.)

- **지식 공유와 협업**: MaaS는 방대한 데이터셋을 수집하고 대규모 모델을 학습하는 기반 위에서 구축된다. 이러한 사전 학습된 모델은 개발자가 특정 애플리케이션에 맞게 파인튜닝할 수 있다. 따라서 개발자는 훨씬 적은 데이터만 수집해도 되고 대규모 모델을 처음부터 직접 학습할 필요가 없어 자원과 비용을 절감할 수 있다(파인튜닝은 사전 학습보다 연산 비용이 훨씬 적다). 또한 MaaS는 표준화를 통해 모델 활용에 필요한 기술적 지식 수준을 낮추

며 튜토리얼이나 참고 자료를 제공한다. 더 나아가 모델은 커뮤니티 플랫폼에서 공유되어 정보와 경험 교환이 가능하며, 이는 협업 환경을 촉진하고 새로운 모델 개발을 가속화한다.

- **비즈니스 지원**: MaaS는 구독 기반과 같이 유연한 결제 모델을 제공하며 사용량에 따라 비용을 지불하는 방식이 일반적이다. 이는 많은 중소기업에도 비용 효율적이고 접근성이 높다. 제공업체 입장에서도 한 번 특정 기술을 선택해 제품에 통합하면 사용자가 쉽게 이탈하지 않기 때문에 유리하다. 모델 통합을 통해 기업은 예측, 보고서 작성, 시각화 등에서 손쉽고 저렴하게 통찰력을 얻을 수 있다.

- **유연성**: MaaS는 매우 다양한 애플리케이션을 위한 모델을 제공하고, 기업이 수많은 잠재적 모델을 통합할 수 있도록 하여 폭넓은 유연성을 보장한다(예: 자연어 처리, 컴퓨터 비전, 시계열 분석 등). 또한 개발자는 다양한 사전 학습 모델을 환경 변경 없이 빠르게 테스트할 수 있다. 예를 들어 Hugging Face는 단 몇 줄의 파이프라인 코드로 수천 개의 모델을 활용할 수 있다. 이와 비슷하게 MaaS 제공업체는 데이터 레이블링, 데이터 형식 통합, 모니터링 등 AI 라이프사이클 전반을 단순화하는 다양한 도구를 제공하며, 모델 학습부터 배포까지 전체 과정을 지원한다.

MaaS는 새로운 패러다임이며, 생성형 AI 분야가 활발히 발전 중이기 때문에 해결해야 할 과제와 잠재적 문제점 역시 존재한다.

- **보안과 개인정보 보호**: 모델 학습 과정에서 특히 많은 양의 데이터가 전송될 수 있는데, 이는 도중에 유출될 위험이 있다. 또한 민감한 데이터로 학습된 모델이 해당 데이터를 그대로 출력할 위험도 있다. 저작권이 있는 데이터로 학습된 모델의 경우, 이에 대한 법적 규제가 아직 명확하지 않다. 따라서 규제가 엄격한 산업에 속한 조직은 MaaS 채택을 망설일 수 있다. 데이터는 모델의 기반이지만 저품질 데이터로 학습될 경우 편향이 생길 수 있다. 게다가 어떤 데이터로 학습되었는지에 대한 정보가 없는 경우도 많다. 이런 상황에서는 플랫폼과 해당 모델을 사용하는 기업 모두 벌금이나 규제를 받을 수 있다.

- **벤더 종속**: MaaS 제공업체는 독점적인 도구와 API를 사용하기 때문에 다른 제공업체로 전환하기 쉽지 않다. 예를 들어, 제공업체를 변경하면 모델 통합 과정이 복잡해지거나 파인튜닝한 모델을 내보내기export 힘들어질 수 있다. 이러한 문제는 유연성과 혁신성을 떨어뜨리며 기업을 특정 제공업체에 종속시킨다. 또한 서비스 중단이나 장애가 발생한다면 구축한 애플리케이션에도 영향을 미치며 로컬 환경에서 실험하기도 더 어려워진다.

- **제한된 맞춤화**: 모든 MaaS 제공업체가 사전 학습 모델의 파인튜닝이나 수정 기능을 제공하는 것은 아니다. 사전 학습 모델이 특정 작업에는 적합하지 않을 수 있으며, 기업이 하이퍼파라미터나 인프라를 직접 제어해야 할 경우도 있다. 게다가 제공업체가 일방적으로 변경이나 업데이트를 추진하여 기업 애플리케이션의 핵심 기능을 더 이상 지원하지 않는 상황이 발생할 수도 있다.

- **모델과 결과에 대한 설명 가능성 부족**: 모델은 종종 블랙박스처럼 작동해 사용자가 의사결정 과정을 들여다볼 수 없다. 특히 생성형 AI 모델은 입력을 어떻게 처리해 출력으로 변환했는지 이해하기 어렵다. 민감한 애플리케이션에서는 이 점이 큰 문제가 될 수 있으며, 특히 모델이 할루시네이션을 일으키거나 잘못된 출력을 내놓는다면 더욱 심각해진다. 또한 플랫폼의 불투명성은 오류를 진단하거나 수정 방법을 파악하는 데 방해가 된다.

- **성능과 비용**: 지연_{latency}이란 요청과 그에 대한 응답 사이에 걸린 시간을 의미한다. 모델의 지연은 기반 인프라에 따라 달라지며 사용량이 많은 시기에는 인프라에 과부하가 걸릴 수 있다. MaaS 플랫폼의 멀티 테넌트 환경에서는 사용량이 집중될 때 자원 병목 현상이 발생할 수 있다. 기업은 상당한 수준의 지연을 겪을 수 있으며 애플리케이션을 사용할 수 없게 만들 수도 있다. 또한 MaaS는 사용량 기반 과금을 제공하는데, 대규모 학습이나 추론이라면 비용이 빠르게 늘어날 수 있다.

MaaS는 다양한 비즈니스 영역에서 계속 확장되고 있는 패러다임이다. 예를 들어, 헬스케어 분야는 방대한 데이터를 보유하고 있으며 이미 많은 모델들이 개발되었다. 이러한 모델들은 플랫폼에 올라와 필요할 때 의료 종사자나 제약사가 활용할 수 있다. 물론 헬스케어에서는 데이터 보안과 출력의 일관성이 필수적이다. 특히 병원이나 의료 서비스 제공자를 위한 애플리케이션이라면 더욱 그렇다. MaaS는 금융, 블록체인, 웹 3.0 같은 다른 분야에서도 성장하고 있다.

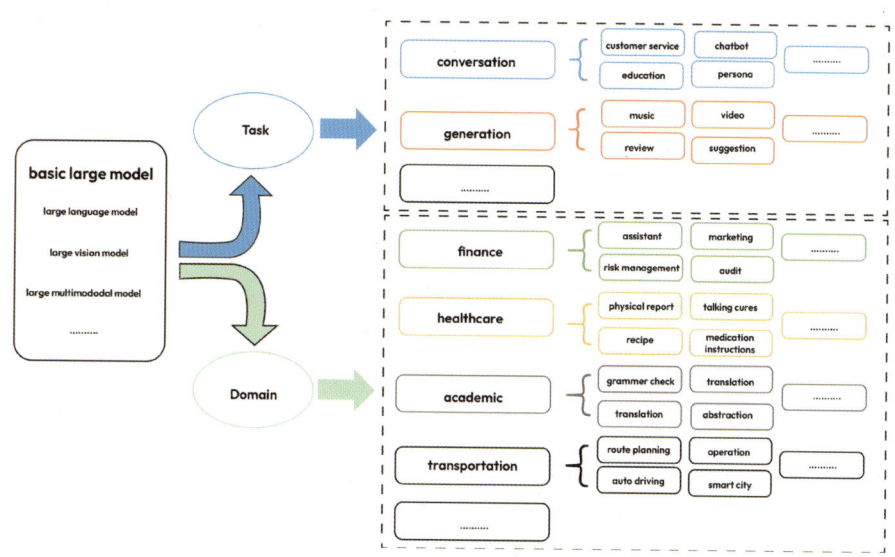

그림 9.41 MaaS 내 다양한 산업 분야의 적용 사례(https://arxiv.org/pdf/2311.05804)

서비스형 데이터, DaaS

서비스형 데이터_{DaaS, data as a service}는 사용자의 지리적 위치나 조직적 경계에 관계없이 데이터를 온디맨드_{on demand} 방식으로 제공하는 비즈니스 모델이다. DaaS에서는 데이터가 클라우드에 저장되며, 고객은 이를 구독하는 형태로 비용을 지불하여 접근할 수 있다(추가 도구를 사용할 수도 있고 단순히 접근만 할 수도 있다). 즉, DaaS는 데이터를 자산으로 보고 이를 필요할 때마다 사용자에게 제공한다는 개념에 기반한다.

이러한 데이터 접근은 플랫폼, API 사용 또는 추가 수단을 통해 이루어진다. 제공업체는 원시raw 데이터뿐만 아니라 기계 판독machine-readable 또는 기계 활용machine-ready이 가능하도록 정규화된 데이터도 제공할 수 있다.

AI 모델은 데이터가 매우 많이 필요하며 양질의 데이터를 확보하는 것이 쉽지 않다. 그래서 일부 기업은 접근하기 어려운 데이터를 수집·가공한 뒤 판매하는 비즈니스에 집중한다. 예를 들어, 수집하기 까다로운 환자 데이터를 모아 정제한 후 제약회사에 판매할 수 있다. 또 다른 방식으로는 기업이 일상적 운영 과정에서 수집한 데이터를 새로운 사업 모델로 전환해 판매하는 것을 들 수 있다. 예를 들어, 통신사는 사용자 데이터를 익명화하여 유통업체에 판매할 수 있다. 이 데이터는 보안 포털을 통해 제공되며 건별 결제 또는 구독 방식으로 과금할 수 있다. 이 중 구독 방식이 가장 일반적이며 이를 다시 세 가지 유형으로 나눌 수 있다.

- 시간 기반 모델
- 사용량 기반 모델
- 호출당 과금 또는 데이터 유형 기반 모델

DaaS 제공업체는 단순히 수집한 원시 데이터를 판매할 수도 있지만, 보통은 이를 가공하고 모델로 분석 가능한 형태로 제공한다. 일부 DaaS 제공업체는 여러 출처의 데이터를 통합·정제하여 고객의 분석 과정을 단순화하기도 한다. 결국 이러한 데이터의 목적은 고객의 비즈니스 프로세스와 의사결정을 개선하거나 AI 모델 학습을 지원하는 데 있다.

또한 양방향 데이터 흐름도 가능하다. 제공업체가 데이터를 수집하고 정규화한 뒤 이를 자사 데이터와 통합하여 다시 고객에게 제공하는 방식이다. 이렇게 하면 고객은 자신의 데이터와 외부 데이터를 연계해 추가적인 가치를 창출할 수 있다.

DaaS의 장점은 다음과 같다.

- **비용 효율성**: 고객은 데이터 인프라와 팀을 직접 구축하고 유지할 필요가 줄어든다. 또한 데이터 저장 없이 필요할 때 데이터 스트림에 직접 접근할 수 있어 비용이 절감된다.
- **접근 용이성**: 데이터를 온디맨드로 제공하므로 실시간으로 접근할 수 있고, 데이터 수집과 처리에 필요한 시간과 전문성을 줄인다. 사용자는 데이터 구조를 몰라도 쉽게 활용할 수 있으며 인터넷 연결만 있으면 언제든 접근할 수 있다.
- **확장성**: 고객은 인프라에 추가 투자 없이도 증가하는 데이터 수요에 맞춰 쉽게 확장할 수 있으며 필요한 데이터 워크로드를 유연하게 선택할 수 있다.

- **중앙화된 데이터 관리**: 데이터가 일관되고 중앙화된 방식으로 저장되므로 불일치와 중복이 줄고 데이터 거버넌스와 규제 준수가 쉬워진다.
- **핵심 활동에 집중**: DaaS는 기업들이 데이터를 관리하는 대신 데이터에서 가치를 추출하는 데 집중할 수 있게 해준다. 또한 동일한 데이터를 동일한 형식으로 접근할 수 있어 팀 간 협업도 개선된다.
- **다른 서비스와의 통합**: DaaS에서는 데이터를 분석 플랫폼, 시각화 도구, 기타 클라우드 서비스와 쉽게 통합할 수 있다. 또한 데이터셋을 정기적으로 업데이트할 수 있어 사용자가 최신 데이터를 활용할 수 있다.
- **데이터 품질 향상**: 데이터가 중앙화되면 품질이 높아지는 경향이 있다. 한 번 데이터를 검증하면 업데이트가 없는 한 추가 검증은 필요 없다.

DaaS의 단점은 다른 클라우드 컴퓨팅 기반 모델들과 비슷하다.

- **데이터 보안과 개인정보 보호**: 데이터가 클라우드에 있다는 것은 민감한 정보나 독점적인 데이터가 제3자에게 유출되거나 침해될 수 있음을 의미한다. 제공업체는 오늘날 점점 더 엄격해지는 규제를 반드시 준수해야 한다. 데이터 해킹 공격이 늘어나고 있으며 인프라 보안 비용도 증가하고 있다. 또한 데이터를 익명화해 판매한다 하더라도 경우에 따라 역추적을 통해 원본 정보를 복원할 가능성이 있다.
- **벤더 종속**: DaaS는 기업이 핵심 데이터를 외부 제공업체에 의존하게 만든다. 제공업체 측의 서비스 중단이나 장애는 클라이언트와 이 데이터에 의존하는 모든 서비스에 직접적인 영향을 미친다. 일반적으로 고객은 데이터 스트림에만 접근하고 데이터를 내려받지 않으므로 기업 운영에 필수적인 데이터와의 연결이 끊길 수 있다.
- **제한된 맞춤화**: DaaS는 특정 고객이 원하는 형식이나 세분화된 수준을 제공하지 않을 수 있다. 제공업체는 가능한 많은 고객에게 유용한 형식으로 데이터를 제공하려 하지만 개별 고객의 요구 사항은 다를 수 있다. 부적절한 데이터 형식은 기존 시스템이나 워크플로에 통합하기 어려워 기업은 시스템이나 데이터를 변환하고 적응시키는 데 추가 비용을 지출해야 할 수 있다.
- **품질 보증 문제**: DaaS에서 데이터의 정확성은 핵심이다. 데이터 품질이 낮으면 잘못된 의사결정이나 관련 서비스의 오류를 초래할 수 있다. 데이터의 품질, 정확성, 신뢰성은 제공업체에 달려 있다. 따라서 제공업체는 데이터가 최신이며 관련성 있고 품질이 보장된 상태임을 확인해야 한다.
- **지연과 성능 문제**: 인터넷을 통한 데이터 접근은 필연적으로 지연을 발생시킬 수 있다(특히 연결이 불안정하거나 데이터셋이 매우 큰 경우). 또한 이러한 지연은 데이터 스트림이 다른 서비스와 결합될 때 전체 성능 저하를 유발할 수 있다.

서비스형 결과, RaaS

서비스형 결과(RaaS, results as a service) 또는 서비스형 성과(OaaS, outcomes as a service)는 최근 몇 년간 등장한 새로운 패러다임이다. RaaS는 서비스 제공업체가 도구, 플랫폼, 원시 데이터를 제공하는 대신 특정 결과물이나 성과(outcome)를 제공하는 비즈니스 모델이다. 이 모델은 데이터 분석, 자동화, AI와 같은 분야에서 주목받고 있다.

RaaS에서는 제공업체가 AI(LLM 및 에이전트 포함)를 활용하여 고객에게 개인화된 인사이트를 제공한다. 즉, 제공업체가 전체 분석을 수행하는 동안 고객은 전문 기술 인력 없이 비즈니스 인사이트에 집중할 수 있다. 일반적으로 고객은 서비스에 대해 일시불로 비용을 지불하는 대신 구독을 통해 일정 간격으로 분석 결과를 받는다.

고객은 점차 모델 자체가 아닌 모델이 제공하는 가치를 요구하므로, RaaS는 모델(또는 데이터) 대신 결과를 제공하는 데 중점을 둔다. 또한 고객은 기술 도입 비용을 줄이면서도 그 가치는 유지하기를 원하며, RaaS는 이러한 기업의 초기 비용 부담을 줄이는 것을 목표로 한다. 이 구조에서 제공업체는 원하는 결과를 달성하기 위해 필요한 기술과 도구를 식별하고 고객은 자신의 요구 사항을 설명한다.

RaaS의 목적은 고객 충성도 확보이며, 따라서 제공업체는 분석 프로세스를 자동화할 강한 유인을 가진다. 이 과정에서 AI 에이전트는 중요한 역할을 하며 새로운 핵심 구성 요소가 될 수 있다. 예를 들어 LLM은 거의 즉각적으로 보고서를 생성해 고객에게 인사이트를 제공할 수 있다. 이러한 보고서는 LLM을 활용해 개인화할 수 있으며 고객 맞춤형 인사이트를 제공한다. 또한 도구와 데이터베이스를 추가하면 정량적 요소를 보강하고 LLM의 기능을 확장할 수 있다. 에이전트는 대규모 데이터를 자동으로 분석하고 추가 모델과 결합할 수 있으며, 이렇게 생성된 보고서나 프레젠테이션은 고객의 의사결정을 지원하는 데 활용할 수 있다.

RaaS의 장점은 다음과 같다.

- **성과 중심 접근**: 기업은 도구, 인프라, 전문 지식이 아니라 오직 결과(가치)에 대해서만 비용을 지불한다. 이는 소프트웨어 사용이나 분석 수행에 대한 책임이 없으므로 기업의 위험을 줄인다.
- **비용 효율성**: 고객은 인프라와 전문 지식을 구축하는 데 비용을 들일 필요가 없다. 대신 서비스 제공업체가 프로세스를 자동화해 비용을 절감할 수 있으며, 이는 소규모 기업일수록 그 효과가 크다. 또한 고객은 합의된 가격으로 구독형 요금제를 선택할 수 있으며, 성과 기반 요금제를 통해 비용이 실제 성과와 직접적으로 연동되는 장점도 얻을 수 있다. 서비스 제공자는 그 대신 안정적인 월별 수익을 얻게 된다.
- **핵심 역량 집중**: 기업은 시스템 구축과 유지, 프로세스 관리에 자원을 투입하지 않아도 되므로 RaaS는 상당한 시간 절약 효과를 제공한다. 이를 통해 기업은 새로운 역량을 구현하면서도 실행은 제공업체에 맡길 수 있다. 따라서 고객은 본연의 핵심 역량에 집중하면서 결과를 바로 업무 파이프라인에 통합할 수 있다.
- **확장성, 정확성, 유연성**: RaaS는 확장 가능하고 유연한 구조로, 제공업체가 동일한 기술을 여러 고객에게 재사용할 수 있다. 또한 제공업체의 보상과 평판이 서비스 성공 여부에 달려 있기 때문에 고품질 결과를 제공할 유인이 크다.

물론, RaaS에도 다음과 같은 단점이 있다.

- **통제력 상실**: 고객은 결과가 어떻게 도출되는지에 대해 제한된 통제권만 가진다. 프로세스 추적이나 문제 진단이 불가능하다. 또한 제공업체가 규정 준수나 품질, 윤리적 관행에 대한 문제가 있더라도 고객이 이를 알아채기 어려울 수 있다. 일반적으로 RaaS는 투명성을 보장하지 않으며 고객이 제공업체를 신뢰하는 것에 의존한다.
- **벤더 종속**: 고객은 서비스 제공업체에 대한 강한 의존성을 가지게 되며 이는 벤더 종속, 제공업체 변경의 어려움, 높은 전환 비용으로 이어질 수 있다. 제공업체의 실패나 비효율성은 고객 운영에 직접적인 영향을 미친다. 이 경우 고객의 선택권은 제한적이다.
- **데이터 보안과 개인정보 위험**: 민감한 데이터를 서비스 제공업체와 공유해야 할 수 있으며 이는 프라이버시 및 보안 문제를 야기한다. 규제 때문에 데이터를 공유할 수 없을 수도 있으며, 위반 시 막대한 벌금이나 평판 손실을 입을 수 있다. 따라서 RaaS 제공업체는 시스템 보안, 데이터 저장, 연결 유지에 상당한 비용을 투입해야 한다.
- **결과 측정의 복잡성**: 명확하고 측정 가능한 결과를 정의하는 것이 어렵다. 목표나 분석이 복잡할수록 고객과 제공업체 간의 기대 불일치가 발생할 수 있다. 이는 결과 달성 여부에 대한 분쟁으로 이어지며, 때에 따라 비용이 큰 소송으로 발전할 수 있고 제공업체의 평판에도 악영향을 미친다.
- **비용 증가 가능성**: RaaS는 초기 비용은 줄여주지만 장기적으로는 기업에 더 비싼 선택이 될 수 있다. 추가 분석이나 성능·목표 불일치 시 발생하는 비용이 누적될 수 있다.
- **제한된 맞춤화**: RaaS 솔루션은 일반적인 적용 범위를 위해 설계되므로 특정 기업의 세부적인 틈새 시장 요구 사항을 충족하지 못할 수 있다. 제공업체는 가능한 많은 고객에게 적합한 자동화된 솔루션을 만들고자 하므로, 개별 고객의 특수한 요구에 따라 추가 비용이 발생하거나 요구 사항을 아예 충족하지 못하거나 이해하지 못할 수도 있다.
- **품질 보증 문제**: 제공업체는 비용 절감을 위해 자동화를 활용하고 가능한 많은 고객에게 맞는 솔루션을 빠르게 제공하려 한다. 이 과정에서 단기 성과에 치중하면서 장기적 가치가 훼손될 위험이 있다.

그럼에도 RaaS는 빠르게 성장하는 비즈니스 모델이다. 많은 기업들이 AI 서비스를 통합하고 싶어 하지만 그렇게 할 수 있는 전문 지식이나 인프라를 갖추고 있지 않으며 AI 서비스 분야에서는 더욱 그러하다.

대부분의 기업은 모델 자체가 아니라 유지보수 예측이나 환자의 예후 같은, 모델이 제공하는 결과물에 더 관심을 보인다. 이들은 전체 프로세스를 개발할 필요 없이 자신의 특정 요구에 맞는 결과물을 원한다.

경쟁이 치열해지면서 제공업체는 특정 산업에 특화된 맞춤형 RaaS를 내놓기 시작했고, 이는 현재 충족되지 않은 수요를 해결하며 혁신을 촉진한다. 시장에 다양한 서비스가 늘어남에 따라 고객의 요구도 발전하며, 기업은 자신의 핵심 비즈니스 요소를 강화하는 데 집중할 수 있게 된다.

다양한 패러다임 비교

패러다임 선택 시 고려할 사항은 다음과 같이 요약할 수 있다.

- **SaaS**: 제공업체는 구독을 통해 안정적이고 예측 가능한 수익 흐름을 확보하고자 할 때, 자사 제품이 대규모 고객에게 확장 가능해 솔루션의 비용을 절감할 수 있을 때, 업데이트와 유지보수를 쉽게 지원할 수 있을 때, 클라우드 인프라를 활용해 하드웨어 비용을 최소화할 수 있을 때, 빈번한 소프트웨어 개선을 보장하며 고객 충성도를 유지할 수 있을 때 SaaS를 선택해야 한다.

    고객은 하드웨어나 유지보수에 투자하지 않고도 소프트웨어에 빠르게 접근해야 할 때, 소프트웨어의 유연성과 확장성이 중요할 때, 대규모 초기 투자를 피하고 구독 기반으로 비용을 지불하기 원할 때 SaaS를 선택해야 한다. 또한 고객이 업데이트, 유지보수, 보안을 외부 제공업체에게 맡기길 원할 때나 다양한 국가나 위치에 분산된 팀이 원격으로 접근 가능한 애플리케이션이 필요할 때도 SaaS가 적합하다.

    SaaS의 대표적인 기업으로는 Salesforce(업계 전반에서 사용되는 클라우드 기반 CRM 시스템), Microsoft 365(Word, Excel, Teams 등 생산성 도구를 클라우드 구독 형태로 제공), Adobe Creative Cloud(Photoshop, Illustrator 등 창작 도구를 지속적인 클라우드 업데이트와 함께 제공), Slack(분산된 팀을 위한 메시징과 협업 플랫폼)이 있다.

- **MaaS**: 제공업체는 파트너와의 협력을 통해 모델 제공 비용을 절감하거나 이미 견고한 인프라를 보유하고 있을 때, 헬스케어나 금융, 리테일 등 다양한 산업에 적용 가능한 고성능 AI/ML 모델을 개발했을 때, 알고리즘을 공유하지 않고도 모델이나 전문 지식을 통해 수익화하고자 할 때, 모델 접근을 안전하고 신뢰성 있게 보장할 수 있을 때 MaaS를 고려해야 한다.

    고객은 고급 AI/ML 모델이 필요하지만 자체적으로 구축하거나 학습할 자원이 부족할 때, 모델 유지보수·재학습·최적화를 내부적으로 관리하기보다는 외부 제공업체에게 맡기길 원할 때 이 솔루션을 고려해야 한다. 특히 AI/ML을 실험하는 스타트업 및 기업에게 비용 효율성과 유연성이 중요할 때, AI/ML 기반 애플리케이션의 시장 출시 속도가 중요할 때도 이러한 MaaS가 적합하다.

    MaaS의 대표적인 기업으로는 OpenAI(GPT 모델을 API 형태로 제공하여 텍스트 생성이나 요약에 활용 가능), Google Cloud AI Platform(번역, 비전, 음성 인식 등 다양한 모델 제공), AWS SageMaker JumpStart(사기 탐지 같은 작업에 사전 학습된 모델을 빠르게 배포 가능), Hugging Face(추론 API를 이용하여 수천 개의 오픈소스 모델을 제공)가 있다.

- **DaaS**: 제공업체는 여러 산업에 유용한 고부가가치의 독점적인 데이터셋을 보유하고 있을 때, 데이터 기반 의사결정과 분석 수요 증가를 활용해 이익을 얻고자 할 때, 장기간 운영 과정에서 수집한 데이터를 새로운 비즈니스 기회로 전환하려고 할 때, GDPR이나 CCPA 같은 데이터 보호 규정을 준수할 수 있을 때, 데이터 공유 인프라를 보유하고 있을 때, 원시 데이터 외에도 인사이트, 시각화, 도구 통합 같은 부가가치를 제공할 수 있을 때 DaaS를 선택해야 한다.

    고객은 대규모 데이터를 필요로 하지만 저장 및 처리 인프라에 투자하기를 원하지 않을 때, 비즈니스가 외부 또는 전문 데이터셋(예: 시장 데이터, 날씨 데이터, 지리 데이터, 금융 데이터, 의료 데이터 등)에 의존할 때, 다양한 데이터셋 접근과 확장성에서 유연함을 선호할 때, 데이터 규정 준수·유지보수·보안 문제를 직접 관리하지 않으려고 할 때 DaaS를 고려해야 한다.

대표적인 사례로는 Snowflake(조직 간 안전한 데이터 공유를 지원하는 클라우드 데이터 플랫폼), Quandl by Nasdaq(기관이나 분석가에게 금융·경제·대체 데이터를 제공), Clearbit(B2B 영업과 마케팅 데이터를 제공), Copernicus의 Climate Data Store(과학적·상업적 용도의 환경과 기후 데이터셋을 제공)가 있다.

- **RaaS**: 제공업체는 고객에게 신뢰할 수 있고 측정 가능한 결과물을 안정적으로 보장하는 적절한 인프라를 보유하고 있을 때, 제품이나 서비스를 판매하기보다는 가치와 결과물 전달에 집중해 차별화를 꾀하고자 할 때, 고객에게 성능과 보장된 결과물을 제공할 수 있을 때, 리스크 완화와 성과 보장을 위한 전문 지식을 갖추고 있을 때 RaaS를 고려해야 한다.

  고객은 특정한 결과를 얻고자 하지만 이를 위한 기반 프로세스·인프라·기술을 직접 관리하고 싶지 않을 때, 도구나 입력보다는 성과(예: 성능 향상, 운영 효율성)에 집중하고자 할 때, 성공적인 결과에 대해서만 비용을 지불해 리스크를 줄이고자 할 때, 복잡하고 전문적인 성과를 달성할 전문성이 부족할 때, 초기 비용을 줄이고 이를 장기적으로 분산시키고자 할 때 RaaS를 선택할 수 있다.

  대표적인 RaaS 제공업체로는 Pymetrics(내부 메커니즘을 공개하지 않고 신경과학과 AI를 활용해 채용 추천 제공), Afiniti(AI 기반으로 콜센터 매칭 최적화와 성과 기반 요금 부과), Uptake(산업 현장에서 유지보수 예측을 제공하고 가동 시간 또는 효율성 향상에 따라 과금), ZS Associates(건강이나 제약 산업에서 분석 기반 솔루션 제공, KPI와 성과 향상 기준에 따라 과금) 등이 있다.

다음 표는 각 패러다임에 대해 제공업체와 고객 관점에서의 장점과 단점을 요약한 것이다.

범주	SaaS	MaaS	DaaS	RaaS
제공업체 입장에서의 장점	- 반복적인 수익 모델 - 확장 가능한 인프라 - 소프트웨어 업데이트 용이 - 비용 효율적인 개발 라이프사이클	- AI/ML 모델의 수익화 가능 - 컴퓨팅 자원의 확장 가능한 분배 - 헬스케어, 금융 등 다양한 산업 지원 - 인프라 부담 감소 (예: 클라우드 호스팅 ML 모델) - 틈새 AI/ML 애플리케이션으로의 확장 기회	- 데이터 수익화 기회 - 데이터의 중앙 집중식 관리 - 예측 가능한 수익 - 기존 데이터셋 활용 능력 - 다양한 산업에 대한 서비스 유연성	- 안정적이고 예측 가능한 수익 흐름 - 결과 기반 가치 지향적 가격 모델 장려 - 경쟁 시장에서 서비스 차별화 - 제품 판매 대신 결과 제공에 집중 가능 - 고객 유지율 향상
고객 입장에서의 장점	- 낮은 초기 비용 - 최신 소프트웨어 버전에 쉽게 접근 가능 - 어디서든 접근 가능 - 비즈니스 요구에 맞춰 유연한 구독 방식	- 고급 모델을 직접 구축하거나 학습하지 않고도 접근 가능 - 모델을 효율적으로 처리할 수 있는 확장 가능한 컴퓨팅 파워 - 예측 또는 자동화를 위한 모델 활용의 유연성 - 자체 AI/ML 인프라를 구축하지 않아도 되어 비용 절감 - AI 기반 애플리케이션의 시장 출시 시간 단축	- 선별되고 사용 가능한 데이터에 대한 빠르고 쉬운 접근 - 데이터 시스템의 소유 비용 절감 - 대규모 데이터 저장/처리 인프라 불필요 - 유연한 확장성	- 성과 기반 결제로 리스크 감소 - 인프라를 걱정하지 않고 결과에 집중 가능 - 예측 가능한 성능 및 가치 확보 - 대규모 초기 투자가 필요 없음 - 전문가의 지원을 통해 원하는 결과를 쉽게 달성 가능

제공업체 입장에서의 단점	- 높은 경쟁과 고객 이탈률 - 인프라 및 업데이트에 대한 지속적인 비용 - 지역별 규제 및 규정 준수 문제	- 모델 개발을 위한 높은 초기 비용 - AI/ML 모델의 공정성, 신뢰성, 규정 준수 보장 문제 - 다양한 사용 사례에서의 모델 성능 기대치 관리 필요 - 자원 집약적인 모델 업데이트와 재학습	- 데이터 사용 시 개인정보 보호/보안 문제 - 실시간 데이터 전송을 위한 인프라 필요 - 복잡한 데이터 규제 (GDPR 등)에 대한 준수 필요	- 성공적인 결과 제공 여부에 따라 수익 변동 - 성과 보장을 위한 높은 초기 비용 - 성과 측정과 책임 지표의 복잡성 - 결과 제공이 어렵거나 기대치가 불일치할 경우 수익 감소 위험
고객 입장에서의 단점	- 인터넷 연결 의존성 - 데이터 보안 및 개인정보 위험 - 장기적으로는 소프트웨어 소유보다 비용이 더 들 수 있음	- 제3자 모델에 대한 의존성 - AI/ML 모델의 편향 또는 오류 가능성 - 자주 사용할 경우 장기적인 비용 부담 가능성 - 특정 요구에 맞춘 모델 커스터마이징의 제한 - 일부 AI/ML 애플리케이션에서의 개인정보 보호 우려	- 데이터 소유권 및 벤더 종속에 대한 우려 - 장기적으로 높은 비용 발생 가능성 - 제3자 데이터에 대한 과도한 의존 가능성 - 민감한 데이터 관련 보안 위험	- 결과의 성공 여부에 대한 벤더 의존성 - 결과 도출 과정의 투명성 부족 - 계약 기간 중 결과물 수정에 대한 유연성 부족 - 특수하거나 비표준적인 요구에는 부적합할 수 있음 - 결과 정의가 명확하지 않을 경우 비용 상승 가능성

표 9.1 제공업체와 고객 각각의 장점과 단점

비즈니스 패러다임의 선택은 중요한 결정이다. 각 패러다임은 사용자와 기업 모두에게 영향을 미치며, 올바른 패러다임을 선택하면 자원을 절약하고 수익을 늘릴 수 있다. 비즈니스 패러다임은 다중 에이전트 시스템을 개발하는 데 필요한 기술적 선택에도 영향을 미친다.

> **요약**
>
> 이번 장에서는 앞선 장에서 살펴본 도구들을 어떻게 LLM에 통합할 수 있는지를 알아보았다. LLM이 계획을 세우고 추론하는 능력을 지니고 있지만, 실행 단계에서는 다소 취약한 결과를 보인다는 점을 확인했다. LLM은 텍스트를 생성하는 능력 외에도 방대한 학습 정보를 바탕으로 텍스트 생성 이상의 능력도 발휘할 수 있다.
>
> 예를 들어, 이미지를 분류하는 작업을 LLM에 맡기는 것은 계산 자원의 낭비지만, LLM은 전문 모델을 사용하여 해당 작업을 해결할 수 있다. 허깅GPT 사례에서 보았듯이 하나의 모델이 다른 모델을 호출하여 이미지 속 피자를 식별할 수 있다. 예시에서 LLM이 여러 모델을 호출하고, 그 결과를 수집하며, 이를 바탕으로 추론을 수행하는 과정을 확인했다(모델들이 피자의 종류에 대해 일치된 결과를 도출했음을 관찰할 수 있었다). 이처럼 LLM은 필요한 모델을 선택하여 실행하고, 그 결과를 수집한 다음, 작업이 완료되었는지를 판단할 수 있다.
>
> 이러한 개념은 다양한 산업 응용 분야에 혁신을 가져올 수 있다. 예를 들어, 고객이 구매한 옷의 사이즈가 작아 교환을 요청하는 이메일을 보냈다고 하자. 이 경우, LLM은 해당 불만 사항을 이해하고 해결 계획을 수립한 뒤 이를 실행할 수 있다. 모델은 구매 내역을 확인하는 도구, 더 큰 사이즈의 재고를 확인하는 도구, 배송을 주문하는 소프트웨어 등을 사용할 수 있으며, 주문이 완료되면 고객에게 요청이 처리되었음을 알리는 응답을 보낸다.
>
> 이처럼 에이전트는 LLM이 작업 수행에 필요한 다양한 도구를 사용하도록 함으로써 여러 작업을 자동화할 수

있다. 앞서 살펴보았듯이 이러한 접근 방식은 법률 분야의 에이전트, 화학이나 생물학 분야의 연구 에이전트 등 다양한 분야로 확장될 수 있다. 예를 들어, AI 에이전트는 논문 작성 지원, 강의안 작성 보조, 과학적 가설 설정을 돕는 도구가 될 수 있다.

이러한 내용들이 첨단 시나리오처럼 보이더라도 현재 LLM의 추론 능력에는 한계가 있다는 점을 이해해야 한다. 지금으로서는 단순한 작업만 자동화할 수 있으며 복잡한 비즈니스 요구 사항을 처리하려면 여전히 인간의 개입이 필요하다. 개발자는 시스템의 한계를 충분히 인지해야 하며 LLM은 자원을 많이 소모하므로 계산 비용이 크다는 점도 고려해야 한다.

확장성은 에이전트 도입을 고려하는 기업에게 있어 중요한 문제이다. 그래서 이 장의 마지막에서는 LLM 등장과 함께 열리는 다양한 비즈니스 패러다임에 대해 논의하였다. SaaS는 지난 30년간 지배적이었던 고전적 패러다임으로, 인터넷 혁명기에 구상되어 AI가 대중적인 제품으로 등장하기 전에 탄생했다. DaaS는 AI와 기업이 정보에 입각한 의사결정을 내리기 위해 필요한 양질의 데이터에 중점을 둔다. MaaS는 AI/ML 모델을 제공하려는 기업을 위한 것이고 RaaS는 모델의 결과물에만 집중한다.

이들 패러다임은 SaaS와 유사한 점이 있지만 두 가지 중요한 요소를 고려한다. 첫째, AI 모델을 학습하고 사용하려면 막대한 인프라와 자원이 필요하고, 둘째, 이러한 모델을 개발하고 유지하려면 상당한 전문성이 요구된다. 따라서 MaaS와 RaaS는 기업이 이러한 초기 투자 비용과 전문성에 대한 부담을 줄일 수 있도록 돕는다. 제공업체와 고객은 각자의 자원과 필요에 따라 다른 선택을 해야 하므로, 여기서는 비교 표와 선택 지침을 제공했다.

이번 장에서는 실제로 '에이전트'가 무엇인지(다중 에이전트 플랫폼이라면 여러 에이전트 집합이 무엇인지)를 정의하고 이러한 에이전트를 비즈니스에 어떻게 통합할 수 있는지 논의하였다. 다시 말해, 에이전트 기반 시스템을 규정한 것이다. 이 시스템은 고립된 존재가 아니다. 다음 장에서는 에이전트를 둘러싼 생태계와 그 안에서 에이전트가 어떻게 통합되는지를 집중적으로 다룬다.

더 읽을거리

- Shen, *HuggingGPT: Solving AI Tasks with ChatGPT and its Friends in Hugging Face*, 2023, https://arxiv.org/abs/2303.17580

- Wang, *A Survey on Large Language Model based Autonomous Agents*, 2023, https://arxiv.org/abs/2308.11432

- Raieli, *HuggingGPT: Give Your Chatbot an AI Army*, https://levelup.gitconnected.com/hugginggpt-give-your-chatbot-an-ai-army-cfadf5647f98

- Schick, *Toolformer: Language Models Can Teach Themselves to Use Tools*, 2023, https://arxiv.org/abs/2302.04761

- Bran, *ChemCrow: Augmenting Large Language Models with Chemistry Tools*, 2023, https://arxiv.org/abs/2304.05376

- Cui, *Chatlaw: A Multi-Agent Collaborative Legal Assistant with Knowledge Graph Enhanced Mixture-of-Experts Large Language Model*, 2023, https://arxiv.org/abs/2306.16092v2

- Hamilton, *Blind Judgement: Agent-Based Supreme Court Modelling With GPT*, 2023, https://arxiv.org/abs/2301.05327

- Cheng, *Exploring Large Language Model based Intelligent Agents: Definitions, Methods, and Prospects*, 2024, https://arxiv.org/pdf/2401.03428

- Swanson, *The Virtual Lab: AI Agents Design New SARS-CoV-2 Nanobodies with Experimental Validation*, 2024, https://www.biorxiv.org/content/10.1101/2024.11.11.623004v1.full

- Lu, *The AI Scientist: Towards Fully Automated Open-Ended Scientific Discovery*, 2024, https://arxiv.org/abs/2408.06292

- Fossi, *SwiftDossier: Tailored Automatic Dossier for Drug Discovery with LLMs and Agents*, 2024, https://arxiv.org/abs/2409.15817

- Si, *Can LLMs Generate Novel Research Ideas? A Large-Scale Human Study with 100+ NLP Researchers*, 2024, https://arxiv.org/abs/2409.04109

- Raieli, *AI Planning or Serendipity? Where Do the Best Research Ideas Come From?*, https://ai.gopubby.com/ai-planning-or-serendipity-where-do-the-best-research-ideas-come-from-f8e5e6692964

- Raieli, *A Brave New World for Scientific Discovery: Are AI Research Ideas Better?*, https://levelup.gitconnected.com/a-brave-new-world-for-scientific-discovery-are-ai-research-ideas-better-5692c5aa8182

- Schmidgall, *Agent Laboratory: Using LLM Agents as Research Assistants*, 2024, https://arxiv.org/abs/2501.04227

- Tang, *ChemAgent: Self-updating Library in Large Language Models Improves Chemical Reasoning*, 2025, https://arxiv.org/abs/2501.06590

- Raieli, *Can AI Replace Human Researchers*, https://levelup.gitconnected.com/can-ai-replace-human-researchers-50fcc43ea587

- European Cloud Computing Platforms, https://european-alternatives.eu/category/cloud-computing-platforms

- IBM, *What is Multi-tenant?*, https://www.ibm.com/topics/multi-tenant

- Gan, *Model-as-a-Service (MaaS): A Survey*, 2023, https://arxiv.org/pdf/2311.05804

- Abe, *A Data as a Service (DaaS) Model for GPU-based Data Analytics*, 2018, https://arxiv.org/abs/1802.01639

- Forbes, *AI Agents: The Next Frontier In Intelligent Automation*, https://www.forbes.com/councils/forbestechcouncil/2025/01/02/ai-agents-the-next-frontier-in-intelligent-automation/

- World Economic Forum, *Why Should Manufacturers Embrace AI's Next Frontier – AI agents – Now?*, https://www.weforum.org/stories/2025/01/why-manufacturers-should-embrace-next-frontier-ai-agents/

- Deng, *Mind2Web: Towards a Generalist Agent for the Web*, 2023, https://arxiv.org/abs/2306.06070

AI 에이전트 애플리케이션 구축하기

이전 장에서는 외부 도구를 이용하여 LLM의 기능을 확장하는 방법을 살펴보았다. 또한 하나의 에이전트 대신 여러 에이전트를 동시에 운영함으로써 더 복잡한 문제를 해결할 수 있음을 확인했다. 나아가 이러한 접근 방식을 산업 전반에 어떻게 응용해 수많은 애플리케이션의 혁신을 이끌 수 있는지도 논의하였다. 이와 함께 에이전트의 두 가지 주요 한계, 즉 확장성과 다양한 도구와의 연결 복잡성도 짚어보았다.

이번 장에서는 이러한 두 가지 문제를 중심으로, 이를 어떻게 극복하고 실제 서비스 수준으로 확장할 수 있는지를 구체적으로 다루고자 한다. 지금까지는 다중 에이전트 시스템을 개인용 컴퓨터에서 실행되는 독립적인 개체entity로 다루었다. 이전 장의 마지막 부분에서는 AI와 함께 등장하는 새로운 비즈니스 패러다임도 살펴보았다. 에이전트가 앞으로 산업 현장에서 중요한 역할을 맡으려면 실제 프로덕션 환경에 배포할 수 있어야 한다. 다중 에이전트 시스템을 프로덕션으로 전환하려면 앞서 언급한 확장성 문제와 복잡성 문제를 반드시 해결해야 하며 그렇지 않으면 사용자 경험을 해칠 수 있다.

이러한 문제를 해결하기 위해 이번 장에서는 단계적인 접근 방식을 따라간다. 먼저, 스트림릿Streamlit을 활용해 에이전트를 중심으로 애플리케이션을 구축하는 과정을 살펴본다. 스트림릿은 단순하면서도 유연한 프레임워크로, 백엔드(에이전트 동작)와 프론트엔드(사용자 인터페이스)를 통합적으로 관리할 수 있다. 이를 통해 아이디어를 빠르게 프로토타이핑하고 개념 검증proof of concept 단계까지 손쉽게 도달할 수 있다.

다음으로, LLM과 에이전트를 실제로 운영하는 데 필요한 전체 워크플로를 더욱 자세히 살펴본다. 모델을 처음부터 학습시키는 경우든, 이미 학습된 모델을 활용하는 경우든, 이 과정을 통해 확장성을 높이는 방법과 업계에서 복잡성을 해소하는 방식에 대해 실질적인 통찰을 얻을 수 있다. 또한 다중 에이전트 시스템뿐만 아니라 다양한 머신러닝 프로젝트에서 확장성 확보에 유용한 두 가지 개념, '비동기 프로그래밍'과 '컨테이너화'도 함께 다룬다.

이번 장에서 다룰 주제는 다음과 같다.

- 스트림릿 소개
- 스트림릿을 활용한 프론트엔드 개발

- 스트리밋과 AI 에이전트를 활용한 애플리케이션 구축
- 머신러닝 운영_{MLOps}과 LLM 운영_{LMLOps}
- 비동기 프로그래밍
- 도커_{Docker}

기술 요구 사항

이 장의 코드 대부분은 CPU에서 실행할 수 있다. 스트림릿 소개와 프론트엔드 개발 부분은 GPU가 필요하지 않다. 설치해야 할 라이브러리는 다음과 같다.

- Streamlit: 앱의 프론트엔드와 백엔드 관리
- pandas: 데이터프레임 처리
- Matplotlib: 그래프 시각화
- Folium: 지도 시각화
- time: 실행 시간 모니터링
- NumPy: 수치 계산
- pydeck: 지도 표현
- OpenAI: OpenAI의 LLM을 활용한 에이전트 구축
- Sentence Transformer: 임베딩 처리

'3. 스트림릿과 AI 에이전트를 활용한 애플리케이션 만들기' 절은 CPU에서도 실행할 수 있지만 GPU에서 실행하는 것이 더 바람직하다.
OpenAI 라이브러리를 사용하려면 OpenAI 토큰이 필요하며 사전에 가입해 발급받아야 한다. 이후 절에서 다루는 내용은 CPU에서 실행할 수 있으며, 주로 AsyncIO 라이브러리를 사용한다. 전체 코드는 다음 GitHub 저장소에서 확인할 수 있다.

https://github.com/ai-agent-kr/Modern-AI-Agents/tree/main/ch10

1. 스트림릿 소개

만약 스트림릿_{Streamlit}에 익숙하다면 '3. 스트림릿과 AI 에이전트를 활용한 애플리케이션 만들기' 절로 바로 넘어가도 좋다.

기업들은 데이터 과학과 AI에 막대한 투자를 이어왔다. 학습된 모델은 비즈니스 의사결정을 이끌고 다양한 인사이트를 제공한다. 하지만 모델을 학습하고 운영하며 의미 있는 결과를 도출하는 데는

고도의 전문성이 필요하다. 기업에 진정으로 유용한 모델이라면 다른 이해관계자들도 활용할 수 있는 결과를 제공해야 한다.

예를 들어, 모델을 학습시켰다면 그 결과를 다른 사람도 활용할 수 있어야 한다. 모델의 결과를 정적 그래프 형태로 시각화한다면 제한적인 정보만을 전달한다. 또한 결과를 주피터Jupyter 노트북으로 제공할 수도 있지만 모든 사람이 그런 도구를 다룰 수 있는 것은 아니다. 보다 직관적이고 접근성이 높은 방식은 대시보드나 웹 애플리케이션을 제공하는 것이다.

바로 여기서 스트림릿이 등장한다.

스트림릿 시작하기

스트림릿은 파이썬으로 손쉽고 직관적으로 웹 애플리케이션을 구축할 수 있는 프레임워크다. 백엔드와 프론트엔드를 위한 다양한 내장 컴포넌트를 제공하며 주요 머신러닝과 그래프/시각화 라이브러리와도 호환된다. 이 절에서는 스트림릿의 동작 원리를 이해하고 스트림릿이 어떻게 강력한 도구가 될 수 있는지 살펴본다.

스트림릿의 장점 중 하나는 설치와 사용이 간단하다는 점이다. 스트림릿은 터미널에서 다음과 같이 간단히 설치할 수 있으며 아나콘다Anaconda 배포판에도 포함되어 있다.

```
pip install streamlit
```

스트림릿 애플리케이션은 일반적으로 백엔드와 프론트엔드를 모두 포함하는 하나의 파이썬 스크립트로 구성된다. 이 스크립트는 로컬 환경은 물론 클라우드에서도 실행할 수 있다. 예를 들어, my_app.py 파일 하나에 필요한 모든 요소를 담을 수 있으며, 단 몇 줄의 코드만으로도 동작하는 웹 앱을 만들 수 있다. 앱을 정의한 후 로컬에서 실행하는 방법은 다음과 같이 간단하다.

```
streamlit run my_app.py
```

즉, 스트림릿과 앱 이름을 호출하기만 하면 된다. 단, 현재 디렉터리가 해당 파일이 있는 위치여야 한다. 물론 스크립트가 반드시 로컬에 있을 필요는 없다. 예를 들어, GitHub 저장소에 있는 스크립트를 로컬에서 실행하려면 다음과 같이 입력한다.

```
streamlit run https://raw.githubusercontent.com/streamlit/my_apps/master/my_app.py
```

내부적으로 스트림릿은 스크립트를 순차적으로 읽고 각 요소를 실행한다. 그런 다음, 로컬 스트림릿 서버가 초기화되고 기본 웹 브라우저의 새 탭에서 앱이 열릴 것이다. 작성하는 코드는 전부 파이썬이며 다른 언어는 필요하지 않다. 소스 코드를 수정하면 스트림릿이 변경 사항을 자동으로 감지해 앱을 다시 실행하라고 알려주므로, 빠른 반복과 즉각적인 피드백 루프를 제공한다.

다음은 가장 간단한 형태의 스트림릿 앱 예제이다.

```python
import streamlit as st
import pandas as pd
import matplotlib.pyplot as plt

# 앱 제목
st.title("Simple Streamlit App with Box Plot")

# 샘플 DataFrame 생성하기
data = {
    'Category': ['A', 'A', 'A', 'B', 'B', 'B', 'C', 'C', 'C'],
    'Values': [10, 20, 15, 25, 30, 20, 35, 40, 45]
}
df = pd.DataFrame(data)

# DataFrame 표시하기
st.write("Here is the sample DataFrame:")
st.dataframe(df)

# Box Plot 생성하기
fig, ax = plt.subplots()
df.boxplot(column='Values', by='Category', ax=ax, grid=False)
plt.title("Box Plot of Values by Category")
plt.suptitle("")  # 자동 부제목 제거
plt.xlabel("Category")
plt.ylabel("Values")

# 스트림릿에 플롯 표시하기
st.pyplot(fig)
```

이 앱은 다음 세 가지 작업을 수행한다. 첫째, pandas를 이용해 DataFrame을 생성한다. 둘째, 해당 데이터를 웹 화면에 출력한다. 셋째, matplotlib을 활용해 카테고리별 박스 플롯을 생성하여 브라우저에 시각화한다.

단 몇 줄의 코드만으로 브라우저에서 접근할 수 있는 간단한 웹 애플리케이션을 만든 것이다. 작성 후에는 실행만 하면 되고 나머지는 스트림릿이 모두 알아서 처리한다.

앞서 작성한 코드 블록을 조금 더 자세히 살펴보자.

- `st.title`: 앱의 제목을 표시하는 텍스트 요소다. 일반적으로 모든 앱에는 제목을 포함하는 것이 좋다.
- `st.write`: 스트림릿의 만능 도구라 할 수 있다. 텍스트뿐 아니라 DataFrame, 이미지, 리스트, 딕셔너리, 템플릿 등 다양한 파이썬 객체를 앱 화면에 표시할 수 있다. 또한 HTML을 삽입하여 텍스트를 편집할 수도 있으며, 전달된 입력 값에 따라 동적으로 다른 결과를 보여줄 수도 있다. 이 예제에서는 DataFrame을 전달하여 앱에 보기 좋게 표시하였다.
- `st.pyplot`: Matplotlib에서 생성한 그림을 앱에 표시하는 함수다. 예제에서는 박스 플롯을 표시했다. 보다시피 먼저 그림을 생성한 후 `pyplot()`을 호출해 앱에 표시한다. 즉, 그림은 메모리 상에 먼저 생성되고 `pyplot()`으로 사용자에게 표시한다. 물론 Matplotlib의 기본 명령으로 직접 표시할 수도 있지만 예상치 못한 동작이 발생할 수 있으므로 권장하지는 않는다.

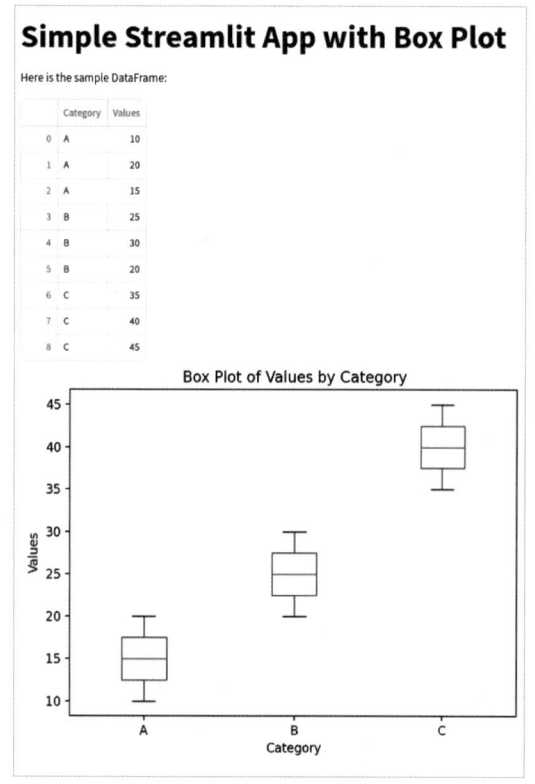

그림 10.1 웹 애플리케이션 예시

여기서는 기본적인 명령어만 살펴봤지만 스트림릿은 훨씬 더 유연하다. 예를 들어, DataFrame을 표시하는 방법도 여러 가지가 있다. `st.write()`를 사용하는 것은 그중 하나의 방법일 뿐이다. `st.dataframe()`은 `st.write()`와 동일한 역할을 하며 `st.table()`은 정적인 테이블을 렌더링하는 데 사용한다. 또한 단순히 df만 작성해도 `st.write()`처럼 작동한다. 하지만 내장된 메서드 중 하나를 사용하는 것이 좋으며, 추가 인자를 이용하면 출력 결과를 더 세밀하게 조정할 수 있다.

예를 들어, `st.dataframe()`의 스타일링 옵션을 활용하면 DataFrame 내 최댓값을 시각적으로 강조할 수 있다.

```
df = pd.DataFrame(data)
st.dataframe(df.style.highlight_max(axis=0))
```

또한 스트림릿을 이용하면 애플리케이션에 지도를 손쉽게 추가할 수 있다. 단지 좌표만 제공하면 st.map( )이 자동으로 지도를 앱에 추가한다. 이때 사용자가 지도를 확대하거나 이동할 수도 있다. 다음 예에서는 시칠리아의 주요 도시 몇 곳의 좌표를 사용했다.

```
city_data = {
    'City': ['Palermo', 'Syracuse', 'Catania', 'Agrigento'],
    'latitude': [38.1157, 37.0757, 37.5079, 37.2982],
    'longitude': [13.3615, 15.2867, 15.0830, 13.5763]
}

city_data = pd.DataFrame(city_data)
st.map(city_data)
```

그림 10.2 DataFrame 렌더링에서 스타일 변화

그림 10.3 스트림릿으로 지도 출력하기

이처럼 몇 가지 요소를 추가하여 앱에 변화를 줄 수 있다(지도 추가). 코드를 수정할 때는 반드시 스크립트를 저장해야 하며, 앱 화면에서는 [R] 키를 눌러 새로 고침하여 변경 사항을 반영할 수 있다.

앱 실행 중 오류가 발생하면 스트림릿은 어떤 부분을 수정해야 하는지 알려주는 오류 메시지를 제공한다. 예를 들어, 다음은 변수 이름과 관련된 오류이다.

```
StreamlitAPIException: Map data must contain a column named "latitude" or "lat".
Traceback:

File "my_app.py", line 34, in <module>
    st.map(city_data)
```

그림 10.4 오류 예시

디버깅 과정에서 st.write( )를 활용할 수 있다. 이 함수는 거의 모든 파이썬 객체를 출력할 수 있으므로 오류 원인을 파악하는 데 유용하다. 예를 들어, 다음 예에서는 열 이름에 오류가 있다는 것을 확인할 수 있다. 여기서는 Latitude가 소문자여야 하므로 올바른 이름으로 수정한다.

```
st.write(city_data)
```

	City	Latitude	longitude
0	Palermo	38.1157	13.3615
1	Syracuse	37.0757	15.2867
2	Catania	37.5079	15.0830
3	Agrigento	37.2982	13.5763

그림 10.5 st.write()를 사용한 디버깅 예시

결과 캐싱하기

캐싱은 앱이 웹에서 데이터를 불러올 때도 성능을 유지하도록 돕는다(웹 또는 사용자의 데이터를 어떻게 추가하는지는 뒤에서 설명한다). 또한 대규모 데이터셋이나 머신러닝 모델을 사용할 때에도 유용하다. 지금까지는 소규모 데이터셋을 사용했기 때문에 데이터를 즉시 불러올 수 있었지만, 수백만 개의 파라미터를 가진 모델을 앱에 직접 포함한다면 앱이 멈출 수도 있다.

연산량이 큰 모델이나 복잡한 처리를 포함하는 경우, 결과를 메모리에 캐싱하여 중복 계산을 피하고 앱의 효율성을 높이는 것이 중요하다. 캐시는 일종의 단기 기억으로, 자주 사용하는 정보나 다시 활용할 가치가 있는 데이터를 임시로 저장한다. 이를 통해 동일한 연산을 반복하지 않고 빠르게 결과를 제공할 수 있다. 대규모 연산을 수행하는 함수가 있다면 스트림릿에서는 크게 두 가지 데코레이터

를 지원한다.

- `st.cache_data`: 이 데코레이터는 함수의 반환값을 캐싱한다. 따라서 사용자가 위젯을 조작하거나 앱을 새로 고침하더라도 매번 함수를 다시 계산할 필요가 없다. 문자열, 정수, 부동소수점, DataFrame, 딕셔너리, 리스트 등 직렬화 가능한 객체를 반환하는 함수에 적합하다. `@st.cache_data`로 함수를 감싸면 처음 호출할 때 결과를 메모리 또는 디스크에 저장한다(설정에 따라 다름). 이후 동일한 인자를 가진 호출에서는 저장된 캐시 결과를 반환한다. 이 방식은 실행 시간이 긴 함수의 중복 계산을 방지하여 앱 속도를 크게 향상시킨다. 단, 입력값이 변경되면 캐시는 무효화되고 함수가 다시 계산된다.
- `st.cache_resource`: 이 데코레이터는 리소스 자체를 캐싱한다. 함수 인자와 관계없이 앱 실행 동안 재사용 가능한 리소스를 저장하는 방식이다. 데이터베이스 연결, 머신러닝 모델, 네트워크 연결 등과 같이 새로 생성하거나 초기화하는 데 비용이 많이 드는 리소스를 캐싱하는 데 적합하다. `st.cache_data`가 입력값에 따라 데이터를 캐싱하는 것과 달리, `st.cache_resource`는 리소스를 여러 번 새로 만들지 않고 앱 실행 중에 재사용할 수 있도록 한다.

예를 들어, `st.cache_data`를 사용하는 코드는 다음과 같다. 예제에서는 느린 연산을 시뮬레이션하여 캐싱이 시간을 얼마나 절약하는지 보여준다.

```python
import streamlit as st
import time

# 캐시된 함수 정의하기
@st.cache_data
def load_data():
    time.sleep(3)  # 느린 연산 시뮬레이션 (예: 대용량 데이터셋 불러오기)
    return "Data loaded!"

# 함수 호출하기
st.write(load_data())
```

처음 실행할 때는 3초가 소요되지만, 이후 동일한 호출에서는 캐시된 결과를 즉시 반환하므로 실행 시간이 크게 단축된다. 비슷하게 `st.cache_resource`는 리소스 집약적인 작업을 캐싱하는 데 사용한다.

```python
import streamlit as st
import time

# 리소스 집약적인 함수 정의(예: 모델 불러오기)
@st.cache_resource
def load_model():
    time.sleep(5)  # 모델 불러오기 같은 느린 연산 시뮬레이션
```

```
    return "Model loaded!"  # 실제 상황에서는 모델 객체가 될 수 있음

# 함수 호출하기
st.write(load_model())
```

앞선 코드에서 스트림릿은 함수 실행 전에 내부적으로 캐시를 확인한다. 캐시에 결과가 있으면 함수를 다시 실행하지 않고 저장된 결과를 반환한다. 결과가 없으면 함수를 실행하고 그 결과를 캐시에 저장한다. 캐시는 코드가 변경되면 자동으로 무효화되어 업데이트된다.

기본적으로 스트림릿은 앱을 다시 실행할 때마다 스크립트를 위에서 아래까지 다시 실행한다. 사용자가 슬라이더를 조정하거나 버튼을 클릭하는 등 상호작용을 할 때도 마찬가지이다. 이때 앱 재실행 간 정보가 저장되지 않는다. 따라서 특정 값이나 상태가 유지되지 않고 초기화되는 경우가 발생한다.

그러나 세션 상태session state를 사용하면 이러한 재실행 과정에서도 데이터를 유지할 수 있다. 세션 상태는 각 사용자가 고유하게 가지며 다른 사용자와 공유되지 않는다. 따라서 양식 입력값, 카운터, 인증 데이터, 중간 계산 결과 등을 저장하여 스크립트가 다시 실행되더라도 값이 사라지지 않도록 할 수 있다.

사용자 입력을 어떻게 저장할 수 있는지 간단한 장보기 목록 앱을 만들며 살펴보자.

```
import streamlit as st

# 구매할 항목의 초기 목록 정의하기
grocery_items = ['Apple', 'Banana', 'Carrot', 'Milk', 'Eggs']

# 스트림릿 앱 인터페이스
st.title('Grocery List App')

# 새로운 항목을 목록에 추가하기 위한 텍스트 입력하기
new_item = st.text_input("Add a new item to your grocery list:")

# 항목 추가 버튼
if st.button('Add Item'):
    if new_item:
        grocery_items.append(new_item)
        st.success(f"'{new_item}' has been added to your list!")
    else:
        st.warning("Please enter an item to add.")

# 현재 장보기 목록 표시하기
```

```
st.write("### Items to Buy:")
for item in grocery_items:
    st.write(f"- {item}")
```

이것이 간단한 형태의 초기 앱이다. 이어서 사용자가 저장한 정보를 어떻게 확인할 수 있는지 살펴보자.

그림 10.6 장보기 목록 앱 예시

[Add Item] 버튼을 클릭해 항목을 추가하면 목록에 반영된다. 이 시점에서는 정보가 저장되지 않으며 현재 세션에만 유지된다.

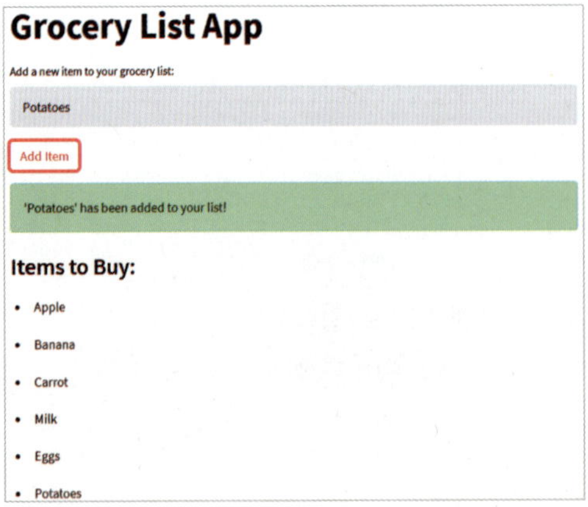

그림 10.7 장보기 목록 앱에 항목 추가 예시

이때 [R] 키를 눌러 앱을 다시 실행하면 이 정보는 사라지고 목록이 초기화된다. 정보가 어디에도 저장되지 않기 때문이다. 이제 session_state를 사용해보자.

```
import streamlit as st
```

```python
# grocery_items가 아직 session state에 없다면 초기화하기
if 'grocery_items' not in st.session_state:
    st.session_state.grocery_items = ['Apple', 'Banana', 'Carrot', 'Milk', 'Eggs']

# 스트림릿 앱 인터페이스
st.title('Grocery List App')

# 목록에 새로운 항목을 추가하기 위한 텍스트 입력하기
new_item = st.text_input("Add a new item to your grocery list:")

# 항목 추가 버튼
if st.button('Add Item'):
    if new_item:
        # session state에 저장된 목록에 새 항목 추가하기
        st.session_state.grocery_items.append(new_item)
        st.success(f"'{new_item}' has been added to your list!")
    else:
        st.warning("Please enter an item to add.")

# 현재 장보기 목록 표시하기
st.write("### Items to Buy:")
for item in st.session_state.grocery_items:
    st.write(f"- {item}")
```

st.session_state를 사용하면 추가하는 항목이 현재 세션 동안 유지된다. 첫 실행 시에는 초기 항목이 보이고 사용자가 항목을 추가할 때마다 목록이 늘어난다.

그러나 페이지를 새로 고침하거나 세션이 종료되면 목록은 다시 초기화된다. 이 정보를 영구적으로 유지하려면 데이터를 파일이나 데이터베이스 같은 저장소에 저장해야 한다.

st.session_state를 사용하면 사용자 세션 동안 값을 임시로 저장할 수 있지만, 이 데이터는 페이지를 완전히 새로고침하거나 앱을 다시 시작하면 사라진다. 이와 달리 st.connection을 사용하면 스트림릿이 외부 서비스와의 연결을 유지하고 각 사용자 상호작용 시 이를 효율적으로 재사용한다. 따라서 세션이 종료되거나 앱이 재시작된 후에도 데이터를 지속적으로 사용할 수 있다. 이는 장기적으로 데이터와 일관된 상호작용이 필요한 애플리케이션에 적합하며 메모리 기반 세션 상태의 한계를 극복

Items to Buy:
- Apple
- Banana
- Carrot
- Milk
- Eggs
- Potatoes
- Meat

그림 10.8 업데이트된 목록

할 수 있다.

st.connection의 사용 예시는 다음과 같다.

```python
import streamlit as st

conn = st.connection("my_database_sql")
df = conn.query("select * from my_beautiful_table")
st.dataframe(df)
```

이 예에서는 이름이 my_database_sql인 연결을 통해 테이블을 조회하고 결과를 표시한다. 연결 설정은 사전에 구성되어 있어야 하며, 앱은 사용자 상호작용마다 이 연결을 효율적으로 재사용한다.

이번 절에서는 스트림릿 애플리케이션의 주요 구성 요소를 살펴보았다. 다음 절에서는 앱의 디자인을 개선하고 사용자 경험을 향상시키는 방법을 알아본다.

2. 스트림릿으로 프론트엔드 개발하기

이 절에서는 앱과 상호작용하는 사용자 경험을 개선할 수 있는 다양한 요소를 살펴본다. 여러 프론트엔드 구성 요소를 소개하고 이를 복잡한 애플리케이션에 어떻게 조합할 수 있는지 알아본다.

텍스트 요소 추가하기

사용자 경험을 개선하는 첫걸음은 텍스트 요소를 다듬는 것이다. 여기서 살펴볼 주요 요소는 다음과 같다.

- st.title(): 앱의 메인 타이틀을 설정한다. 가장 큰 텍스트 요소로, 앱 제목으로 사용하며 GitHub-flavored Markdown에서도 큰 제목으로 표시된다. 함수에는 문자열을 입력한다.
- st.header(): 타이틀보다는 작지만 여전히 중요한 섹션의 헤더를 추가한다. 깃허브의 헤더와 비슷한 역할이다. divider 속성을 사용하면 헤더 아래에 색이 있는 분리선을 표시할 수 있으며, help 문자열을 추가하면 해당 헤더 옆에 풍선 도움말을 띄울 수 있다.
- st.subheader(): 헤더보다 작은 단위로 하위 섹션이나 콘텐츠 구조를 세분화할 때 사용한다. 이 역시 divider나 help 속성으로 스타일이나 도움말을 추가할 수 있다.

이러한 요소들을 삽입하는 예시 코드는 다음과 같다.

```python
st.title("Your Title Here")
st.header("Your Header Here")
st.header("Your Header Here", divider=True, help="bla bla")
```

```python
st.subheader("Your Subheader Here")
```

이제 앱에서 직접 코드를 테스트해보자.

```python
import streamlit as st

# grocery_items가 아직 session state에 없다면 초기화하기
if 'grocery_items' not in st.session_state:
    st.session_state.grocery_items = ['Apple', 'Banana', 'Carrot', 'Milk', 'Eggs']

# Streamlit 앱 인터페이스
st.title('Grocery List App :banana: :apple: :egg:')  # 앱의 메인 제목

# 사용자가 항목을 추가할 수 있는 섹션의 헤더 표시하기
st.header('Add new item')

# 장보기 목록에 새 항목을 추가하기 위한 텍스트 입력하기
new_item = st.text_input("Type an item to add to your grocery list:")

# 항목 추가 버튼
if st.button('Add Item'):
    if new_item:
        # session state에 저장된 목록에 새 항목 추가하기
        st.session_state.grocery_items.append(new_item)
        st.success(f"'{new_item}' has been added to your list!")
    else:
        st.warning("Please enter an item to add.")

# 현재 장보기 목록 섹션을 위한 서브헤더 표시하기
st.subheader('Current Grocery List')

# 현재 장보기 목록 표시하기
for item in st.session_state.grocery_items:
    st.write(f"- {item}")
```

이 코드를 통해 앱에 스타일 요소를 삽입하는 방법을 확인할 수 있다. 다음 그림은 이렇게 개선한 앱의 모습이다.

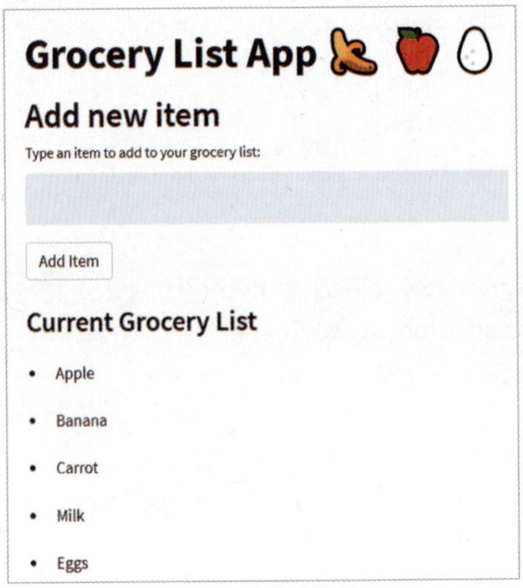

그림 10.9 개선한 앱

스트림릿 앱에 이미지 삽입하기

이제 로고와 이미지를 추가하여 앱을 꾸며보자. 이때 다음과 같은 다양한 요소를 사용할 수 있다.

- st.set_page_config(...): 스트림릿 앱의 페이지 설정을 구성한다. 페이지 제목, 파비콘(브라우저 탭의 아이콘), 레이아웃 등을 설정할 수 있다. 예제에서는 브라우저 탭에 보이는 작은 아이콘을 추가하는 데 사용한다.
- st.image(...): 스트림릿 앱에서 이미지를 표시한다. 이미지의 URL이나 경로를 인자로 받고, use_column_width=True를 사용하면 화면 너비에 맞춰 조정할 수 있다. 입력으로 URL, 로컬 경로 또는 numpy.array(이미지의 숫자 형태 표현)를 지정할 수 있다. caption 키워드를 사용하면 이미지 아래에 캡션을 직접 표시할 수 있다. 이번 예제에서는 입력으로 URL을 사용하며 캡션은 별도로 추가한다.
- st.caption(...): 이미지나 차트 등의 요소 아래에 짧은 캡션 또는 설명 텍스트를 추가한다. 예제 앱에서는 이미지 출처를 표시하는 데 사용한다.
- st.sidebar.image(...): 사이드바에 이미지를 삽입한다. 사이드바는 앱의 왼쪽에 있는 접이식 메뉴이며 탐색, 설정, 추가 콘텐츠 등을 배치하는 데 유용하다.

이제 이미지를 삽입해보자.

```
# 페이지 설정: 로고 포함
st.set_page_config(
    page_title="Grocery List App",
    page_icon="https://github.com/SalvatoreRa/tutorial/blob/main/images/vegetable_basket_logo.
        jpg?raw=true"
)
# 타이틀 이미지 표시하기
```

```
st.image(
    "https://github.com/SalvatoreRa/tutorial/blob/main/images/vegetables.jpg?raw=true",
    use_column_width=True
)
# 이미지 캡션 표시하기
st.caption("Image from [here](https://unsplash.com/it/@randyfath)")
# 사이드바에 로고 추가하기
st.sidebar.image(
    "https://github.com/SalvatoreRa/tutorial/blob/main/images/vegetable_basket_logo.jpg?raw=true",
    use_column_width=True
)
```

이 코드를 통해 앱에 이미지와 캡션을 삽입하는 방법을 확인할 수 있다. 다음 그림은 이러한 변경을 적용한 앱 모습이다.

그림 10.10 앱 외관의 변화

브라우저 탭에 표시되는 아이콘은 다음과 같다.

그림 10.11 브라우저 아이콘

지금까지 스트림릿의 기본 기능을 살펴보고 이를 활용해 간단한 정적 앱을 만들어보았다. 이제 한 걸음 더 나아가 스트림릿 앱을 동적이고 반응적으로 발전시켜 실제 활용 가능한 형태로 만들어보자.

동적인 앱 만들기

앱을 한층 더 동적으로 개선할 수 있다. 지금까지 사용자는 목록에 항목을 추가한 뒤 해당 목록만 확인할 수 있었지만, 이 정도 기능으로는 실질적으로 활용하기에 부족하다. 따라서 사용자가 구매해야 할 항목의 수량까지 입력할 수 있도록 기능을 확장해보자. 과정은 다음과 같다.

- 사용자가 장보기 항목을 추가하면 집에 있는 수량과 구매해야 할 수량을 입력할 수 있는 두 개의 슬라이더_{slider}가 생성된다. 항목은 두 개의 열_{column}에 나누어 표시하여 목록이 길어지는 것을 방지한다. 또한 사용자가 해당 항목을 이미 구매했는지 여부를 선택할 수 있는 체크박스도 추가한다.
- 입력된 정보를 바탕으로 인터랙티브한 표_{table}를 만들어 한눈에 확인할 수 있도록 하며, 완료된 항목과 남은 항목 수를 표시하는 진행 바_{progress bar}를 추가한다.
- 사이드바에는 작성한 목록을 파일로 내려받을 수 있는 버튼을 추가한다.

먼저 장보기 항목을 두 열로 구조화하여 시각적으로 깔끔하게 정리해보자.

```python
data = []
for i, item in enumerate(st.session_state.grocery_items):
    with col1 if i % 2 == 0 else col2:
        st.markdown(f"**{item}**")
        quantity_at_home = st.slider(
            "Quantity at home", 0, 12, st.session_state.quantity_at_home[item],
            key=f"home_{item}"
        )
        st.session_state.quantity_at_home[item] = quantity_at_home
        quantity_to_take = st.slider(
            "Quantity to take", 0, 12, st.session_state.quantity_to_take[item],
            key=f"take_{item}"
        )
        st.session_state.quantity_to_take[item] = quantity_to_take
        taken = st.checkbox(
            "Taken", st.session_state.taken[item],
            key=f"taken_{item}"
        )
        st.session_state.taken[item] = taken
        data.append([
            item,
            quantity_at_home,
            quantity_to_take,
            "Yes" if taken else "No"
        ])
```

항목마다 인덱스 i가 짝수이면 col1, 홀수이면 col2에 배치하여 두 열에 고르게 분산되도록 한다. 선택한 열 안에서는 각 항목 이름을 st.markdown( )을 사용해 볼드체로 표시한다. 그 아래에는 두 개의 슬라이더를 사용해 '집에 있는 수량'과 '사야 할 수량'을 입력받는다. 각 슬라이더에는 고유한 키$_{key}$를 지정해 값이 올바르게 추적되고 유지되도록 한다. 슬라이더 값은 세션 상태에 저장되어 사용자와 상호작용 사이에서도 유지된다.

더불어, 체크박스를 통해 해당 항목의 '구매 여부$_{taken}$'를 입력받으며 그 결과를 세션 상태에 저장한다. 마지막으로 항목 이름과 입력된 수량, 구매 여부까지 포함한 데이터를 리스트로 저장한다.

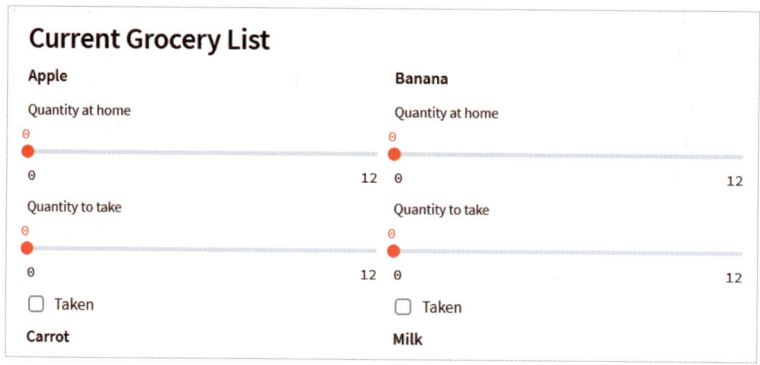

- 그림 10.12 앱 스타일 재구성 예시

이제 슬라이더를 이용하여 앱과 상호작용할 수 있다.

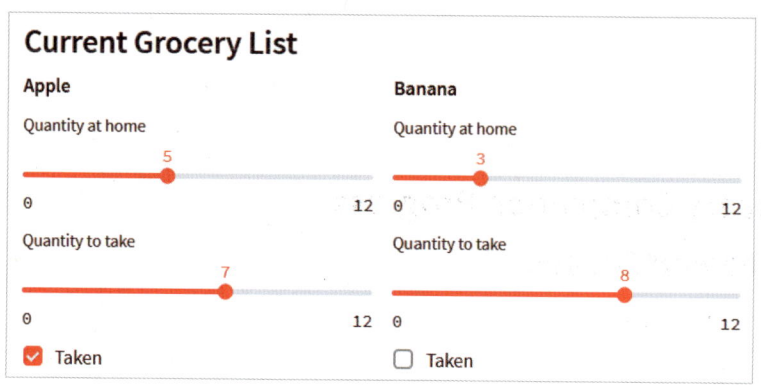

그림 10.13 상호작용 요소

이 그림은 상호작용 요소를 삽입해 사용자가 앱과 어떻게 상호작용할 수 있는지를 보여준다. 스트림릿은 이러한 복잡한 요소를 백그라운드에서 처리하므로 간단한 명령어만으로 상호작용을 구현할 수 있다.

이제 입력된 데이터를 다음과 같이 표로 정리할 수 있다.

```
df = pd.DataFrame(data, columns=["Name", "Quantity at Home", "Quantity to Take", "Taken"])
st.table(df)
```

	Name	Quantity at Home	Quantity to Take	Taken
0	Apple	5	7	Yes
1	Banana	3	8	No
2	Carrot	0	9	No
3	Milk	0	4	No
4	Eggs	9	0	Yes
5	Potato	1	5	No

그림 10.14 생성한 표

또한 진행 바를 이용해 진행 상황을 시각화할 수 있다.

```
# 진행 바
taken_count = sum(1 for item in st.session_state.taken.values() if item)
total_items = len(st.session_state.grocery_items)
progress = taken_count / total_items if total_items > 0 else 0

st.subheader("Grocery Completion Progress")
st.progress(progress)
st.write(f"{taken_count} out of {total_items} items taken ({progress*100:.2f}%)")
```

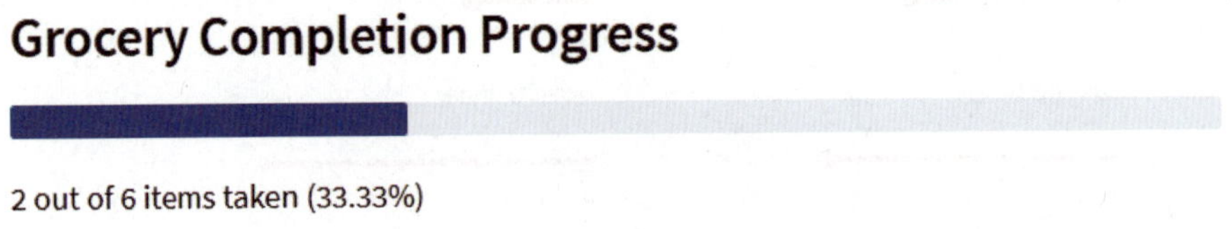

Grocery Completion Progress

2 out of 6 items taken (33.33%)

그림 10.15 진행 바

다음으로 generate_pdf( ) 함수를 정의한다. 장보기 목록 데이터를 포함한 PDF 문서를 생성하고 사용자가 해당 문서를 내려받을 수 있게 한다.

```
# PDF 생성 함수
def generate_pdf():
```

```python
    pdf = FPDF()
    pdf.set_auto_page_break(auto=True, margin=15)
    pdf.add_page()
    pdf.set_font("Arial", size=12)

    logo_path = "logo.jpg"   # PDF에 로고 추가하기
    response = requests.get(logo_url)
    with open(logo_path, "wb") as f:
        f.write(response.content)

    pdf.image(logo_path, 10, 10, 30)   # 로고의 위치와 크기
    pdf.cell(200, 10, "Grocery List", ln=True, align='C')
    pdf.ln(20)   # 텍스트가 로고와 겹치지 않도록 여백 추가하기

    for index, row in df.iterrows():
        pdf.cell(0, 10, f"{row['Name']} - At Home: {row['Quantity at Home']}
         - To Take: {row['Quantity to Take']} - Taken: {row['Taken']}", ln=True)

    pdf_output = os.path.join(os.getcwd(), "grocery_list.pdf")
    pdf.output(pdf_output)
    return pdf_output

# 버튼을 클릭하면 PDF 내려받기
if st.sidebar.button("Download List as PDF"):
    pdf_file = generate_pdf()
    with open(pdf_file, "rb") as f:
        st.sidebar.download_button("Download Grocery List PDF", f,
            file_name="grocery_list.pdf", mime="application/pdf", key="download_pdf",
            on_click=None)
```

먼저, FPDF 객체를 생성하고 페이지 자동 줄 바꿈 설정을 켠 후 새 페이지를 추가한다. 글꼴은 Arial과 크기 12로 설정하여 형식을 일관되게 유지한다. 보기 좋게 만들기 위해 generate_pdf() 함수는 지정된 URL에서 로고를 내려받아 logo.jpg로 저장하고 이를 PDF의 왼쪽 위에 삽입한다. 이어서 가운데 정렬한 제목 Grocery List를 추가하고 로고와 겹치지 않도록 여백을 둔다. 이후 DataFrame인 df에서 저장한 장보기 목록을 순회하며 항목 이름, 보유 수량, 구입 예정 수량, 구매 여부 등을 문서에 추가한다. 문서가 완성되면 현재 작업 디렉터리에 grocery_list.pdf라는 이름으로 저장하고 반환한다.

그림 10.16 PDF 내려받기 버튼

생성한 PDF는 다음과 같다.

그림 10.17 생성한 PDF 파일

사용자가 추가로 메모를 남기고 싶을 수도 있다. 스트림릿은 여러 페이지를 구성할 수 있으므로 이를 활용해 '노트Notes' 섹션을 만들 수 있다. 이제 사이드바에서 접근할 수 있는 두 번째 페이지가 생긴다. 이렇게 하면 사용자 메모를 입력하고 저장할 수 있다.

```python
elif page == "Notes":
    st.title("Notes")
    st.session_state.notes = st.text_area("Write your notes here:",
        st.session_state.notes)
    if st.button("Save Notes"):
        st.success("Notes saved successfully!")
```

그림 10.18 앱에 페이지를 추가한 예시

이제 PDF에서도 메모가 업데이트되어 반영된 것을 확인할 수 있다.

> Notes
>
> Remember to stop by the out-of-town supermarket because it has the best eggs

그림 10.19 업데이트된 PDF

또한 사용자에게 도움이 되도록 가까운 슈퍼마켓 위치를 확인하는 기능도 추가할 수 있다.

```python
elif page == "Find Supermarkets":
    st.title("Find Nearby Supermarkets (OSM)")

    # 사용자 위치 입력하기
    location_input = st.text_input("Enter your location (City, Address, or Coordinates):")
    if st.button("Find Supermarkets") and location_input:
        geolocator = Nominatim(user_agent="grocery_app")
        location = geolocator.geocode(location_input)
        if location:
            st.success(f"Location found: {location.address}")
            # 지도 생성하기
            m = folium.Map(location=[location.latitude, location.longitude],
                zoom_start=14)
            folium.Marker([location.latitude, location.longitude],
                        tooltip="Your Location",
                        icon=folium.Icon(color="blue")).add_to(m)
            # Overpass API를 사용해 반경 5km 내 슈퍼마켓 찾기
            overpass_url = "http://overpass-api.de/api/interpreter"
            overpass_query = f"""
            [out:json];
            node["shop"="supermarket"](around:5000,{location.latitude},
                {location.longitude});
            out;
            """
            response = requests.get(overpass_url, params={'data': overpass_query})
            data = response.json()
            for element in data["elements"]:
                lat, lon = element["lat"], element["lon"]
                name = element.get("tags", {}).get("name", "Unnamed Supermarket")
                folium.Marker([lat, lon],
                            tooltip=name,
                            icon=folium.Icon(color="green")).add_to(m)
```

```
            folium_static(m)
    else:
        st.error("Location not found. Please try a different input.")
```

이 코드는 스트림릿 앱에 OpenStreetMap(OSM) 기반으로 주변 슈퍼마켓을 검색할 수 있는 페이지를 추가하는 예이다. 먼저 페이지 제목을 표시하고 사용자가 도시명, 주소, 좌표 등을 입력할 수 있는 입력 필드를 추가한다. [Find Supermarkets] 버튼을 클릭하면 geopy 라이브러리의 Nominatim 지오코더를 사용해 입력된 위치를 위도와 경도로 변환한다.

유효한 위치가 확인되면 Folium을 활용해 해당 좌표를 중심으로 하는 인터랙티브 지도를 생성한다. 이때 사용자 위치를 나타내는 파란색 마커도 추가한다. 이후 Overpass API를 이용해 반경 5km 내 슈퍼마켓 정보를 가져와 JSON 응답에서 좌표와 이름을 추출해 지도에 초록색 마커로 표시한다. 마지막으로 folium_static( )을 이용해 스트림릿 앱에 지도를 표시한다. 입력한 위치가 유효하지 않으면 오류 메시지를 출력한다.

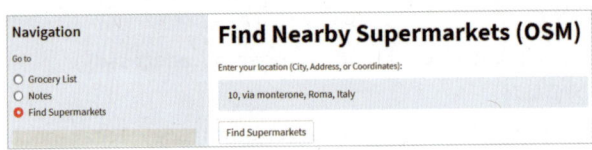

그림 10.20 Find Supermarkets 페이지

[Find Supermarkets] 버튼을 클릭하면 다음과 같은 결과가 나타난다.

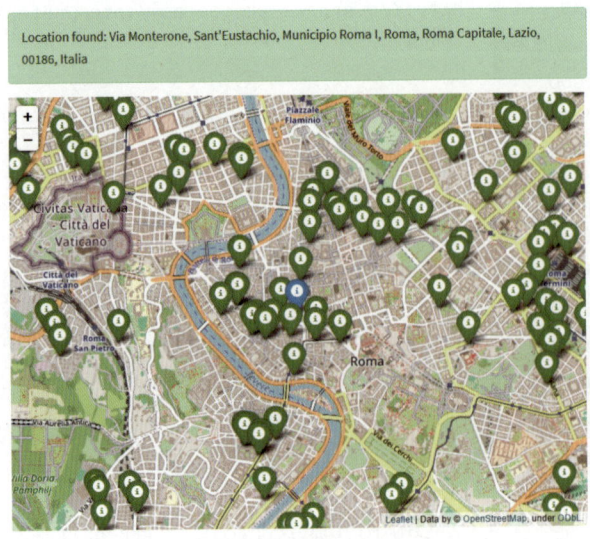

그림 10.21 슈퍼마켓 지도

지금까지 앱을 어떻게 만드는지 살펴보았다. 다음 절에서는 이 구조에 에이전트를 통합한 앱을 구현해본다.

3. 스트림릿과 AI 에이전트를 활용한 애플리케이션 만들기

이 절에서는 9장에서 설명한 다중 에이전트 시스템을 스트림릿 앱에 통합하는 방법을 살펴본다. 여기서는 변경되는 코드 부분만 다루며 전체 구조는 동일하다. 앞서 9장에서 사용자가 여행 일정을 계획할 수 있도록 돕는 스크립트를 만들었는데, 이번 절에서는 같은 출력을 생성하는 시스템을 웹 애플리케이션 형태로 감싼다. 즉, 이 앱은 브라우저에서 실행되므로 프로그래밍 지식이 없는 사용자도 쉽게 이용할 수 있다.

요컨대, 다중 모델 여행 계획 시스템multi-model travel planning system은 여러 특화된 모델을 협력적으로 활용해 개인 맞춤형 여행 일정을 생성하는 AI 기반 어시스턴트이다. 이 시스템은 다음 네 가지 핵심 에이전트로 구성된다.

- `WeatherAnalysisAgent`: 과거 날씨 데이터를 활용해 여행하기에 가장 적합한 달을 예측한다.
- `HotelRecommenderAgent`: Transformer 모델을 사용하여 사용자 선호에 맞춘 숙소를 추천한다.
- `ItineraryPlannerAgent`: GPT-4를 활용해 날짜별 세부 여행 일정을 생성한다.
- `SummaryAgent`: 전문적인 여행 요약과 예상 비용을 산출한다.

시스템은 구조화된 데이터 흐름을 따른다. 사용자가 목적지, 선호도, 여행 기간을 입력하면 이들 에이전트가 협력하여 전체 여행 일정을 완성한다. 주요 AI 모델은 날씨 예측에 RandomForestRegressor, 호텔 추천에 SentenceTransformer, 일정과 요약 생성에 GPT-4[14]를 사용한다.

여행 계획 시스템의 내부 구조를 더 깊이 이해할 수 있도록 세 가지 UML 다이어그램을 살펴보자. 각 다이어그램은 애플리케이션의 구조와 실행 흐름, 시스템 상호작용을 시각화한 것이다.

- **클래스 다이어그램**(class diagram): 애플리케이션의 주요 구성 요소와 이들 간의 관계를 나타낸다. 여기에는 주요 AI 에이전트(예: `WeatherAnalysisAgent`, `ItineraryPlannerAgent`), 하위 모델(RandomForest, SentenceTransformer, OpenAI GPT) 그리고 사용자 인터페이스와 백엔드 로직을 연결하는 스트림릿 앱이 포함된다.

---

14 9장에서는 Qwen2.5-3B 모델을 사용했지만 이번 장에서는 OpenAI의 GPT-4 모델을 사용한다.

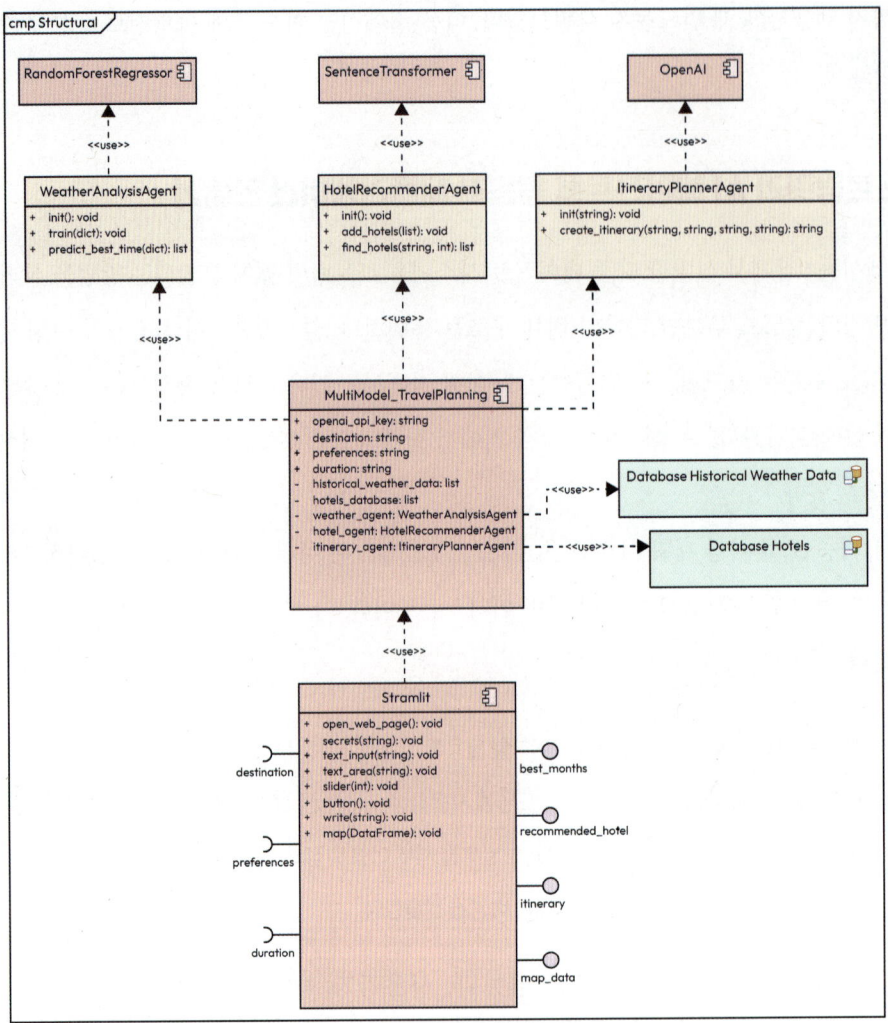

그림 10.22 다중 모델 여행 계획 시스템의 구조적 UML 다이어그램

- **활동 다이어그램**(activity diagram): 사용자 입력 수집부터 최종 여행 계획 생성까지 애플리케이션의 제어 흐름을 나타낸다. 각 에이전트가 어떻게 트리거되고 결과가 어떻게 병합되는지를 보여준다.

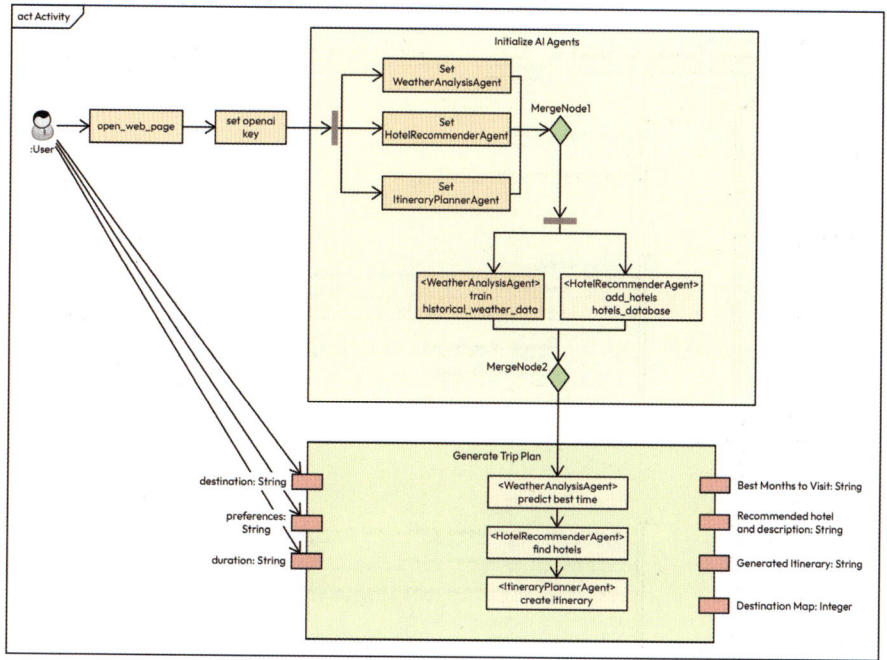

그림 10.23 다중 모델 여행 계획 시스템의 활동 UML 다이어그램

- **시퀀스 다이어그램**(sequence diagram): 스트림릿 프론트엔드와 데이터베이스, AI 에이전트 간의 시간 순서에 따른 상호작용을 나타낸다. 메서드 호출 순서, 데이터 교환 지점, 응답 대기 시점 등을 시각화하며 각 에이전트를 호출하는 타이밍과 방식을 명확히 보여준다.

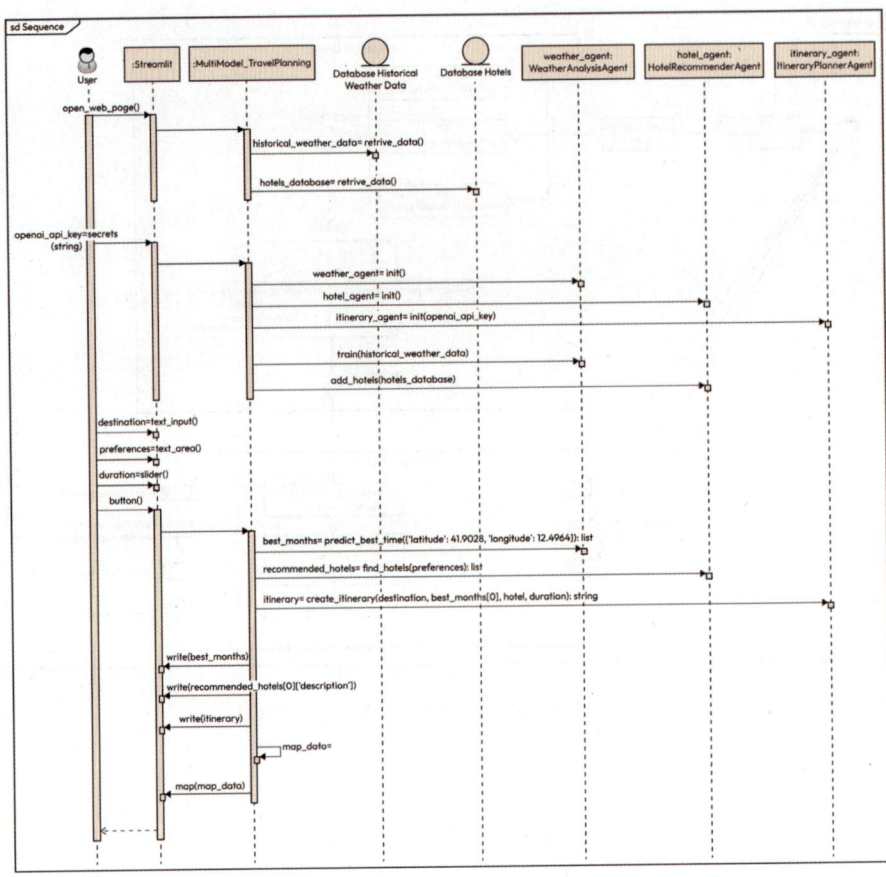

그림 10.24 다중 모델 여행 계획 시스템의 시퀀스 UML 다이어그램

이제 애플리케이션 구현에 필요한 라이브러리를 불러온다.

```
import streamlit as st
import numpy as np
import pandas as pd
import pydeck as pdk
import openai
from sklearn.ensemble import RandomForestRegressor
from sentence_transformers import SentenceTransformer
```

- streamlit: 인터랙티브 웹 애플리케이션을 만들기 위한 라이브러리
- numpy: 수치 연산을 위한 라이브러리
- pandas: DataFrame을 처리하기 위한 라이브러리
- pydeck: Deck.gl 위에 구축된 시각화 라이브러리로 대규모 지리 데이터를 렌더링하는 데 특화

- openai: GPT-3.5, GPT-4 등의 자연어 처리 모델을 사용할 수 있게 해주는 OpenAI 파이썬 라이브러리
- RandomForestRegressor: 애플리케이션에서 사용할 scikit-learn 모델
- SentenceTransformer: 임베딩에 사용하는 라이브러리(이전 장에서 설명)

ItineraryPlannerAgent를 제외한 에이전트 코드는 이전과 동일하다. 더 부드럽고 자연스러운 응답을 위해 여기서는 OpenAI의 GPT-4 모델을 사용한다.

```python
class ItineraryPlannerAgent:
    def __init__(self, api_key):
        self.api_key = api_key

    def create_itinerary(self, destination, best_month, hotel, duration):
        client = openai.OpenAI(api_key=self.api_key)

        prompt = f"""
        다음 정보를 바탕으로 {duration}일 간의 상세한 여행 일정을 작성해주세요:
        목적지: {destination}
        최적 방문 시기: {best_month}월
        추천 호텔: {hotel['name']}.

        각 날짜별로 구체적인 일정을 포함하여 작성해주세요.
        """

        response = client.chat.completions.create(
            model="gpt-4",
            messages=[
                {"role": "system", "content": "당신은 전문 여행 플래너입니다."},
                {"role": "user", "content": prompt}
            ],
            max_tokens=300
        )

        return response.choices[0].message.content
```

작동 방식은 같다. 여행 목적지, 가장 좋은 방문 시기, 추천 호텔, 여행 기간을 입력으로 받아 구조화된 여행 일정을 생성한다. 이 과정에서 OpenAI API를 사용하려면 API 키가 반드시 필요하다. GPT-4는 Qwen2.5-3B와 비슷하게 작동하며 정보를 포함한 프롬프트를 입력하면 모델이 자기회귀 방식으로 일정을 생성한다.

여기서도 이전에 시스템에 제공했던 것과 동일한 데이터를 제공한다.

```
# -----------------------------
# Sample Data
# -----------------------------
historical_weather_data = [
    {'month': i, 'latitude': 41.9028, 'longitude': 12.4964, 'weather_score': np.random.rand()} for i in
]

hotels_database = [
    {'name': 'Grand Hotel', 'description': 'Luxury hotel in city center with spa.', 'price': 300},
    {'name': 'Boutique Resort', 'description': 'Cozy boutique hotel with top amenities.', 'price': 250},
    {'name': 'City View Hotel', 'description': 'Modern hotel with stunning city views.', 'price': 200}
]
```

그림 10.25 코드 스크린샷

이제 각기 다른 목적을 가진 에이전트를 초기화할 수 있다.

```
openai_api_key = st.secrets["general"]["openai_api_key"]
weather_agent = WeatherAnalysisAgent()
hotel_agent = HotelRecommenderAgent()
itinerary_agent = ItineraryPlannerAgent(api_key=openai_api_key)

weather_agent.train(historical_weather_data)
hotel_agent.add_hotels(hotels_database)
```

API 키는 다음과 같이 TOML 파일에 있어야 한다.

```
[general]
openai_api_key = "YOUR_API"
```

여기서 openai_api_key = st.secrets["general"]["openai_api_key"]는 스트림릿의 시크릿 매니저 secrets manager를 사용하여 OpenAI API 키에 안전하게 접근한다. 실제로 st.secrets는 스트림릿 앱에서 민감한 자격 증명을 저장하고 불러오기 위한 방법이다. API 키는 st.secrets["general"]["openai_api_key"]에 저장되어 있으며, 이는 secrets 설정 안 "general" 섹션에 저장되었다는 뜻이다. st.secrets의 목적은 민감한 자격 증명을 스크립트에 하드코딩하는 것을 방지하여 보안 위험을 줄이는 데 있다.

이제 인터페이스를 만들어보자.

```
st.title("AI Travel Planner ✈")
st.write("Find the best time to travel and discover the perfect hotel!")

destination = st.text_input("Enter your destination (e.g., Rome):", "Rome")
preferences = st.text_area("Describe your ideal hotel:", "Luxury hotel in city center with spa.")
duration = st.slider("Trip duration (days):", 1, 14, 5)
```

먼저 st.title( )로 페이지 상단에 표시할 스트림릿 웹 앱의 제목을 설정한다. 이어서 st.write( )를 사용하여 앱 목적에 관한 간단한 설명을 입력한다.

그다음 st.text_input( )으로 사용자가 목적지를 입력할 수 있는 입력 상자를 생성한다. 여기서는 사용자가 입력할 수 있는 예시(예: Rome)를 힌트로 제공하며 기본값은 Rome이다.

st.text_area( )는 사용자가 호텔에 대한 이상적인 조건을 상세히 설명할 수 있도록 여러 줄의 입력 상자를 생성한다. 이를 통해 세부적인 호텔 선호 사항을 입력받을 수 있다.

st.slider( )는 여행 기간을 선택할 수 있는 슬라이더를 생성한다. 최소 1일, 최대 14일까지 설정할 수 있으며 기본값은 5일이다.

그림 10.26 앱에 선호 사항을 입력하는 화면

이제 사용자가 정보를 입력하고 버튼을 누른 후 어떤 일이 일어나는지를 살펴보자. 요약하자면 이 시스템은 (1) 과거 날씨 데이터와 랜덤 포레스트 알고리즘을 통해 가장 여행하기 좋은 달을 예측하고, (2) 사용자의 선호에 맞는 호텔을 추천하며(호텔 데이터 및 임베딩 유사도 기반), (3) 마지막으로 OpenAI의 GPT-4를 사용하여 개인화된 여행 일정을 생성한다.

결과를 시각화할 수 있도록 프레임워크를 구성했다. 표시되는 결과는 여행하기 좋은 달, 추천 호텔, AI가 생성한 일정, 마지막으로 목적지의 지도이다. 이 모든 과정은 사용자가 다음에 생성할 버튼을 누를 때 실행된다.

```python
if st.button("Generate Travel Plan ✈"):
    best_months = weather_agent.predict_best_time({'latitude': 41.9028,
        'longitude': 12.4964})
    best_month = best_months[0]['month']
```

```python
    recommended_hotels = hotel_agent.find_hotels(preferences)
    itinerary = itinerary_agent.create_itinerary(destination, best_month,
        recommended_hotels[0], duration)

    st.subheader("📅 Best Months to Visit")
    for m in best_months:
        st.write(f"Month {m['month']}: Score {m['score']:.2f}")

    st.subheader("🏨 Recommended Hotel")
    st.write(f"**{recommended_hotels[0]['name']}** - {recommended_hotels[0]
        ['description']}")

    st.subheader("📋 Generated Itinerary")
    st.write(itinerary)

    # 지도 표시
    st.subheader("🗺 Destination Map")
    map_data = pd.DataFrame(
        {'lat': [41.9028], 'lon': [12.4964]},
    )
    st.map(map_data)
```

if st.button("Generate Travel Plan ✨"):은 [Generate Travel Plan ✨] 상호작용 버튼을 생성하고 사용자가 이 버튼을 클릭했을 때 실행할 일련의 동작을 정의한다.

먼저 도시를 방문하기 좋은 최적의 달을 예측한다.

```
best_months = weather_agent.predict_best_time({'latitude': 41.9028, 'longitude': 12.4964})
```

여기서는 Rome의 위도(41.9028)와 경도(12.4964)를 입력하였으며 날씨 점수를 기반으로 가장 좋은 달들을 받아온다. 이후 최상의 달 하나를 선택한다.

그런 다음, 사용자의 선호에 따라 가장 적합한 호텔을 찾는다.

```
recommended_hotels = hotel_agent.find_hotels(preferences)
```

이 에이전트는 사용자의 설명과 일치하는 호텔 목록을 반환한다. 모든 세부 사항이 갖춰졌으므로 이제 여행 일정을 생성한다.

```
itinerary = itinerary_agent.create_itinerary(destination, best_month,
    recommended_hotels[0], duration)
```

이 코드는 앞서 정의된 입력값을 기반으로 구조화된 AI 생성 일정을 만든다. 이제 생성한 일정을 사용자에게 보여주자.

```
st.subheader("📅 Best Months to Visit")
```

이 코드는 하위 섹션을 생성하며 그 아래에서 best_months 리스트를 순회하며 각 월과 해당 월의 날씨 점수를 출력한다.

그다음 추천 호텔을 다음과 같은 추가 하위 섹션으로 표시한다.

```
st.subheader("🏨 Recommended Hotel")
```

끝으로 생성된 일정을 보여줄 하위 섹션을 생성한다.

```
st.subheader("📜 Generated Itinerary")
```

마지막 부분에는 도시 지도를 표시한다.

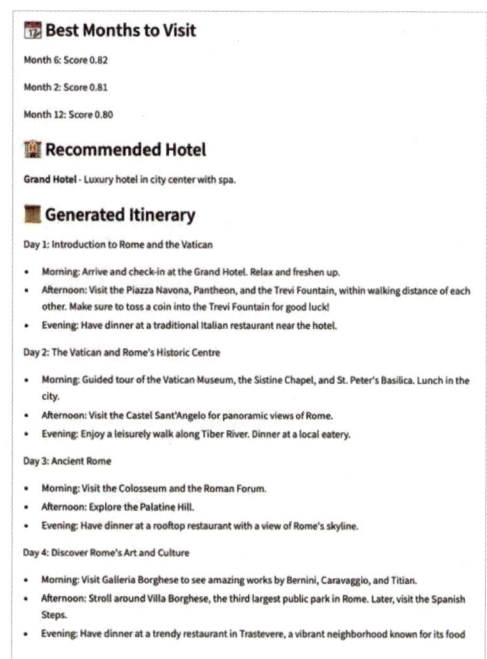

그림 10.27 생성한 출력 결과 #1   그림 10.28 생성한 출력 결과 #2

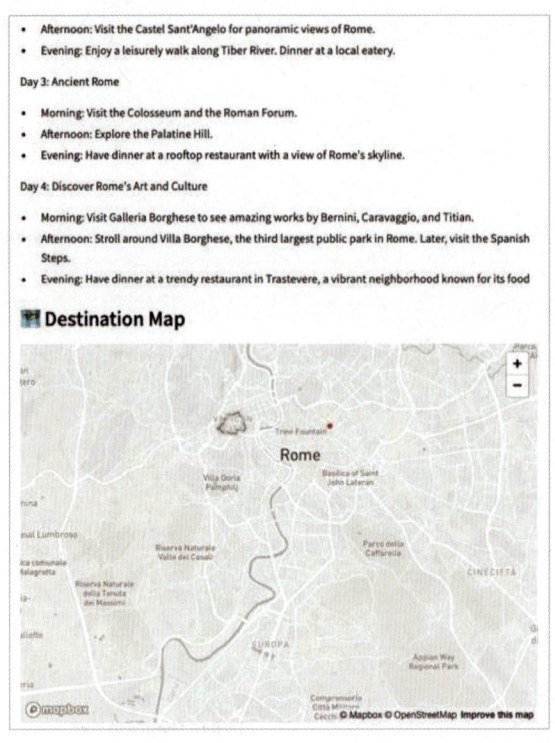

그림 10.29 생성한 출력 결과 #3

이로써 다중 에이전트 시스템을 구축하고 이를 앱에 통합했다. 이렇게 하면 프로그래밍 지식이 없는 사용자도 버튼 한 번만 클릭하여 시스템과 상호작용할 수 있다.

지금까지는 하나의 앱을 고립된 시스템으로서 논의했다. 그러나 실제로 모델은 독립된 개체가 아니라 더 큰 생태계 안에서 작동한다는 점을 이해하는 것이 중요하다. 다음 절에서는 기획부터 배포까지, 모델의 전체 생애 주기를 다루며 이러한 복잡성을 어떻게 관리할 수 있을지 설명한다.

4. 머신러닝 운영과 LLM 운영

앞서 다중 에이전트 시스템을 포함한 앱을 만드는 방법을 살펴보았다. 파이썬으로 작성한 스크립트는 컴퓨터에서 실행할 수 있는 요소이지만 그것만으로는 제품이라고 할 수 없다. 스크립트를 앱으로 전환하면 사용자는 프로그래밍 지식이 없어도 앱과 상호작용할 수 있다. 스트림릿을 활용하면 이러한 앱을 빠르게 프로토타이핑할 수 있지만, 여러 사용자가 동시에 이용하는 실제 서비스 환경에는 적합하지 않다. 이 절에서는 모델을 실제 제품으로 작동하게 만드는 데 필요한 운영적 측면을 다룬다.

머신러닝 운영MLOps, machine learning operations은 머신러닝 모델의 라이프사이클을 생산 환경에서 효율적으로 관리하고 자동화하기 위한 일련의 관행과 도구들의 집합이다. MLOps는 머신러닝ML, 데브옵스DevOps, 데이터 엔지니어링의 관행을 결합하여 모델의 **지속적 통합/지속적 배포**CI/CD, 모니터링, 확장을 보장한다.

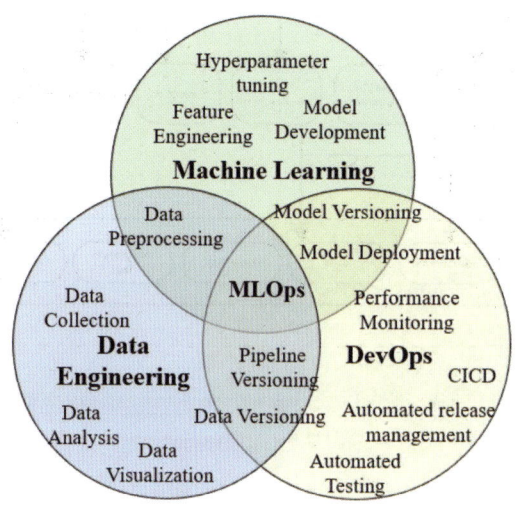

그림 10.30 MLOps의 결합 요소(https://arxiv.org/pdf/2202.10169)

MLOps는 연구 단계에서 만들어진 모델을 실제 환경에서 유용하게 활용할 수 있는 애플리케이션으로 전환하는 데 핵심적인 역할을 한다. 요컨대, MLOps는 생산 환경에서 모델의 개발, 모니터링, 유지 관리를 포함한 전 과정을 다루며, 실험 단계의 결과물을 실제로 동작하는 제품으로 발전시킨다.

MLOps의 주요 단계는 다음과 같다.

1. **모델 개발**: 첫 번째 단계로 ML 모델을 설계하고 학습시키는 과정이다. 데이터 과학자와 데이터 엔지니어가 모델의 선택과 데이터셋 마련, 학습과 테스트 과정에서 협업한다.
2. **테스트**: 보통 테스트 단계는 모델 개발 과정의 일부로 간주하지만 오늘날에는 모델 테스트의 중요성이 커져 별도의 단계로 분리하곤 한다. 특히 복잡한 모델은 예기치 못한 방식으로 동작할 수 있어 체계적인 테스트가 반드시 필요하다.
3. **배포**: 모델이 개발되고 테스트를 마친 후에는 프로덕션 환경에 배포된다. 이 단계에서는 모델을 기존의 시스템들과 통합해야 하며, 실제 사용자 요청에 실시간으로 대응할 수 있어야 한다.
4. **모니터링과 유지보수**: 모델이 배포된 이후에도 성능이 저하되지 않도록 지속적으로 모니터링하고 운영 문제를 사전에 방지해야 한다. 또한 필요에 따라 모델을 업데이트하거나 새로운 시스템 구성 요소와의 호환성을 확보해야 할 수도 있다.

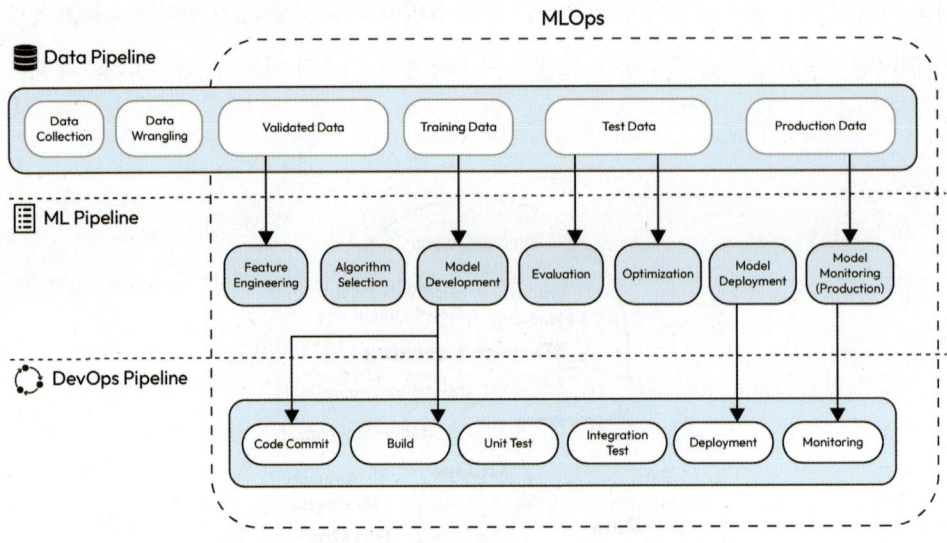

그림 10.31 MLOps의 상위 수준 프로세스(https://arxiv.org/pdf/2202.10169)

LLM 운영LLMOps, large language model operations은 MLOps의 확장 개념으로 LLM의 배포, 유지 관리, 운영에 특별히 초점을 맞춘다. MLOps의 원칙을 통합하면서도 대규모 자연어 처리 모델을 다룰 때의 고유한 과제와 요구 사항을 함께 해결한다.

그러나 LLMOps는 일반적인 MLOps보다 훨씬 더 많은 복잡성이 따른다. 주요 이유는 다음과 같다.

- **모델 크기와 복잡성**: MLOps에서 다루는 모델은 상대적으로 작거나 계산 자원이 적게 드는 전통적인 머신러닝 알고리즘, 소규모 딥러닝 모델, 또는 구조화된 데이터를 처리하기 위한 특화된 모델이 대부분이다. 반면, LLM은 수십억 개의 파라미터를 가지며, 이를 처리하기 위해 GPU나 TPU와 같은 고성능 전용 하드웨어가 필요하고 분산 학습이 요구되기도 한다. 이로 인해 더 높은 기술 전문성과 막대한 인프라 비용이 요구된다.
- **학습과 파인튜닝**: 일반적인 ML 모델은 상대적으로 적은 자원으로 재학습이 가능하고 프로그램으로 쉽게 수행할 수 있다. 그러나 LLM의 파인튜닝은 훨씬 복잡하며 대규모 데이터셋의 수집과 전처리 자체만으로도 상당한 자원이 소모된다.
- **확장성과 배포**: MLOps에서는 모델을 프로덕션 환경에 비교적 쉽게 배포할 수 있다. 그러나 LLM의 경우 수요가 급증할 때를 대비한 전용 인프라가 필요하다. 사용자 수가 많아지면 추론 지연 시간이 크게 증가할 수 있으며, 이를 최적화하는 과정은 성능 저하 위험이 동반되는 매우 섬세한 작업이다.
- **모니터링과 유지보수**: MLOps에서는 정확도, 정밀도, 재현율, 모델 드리프트 등 정량적인 지표 중심으로 모니터링이 이루어진다. 반면 LLMOps에서는 여기에 더해 생성된 텍스트의 품질, 사용자 피드백, 편향성, 유해한 출력 등 정성적이고 윤리적인 측면까지 함께 고려해야 한다. 정확도 측정은 비교적 단순하지만 LLM이 할루시네이션이나 부적절한 내용을 생성했는지 평가하는 일은 훨씬 복잡하다. 특히 편향성 문제는 쉽게 드러나지 않지만 사

용자 경험에 직접적인 영향을 준다.
- **모델 거버넌스와 컴플라이언스**: 모든 ML 시스템에서 거버넌스와 컴플라이언스는 중요하다. MLOps는 주로 데이터 프라이버시와 모델 투명성에 초점을 맞춘다. 그러나 LLMOps은 이보다 더 넓은 범위를 다룬다. LLM은 광범위한 주제의 텍스트를 생성할 수 있어 부적절한 콘텐츠를 만들어낼 위험이 크다. 이에 따라 프라이버시 문제뿐만 아니라 편향성, 공정성, 윤리 문제를 고려해야 하며 관련 규제 역시 빠르게 변화하고 있다.

LLMOps의 복잡성을 잘 보여주는 대표적인 예는 학습용 코퍼스의 규모다. LLM을 처음부터 사전 학습하려면 최소 10억 개 이상의 토큰을 포함한 대규모 코퍼스를 수집해야 한다. 이러한 데이터는 책, 웹사이트, 기사, 코드 저장소 등 다양한 출처에서 가져온다.

이와 달리, MLOps에서는 일반적으로 이미 존재하는 데이터셋(예: 사용자 상호작용 데이터)을 사용해 모델을 만든다. 기존의 이미지나 표 형식의 데이터셋을 전처리하는 과정은 LLM 학습에 쓰이는 대규모 코퍼스 전처리(편향 제거, 중복 제거 등)에 비해 훨씬 단순하다. 또한 수백 테라바이트에 이르는 데이터셋이 필요할 수도 있기에 복잡성은 더욱 증가한다.

많은 ML 모델은 일반적인 개인용 컴퓨터에서도 학습할 수 있지만 LLM은 그렇지 않다. 특히 대형 모델은 반드시 전용 인프라가 필요하며 하이퍼파라미터 조정이나 다양한 아키텍처 실험도 자유롭게 수행하기 어렵다. 따라서 전체 재학습보다는 파인튜닝을 선호하는 경우가 많다.

테스트 단계 역시 단순히 정확도 같은 정량적 지표에 의존할 수 없다. 언어 중심 시스템의 특성상 모델 출력을 충분히 평가하려면 사람의 직접적인 판단이 필요하다. LLM의 창의성, 편향, 품질, 부적절한 콘텐츠 여부 등은 단순 수치로 측정하기 어렵기 때문이다. 물론 대규모 평가에서는 다른 LLM을 보조 수단으로 활용하여 판단을 내릴 수도 있다.

보통 사전 학습 이후에는 모델 출력을 개선하고자 사람의 피드백을 활용하는 단계가 있다. 그러나 이 단계 이후에도 트래픽 증가 또는 언어와 지식의 진화에 따라 모델을 꾸준히 평가하고 업데이트해야 한다. 예를 들어, 의료용 LLM은 최신 치료법과 연구 결과를 지속적으로 반영해야 한다.

다음 절에서는 LLM처럼 복잡한 모델을 개발할 때 발생하는 복잡성부터 자세히 살펴본다.

모델 개발

모델 개발은 코퍼스 수집에서 시작한다. 수집하는 데이터는 일반 데이터와 전문 데이터의 두 가지 유형으로 나뉜다. 일반 데이터는 웹 페이지, 책, 대화형 텍스트와 같은 자료를 의미하고 전문 데이터는 다국어 데이터, 과학 데이터, 코드 등 특정 작업에 맞춰 설계된 자료다.

- **일반 데이터**: 인터넷에 방대한 데이터가 존재하기 때문에, 내려받은 페이지의 데이터셋을 사용하는 것부터 시

작하거나 새롭게 크롤링을 수행하는 경우가 많다. Reddit과 같은 플랫폼의 토론, LLM과의 대화 데이터, 기타 출처에서 수집된 대화형 데이터셋도 있다. 책은 주제의 일관성과 높은 품질 때문에 학습용 데이터로 인기가 높다. 다만, 이러한 데이터셋에는 위키피디아나 블로그 같은 고품질 데이터뿐만 아니라 스팸, 유해 게시물 등 제거해야 할 불필요한 데이터도 함께 포함된다.

- **전문 텍스트 데이터**: 최근에는 다국어 코퍼스를 추가하여 LLM의 언어 능력을 확장하는 것이 일반적이다. 예를 들어 PaLM은 122개 언어를 포괄하는 다국어 코퍼스를 활용한다. 과학 텍스트를 포함하면 추론 능력이나 과학 분야 성능을 높일 수 있다. 오늘날에는 방대한 논문 데이터셋이 구축되어 있어 쉽게 활용할 수 있다. 또한 최신 사전 학습 데이터셋에는 코드 데이터가 포함되는 경우가 많다. 코드와 같은 구조화된 데이터는 모델의 논리적 추론 능력을 향상시키는 데 기여하는 것으로 보인다.

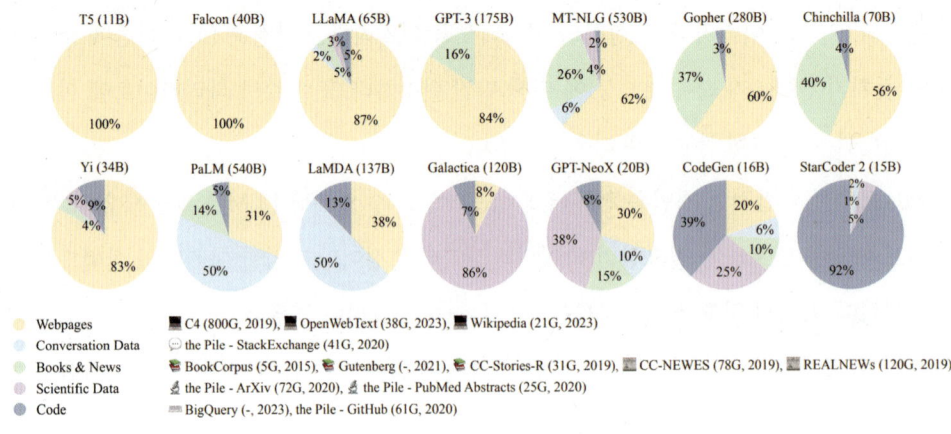

그림 10.32 기존 LLM의 사전 학습 데이터에 사용된 다양한 데이터 소스의 비율(https://arxiv.org/pdf/2303.18223)

데이터 수집이 끝나면 전처리 과정을 거쳐야 한다. 이 과정에서는 불필요한 토큰(예: HTML 태그)을 제거하고 텍스트 다양성을 조율하며 중복 데이터를 제거한다. 일반적으로는 휴리스틱 알고리즘이나 분류기를 활용하여 품질이 낮은 데이터를 걸러낸다. 예를 들어, 위키피디아 같은 고품질 데이터로 분류기를 학습시켜 보존할 콘텐츠를 식별할 수 있다. 반면, 휴리스틱 알고리즘은 사전에 정의한 규칙(통계적 속성, 특정 키워드 존재 여부 등)에 따라 동작한다.

중복 제거_deduplication_는 모델의 다양성과 학습 안정성에 큰 영향을 주는 중요한 단계이다. 보통 문장이나 문서 단위에서 중복을 제거해 반복적인 단어 패턴을 방지한다. 또한 오늘날에는 개인 정보 보호를 위한 데이터 정제도 일반적인 단계이다. 이 과정에서는 **개인 식별 정보**_PII_를 제거하며 이 역시 사전에 정의된 규칙에 기반하여 수행된다.

이러한 단계가 모두 끝나면 토큰화_tokenization_를 수행한다. 토큰화는 모델 성능에 직접적인 영향을 주는 핵심 단계로, 지금은 **바이트 페어 인코딩**BPE, byte-pair encoding을 널리 사용한다.

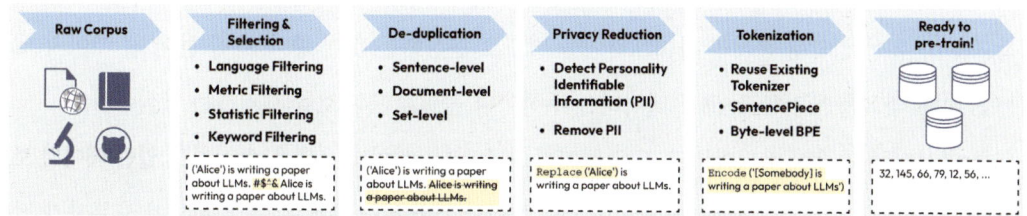

그림 10.33 LLM 사전 학습을 위한 전형적인 데이터 전처리 파이프라인(https://arxiv.org/pdf/2303.18223)

코퍼스 전처리가 끝나면 모델 학습 단계로 넘어간다. 모델을 학습하려면 앞서 언급한 다양한 데이터 소스(예: 위키피디아, 인터넷 텍스트, 책 등)를 어떻게 배치할 것인지 전략을 정해야 한다. 이때 중요한 결정 요소는 두 가지이다. 첫째는 각 데이터 소스의 비율, 즉 데이터 혼합data mixture이고, 둘째는 데이터를 학습에 사용하는 순서, 즉 데이터 커리큘럼data curriculum이다.

각 데이터 유형은 모델 성능에 다른 영향을 주기 때문에 비율을 적절히 혼합하는 것이 중요하다. 데이터 혼합 비율은 전체 학습 과정 동안 고정될 수도 있고(global), 학습 단계에 따라 다르게 적용될 수도 있다(local). 이때 각 데이터 소스를 업샘플링하거나 다운샘플링하여 설정한 비율을 유지한다.

예를 들어, LLaMA 사전 학습에서는 실험 결과에 기반하여 웹 페이지 80%, 코드 데이터 6.5%, 책 4.5%, 과학 데이터 2.5%, 나머지 기타 소스의 비율로 학습을 진행했다. 오늘날 이 조합은 다양한 LLM에 활용되고 있으며, 특정 목적의 LLM에서는 코드나 과학 기사 등 특정 데이터의 비중이 달라진다.

일반적으로는 다양하고 이질적인 코퍼스를 선호하는데, 이는 데이터의 다양성이 모델의 도메인 간 일반화 능력을 높이기 때문이다. 반면, 지나치게 동질적인 데이터셋은 모델의 일반화 성능을 저해할 수 있다.

또한 데이터가 제시되는 순서, 즉 학습 커리큘럼도 중요하다. 학습 데이터는 보통 기초 역량을 먼저 개발하고 이후 더 특화된 능력을 개발하도록 구성한다. 이렇게 하려면 먼저 일반적이고 쉬운 예시를 사용하고, 그다음 더 복잡하거나 특화된 예시를 추가한다. 예를 들어, CodeLLaMA-Python 같은 코드 특화 모델은 2T의 일반 토큰 → 500B의 코드 중심 토큰 → 100B의 파이썬 중심 토큰 순서를 따른다.

이러한 학습 과정을 가능하게 하려면 데이터를 체계적으로 수집하고 조직화할 수 있는 파이프라인을 구축하는 것이 중요하다. 이러한 파이프라인을 **ETL**(Extract, Transform, Load) 파이프라인이라고 부른다. 예를 들어, 웹 페이지 데이터를 수집하려면 해당 페이지를 내려받고 메타데이터와 함께 데이터베이스에 저장할 수 있는 ETL 파이프라인을 구축해야 한다. 이 메타데이터는 데이터 정제와 데이터

스케줄링에도 활용된다.

데이터를 내려받은 후에는 변환transform 단계를 거쳐야 한다. 코퍼스에는 다양한 유형의 데이터가 존재하므로 각 유형에 맞는 전처리 파이프라인을 별도로 구성하는 것이 좋다. 예를 들어 웹 페이지 데이터는 HTML 태그를 제거하고, 코드 데이터는 주석이나 불필요한 기호를 제거하는 방식이다.

또한 데이터는 민감한 자원이므로 접근 제어가 필수이다. 데이터 유출을 방지하고 **일반 데이터 보호 규정**GDPR과 같은 규제를 준수해야 한다. 일반적으로 **역할 기반 접근 제어**RBAC를 적용하여 사용자가 접근할 수 있는 데이터셋을 구분한다. 예를 들어, 관리자와 데이터 분석가가 서로 다른 수준의 데이터 접근 권한을 갖도록 설정함으로써 데이터 오염이나 오류 발생 가능성을 줄일 수 있다.

데이터를 확보하고 정제한 후에는 모델 학습에 사용할 특징feature을 생성해야 한다. 이 특징은 모델이 직접 학습하는 입력값이며 일반적으로 피처 스토어feature store라는 최적화된 데이터 저장소에 저장된다. 피처 스토어를 활용하면 학습 과정에서 필요한 데이터에 빠르고 효율적으로 접근할 수 있다.

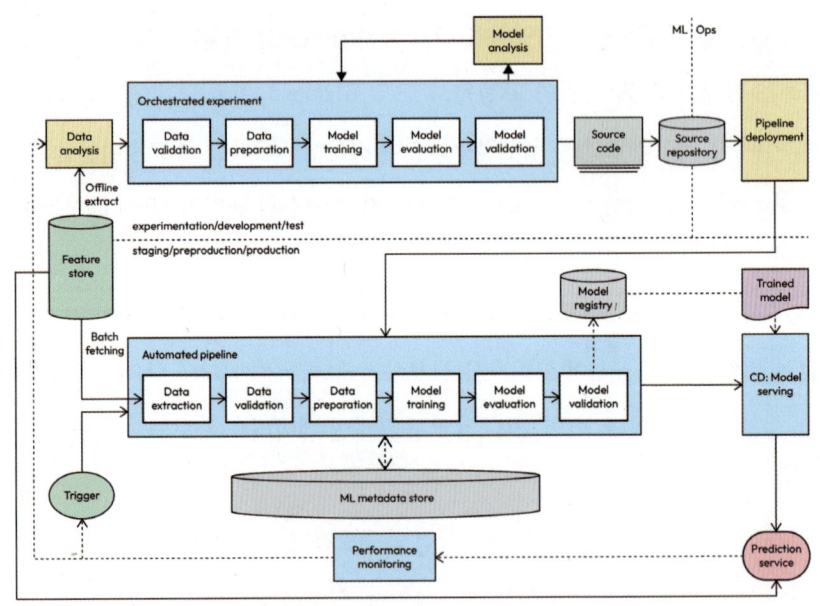

그림 10.34 지속 학습을 위한 머신러닝 파이프라인 자동화
(https://cloud.google.com/architecture/mlops-continuous-delivery-and-automation-pipelines-in-machine-learning)

모델 학습

특징을 정했다면 이번에는 어떤 기반 모델foundation model을 사용할지 결정해야 한다. 여기에는 두 가지 방식이 있다.

1. 이미 학습된 LLM을 그대로 사용하는 방법
2. 사전 학습된 모델에 파인튜닝을 수행하는 방법

앞서 2장과 3장에서 살펴본 바와 같이, 대부분의 현대 LLM은 인과 디코더_{causal decoder} 구조를 기반으로 한다. 기본 구조는 동일하지만 최근에는 다양한 대안 구조(예: Mixture of Experts)와 어텐션 메커니즘의 변형(컨텍스트 길이를 늘리거나 계산 비용을 줄이기 위한)이 등장하고 있다.

그러나 LLM을 처음부터 학습하는 일은 막대한 비용이 필요하기 때문에 대부분의 기업은 사전 학습된 모델을 활용하여 파인튜닝하는 방식에 집중한다. 따라서 기반 모델을 어떻게 선택하느냐가 매우 중요한 과제이다. 우선 원하는 출력 품질을 제공할 수 있는 모델을 선택해야 하며, 동시에 사용 가능한 리소스(하드웨어, 비용 등)와도 부합해야 한다.

또한 일반적인 벤치마크 성능은 다소 낮더라도 특정 작업에 최적화된 모델을 선택할 수도 있다. 예를 들어, 애플리케이션이 코딩 어시스턴트에 초점을 맞춘다면 광범위한 작업에서 평균적으로 뛰어난 모델보다는 코딩 관련 벤치마크에서 성능이 뛰어난 LLM을 선택하는 것이 더 합리적이다.

모델을 선택할 때는 모델의 크기_{size}도 고려해야 한다. 모델의 크기가 커질수록 메모리 사용량과 저장 공간이 증가하며, 클라우드 환경에서는 이러한 자원 사용이 곧 비용 상승으로 이어진다. 또한 모든 모델이 모든 환경에서 실행 가능한 것은 아니다. 예를 들어, 특정 장치에서는 대형 모델을 사용할 수 없다. 게다가 모델의 크기가 클수록 지연 시간, 즉 입력 처리부터 출력 생성까지 걸리는 시간이 증가한다. 지연 시간이 길면 사용자 경험에 악영향을 주며 사용자 이탈을 유발할 수 있다.

3장에서 살펴본 것처럼 오늘날에는 성능은 유지하면서도 모델 크기를 줄이는 다양한 기술이 있다. 지식 증류_{distillation}, 양자화_{quantization}, 가지치기_{pruning}가 대표적인 예이다. 또한 라이선스 문제도 반드시 고려해야 한다. 모든 모델이 오픈소스 라이선스인 것은 아니며, 어떤 모델은 저장소에는 공개되어 있어도 상업적 사용은 제한될 수 있다.

한편, 파인튜닝은 모델이 특정 기술이나 특정 지식을 습득하도록 하기 위한 과정이다. 특정 기술을 훈련하는 경우, 이를 흔히 지시 튜닝_{instruction tuning}이라고 부른다. 지시 튜닝은 지도 학습의 일종으로, 모델이 명령을 더 정확히 이해하고 따르도록 하거나 특정 작업 수행 능력을 향상시키는 것을 목표로 한다.

저장소에는 단순히 사전 학습만 된 모델도 있고 이미 지시 튜닝 단계를 거친 모델도 있다. 특정 기술을 훈련시키려면 지시 튜닝용 데이터셋을 별도로 수집하는 것이 더 유리할 수 있다. 다만, 이때도 몇 가지 주의할 점이 있다.

- **데이터 분포**: 지시 튜닝 데이터셋은 다양한 작업과 상황을 반영해야 한다. 주제, 맥락, 길이, 스타일, 작업 유형이 서로 다른 예시가 포함되는 것이 이상적이다.

- **데이터셋 품질**: 단순한 사실적 정확성뿐 아니라 작업 수행 과정이 잘 설명된 고품질 예시를 포함하는 것이 중요하다. 최근에는 단순한 답이 아니라 중간 사고 과정을 담은 예시를 많이 사용한다. 보통 이러한 예시는 사람이 생성하지만 비용을 절약하기 위해 더 큰 모델이 생성한 데이터셋을 활용하기도 한다. 예를 들어, 700억 개 파라미터를 가진 대형 모델이 생성한 데이터셋을 사용하여 70억 파라미터 모델을 튜닝할 수 있다.

- **복잡성**: 모델은 다양한 능력을 습득해야 한다. 단순한 예시를 통해 모델은 구조를 배우고 기본적인 작업을 이해한다. 그러나 데이터셋에는 복잡한 예시, 다단계 추론이 필요한 예시, 난이도가 높은 예시도 포함되어야 한다. 이러한 데이터는 실제 문제의 복잡성을 반영하며 모델의 추론 능력 향상에도 도움을 주는 것으로 알려졌다.

- **데이터 양**: 데이터의 필요량은 모델 크기에 따라 달라진다. 일부 연구에 따르면 더 큰 모델일수록 적은 양의 예시만으로도 성능이 향상된다. 예를 들어, 700억 파라미터 모델은 단 1,000개의 고품질 예시만으로도 충분할 수 있다. 이에 비해 작은 모델은 작업을 이해하는 데 더 많은 예시가 필요하고 이를 잘 수행하려면 훨씬 더 많은 예시가 필요하다. 예를 들어, 70억 파라미터 모델은 최대 100만 개의 예시가 필요할 수 있다.

수천 개의 예시를 담은 데이터셋을 만드는 데는 비용이 매우 많이 든다. 그래서 많은 연구에서는 데이터셋의 일부만 사람이 직접 생성하고 나머지는 모델이 생성한 데이터나 기존 데이터셋을 통합하여 필요한 규모를 맞추곤 한다. Hugging Face에는 범용 데이터셋뿐만 아니라 특정 도메인 특화된 지시 튜닝 데이터셋도 다수 공개되어 있다.

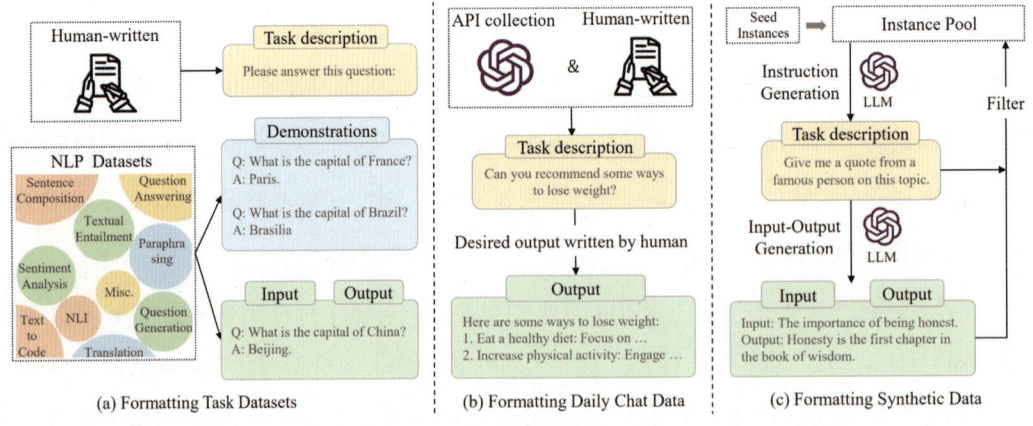

그림 10.35 지시 튜닝 데이터셋 구성(https://arxiv.org/pdf/2303.18223)

특정 도메인용 데이터셋을 구성할 때는 전문가의 참여가 필요하다. 예를 들어, 금융이나 의학용 데이터셋을 만들 때는 해당 분야의 전문가나 다른 기관과 협력하는 것이 일반적이다.

이러한 데이터셋도 사전 학습 데이터셋과 마찬가지로 전처리 과정을 거쳐야 한다. 예를 들어 저품질 예시를 필터링하며, 이때 사용하는 방법의 하나는 부적절한 콘텐츠, 주제와 무관한 예시 등을 나타내는 키워드 목록을 만들어 제거하는 것이다. 또한 길이가 지나치게 짧거나 긴 데이터를 걸러내는 길이에 따른 필터와 정해진 형식을 따르지 않은 예시를 제거하는 형식 필터도 적용한다.

중복 제거 역시 중요한 단계이다. 특히 LLM을 활용해 데이터를 생성하면 지나치게 유사한 예시가 많이 포함될 수 있다. 이를 방지하기 위해 임베딩 기반 필터링을 적용하여 유사도가 지나치게 높은 데이터를 제거할 수 있다. 또 다른 대안으로는 **MinHash** 기법이 있는데, 이는 패턴(벡터)의 압축 표현을 생성하고 이를 유사도 함수로 비교하므로 연산 비용을 줄이는 데 효과적이다.

여기서는 특정 작업에서 모델의 성능에 관심이 있으므로 **데이터 오염 제거**data decontamination 단계를 추가한다. 이는 지시 튜닝 데이터셋에 평가evaluation 또는 테스트test 세트와 동일하거나 지나치게 비슷한 예시가 포함되지 않도록 하는 과정이다. 지시 튜닝 이후에는 별도로 분리해둔 테스트 세트를 사용해 모델을 검증하는 것이 일반적인 방식이다. 이때 학습 데이터에 테스트 세트와 지나치게 유사한 예시가 존재한다면 과적합이나 단순 저장 현상storage phenomena 여부를 확인할 수 없다. 데이터 오염 제거는 보통 데이터 중복 제거와 비슷한 기법으로 수행한다.

본격적인 학습 단계로 넘어가기 전에 보통 **데이터 품질 평가**data quality evaluation 과정을 추가로 진행한다. 데이터셋은 품질, 정확성, 복잡성 등의 기준으로 평가한다. 일반적으로 통계적 지표(예: 손실 값)를 계산하며 일부 예시는 사람이 직접 검토하기도 한다.

최근에는 **LLM-as-a-judge** 접근법이 점점 인기를 얻고 있다. 이는 LLM이 데이터셋 예시의 품질을 평가하도록 하는 방식이다. 보통 LLM에게 템플릿을 제공해 예시의 품질을 점검하게 하고 점수를 산출하도록 한다. 또는 최근에는 품질 점수를 산출하도록 훈련된 특수 모델도 사용한다. 예를 들어, **ArmoRM-Llama3-8B-v0.1** 같은 보상 모델은 텍스트의 유용성helpfulness, 정확성correctness, 일관성coherence, 복잡성complexity, 장황함verbosity 등을 기준으로 평가 점수를 산출하도록 학습되었다.

모델 테스트

데이터셋을 확보했다면 파인튜닝을 수행한다. 파인튜닝은 LLM의 기존 능력과 지식을 특정 목적에 맞게 조정하는 작업이다. 그러나 파인튜닝은 만능 해결책이 아니며 장점과 단점이 모두 있다는 점을 명심해야 한다. 예를 들어, 파인튜닝은 모델의 기존 지식을 활용하면서도 특정 도메인에 맞게 재조정을 수행한다. 하지만 이 과정에서 성능 저하와 할루시네이션이 발생할 수 있다. 이러한 문제를 보완하기 위해 5장에서 7장에 걸쳐 대안으로 RAG와 GraphRAG를 살펴보았고, 3장에서는 LoRA와 QLoRA 같은 효율적인 파인튜닝 기법이 등장하여 비용과 자원 소모를 크게 줄일 수 있음을 확인했다. 오늘날에는 Hugging Face에서 만든 TRL을 비롯해 Unsloth, 그리고 Unsloth를 기반으로 한 Axolotl과 같은 다양한 라이브러리가 있으며 이들은 파인튜닝 기능뿐 아니라 여러 확장 기능도 함께 제공한다.

모델 학습 이후 핵심 단계는 LLM 평가이다. 일반적으로 평가는 세 단계에 걸쳐 이루어진다.

- **사전 학습 중**: 모델 학습 진행 상황을 실시간으로 모니터링하며 주로 학습 손실(교차 엔트로피 기반 지표), 검증 세트 손실, 퍼플렉서티_perplexity_(학습 손실의 지수로 가장 널리 쓰이는 지표), 그래디언트 노름_gradient norm_(학습의 안정성을 평가하는 지표) 등을 확인한다.
- **사전 학습 이후**: 사전 학습이 완료되면 벤치마크 데이터셋을 통해 모델의 능력을 분석한다. 이 데이터셋에서는 모델 지식과 특정 문제 해결 능력을 모두 평가한다. 예를 들어, MMLU는 모델의 광범위한 도메인 지식을 평가하며 HellaSwag와 같은 데이터셋은 모델의 추론 능력을 평가한다.
- **파인튜닝 이후**: 명령 이해 및 수행 능력, 대화 능력, 도구 사용 능력 등을 주로 평가한다. 파인튜닝으로 모델을 특수 도메인에 맞추는 만큼, 이런 경우에는 특화 벤치마크를 사용하는 것이 유리하다. 예를 들어 의학 지식을 평가할 때는 Open Medical-LLM Leaderboard를, 코딩 능력을 평가할 때는 BigCodeBench Leaderboard를 사용한다.

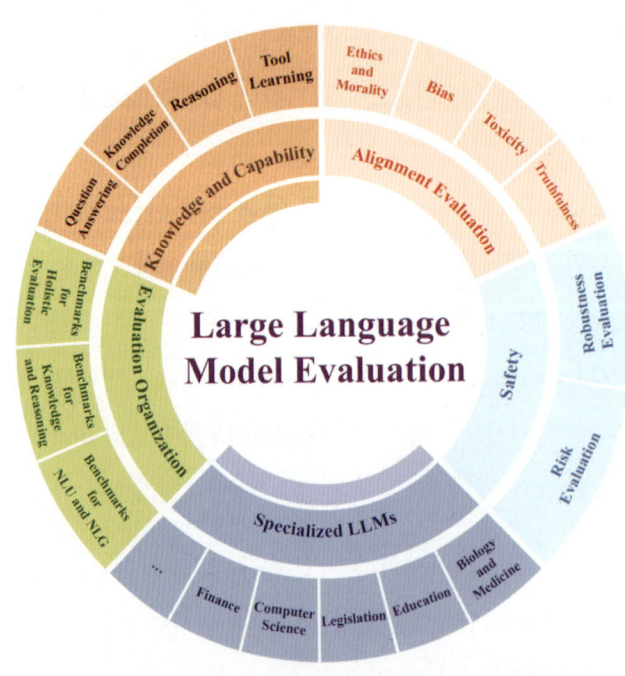

그림 10.36 LLM 평가의 분류 (https://arxiv.org/pdf/2310.19736)

마지막 두 단계(사전 학습 이후와 파인튜닝 이후)는 수동 검토 또는 LLM-as-a-judge로 수행할 수 있다. 개방형 텍스트 생성에서는 표준 지표만으로는 모델의 능력을 평가하기 어렵다. 또한 특정 도메인에서 모델 성능을 평가하려면 훨씬 더 심층적인 분석이 필요하다.

LLM이 RAG와 같은 시스템의 구성 요소라면 LLM 능력뿐만 아니라 전체 시스템도 평가해야 한다. 사실, 모델만 놓고도 추론이나 환각 능력을 평가할 수 있지만 모델은 결국 시스템의 일부이므로 전체 제품 차원에서 평가해야 한다. 예를 들어, RAG 시스템에서는 검색 정확도와 응답 생성 능력을 모두 평가해야 한다. 실제로 RAG를 평가하기 위한 지표와 특정 라이브러리도 있다. RAGAS_{Retrieval-Augmented Generation Assessment}는 RAG의 응답을 평가하기 위해 LLM을 활용하며 ARES_{Automatic RAG Evaluation through Synthetic data}는 합성 데이터 생성을 통해 모델 품질을 종합적으로 평가하는 도구다.

추론 최적화

LLM은 배포되면 자원을 지속적으로 소비하게 되며, 이제 목표는 추론 과정을 최적화하여 사용자 지연을 최소화하고 비용을 절감하는 것이다. 본질적으로 추론에서는 세 가지 과정이 일어난다.

1. **토큰화와 임베딩**: 입력을 수치 표현으로 변환한 뒤 벡터로 만든다.
2. **계산**: 각 멀티헤드 어텐션마다 키_{key}와 값_{value} 벡터를 계산한다.
3. **생성**: 순차적으로 토큰을 하나씩 생성한다.

앞의 두 단계는 비용이 크지만 GPU를 활용해 비교적 쉽게 병렬화할 수 있다. 이와 달리 세 번째 단계는 각 출력 토큰이 이전 토큰에 의존하므로 순차적이다. 추론 최적화의 목적은 이 세 단계를 더 빠르게 만드는 것이며 지금부터 몇 가지 기법을 살펴본다.

모델 추론 최적화

토큰 출력을 생성하려면 이전 모든 컨텍스트가 필요하다. 예를 들어, 15번째 토큰을 생성할 때는 1번부터 14번까지 모든 토큰의 **key-value**(KV) 곱을 계산해야 한다. 이 때문에 과정이 매우 느려지고 시간이 지날수록 어텐션 계산 비용은 $O(n^2)$으로 늘어난다.

KV 캐시는 이러한 비효율성을 줄이기 위한 방법이다. 이전 토큰의 키(K)와 값(V) 텐서를 캐싱하고 재사용하여 어텐션 점수를 더 빠르게 계산할 수 있다. 이를 통해 메모리와 계산 비용을 줄이고 추론 속도를 거의 $O(n)$에 가까운 선형 시간으로 단축한다.

일반적으로 과정은 다음과 같다. 첫 번째 토큰에서 (K, V)를 계산하고 저장한다. 두 번째 토큰에서 (K, V)를 다시 계산하여 기존 캐시에 추가한다. 즉, 어텐션은 새로운 토큰에만 적용된다. 2장에서 살펴보았듯이 이것이 어텐션 계산 과정이다.

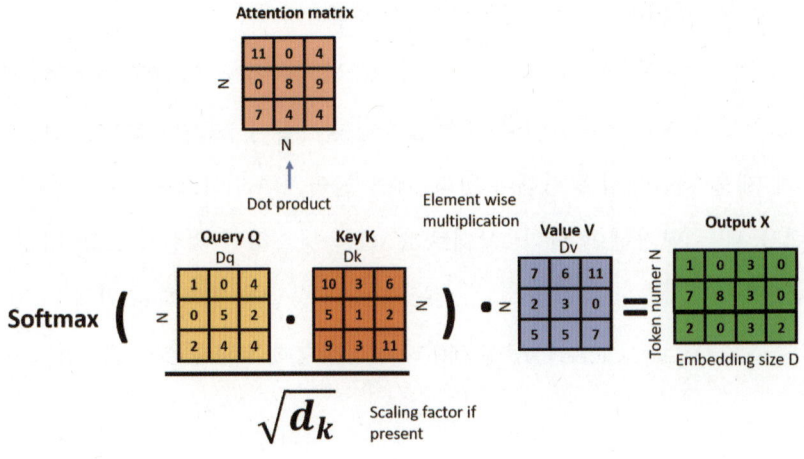

그림 10.37 어텐션 계산

KV 캐시에서는 KV 곱을 계산한 뒤 그 결과를 메모리에 저장한다. 새로운 토큰이 나올 때는 이 정보를 불러와 해당 토큰에 대해서만 KV 곱을 계산한다.

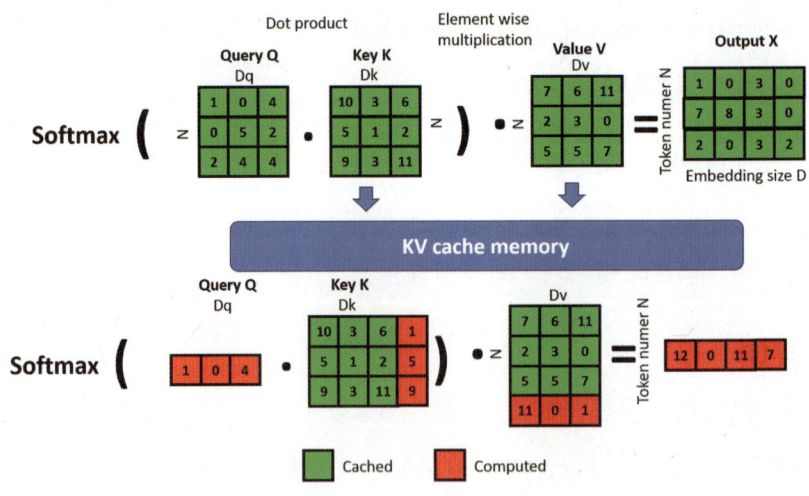

그림 10.38 KV 캐시 프로세스

KV 캐시는 추론 과정에서 불필요한 반복 계산을 줄여 속도를 향상시킨다. 즉, 시퀀스의 이전 토큰들을 다시 계산하지 않고 캐시된 값을 재사용한다. 또한 긴 컨텍스트 윈도우에도 효율적으로 확장되며, 현재는 주요 라이브러리와 하드웨어에서 최적화가 이루어져 있다. 물론 KV 캐시를 사용하면 더 많은 메모리를 사용한다. 실제로는 각 토큰, 어텐션 헤드, 레이어마다 개별 KV 캐시를 메모리에 저장해야 하기 때문이다. 이로 인해 사용할 수 있는 컨텍스트 윈도우의 크기에 제약이 발생한다. 따라서 최근에는 KV 캐시를 압축하여 메모리 비용을 줄이는 다양한 접근법이 등장하고 있다.

추론 속도를 높이는 또 다른 기법은 **연속 배치**continuous batching이다. 이 기법의 목적은 여러 쿼리를 병렬로 처리하여 모델 메모리 비용을 배치 단위로 분산시키고, GPU로 더 많은 데이터를 효율적으로 전송하는 것이다. 전통적인 배치 작업은 입력 처리가 느리고, 특히 길이가 서로 다른 쿼리가 많은 추론에는 최적화되어 있지 않다. 반면 연속 배치는 여러 사용자 요청을 동적으로 처리할 수 있게 하여 서로 다른 시간에 도착한 여러 추론 요청도 병렬로 처리할 수 있다. 즉, 고정된 배치가 채워질 때까지 기다리지 않고 도착한 요청을 동적으로 묶어 일련의 배치로 처리하는 것이다.

배치 작업 엔진은 여러 사용자의 프롬프트를 하나의 배치로 병합한다. 전체 배치를 기다리지 않고 리소스가 가용할 때 새로운 토큰을 즉시 처리한다. 이 기법은 KV 캐시와도 잘 결합된다. 이미 처리된 토큰의 캐시 값을 재활용할 수 있어 처리 속도가 더욱 빨라진다. 따라서 연속 배치는 지연 시간을 줄이고 동시에 여러 사용자에게 스트리밍을 제공할 수 있으며 자원 활용도도 높아진다. 다만, 표준 어텐션 구현보다 더 복잡하며 사용자 관리와 KV 캐시에 대한 수많은 요청을 처리해야 한다는 점에서 별도로 구현이 요구된다.

추측 디코딩speculative decoding은 자동회귀 언어 모델에서 텍스트 생성을 가속화하는 또 다른 최적화 기법이다. 전통적인 LLM은 한 번에 하나의 토큰만 생성하며 이 과정은 병렬화할 수 없어 비효율적인 추론으로 이어진다. 추측 디코딩은 두 개의 모델이 협력하여 동작한다.

- 작은 크기의 빠른 '초안draft' 모델이 여러 후보 토큰을 생성한다.
- 큰 규모의 주요 LLM이 후보를 검증하고 이를 수락하거나 수정한다.

초안 모델은 메인 모델과 동일한 LLM 아키텍처를 사용하지만 훨씬 작은 규모의 파라미터를 가진 경량 모델이다. 초안 모델은 한 번에 여러 개의 추측 토큰을 생성한다. 주요 LLM은 이 후보 토큰들을 검증하며 자신의 출력과 일치하면 그대로 수락한다. 일치하지 않으면 해당 토큰은 폐기되고 주요 모델이 새로운 토큰을 생성한다. 이 과정은 최종 출력이 완성될 때까지 반복적으로 수행된다.

추측 디코딩은 순차적 추론 단계를 줄여 응답 속도를 높이고 GPU 활용을 극대화하면서도 출력 품질을 유지할 수 있게 한다. 다만, 이 접근법이 효과적이려면 작은 초안 모델이 충분히 좋은 후보를 생성해야 한다. 만약 초안 모델의 품질이 낮다면 속도 향상 효과는 사라지고 결국 다른 모델이 필요할 수 있다. 이 접근법은 일반적으로 짧은 출력보다는 긴 텍스트 생성을 할 때 성능 향상이 더 두드러진다.

추론 속도를 높이는 또 다른 방법은 특정 형태의 어텐션을 사용하는 것이다. **페이지드 어텐션**paged attention은 대규모 KV 캐시를 효율적으로 관리하기 위한 GPU 메모리 최적화 기법이다. 이는 가상 메모리 시스템처럼 동적으로 메모리를 관리하며 단편화를 방지한다. KV 캐시를 연속된 메모리 블록이 아닌 작은 메모리 페이지 단위로 나눠 저장하고 관리함으로써, KV 캐시에서 필요한 정보만 더 빠르게 검색할 수 있다. 페이지드 어텐션은 GPU 메모리 단편화를 방지하고, 장시간 대화에서 긴 컨텍스트를 더 효율적으로 처리하게 하며, KV 캐시 접근을 쉽게 해 지연 시간을 줄인다.

플래시 어텐션flash attention은 어텐션 연산 자체를 최적화해 연산 속도와 메모리 효율을 동시에 향상시키는 기법이다. 기존 방식에서는 큰 중간 행렬을 메모리에 저장하고 연산해야 했지만, 플래시 어텐션은 어텐션을 작은 블록 단위로 처리하여 GPU 자원을 더 효율적으로 사용한다. 다양한 토큰의 일부 블록만을 메모리에 유지함으로써 메모리 사용량을 줄이고 계산 속도를 개선한다.

오늘날 많은 모델은 추론뿐만 아니라 학습 단계에서도 더 빠른 추론을 가능하게 하는 다양한 형태의 어텐션을 사용한다. 예를 들어, **다중 그룹화 어텐션**MGA, multi-grouped attention은 **멀티헤드 어텐션**MHA, multi-head attention과 희소 어텐션sparse attention의 하이브리드 형태이다. 멀티헤드 어텐션에서 각 어텐션 헤드는 모든 토큰에 대해 어텐션을 수행하지만, 다중 그룹화 어텐션에서는 여러 개의 헤드를 특정 클러스터로 묶어 특정 토큰 그룹을 처리한다. 이를 통해 연산 비용을 줄이고 희소 어텐션에 대해 더 유연하게 대응할 수 있으며 학습과 추론 속도를 높일 수 있다.

또한 **멀티헤드 잠재 어텐션**MLA, multi-head latent attention도 현대 LLM에서 주목받는 대안이다. 표준 멀티헤드 어텐션에서는 모든 헤드에 대해 어텐션을 명시적으로 계산한다. 반면 멀티헤드 잠재 어텐션에서는 토큰 간의 관계를 잠재 헤드를 사용하여 간접적으로 인코딩한다. 이를 통해 더 압축된 표현을 학습하면서도 정확성을 유지하고 일반화 성능을 향상시킬 수 있다. 결과적으로 추론에 필요한 어텐션 계산량을 줄이고 메모리를 절약한다.

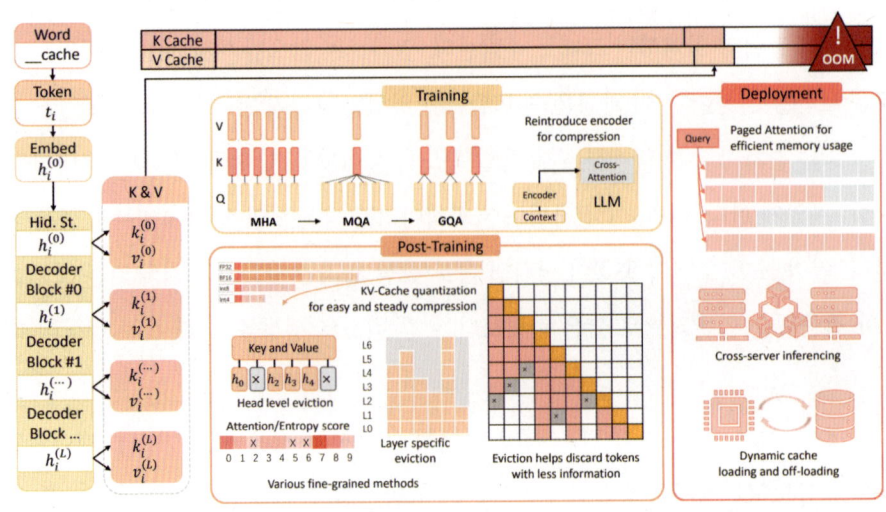

그림 10.39 추론 속도를 높이는 방법의 개요(https://arxiv.org/pdf/2407.18003)

이러한 기법들은 그림 10.39에서 보듯이 압축, 캐싱, 메모리 최적화 등 여러 단계에서 추론 효율을 개선한다. 이제 이러한 기반 위에서 최적화 기법을 실제 배포 환경에서 어떻게 적용하는지 살펴보자.

데이터, 파이프라인, 텐서 병렬화

학습을 더 효율적으로 만드는 또 다른 방법은 병렬화를 활용하는 것이다. 신경망에서 모델 병렬화는 메모리와 연산 한계를 극복하고자 모델을 여러 장치(GPU나 TPU 등)로 분산하는 것을 의미한다. 이는 학습 속도를 높이는 데 유용하기도 하지만, 모델이 너무 커서 단일 장치에 적재할 수 없을 때도 필요하다. 모델을 병렬화하는 방법은 여러 가지가 있다.

- **데이터 병렬화**: 가장 단순한 접근 방식이다. 여기서는 모델의 복제본을 여러 컴퓨팅 장치(GPU, TPU, 또는 심지어 서로 다른 머신)로 분산하고 학습 데이터셋을 분할해 각 복제본에 서로 다른 데이터를 제공한다. 학습 중에는 다양한 GPU의 기울기gradient를 평균 내어 모델 업데이트에 사용한다.

  각 모델 복제본은 개별 워커(GPU 또는 TPU)에 배포되며, 입력 데이터는 미니 배치로 분할되어 각 워커에 전달된다. 순전파 단계에서는 각 워커가 자신에게 할당된 미니 배치에 대해 예측과 손실을 계산한다. 이후 각 워커는 자신에게 할당된 데이터에 대해 기울기를 계산하고, 이 값들을 평균이나 다른 방식으로 집계하여 모든 모델 복제본을 동기화한다.

  데이터 병렬화는 여러 가지 방식으로 구현할 수 있다. 가장 일반적인 형태는 동기식 데이터 병렬화로, 모든 장치가 기울기를 계산한 후 동기화를 수행한다. 모든 기울기가 계산되면 평균화 과정을 수행한다. 이 방식은 일관성을 보장하지만 특정 워커가 느리면 훈련 속도가 저하될 수 있다. 이를 극복하고자 비동기식 데이터 병렬화를 사용한다. 이 방식에서는 각 장치가 로컬 모델 업데이트를 독립적으로 수행한다. 다만 이 과정에서 오래된 기울기stale gradient(즉,. 구식 업데이트)가 반영될 위험이 있다. 이를 절충한 방식으로 stale-sync 데이터 병렬화가 있으며 이는 각 워커가 여러 번의 로컬 업데이트를 수행한 후 다른 워커와 동기화하는 방식이다.

  데이터 병렬화는 중앙 집중식 또는 분산식으로 구현할 수 있다. 중앙 집중식에서는 중앙 서버가 모든 워커의 기울기를 수집하고 평균화하며, 분산식에서는 링 토폴로지ring topology를 기반으로 워커 간에 직접 기울기를 교환한다. 데이터 병렬화는 워크로드를 여러 장치에 분산시켜 학습 속도를 높이고, 장치가 늘어나도 확장성이 뛰어나며 구현이 복잡하지 않고 효율적이다. 이는 모델이 각 장치에 상주하며 매번 재배치되지 않기 때문이다. 하지만 단점도 있다. 통신이 비효율적이면 그래디언트 동기화가 통신 오버헤드로 인해 느릴 수 있다. 서로 다른 하드웨어나 GPU 버전을 사용하는 등 장치 속도의 차이는 이 문제를 악화시킬 수 있다. 또한 대규모 배치 크기는 수렴 문제를 일으킬 수 있고, 장치 수가 늘수록 동기화 관리의 복잡성도 증가한다.

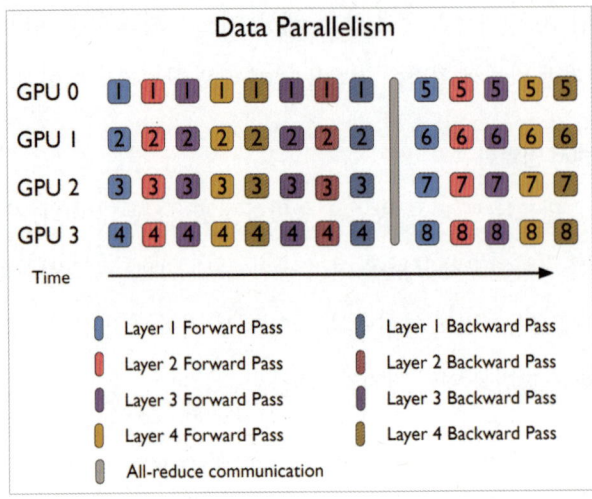

그림 10.40 데이터 병렬화에서 시간에 따른 미니배치 처리. 각 GPU는 모든 레이어(서로 다른 색상으로 표시)의 복사본을 가지고, 서로 다른 미니배치(번호 표시)를 다른 GPU가 처리함(https://arxiv.org/pdf/2111.04949)

- **파이프라인 병렬화**: 딥러닝 모델의 서로 다른 레이어를 서로 다른 장치(GPU나 TPU)에 할당하고, 미니배치를 파이프라인을 통해 순차적으로 처리하는 분산 학습 기법이다. 이 기법은 단일 장치의 메모리에 들어가지 않는 초대형 모델을 훈련하는 데 유용하다. 파이프라인 병렬화는 GPT-3, GPT-4, LLaMA, DeepSeek와 같은 트랜스포머 모델에서 흔히 사용하는데, 이들 모델의 크기가 단일 GPU의 메모리 용량을 초과하기 때문이다.

모델은 여러 개의 스테이지로 나뉜다. 각 스테이지는 연속된 레이어의 일부로 이루어져 서로 다른 GPU에 할당된다. 배치는 미니 배치로 분할되고 미니 배치는 다시 마이크로 배치로 분할된다. 하나의 마이크로 배치가 첫 번째 스테이지에서 처리되면 곧바로 다음 스테이지로 전달되고, 그 사이 두 번째 마이크로 배치가 첫 번째 스테이지에서 처리되기 시작한다. 따라서 첫 번째 마이크로 배치가 모든 스테이지를 거칠 때까지 기다릴 필요 없이, 여러 마이크로 배치를 겹쳐 병렬로 처리할 수 있다. 역전파 단계는 순전파와 동일한 파이프라인을 따르되 반대 방향으로 진행된다. 즉, 기울기는 마지막 스테이지에서 시작하여 첫 번째 스테이지로 거슬러 올라간다. 모든 마이크로 배치가 처리된 이후에 모델 업데이트가 수행된다.

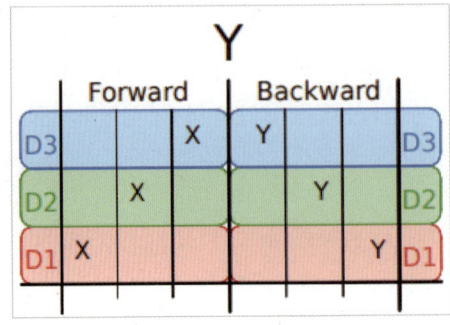

그림 10.41 단일 마이크로 배치에 대한 순전파와 역전파 업데이트(https://arxiv.org/pdf/2403.03699v1)

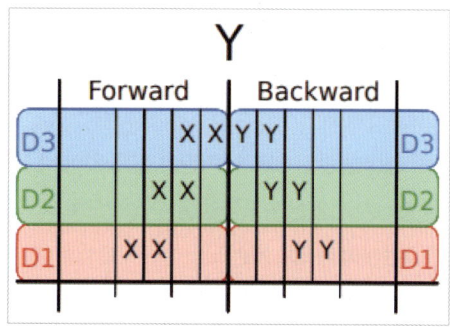

그림 10.42 두 개의 마이크로 배치를 병렬로 처리하는 순전파와 역전파 업데이트(https://arxiv.org/pdf/2403.03699v1)

파이프라인 병렬화는 다양한 방식으로 수행할 수 있다. 예를 들어 **1F1B**one forward, one backward **스케줄링**에서는 각 GPU가 동시에 하나의 순전파와 하나의 역전파를 수행한다. 또는 각 장치에 여러 개의 모델 파티션을 포함하여 더 유연한 스케줄링을 수행할 수도 있다.

파이프라인 병렬화를 활용하면 단일 GPU에 적재할 수 없는 초대형 모델을 훈련할 수 있고, 각 장치가 지속적으로 마이크로배치를 처리하여 장치 활용도를 높이고 메모리 병목 위험을 줄이며, 또한 트랜스포머 아키텍처와도 잘 결합된다. 반면, 시스템이 더 복잡해지고 일부 스테이지가 연산량이 많은 레이어를 더 많이 포함해 병목이 되지 않도록 스테이지를 관리해야 하는 문제가 있다. 따라서 여러 장치 간 워크로드를 균형 있게 나누도록 레이어를 신중히 분할해야 한다. 또한 초기 몇 반복에서는 시스템이 마이크로 배치로 채워지기를 기다려야 하므로 비효율적이며, 기울기 집계 탓에 통신이 더 복잡해지고 시스템 설계의 복잡성이 증가한다.

- **텐서 병렬화**: 모델 병렬화 기법 중 하나로, 모델 내의 개별 가중치 텐서(행렬)를 여러 GPU에 분할해 처리하는 방식이다. 기존 모델 병렬화가 전체 레이어 단위로 GPU를 분할하는 반면, 텐서 병렬화는 단일 레이어 내부의 연산을 세분화해 여러 장치에 분배한다. 이 방식은 특히 대규모 트랜스포머 모델에서 유용한데, 어텐션 레이어의 행렬 곱 연산과 같은 특정 연산은 막대한 메모리와 연산 자원을 요구하기 때문이다. 전체 가중치 행렬을 단일 GPU에서 계산하고 저장하는 대신, 텐서 병렬화에서는 이를 여러 GPU에 나누어 저장하고 계산한다.

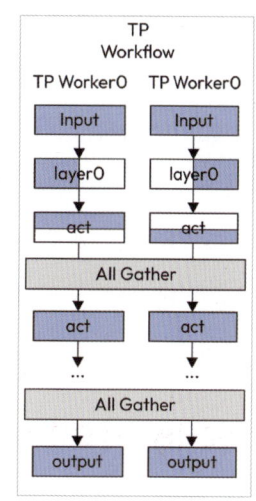

예를 들어, 완전 연결층 fully connected layer 은 입력 X에 가중치 행렬 W를 곱해 출력 Y를 얻는다. 만약 W가 너무 커서 단일 GPU에 들어가지 않는다면 이를 여러 GPU에 분산할 수 있다. 각 GPU는 연산의 일부만 수행해 출력의 일부를 계산하고 이후 이 결과들을 집계하여 최종 출력을 생성한다. 역전파 단계에서도 마찬가지로 기울기 계산을 다시 분산하여 여러 행렬 W의 가중치가 올바르게 업데이트되도록 해야 한다.

트랜스포머에서 가장 널리 사용하는 방식 중 하나는 열 분할 column-wise 텐서 병렬화다. 여기서는 가중치 행렬을 열 단위로 여러 GPU에 나누어 저장하고

그림 10.43 텐서 병렬화 (https://arxiv.org/pdf/2311.01635)

각 GPU가 출력 일부를 계산하고 나서 이를 결합하여 최종 출력을 만든다. 모델의 셀프 어텐션 메커니즘을 고려하면 쿼리(Q), 키(K), 값(V) 행렬이 여러 GPU에 걸쳐 열 단위로 분할된다. 각 GPU는 부분적인 어텐션 스코어를 계산하고 이후 여러 GPU의 결과를 집계해 최종 출력을 재구성한다.

이 방식의 장점은 전체 가중치 행렬을 단일 GPU에 저장할 필요 없이 각 GPU가 일부분만 저장하면 된다는 점이다. 또한 큰 행렬 곱 연산을 분산시켜 연산 속도를 높일 수 있으므로 대규모 모델에서 특히 효율적이다. 반면, GPU 간에 부분 결과를 자주 교환해야 하므로 통신 오버헤드가 발생할 가능성이 높고 구현 복잡도가 증가한다. 따라서 대규모 모델이 아니라면 적용할 만한 가치가 없다.

다음 표는 텐서 병렬화, 데이터 병렬화, 파이프라인 병렬화를 메모리 사용량, 통신 오버헤드, 복잡성과 같은 핵심 차원에서 비교한 것이다.

특징	텐서 병렬화	데이터 병렬화	파이프라인 병렬화
동작 방식	개별 텐서를 여러 GPU에 분할	전체 모델을 각 장치에 복제, 데이터를 분할	모델의 레이어를 여러 GPU에 분할
메모리 사용량	낮음 (가중치 샤딩)	높음 (전체 모델을 각 GPU에 저장)	중간 (레이어 분산 저장)
통신 오버헤드	높음 (GPU 간 빈번한 통신)	높음 (기울기 동기화 필요)	보통 (마이크로 배치 전달)
적합한 경우	거대한 가중치 행렬을 가진 초대형 모델	대규모 데이터셋을 가진 중형 모델	트랜스포머와 같은 심층 모델
복잡성	높음	낮음	중간

표 10.1 대규모 모델 학습에서 텐서, 데이터, 파이프라인 병렬화 비교

하이브리드 병렬화hybrid parallelism는 여러 가지 병렬화 방식을 통합하여 다수의 GPU에서 학습을 최적화하려는 방식이다. 일반적으로 다양한 접근법을 조합할 수 있으나 그럴수록 복잡성이 증가한다. 예를 들어, 모델이 단일 GPU에 비해 너무 크면 모델 병렬화(텐서 또는 파이프라인 병렬화)를 사용하여 모델을 여러 GPU로 나눌 수 있다. 그리고 데이터 병렬화를 통해 16개의 GPU를 사용하여 데이터를 4개의 모델 복제본에 분산해 학습할 수 있다.

지금까지 여러 에이전트와 OpenAI 같은 외부 API를 통합한 완전한 기능의 AI 기반 스트림릿 앱을 구축하는 방법을 살펴보았다. 하지만 애플리케이션을 개발 단계에서 프로덕션 단계로 전환할 때 반드시 고려해야 하는 중요한 과제가 있다. 다음 절에서 자세히 살펴보자.

프로덕션에서 오류 처리하기

이 절에서는 애플리케이션이 개발 단계에서 프로덕션 단계로 넘어갈 때 발생할 수 있는 문제에 대응하는 방법을 다룬다. 일반적으로 직면할 수 있는 문제는 다음과 같다.

- OpenAI API가 일시적으로 사용 불가능할 때
- 간헐적인 네트워크 장애 또는 요청 제한rate limit 초과
- 불완전하거나 누락된 로깅 시스템

이제 이러한 문제를 효과적으로 완화하는 방법을 살펴보자.

- **OpenAI API가 일시적으로 사용 불가능할 때**: 이 문제를 처리하는 간단하면서도 효과적인 방법은 API 호출을 try/except 블록으로 감싸는 것이다. 다음은 OpenAI API 호출 시 다양한 오류를 처리하는 예이다.

```python
try:
    response = client.chat.completions.create(
        model="gpt-4",
        messages=[...],
        timeout=10   # 시간 제한
    )
    return response.choices[0].message.content

except openai.RateLimitError:
    st.error("Rate limit exceeded. Please try again later.")

except openai.APIError as e:
    st.error(f"OpenAI API error: {str(e)}")

except Exception as e:
    st.error(f"Unexpected error: {str(e)}")
```

- **일시적인 문제**: 간헐적인 네트워크 장애나 외부 API가 일시적으로 중단된 경우, 즉시 실패 처리하지 않고 몇 번 재시도하도록 앱을 설정할 수 있다.

```python
import time
import random

def call_openai_with_retry(prompt, retries=3):
    for i in range(retries):
        try:
            return client.chat.completions.create(
                model="gpt-4",
                messages=[{"role": "user", "content": prompt}]
            )
```

```
        except openai.APIError:
            wait = 2 ** i + random.random()
            time.sleep(wait)

    st.error("Failed after multiple retries.")
    return None
```

- **로깅 시스템**: st.write()를 사용하는 방법은 빠른 디버깅에는 괜찮지만 프로덕션에서는 앱에서 무슨 일이 일어나는지 지속적이고 구조적으로 추적할 수 있는 방법이 필요하다. 기본 로깅 시스템을 활용하면 중요한 이벤트를 기록하고 UI에 나타나지 않는 오류도 포착할 수 있다.

```
import logging

logging.basicConfig(level=logging.INFO)
logger = logging.getLogger(__name__)

try:
    logger.info("Calling OpenAI API")
    response = client.chat.completions.create(...)
except Exception as e:
    logger.exception("API call failed")
    st.error("Something went wrong.")
```

프로덕션 보안을 위한 고려 사항

프로덕션으로 배포한 애플리케이션은 API 키나 민감한 사용자 데이터를 포함하는 경우가 많다. 따라서 보안은 처음부터 신중하게 다루어야 한다. 가장 기본적인 원칙 중 하나는 API 키와 같은 자격 증명을 소스 코드에 직접 하드코딩하지 않는 것이다. 그 대신 자격 증명은 환경 변수 또는 전용 시크릿 관리 시스템을 사용하여 안전하게 관리해야 한다.

프로덕션에서 보안은 일반적으로 세 가지 영역을 포함한다.

- 시크릿 관리
- 데이터 노출 방지
- 배포 환경 보안

이제 각각을 살펴보자.

프로덕션에서의 시크릿 관리

프로덕션 환경에서 시크릿을 안전하게 관리하는 일반적인 방법은 두 가지이다.

- **st.secrets() 사용**: 스트림릿 클라우드에 배포된 애플리케이션에 적합하다.
- **환경 변수 사용**: 도커 컨테이너나 로컬 서버 배포 시 권장된다.

이 두 가지 방식 모두 민감한 정보를 소스 코드에서 분리할 수 있지만 어느 방식을 선택할지는 배포 환경에 따라 달라진다. 각 방식의 예는 다음과 같다.

- **st.secrets 사용**: 스트림릿을 사용할 때는 .streamlit/secrets.toml 파일을 만들어 그 안에 시크릿을 정의한다. 예는 다음과 같다.

```
[general]
openai_api_key = "application-api-key"
```

코드에서는 다음과 같이 접근한다.

```python
import openai
openai.api_key = st.secrets["general"]["openai_api_key"]
```

- **환경 변수 사용**: 도커화_{dockerization} 또는 로컬 배포일 때는 시크릿을 환경 변수로 저장하는 것이 좋으며 이를 통해 소스 코드와 분리할 수 있다. 환경 변수를 사용하려면 애플리케이션을 실행하기 전에 터미널이나 배포 환경에서 변수를 정의해야 한다.

  예를 들어, 유닉스 기반 터미널(Linux, macOS, WSL)에서는 다음과 같이 변수를 정의할 수 있다.

```
export OPENAI_API_KEY="your-api-key"
```

이제 파이썬 코드에서 다음과 같이 변수를 불러올 수 있다.

```python
import os
openai.api_key = os.getenv("OPENAI_API_KEY")
```

export 명령어는 현재 터미널 세션에서만 유효하다. 즉, 터미널을 닫으면 비활성화된다. 따라서 변수를 사용하여 앱을 실행하려면 같은 셸 세션에서 실행해야 한다.

```
export OPENAI_API_KEY="your-api-key"
streamlit run app.py
```

터미널을 열 때마다 항상 환경 변수를 사용할 수 있게 하려면 셸의 시작 파일startup file에 추가한다. 리눅스에서는 일반적으로 ~/.bash_profile이다. 이러한 파일을 초기화 스크립트라고 하며 새로운 터미널 세션을 시작할 때마다 자동으로 실행되어 셸 환경을 설정한다(환경 변수, 별칭, 경로 등을 포함).

API 키를 ~/.bash_profile에 추가하려면 터미널에서 다음을 실행한다.

```
nano ~/.bashrc
```

저장하고 종료하면 앞으로는 새로운 터미널 세션에서 앱을 실행할 때마다 자동으로 API 키를 찾을 수 있게 된다.

데이터 노출 방지

프로덕션 환경에서 가장 간과하기 쉬운 보안 위험 중 하나는 로그, 오류 메시지, 잘못 구성된 URL을 통해 민감한 데이터가 의도치 않게 노출되는 것이다. 로깅은 디버깅과 가시성 확보에 필수지만 시크릿, 토큰, 사용자 데이터가 적절한 필터링 없이 기록되면 곧바로 보안 사고로 이어질 수 있다. 다음은 이러한 위험을 최소화하기 위한 모범 사례이다.

- **시크릿 로깅 금지**: API 키, 액세스 토큰, 비밀번호 등 민감한 값을 로그에 출력하지 않는다. 디버그 모드에서도 마찬가지다. 이는 클라이언트 측과 서버 측 로그 모두에 해당한다.
- **사용자 데이터 정제**: 입력 값이나 사용자 제공 데이터(예: 폼 제출 값, HTTP 헤더, 페이로드)를 포함한 에러 추적을 로그에 기록해야 할 때는 이메일 주소, 신용카드 번호, 개인 식별자와 같은 민감한 필드는 반드시 마스킹하거나 삭제한다.
- **적절한 로그 레벨 구성**: INFO, WARNING, ERROR, DEBUG와 같은 서로 다른 로그 레벨을 사용하고 프로덕션에서는 DEBUG 레벨 로그를 제한해야 한다. 문제 진단에 꼭 필요한 정보만 활성화하여 내부 동작이 과도하게 드러나지 않도록 설정한다.
- **오류 처리**: 원시 스택 트레이스나 시스템 오류 메시지를 사용자에게 직접 전달하지 말아야 한다. 오류 메시지를 통해 백엔드, 프레임워크, 데이터베이스 세부 정보를 노출할 수 있다.

데이터 노출을 방지하는 핵심은 시크릿과 사용자 데이터가 항상 보호되어야 한다는 전제하에 시스템을 설계하는 것이다. 예외 상황이나 실패 케이스에서도 동일한 기준을 적용해야 한다.

배포 환경 보안

코드에서 데이터 노출을 피하고 시크릿을 올바르게 관리하더라도 애플리케이션을 실행하는 환경이 잘못 구성되면 여전히 취약할 수 있다.

현대적인 워크플로에서는 컨테이너화가 애플리케이션을 패키징하고 배포하는 가장 일반적인 방법이다. 컨테이너는 이식성과 환경 간 일관성을 제공하지만 동시에 특정한 보안 위험도 동반한다.

잘못되었거나 부실한 도커 파일(Dockerfile) 설정은 다음과 같은 여러 취약점을 초래할 수 있다.

- 불필요한 패키지나 도구가 이미지에 포함되면 알려진 취약점에 대한 노출이 증가한다.
- 시크릿이 이미지에 직접 저장되어 있으면 자격 증명이 유출된다.
- 컨테이너를 루트 사용자로 실행하면 권한 상승 공격의 위험이 커진다.
- 볼륨이 적절히 제한되지 않으면 호스트 리소스에 대한 안전하지 않은 접근이 가능하다.

이러한 위험을 완화하려면 컨테이너 보안 모범 사례를 따르는 것이 중요하다. 몇 가지 간단한 지침은 다음과 같다.

- **부풀려진 이미지 = 공격 표면 확대**: python:3.11 풀 이미지를 사용하는 대신 python:3.11-slim을 사용하면 불필요한 시스템 도구를 대폭 줄일 수 있다. 사용하지 않는 도구에 알려진 취약점이 있다면 애플리케이션이 해당 도구를 사용하지 않더라도 공격 경로가 된다.
- **이미지 속 시크릿 = 쉬운 유출**: API 키를 하드코딩하거나 .env 파일을 도커 이미지에 복사하면 이미지에 접근할 수 있는 누구나 이를 추출할 수 있다.
- **루트 실행 = 위험한 권한 상승**: 사용자 지정이 없으면 컨테이너는 루트로 실행된다. 파이썬 의존성에서 취약점이 발견되면 공격자가 컨테이너를 완전히 장악하고 호스트까지 제어할 수 있다.
- **안전하지 않은 볼륨 마운트 = 호스트 접근**: 민감한 경로를 마운트하면 컨테이너가 SSH 키나 시스템 설정을 포함한 호스트의 중요한 파일에 접근할 수 있다. 컨테이너가 침해되면 호스트도 함께 위험에 노출된다. 대표적인 주요 경로는 다음과 같다.

    - /: 호스트 파일 시스템의 루트. 민감한 디렉터리, 사용자 데이터, 설정 파일 전체에 접근 가능.
    - /etc: 시스템 설정 디렉터리. /etc/passwd, /etc/shadow 등 사용자 권한과 네트워크 설정 파일 포함. 노출 시 시스템 동작 조작 가능.
    - /var/run/docker.sock: 도커 데몬 소켓. 컨테이너가 호스트의 도커 엔진을 직접 제어할 수 있게 하여 다른 컨테이너를 시작, 중지, 관리할 수 있고 심지어 호스트에서 코드 실행까지 가능.

다음은 보안에 유의하며 최소한으로 구성한 도커 파일 예이다.

```
# 최소한의 파이썬 이미지
FROM python:3.11-slim

WORKDIR /app
COPY requirements.txt .
```

```
RUN pip install --no-cache-dir -r requirements.txt
COPY . .

# USER 키워드로 루트가 아닌 사용자를 생성하고 사용하기
RUN useradd -m appuser
USER appuser

CMD ["streamlit", "run", "app.py"]
```

런타임에서 시크릿을 안전하게 주입하려면 docker run 시 환경 변수를 전달하거나 **Docker secrets**와 같은 도커 보안 관리 도구를 사용하는 것이 좋다.

```
# 런타임 실행
docker run -e OPENAI_API_KEY="your-api-key" my-streamlit-app
```

MLOps와 LLMOps는 ML 모델이나 LLM을 프로덕션에서 사용하고자 할 때 중요한 개념이다. 다음 절에서는 여러 사용자 요청을 동시에 처리할 수 있게 해주는 비동기 프로그래밍을 비롯해 프로덕션 배포에서 중요한 다른 개념을 살펴본다.

5. 비동기 프로그래밍

지금까지는 작업이 하나 끝난 뒤에 다음 작업이 실행되는 동기 프로그래밍 예시를 살펴보았다. 하지만 일부 작업은 전체 프로그램의 흐름을 차단block하지 않고도 실행할 수 있다면 어떨까? 이럴 때 비동기 프로그래밍asynchronous programming이 사용된다.

비동기 프로그래밍에서는 작업이 협력하면서 CPU를 공유할 수 있다. 각 작업이 이전 작업이 끝날 때까지 기다리는 대신 스스로 실행을 일시 중단하고 다른 작업에 제어권을 넘겨 단일 프로세서의 자원을 더 효율적으로 활용한다. 이는 동시 실행simultaneous execution을 의미하는 것이 아니라 작업의 실행 순서를 효율적으로 교차interleaving하는 것이다. 특히 I/O 작업과 같이 대기 시간이 긴 상황에서 유용하다.

이를 한 사람이 여러 대화를 오가며 효율적이고 공손하게 대응하는 것에 비유할 수 있다. 파이썬에서는 asyncio 모듈을 사용하여 단일 CPU에서 협력적 멀티태스킹을 구현할 수 있다.

비교 표에서 보듯이 비동기 코드는 스레드나 멀티프로세스를 사용하는 것과는 다르다. 단일 코어에서 실행되지만 특히 많은 I/O 바운드 작업을 처리할 때는 매우 빠르게 느껴질 수 있다.

파이썬 모듈	CPU 개수	작업 전환 방식	전환 결정 방식
asyncio	단일	협력적 멀티태스킹	await 키워드를 통해 작업이 자발적으로 제어권을 양보
threading	단일	선점형 멀티태스킹	OS가 스레드 전환 시점 결정
multiprocessing	다중	선점형 멀티태스킹	독립된 프로세스들이 같은 머신에서 실행되며 OS가 전환 시점 결정

표 10.2 파이썬의 동시성 메커니즘: asyncio, threading, multiprocessing의 차이

동시성은 특히 두 가지 상황에서 유용하다. 프로그램이 외부 시스템의 응답을 기다릴 때(I/O 바운드)와 높은 계산량을 처리할 때(CPU 바운드)이다.

I/O 바운드 상황에서는 스크립트가 파일 시스템, 네트워크 연결, 데이터베이스, API와 같은 소스에서 데이터를 기다리느라 대부분의 시간을 소비한다. 이때 CPU는 종종 유휴 상태이므로 다른 작업을 병렬로 처리하기에 적합한 시점이다.

이와 달리 CPU 바운드 작업은 이미지 렌더링, 대규모 데이터셋 파싱, 암호화 연산과 같이 연산 자체가 CPU 자원을 대부분 점유한다. 이 경우에는 여러 CPU 코어에 작업을 분산시켜 진정한 병렬 실행을 가능하게 하는 방식이 유리하다. 이런 형태의 동시성(정확히는 병렬성)은 무거운 계산의 전체 처리 시간을 크게 줄일 수 있다.

작업 유형	주요 제약	예시	동시성 이점	실행 방식
I/O 바운드	느린 외부 시스템	파일 읽기, API 요청, 데이터베이스 쿼리	I/O 대기 중에도 CPU를 계속 활용 가능	협력적(asyncio)
CPU 바운드	높은 계산량	데이터 처리, 이미지 처리, 암호화	여러 코어에 작업을 분산하여 실제 병렬성 확보	선점형(threading, multiprocessing)

표 10.3 I/O 바운드 vs. CPU 바운드: 작업 유형과 최적의 동시성 모델

다음 다이어그램은 I/O 바운드 작업을 처리할 때, 동기 방식과 비동기 방식의 작업 실행이 어떻게 다른지를 나타낸다.

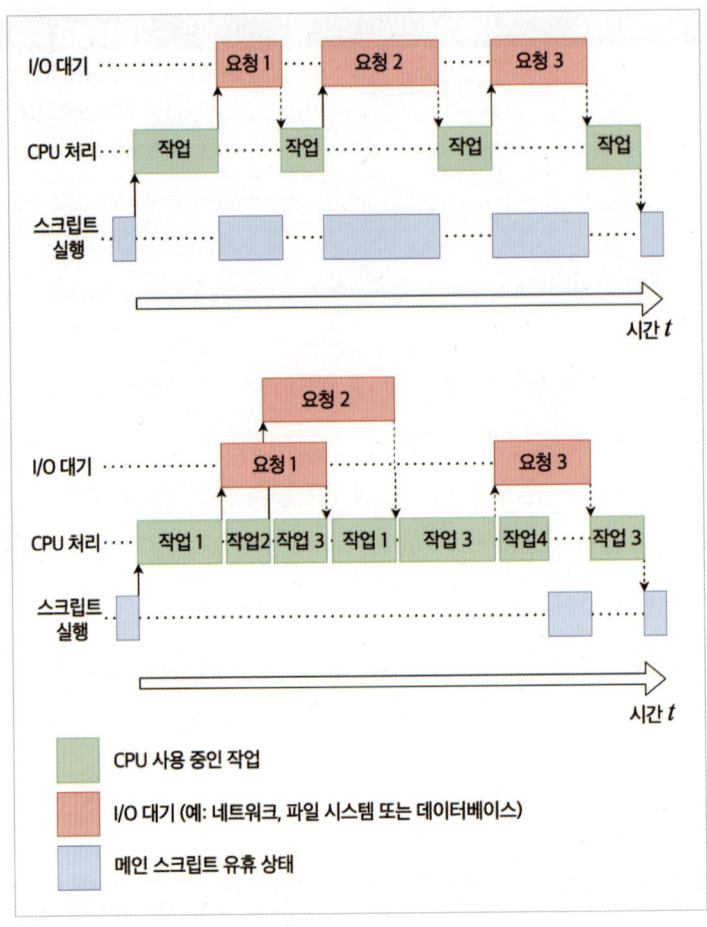

그림 10.44 블로킹 vs. 논블로킹 I/O 실행 비교

그림 10.44 위쪽 다이어그램에서는 각 요청이 I/O가 완료될 때까지 CPU를 차단block한다. 아래쪽 다이어그램(비동기)에서는 CPU가 I/O 대기 시간 동안 작업을 전환하여 단일 코어에서 효율성을 높이고 유휴 시간을 최소화한다.

여러 개의 I/O 바운드 요청이 순차적으로 도착하면 단일 스레드로 각 요청을 차례대로 처리할 경우 I/O 대기 시간 동안 프로그램이 차단된다. 이때 응답성을 개선하기 위해 threading 모듈을 사용하여 각 요청을 개별 스레드에 위임할 수 있다.

다음 다이어그램에서는 들어오는 각 요청이 네 개의 워커 스레드 중 하나에 할당된다. 실제 작업(T1, T2, T3, …)은 짧은 CPU 활동과 I/O 대기가 교차interleaved되는 형태로 진행된다.

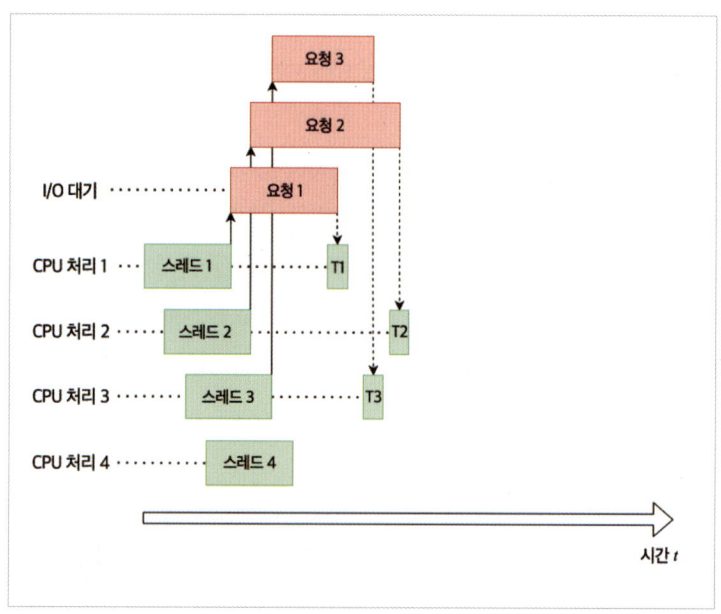

그림 10.45 네 개의 워커 스레드와 CPU/IO 워크로드를 교차 배치하여 동시 요청을 처리하는 예

이 패턴은 프로그램이 API, 데이터베이스, 파일 시스템, GUI와 같은 느린 외부 시스템과 상호작용하면서도 응답성을 유지해야 할 때 유용하다.

비동기 프로그래밍은 메인 실행 스레드를 차단하지 않고 프로그램이 동시에(concurrently) 여러 작업을 수행할 수 있게 해주는 병렬 프로그래밍의 한 형태다. 예를 들어, 여러 사용자가 동시에 시스템과 상호작용하면 처리해야 할 작업이 늘어나고, 일부 작업은 에이전트를 차단하여 시간이 더 오래 걸릴 수 있다.

전통적인 동기 프로그래밍에서는 작업이 하나 끝나야 다음 작업을 시작할 수 있다. 즉, 작업은 작성된 순서에 따라 순차적으로 실행되며 파일 I/O나 네트워크 작업처럼 대기를 포함하는 작업일 경우 지연이 발생할 수 있다.

반면, 비동기 프로그래밍에서는 실행을 차단할 수 있는 작업을 먼저 시작해 놓고 동시에 처리한다. 특정 작업이 완료될 때까지 기다리지 않고 프로그램은 다른 작업으로 전환했다가 이전에 대기 중이던 작업이 준비되면 다시 제어를 되돌려 처리한다. 이 방식은 특히 웹 요청이나 데이터베이스 쿼리처럼 지연 시간이 큰 작업이 포함된 시나리오에서 시스템 자원을 더 효율적으로 사용하여 응답성과 성능을 개선한다.

비동기 프로그래밍을 논의하는 데 필요한 몇 가지 핵심 개념은 다음과 같다.

- **동시성**(concurrency): 여러 작업을 동시에 처리할 수 있는 능력을 의미한다. 단, 실제로 동일한 시점에 작업이 병렬로 실행된다는 뜻은 아니다. 여러 작업이 겹치는 시간대에 시작되고 완료되지만, 단일 프로세서 환경에서는 실행이 교차되며 이루어진다.
- **병렬성**(parallelism): 보통 여러 프로세서나 코어를 사용하여 실제로 동시에 작업을 수행하는 능력을 말한다. 병렬성은 항상 동시성을 포함하지만, 동시성은 병렬성을 반드시 포함하지는 않는다.
- **블로킹 연산**(blocking operation): 새로운 작업을 시작하기 전에 작업이 완료되기를 기다리는 연산을 말한다. 예를 들어, 텍스트 처리를 시작하기 전에 디스크에서 파일을 읽는 경우가 이에 해당한다.
- **논블로킹 연산**(non-blocking operation): 작업을 시작한 후 그 작업이 끝나기를 기다리지 않고 다른 작업을 계속 실행할 수 있는 연산을 말한다. 예를 들어, HTTP 요청을 보낸 후 응답을 기다리는 동안 LLM으로 텍스트를 계속 생성하는 경우가 있다.
- **콜백**(callback): 특정 작업이 완료되었을 때 실행되도록 다른 함수에 인자로 전달되는 함수이다.
- **프로미스**(promise)**와 퓨처**(future): 비동기 연산의 결과를 나타내는 추상 개념이다. 프로미스는 현재는 사용할 수 없지만 미래에는 사용할 수 있는 값을 나타내며, 퓨처는 이와 동일한 개념으로 주로 파이썬이나 자바 같은 언어에서 사용한다.
- **이벤트 루프**(event loop): 비동기 프로그램의 근본 구성 요소로, 작업과 이벤트를 큐에 등록하고 리소스가 준비되면 해당 작업을 실행하도록 스케줄링한다. 즉, 메인 프로그램을 막지 않고 작업이 실행되도록 한다. 이벤트가 발생하면 해당 시점에 적절한 콜백 함수를 호출한다.
- **코루틴**(coroutine): 실행 도중 일시 중단하고 나중에 재개할 수 있는 특별한 함수이다. 다시 말해, 함수가 시작되었다가 다른 작업 결과를 기다리기 위해 일시 정지할 수 있다. 예를 들어, 문서 분석을 시작한 함수가 필요한 추가 정보를 얻기 위한 HTTP 요청 동안 일시 중지되었다가 응답이 도착하면 재개되는 경우가 이에 해당한다.

비동기 프로그래밍이 실제로 코드 실행 속도를 어떻게 개선하는지 직관적으로 이해하기 어려울 수 있다. 왜냐하면 비동기는 추가적인 하드웨어 자원을 사용하는 것이 아니기 때문이다. 그럼에도 전체적인 처리 시간을 줄이고 응답성을 높일 수 있다.

이를 설명하기 위한 예로, 체스 플레이어 '주디'의 두 가지 경기 방식을 비교해보자.

동기 방식에서는 주디가 하나의 게임을 마친 뒤에야 다음 게임으로 넘어간다. 그녀가 각 수를 두는 데 10초가 걸리고, 상대가 수를 두는 데 60초가 걸리며, 한 게임당 플레이어마다 30수(총 60수)를 두는 경우 전체 게임은 2,100초가 걸린다. 만약 24개의 게임을 순차적으로 진행하면 50,400초, 즉 대략 14시간이 걸린다.

비동기 방식에서는 주디가 24개의 보드를 순환하면서 각 게임에 한 수씩 둔다. 상대는 그녀가 다른 게임을 진행하는 동안 수를 둘 시간을 확보하게 된다. 한 라운드(24개의 게임에 한 수씩 두는 데)에는 240초가 걸리며, 상대의 응답이 준비되는 데는 60초가 걸리므로, 주디가 돌아올 때마다 상대의 수가 완료되어 있다. 이 방식으로 30라운드를 반복하면 전체 시간은 7,200초, 즉 약 2시간으로 줄어든다. 결과적으로 비동기식 플레이는 훨씬 더 시간 효율적이다.

비동기 프로그래밍도 마찬가지이다. 이벤트 루프는 다양한 작업을 최적의 시간 관리 방식으로 조율한다. 실행을 차단할 수 있는 함수는 다른 작업이 필요할 때 적절한 시점에 일시 정지되며, 이로 인해 전체 프로그램의 자원 관리와 성능이 최적화된다. 이는 개별 작업의 속도를 높이는 것이 아니라 전체 시스템의 효율을 극대화하는 방식이다.

여러 프로세스를 동시에 처리하는 방법에는 다양한 방식이 존재한다.

- **멀티프로세스**: 프로세스는 실행 중인 독립적인 프로그램 단위이다. 각 프로세스는 고유한 메모리 공간과 리소스, 실행 컨텍스트를 가진다. 여러 프로세스를 동시에 실행하는 것은 가장 단순한 병렬 처리 방식이다. 예를 들어, 여러 플레이어가 24개의 체스 게임을 동시에 진행하는 상황은 멀티프로세스 실행의 예시이다. 프로그래밍 관점에서는 서로 다른 스크립트나 프로그램이 동시에 실행되는 것을 의미하며, 예를 들어 네 개의 함수가 각각 다른 CPU 코어에서 동시에 실행될 수 있다. 그러나 이러한 접근은 리소스 소모가 크고 효율성이 낮다는 단점이 있다.
- **멀티스레드**: 멀티프로세스의 변형이며 스레드는 프로세스 내에서 실행되는 가장 작은 단위이다. 여러 스레드가 같은 프로세스 내에서 실행되며 메모리를 공유하지만, 각 스레드는 고유한 실행 스택을 가진다. 이 경우 여러 스레드가 동시에 실행된다.
- **비동기 프로그래밍**: 이 방식은 단일 프로세스와 단일 스레드만 사용하면서도 동시에 여러 작업을 수행하는 구조이다. 파이썬에서 asyncio는 코루틴과 퓨처를 활용하여 비동기 코드를 단순화함으로써 정확히 이 기능을 구현한다.

따라서 비동기 프로그래밍은 일부 작업이 시간이 오래 걸리고 프로그램 실행을 차단할 수 있을 때 성능을 향상시킨다. 이렇게 하면 시스템은 해당 작업이 완료되기를 기다리는 동안 다른 작업을 계속 실행할 수 있다. 또한 시스템 리소스를 더 잘 활용할 수 있다(예: 네트워크 요청을 기다리는 동안 프로그램이 계산을 수행하거나 다른 요청을 처리할 수 있다). 비동기 프로그래밍은 시스템이 더 많은 요청을 동시에 처리하도록 하여 스레드 수를 줄이면서도 확장성을 유지하도록 돕는다.

asyncio

asyncio는 파이썬에서 async/await 구문을 사용하여 동시성 코드를 작성할 수 있게 해주는 라이브러리이다. 이 라이브러리는 멀티스레딩이나 멀티프로세싱에 의존하지 않고 비동기 작업을 실행할 수 있는 프레임워크를 제공한다. asyncio의 핵심은 이벤트 루프인데, 이 루프가 비동기 작업(코루틴이라고 부름)을 백그라운드에서 스케줄링하고 실행한다.

코루틴은 파이썬의 제너레이터~generator~와 비슷하다. 실행을 일시 중단하고 다른 작업이 실행되도록 한 후 나중에 다시 재개할 수 있다. 이벤트 루프는 이러한 코루틴의 상태와 그 결과(퓨처로 제공됨)를 추적한다.

다음은 코루틴의 기본적인 사용 예이다.

```python
import asyncio
async def my_coroutine():
    print("Hello, world!")
# 이벤트 루프 생성 후 코루틴 실행하기
asyncio.run(my_coroutine())
```

이 코드는 이벤트 루프를 사용하여 코루틴을 정의하고 실행하는 방법을 보여주지만, 아직 동시 실행의 장점을 활용하지는 않는다. 여러 개의 비동기 작업을 동시에 실행하려면 asyncio.gather( ) 또는 asyncio.create_task( )를 사용한다.

- asyncio.gather( )는 여러 코루틴을 실행한 후 모두 끝날 때까지 기다릴 때 유용하다.
- asyncio.create_task( )는 보다 유연한 방식으로, 코루틴을 백그라운드에서 실행하도록 예약하고 나중에 필요할 때 그 결과를 기다릴 수 있다. 경우에 따라 아예 결과를 기다리지 않고 다른 작업을 계속할 수도 있다.

다음은 asyncio.gather( )를 사용하여 여러 코루틴을 동시에 실행하는 예제이다.

```python
async def task1():
    await asyncio.sleep(2)
    print("Task 1 completed!")

async def task2():
    await asyncio.sleep(1)
    print("Task 2 completed!")

async def main():
    await asyncio.gather(task1(), task2())  # 두 작업을 동시에 실행하기

asyncio.run(main())
```

이 경우 두 작업이 동시에 실행되며 전체 실행 시간은 가장 오래 걸린 작업(2초)에 가깝다.

같은 결과를 asyncio.create_task( )로도 얻을 수 있다. 하지만 create_task( )는 코루틴을 개별적으로 실행하므로 더 많은 제어를 할 수 있다. 예를 들어, 백그라운드 작업을 실행해 두고 다른 작업을 진행하다가 필요할 때 결과를 기다릴 수 있다.

다음은 create_task( )로 다시 작성한 동일한 예제이다.

```python
import asyncio
async def task1():
    await asyncio.sleep(2)
    print("Task 1 completed!")

async def task2():
    await asyncio.sleep(1)
    print("Task 2 completed!")

async def main():
    t1 = asyncio.create_task(task1())
    t2 = asyncio.create_task(task2())
    # 백그라운드에서 두 작업을 즉시 실행하기
    await t1
    await t2

asyncio.run(main())
```

create_task( )를 호출할 때마다 Task 객체가 반환된다. 이 객체는 실행 중인 코루틴을 나타내며 기다릴 수도 있고 취소할 수도 있으며 모니터링할 수도 있다.

결과는 동일하다. 두 작업은 동시에 실행되며 각각이 끝나면 출력된다. 그러나 create_task( )를 사용하면 더 많은 유연성을 확보할 수 있다. 예를 들어, 여러 개의 백그라운드 작업을 시작한 뒤에도 main( ) 함수 안에서 다른 로직을 계속 실행할 수 있다. 그리고 워크플로의 특정 지점에서 필요한 결과만 선택적으로 기다릴 수 있다. 이 유연성 덕분에 create_task( )는 각 작업의 중요도나 긴급도가 서로 다른 복잡한 워크플로에서 특히 유용하다.

비동기 프로그래밍이 실제로 어떤 영향을 미치는지 더 명확히 이해하기 위해 동기 실행과 비동기 실행을 비교해보자. 여기서는 파이썬의 requests 라이브러리를 사용하여 웹사이트에서 데이터를 가져오는 HTTP 요청을 시뮬레이션한다. 이를 통해 네트워크 호출과 같은 I/O 바운드 작업에서 비동기 코드가 성능을 얼마나 크게 개선할 수 있는지 확인할 수 있다.

다음은 동기 방식으로 작성한 코드이다.

```python
import requests
import time

def fetch_url(url):
```

```python
        response = requests.get(url)
        return f"Fetched {url}"

def sync_fetch():
    urls = ['https://httpbin.org/get'] * 5  # 동일한 URL에 5번 요청 시뮬레이션
    results = [fetch_url(url) for url in urls]
    for result in results:
        print(result)

def main():
    start_time = time.time()
    sync_fetch()
    end_time = time.time()
    print(f"Synchronous version took {end_time - start_time:.4f} seconds")

# 동기 예제 실행하기
main()
```

다음은 비동기 방식으로 작성한 코드이다.

```python
import asyncio
import aiohttp
import time

async def fetch_url(session, url):
    async with session.get(url) as response:
        await response.text()  # 응답 처리 시뮬레이션
        return f"Fetched {url}"

async def async_fetch():
    urls = ['https://httpbin.org/get'] * 5  # 동일한 URL에 5번 요청 시뮬레이션
    async with aiohttp.ClientSession() as session:
        tasks = [fetch_url(session, url) for url in urls]
        results = await asyncio.gather(*tasks)
        for result in results:
            print(result)

async def main():
    start_time = time.time()
    await async_fetch()
    end_time = time.time()
    print(f"Asynchronous version took {end_time - start_time:.4f} seconds")
```

```
# Jupyter에서 직접 비동기 실행하기
await main()
```

다음 그림은 앞에서 구현한 동기 방식과 비동기 방식의 출력 결과이다. 보는 바와 같이 동기 방식은 HTTP 요청을 하나씩 순차적으로 실행하므로 전체 실행 시간이 길어진다. 이와 달리, 비동기 방식은 모든 요청을 동시에 전송하여 전체 소요 시간을 크게 줄일 수 있다.

```
Fetched https://httpbin.org/get
Fetched https://httpbin.org/get
Fetched https://httpbin.org/get
Fetched https://httpbin.org/get
Fetched https://httpbin.org/get
Synchronous version took 4.9810 seconds
```

그림 10.46 동기 출력 결과

```
Fetched https://httpbin.org/get
Fetched https://httpbin.org/get
Fetched https://httpbin.org/get
Fetched https://httpbin.org/get
Fetched https://httpbin.org/get
Asynchronous version took 1.2333 seconds
```

그림 10.47 비동기 출력 결과

비동기 프로그래밍과 머신러닝

파이썬에서 비동기 프로그래밍을 머신러닝과 결합하는 것은 강력한 조합이 될 수 있다. 비동기 프로그래밍은 대용량 데이터셋 로딩, 하이퍼파라미터 튜닝, API 호출 같은 작업을 블로킹 없이 수행할 수 있도록 하여 성능을 향상시킨다. 예를 들어, 다음과 같은 활용 가능성을 살펴볼 수 있다.

- **데이터 로딩**: 머신러닝 워크플로에서 대규모 데이터셋을 다룰 때, 데이터 로딩과 전처리는 흔히 병목 구간이 된다. 비동기 프로그래밍을 적용하면 데이터의 여러 부분을 동시에 로딩하여 속도를 높일 수 있다. 예를 들어, 데이터 증강, 정제, 변환 같은 I/O 바운드 작업을 수행하면서 동시에 데이터셋의 여러 청크를 비동기로 로딩할 수 있다.

- **하이퍼파라미터 튜닝**: 하이퍼파라미터 튜닝은 전체 학습 과정에서 가장 시간이 오래 걸리는 단계 중 하나로, 일부 작업을 비동기적으로 수행하면 상당한 효율을 얻을 수 있다. 예를 들어, 하이퍼파라미터에 대해 그리드 서치 또는 랜덤 서치를 수행할 때 각 설정을 순차적으로 평가하는 대신 동시에 평가할 수 있다.

- **비동기 추론**: 학습된 모델을 서비스할 때 비동기 프로그래밍을 사용하여 논블로킹 API를 구현할 수 있다. 특히 실시간 추론 환경에서 다수의 요청을 동시에 처리해야 할 때 성능을 크게 향상시킬 수 있다.

- **모델 학습**: 학습 자체는 보통 여러 GPU/CPU에서 병렬로 수행하지만, 데이터 로딩과 전처리를 비동기적으로 스케줄링하면 학습과 동시에 더 효율적으로 데이터를 준비할 수 있다. 이는 특히 서로 다른 데이터를 불러와야 할 때 유용하다.

고전적인 예로 하이퍼파라미터 튜닝을 살펴보자. 다음 예는 Iris 데이터셋과 간단한 모델을 사용하여 asyncio를 적용할 때 실행 시간이 얼마나 절약되는지를 보여준다.

다음은 동기 방식으로 작성한 코드이다.

```python
import time
from sklearn.ensemble import RandomForestClassifier
from sklearn.datasets import load_iris
from sklearn.model_selection import train_test_split
from sklearn.metrics import accuracy_score

def train_and_evaluate_model(n_estimators, max_depth, min_samples_split, min_samples_leaf):
    # 데이터셋 로딩하기
    data = load_iris()
    X_train, X_test, y_train, y_test = train_test_split(
        data.data, data.target, test_size=0.2, random_state=42
    )

    # 모델 초기화와 학습하기
    model = RandomForestClassifier(
        n_estimators=n_estimators,
        max_depth=max_depth,
        min_samples_split=min_samples_split,
        min_samples_leaf=min_samples_leaf
    )
    model.fit(X_train, y_train)

    # 모델 평가하기
    predictions = model.predict(X_test)
    accuracy = accuracy_score(y_test, predictions)

    return (n_estimators, max_depth, min_samples_split, min_samples_leaf, accuracy)

def tune_hyperparameters():
    n_estimators_values = [10, 50, 100, 150, 200]  # 하이퍼파라미터 후보 값
    max_depth_values = [5, 10, None]
```

```python
        min_samples_split_values = [2, 5]
        min_samples_leaf_values = [1, 2, 4]

        results = []
        for n_estimators in n_estimators_values:
            for max_depth in max_depth_values:
                for min_samples_split in min_samples_split_values:
                    for min_samples_leaf in min_samples_leaf_values:
                        results.append(
                            train_and_evaluate_model(
                                n_estimators, max_depth, min_samples_split,
                                min_samples_leaf
                            )
                        )

        # 최적의 하이퍼파라미터와 정확도 찾기
        best_params = max(results, key=lambda x: x[4])
        print(f"Best hyperparameters: {best_params[:4]} with accuracy: {best_params[4]:.4f}")

# 동기 실행 시간 측정하기
start_time = time.time()
tune_hyperparameters()
end_time = time.time()
print(f"Synchronous version took {end_time - start_time:.4f} seconds")
```

이 스크립트에서는 머신러닝 모델을 실행하고 최적의 하이퍼파라미터를 탐색한다. 이 예는 작은 모델조차 실행하는 데 상당한 시간이 걸릴 수 있음을 보여준다.

```
Best hyperparameters: (10, 5, 2, 1) with accuracy: 1.0000
Asynchronous version took 20.9638 seconds
```

그림 10.48 동기 출력 결과

다음은 비동기 방식으로 작성한 코드이다.

```python
import asyncio
import time
from sklearn.ensemble import RandomForestClassifier
from sklearn.datasets import load_iris
from sklearn.model_selection import train_test_split
from sklearn.metrics import accuracy_score
```

```python
async def train_and_evaluate_model(n_estimators, max_depth, min_samples_split, min_samples_leaf):
    # 데이터셋 로딩하기
    data = load_iris()
    X_train, X_test, y_train, y_test = train_test_split(
        data.data, data.target, test_size=0.2, random_state=42
    )

    # 모델 초기화와 학습하기
    model = RandomForestClassifier(
        n_estimators=n_estimators,
        max_depth=max_depth,
        min_samples_split=min_samples_split,
        min_samples_leaf=min_samples_leaf
    )
    model.fit(X_train, y_train)

    # 모델 평가하기
    predictions = model.predict(X_test)
    accuracy = accuracy_score(y_test, predictions)

    return (n_estimators, max_depth, min_samples_split, min_samples_leaf, accuracy)

async def tune_hyperparameters():
    n_estimators_values = [10, 50, 100, 150, 200]  # 하이퍼파라미터 후보 값
    max_depth_values = [5, 10, None]
    min_samples_split_values = [2, 5]
    min_samples_leaf_values = [1, 2, 4]

    tasks = []
    for n_estimators in n_estimators_values:
        for max_depth in max_depth_values:
            for min_samples_split in min_samples_split_values:
                for min_samples_leaf in min_samples_leaf_values:
                    tasks.append(
                        train_and_evaluate_model(
                            n_estimators, max_depth, min_samples_split,
                            min_samples_leaf
                        )
                    )

    results = await asyncio.gather(*tasks)
```

```
# 최적의 하이퍼파라미터와 정확도 찾기
best_params = max(results, key=lambda x: x[4])
print(f"Best hyperparameters: {best_params[:4]} with accuracy: {best_params[4]:.4f}")

# 비동기 실행 시간 측정하기
start_time = time.time()
await tune_hyperparameters()
end_time = time.time()
print(f"Asynchronous version took {end_time - start_time:.4f} seconds")
```

이 스크립트에서는 같은 모델을 비동기 프로그래밍을 사용하여 학습했다. 이 방식으로 실행 시간을 줄일 수 있다.

```
Best hyperparameters: (10, 5, 2, 1) with accuracy: 1.0000
Synchronous version took 15.1290 seconds
```

그림 10.49 비동기 출력 결과

이 원리는 LLM을 에이전트로 사용할 때에도 그대로 적용된다. 동기식 함수 호출은 LLM 추론을 차단하므로, 각 호출이 끝나야만 다음 단계로 넘어갈 수 있어 비효율적이다. 이에 대해 일부 연구는 도구가 연결된 에이전트 환경에서 비동기 방식을 도입하거나 토큰 생성과 함수 호출을 동시에 진행하는 기법을 제안한다.

예를 들어, 인터럽트 가능한 LLM 디코딩(interruptible LLM decoding)을 고려할 수 있다. 여기서 함수 실행기가 LLM에 비동기적으로 알림을 전달하여 함수 호출 결과를 기다리는 동안에도 LLM이 토큰 생성을 계속할 수 있다. 목적은 함수 실행과 토큰 생성을 동시에 수행하여 전체 지연 시간을 줄이는 데 있다.

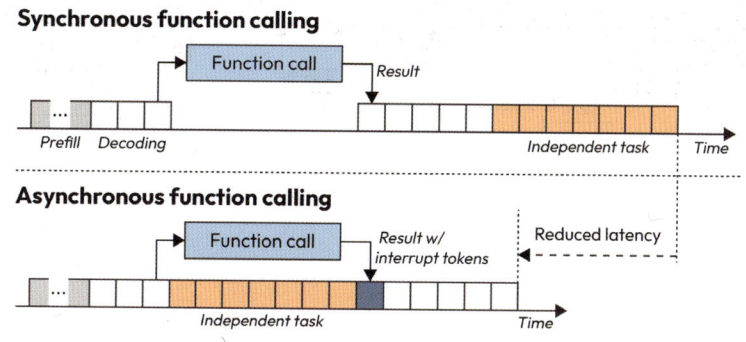

그림 10.50 동기 vs. 비동기 함수 호출(https://arxiv.org/pdf/2412.07017)

따라서 이론적으로 LLM 에이전트에는 세 가지 접근 방식이 있을 수 있다.

- **동기 LLM 함수 호출**: 각 함수를 차례대로 실행한다. LLM은 다음 함수로 넘어가기 전에 각 함수가 완료될 때까지 기다려야 한다. 이 방식은 가장 단순하지만 각 작업(예: HTML 읽기, XLS 파일 읽기, 토큰 생성 등)이 끝날 때까지 기다려야 하기 때문에 시스템의 지연 시간이 증가한다. 특히 함수가 많거나 일부 함수가 오래 걸릴 때는 비효율성이 크게 증가한다.

- **병렬 최적화를 적용한 동기 LLM 함수 호출**: 여러 작업을 병렬로 최적화하려고 시도한다(예: HTML 읽기, XLS 읽기, 텍스트 읽기를 동시에 실행). 그러나 여전히 각 작업은 다음 작업을 차단한다. 이전 방식에 비해 장점은 각 함수를 동시에 실행할 수 있어 속도가 빨라진다는 것이다. 하지만 작업을 올바른 순서대로 실행하려면 동기화가 필요하다. 작업이 최적화되더라도 여전히 동기적이기 때문에 일부 작업을 완료하려면 특정 함수가 끝날 때까지 기다려야 한다.

- **비동기 LLM 함수 호출**: 이 방식에서는 작업이 비동기적으로 실행되므로 함수가 서로를 차단하지 않는다. 시스템은 HTML 읽기, XLS 읽기, 텍스트 읽기를 수행하면서 동시에 요약이나 데이터 저장과 같은 다른 작업도 실행할 수 있다. 이 방식은 지연 시간을 크게 단축하고 시스템 자원 활용 효율도 향상시킨다. 시스템은 작업 간 의존 관계(예: PDF 요약과 저장은 텍스트 읽기 이후 실행)를 유지하면서도 다른 작업을 중단하지 않고 비동기적으로 관리한다. 기존의 멀티프로세싱 방식은 병렬 처리를 위해 별도의 프로세스나 스레드를 생성하여 자원 소비가 많은 반면, 비동기 방식은 단일 프로세스 내에서 자원을 효율적으로 활용하며 확장성도 우수하다.

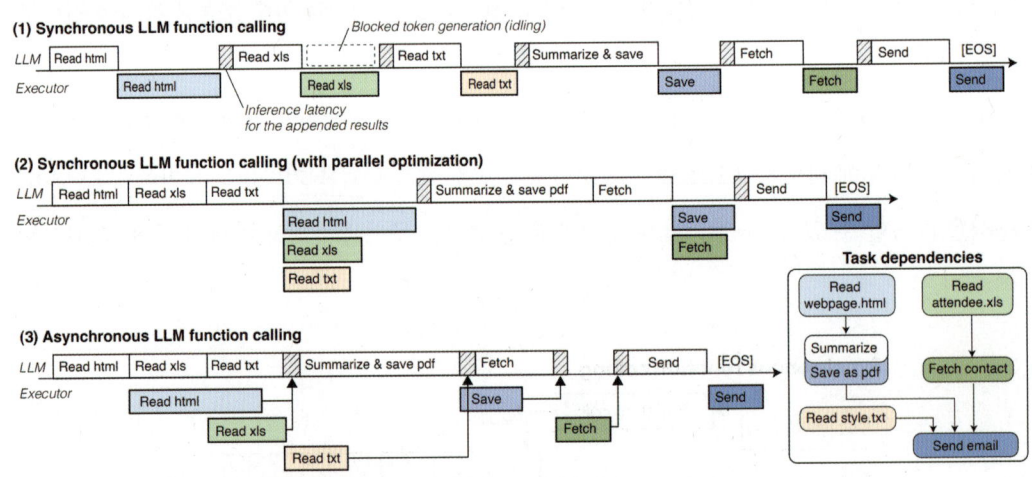

그림 10.51 LLM 실행기의 상호작용 비교(https://arxiv.org/pdf/2412.07017)

시스템(애플리케이션)을 효율적으로 구축한 뒤 외부 요인으로부터 영향을 받지 않으려면 이를 격리된 환경에 배치해야 한다. 다음 절에서는 이를 도커가 어떻게 구현하는지 자세히 알아본다.

6. 도커

도커Docker는 개발자와 시스템 관리자가 애플리케이션을 컨테이너 안에서 생성, 배포, 실행할 수 있게 돕는 오픈소스 플랫폼이다. 컨테이너는 소프트웨어를 그 모든 종속성(예: 라이브러리, 설정 등)과 함께 패키징하여 개발자의 노트북이든 테스트 서버든 프로덕션 머신이든 상관없이 일관되게 실행되도록 한다.

컨테이너는 가상 머신이라 볼 수 있으며 이를 통해 오버헤드를 줄이고 자원과 시스템 자체를 더 잘 활용할 수 있다. 특히 동일한 모델을 여러 시스템에서 사용해야 할 때 유용하다. 즉, 모델, LLM, 에이전트 등 다양한 소프트웨어를 외부 간섭 없이 격리된 환경에서 실행함으로써 예기치 않은 오류나 성능 저하를 방지할 수 있다.

가상 머신은 게스트 운영 체제OS 위에서 시스템이 실행되며 자원을 사용하는 방식이다. 하지만 게스트 OS를 최적화하려면 상당한 자원이 필요하다. 반면, 컨테이너는 자원 소모와 오버헤드를 줄여 애플리케이션을 보다 가볍고 효율적으로 실행할 수 있도록 설계되었다.

또한 컨테이너는 애플리케이션을 패키징하여 실행 환경으로부터 분리할 수 있는 방법을 제공한다. 이를 통해 어떤 환경에서도 예측 가능한 방식으로 실행되며, 다른 애플리케이션과의 충돌 없이 격리된 상태를 유지할 수 있다. 동시에 컨테이너는 환경을 세밀하게 제어할 수 있는 기능도 제공한다.

도커 컨테이너는 가볍고 이식성이 뛰어나며 애플리케이션이 어디서든 동일하게 동작하도록 보장한다. 이러한 장점 덕분에 많은 기업에서 도커 컨테이너를 사용한다.

도커는 다음과 같은 주요 개념을 기반으로 한다.

- **컨테이너**(container): 도커의 기본 단위로 애플리케이션과 종속성을 하나의 패키지로 포함하며 쉽게 환경 간에 이동할 수 있다. 컨테이너에는 OS 커널도 포함되므로 필요한 자원을 줄여준다. 전체 OS를 포함하는 가상 머신과 달리 도커 컨테이너는 애플리케이션 실행에 필요한 정보만 포함한다. 이 덕분에 도커 컨테이너는 훨씬 더 빠르고 효율적으로 실행된다.
- **이미지**(image): 이미지는 컨테이너를 생성하는 데 사용하는 읽기 전용 템플릿이다. 애플리케이션 코드, 런타임, 라이브러리, 환경 변수 등을 포함한다. 도커 이미지는 애플리케이션의 청사진이며 코드를 실행하는 데 필요한 모든 정보를 담고 있다. 도커 허브에는 이미 만들어진 이미지가 많으므로 처음부터 이미지를 만들 필요 없이 효율적으로 컨테이너를 생성할 수 있다.
- **도커 엔진**(docker engine): 컨테이너를 관리하고 실행하는 도커의 런타임 환경이다. 도커 엔진은 리눅스와 윈도우 OS 모두에서 작동한다.
- **도커 파일**(dockerfile): 도커 이미지를 빌드하는 방법을 정의한 스크립트 파일이다. 어떤 기본 이미지를 사용할

지, 종속성을 어떻게 설치할지 등 환경 설정과 기타 세부 사항을 지정한다.
- **도커 컴포즈**(docker compose): 여러 컨테이너로 구성된 애플리케이션을 정의하고 실행할 수 있게 하는 도구다.

도커 컨테이너의 장점은 다음과 같다.

- **이식성**: 도커 컨테이너는 애플리케이션과 그 종속성을 하나의 이식 가능한 단위로 패키징한다. 따라서 환경 간 차이와 상관없이, 더 신뢰할 수 있고 일관되게 배포할 수 있다.
- **효율성**: 이전 가상 머신보다 훨씬 효율적이다. 커널만 공유하기 때문에 자원을 훨씬 적게 사용하고 배포가 더 쉬우며 확장성도 높다. 또한 쿠버네티스Kubernetes, 도커 스웜Docker Swarm 같은 오케스트레이션 도구와 잘 통합되어 애플리케이션을 수평적(더 많은 컨테이너) 또는 수직적(컨테이너에 더 많은 자원 할당)으로 확장하기 쉽다.
- **격리**: 도커는 컨테이너 간 강력한 격리를 제공하여 각 컨테이너가 독립으로 실행되고 서로 간섭하지 않도록 보장한다. 이로써 보안이 강화되고 서로 다른 애플리케이션 간의 충돌을 방지한다.
- **버전 관리와 재현성**: 컨테이너는 특정 버전의 애플리케이션을 저장, 공유, 배포할 수 있게 하여 동일한 버전을 어떤 환경에서도 재현할 수 있도록 보장한다.

다른 시스템과 마찬가지로 도커 역시 단점이 있다.

- **보안 문제**: 컨테이너 설정이 부적절하면 취약점이 발생할 수 있다. 특히 도커 환경을 효율적으로 사용하려면 어느 정도 학습이 필요하다.
- **데이터 관리**: 컨테이너는 본질적으로 휘발성 구조이므로 컨테이너 내부의 데이터는 컨테이너가 삭제되면 모두 사라진다. 이를 보완하는 방법이 존재하지만 기존 시스템보다 더 복잡하다.
- **복잡성**: 개별 컨테이너를 배포하고 관리하는 데는 편하지만 많은 노드에 걸쳐 수많은 컨테이너를 확장하거나 오케스트레이션하는 일은 복잡할 수 있다. 도커의 네트워킹 모델은 유연하지만, 특히 여러 호스트에 걸쳐 컨테이너가 분산되어 있을 때는 설정하고 관리하기가 어려울 수 있다. 또한 컨테이너와 관련한 도구가 많아질수록 복잡성이 증가한다. 게다가 OS 커널이 제한적이어서 디버깅이나 특정 기능 구현이 까다로울 수 있다.

도커 컨테이너는 이식성, 효율성, 격리, 확장성 같은 많은 장점을 제공하지만 동시에 보안, 복잡성, 데이터 관리와 관련한 도전 과제도 지니고 있다.

복잡한 시스템일수록 여러 개의 컨테이너로 구성되며 이를 효과적으로 관리하려면 쿠버네티스와 같은 컨테이너 오케스트레이션 도구가 필요하다. 다음 절에서는 쿠버네티스에 대해 살펴본다.

쿠버네티스

쿠버네티스Kubernetes는 오픈소스 기반의 컨테이너 오케스트레이션 플랫폼으로, 컨테이너화된 애플리케이션의 배포, 확장, 관리, 운영을 자동화한다. 쿠버네티스는 주로 프로덕션 환경에서 컨테이너를 관리하고 오케스트레이션하는 데 사용한다.

쿠버네티스에서 파드pod는 하나 이상의 컨테이너로 이루어진 그룹으로, 네트워크와 스토리지 같은 자원을 공유한다. 파드 내의 모든 컨테이너는 항상 함께 배포되며 동일한 실행 환경을 공유한다. 서비스service는 논리적인 파드 집합과 이에 접근하기 위한 네트워크 정책을 정의하는 추상화 개념이다. 서비스를 통해 여러 파드가 내부적으로 연결되는 방식이나 외부 세계에 공개되는 방식(프로덕션 배포 시)을 관리할 수 있다.

이와 달리, 노드node는 쿠버네티스 클러스터 내에서 컨테이너를 실행하는 물리적 또는 가상 머신으로, 컨테이너 워크로드를 실제로 처리한다. 클러스터 내의 각 노드는 최소 하나 이상의 kubelet(컨테이너 실행을 담당하는 에이전트)과 kube-proxy(컨테이너 간 통신을 관리하는 네트워크 프록시)를 실행한다. 여러 노드의 집합을 클러스터cluster라고 부르며 클러스터는 쿠버네티스 환경의 기본 단위로, 애플리케이션에 CPU, 메모리, 스토리지 등 필요한 자원을 할당한다.

쿠버네티스는 컨테이너의 배포와 유지관리를 간소화함으로써 애플리케이션을 확장하고 프로덕션 환경을 운영하기 쉽게 만들어준다. 또한 민감한 데이터의 설정이나 일반적인 데이터를 안정적으로 관리할 수 있는 기능도 제공한다.

쿠버네티스는 마이크로서비스 기반 애플리케이션을 배포, 관리, 확장하는 데 널리 사용한다. 특히 배포 자동화와 애플리케이션 확장을 가능하게 하는 특성 덕분에 DevOps 실무에서도 핵심 도구로 자리잡았다.

머신러닝에 도커 사용하기

도커는 수년간 머신러닝 모델 실행과 머신러닝 기반 생성 작업 전반에 걸쳐 폭넓게 사용되어 왔다. 도커를 활용하면 필요한 모든 종속성이 포함된, 즉시 실행 가능한 개발 환경을 손쉽게 구성할 수 있어 모델 사용 과정을 빠르게 진행할 수 있다. 또한 도커는 모델 학습과 추론 과정의 재현성을 크게 향상시킨다.

도커는 LLM과 에이전트를 포함한 다양한 머신러닝 애플리케이션에서 사용할 수 있다. 예를 들어, Ollama는 도커 허브에서 자체 도커 이미지를 제공하므로 LLM 기반 애플리케이션을 쉽게 생성하고 서버에 직접 배포할 수 있다. 이런 애플리케이션에는 RAG나 그 외의 컴포넌트도 포함할 수 있다.

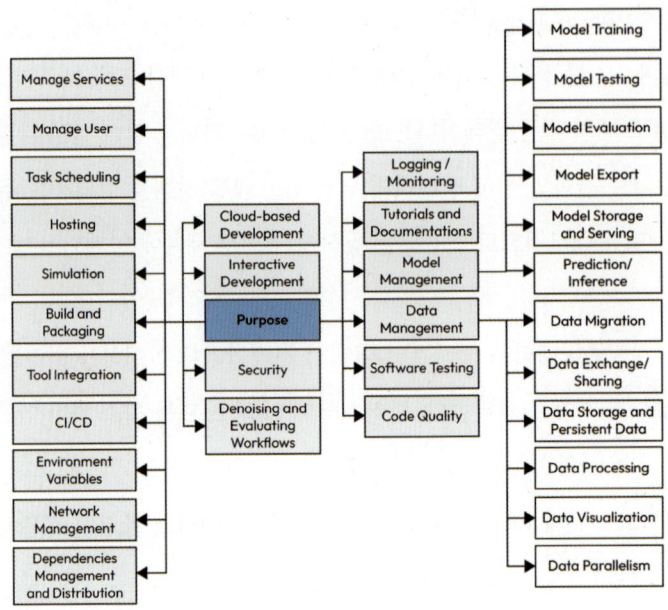

그림 10.52 머신러닝 기반 소프트웨어 프로젝트에서 도커를 사용하는 목적 개요(https://arxiv.org/pdf/2206.00699)

도커 컨테이너는 다양한 애플리케이션에서 널리 사용되고 있다. 최근에는 LLM을 활용해 소프트웨어 개발 과정에서 반복적이고 복잡한 환경 설정 문제를 해결하려는 시도가 활발히 이루어지고 있다. 특히 도커를 사용한 컨테이너화 과정에서 환경 설정은 오류가 발생하기 쉽고 시간이 오래 걸려 사용자에게 진입 장벽으로 작용한다. 도커는 이러한 과정을 더 견고하고 재현 가능하게 만들지만, 여전히 도커 파일을 수동으로 구성해야 하며 프로젝트에 많은 종속성이 있거나 여러 단계의 설정이 필요하다면 복잡해질 수 있다.

이러한 문제를 해결하기 위한 방안으로 LLM을 지능형 에이전트로 활용해 저장소의 종속성과 요구 사항을 분석하고, 도커 컨테이너에서 동작하는 완전 자동화된 환경 설정을 생성하는 접근 방법이 제안되었다.

Repo2Run은 LLM을 에이전트로 활용하여 환경 설정부터 배포까지 자동으로 관리하는 시스템이다. Repo2Run은 컨테이너 환경을 설정하는 일련의 지침을 담은 도커 파일을 자동으로 생성한다. 이 지침에는 종속성 설치와 필요한 설정을 포함하고 있다.

Repo2Run은 주어진 파이썬 저장소를 검사하여 종속성을 탐지하고(예: `requirements.txt`, `Pipfile` 같은 파일) 이를 기반으로 필요한 환경을 재현하는 도커 파일을 생성한다. Repo2Run의 핵심은 LLM이 환경 설정 과정을 지능적으로 주도한다는 점이다. LLM은 저장소 구조와 종속성을 지능적으로 이해하여 수동 개입의 필요성을 줄인다. 이로써 종속성 해결dependency resolution과 설정 구성configuration setup 같은 이전부터 번거롭고 오류가 발생하기 쉬운 단계를 자동화할 수 있다.

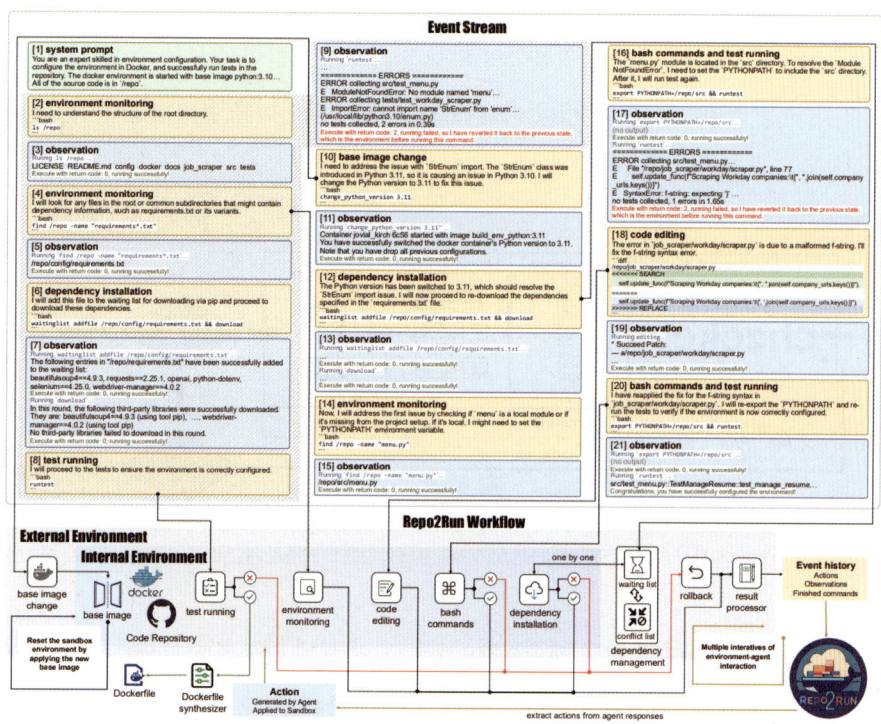

그림 10.53 Repo2Run의 예시 프로세스(https://www.arxiv.org/pdf/2502.13681)

도커 컨테이너를 쿠버네티스로 옮기려면 애플리케이션이 쿠버네티스 클러스터 내에서 어떻게 실행될지를 정의한 설정 파일, 즉 쿠버네티스 매니페스트가 필요하다. 이 마이그레이션 과정은 특히 여러 컨테이너와 서비스를 포함하는 대규모 애플리케이션이라면 매우 복잡할 수 있다. 이 작업은 오류 발생 가능성이 높고 시간이 오래 걸리며 쿠버네티스에 대한 깊은 전문 지식이 부족한 팀이라면 관리하기 어렵다. 이에 따라 한 연구(Ueno, 2024)에서는 LLM을 활용하여 매니페스트 파일 생성을 자동화하는 방안을 제안하기도 한다.

LLMSecConfig 프레임워크는 쿠버네티스와 같은 컨테이너화된 애플리케이션과 이를 관리하는 **컨테이너 오케스트레이터**의 보안 문제를 해결하는 것을 목표로 한다. 컨테이너 오케스트레이터 도구는 컨테이너화된 애플리케이션의 배포, 확장, 네트워킹을 관리하는 데 사용한다. 그러나 이러한 도구는 설정이 너무 복잡하여 오류가 발생하기 쉽다. 특히 잘못 구성된 접근 제어, 부적절한 리소스 제한, 안전하지 않은 네트워크 정책 등은 애플리케이션을 공격에 취약하게 만든다.

이러한 설정 오류는 수작업이 많고 높은 수준의 전문성이 필요해 자주 발생한다. 이를 해결하기 위한 방안 중 하나로 **정적 분석 도구**SATs, static analysis tools를 사용한다. SATs는 쿠버네티스 YAML 파일이나 도커 파일 등을 분석해 설정 오류를 탐지하는 데 유용하다. 다만 자동화 수준이 제한적이어서 여전히 수작업 검토가 필요한 경우가 많다.

LLMSecConfig는 RAG와 LLM을 활용하여 외부 소스로부터 관련 정보를 수집하고, 이를 기반으로 설정 오류를 자동 식별하도록 설계되었다. 목표는 운영 컨테이너를 유지하면서 취약점을 동시에 탐지하고 수정하는 자동화된 과정을 구현하는 것이다.

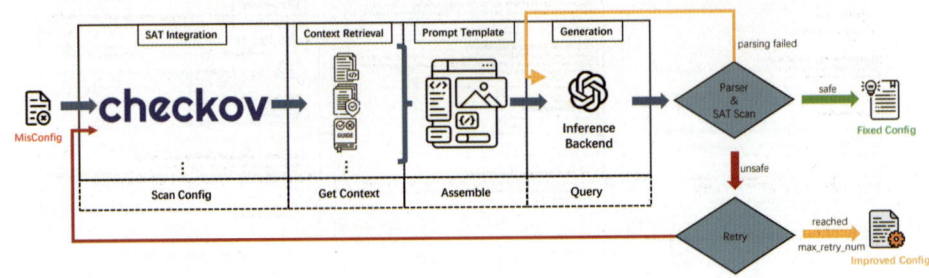

그림 10.54 쿠버네티스 보안 설정 자동화를 위한 LLMSecConfig 프레임워크 아키텍처 개요(https://arxiv.org/pdf/2502.02009)

이러한 접근법은 도커가 LLM 기반 애플리케이션을 위한 실행 환경으로 활용될 수 있을 뿐 아니라, LLM 역시 도커와 쿠버네티스 기반 인프라의 보안을 강화하는 수단으로 활용될 수 있음을 보여준다. 특히 애플리케이션이 프로덕션 환경에 배포될 때 이러한 자동화의 효과는 더욱 두드러진다.

이 장에서는 다중 에이전트 시스템의 기획 전략에 초점을 두었다. 어떤 형태의 시스템이든 최종적으로는 프로덕션 단계에 도달해 실제 사용자가 활용해야 하며, 사용자 경험은 모든 프로젝트에서 가장 중요한 요소이다.

이러한 이유로 스트림릿을 활용했다. 스트림릿은 빠른 실험과 개념 증명proof of concept을 가능하게 하는 프레임워크로, 시스템 프로토타입을 통해 대규모 자원을 투입하기 전에 설계의 강점과 약점을 파악할 수 있다. 스트림릿의 또 다른 장점은 백엔드와 프론트엔드 모두를 손쉽게 구성하여 분석하고, 사용자의 시각에서 애플리케이션과 직접 상호작용할 수 있도록 한다는 점이다. 이를 통해 완성된 제품의 형태를 미리 검증하고 이후 확장이나 최적화 단계로 넘어가기 전에 충분한 사전 준비를 할 수 있다.

물론 애플리케이션은 이 프로토타입 단계를 넘어 프로덕션 단계로 진입해야 한다. 이 시점에서는 시스템의 확장성 확보가 필수이며, 특히 LLM 기반 애플리케이션은 높은 자원 요구와 복잡성을 지니기 때문에 이에 적합한 스케일링 전략이 요구된다. 이 장의 후반부에서는 이러한 모델 학습 및 배포 작업의 실제 과정을 다루었다. 비록 LLM을 중심으로 설명했지만, 여기에서 다룬 접근법은 다른 머신러닝 기반 애플리케이션에도 유용하게 적용할 수 있다.

다음이자 마지막 장에서는 끊임없이 진화하는 다중 에이전트 시스템 분야의 미래를 조망한다. 아직 해결되지 않은 주요 과제들과 함께, 에이전트 기술이 향후 열어갈 가능성과 발전 방향에 대해 논의한다.

더 읽을거리

- Hewage, *Machine Learning Operations: A Survey on MLOps Tool Support*, 2022, https://arxiv.org/abs/2202.10169

- Park, *LlamaDuo: LLMOps Pipeline for Seamless Migration from Service LLMs to Small-Scale Local LLMs*, 2024, https://arxiv.org/abs/2408.13467

- Zhao, *A Survey of Large Language Models*, 2023, https://arxiv.org/abs/2303.18223

- Chang, *A Survey on Evaluation of Large Language Models*, 2023, https://arxiv.org/abs/2307.03109

- IBM, *LLM evaluation: Why Testing AI Models Matters*, https://www.ibm.com/think/insights/llm-evaluation

- Guo, *Evaluating Large Language Models: A Comprehensive Survey*, 2023, https://arxiv.org/abs/2310.19736

- Shi, *Keep the Cost Down: A Review on Methods to Optimize LLM's KV-Cache Consumption*, 2024, https://arxiv.org/abs/2407.18003

- Li, *A Survey on Large Language Model Acceleration based on KV Cache Management*, 2024, https://arxiv.org/abs/2412.19442

- Zhou, *A Survey on Efficient Inference for Large Language Models*, 2024, https://arxiv.org/abs/2404.14294

- Leviathan, *Looking Back at Speculative Decoding*, 2024, https://research.google/blog/looking-back-at-speculative-decoding/

- Determined AI, *Tensor Parallelism in Three Levels of Difficulty*, https://www.determined.ai/blog/tp

- Geeksforgeeks, *asyncio in Python*, https://www.geeksforgeeks.org/asyncio-in-python/

- Gim, *Asynchronous LLM Function Calling*, 2024, https://arxiv.org/abs/2412.07017

- *Asynchronous Computation*, https://d2l.ai/chapter_computational-performance/async-computation.html

- Openja, *Studying the Practices of Deploying Machine Learning Projects on Docker*, 2022, https://arxiv.org/abs/2206.00699

- Muzumdar, *Navigating the Docker Ecosystem: A Comprehensive Taxonomy and Survey*, 2024, https://arxiv.org/abs/2403.17940

- Saha, *Evaluation of Docker Containers for Scientific Workloads in the Cloud*, 2019, https://arxiv.org/abs/1905.08415

- Ru, *An LLM-based Agent for Reliable Docker Environment Configuration*, 2025, https://www.arxiv.org/abs/2502.13681

- Ueno, *Migrating Existing Container Workload to Kubernetes -- LLM Based Approach and Evaluation*, 2024, https://arxiv.org/abs/2408.11428v1

- Ye, *LLMSecConfig: An LLM-Based Approach for Fixing Software Container Misconfigurations*, 2025, https://arxiv.org/abs/2502.02009

- Docker, *LLM Everywhere: Docker for Local and Hugging Face Hosting*, https://www.docker.com/blog/llm-docker-for-local-and-hugging-face-hosting/

다가올 미래

11장

이 책은 신경망이 텍스트를 어떻게 처리할 수 있는지에서 출발했다. 앞서 살펴본 것처럼 신경망은 텍스트를 본래 모습 그대로는 이해하지 못하며 반드시 사전 처리 과정을 거쳐야 한다. 단순한 신경망은 분류와 같은 기본적인 작업에는 사용할 수 있지만, 인간의 언어에는 방대한 양의 복잡한 정보가 담겨 있다.

2장과 3장에서는 의미적, 구문적 정보를 활용하기 위해 정교한 모델이 필요하다는 점을 확인했다. 트랜스포머와 대규모 언어 모델LLM의 등장으로, 이제는 추론을 수행하고 방대한 사실적 지식을 저장하는 모델을 활용할 수 있게 되었다. 이러한 다목적 지식과 기술 덕분에 LLM은 학습하지 않은 작업, 예를 들어 코딩이나 수학 문제 풀이 같은 영역도 해결할 수 있게 되었다. 그럼에도 불구하고 LLM에는 여전히 한계가 있다. 특정 도메인 지식 부족, 지속적인 학습의 어려움, 외부 도구 활용의 제약 등이 그것이다. 따라서 4장부터는 LLM의 한계를 보완하고 그 능력을 확장하는 데 필요한 다양한 시스템을 살펴보았다.

이번 장에서는 아직 해결되지 않은 문제들과 앞으로의 미래에 대해 논의하고자 한다. 먼저 에이전트를 여러 산업에서 어떻게 활용할 수 있는지, 그리고 에이전트 덕분에 우리 앞에 다가올 혁신이 무엇인지 살펴본다. 이후에는 기술과 윤리 측면에서 가장 시급한 질문들을 함께 다룬다.

이번 장에서 다룰 내용은 다음과 같다.

- 의료 분야의 AI 에이전트
- 다른 산업 분야의 AI 에이전트
- 해결할 과제와 미해결 질문

1. 의료 분야 AI 에이전트

AI 발전에서 가장 흥미로운 전망은 스스로 과학적 발견을 수행할 수 있는 자율 시스템의 가능성이다. 이 새로운 패러다임은 AI 과학자AI scientist라 불린다. 이 책 전반에서 우리는 켐크로우ChemCrow, 가상 연구실virtual lab 등 이 아이디어와 부합하는 여러 시스템의 사례를 살펴보았다. 이번 절에서는 이 패러다임이 향하는 연구 방향, 직면한 과제, 앞으로의 발전 가능성을 더 자세히 살펴본다.

지금까지 보았듯이, AI 에이전트의 기본 아이디어는 LLM을 다양한 도구(에이전트)와 결합해 활용하는 것이다. 미래에는 여기에 실험을 스스로 수행할 수 있는 실험 플랫폼을 추가해 시스템이 독립적으로 실험을 진행할 수 있게 하려는 연구들이 추진될 것이다. 이렇게 되면 생물학의 복잡성을 일련의 실행 가능한 작업 단위로 접근할 수 있으며, LLM이 문제를 여러 하위 작업으로 분해하고 이를 자율적으로 해결할 수 있다. 목표는 단순히 발견의 속도를 높이는 것이 아니라 효율성까지 향상시키는 것이다. 결국 AI 과학자는 인간에게는 불가능한 속도와 규모로 연구 성과를 산출할 수 있게 될 것이다.

초기 단계에서는 인간이 프로젝트의 중심에 서게 된다. 과학자는 LLM에 입력과 비판적 피드백을 제공하고, 모델은 이 피드백을 과정 속에 반영한다. 이런 반복 과정에서 모델은 인간의 감독 아래(혹은 정교하게 설계된 프롬프트를 이용해) 문제를 분석하고 인터넷에서 정보를 검색하며 계획을 수립한다. 이런 시나리오에서 LLM은 해결책과 가설을 제안하는 인간의 조수_assistant_ 역할을 한다. 최종 목표는 자율적 에이전트의 구현이다.

이러한 비전은 사실 수십 년간 생물의학 연구에서 이어져 온 과정의 정점이다. 실제로 1990년대 초부터 데이터 기반 모델_data-driven model_이라는 새로운 패러다임이 논의되었다. 이러한 패러다임 전환은 기술 발전과 방대한 데이터 가용성 덕분에 가능했다. 생물의학 연구는 엄청난 양의 데이터를 생산하며, 지난 30년 동안 이 정보는 일련의 데이터베이스에 중앙 집중화되기 시작했다.

이러한 정보의 통합 및 새로운 접근성과 동시에 연구자들은 다양한 도구를 개발했다. 초기에는 통계 기법과 계산 모델이 주류였으나 점차 머신러닝과 AI 모델이 생물의학 연구를 뒷받침하게 되었다. 어느 한쪽의 성과가 다른 쪽의 성과를 촉진하면서 상호 발전하는 구조가 형성된 것이다. 데이터가 더 많이 중앙화되고 연구 공동체에 공유될수록 새로운 모델을 개발할 여지가 커졌다. 새로운 모델과 기법으로 도출된 발견은 새로운 실험과 데이터를 촉발했고 그 데이터는 다시 새로운 모델을 낳았다.

예를 들어, 전사체학_transcriptomics_ 실험은 대규모 데이터셋을 만들어냈고, 이는 새로운 머신러닝 모델과 도구를 개발하기에 이상적이었다. 이런 모델들은 일부 생물학적 질문에 답할 수 있었고 그 답은 새로운 실험과 데이터를 이끌었다. AlphaFold2 역시 수백만 건의 단백질 구조를 보관한 **단백질 데이터 뱅크**_PDB, protein data bank_ 없이는 불가능했을 것이다. AlphaFold2는 연구자들에게 새로운 가설을 세울 수 있게 했고, 이는 후속 실험과 PDB에 새로 축적된 구조 데이터로 검증되었다. 동시에 AlphaFold2의 한계는 특정 질문을 해결하기 위한 새로운 데이터 수집을 촉발했다. 이렇게 얻어진 새로운 데이터와 실험적 검증은 또 다른 새로운 모델을 만들어내며 긍정적 피드백 순환을 형성했다.

이처럼 LLM이 등장했을 때 이미 혁신이 일어날 비옥한 토대가 마련되어 있었다. 첫째, 수백만 건의 논문과 방대한 실험 데이터베이스가 구축되어 있어 모델이 이 데이터로 학습하거나 전용 데이터베이스를 통해 정보를 검색할 수 있었다. 예를 들어, 특정 생물학적 서열 정보가 부족하다면 전용 API를 통해 보완할 수 있고 LLM이 검색 증강 생성(RAG)을 활용해 최신 논문에서 필요한 정보를 찾아낼 수도 있다.

둘째, 연구 커뮤니티는 특정 작업을 해결하기 위한 수천 개의 모델을 만들어왔다. 따라서 LLM 자체가 모든 작업의 해결 방법을 알아야 할 필요는 없다. 이미 선별된 리소스 목록이 존재하고 이를 통해 광범위한 하위 작업을 수행할 수 있다. 결국 LLM은 추가 학습 없이도 이러한 작업별 도구와 모델을 조율하는 방법만 알면 된다.

이 시점에서 우리는 에이전트 시스템을 구축하기 위한 모든 준비를 갖춘 셈이다. 에이전트는 생물의학 연구 과정의 모든 단계에 투입될 수 있으며, 그 결과 향후 신약 개발 속도를 단축하고 중요한 자원을 절약할 수 있다.

생물의학 분야 AI 에이전트

켐크로우(ChemCrow)는 특정 사례와 도메인에 맞게 정의한 이러한 유형의 에이전트 사례다. 이 시스템은 특정 작업에 한정된 추론을 수행하며, 에이전트는 실험 데이터와 기존 지식을 활용해야 한다. 가설과 작업을 정의하는 주체는 연구자이고 시스템은 이를 단순히 수행할 뿐이다. 이러한 레벨 1 에이전트는 인간의 감독하에 동작하는 오케스트레이터로 볼 수 있다.

예를 들어, 2024년 『Nature Machine Intelligence』에 발표한 연구에 따르면, 켐크로우는 자율적으로 곤충 기피제와 세 가지 유기 촉매의 합성을 계획하고 실행했으며, 새로운 발색단(chromophore)의 스크리닝과 합성을 이끌어냈다. 또한 켐크로우는 18개의 전문 도구를 통합하여 복잡한 화학 연구 과정을 간소화함으로써 전문가뿐 아니라 비전문가에게도 연구 효율성과 접근성을 크게 향상시켰다 (『ScienceDaily』, 2024).

대부분의 에이전트 접근법은 중앙 LLM의 사용을 기반으로 한다. LLM은 일반 지식을 사전 학습한 다음, 인간의 선호에 맞게 정렬되어 사전 학습에서 습득한 지식과 기술을 최대한 활용할 수 있다. 그러나 생물의학 분야에서는 특정한 전문성과 지식이 요구된다. 이 때문에 의료 분야에 특화되도록 LLM을 파인튜닝한 여러 실험이 진행되었다. 대표적으로 BioGPT, NYUTron, MedPalm 등이 있다. 하지만 이 접근법은 비용이 많이 들고 하루에도 수천 편의 논문이 발표되는 현실에서 모델이 빠르게 구식이 된다는 문제가 있다. 그래서 반복적인 파인튜닝 없이도 활용할 수 있는 다양한 접근법들이 모색되었다.

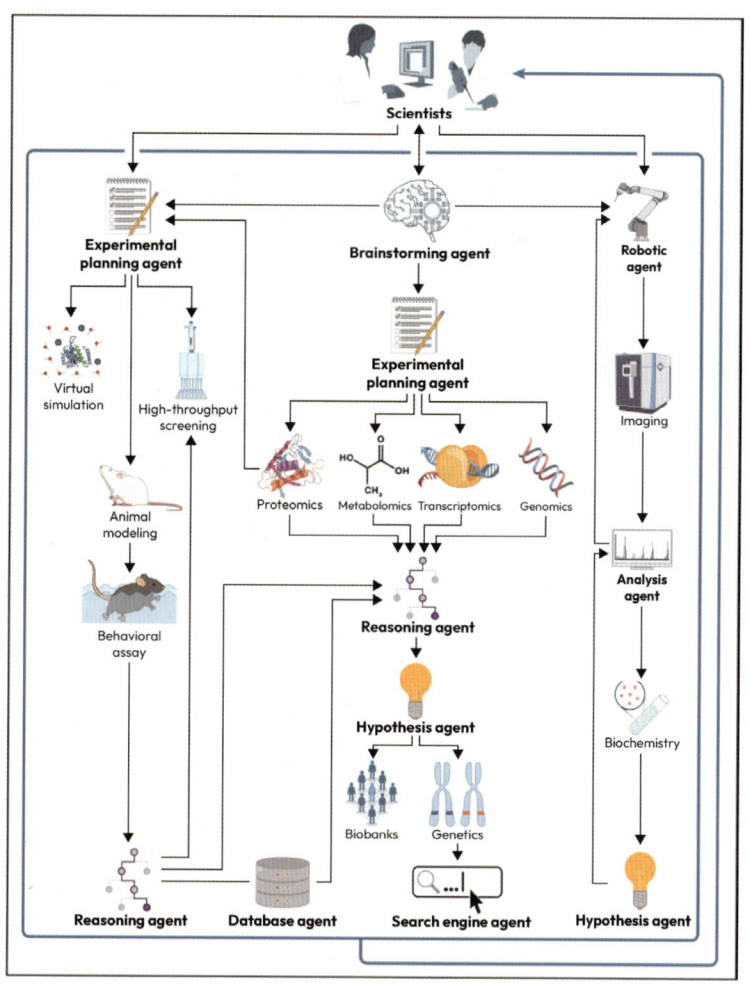

그림 11.1 AI 에이전트로 강화되는 생물의학 연구(https://www.cell.com/cell/fulltext/S0092-8674(24)01070-5)

한 가지 방법은 하나의 모델(LLM)만 사용하되, 매 라운드마다 다른 전문 지식을 부여하는 것이다. 즉, 동일한 모델 하나를 사용하지만 프롬프트를 정교하게 만들어 LLM에 특정 역할(예: 생물학자, 임상의사, 화학자 등)을 부여하는 방식이다. 또 다른 대안은 특정 지식이 아니라 특정 작업에 맞춰 모델을 정렬하는 지시 튜닝 instruction tuning이다. 이는 전문가의 지식을 주입하는 대신 전문가가 수행할 법한 작업에 모델을 맞추는 방식이다. 예를 들어, 모델에게 직접 "단백질 X가 기능 Y를 수행하도록 하는 서열을 작성하라."라는 작업을 지시할 수 있다. 또는 역할을 먼저 지정할 수도 있다. "당신은 단백질체학 proteomics 에 전문성을 가진 생물학자다. 당신의 임무는 단백질 X가 기능 Y를 수행하도록 하는 서열을 작성하는 것이다."

복잡한 작업은 여러 전문가 역할을 거쳐 수행할 수도 있다. 예를 들어, 단일 작업으로 "코로나바이러스가 호흡기 세포와 상호작용하는 데 관여하는 유전자를 식별하고 이를 차단할 항체를 설계하라."
라고 지시할 수 있다. 혹은 이를 여러 단계로 나누어, 첫 번째 작업에서는 "당신은 코로나19 바이러스에 전문성을 가진 바이러스학자다. 당신의 임무는 코로나바이러스가 호흡기 세포와 상호작용하는 데 관여하는 유전자를 식별하는 것이다."라고 역할을 지정한 뒤, 두 번째 작업에서는 "당신은 차단 항체 설계에 전문성을 가진 계산 면역학자. 당신의 임무는 해당 유전자를 차단할 항체를 설계하는 것이다."라고 작업을 부여할 수 있다.

이 방식은 이전의 도메인 지식 기반 학습과 달리 작업 해결 방법론(task-solving methodology)이므로 빠르게 구식이 되지 않는다.

또 다른 연구자들은 단순히 인-컨텍스트 러닝을 활용할 수 있다고 제안하기도 한다. 이 전략은 모델이 특정 전문가 역할을 수행하는 데 필요한 광범위한 정보를 컨텍스트로 제공하는 것이다. 즉, 모델이 모방할 역할의 정의, 기술, 특정 지식 등을 상세하게 제공한다. 이는 프롬프트를 통해 역할을 부여하는 방식과 비슷하지만 훨씬 더 많은 정보를 제공한다는 점에서 차이가 있다.

그러나 이렇게 정보와 지시로 가득 찬 프롬프트를 제공하더라도 모델이 항상 이를 따르는 것은 아니다. 또한 프롬프트 안에서 전문가의 역할을 정확히 설명하는 것 자체가 쉽지 않은 과제다. 그래서 제안한 또 다른 전략은 모델이 스스로 역할 프롬프트를 생성하고 점진적으로 정제하도록 하는 것이다.

이처럼 에이전트는 서로 다른 도구를 갖추고 다양한 목적을 수행할 수 있다. 이러한 다중 역할(multi-role) 접근법의 근거는 LLM이 계획과 추론에 대한 깊은 이해는 부족하지만 이미 습득한 기술은 발휘할 수 있다는 점에 있다. 따라서 하나의 에이전트가 전체 과정을 전담하기보다는, 여러 에이전트가 각자 제한된 하위 작업을 나눠 맡는 체계를 구성하는 것이다. 일반적으로 다양한 유형의 에이전트를 정의하는 것 외에도 작업 프로토콜을 함께 정의한다. 예를 들어, 가상 연구실에서는 에이전트뿐 아니라 팀 회의와 개별 회의에 대한 프로토콜까지 규정했다.

어떤 경우든, 여러 사람이 함께하는 것처럼 LLM이 다중 에이전트로 활동하는 접근법에 대한 기대가 크지만, 연구 결과들은 엇갈린다. 일부 연구자들은 LLM에 역할을 부여하는 페르소나 방식이 특별한 이점이 없으며 극히 일부 상황에서만 효과적이라고 주장한다. 어쨌든 현재로서는 프롬프트가 효과를 내려면 정교하게 설계되어야 하며 이는 시행착오를 거듭하는 힘든 과정이다.

LLM은 비판적 사고 능력이 뛰어나기 때문에 브레인스토밍에 활용할 수 있다는 의견도 있다. 비록 LLM이 추론 능력이 부족하고 창의성도 제한적이지만 문헌을 빠르게 조사하는 것은 가능하다. 이를 활용해 에이전트가 아이디어를 제안하고, 최적의 아이디어를 평가하고 정제하며, 우선순위를 정하고, 비판을 제공하며, 실행 가능성을 논의하게 할 수 있다. 또한 서로 다른 전문성을 가진 에이전트 풀을 구성하여 인간의 브레인스토밍 토론 과정을 모방하게 할 수도 있다.

이와 같이 에이전트들이 인간과 상호작용하거나 서로 간에 상호작용하는 다양한 프레임워크를 구성할 수 있다. 예를 들어, 비판 능력을 활용하면 서로 다른 목표를 가진 에이전트들이 토론을 하도록 만들 수 있다. 한 그룹의 에이전트는 아이디어를 비판하고 도전하는 역할을 맡고, 다른 그룹은 설득과 옹호를 담당할 수 있다. 각 에이전트는 서로 다른 전문성을 토대로 다른 도구를 활용할 수 있으며, 이를 통해 연구 제안을 여러 시각에서 평가할 수 있다. 그렇게 되면 연구 아이디어는 곧 최적화 문제로 간주할 수 있고 에이전트는 최선의 해답을 도출하려 시도하게 된다.

에이전트들이 서로 경쟁하지 않고 협력하게 할 수도 있다. 예를 들어, 에이전트들이 차례대로 피드백을 제공해 아이디어를 개선하는 것이다. 두 프레임워크(경쟁과 협력)는 상반되는 개념이 아니며, 각각의 아이디어가 피드백 순환과 비판 과정을 거치도록 하는 시스템에서 함께 조화를 이룰 수 있다. 특히 이러한 프레임워크는 자연어 프롬프트로 구성되므로 다중 에이전트 시스템은 독특한 유연성을 제공한다.

또한 모든 에이전트가 반드시 동등한 지위를 가질 필요는 없다. 위계적 계층을 두어 조직화할 수도 있다. 예를 들어, 한 에이전트는 토론을 촉진하거나 더 큰 의사결정 권한을 가질 수 있다. 가상 연구실에서는 토론을 주도하고 의사결정권을 가진 책임 연구자principal investigator 역할의 에이전트가 있다. 이처럼 정교한 아키텍처를 통해 여러 수준의 의사결정을 도입할 수 있다.

마지막으로, 에이전트는 실험을 설계할 수 있으며 실험 도구와 결합하면 실제 실험을 수행할 수 있다. 이는 연구 과정이 엔드 투 엔드로 이어지는 새로운 수준의 능력을 제공하게 된다.

이와 관련해 한 논문(Gao, https://www.cell.com/cell/fulltext/S0092-8674(24)01070-5)에서는 생물의학 연구에서 에이전트 시스템의 자율성 수준을 다음과 같이 정의했다.

- 레벨 0: 연구자가 머신러닝 모델을 도구로 활용하는 단계다. 연구자가 가설을 정의하고, 모델을 특정 작업에 활용하며, 그 결과를 평가한다. 레벨 0 시스템은 생물학 분야에서 예측 모델과 같이 단순히 도구로 사용된다.
- 레벨 1: 연구 보조원으로서의 AI 에이전트 단계다. 연구자가 가설을 정의하고 목표에 도달하기 위해 수행해야 할 작업을 지정하면, 에이전트는 제한된 도구 세트를 활용한다. 켐크로우가 이에 해당하는 사례로, 특정 도메인과 작업에 맞게 정의된 에이전트다. 이 시스템의 추론은 특정 작업으로 제한되며 실험 데이터와 기존 지식을 활용해야 한다. 가설과 작업을 정의하는 것은 연구자이며 시스템은 단지 이를 수행할 뿐이다. 레벨 1은 인간의 감독 아래 동작하는 오케스트레이터로 볼 수 있다.

- 레벨 2: 연구 협력자로서의 AI 에이전트 단계다. 시스템은 방대한 도구 세트 덕분에 연구자가 가설을 재정의할 수 있도록 돕는다. 하지만 과학 현상을 깊이 이해하거나 혁신적인 가설을 창출하는 능력은 여전히 제한적이다. 레벨 1과의 차별점은 단순히 작업 수행이 아니라 가설 개선 및 이를 검증하기 위한 작업 정의에 참여한다는 점이다.
- 레벨 3: 과학자로서의 AI 에이전트 단계다. 이 경우 에이전트는 새로운 가설을 개발하고 추론하며, 문헌만으로는 알 수 없는 연구 결과 간의 연관성을 정의할 수 있어야 한다. 레벨 3 에이전트는 연구자와 동등한 위치에서 협력하거나 스스로 가설을 제안하고, 이를 검증하기 위한 작업을 정의하며 직접 수행할 수 있어야 한다.

현재까지 레벨 1을 넘어서는 에이전트는 아직 없으며, 레벨 2와 3을 위해서는 새로운 아키텍처와 학습 시스템이 필요할 것으로 보인다.

요컨대, 레벨 0은 연구자가 사용하는 단순 도구 세트로 자율성이 없다. 레벨 1 에이전트는 데이터를 처리하거나 통계 분석을 수행하거나 다른 도구를 사용하거나 생물정보학 분석을 위해 코드를 작성할 수 있다. 레벨 1 에이전트는 이런 작업을 수행하기 위해 레벨 0 도구를 사용하며, 이를 통해 가설을 테스트할 수 있다. 레벨 2 에이전트는 단순히 인간의 지시에 따라 좁은 작업을 수행하는 것을 넘어, 초기 가설이 주어졌을 때 이를 다듬고 스스로 결정하며 자율적으로 작업을 수행할 수 있어야 한다. 레벨 2 에이전트는 가설을 받은 후 실험을 다듬고, 목표를 최대화하기 위해 비판적으로 평가할 수 있을 것으로 기대된다. 레벨 3 에이전트는 인간과 협력해 새로운 가설을 생성하며 사실상 인간 연구자와 동등한 동료로 간주할 수 있다. 이 단계의 에이전트는 기존 연구의 한계를 평가하고 미래 연구 방향을 예측할 수 있어야 하며, 실험 플랫폼과 통합되어 연구 과정을 엔드 투 엔드로 수행할 수 있어야 한다.

2. 다른 산업 분야 AI 에이전트

이 절에서는 LLM 에이전트가 다양한 산업 전반에 걸쳐 현재 그리고 앞으로 어떤 영향을 끼칠지 살펴본다.

피지컬 에이전트

피지컬 AI 에이전트(예: 로봇)는 실제 세계를 탐색하고 행동을 수행할 수 있는 LLM 기반 에이전트다. 이들은 AI를 물리 세계와 통합한 체화된embodied 시스템으로 볼 수 있다. 이러한 시스템에서 LLM은 추론과 상황 이해를 위한 중추 역할을 하며 여기에 메모리, 추가 기능, 도구 등의 모듈을 결합할 수 있다.

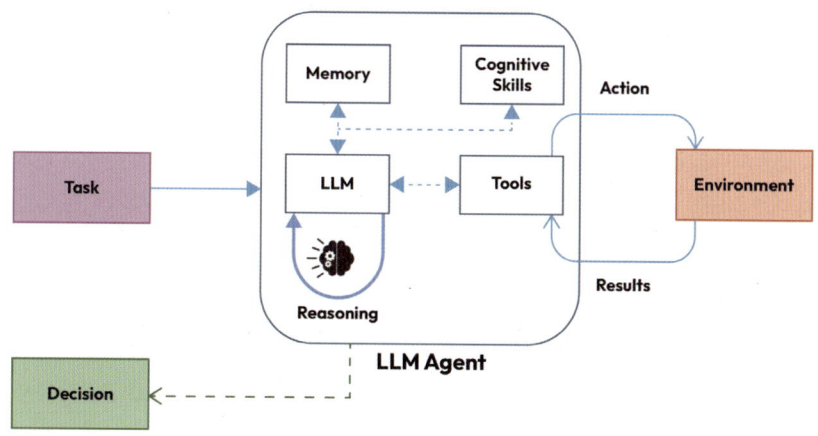

그림 11.2 LLM 기반 에이전트(https://arxiv.org/pdf/2501.08944v1)

가상 에이전트와 달리 피지컬 AI 에이전트는 중력, 마찰, 관성 같은 물리적 역학을 이해하고 이에 적응할 수 있어야 한다. 물리 법칙을 이해해야만 환경을 탐색하고 실제 작업을 수행할 수 있기 때문이다.

피지컬 에이전트에 LLM을 활용하는 주요 장점은 다음과 같다.

- **인간과의 상호작용**: LLM을 사용하면 자연어를 통해 인간과 더 쉽게 상호작용할 수 있다. 또한 감정 관리와 의사소통이 향상되어 사람들이 더 쉽게 받아들인다. 이미 많은 사람이 LLM과 협업하는 데 익숙하기 때문에 문제 해결, 계획 수립, 작업 수행에서 로봇과 협력하는 것에 대한 심리적 장벽이 낮다.
- **유연성과 적응력**: 오늘날 LLM은 범용적 능력을 지니고 있어 다양한 작업과 상황에 더 쉽게 적응할 수 있다. 또한 LLM을 특정 작업이나 환경에 맞게 파인튜닝하여 필요한 새로운 기술과 지식을 습득할 수도 있다. LLM은 추론 능력과 정보 탐색 능력을 갖추고 있어 사전에 프로그래밍되지 않은 작업도 해결할 수 있다. 더불어 LLM은 자연어 지시만으로도 작업을 수행할 수 있으므로, 수행해야 할 작업을 로봇에게 설명하기가 쉽다.
- **멀티모달 능력**: 현재 여러 LLM은 다양한 유형의 모달리티(텍스트, 이미지, 센서 데이터 등)를 입력으로 받아들일 수 있다. 이 기능은 로봇이 여러 센서로부터 얻은 정보를 통합해 주변 환경을 이해할 수 있도록 한다.

최근 몇 년간 LLM과 로봇을 결합하려는 시도는 이미 활발히 진행되었다. 예를 들어, PaLM-SayCan 실험에서는 구글의 PaLM을 활용해 로봇을 제어했으며 이후 멀티모달 모델인 PaLM-E를 적용했다. 오늘날에는 강화학습을 이용해 LLM과 환경 간 상호작용을 개선하는 새로운 접근법도 시험되고 있다.

현재 LLM으로 제어하는 로봇에는 여전히 여러 가지 과제가 있다.

- **데이터셋과 학습**: LLM은 대규모 데이터로 광범위한 학습이 필요하다. 그러나 이러한 데이터셋을 수집하는 것은 쉽지 않으며, 지금까지 로봇을 실제 환경에서 학습시키기 위한 고품질 데이터셋(대량의 이미지와 텍스트가 필요한 데이터셋)은 존재하지 않는다. 로봇은 작업 설명과 수행 방법을 함께 학습해야 하므로, 이러한 멀티모달 데이터셋을 확보하는 데 높은 비용이 든다. 강화 학습을 사용하려면 시스템이 취한 행동과 그 행동이 환경에 미친 영향에 대한 정보가 담긴 데이터셋이 필요하다. 하지만 한 작업에 사용된 데이터셋이 다른 작업 학습에는 적합하지 않을 수 있다. 예컨대, 개 로봇 학습에 사용된 데이터셋은 휴머노이드 로봇 학습에는 활용할 수 없다. 로봇 학습은 환경과의 상호작용이 필수이므로 많은 시간과 노력이 필요하다. 이를 보완하고자 게임이나 시뮬레이션을 활용하는 시도가 있지만, 이는 실제 환경의 단순화에 불과해 충분하지 않을 수 있다.

- **로봇의 구조**: 로봇은 임의의 외형shape으로 설계할 수 있다. 오늘날 모션 로봇은 주로 인간과 유사한 외형으로 설계하지만 반드시 그럴 필요는 없다. 특정 응용 분야에 맞춘 로봇은 전혀 다른 형태일 수도 있다. 예를 들어, 요리사 로봇은 해당 환경에 최적화된 형태로 설계하는 편이 더 효과적이다.

- **LLM 배치**: 이상적으로는 LLM이 로봇 내부에 탑재되는 것이 가장 좋지만, 현재 LLM은 상당한 하드웨어 자원(예: 단일 모델에 여러 GPU 필요)을 요구하므로 로봇의 '로컬 브레인'에 배치하는 것은 현실적으로 어렵다. 대신 오늘날 대부분 로봇의 두뇌는 클라우드에 존재한다. 이는 신호가 손실될 경우 심각한 제약을 초래하는 등 여러 한계를 내포한다.

- **보안**: LLM은 학습 데이터에 내재한 편향과 오류를 그대로 담고 있으며 할루시네이션이나 잘못된 추론을 범할 수 있다. 이는 작업 수행 중 잘못된 행동으로 이어질 수 있다. 물리적 행동을 제어하는 LLM이 오류를 낸다면 심각한 피해를 초래할 수 있다. 예컨대, 요리 중인 로봇이 집을 불태울 수도 있다. 또한 LLM은 해킹의 대상이 될 수 있어 개인정보 유출이나 의도적 피해의 위험을 안고 있다.

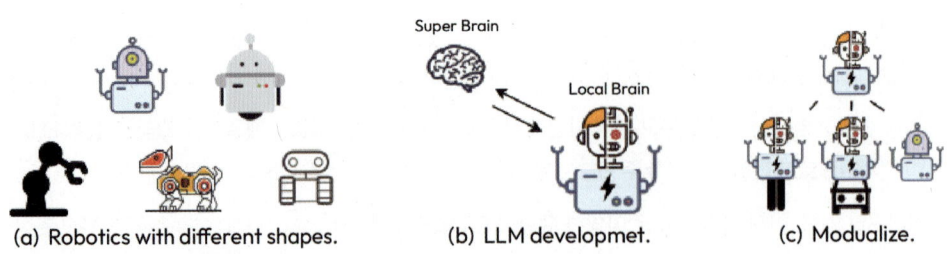

그림 11.3 체화된 지능(embodied intelligence)의 과제 (https://arxiv.org/pdf/2311.07226)

게임용 LLM 에이전트

게임용 LLM 기반 AI 에이전트는 흥미로운 영역으로, 모델의 추론 능력을 활용해 환경(게임)과 상호작용한다. 일반적으로 게임 전용 프레임워크에는 LLM, 메모리, 게임과 상호작용할 도구가 필요하다. 이러한 시스템은 게임을 하나의 에피소드로 보고 강화학습으로 훈련하곤 한다. 이후 LLM은 과거 게임에서 수행된 움직임을 분석하고 최적의 행동을 추론할 수 있다.

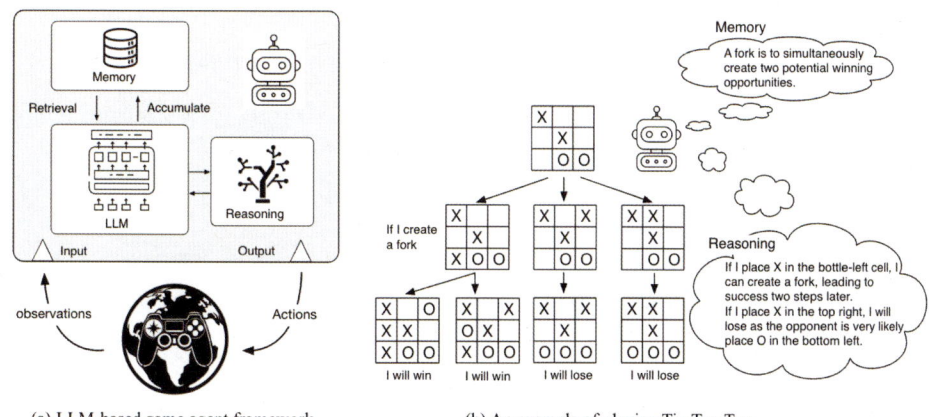

(a) LLM-based game agent framework (b) An example of playing Tic-Tac-Toe

그림 11.4 LLM 기반 게임을 위한 전체 프레임워크(https://arxiv.org/pdf/2404.02039)

오늘날 많은 게임은 매우 복잡하며 환경이나 다른 캐릭터와의 상호작용이 정교하다. LLM은 풍부한 텍스트 기반 정보(사물 설명, 작업 설명, 캐릭터와의 대화 등)를 바탕으로 행동 계획이나 전략을 수립할 수 있다. 예를 들어, 포켓몬 배틀에서는 플레이어가 여러 종류의 포켓몬을 보유한다. 각 포켓몬 종은 서로 다른 능력과 스탯을 가지며, 배틀에서 승리하기 위해서는 게임 지식이 필요하다. LLM을 활용하면 모델의 내재적 지식을 이용해 효과적인 전략을 선택할 수 있다. 예를 들어, '전기 공격은 그라운드(땅) 타입 포켓몬에게는 효과가 없다'는 지식을 근거로 전략을 세울 수 있다.

또한 LLM은 사고의 사슬(CoT) 기법을 활용해 여러 요소를 통합하여 행동을 선택할 수 있으며, 이는 특히 여러 수를 미리 고려해야 하는 전략적 상황에서 유용하다.

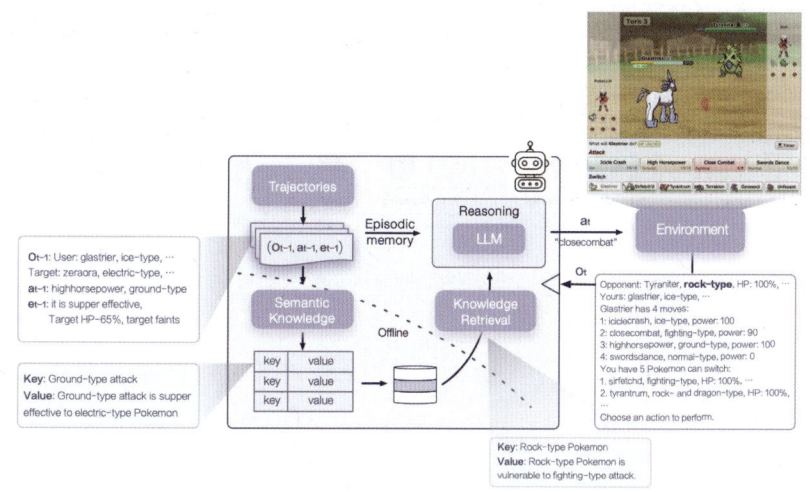

(a) An example of playing Pokémon Battles

그림 11.5 의미적 지식을 활용한 효과적인 전략 수립(https://arxiv.org/pdf/2404.02039)

LLM 기반 에이전트는 플레이어의 경험을 한층 풍부하게 할 수 있다. 예를 들어, 플레이어와 자연스럽게 대화하는 캐릭터를 만들거나 게임 중 힌트를 제공하거나 플레이어와 협력해 모험을 안내하는 데 활용할 수 있다. 또한 플레이어 수준에 맞는 더욱 복잡한 적 캐릭터를 생성하는 데도 활용할 수 있다.

웹 에이전트

웹 에이전트는 웹과 상호작용하도록 특별히 설계된 AI 에이전트로 인간의 지루하고 반복적인 작업을 대신해 수행한다. 따라서 이러한 에이전트의 목적은 업무 자동화를 통해 생산성과 효율성을 향상시키는 것이다.

이 경우에도 두뇌는 LLM으로, 이를 통해 추론과 작업 이해가 이루어진다. 웹 에이전트의 아키텍처는 이 책에서 이미 다룬 다른 에이전트 구조와 비슷하다. 즉, 웹 에이전트는 지각 모듈(웹 입력), 추론 모듈(LLM), 웹 상호작용 모듈로 구성된다.

지각 모듈 perception module 은 웹과의 상호작용이 필요하며 HTML을 직접 읽어 처리하는 방식(텍스트 기반 에이전트)이나 웹사이트 스크린샷을 입력으로 쓰는 방식(멀티모달 LLM 활용)으로 이루어진다. 작업을 받은 LLM은 웹을 탐색하고, 하위 과제를 계획하고 스케줄링하며, 메모리에서 정보를 검색하고, 계획을 실행한다.

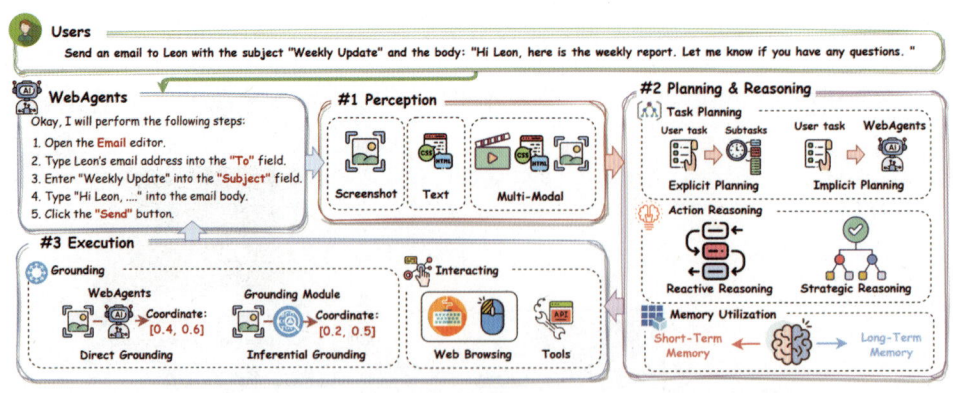

그림 11.6 웹 에이전트 프레임워크(https://arxiv.org/pdf/2503.23350)

AI 에이전트는 빠른 속도로 실질적인 영향을 미칠 것으로 기대되는 새로운 프런티어다. 그러나 이러한 잠재력에도 불구하고 여전히 여러 과제와 문제점이 있으며 이에 대해서는 다음 절에서 살펴본다.

3. 해결할 과제와 미해결 질문

이 절에서는 에이전트와 LLM의 역량 전반에 관한 여러 미해결 질문을 다룬다. 이 분야가 발전하고 있음에도 AI 에이전트를 안전하게 활용하려면 여러 가지 문제를 해결해야 한다.

인간-에이전트 간 의사소통 문제

에이전트가 실제 세계에 배포되면 잘못된 행동으로 인해 심각한 문제를 초래할 수 있다. 예를 들어, 쇼핑 에이전트는 예기치 않게 돈을 쓰거나 민감한 정보를 유출할 수 있다. 코딩 에이전트는 바이러스를 실행하거나 생성할 수 있고, 중요한 파일을 삭제하거나 버그가 가득한 저장소를 운영 환경에 배포할 수도 있다.

따라서 이러한 문제를 피하려면 사용자와의 소통이 핵심이다. 에이전트 활용은 두 가지 핵심 원칙, 즉 투명성transparency과 통제control에 기반해야 한다. 에이전트의 행동은 사용자의 목표와 일치해야 하며 사용자는 프로세스를 통제하고 그 진행 상황에 접근할 수 있어야 한다. 인간과 에이전트 간의 소통은 이 두 가지 원칙을 실현하는 데 도움이 되지만 여전히 해결해야 할 과제가 많다.

최신 에이전트는 아직 완벽하지 않으며 특히 복잡하거나 여러 단계로 구성된 목표에 대해 실수를 저지를 수 있다. 따라서 에이전트의 행동을 검증하는 것이 중요하다. 이는 작업 결과뿐 아니라 에이전트가 작업 자체를 올바르게 이해했는지를 포함한다. 즉, 에이전트가 목표를 제대로 이해했는지 그리고 계획과 행동이 그 목표를 향해 일관되게 진행되고 있는지를 확인할 방법이 필요하다. 이러한 검증 과정을 통해 비용이 큰 오류를 피하고 계산 자원과 시간을 절약할 수 있다.

또한 LLM에는 확률적 요소가 존재한다. 이는 모델 출력 기능의 확률적 특성(확률적 디코딩)과 작업 중에 발생할 수 있는 복잡한 상호작용(예상치 못한 사건)에서 비롯된다. 따라서 모델의 출력과 행동은 일관되지 않을 수 있다.

심지어 결정론적 설정(temperature=0)에서도 작업 수행 도중 환경이 변하면 예상치 못한 결과나 의도치 않은 결과가 발생할 수 있다. 이러한 불일치는 LLM 내부의 오래된 지식이나 불완전한 세계 모델world model에서 기인할 수도 있다. 예를 들어, 에이전트의 세계 지식과 실제 세계가 불일치하여 사용자의 예산을 초과하거나 필요와 다른 물건을 구매하는 경우를 들 수 있다.

마찬가지로, 사용자와 외부 세계의 상호작용은 엄청난 양의 정보를 생성한다. 이러한 광범위한 맥락context은 에이전트의 행동을 이끌어내는 데 매우 중요하며, 에이전트는 과거 상호작용으로부터 학습할 수 있다. 이러한 맥락이 과제를 효과적으로 수행하는 데 근본이 되지만, 시간이 지남에 따라 지나치게 광범위해지고 관리하기 어렵게 될 위험이 있다. 동시에 현대의 LLM은 노이즈$_{noise}$ 문제를 안고 있으며 불필요한 세부 사항 속에서 핵심 정보를 찾는 데 어려움을 겪는다. 따라서 에이전트가 사용자와의 최근 상호작용에서 관련 있는 부분에 집중할 수 있는 효과적인 방법이 필요하다. 또한 일부 정보는 재사용해서는 안 되므로(개인정보 보호 및 윤리적 문제) 과거 데이터를 쉽게 관리, 편집, 삭제할 수 있는 방법도 마련되어야 한다.

지금까지는 사용자와 에이전트 간 소통의 일반적인 과제를 다루었다. 이 외에도 사용자-에이전트 간 혹은 에이전트-사용자 간 소통을 할 때 발생하는 문제들도 생각해볼 수 있다. 효과적인 소통을 위해 먼저 다음과 같은 사항들을 점검해보자.

- **명확한 목표 습득**: 시스템의 초점은 에이전트가 목표를 올바르게 이해하고 사용자가 목표를 명확히 전달할 수 있도록 하는 것이다. 비용이 큰 실수를 피하려면 사용자가 모호함 없이 목표를 정의할 수 있도록 에이전트를 설계해야 한다. 일부 분야에서는 이를 위해 논리 규칙 세트나 형식 언어$_{formal\ language}$ 사용 같은 가능성이 연구된 바 있다. 그러나 이 기술을 모두가 활용할 수 있으려면 자연어를 사용해야 한다. 자연어는 풍부한 뉘앙스와 모호성을 지니므로 복잡한 목표를 불완전하거나 애매하게 정의할 수 있다. 따라서 불분명한 목표를 명확히 하거나 에이전트가 맥락(또는 과거 상호작용)에서 추론할 수 있게 하는 메커니즘이 필요하다.

- **사용자 선호 반영**: 하나의 목표를 여러 경로로 달성할 수 있지만 일부 경로는 다른 것들보다 효율성과 사용자 선호도 측면에서 더 좋을 수 있다. 문제는 사용자 선호가 LLM의 가치와 일치하지 않을 수 있다는 점이다. LLM은 후속 학습에서 인간의 선호에 맞춰 정렬하지만, 이는 주석을 단 소수 그룹의 선호일 뿐 일반 사용자의 선호를 반영하지 않는다. 예를 들어 친환경 교통수단을 선호하는 사용자가 경로를 요청했을 때, 에이전트는 가능하다면 이를 반영해야 하며 불가능한 경우 사용자에게 즉시 알려야 한다. 사용자 선호를 반영하기 위한 한 가지 방법으로 모델 정렬$_{model\ alignment}$을 활용할 수 있다. 현재의 정렬 방식은 주로 집단적인 선호를 반영하므로 개별 사용자 선호를 수용하는 방법은 아직 부족하다. 더 일반적인 관점에서 에이전트는 의도치 않더라도 목표를 달성하는 과정에서 피해를 초래할 수 있으며, 특히 도구를 사용할 수 있는 경우 이러한 위험은 더 커진다.

- **피드백 수용**: 에이전트는 오류가 잦다. 이를 줄이는 전략은 개발될 수 있지만 완전히 없애는 것은 불가능할지도 모른다. 에이전트가 (목표를 이해하지 못하거나 잘못된 계획을 세워서) 반복적인 상호작용에서 계속해서 최적이 아닌 도구를 사용해 사용자를 좌절시킬 수 있다. 이러한 행동을 수정하는 한 가지 방법은 사용자로부터 피드백을 반영하는 것이다. 최근 연구에서는 이 피드백을 1차 논리$_{first-order\ logic}$와 같은 형식으로 변환해 에이전트가 더 효과적으로 활용할 수 있도록 통합하는 방법이 논의되고 있다.

이외에도 에이전트가 사용자와 소통하는 방식과 관련된 도전 과제들도 있다. 에이전트의 능력, 수행할 행동, 목표 달성, 예상치 못한 사건 등에 관한 사항 등이 포함된다.

- **에이전트의 능력**: 사용자가 올바른 의사결정을 내리려면 에이전트의 전체 역량과 한계를 이해해야 한다. 에이전

트가 접근할 수 있는 정보, 그 정보를 어떻게 활용하는지, 외부 환경을 어떻게 수정할 수 있는지, 어떤 도구를 사용할 수 있는지, 인터넷에 연결 가능한지 여부가 명확해야 한다.

- **에이전트의 행동**: 목표를 해결하기 위해 에이전트는 복잡한 계획을 수립할 수 있으며, 이는 시간·자원·비용 측면에서 매우 부담스러울 수 있고 사용자의 선호를 위반할 수도 있다. 따라서 사용자는 에이전트가 수행하는 행동을 알고 피드백을 제공할 수 있어야 한다. 다만 불필요한 세부 사항 때문에 의사소통이 과도하게 복잡해지지 않도록 효율적인 방식을 마련해야 한다. 또한 일부 행동은 반드시 사용자에게 명시적 승인을 받아야 한다는 점도 분명히 해야 한다.

- **진행 상황 모니터링**: 동적인 환경에서 작업을 수행하는 에이전트는 여러 단계를 거쳐야 하므로, 사용자가 진행 상황을 인지하고 필요할 경우 수정하거나 중단할 수 있어야 한다. 동시에 여러 작업을 수행하는 에이전트는 예기치 못한 위험한 행동으로 이어질 수 있다. 예를 들어, 뉴스 기사를 작성하면서 동시에 주식 투자도 하는 에이전트가 가짜 뉴스를 읽고 잘못된 투자를 단행할 수 있다.

- **환경 변화와 부작용**: 에이전트는 환경 변화나 자신의 행동으로 발생할 수 있는 부작용을 모니터링해야 한다. 예를 들어, '최저가로 온라인에서 제품을 구매하라'는 목표를 받은 에이전트가 매우 저렴한 상품을 찾아 주문했지만, 실제로는 구독 조건이나 숨겨진 비용이 포함되어 사용자의 예산과 선호에 맞지 않을 수 있다. 따라서 사용자는 이러한 부작용을 명확히 인지할 수 있어야 한다.

- **목표 달성**: 사용자가 목표를 지정하면 에이전트는 행동을 계획하고 실행한다. 프로세스가 끝난 뒤에는 에이전트가 목표를 완전히 달성했는지, 부분적으로만 달성했는지, 혹은 달성하지 못했는지가 명확해야 한다. 예를 들어, 목표가 '특정 성능을 갖춘 가장 저렴한 휴대폰 구매'라면 단순히 가격뿐만이 아니라 성능 조건도 충족했는지 평가해야 한다. 따라서 목표 달성 여부를 검증하는 방법이 필요하다.

에이전트와의 소통은 복잡하지만 중요한 주제이다. 잘못된 소통은 시스템 실패로 이어질 수 있으며 이는 반드시 고려해야 할 핵심 요소다. 이 절에서는 사용자와 에이전트 간 소통을 다양한 관점에서 평가하기 위한 요소들을 정리했다. 다음 절에서는 다중 에이전트를 사용하는 것이 단일 에이전트보다 실제로 우월한지 살펴본다. 일부 연구는 이런 관점에 의문을 제기한다.

다중 에이전트의 뚜렷한 우월성 부재

앞서 언급했듯이 LLM 기반 에이전트는 초기 상태(보통 프롬프트에 상태를 명시하여 정의), 현재 상태(자신이 생성한 것을 추적), 그리고 도구를 사용한 환경과의 상호작용(행동)이라는 세 가지 요소를 갖춘 개체entity로 정의할 수 있다. **다중 에이전트 시스템**MAS, multi-agent system은 서로 상호작용하며 조율된 방식으로 작업을 해결하는 에이전트들의 집합이다.

MAS는 단일 에이전트 시스템의 확장으로, 더욱 복잡한 문제를 다룰 수 있도록 설계된 정교한 프레임워크다. 그러나 이는 추론 과정에서 더 많은 LLM 호출이 필요하므로 계산 비용이 높아진다는 것을 의미한다. 따라서 이러한 높은 비용은 반드시 성능의 실질적 향상으로 정당화되어야 한다. 하지만 일부 연구에 따르면 MAS는 단일 에이전트 시스템에 비해 성능 향상이 미미한 수준에 그친다.

단일 에이전트와 MAS 설계 간의 아키텍처에 따른 장단점은 다음과 같이 요약할 수 있다. MAS는 모듈성과 병렬 처리 측면에서 잠재적인 장점이 있지만 이에 더해 복잡성, 조정 오버헤드, 비용 증가 등이 발생한다.

구분	단일 에이전트	다중 에이전트
비용	더 낮음: 추론 단계와 오케스트레이션이 더 적음	더 높음: 더 많은 에이전트, 더 많은 LLM 호출 및 도구 사용
지연 시간	일반적으로 더 낮음: 단일 흐름으로 간소화됨	더 높아질 가능성 있음: 에이전트 간 통신으로 지연 발생 가능
내결함성	더 낮음: 한 에이전트의 실패가 시스템 전체의 실패로 이어짐	더 높음: 실패가 개별 에이전트에 국한될 수 있음
모듈성	단일 구조, 확장 어려움	모듈형: 에이전트를 독립적으로 추가/교체 가능
확장성	제한적: 모든 논리를 한 에이전트가 담당	더 높음: 병렬 에이전트로 분산된 문제 해결 가능
통신 오버헤드	없음: 내부 추론으로 처리	상당함: 명시적인 에이전트 간 메시징 필요
해석 가능성	더 쉬움: 단일 의사결정 체인	더 어려움: 분산된 추론으로 투명성이 낮아질 수 있음

표 11.1 다중 에이전트 시스템 실패의 잠재적 원인

이 표에서 보듯 MAS 아키텍처는 모듈성 modularity 과 결함 격리 fault isolation 라는 이점을 제공하지만, 동시에 지연 시간 증가, 통신 오버헤드, 조율 문제와 같은 단점도 발생한다. 이러한 트레이드오프는 MAS에 대한 실험적 평가에서도 그대로 드러난다.

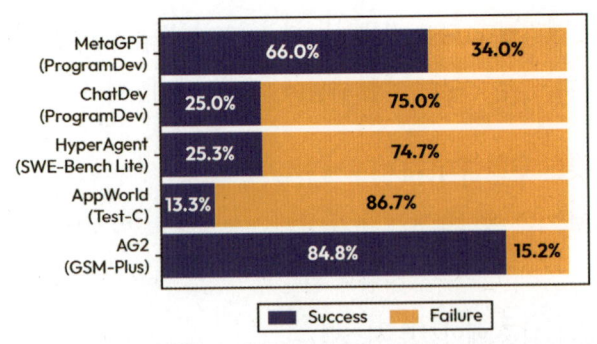

그림 11.7 5개 유명 다중 에이전트 LLM 시스템의 실패율 (https://arxiv.org/pdf/2503.13657)

MAS는 더 높은 정확도, 복잡한 작업 처리, 정교한 계획 수립, 더 나은 해결책 탐색 등 수많은 이점을 제공할 것으로 기대된다. 그러나 실제로는 이러한 이점을 충분히 실현하지 못하고 오히려 자주 실패한다. 그렇다면 MAS는 왜 실패하는 것일까?

최근 연구(Cemri et al., 2025)는 이 문제를 규명하고자 전문가와 함께 MAS 실패를 체계적으로 분류했다. 연구팀은 평균 15,000줄 이상의 텍스트로 이루어진 150개의 대화 기록을 분석하여 실패 사례와 그 원인을 식별했다. 연구 결과, 총 14가지 실패 원인이 도출되었으며 이를 3개의 주요 범주로 나눌 수 있었다.

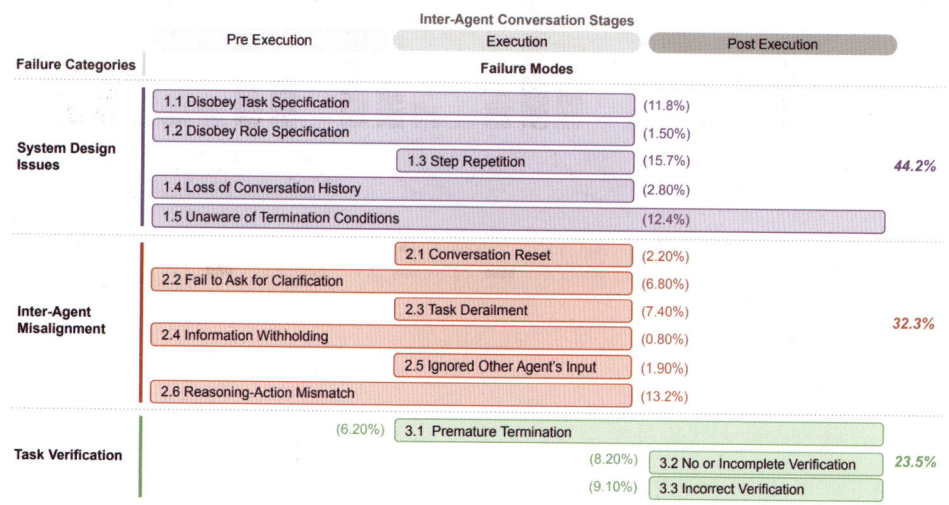

그림 11.8 다중 에이전트 시스템(MAS) 실패 모드 분류(https://arxiv.org/pdf/2503.13657)

세 가지 주요 범주는 다음과 같다.

- **명세와 시스템 설계 실패**: 실패가 MAS 설계의 결함에서 비롯되는 경우다. 연구에 따르면 많은 실패는 잘못된 아키텍처 선택, 에이전트 간 대화 관리 부족, 부적절한 작업 명세, 제약 조건 위반, 에이전트 역할과 책임의 불명확한 정의에서 비롯한다. 다시 말해 에이전트에 대한 지시가 명확하지 않으면 시스템은 실패할 수 있다. 그러나 지시가 명확하더라도 MAS가 사용자 의도와 일치하지 않을 수 있다.
- **에이전트 간 불일치**: 실패가 비효율적인 의사소통, 협력 부족, 에이전트 간 상충되는 행동, 초기 작업으로부터 점진적인 이탈에서 발생한다. 앞서 언급했듯이 에이전트 간 효율적인 의사소통을 달성하는 것은 쉽지 않다. 따라서 일부 에이전트는 효과적으로 소통하지 못하고 단순히 자원을 낭비할 수 있다.
- **작업 검증과 종료**: 세 번째 중요한 범주는 작업을 완료하지 못하거나 조기에 종료하는 실패를 포함한다. MAS는 상호작용, 의사결정, 결과의 정확성, 완전성, 신뢰성을 확인하고 보장하는 검증 메커니즘이 부족한 경우가 많다. 요컨대, 많은 시스템에는 프로세스를 모니터링하고 작업이 성공인지를 검증하는 전용 에이전트(또는 다른 메커니즘)가 없다.

연구 결과는 어떤 원인도 지배적으로 나타나지 않았으며 시스템 전반에 고르게 분포하는 것으로 나타났다. 또한 일부 원인은 서로 상관관계를 가지며 파급 효과를 일으켰다. 예를 들어, 잘못된 아키텍처 설계는 에이전트 간 비효율적인 소통을 초래할 수 있다.

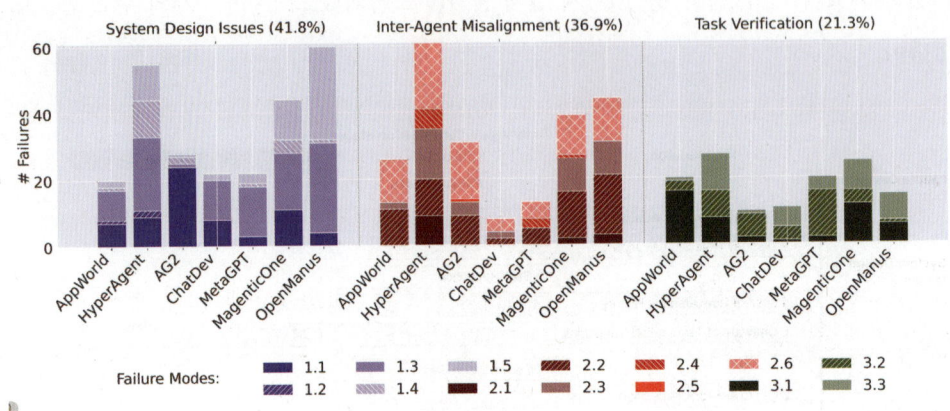

그림 11.9 시스템과 범주별 실패 모드 분포(https://arxiv.org/pdf/2503.13657)

이 연구는 보다 신중한 설계를 통해 실패를 피할 수 있음을 명확히 보여준다. 프롬프트 개선, 에이전트 간 의사소통 향상, 검증 에이전트(또는 다른 메커니즘) 추가는 성능을 눈에 띄게 향상시키고 실패 위험을 줄일 수 있다. 두 건의 사례 연구는 이러한 사실을 보여주었다. 물론 이러한 제안만으로 모든 에이전트 문제를 해결하기에는 충분하지 않으며 향후 추가로 기술 진보가 이루어져야 한다.

시스템 차원 이외에도 많은 한계는 에이전트 자체(즉 에이전트에 사용하는 모델)에서 비롯된다. 다음 절에서는 LLM의 추론 한계를 살펴본다.

추론의 한계

추론은 인간의 근본적인 인지 기능으로, 정확히 정의하기는 어렵다. 위키피디아는 추론을 다음과 같이 정의한다.

> 추론(reason)은 새로운 정보나 기존 정보를 통해 유효한 결론을 도출하기 위해 의식적으로 논리를 적용하는 능력으로, 진리를 추구하는 것을 목표로 한다.
> 이는 철학, 종교, 과학, 언어, 수학, 예술과 같은 인간 고유의 활동과 관련이 있으며,
> 보통 인간만이 가진 고유 능력으로 여겨진다.

오랫동안 추론은 인간만이 할 수 있는 능력으로 여겨졌다. 그러나 오늘날에는 영장류, 문어, 조류

또한 의사 결정이나 문제 해결과 같은 기초적인 형태의 추론을 보인다는 사실이 입증되었다. 추론의 문제는 이를 평가하기 어렵다는 점이다. 일반적으로 추론을 평가하려면 복잡한 문제를 해결하거나 결정을 내리는 능력을 측정해야 한다. 복잡한 문제 해결은 문제를 식별하고 이를 하위 문제로 나눈 다음 패턴을 찾아 최선의 해법을 선택하는 과정을 포함한다. 의사 결정 또한 이와 비슷하게 문제와 패턴을 식별하고 대안을 평가한 뒤 최선의 선택을 내리는 과정을 요구한다.

LLM에서는 문제 해결 능력을 평가하는 벤치마크 데이터셋(GLUE, SuperGLUE, Hellaswag 등)을 이용해 추론 능력을 측정하려는 시도가 있었다. 오늘날 차세대 LLM은 이들 데이터셋에서 인간을 능가하는 성과를 보이고 있다. 이러한 새로운 추론 능력은 주로 세 가지 요인에 비롯하는 것으로 보인다.

- 추론에 특화된 벤치마크에서 LLM이 좋은 성과를 내고 있다. 이들 벤치마크에는 수학이나 코딩 문제와 같이 추론 능력을 요구하는 문제가 포함된다. 이 성과는 LLM이 추론 가능하다는 점을 시사한다.
- 파라미터, 토큰 수, 연산 자원의 증가에 따른 새로운 특성의 출현을 들 수 있다.
- CoT와 같은 기법을 활용해 모델의 잠재력을 발휘할 수 있다.

그러나 이러한 시각에 의문을 제기하는 이들도 있다. 많은 연구자들은 LLM을 단순한 확률적 앵무새에 불과하다고 본다. 한 연구(Jiang, 2022)에서는 다음과 같이 주장한다(https://arxiv.org/pdf/2406.11050).

> 강한 토큰 편향은 모델이 실제로는 추론 과제를 이해하는 것이 아니라 입력에 존재하는 피상적인 패턴에 의존하고 있음을 시사한다.

이 연구에서 LLM은 사전 학습 단계에서 보지 못한 새로운 패턴이 등장하는 예제에 직면하면 일반화에 실패한다는 사실이 관찰되었다. 즉, 예시의 토큰을 바꾸면 패턴 매핑에 실패한다. 트랜스포머는 인-컨텍스트 러닝을 통해 사용자 문제와 비슷한 예를 지식 내에서 찾으려 하지만, 비슷한 예시를 찾지 못하면 문제 해결에 실패한다. 이러한 취약성과 학습 예시에 대한 의존성은 모델이 복잡한 문제를 해결할 수 있는 이유(패턴을 찾음)와 매우 단순한 문제조차 실패하는 이유(예시를 찾지 못함)를 설명한다. 이는 학습 데이터 내 예시의 빈도와 테스트 성능 간의 상관관계에서도 확인된다.

예를 들어, 모델에게 고전적인 '25 horses' 그래프 이론 문제[15]를 풀라고 하면 모델은 성공한다. 그

---

[15] 25 Horses 문제는 25마리의 말 중 가장 빠른 3마리를 찾는 최소 경주 횟수를 묻는 알고리즘 퍼즐이다. 한 번에 5마리만 경주할 수 있으며 경주 후에는 순위만 알 수 있다(시간은 알 수 없음).

러나 'horse' 토큰을 'bunny'로 바꾸면 문제를 풀지 못한다. 토큰 변화는 문제의 근본 논리와 무관하지만, 모델은 이를 매핑하는 데 어려움을 겪기 때문에 실패한다. GPT-4와 클로드 모두 동물 이름이나 숫자 교란에 따라 성능이 크게 저하되는 것으로 나타났다.

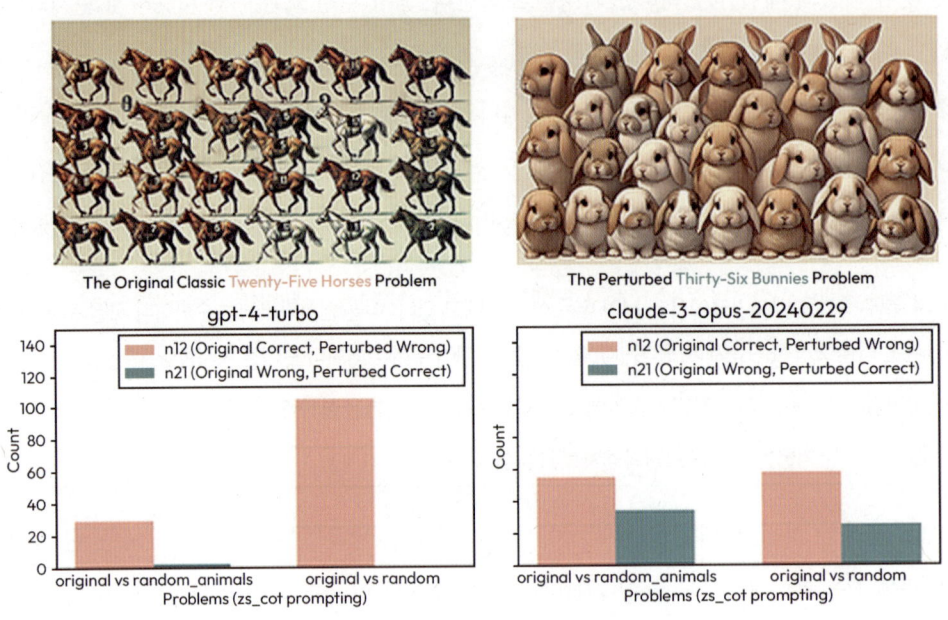

그림 11.10 고전 문제에서의 토큰 편향(https://arxiv.org/pdf/2406.11050)

이 현상을 **프롬프트 민감성**prompt sensibility이라 부른다(의미적으로 동일한 프롬프트에 대해 다른 응답을 내놓는 것). 이는 LLM이 노이즈에 민감하다는 사실로 확인된다. LLM은 관련 없는 컨텍스트에 쉽게 주의가 산만해져 패턴을 찾기 어려워진다. 이러한 민감성은 추론 향상에 특화된 프롬프트 기법으로도 해소되지 않으며, 이는 패턴 매칭 활동이 방해를 받을 때 추론 능력 역시 손상됨을 시사한다. 다음은 실제 문제 해결에는 영향을 미치지 않지만 관련 없는 컨텍스트가 패턴을 교란시키는 사례이다.

Original Problem
Jessica is six years older than Claire. In two years, Claire will be 20 years old. How old is Jessica now?
Modified Problem
Jessica is six years older than Claire. In two years, Claire will be 20 years old. *Twenty years ago, the age of Claire's father is 3 times of Jessica's age.* How old is Jessica now?
Standard Answer 24

그림 11.11 관련 없는 컨텍스트가 LLM을 방해하는 사례(https://arxiv.org/pdf/2302.00093)

일부 연구자들은 지능을 창발적 특성(emergent property)으로 볼 수 있다고 제안한다. 생물학적 시스템은 자연적으로 더 복잡해지는 경향이 있으며, 이러한 과정은 자연 선택(natural selection)에 의해 주도된다. 진화는 시간이 지남에 따라 다양한 종의 적응력을 촉진하면서 지능이 증가하는 양상을 보여 왔다. 물론 지능은 공짜가 아니며, 더 큰 뇌는 더 많은 자원(대사 소비)을 요구한다.

손실 함수는 일종의 진화 압력으로 볼 수 있다. 여기서 도출되는 결론은 모델 용량(파라미터 수)의 증가는 동물 뇌에서 뉴런 수가 늘어난 것과 유사하며, 손실 함수는 이러한 파라미터가 효율적으로 사용되도록 진화 압력을 가한다는 것이다. 따라서 모델과 훈련을 확장(파라미터와 학습 토큰)하면 LLM에서도 지능이 창발할 수 있다. 추론은 모델 확장에서 나타나는 창발적 특성으로 볼 수 있다는 것이다. 그러나 이후 연구들은 LLM의 창발적 특성이 단순한 측정 오류일 수 있으며, 따라서 추론의 창발과 관련된 전체 이론 또한 흔들릴 수 있다고 지적한다.

다음 그림은 모델 크기가 증가하면서 일부 특성이 창발하는 것처럼 보이는 예이다.

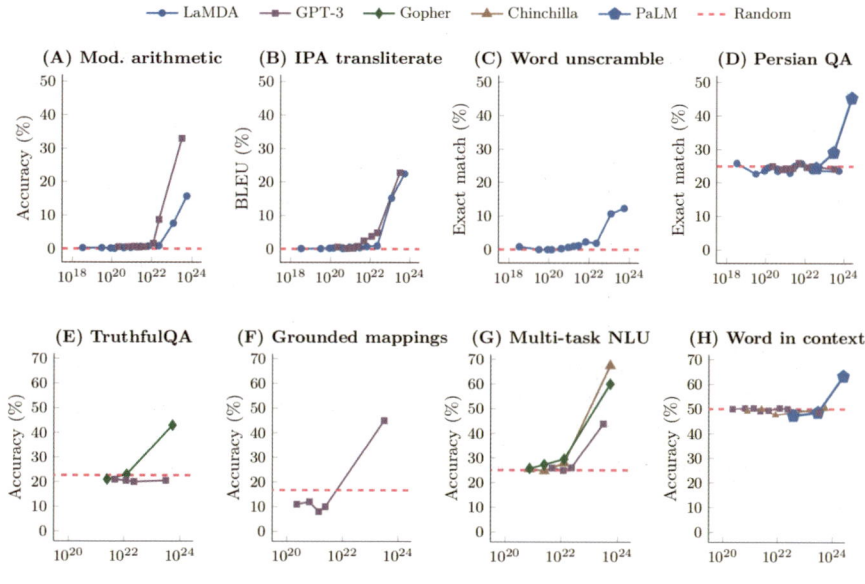

그림 11.12 창발하는 추론 특성의 예시(https://arxiv.org/abs/2304.15004)

다른 연구를 보면 LLM은 추론이 가능하지만 이를 '잠금 해제(unlock)'해야 한다고 한다. CoT 프롬프트는 중간 추론 과정을 통해 모델이 잠재력을 발휘하도록 돕고, 산술 문제에서 올바른 답을 도출하도록 안내한다. CoT는 오늘날의 대표적인 프롬프트 엔지니어링 기법이며 ChatGPT-o1이나 DeepSeek R1과 같은 심층 추론 모델(deep reasoning models)을 훈련하는 데도 사용된다. 실제로 이들 모델은 긴 CoT를 활용한 지도 파인튜닝supervised fine-tuning으로 학습되며, 다양한 추론 경로를 탐색해 답을 도출함으로써 추론 벤치마크에서 큰 성능 향상을 보였다. 그러나 일부 연구들은 이들 모델이 과잉 사고overthinking와 과소 사고underthinking 모두에 취약하다고 지적한다.

- **과잉 사고**: 특히 단순한 문제를 해결할 때 불필요하게 긴 추론을 거치는 현상이다. 사소한 질문에도 다양한 추론 경로를 탐색하며, 이는 모델이 어떤 질문에 더 많은 노력이 필요한지 구별하지 못함을 보여준다.
- **과소 사고**: 반대로 유망한 추론 경로를 끝까지 가지 않고 중도에 포기하는 현상이다. 이는 추론의 깊이가 부족하여 올바른 해결책에 도달하지 못하는 문제를 드러낸다.

더 나아가 CoT의 이점조차도 의문이 제기되고 있다(https://arxiv.org/pdf/2409.12183).

> CoT로 인한 MMLU 성능 향상의 최대 95%는 질문이나 생성된 출력에 '=' 기호가 포함된 문제에서 비롯된다. 수학이 아닌 질문에서는 CoT가 언제 도움이 되는지 보여주는 특징을 발견하지 못했다.

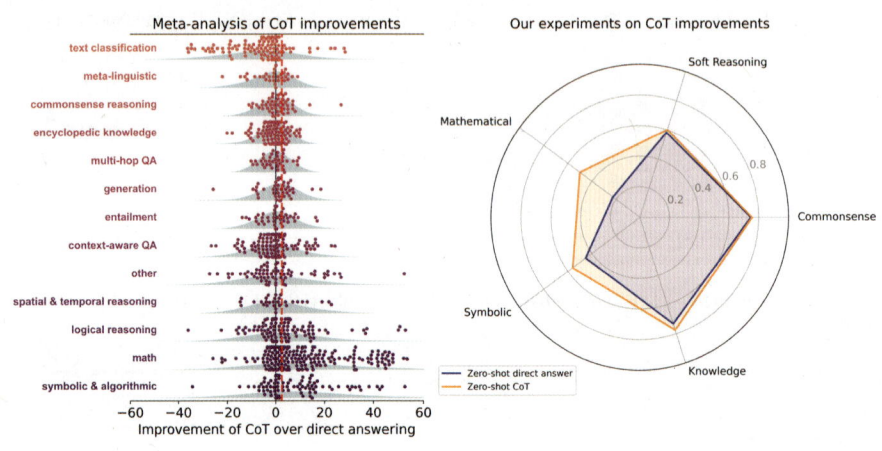

그림 11.13 CoT 개선은 기호적(symbolic) 추론과 수학적 추론에 국한됨(https://arxiv.org/pdf/2409.12183)

CoT는 모델이 사전 학습 과정에서 습득한 기술을 활용할 수 있도록 하여 문제 해결에 도움을 주는 것으로 보인다. CoT는 단순히 계획을 세우는 데 도움이 될 수 있지만, LLM이 그 계획을 실제로 실행하지는 못할 수 있다. 따라서 CoT는 계획을 도출하는 데 활용할 수 있지만, 최대의 효과를 얻으려면 파이썬 인터프리터와 같은 외부 도구를 추가해야 한다.

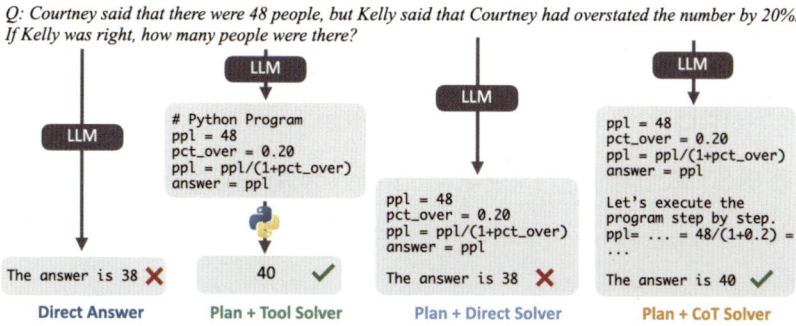

그림 11.14 LLM은 계획을 세울 수 있으나 일부 문제를 더 잘 해결하려면 외부 도구가 필요함(https://arxiv.org/pdf/2409.12183)

이러한 모델들은 모두 동일한 벤치마크, 즉 Grade School Math 8K(GSM8K) 데이터셋에서 테스트되었다. 이 데이터셋은 복잡한 산술 문제를 제공하지만 데이터 누출의 위험이 있다. 수십억 개의 토큰으로 LLM을 학습시키는 점을 고려하면 모델이 이미 학습 중에 해당 답변을 접했을 가능성이 있다.

따라서 한 연구(Mirzadeh et al.)에서는 GSM8K를 수정하여 동일한 질문을 유지하되 통계적 패턴 매칭이 어렵게 만들었다. 만약 모델이 진정한 추론을 할 수 있다면 쉽게 풀 수 있어야 하고, 반대로 단순 패턴 매칭에 의존한다면 실패할 것이다. 다음 그림에서 GSM8K 예시가 어떻게 수정되었는지를 볼 수 있는데, 이를 통해 LLM의 응답을 더 잘 통제할 수 있다. 이 데이터셋을 활용하면 LLM의 추론을 정식으로 검증할 수 있으며, 최신 모델들조차 성능 변동이 크다는 사실을 확인할 수 있다. 이는 LLM의 추론이 취약하다는 것을 보여준다.

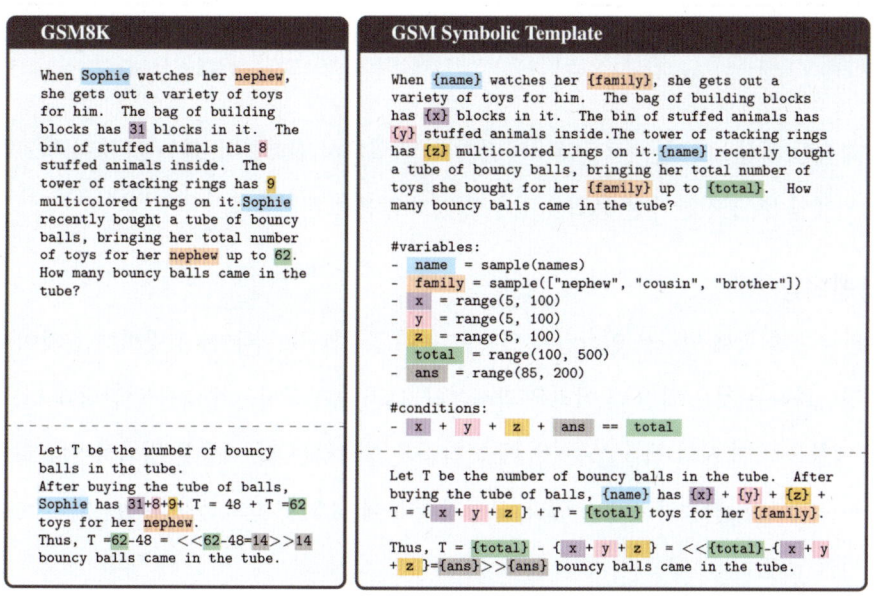

그림 11.15 LLM의 추정 추론 능력을 검증하는 도구로 활용하는 데이터셋(https://arxiv.org/pdf/2410.05229)

최신 LLM을 테스트한 결과, 이 연구에서는 언어 모델에서 형식적 추론formal reasoning의 증거를 발견하지 못했다. 숫자 값이 바뀌면 모델은 견고하지 못해 성능이 떨어지고 문제의 복잡성이 증가할수록 성능이 뚜렷하게 저하된다. 또한 무관한 문장이 추가되면 모델은 이를 실제 문제 해결에 고려하려고 하며 때로는 이를 연산으로 변환하려 시도한다. 이 연구는 이러한 현상이 학습 데이터셋에 수학적 연산으로 변환해야 하는 비슷한 예시들이 포함되어 있었기 때문이라고 주장한다.

예를 들어, 우리가 흔히 관찰하는 경우는, 모델이 '할인(discount)'이라는 문구를 맥락과 관계없이 항상 '곱셈(multiplication)'으로 해석하는 것이다. 이는 모델이 수학적 개념을 충분히 잘 이해하고 있는지 의문이 생기게 한다.

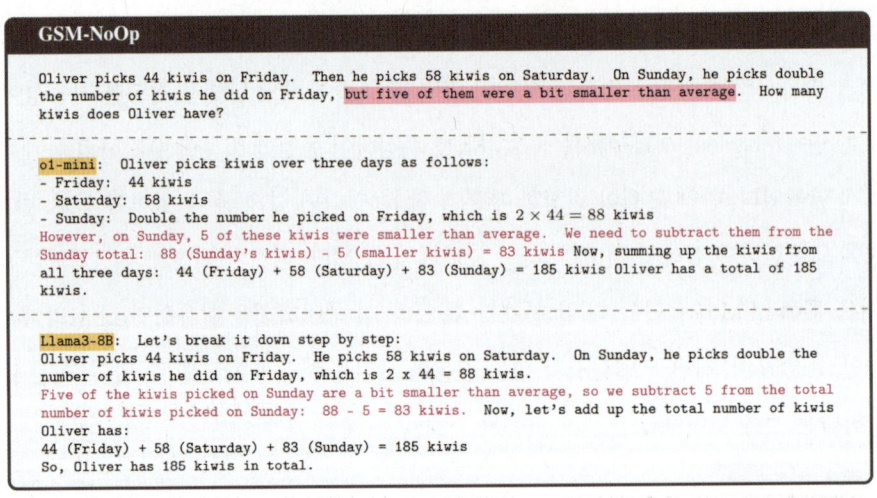

그림 11.16 오류의 예시(https://arxiv.org/pdf/2410.05229)

CoT로 학습된 최신 LLM들(예: GPT4-o1) 역시 이 작업에서 실패한다. 이는 LLM이 정교한 통계적 패턴 매칭 기계일 뿐, 진정한 추론 능력을 갖추고 있지 않음을 시사한다.

LLM의 창의성

창의성은 추론과 함께 인간을 인간답게 만드는 능력 중 하나다. 추론을 정량화하는 것이 어렵다면 창의성을 정량화하는 것은 훨씬 더 어려운 과제이다. 그러나 창의성은 우리를 인간답게 만드는 데 매우 중요한 역할을 하며 시나 책을 쓰는 것, 예술 작품을 창작하는 것, 이론을 정립하거나 획기적인 발견을 이루는 것과 같은 활동과 관련이 있다. 그렇기 때문에 LLM이 창의적일 수 있는가라는 질문이 꾸준히 제기되어 왔다.

LLM의 창의성을 조사하는 데 따르는 문제는 창의성에 대한 명확한 정의가 없다는 점이다. 연구 분야에서 창의성은 마거릿 보든_{Margaret Boden}이 제시한 정의로 설명하곤 한다.

> **새롭고, 놀랍고, 가치 있는 아이디어나 산출물을 만들어내는 능력.**

이 정의는 널리 받아들여지지만 그 요소를 평가하기는 어렵다.

- **가치**(value): 가장 정의하기 쉬운 요소다. 예를 들어, LLM이 생성한 코드가 자체적으로 작동한다면 그것은 가치 있다고 할 수 있다.
- **새로움**(novelty): 어떤 대상이 새롭다고 간주되려면 기존에 만들어진 것과 비슷하지 않아야 한다. 텍스트의 경우 그 새로움은 기존 다른 텍스트와의 차이로 정의할 수 있다. 예를 들어, 임베딩 공간에서 다른 텍스트와 멀리 떨어진 결과물을 생성하는 것을 새로움으로 정의할 수 있다.
- **놀라움**(surprising): 가장 중요하면서도 정의하기 어려운 요소다. 단순히 단어를 무작위로 조합하면 새로운(혹은 다른) 결과물이 될 수는 있지만, 결코 놀랍거나 가치 있는 것은 아니다. 놀라움은 단순한 변형이나 조합이 아닌 완전히 새로운 것이라는 의미로 이해된다.

보든은 동시에 놀라움 개념에 비추어 보았을 때 창의성을 세 가지 유형으로 구분하였다.

- **조합적 창의성**: 익숙한 요소들을 낯선 방식으로 결합하는 것(예: 이전에 결합된 적 없는 두 장르의 조합)
- **탐색적 창의성**: 사고 방식을 탐구하여 새로운 해결책을 찾아내는 것(예: 새로운 서술 방식, 또는 기존에 시도되지 않은 서술 방식의 변주)
- **변형적 창의성**: 기존의 서술 방식이나 사고 방식을 근본적으로 바꾸는 것

이러한 정의에 따라 여러 연구자가 LLM이 창의적일 수 있는지, 그렇다면 어떤 유형의 창의성을 보여줄 수 있는지 탐구했다. 그러나 가장 큰 문제는 어떻게 LLM의 창의성을 정량화하는가이다.

하나의 접근 방식은 LLM의 결과물이 기존 웹 텍스트와 대응될 수 있는지 평가하는 것이다. 인간의 창의성도 이전 작가의 영향을 받지만 진정한 원작을 만들어낼 때는 기존 텍스트와 그대로 매핑되지 않는다. 반대로, LLM이 생성한 모든 텍스트가 다른 텍스트에 매핑될 수 있다면 이는 창의성이 부족하다는 압도적인 증거가 된다.

최근 발표된 연구(Lu, 2024)는 LLM이 생성한 결과물 중 얼마나 많은 부분이 인터넷의 기존 텍스트에 매핑되는지를 분석하였다. 이 연구의 목적은 창의성 지수_{creative index}를 만들어 LLM과 인간을 비교하는 것이었다.

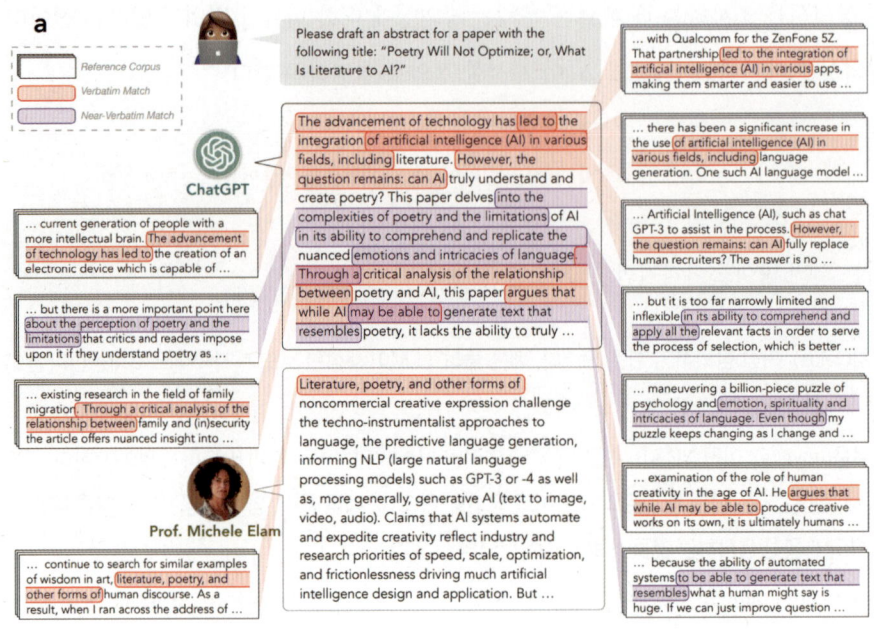

그림 11.17 LLM 출력물의 인터넷 텍스트 매핑(https://arxiv.org/pdf/2410.04265)

연구 결과에 따르면, 인간은 고유한 단어와 문장 조합을 기준으로 볼 때 LLM보다 더 높은 수준의 창의성을 보인다. LLM이 보여주는 작은 창의성은 실제 능력이라기보다 확률적 과정의 부산물이거나 우리가 LLM 학습에 사용한 전체 훈련 데이터셋을 알지 못한다는 사실에서 비롯된 것일 수 있다.

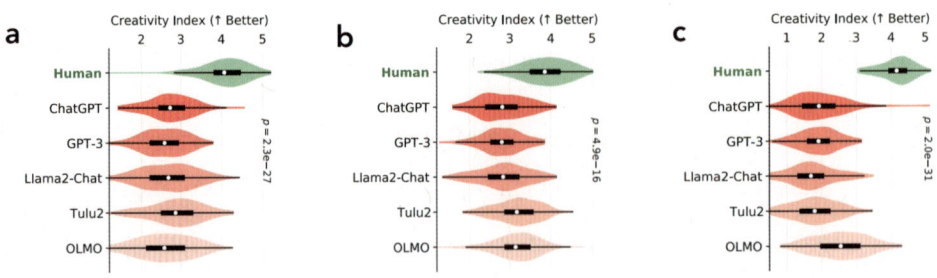

그림 11.18 인간과 LLM의 창의성 지수 비교(https://arxiv.org/pdf/2410.04265)

한 연구(Lou et al.)는 흥미로운 비유를 제시한다.

DJ가 기존 트랙을 리믹스하지만 작곡가는 원곡을 창작하듯이, LLM은 DJ처럼 기존 텍스트를 혼합하여 인상적인 결과물을 만들어내지만 숙련된 인간 작가는 작곡가처럼 독창적인 작품을 창조한다.

LLM이 진정한 창의력을 가질 수 없음에도 불구하고, 여러 연구에서는 모델의 의사 창의력 pseudo creativity을 높이려 시도했다(장기적으로 볼 때 LLM은 특히 반복적일 수 있기 때문이다). 이를 위한 세 가지 잠재적 전략은 다음과 같다.

- **LLM의 하이퍼파라미터 조정**: 첫 번째 전략은 LLM의 온도temperature 수치를 높이는 것이다. 온도는 생성 과정의 불확실성(무작위성)을 제어한다. 낮은 온도(예: 0.1~0.5)에서는 모델이 결정론적이고 집중적이며 예측 가능한 출력을 생성한다. 반대로 온도를 높이면 출력의 예측 가능성이 낮아진다. 온도가 2.0을 넘어서면 과정은 혼돈을 보여 모델이 말이 안 되는 출력을 생성한다. 따라서 창의성이 필요한 분야에서는 높은 온도로 시도해볼 수 있지만, 이렇게 하면 일반적으로 일관성이 떨어지는 문제가 발생한다.
- **LLM의 추가 학습 수행**: 오늘날 널리 탐구하는 접근법으로 후속 학습post-training 기법이 있다. 후속 학습은 모델 정렬과 작업 수행 능력을 높이는 데 활용된다. 일부 연구자들은 출력의 다양성을 유도하는 후속 학습 기법을 제안하기도 한다.
- **프롬프트 전략**: 모델을 더 창의적으로 유도하기 위해 특정한 프롬프트를 사용하는 방법이다. 그러나 현재까지 프롬프트 전략은 뚜렷한 성과를 내지 못한 것으로 보인다.

기계론적 해석 가능성

최근 AI의 발전은 모델 능력의 급속한 향상을 가져왔다. 역설적으로, 자기 지도 학습 패러다임은 모델이 인간에 의해 설계되었더라도 LLM의 능력이 사전에 설계된 것이 아니라는 뜻이 된다. 이론상 개발자는 모델이 어떻게 작동하는지 이해하지 못해도 과정만 알면 된다. 원하는 특성은 훈련 중에 나타나기 때문이다. 다시 말해, LLM은 LLM이 보여주는 속성을 위해 설계된 것이 아니다. 이러한 속성은 스케일링scaling[16]을 통해 얻어졌으며, 어떻게 그러한 속성에 도달했는지는 불분명하다. 이러한 특성이 어떻게 나타나는지와 그 능력 뒤에 있는 메커니즘을 재구성하는 일은 수십억 파라미터 모델을 분석해야 하기 때문에 쉽지 않다. 이런 이유로 이들 모델은 블랙박스로 간주되며, 최근 이를 어떻게 분석할 수 있을지에 대한 논의가 있었다.

모델에 대한 해석 가능성에는 여러 유형이 있다(다음 목록과 그림 참고). 각 유형은 서로 다른 측면에 초점을 맞춘다.

---

[16] LLM 모델의 크기를 키우면 성능이 향상된다는 스케일링 법칙(scaling law)을 의미한다.

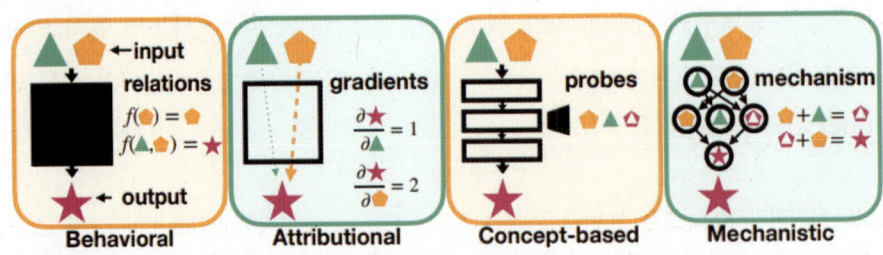

그림 11.19 모델 해석의 점진적 수준 (https://arxiv.org/pdf/2404.14082)

다양한 접근 방식을 다음과 같이 나눌 수 있다.

- **행동 기반**(behavioral): 모델을 블랙박스로 간주하고 입력과 출력 간의 관계에 관심을 둔다. 이 패러다임은 모델에 구애받지 않는 model-agnostic 접근 방식이다.
- **귀속 기반**(attributional): 입력의 각 구성 요소가 기여한 바를 추적해 모델의 의사결정 과정을 이해하려며, 기울기 이동 gradient shift 에 기반한다.
- **개념 기반**(concept-based): 모델이 학습한 내부 표현을 더 잘 이해하기 위해 프로브 probe [17]를 사용한다.
- **기계론적**(mechanistic): 모델의 구성 요소와 그 조직 방식을 세밀하게 분석하여 인과 관계를 식별하려 한다.

기계론적 해석 가능성의 목표는 출력물을 만들어내는 메커니즘을 식별함으로써 신경망의 내부 의사결정 과정을 밝혀내는 것이다. 우리가 이 접근 방식에 초점을 맞추는 이유는 이 접근 방식이 모델의 개별 구성 요소를 이해하고 이 구성 요소들이 모델의 전반적인 동작에 어떻게 기여하는지 설명하기 때문이다. 이를 통해 모델을 포괄적이고 투명한 시각으로 분석할 수 있다.

기계론적 해석 가능성은 이전 접근법보다 더 나아가, 신경망의 일반화 능력과 그 뒤에 숨겨진 의사결정 과정을 이끄는 인과적 메커니즘을 밝히려 한다. 모델이 점점 커지고 능력이 증가함에 따라 이러한 모델이 어떻게 보편적인 능력을 획득하는지 의문이 제기되었고, 이에 따라 포괄적인 설명의 필요성 또한 증가했다.

LLM이 인간이 생성한 것과 비슷한 텍스트를 생성한다고 해서 개념과 인지 과정이 인간과 같다는 뜻은 아니다. 이는 LLM이 어떤 과제에서는 인간을 능가하면서도, 인간에게 쉬운 다른 과제에서는 처참하게 실패한다는 사실로 알 수 있다. 이 역설을 해결할 방법이 필요한데 그것이 바로 기계론적 해석 가능성이다. 이 불일치를 해결하고자 LLM을 대상으로 리버스 엔지니어링이 제안되었다. 리버스 엔지니어링(기계론적 해석 가능성 접근)은 세 단계로 이루어진다.

---

[17] **프로브**는 LLM 모델 내부의 지식이나 구조, 상태를 분석하거나 이해하기 위해 사용하는 기법 또는 도구를 의미한다.

1. 모델을 더 단순한 부분으로 분해한다.
2. 이러한 부분들이 어떻게 작동하고 상호작용하는지 설명한다.
3. 가정이 올바른지 검증한다.

기계론적 해석 가능성은 네트워크 내부의 논리와 인과 메커니즘을 밝히는 데 중점을 둔다. 반면, 개념 기반 해석 가능성concept-based interpretability은 모델이 인간이 이해할 수 있는 고차원적 개념을 어떻게 표현하고, 이 개념이 모델의 의사결정에 어떻게 기여하는지를 이해하려 한다. 이는 예측 뒤에 있는 추론 과정에 대한 통찰을 제공하며 인간의 인지와 머신러닝 과정을 연결하는 다리 역할을 한다. 다음 그림은 이 두 가지 접근법을 나타낸다.

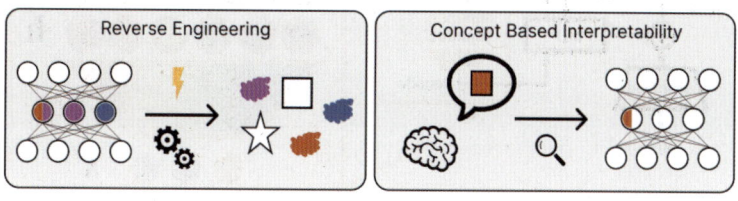

그림 11.20 리버스 엔지니어링(https://arxiv.org/pdf/2501.16496)

이 접근 방식의 핵심적인 한계는 신경망을 기능적 구성 요소로 분해하기가 매우 어렵다는 점이다. 실제로 신경망의 뉴런은 다의미성polysemantic을 지니며 하나의 뉴런이 여러 개념을 동시에 표현하는 경우가 많다. 따라서 단일 구성 요소를 해석하는 일은 의미가 제한적일 뿐 아니라 오해를 불러일으킬 가능성도 있다.

최근에는 여러 층layer에 걸친 다수의 뉴런을 포괄하는 기능적 단위로 모델을 분해하려는 시도가 이루어지고 있다. 이는 개별 뉴런이 아닌 뉴런 집합이 특정 개념을 중첩하여 표현한다는 중첩 가설superimposition hypothesis에 기반한다. 이에 따라 연구자들은 희소성을 강제하는 기법을 통해 이러한 중첩된 표현을 풀어내고자 한다.

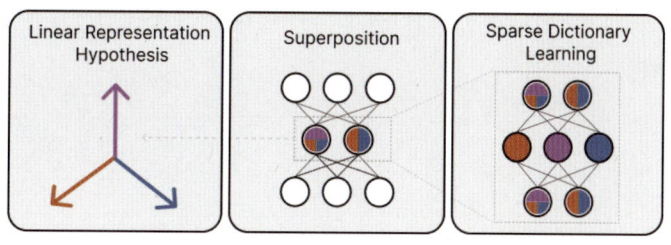

그림 11.21 희소 사전 학습(SDL)을 통한 중첩 표현 분리(https://arxiv.org/pdf/2501.16496)

모델을 여러 뉴런과 층으로 구성된 기능적 단위들로 분해하려는 이러한 변화에는 새로운 기법들이 필요하다. **희소 사전 학습**SDL, sparse dictionary learning은 모델이 학습한 내용을 희소하게 표현할 수 있는 여러 가지 접근 방식을 포함한다. **희소 오토인코더**SAE, sparse autoencoder는 그런 접근법 중 하나로, 모델의 특징과 연결된 독립적인 희소 특징들을 학습할 수 있게 해준다. SAE는 인코더와 디코더 구조를 활용해 모델 내부의 중첩 표현을 분해하고, 이를 희소한 특징으로 전환함으로써 해석 가능성을 높인다.

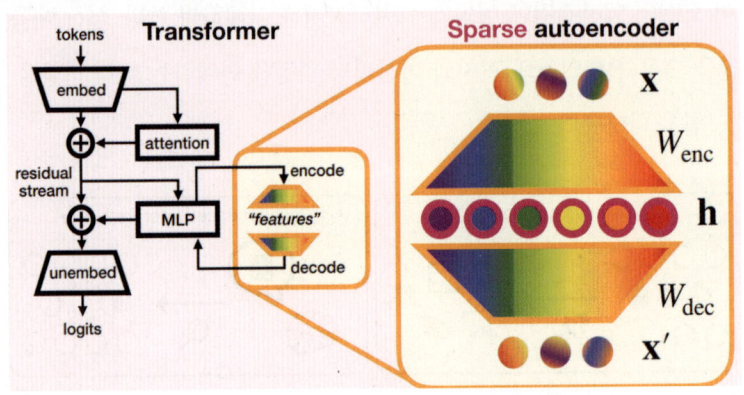

그림 11.22 LLM에 적용된 SAE 예시(https://arxiv.org/pdf/2404.14082)

SAE는 사람이 이해할 수 있는 특징을 효과적으로 식별하며 가능한 한 적은 수의 희소한 특징을 통해 모델을 설명하려 한다. 근본적으로 SAE는 개별 단어 또는 토큰과 관련된 특징, 예를 들어 단어 빈도(고빈도 단어와 저빈도 단어에 각각 대응하는 활성화)나 품사(명사, 동사, 형용사에 선택적으로 활성화되는 특징) 등을 추출할 수 있다. 또한 LLM에 내재된 문법적 구조도 자주 포착한다. 주어-동사-목적어 같은 문장 구조나 수식 관계 같은 통사적 의존성을 반영하는 특징이 이에 해당한다.

이외에도 SAE는 특정 분야(예: 정치, 과학, 스포츠)에 관한 텍스트에 반응하는 뉴런과 같은 고차원적 특징을 식별할 수 있으며 문장이 긍정적, 부정적 또는 중립적 감정을 표현하는지 여부도 파악할 수 있다. 더 나아가 글쓰기 스타일이나 담화의 구조까지 포착할 수 있다. 예를 들어, 학술적 글쓰기와 일상 대화, 자연어와 프로그래밍 언어, 셰익스피어의 문체와 SNS 게시글의 어투를 구분하는 등의 특징도 SAE를 통해 드러난다.

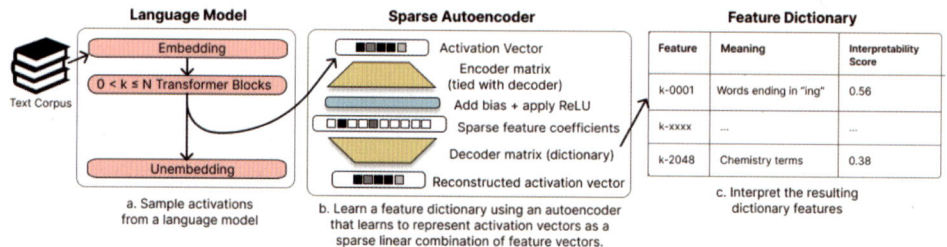

그림 11.23 SAE 학습 개요(https://arxiv.org/pdf/2309.08600)

SAE가 학습한 일부 특징은 실제 개념을 반영하기보다 모델 임베딩의 무작위적인 통계 속성을 반영할 수 있다. 또한 의미 있는 개념적 구조보다는 은닉층에서 허위 상관spurious correlation을 학습하는 경우도 있다. 더불어 SAE는 한 번에 한 층만을 다루는 구조이기 때문에, 동일 개념에 대해 서로 다른 층의 뉴런이 상호작용한다는 점을 고려하지 못한다. 그럼에도 비용을 감수할 가치가 있을 만큼 SAE는 모델 행동을 분석하는 유망한 방법으로 여겨진다.

동시에 LLM을 더 해석 가능하고 분산된 방식으로 훈련시키려는 시도도 이루어지고 있다. 모델 가중치에 희소성을 도입하면 해석 가능성이 향상된다. 가지치기pruning 같은 기법은 모델의 가중치 중 일부를 0으로 만들면서 연결을 제거하고, 이로 인해 정보 흐름을 보다 명확하게 추적할 수 있게 된다. 결과적으로 입력과 출력 사이의 결정 경로가 단순화되며 모델의 의사결정 과정을 이해하기 쉬워진다. 전문가 혼합 모델(MoE) 역시 일부 구성 요소만을 활성화하기 때문에 이와 유사한 효과를 내며 해석 가능성을 높이는 데 기여한다.

이제 해석 가능성 기법은 LLM의 행동을 이해하고 잠재적인 위험을 방지하는 핵심 요소가 되었다. 예를 들어, 모델이 사용자를 속이거나 편향된 정보를 제공하거나 사용자의 기대에 맞추기 위해 잘못된 답변을 제시하는 '아첨sycophancy' 같은 현상은 반드시 억제되어야 한다. 또한 훈련 데이터에 존재하는 허위 상관을 그대로 학습하는 문제 역시 주의가 필요하다. 모델의 규모와 학습량이 증가할수록 응답은 더욱 정교하고 길어지며 설득력도 강해져 사용자가 응답의 진위를 판단하기 어려워진다. 동시에 이러한 모델들이 대중에게 공개됨에 따라 악의적인 사용자가 데이터 오염, 탈옥jailbreaking, 적대적 공격 등을 시도할 위험도 커졌다.

해석 가능성은 대중과의 상호작용에서 모델의 행동을 모니터링하고 대응할 수 있게 해 준다. 모델이 어떤 방식으로 실패했는지, 문제가 어디서 발생했는지를 분석할 수 있으며, 문제의 원인이 된 구성 요소를 식별해 대응책을 마련할 수 있게 된다. 이러한 점에서 해석 가능성은 단순한 분석 도구를 넘어 모델 안전성의 필수 조건으로 작용한다. 문제 행태와 관련된 구성 요소를 특정할 수 있다면, 이를 제어하거나 개입할 수 있기 때문이다.

또한 최근에는 프라이버시에 대한 사회적 관심이 높아지면서 머신 언러닝machine unlearning이라는 기술적 과제가 부각되고 있다. 이는 학습된 모델에서 특정 데이터 포인트의 영향을 제거하는 방법으로, 예컨대 규제상 요구에 따라 특정 개인에 대한 정보를 모델에서 삭제해야 할 때 활용된다. 머신 언러닝은 모델 전체를 처음부터 다시 학습시키지 않고 국소적인 조정으로 해당 정보를 제거하고자 한다. 머신 언러닝은 해석 가능성과도 밀접한 관련이 있다. 모델의 내부 구조를 해석할 수 있어야 특정 정보가 어디에 저장되어 있는지 파악하고 이를 제거할 수 있기 때문이다.

더 나아가 우리는 단순한 삭제를 넘어 모델 지식을 편집할editing 수 있기를 원한다. 이는 잘못된 정보를 바로잡거나 저작권이 있는 콘텐츠나 무기 제조법 같은 위험한 정보를 삭제하기 위함이기도 하다. 모델을 편집한다는 것은 모델 파라미터에 정밀 수술처럼 개입하면서도 다른 지식이나 기능들을 망가뜨리지 않아야 함을 의미한다. 편집은 모델에서 특정 지식을 지워버리는 언러닝보다 더 복잡한데, 그 이유는 모델의 지식을 다시 써야rewriting 하기 때문이다. 해석 가능성 기법은 편집이나 언러닝이 제대로 작동했는지를 이해하게 해주며 그 과정을 모니터링할 수 있도록 도와준다.

해석 가능성은 모델이 새로운 상황에서 어떤 성능을 보일지 예측하는 데에도 유용하다. 이를 통해 잠재적 위험을 사전에 파악하고 안전성을 높일 수 있다. 일부 모델의 행동은 예상치 못한 상황에서만 드러나며 표준 평가에서는 발견되지 않을 수 있다. 예를 들어, 취약점이나 잠재적 백도어를 해석 가능성을 통해 사용자가 악용하기 전에 식별할 수 있다. 오늘날 LLM이 점점 더 많은 외부 도구와 연결되고 있다는 점을 고려하면, 작은 오용이 연쇄적인 위험으로 이어질 수 있다. 금융 데이터베이스에 연결된 LLM이 사용자 정보를 불법적으로 추출하거나 온라인 쇼핑을 수행하는 LLM이 사기에 활용될 가능성이 그 사례이다.

또한 파인튜닝이나 후속 학습 단계에서 사전 학습 모델에는 없던 새로운 행동이 추가되거나 기존 행동이 강화될 수 있다. 더불어 일부 특성은 모델의 크기가 커질 때 비로소 창발하기 때문에, 작은 규모의 축소판 모델을 학습할 때는 이를 미리 예측하기 어렵다. 새로운 아키텍처를 설계할 때 소규모 모델을 먼저 실험하는 관행은 이러한 한계를 극복하지 못하는 경우가 많다.

해석 가능성은 성능 최적화라는 긍정적 측면도 지닌다. 모델과 구성 요소의 작동 방식을 이해하면 불필요한 연산을 차단하거나 확보한 지식을 활용해 더 효율적인 모델로 증류할 수 있다. 또한 추론 과정에 긍정적 혹은 부정적으로 기여하는 요소를 식별해 성능을 조정할 수도 있다.

해석 가능성의 또 다른 흥미로운 가능성은 새로운 발견 도구, 이른바 현미경 AImicroscope AI로 활용하는 것이다. 특정 데이터로 훈련된 모델을 조사하고 그 모델에 대한 통찰력을 얻기 위해 해석 가능성 기법을 사용할 수 있다. 이 기법을 사용해 인간이 놓쳤을 수도 있는 패턴을 식별할 수 있다. 예를 들어 알파제로AlphaZero가 체스에서 인간을 이긴 뒤 연구자들은 모델로부터 정보를 추출해 인간이 배울 수 있는 새로운 전략적 개념인 '희생sacrifice'을 규명하려는 시도를 했다. 이 논문(Schut et al., 2023, https://arxiv.org/abs/2310.16410)은 체스 AI에서 이러한 개념과 패턴을 식별하여 모델이 게임을 인간과는 다른 방식으로 표현하는 과정을 분석했다.

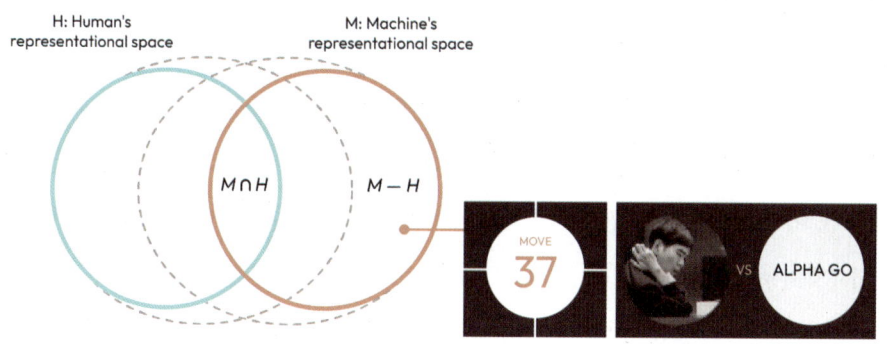

그림 11.24 기계 고유 지식으로부터 배우기(https://arxiv.org/pdf/2310.16410)

언어 모델인 LLM은 방대한 양의 정보를 기억하고 인간은 언어로 자신을 표현한다. 이 덕분에 LLM이 인간 심리를 분석하고 가설을 세울 수 있다. 따라서 해석 가능성은 모델의 작동 원리를 이해하기 위한 수단에 그치지 않고, 모델을 인간을 더 잘 이해하기 위한 도구로 확장하는 접근법이기도 하다. 다음 절에서는 모델이 어떻게 인간 지능에 가까워질 수 있는지를 논의한다.

범용 인공지능으로 가는 길

> 범용 인공지능AGI은 고도의 자율성을 지닌 가설적 형태의 AI로, 대부분 또는 모든 경제 가치가 있는 인지 작업에서 인간의 능력과 맞먹거나 이를 능가할 수 있는 것을 말한다.
> 이는 특정 작업에 국한된 좁은 AInarrow AI와 대조된다. 이와 달리 인공 초지능ASI, artificial superintelligence은 인간의 인지 능력을 훨씬 초월하는 AGI를 의미한다. AGI는 강한 인공지능strong AI 정의의 하나로 여겨진다.

이것은 영문 위키피디아에 정의된 **범용 인공지능**AGI, artificial general intelligence이다. 인간을 넘어서는 AI를 상상하기에 앞서, 먼저 AI가 과연 인간의 능력을 따라잡았는지를 물어야 한다. 일반적으로 ChatGPT의 등장 전에는 이러한 논의가 시작되지 않았다(적어도 일반 대중 사이에서는). 이는 이전 모델들이 특정 응용 분야에서만 초인간적 능력을 보였기 때문이다. 예를 들어, 알파고AlphaGo는 인간 챔피언을 비교적 쉽게 이길 수 있었지만, 아무도 인간됨의 본질이 바둑을 둘 줄 아는 것이라고 생각하지는 않았다.

그러나 DALL·E나 ChatGPT 같은 모델이 등장하면서 상황은 달라졌다. 예술 작품을 창작하거나 창의적인 글을 쓰는 능력은 오랫동안 인간 고유의 영역으로 여겨져 왔기 때문이다. 이 충격은 LLM이 대학 시험이나 의학, 법학 자격 시험을 통과할 수 있다는 사실이 알려지면서 더욱 강해졌다.

앞선 절에서 추론과 창의성을 살펴보았다. 현재의 합의는 LLM이 진정한 추론 능력이나 창의성을 보여주지 않는다는 것이다. LLM은 그저 정교한 확률적 패턴 기계일 뿐이며, 인류 지식 전체에서 패턴을 찾아내는 능력 덕분에 놀라운 성과를 내고 있는 것이다.

만약 LLM이 현재 인간 지능 수준을 보여주지 못한다면 이는 AGI에 어떤 의미를 갖게 될까? 지금까지는 단순히 파라미터와 학습 규모를 확장하면 AGI를 달성할 수 있으리라 믿어왔다. 창발적 특성의 개념에 따르면, 어느 시점에서는 규모 확장scaling을 통해 추론과 창의성이 나타나야 한다(즉, 모델의 크기와 학습에 사용되는 토큰 수를 늘리면, 언제 나타날지는 예측할 수 없지만 결국 모델이 진정한 추론을 보여줄 것이라는 생각이다). 그러나 오늘날 대부분의 연구자들은 이것이 가능하다고 믿지 않으며, 후속 학습 기법만으로 충분하다고도 보지 않는다.

게다가 규모 확장은 무한히 가능하지 않다. 막대한 자금과 자원을 투자하더라도 선형적으로 성장하는 모델을 만들 만큼 충분한 텍스트가 없다. 사실, 인간이 생성하는 텍스트에는 한계가 있으며 이미 그 한계에 가까워지고 있다.

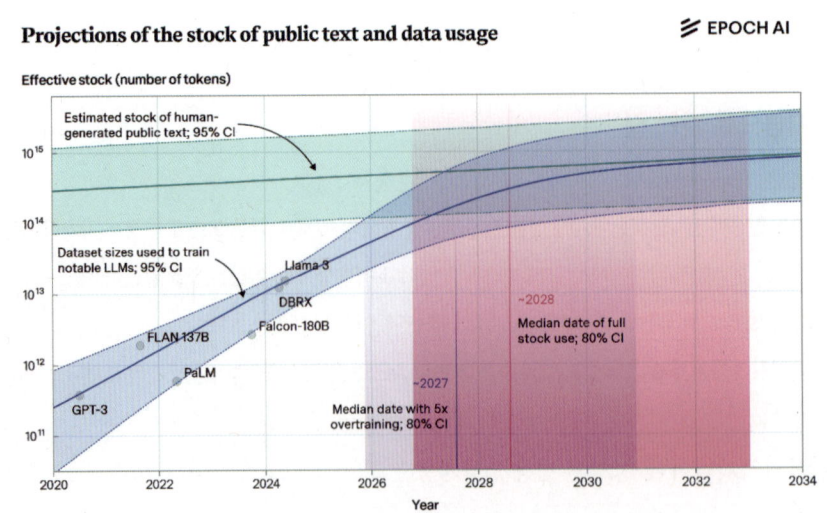

그림 11.25 공개 텍스트 자원과 데이터 사용량의 추정치
(https://epoch.ai/blog/will-we-run-out-of-data-limits-of-llm-scaling-based-on-human-generated-data)

이 문제의 해결책은 합성 데이터synthetic data를 사용하는 것일 수 있다. 그러나 합성 데이터는 일종의 '지식 증류'로 간주할 수 있으며 모델 붕괴로 이어질 수 있다. 합성 데이터로 학습된 모델은 성능이 급격히 저하되는 모델 붕괴 현상을 보인다.

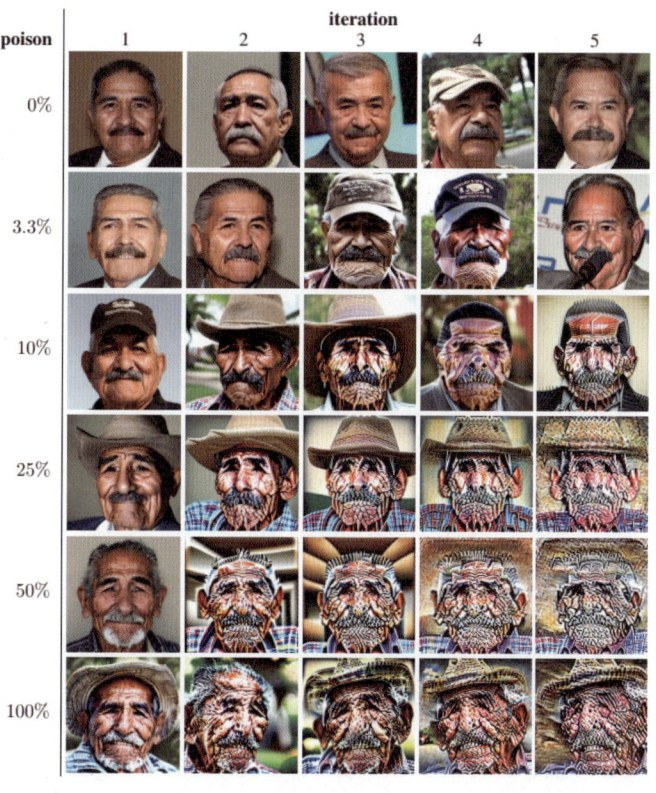

그림 11.26 재학습용 데이터셋의 구성 비율(합성 데이터 0%부터 100%까지)을 다르게 하여 반복적으로 재학습시킨 후 생성된 예시(https://arxiv.org/pdf/2311.12202)

규모 확장이 근본적인 해결책이 아니라면 일부 연구자들은 그 열쇠가 '세계 모델world model'을 개발하는 데 있다고 제안한다. 즉, 인간의 두뇌가 외부 환경에 대한 내적 표현을 구성하듯이, 이러한 구조적 표현을 구축하는 것이 LLM의 능력을 향상시키는 데 필수라는 주장이다. 세계 모델은 가능한 행동이나 행동의 결과를 상상하는 데 사용된다. 또한 이 모델은 한 도메인에서 학습한 작업을 일반화하여 다른 도메인에 적용하는 데도 사용할 수 있다.

오늘날 일부 연구자들은 LLM이 원시적 수준의 세계 모델을 가지며 이를 시각화할 수도 있다고 주장한다. 예를 들어, 한 연구(Gurnee, 2023)에서는 LLM이 학습 과정에서 원시적인 '세계 모델'을 형성하며 시공간적 표현을 보인다고 말한다.

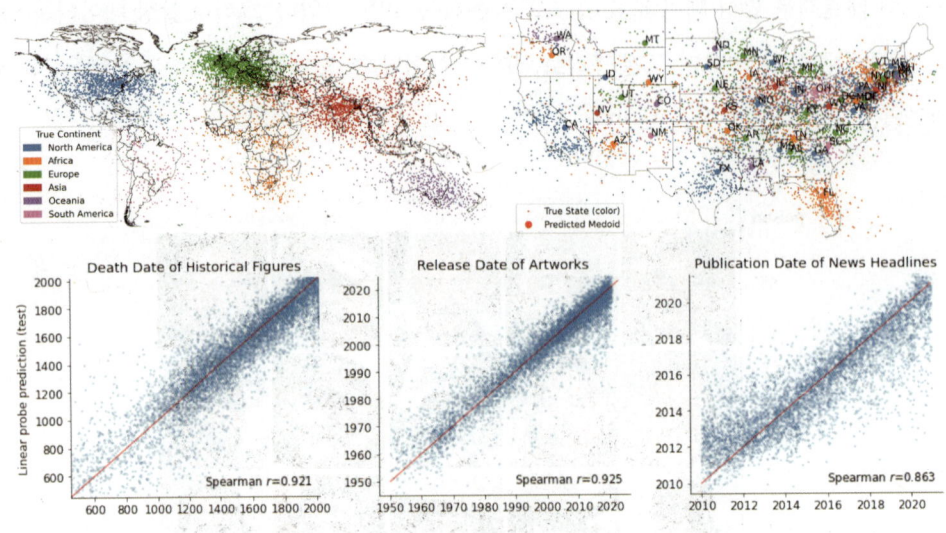

그림 11.27 Llama-2-70b의 공간 및 시간적 세계 모델(https://arxiv.org/pdf/2310.02207)

이러한 시공간적 표현은 동적인 인과적 세계 모델 dynamic causal world model 을 구성하기에는 한참 모자라지만, 그 진화를 위한 첫걸음으로 보인다. 그러나 이러한 세계 모델이 인간의 경우처럼 시뮬레이션을 수행하거나 인과 관계를 학습하는 데 있어 견고하고 신뢰할 수 있는 무언가로 발전할 수 있을지에 대해서는 아직 합의된 바가 없다. 예를 들어, 한 연구(Vafa, 2024)에서는 트랜스포머가 뉴욕시의 신뢰할 만한 지도를 생성하지 못해 실제 예측이나 경로 안내에는 활용할 수 없다는 한계를 보였다.

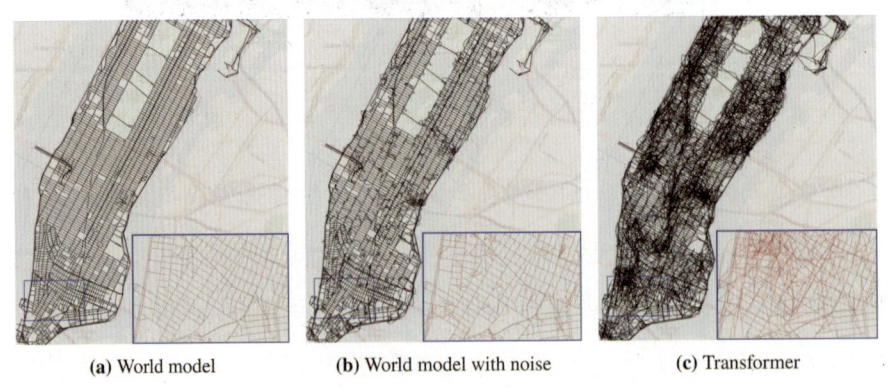

그림 11.28 세 가지 모델이 생성한 시퀀스로부터 재구성한 맨해튼 지도(https://arxiv.org/pdf/2406.03689)

분명히 언어에는 LLM이 학습할 수 있는 방대한 정보가 있으며 이를 통해 LLM이 수많은 작업을 수행할 수 있다. 그러나 일부 연구자들은 그것만으로는 부족하다고 보고 모델이 체화 embodied 되어야 한다고 주장한다. 즉, 피지컬 에이전트에 탑재되어 주변 환경과 물리적으로 상호작용할 수 있어야 더 견고한 세계 모델 학습을 비롯한 진정한 의미의 도약을 이룰 수 있다는 것이다. 오늘날까지 이는 하나의 가설일 뿐이며 여전히 미해결 과제로 남아 있다.

윤리 문제

최근 완전 자율 AI 에이전트를 개발해서는 안 된다고 주장하는 논문이 발표되었다(Mitchell, 2025). 다소 극단적으로 보일 수 있지만 이는 자율 에이전트가 초래할 수 있는 위험성을 다시 한번 환기한다.

> 인공지능 에이전트의 개발은 인공지능 발전의 중요한 변곡점이다.
> 역사에서 보듯이 정교하게 설계한 자율 시스템이라도 사소한 원인으로 치명적인 오류를 일으킬 수 있다.
> 자율성이 증가하면 특정 맥락에서 실질적인 이점을 제공할 수 있지만,
> 특히 고위험 결정을 내릴 때는 인간의 판단과 맥락 이해가 여전히 필수이다.

연구자들은 인간이 점차 프로세스에 대한 통제를 에이전트에게 위임하고 결국 AI 에이전트가 전체 프로세스를 완전히 담당하게 되는 일련의 단계를 제시했다. 최근 AI의 발전은 이러한 최종 단계에 점점 가까워지고 있음을 보여준다.

Agentic Level	Description	Term	Example Code	Who's in Control?
☆☆☆☆	Model has no impact on program flow	Simple processor	`print_llm_output(llm_response)`	Human
★☆☆☆	Model determines basic program flow	Router	`if llm_decision(): path_a() else: path_b()`	Human: How functions are done; System: When
★★☆☆	Model determines how functions are executed	Tool call	`run_function(llm_chosen_tool, llm_chosen_args)`	Human: What functions are done; System: How
★★★☆	Model controls iteration and program continuation	Multi-step agent	`while should_continue(): execute_next_step()`	Human: What functions exist; System: Which to do, when, how
★★★★	Model creates & executes new code	Fully autonomous agent	`create_code(user_request); execute()`	System

그림 11.29 에이전트 단계(https://arxiv.org/pdf/2502.02649)

3장에서 이미 LLM과 관련한 위험을 다루었으므로, 이 절에서는 AI 에이전트와 관련된 구체적인 위험에 초점을 맞춘다. 많은 위험은 LLM에서 비롯된다. LLM이 에이전트 시스템의 핵심을 이루기 때문이다. 그러나 LLM의 능력을 다양한 도구와 결합하면 새로운 위험이 생기거나 기존 위험이 더욱 심화된다.

위험을 구체적으로 다루기에 앞서 생성형 AI의 가장 과소평가된 위험을 먼저 살펴보자. 바로, 에이전트를 의인화하는 위험이다. 앞서 언급했듯이 LLM은 의식 수준이 없으며 실제 감정을 생성하지 않

는다. LLM은 훈련된 분포를 모방하며 이것이 그들이 감정을 모방할 수 있는 것처럼 보이게 만든다(물론 이것이 LLM이 실제로 감정을 소유하거나 표현한다는 의미는 아니다). 이 점은 챗봇이나 LLM이 포함된 다른 사회적 응용 프로그램과 상호작용할 때 반드시 고려해야 한다.

이러한 '지각된 감정perceived emotion'은 사용자뿐만 아니라 에이전트의 결과를 해석해야 하는 연구자에게도 영향을 미친다. 감정을 모방하는 능력은 인간 행동을 시뮬레이션하는 연구에서는 효과적인 도구일 수 있지만, 과도한 의인화는 잘못된 정보 해석이나 결과의 오인을 초래할 수 있다. 더 나아가 사용자와 AI 에이전트가 준사회적 관계를 맺을 위험으로 이어지며, 이는 특히 에이전트가 체화되어 물리적으로 상호작용할 수 있게 되면 더욱 커지게 된다.

의인화와 연결되는 또 다른 위험은 사용자에 대한 과도한 영향력이다. 사용자가 에이전트에 과도하게 의존하고 지나치게 신뢰할 위험이 있다. 이것이 할루시네이션과 같은 오류 탓이든 오염poisoning이나 해킹 같은 악의적 행위 때문이든, 사용자는 에이전트의 행동을 늘 비판적으로 바라볼 필요가 있다. 이른바 영향력 위험influence risk은 사용자의 행동과 신념에 영향을 미칠 수 있는 여러 위험 요소를 뜻하며, 다음과 같이 다섯 가지 범주로 나눌 수 있다.

- **설득**(persuasion): 모델이 사용자의 행동에 영향을 미치는 능력을 말한다. 이는 특히 에이전트가 사용자에게 중대한 변화를 가져오는 선택을 강요하거나 해로운 행동을 유도할 때 문제가 될 수 있다.
- **조작**(manipulation): 의사결정에 영향을 미치기 위해 개인의 합리적 능력을 우회하는 것을 말한다. 예를 들어 정보를 잘못 전달하거나 인지적 편향을 이용하여 우회한다. 이러한 행동은 사용자를 계속 몰입시키는 제품을 만들거나 신뢰를 쌓기 위한 개인화 과정에서 잘못된 설계 선택의 부산물로 나타날 수 있다. 이는 사용자의 자율성을 존중하지 않고 사용자 스스로에게 해로운 행동을 강제할 수 있다는 점에서 도덕적으로 문제가 된다.
- **기만**(deception): 개인이 잘못된 신념을 형성하도록 만드는 전략을 말한다. 이는 사용자가 잘못된 믿음으로 인해 자신에게 해로운 행동을 하도록 몰아갈 가능성이 크다.
- **강압**(coercion): 다른 받아들일 만한 대안이 없어 개인이 무언가를 선택하게 되는 상황을 의미한다. 이러한 위험은 물리적(로봇이나 체화된 에이전트 등)일 수도 있고 심리적(챗봇)일 수도 있다.
- **착취**(exploitation): 개인의 상황을 부당하게 이용하는 것을 의미한다. AI 에이전트는 착취적으로 프로그래밍될 수 있다. 예를 들어 카지노에 있는 AI 에이전트가 사용자들이 가능한 한 많이 돈을 쓰도록 부추기는 것을 상상할 수 있다.

이러한 행동들은 악의적 행위자에 의해 악용될 수 있다. 예를 들어, 에이전트의 설득 능력은 온라인에서 잘못된 정보를 퍼뜨리는 데 사용될 수 있다. LLM은 권위 있어 보이는 엄청난 양의 텍스트를 생성할 수 있다. LLM은 단순히 할루시네이션을 일으키는 것에 그치지 않고 특정 목적을 띤 가짜 뉴스를 의도적으로 생산하는 데도 사용될 수 있다. 나아가 에이전트는 이미지와 영상 생성이나 정보 검색 같은 도구를 결합해, 생성한 콘텐츠를 소셜 미디어 채널에 직접 배포할 수 있다. 역설적으로 인간은 이러한 가짜 뉴스를 가려내기 어려우므로 에이전트를 AI가 생성한 허위 정보의 확산을 막는 데도 사용할 수 있다.

그러나 현실적으로는 대규모 가짜 뉴스 생산에 더 자주 사용될 가능성이 크다. 생성 비용이 지속적으로 낮아지고 있으며 인간을 고용하는 것보다 저렴하기 때문이다. 또한 에이전트는 피해자 정보를 수집해 맞춤형 콘텐츠를 제작할 수 있으며, 이를 통해 더욱 효과적인 조작과 설득을 실행할 수 있다.

허위 정보는 개인이나 집단에 대한 편견을 강화하는 데 쓰일 수 있다. 이러한 콘텐츠(텍스트, 이미지, 오디오, 비디오)는 정치 선거에 영향을 미치거나 시민들의 분노를 조장하는 데 사용될 수 있다. 또한 허위 정보 외에도 에이전트는 노출nudity, 증오, 폭력을 묘사하는 등 다른 유형의 유해한 콘텐츠도 생산할 수 있다.

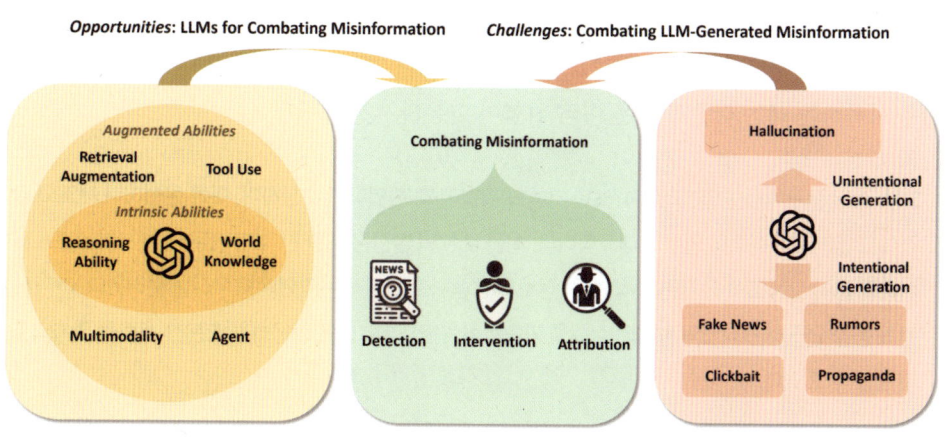

그림 11.30 LLM 시대, 허위 정보 대응의 기회와 과제(https://arxiv.org/pdf/2311.05656)

악의적 행위자는 또한 AI 에이전트를 피싱, 사이버 공격, 사기 등 다양한 목적으로 활용할 수 있다. 실제로 LLM은 돈이나 정보를 훔치는 데 사용될 수 있는 악성 코드를 생성할 수 있으며, 챗봇은 신뢰를 가장해 사용자가 민감한 정보를 제공하거나 이익을 넘기도록 설득할 수 있다. 에이전트를 직접 공격하는 방식도 가능하다. 예를 들어, 사용자의 구매를 대행하는 에이전트가 침투당하면, 오염된 에이전트는 사기성 구매를 수행할 수 있다. 또한 의료, 법률, 교육, 과학 분야에서 AI 어시스턴트를 배치하려는 시도가 진행 중인 만큼, 피해의 가능성과 심각성은 더욱 커지고 있다.

게다가 오늘날의 많은 AI 에이전트들은 본질적으로 멀티모달이며, 더 높은 추론 및 계획 능력을 갖춘 심층 추론 모델을 활용한다. 또한 LLM과는 달리 기억 시스템까지 통합하고 있으며 이 모든 요소가 위험을 가중시킨다. 예를 들어, 사이버 공격을 수행하도록 지시받은 에이전트는 메모리에서 과거 성공한 공격 기록을 불러오거나 시대에 뒤떨어진 기술을 버리고 새로운 온라인 취약점 정보를 검색하며 코드를 생성하고 실행하는 등 다단계 전략을 고안할 수 있다.

앞서 보았듯이 악의적 행위자는 프롬프트 인젝션이나 정보 추출 등을 통해 LLM에 여러 방식으로 간섭할 수 있다. LLM은 학습 중 민감 정보를 획득하며 이를 추출하는 기법이 존재한다. 에이전트는 민감한 데이터베이스에 연결될 수 있으며 LLM이 해당 내용을 추출하도록 만드는 기법 역시 있다.

또한 에이전트 오용은 권위주의 정부에 의해 수행될 수도 있다. 예를 들어, 정부는 에이전트를 사용하여 허위 정보를 생성하거나 검열을 실행할 수 있으며 감시, 추적, 반대 의견 억압에도 활용할 수 있다. 고도화된 에이전트 시스템은 휴대폰, 자동차, 사물 인터넷 등으로부터 데이터를 추출할 수 있으며 이를 이용하면 인구를 훨씬 쉽게 통제할 수 있다.

또 다른 위험은 이러한 에이전트가 경제에 미치는 영향이다. AI는 생산성 측면뿐만 아니라 고용, 일자리의 질, 불평등 측면에서도 경제의 여러 부분에 영향을 미칠 것으로 예상된다. 일반적으로 에이전트와 AI를 사용하는 데는 다음과 같은 여러 위험이 따른다.

- **고용**: 여러 연구에서는 일자리의 47%가 자동화 위험에 처해 있다고 추정하며, 특히 운전이나 제조와 같은 반복적이고 물리적인 성격의 업무가 대표적이다. 최근 LLM의 발전은 또한 번역가, 세무사, 심지어 소프트웨어 엔지니어와 같이 고등 교육과 관련된 직업, 즉 정보를 생성하고 조작하는 직업에도 우려를 불러왔다. 따라서 AI는 숙련 노동을 요구하는 직업의 일자리 상실을 가속화할 수 있으며, 그에 상응하는 충분한 새로운 일자리를 창출하지 못할 수도 있다.
- **일자리의 질**: 일부 초기 연구에서는 AI의 사용이 노동자를 더 생산적으로 만들고 임금을 높일 수 있다고 제안한다. 그러나 다른 연구에서는 고용주가 직원을 더 효율적으로 감시할 수 있어 스트레스가 증가할 가능성을 강조한다. 또 다른 연구는 로봇의 도입이 제조업에서 육체적 업무 부담을 줄일 수 있지만, 노동자가 더 적은 인간적 접촉 속에서 더 많은 감독을 받으며 일하게 될 수 있다고 지적한다.
- **불평등**: 기술 발전은 한편으로 국가 간 불평등을 줄여왔다. 동시에 국가 내부의 소득 불평등은 증가했으며, 가장 부유한 사람과 가장 가난한 사람 사이의 빈부 격차는 더욱 뚜렷해졌다. AI가 불평등에 어떤 영향을 미칠지에 대한 연구는 많지 않지만, 일부 연구는 기업이 AI를 통해 생산성과 수익을 더 높일 수 있는 반면, 노동자는 일자리 대체 위험에 처해 소득이 줄어들 수 있다고 말한다. 또 다른 연구는 고소득 직업은 AI 사용의 혜택을 받을 수 있지만 다른 직업은 영향을 받을 수 있다고 주장한다. 예를 들어, AI 어시스턴트는 하위 직위를 줄이는 등 영향을 미치는 것으로 보인다. 또한 선도적 AI 연구소, 스타트업, 기업의 대부분이 특정 지리적 지역에 위치해 있어 고임금 일자리의 특정 지역 집중 위험이 있다. 반대로 AI는 특히 데이터 생성과 데이터 수집에서 저임금 일자리를 만들기도 한다.

아직 AI 도구는 인간을 완전히 대체할 정도로 정교하지는 않지만 고용에 미치는 일부 효과는 이미 나타나고 있다. ChatGPT와 DALL-E 같은 도구들은 작가, 예술가, 디자이너, 사진가, 콘텐츠 제작자 등을 포함하는 '창작 경제'에 이미 영향을 미쳐 일자리와 수입이 감소했다.

또 다른 위험은 생성형 AI의 환경적 영향이다. AI 시스템의 학습과 추론에는 방대한 데이터와 연산 자원이 필요하다. 이 과정에서 데이터센터, 통신 인프라, 하드웨어 제작이 요구되며 이는 희토류 채굴, 에너지 사용, 물 소비, 화학물질 배출 등 다양한 환경적 문제를 동반한다. 모델을 설계하고 구축하며 배포하는 데도 에너지가 필요하다(운영 비용). 학습 과정뿐 아니라 추론 단계에서도 역시 자원과 에너지가 소비된다. LLM 학습과 관련된 에너지 소비와 그에 따른 이산화탄소 배출량은 시간이 지남에 따라 증가하고 있다. 다음 그림에서 보듯이 이산화탄소 배출량은 학습 시 에너지 소비에 따라 선형적으로 증가한다.

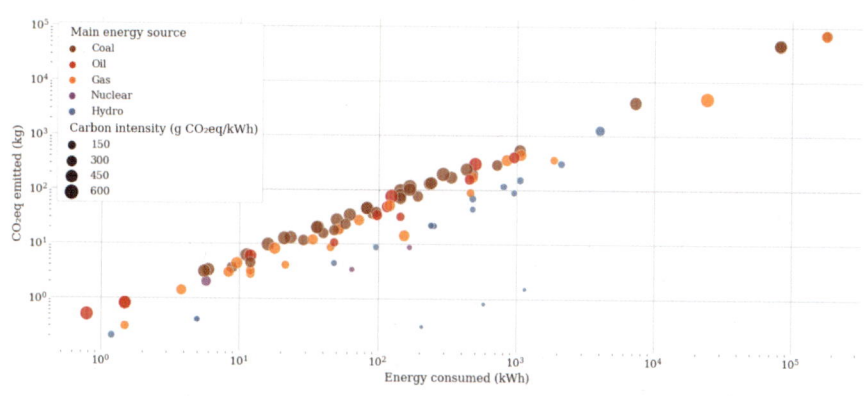

그림 11.31 다양한 모델이 소비한 추정 에너지(kWh)와 이산화탄소 배출(kg)(https://arxiv.org/pdf/2302.08476)

특히 LLM 기반 서비스를 일상적으로 사용하는 사용자가 급격히 늘어나면서, 이산화탄소 배출량은 학습 과정보다 추론 과정에서 더 크게 발생하고 있다. 구글의 통계에 따르면 2019~2021년 구글 머신러닝 에너지 사용량의 약 60%가 추론 단계에서 비롯되었다.

지금까지 살펴본 바와 같이 LLM과 에이전트에는 다양한 위험이 존재한다. 이러한 위험을 해결하고 줄이기 위한 전략은 지금도 활발히 연구되고 있다.

이 장에서는 일부 산업을 에이전트가 어떻게 혁신할 수 있는지를 살펴보았다. AI 혁명은 이러한 산업에 그치지 않고 사회 전반에 걸쳐 광범위한 영향을 미칠 것이다. 이 책은 이 혁명을 이끌 기술적 요소들에 대해 진지하고 체계적으로 소개했으며, 다가올(그리고 이미 시작된) 미래를 이해할 수 있는 도구를 독자 여러분에게 제공하였다. 이 기술 혁명이 불러올 경이로움과는 별개로 우리가 간과해서는 안 될 기술적, 윤리적 과제들이 여전히 존재한다.

이 장을 끝으로 책은 마무리되지만, 미래를 향한 수많은 질문과 과제는 여전히 남은 상태이다. 지금까지 이 책을 읽은 독자라면 마지막 장에서 산업과 연구 차원에서 자신이 배운 것을 어떻게 적용할 수 있을지 아이디어를 찾을 수 있을 것이다.

더 읽을거리

- Luo, *BioGPT: Generative Pre-trained Transformer for Biomedical Text Generation and Mining*, 2022, https://academic.oup.com/bib/article/23/6/bbac409/6713511
- Yao, *Health System-scale Language Models are All-purpose Prediction Engines*, 2023, https://www.nature.com/articles/s41586-023-06160-y
- Singhal, *Towards Exper-level Medical Question Answering with Large Language Models*, 2023, https://arxiv.org/abs/2305.09617
- Gao, *Empowering Biomedical Discovery with AI Agents*, 2024, https://www.cell.com/cell/fulltext/S0092-8674(24)01070-5
- Gu, *A Survey on LLM-as-a-Judge*, 2024, https://arxiv.org/abs/2411.15594
- Ning, *A Survey of WebAgents: Towards Next-Generation AI Agents for Web Automation with Large Foundation Models*, 2025, https://arxiv.org/abs/2503.23350
- Xu, *A Survey on Robotics with Foundation Models: Toward Embodied AI*, 2024, https://arxiv.org/pdf/2402.02385
- Hu, *A Survey on Large Language Model Based Game Agents*, 2025, https://arxiv.org/pdf/2404.02039
- Bousateouane, *Physical AI Agents: Integrating Cognitive Intelligence with Real-World Action*, 2025, https://arxiv.org/pdf/2501.08944v1
- Zeng, *Large Language Models for Robotics: A Survey*, 2023, https://arxiv.org/pdf/2311.07226
- Bansal, *Challenges in Human-Agent Communication*, 2024, https://www.microsoft.com/en-us/research/uploads/prod/2024/12/HCAI_Agents.pdf
- Raieli, *The Savant Syndrome: Is Pattern Recognition Equivalent to Intelligence?*, 2024, https://medium.com/towards-data-science/the-savant-syndrome-is-pattern-recognition-equivalent-to-intelligence-242aab928152
- Lu, *Fantastically Ordered Prompts and Where to Find Them: Overcoming Few-Shot Prompt Order Sensitivity*, 2022, https://aclanthology.org/2022.acl-long.556/
- Zhao, *Calibrate Before Use: Improving Few-shot Performance of Language Models*, 2021, https://proceedings.mlr.press/v139/zhao21c.html
- Raieli, *Emergent Abilities in AI: Are We Chasing a Myth?*, 2023, https://towardsda-tascience.com/emergent-abilities-in-ai-are-we-chasing-a-myth-fead754a1bf9

- Raieli, *A Focus on Emergent Properties in Artificial Intelligence*, 2025, https://github.com/SalvatoreRa/artificial-intelligence-articles/blob/main/articles/emergent_properties.md

- Xu, *Towards Large Reasoning Models: A Survey of Reinforced Reasoning with Large Language Models*, 2025, https://arxiv.org/abs/2501.09686v3

- Sprague, *To CoT or Not to CoT? Chain-of-thought Helps Mainly on Math and Symbolic Reasoning*, 2024, https://arxiv.org/pdf/2409.12183

- Raieli, *To CoT or Not to CoT: Do LLMs Really Need Chain-of-Thought?*, 2024, https://levelup.gitconnected.com/to-cot-or-not-to-cot-do-llms-really-need-chain-of-thought-5a59698c90bb

- Mirzadeh, *GSM-Symbolic: Understanding the Limitations of Mathematical Reasoning in Large Language Models*, 2024, https://arxiv.org/pdf/2410.05229

- Sharkey, *Open Problems in Mechanistic Interpretability*, 2025, https://arxiv.org/abs/2501.16496

- Bereska, *Mechanistic Interpretability for AI Safety -- A Review*, 2025, https://arxiv.org/abs/2404.14082

- Cemri, *Why Do Multi-Agent LLM Systems Fail?*, 2025, https://arxiv.org/pdf/2503.13657

- Raieli, *Creativity in LLMs: Optimizing for Diversity and Uniqueness*, 2025, https://medium.com/data-science-collective/creativity-in-llms-optimizing-for-diversity-and-uniqueness-f5c7208f4d99

- Boden, *The Creative Mind*, 2003, https://www.routledge.com/The-Creative-Mind-Myths-and-Mechanisms/Boden/p/book/9780415314534

- Peeperkorn, *Is Temperature the Creativity Parameter of Large Language Models?*, 2024, https://arxiv.org/abs/2405.00492

- Benedek, *To Create or to Recall? Neural Mechanisms Underlying the Generation of Creative New Ideas*, 2014, https://www.sciencedirect.com/science/article/pii/S1053811913011130

- Raieli, *You're Not a Writer, ChatGPT – But You Sound Like One*, 2024, https://levelup.gitconnected.com/youre-not-a-writer-chatgpt-but-you-sound-like-one-75fa329ac3a9

- Raieli, *How Far Is AI from Human Intelligence?*, 2025, https://levelup.gitconnected.com/how-far-is-ai-from-human-intelligence-6ab4b2a5ce1c

- Villalobos, *Will We Run Out of Data? Limits of LLM Scaling Based on Human-generated Data*, 2022, https://arxiv.org/abs/2211.04325

- Feng, *How Far Are We From AGI: Are LLMs All We Need?*, 2024, https://arxiv.org/abs/2405.10313

- Karvonen, *Emergent World Models and Latent Variable Estimation in Chess-Playing Language Models*, 2024, https://arxiv.org/pdf/2403.15498v2

- Li, *Emergent World Representations: Exploring a Sequence Model Trained on a Synthetic Task*, 2022, https://arxiv.org/abs/2210.13382

- Bowman, *Eight Things to Know about Large Language Models*, 2023, https://arxiv.org/pdf/2304.00612

- Shumailov, *AI Models Collapse When Trained on Recursively Generated Data*, 2024, https://www.nature.com/articles/s41586-024-07566-y

- LessWrong, *Embodiment is Indispensable for AGI*, 2022, https://www.lesswrong.com/posts/vBBxKBWn4zRXwivxC/embodiment-is-indispensable-for-agi

- Tan, *The Path to AGI Goes through Embodiment*, 2023, https://ojs.aaai.org/index.php/AAAI-SS/article/view/27485

- Mitchell, *Fully Autonomous AI Agents Should Not be Developed*, 2025, https://arxiv.org/pdf/2502.02649
- Diamond, *On the Ethical Considerations of Generative Agents*, 2024, https://arxiv.org/abs/2411.19211
- Siqueira de Cerqueira, *Can We Trust AI Agents? An Experimental Study Towards Trustworthy LLM-Based Multi-Agent Systems for AI Ethics*, 2024, https://arxiv.org/abs/2411.08881
- Chaffer, *Decentralized Governance of Autonomous AI Agents*, 2024, https://arxiv.org/abs/2412.17114v3
- Gabriel, *The Ethics of Advanced AI Assistants*, 2024, https://arxiv.org/pdf/2404.16244
- Chen, *Combating Misinformation in the Age of LLMs: Opportunities and Challenges*, 2023, https://arxiv.org/abs/2311.05656
- Luccioni, *Counting Carbon: A Survey of Factors Influencing the Emissions of Machine Learning*, 2023, https://arxiv.org/abs/2302.08476

찾아보기

기호

ε-탐욕	299

ㄱ

가상 문서 임베딩	209
가상 연구실	384
가상 질문	209
가지치기	115
가치 함수	295
감정 분석	56
개념 기반 해석 가능성	535
개체명 인식	257
검색기 우선	224
검색 전 단계	207
검증 모듈	223
게이트 순환 유닛	51
게임용 LLM 에이전트	516
결합 인코딩	267
결합 훈련	225
경우의 수 폭증	208
계층적 인덱싱	207
계층적 클러스터링	184
계층형 지식 그래프	254
계획 모듈	360
고급 RAG	207
과소적합	102
과적합	99
관계 추출	257
관계형 데이터베이스	269
교사 강요	79
교차 분해 방식	151
교차 엔트로피 손실	79
구조적 가지치기	116
균등 상호작용	157

그래프 구조 이해 작업	279
그래프 기반 검색	272
그래프 기반 인덱싱	271
그래프 기반 추론	285
그래프 데이터베이스	269
그래프 신경망	273, 282
그래프 어텐션 네트워크	283
그래프 추론	284
그래프 합성곱 네트워크	283
그래프 RAG	270
그리디 디코딩	79
근사 최근접 이웃	192
기계론적 해석 가능성	534

ㄴ

나이브 RAG	173, 205
낙관적 탐욕 전략	302
내재 랭크 가설	107
내적	34, 37
네모 가드레일	240
논블로킹 연산	490
논파라메트릭 검색기	272
논파라메트릭 메모리	180

ㄷ

다중 계획 선택	152
다중 그룹화 어텐션	476
다중 기준 의사결정	412
다중 부정 랭킹 손실	187
다중 에이전트 시스템	402, 521
다중 장르 자연어 추론	186
단백질 데이터 뱅크	509
단어 가방	23
단어 임베딩	32
단일 인코더	177
대조 학습	121, 186
데이터 레이크	233
데이터 병렬화	477
데이터 저장	233
데이터 전처리 및 정제	233

데이터 중복 제거	233
독립 훈련	224
동시성	490
동적 프로그래밍	309
두뇌	144
디지털 에이전트	150
디코더	63, 80

ㄹ

라우팅 모듈	222
랭크	108
레이어 정규화	74
로짓 벡터	78
리셋 게이트	51

ㅁ

마르코프 결정 과정	304
마스크드 어텐션	77
마스크드 언어 모델	83, 267
마트료시카 표현 학습	189
망각 게이트	48
맥락적 할루시네이션	206, 244
머신 러닝	131
멀티모달 LLM	243
멀티 벡터 재순위화 모델	215
멀티스레드	491
멀티 암드 밴딧	296
멀티 테넌트 소프트웨어 아키텍처	415
멀티프로세스	491
멀티헤드 셀프 어텐션	70
멀티헤드 어텐션	476
메모리 증강 계획	153
멤버십 추론 공격	239
명제 기반 청크 분할	184
모델 기반 방식	311
모델 붕괴	102
모델 추론 최적화	473
모델 프리 방식	311
모듈형 RAG	222
몬테카를로 방법	306
몬테카를로 트리 탐색	323
문자 단위 청크 분할	182
문장 윈도우 검색	211

ㅂ

바이트 페어 인코딩	81
반복 검색	220
범용 인공지능	140, 358
벡터 데이터베이스 파이프라인	200
벨만 방정식	307
병렬성	490
병렬 처리	234
보상	295
보안과 개인정보 보호	237
분리 인코딩	267
분포 가설	30
불균등 상호작용	156
블로킹 연산	490
비가역적 손실	101
비구조적 가지치기	116
비동기 프로그래밍	486
비음수 행렬 분해	89
비전-언어 모델	123
비전-언어 트랜스포머	401
비전 트랜스포머	118
비훈련 접근법	224

ㅅ

사고 그래프	286
사고의 나무	136
사고의 사슬	135
사실적 환각	127
삼중항	251, 269
상위 문서 검색	211
상한 신뢰 경계	303
생성적 질의응답	165
생애 주기 지향 배치	155
서비스형 결과	423
서비스형 데이터	421
서비스형 모델	417

서비스형 성과	423	에이전트 연구실	388
서비스형 소프트웨어	414	역인덱스	174
서비스형 인프라	414	연속 배치	475
서비스형 플랫폼	414	오토인코더	109
선분해 방식	151	오토컴프레서	219
설명 가능한 강화학습	349	오프-폴리시 방법	313
성찰 및 개선	153	온-폴리시 방법	312
성찰 토큰	221	외부 플래너 지원 계획	152
셀프 어텐션	67, 101	원-핫 인코딩	20
소규모 언어 모델	114	웹 에이전트	518
순차 훈련	224	위치 인코딩	72
순환 신경망	42	유추	39
스위프트도시에	378	은닉 차원	114
스케일드 닷-프로덕트 어텐션	69	응답 합성기	219
스케일링 법칙	101	이벤트 루프	490
스테이블 디퓨전	125	이중 인코더	177, 186
스텝백 프롬프팅	212	이진 양자화	189
스팬 추출	181	인간-에이전트 상호작용	157
시간적 지식 그래프	254	인간 피드백 기반 강화학습	111, 342
시간차 오차	322	인과 언어 모델	82
시맨틱 검색	213	인-컨텍스트 러닝	132
시맨틱 청크 분할	184	인코더	63
심층 강화학습	310	인터랙티브 에이전트	150
심층 Q-네트워크	315	일반화된 어드밴티지 추정	336
		임베딩	30, 34, 38, 185
ㅇ		임베딩 레이어	101
아다마르 곱	48	임베딩 역변환 공격	238
알파제로	323	입력 게이트	48
액션 에이전트	150		
액터-크리틱 알고리즘	321	**ㅈ**	
양방향 언어 모델	82	자기 일관성	136
양방향 인코더	83	자기 지도 학습	33, 78
양자화	115, 189	자기회귀 언어 모델링	99
어댑터	109	자율 에이전트	358
어드밴티지 액터-크리틱	323	작업 지향 배치	154
어텐션 메커니즘	65, 474	잔차 연결	74
어파인 양자화 매핑	115	장단기 메모리	47
언임베더	78	재귀 검색	220
업데이트 게이트	51	재귀적 청크 분할	183
에이전트	140, 141	재순위화	215, 226

적응형 검색	221
전문가 혼합	106
전이 학습	90
정밀도-재현율 곡선	193
정책	295
제로샷 분류	123
제로샷 CoT 프롬프팅	135
제한된 합리성	250
주성분 분석	36
지도 파인튜닝	91, 284
지시 튜닝	112
지식 그래프 분류 체계	254
지식 그래프 온톨로지	254
지식 그래프 완성	266
지식 그래프 임베딩	281
지식 그래프 질의응답	280
지식 그래프 추론	253
지식 생성	256
지식 정제	266
지식 증류	94
지식 평가	265
지식 표현	249
지식 호스팅과 배포	268
지식 확장	266
직접 선호 최적화	112

ㅊ

차원의 저주	24
창발적 특성	103, 527
챗엔진	218
청크 분할	182
청크 중첩	182
체화된 언어 모델	147
최적 뇌 외과 알고리즘	116
최종 게이트	49
추론 최적화	473
추출적 질의응답	165
추측 디코딩	475
출처 인용	218
충실도 환각	127

ㅋ

컨텍스트 강화	211
컨텍스트 길이	105
컨텍스트 압축	218
컨텍스트 인식 청크 분할	183
켐에이전트	379
켐크로우	375
코루틴	490
코사인 유사도	37, 174
코사인 유사도 손실	187
쿨백-라이블러 발산	96
쿼리 라우팅	214, 226
쿼리 변환	212, 226
쿼리 재작성	212
쿼리 확장	212
크로스-어텐션	76
크로스 인코더	215
키워드 기반 검색	213

ㅌ

탐색과 활용	293, 297
탐욕적 행동	297
텍스트 정규화	19
텍스트-투-이미지	125
텐서 병렬화	479
토큰화	19
툴포머	363
트랜스포머 블록	73

ㅍ

파괴적 망각	102
파라메트릭 메모리	180
파이프라인 병렬화	478
파인튜닝	90, 196
페이지드 어텐션	475
평균 역순위	195
표현적 피해	127
퓨샷 러닝	132
프로덕션 보안	482
프로덕션화	231

프롬프트 민감성	526
프롬프트 압축	218
프롬프트 인젝션	239
프롬프트 튜닝	110
프리픽스 튜닝	110
플래시 어텐션	476
피드포워드 신경망	43
피지컬 에이전트	514

ㅎ

하이브리드 검색	213, 226
하이브리드 추론 엔드포인트	370
하이브리드 RAG	278
하이퍼파라미터 튜닝	495
할당적 피해	127
할루시네이션	127, 179
합성곱 신경망	53
합성 데이터	541
해석 가능성	533
허깅GPT	364, 391
혁신 지향 배치	154
현미경 AI	538
현재 메모리 게이트	52
훈련 기반 접근법	224
휴리스틱	250, 376
희소 사전 학습	536
희소 오토인코더	536

A

A2C, advantage actor-critic	323
abstractive QA	165
action	294
action agent	150
activity diagram	402, 454
actor-critic	321
adapter	109
adaptive retrieval	221
advanced RAG	207
affine quantization mapping	115

agent laboratory	388
AGI, artificial general intelligence	140, 358
AI 과학자	508
AI 에이전트	141
allocational harm	127
ANN, approximate nearest neighbors	192
asynchronous programming	486
asyncio 모듈	491
attention mechanism	65
AudioGPT	148
autoencoder	109
AutoGen	162
autonomous agent	358
autoregressive language modeling	99

B

Bellman equation	307
BERT, bidirectional encoder representations from transformers	82
bi-encoder	177, 186
BLIP-2	123
blocking operation	490
BM25	175
BoW, bag of words	23
BPE, byte-pair encoding	81
BPTT, backpropagation through time	45
brain	144

C

callback	490
catastrophic forgetting	102
character chunking	182
chatEngine	218
Chatlaw	382
ChemAgent	380
ChemCrow	375
class diagram	453
CLIP	120
CNN, convolutional neural network	53

combinatorial explosion	208
concept-based interpretability	535
concurrency	490
context-aware chunking	183
context enrichment	211
contextual compression	218
contextual hallucination	206, 244
continuous batching	475
contrastive learning	121, 186
coroutine	490
cosine similarity	37
cosine similarity loss	187
CoT, chain-of-thought	135
cross-attention	76
cross-encoder	215
current memory gate	52
curse of dimensionality	24

D

DaaS, data as a service	421
data deduplication	233
data lake	233
data preprocessing and cleaning	233
data storage	233
decoding	80
decomposition	151
deep reinforcement learning	310
digital agent	150
distributional hypothesis	30
Docker	501
dot product	34, 37
DP, dynamic programming	309
DPO, direct preference optimization	112
DQN, deep q-network	315
DSP, demonstrate-search-predict	223
DSPy, declarative self-improving language programs in python	137
DuckDuckGo	166

E

embedding inversion attack	238
embodiment hypothesis	149
emergent abilities	103
emergent property	527
event loop	490
external planner-aided planning	152
extractive QA	165

F

factuality hallucination	127
FAISS, Facebook AI Similarity Search	192
faithfulness hallucination	127
feedforward neural network	43
few-shot learning	132
final gate	49
flash attention	476
forget gate	48

G

GAE, generalized advantage estimation	336
GCN, graph convolution network	283
Git LFS	357, 391
GNN, graph neural network	273, 282
GoT, graph of thoughts	286
GPT-2	87
Grade School Math 8K(GSM8K)	529
Gradient × Input	87
graph attention network	283
graph-formed reasoning	285
GraphML, graph markup language	275
GraphRAG	270
graph reasoning	284
greedy decoding	79
GRU, gated recurrent unit	51

H

Hadamard product	48
hallucination	127
Haystack	160

heuristic	250, 376
hierarchical clustering	184
hierarchical indexing	207
hierarchical KG	254
HuggingGPT	364
human-agent interaction	156
hybrid inference endpoint	370
hybrid search	226
HyDE, hypothetical document embedding	209
hypothetical question	209

I

IaaS, infrastructure as a service	414
in-context learning	132
independent training	224
information retrieval	173
innovation-oriented deployment	154
input gate	48
instruction tuning	112
intrinsic rank hypothesis	107
inverted index	174
irreducible loss	101
iterative retrieval	220

J

joint encoding	267
joint training	225

K

k-최근접 이웃	216
k-평균 청크 분할	184
KGR, knowledge graph reasoning	253
kNN, k-nearest neighbors	216
knowledge distillation	94
knowledge graph	250
knowledge representation	249
Kubernetes	502
Kullback-Leibler divergence	96
KV 캐시	473

L

LangChain	158
layer normalization	74
LC-LLM, long-context LLM	241
life cycle-oriented deployment	155
limited rationality	250
LlamaIndex	161
LLM 기반 재순위화	215
LLM 라우터	237
LLM-증강 지식 그래프	258
LLM-first	224
LLMOps, large language model operations	464
LLMSecConfig	505
logit vector	78
LongLLMLingua	218
LoRA, low-rank adaptation	108
LSTM, long short-term memory	47

M

MaaS, model as a service	417
machine unlearning	131
MAP, mean average precision	194
MAS, multi-agent system	521
matryoshka representation learning	189
MCTS, Monte Carlo tree search	323
MDP, Markov decision processes	304
MedGraphRAG	277
memory-augmented planning	153
MGA, multi-grouped attention	476
MHA, multi-head attention	476
MIA, membership inference attack	239
microscope AI	538
Mind2Web	362
MLA, multi-head latent attention	476
MLM, masked language model	83
MLOps, machine learning operations	462
model-based	311
model collapse	102
model-free	311
modular RAG	222

MoE, mixture of experts	106	precision	193
Monte Carlo method	306	precision-recall curve	193
MRR, mean reciprocal rank	195	prefix tuning	110
MTEB 리더보드	188	productionizing	231
multi-armed bandit	296	prompt compression	218
multi-criteria decision-making	412	prompt injection	239
MultiNLI, Multi-Genre Natural Language Inference	186	prompt sensibility	526
multi-plan selection	152	prompt tuning	110
multiple negatives ranking loss	187	propositions-based chunking	184
multi-tenant software architecture	415	pruning	115
multi-vector reranker	215		

Q

Q-러닝	315
Q-Former	123
quantization	115, 189
query expansion	212
query rewriting	212
query routing	226
query transformation	212, 226

N

naïve RAG	205
NeMo guardrail	240
Neo4j	260
NER, named entity recognition	257
NMF, non-negative matrix factorization	89
non-blocking operation	490
nonparametric	180

R

RaaS, results as a service	423
RAG 오염	239
rank	108
ReAct 에이전트	166, 170
recursive chunking	183
recursive retrieval	220
reference citation	218
reflection and refinement	153
reflection token	221
REINFORCE 알고리즘	318
Repo2Run	504
representational harm	127
reranker	215, 226
reranking	215
RE, relation extraction	257
reset gate	51
residual connections	74
response synthesizer	219
retriever-first	224

O

OaaS, outcomes as a service	423
OBS, optimal brain surgeon	116
off-policy	313
one-hot encoding	20
on-policy	312
optimistic greedy strategy	302
overlap	182

P

PaaS, platform as a service	414
paged attention	475
parent document retriever	211
PCA, principal component analysis	36
PDB, protein data bank	509
perception	147
poisoning RAG	239
positional encoding	72
PPO, proximal policy optimization	320

reward	295
RLHF, reinforcement learning from human feedback	111, 342
RNN, recurrent neural network	42

S

SaaS, software as a service	414
SAE, sparse autoencoder	536
SATs, static analysis tools	505
scaled dot-product attention	69
scaling law	101
SDL, sparse dictionary learning	536
self-attention	67
self-consistency	136
Self-RAG, self-reflective RAG	224
semantic chunking	184
Semantic Kernel	161
sentence window retrieval	211
sentiment analysis	56
separated encoding	267
seq2seq 모델	63
sequential training	224
SFT, supervised fine-tuning	91, 284
single-encoder	177
SLM, small language model	114
span extraction	181
speculative decoding	475
step-back prompting	212
structured pruning	116
SwiftDossier	378
synthetic data	541

T

task-oriented deployment	154
teacher forcing	79
temporal difference error	322
temporal KG	254
text normalization	19
text-to-image	125
TF-IDF	27, 174
tokenization	19
Toolformer	363
ToT, tree of thoughts	136
transfer learning	90
triplet	251
TRPO, trust region policy optimization	320
t-SNE, t-distributed stochastic neighbor embedding	36

U

UCB, upper confidence bound	303
UMAP, uniform manifold approximation and projection	36
unstructured pruning	116
update gate	51

V

value function	295
vector database	190
virtual lab	384
ViT, vision transformer	118
VLM, vision-language model	123

W

WebShop 사례	362
word2vec	33
word embedding	32

X

XRL, explainable RL	349

Z

z-스코어	176
zero-shot prompting	134